관동대지진과 조선인학살

관동대지진과 조선인학살

초판 1쇄 발행 2024년 12월 31일

지은이	성주현
펴낸이	윤관백
펴낸곳	선인
등록	제5-77호(1998.11.4)
주소	서울시 양천구 남부순환로 48길 1, 1층
전화	02)718-6252/6257
팩스	02)718-6253
이메일	suninbook@naver.com

ISBN	979-11-6068-936-5 93900
값	48,000원

관 동
대지진과
조 선 인
학 살

성주현 지음

책을 내면서

'책(冊)'을 낸다는 것은 일종의 지난한 작업이다. 하나의 주제를 정하고 이를 엮어 가는 것은 하나의 생명을 새롭게 밝히는 소중한 일이다. 책(冊)의 사전적 의미는 첫째 어떤 생각이나 사실을 글이나 그림 따위로 나타낸 종이를 겹쳐서 한 데 꿰는 물건, 둘째는 종리를 여러 장 겹쳐서 엮는 것, 셋째는 수 관형사 뒤에서 의존적 용법으로 쓰여, 주로 옛 서적을 세는 단위를 나타내는 말이다. 이 중 일반적으로 책이라고 하면 첫 번째 의미가 우리가 흔히 사용하는 것이라고 할 수 있다. 그렇기 때문에 책은 문자와 그림 등의 표현 도구를 통해 자신의 느낌, 생각, 의견, 지식, 사상 등을 정리해 엮은 묶음이고, 그 작업은 지난할 수밖에 없다. 더욱이 역사를 주제로 한 책은 더욱 그러하다.

이 책의 주제는 관동대지진 조선인학살이다. 아시다시피 관동대지진은 일제강점기인 1923년 9월 1일 일본 관동(일본어는 간토이다) 일대에서 매그니튜드(Magnitude) 8.1에 해당하는 대규모로 일어난 지진이다. 지진은 자연발생적으로 일어나지만 그 규모에 따라 우리 삶에 미치는 영향이 매우 크다. 1923년 9월 1일 발생한 관동대지진은 일본에 가장 큰 피해를 남겼다. 10만여 명의 사망하였고, 4만여 명이 실종되었으며 21만여 채의 건물이 파괴되었다. 그러나 무엇보다도 이 관동대지진이 발생하자 일본 정부는 혼란한 민심을 수습하기 위한 수단으로 조선인을 희생시키고자 하였다. 9월 1일부터 약 3, 4주간 이어지는 혼란한 상황에서 불안과 불만을 잠재우기 위해 일본 정부는 '조선인 폭동설'이라는 유언비어를 확산시켰고, 그 대응 방안의 하나로 자경단을 조직하라는 공문을 시달하였다. 이에 도쿄를 포함관 관동 일대에 자경단이 결성되었다. 조선인에 대한 반감과 증오심을 가지고 있던 일본인은 자경단을 통해 조선인을 무차별 잔인하게 학살하였고, 여기에 경찰과 군대도 가담하였다. 이때 일본인에 의해 학살된 조선인은 현재까지도 제대로 밝혀지지 않고 있다. 관동대지진 당시 중국 상하이에 있던 대한민국 임시정부 기관지『독립신문』은 6,661명으로 밝힌 바 있다.

2023년으로 관동대지진 조선인학살 100주년을 맞았다. 그동안 한국사회에서는 일부 연구자와 시민단체 외에는 관동대지진 조선인학살에 관심을 갖지 않았다. 100주년을 맞는 지난해 언론과 매스컴에서 반짝 조명되었지만, 1년이 지난 2024년, 올해는 또다시 무관심으로 일관하였다. 너무 쉽게 잊히는 듯해서 안타까운 마음이 크다.

관동대지진 조선인학살에 대해 관심을 갖고 연구를 시작한 지도 벌써 10년이 되었다. 필자는 주로 동학, 동학농민혁명, 천도교와 관련된 다양한 주제를 연구해 오고 있다. 그러던 중 청암대학교 재일코리안연구소 설립 과정에 우연히 참여하게 되었고, 재일한인 디아스포라에 대한 연구에 집중하던 중 1923년 관동대지진 조선인학살에 관심을 갖게 되었다. 그렇지만 관동대지진 조선인학살과 관련된 연구는 이미 선학(先學)으로 많은 연구가 진행되어 있는 상황에서 조선인학살과 관련 연구를 시도한다는 것은 오히려 누가 될까 염려되었다. 그렇다고 새로운 자료를 발굴해 내는 것은 사실상 불가능하였다. 그렇다면 새로운 연구 주제가 없을까 고민하다가 당시 식민지 조선에 관심을 갖게 되었다. 2015년 한국연구재단 학술총서 지원사업에 선정되었고, 그 결과물로『관동대지진과 식민지 조선』이라는 보잘것없는 책을 간행하게 되었다. 그 연장선에서 관련 주제를 좀 더 연구하게 되었고, 그 덕분에 100주년을 맞는 2023년에 몇 편의 논문을 발표하게 되었다. 이를 묵혀 두기에는 아깝다는 생각이 들었다. 더욱이 한국사회에서 관동대지진 조선인학살 관련 연구 성과가 그리 많지 않은 상황에서 부족한 글이지만 다시 엮어서 책을 내는 것도 연구자의 의무라는 생각이 없지 않았다.

이 책을 내는 데 많은 고심이 있었다. 처음에는 먼저 발행한『관동대지진과 식민지 조선』의 증보판으로 간행하고자 하였다. 그렇지만 증보판으로 출판하기에는 기존의 주제에 단순히 더하기에는 적지 않은 문제점이 있었다. 뿐만 아니라 출판사와의 논의하는 과정에서도 좋은 해답을 얻지 못하였다. 결국 기존의 출판물인『관동대지진과 식민지 조선』을 완전히 해체하고 추가로 발표한 몇 편의 논문을 주제별로 재분류하여 새로 출판하기로 하였다. 그 결과물이『관동대지진과 조선인학살』이 되었다. 하나 더 덧붙이고 싶은 것은 이 책을 내면서 기존의 간행된 연구 성과에서 오탈자 등 적지 않은 오류가 있었음을 확인하였다. 많은 양해를 바라오며, 이를 최대한 바로잡고자 하였다. 그리고 이 책의 내용 중에는 중복되는 부분이 없지 않다. 이는 서로 연관된 주제라는 점에서 부득이한 측면도 있지만, 전적으로 연구에 대한 저자의 게으른 탓임을 양해 바란다.

이 책은 크게 다섯 개의 주제로 정리되었다. 첫째는 관동대지진 조선인학살의 논점을 주제로 한 세 편의 글을 모았고, 둘째는 관동대지진 조선인학살에 대한 국내와 일본, 미국, 독일 등 국외 한인사회의 동향, 일본 역사수정주의에 대한 국내의 동향 등 네 편의 글을 엮었다. 셋째는 관동대지진 당시 식민지 조선 즉 국내의 언론의 인식과 보도, 기억과 계승 등 세 편의 글을 모았고, 넷째는 관동대지진으로 인한 식민지배정책으로 귀향과 도항, 민심 동향을 주제로 하는 두 편의 글을, 다섯째는 관동대지진 당시 국내에서 전개되었던 구제 활동, 즉 의연금 모금과 관련된 세 편의 글을 모았다. 그리고 관동대지진 조선인학살 100주년을 맞은 2023년 동복아역사재단 등에서 발행하는 잡지에 게재되었던 글을 시론으로 엮어보았다. 시론의 글은 새로운 내용이 아닌 그동안 연구한 것을 시의에 맞게 보다 쉽게 접근할 수 있는 네 편의 글이다. 끝으로 2023년 관동대지진 조선인학살 100주년을 맞아 국내에서 전개된 다양한 활동 중 학술회의, 출판물 등을 모아 '관동대지진 조선인학살 100주년 학술연구 현황'으로 정리해 보았다. 이 역시 저자의 게으른 탓이었다. 원래는 100주년을 맞아 발표된 학술연구 성과를 모아 분석하고자 하였다. 그렇지만 여러 가지 여건이 맞지 않아 정리만 해보았다. 이에 대해서는 훗날을 기약해 본다. 보잘것없는 책이지만 이 책을 통해 한국 사회에서 '관동대지진 조선인학살'이 보다 많이 관심을 가지고 회자되기를 기대해 본다.

그동안 국회에서 두 차례 관동대지진 조선인학살 특별법을 제정하기 위해 많은 노력을 하였음에도 좋은 결과는 얻지 못하였다. 22대 국회에서도 관동대지진 조선인학살 관련 특별법 제정이 추진되고 있다. 얼마 전 국회 행정안전위원회에서 '간토 대학살사건 진상규명 및 피해자 명예 회복에 관한 특별법안 입법공청회'가 있었다. 저자는 이 공청회에서 조선인학살 특별법 제정의 필요성에 대해 진술한 바 있다. 22대 국회에서 관동대지진 조선인학살 관련 특별법이 반드시 성사되기를 기원한다. 이는 국가의 책무이기도 하다.

이 책을 내기까지 많은 도움을 준 분들께 지면으로 감사의 인사를 드리고자 한다. 동학(同學)을 연구하는 데 많은 가르침을 준 광운대학교 김광렬 교수, 청암대학교 김인덕 교수, 일본 센수대학 다나카 마사다카(田中正敬) 교수, 1923간토한일재일시민연대와 기억과 평화를 위한 1923역사관을 이끌어 가고 있는 김종수 목사와 함께 연구를 하고 있는 배영미, 김강산, 니시무라 나오토(西村直登), 서종진 선생에게 늘 감사를 드린다. 그리고 연구하는 데 적극 지원해 주는 가족들에게도 감사드린다. 끝으로 이 책을 출판하는 데 도움을 준 도서출판 선인 대표 윤관백 사장과 편집과 인쇄를 맡아준 직원분들께도 감사드린다.

2024년 12월 말일
아산 연구실 수정재(守正齋)에서
성주현 심고

차례

제1부
관동대지진과
조선인학살의
논점

제1장 차별의 비극: 관동대지진 조선인학살

1. 머리말

최근 개봉된 영화 『파친코』는 운명을 알 수 없는 삶 속에서 고통스럽게 살아가는 재일한인들의 모습을 그려낸 바 있다. 이 영화는 이민진 작가의 『파친코』를 원작으로 제작한 것이다. 주인공 선자는 1900년대 일본 오사카로 이주한 후 피식민지인으로서 차별을 겪는다. 일본인들은 조선인들을 자신들과 다른 민족, 피식민지인이었기 때문에, 이주한 조선인, 재일조선인들은 일본인으로부터 차별과 학대, 혐오 등에 시달린다.

'차별'이란 서로 같지 않고 다른 정도나 상태를 있는 그대로 표현하는 차이와 달리 차이를 이유로 특정 대상을 우대하거나 배제 또는 불리하게 대우하는 행위를 의미한다.[1] 또한 차별은 혐오의 감정이 발화 등의 행위로 표현된 결과로 볼 수 있다. 그런 점에서 차별은 혐오의 감정을 수반하지 않는 경우는 매우 드물다. 현재 일본 사회는 재일한인에 대한 혐오와 차별은 여전히 지속되고 있다. 그 연장선에서 우익단체 재특회[2]는 "좋은 조선인도 나쁜 조선인도 모두 죽

---

[1] 유현경·김상민·이종혁, 「차별·비하 표현의 국어사전 뜻풀이 메타언어에 대한 연구」, 『한국사전학』 40, 한국사전학회, 2022.11, 173쪽.

[2] 재특회(在特會)는 재일특권을 용납하지 않는 시민 모임(일본어: 在日特権を許さない市民の会)의 약칭이다. 이 단체는 2007년 1월 20일에 발족한 일본의 극우 민족주의 성향의 시민단체이다. 재일특권이란 특히 '특별 영주 자격'을 지칭하는 것으로, 이는 1991년 일본에서 시행된 '입관 특례법'을 근거로 구 일본 국민이었던 한국인(대한민국 국적자)과 조선인(대한민국 정부수립전 기호 상의 국적) 등에게 주어진 특권이다. 재특회는 이 「입관특례법」을 폐지하고 재일 한국인을 다른 외국인과 동등하게 취급하는 것을 궁극적인 목표로 하고 있다.

이자", "불령선인이 범죄를 일으키려 한다", "바퀴벌레 같은 조선놈을 일본에서 내쫓자" 등의 현수막을 내걸고 혐오 발언을 일삼고 있다. 이 혐오발언은 한국인에 근본적인 차별인식을 가지고 있음을 보여주고 있다.

특히 지진이 발생하면 재일한인(한국인)에 대한 혐오와 차별적 인식은 여느 때보다 강하게 드러내고 있다. 2016년 4월 일본 구마모토(熊本)현에서 지진이 발생하였을 때 "구마모토현에 사는 한국인(조선인)이 우물에 독을 넣었다거나 지진이 일어난 구마모토현 사람들은 (독이 든 우물을) 조심하라"고 하는 괴소문 즉 유언비어가 퍼지기도 하였다.[3] "우물에 독을 넣었다"는 유언비어는 1923년 9월 1일 발생한 관동대지진 당시에도 있었고, 이로 인해 6천여 명이 학살당하였다.

1923년 관동대지진 조선인학살의 어디에서 비롯되었을까. 여러 가지 요인[4]이 있겠지만, 대부분 '차별'을 우선 언급한다. 최근 한 연구성과에 의하면 "1910년대부터 일본인은 조선인을 '후데이센진(不逞鮮人)'으로 표현했다. '령(逞)'은 즐거운 상태를 뜻한다. '불령(不逞)'이란 즐거움이 없이 불만, 불평 따위를 품고 멋대로 행동하는 이를 일컫는다. 1919년 3·1운동 이후 재일조선인이 급증하자, 일본 경찰과

---

3 「"조선인이 우물에 독 풀었다"…일본 구마모토 지진 후, 혐한 악성 루머 확산」, 『조선일보』 1916년 4월 15일자. 지진이 발생한 직후부터 일본 트위터에는 "대지진이 발생 후엔 한국인들이 우물에 독을 풀지도 모른다. 우물의 물은 마시지 않는 편이 좋다" "구마모토 우물에 조선인들이 독을 넣고 돌아다닌다고 하니 주의해 주세요" "구마모토에서는 조선인 폭동에 조심해주세요" 등의 트윗이 무차별적으로 올라오기 시작했다.

4 관동대지진 조선인학살에 대해서는 여러 가지 요인으로 분석하고 있다. 강덕상은 '민족적 차별'을 강조하였으며, 김응교는 조선인에 대한 혐오, 일본 노동자와 시민의 원망, 조선인 비하 이미지, 계엄령과 유언비어, 자경단, 국가주의 등으로 분석한 바 있다.(김응교, 『백년 동안의 증언: 간토대지진, 혐오와 국가폭력』, 책읽는고양이, 2023, 29~37쪽)

언론은 조선인을 적대시거나 무시하는 의미로 '후데이센진'이라고 불렀다"[5]라고 한 바 있다. 이는 조선인은 '후데이센진'과 동일한 존재로 인식케 하였고, 여기에는 조선인을 일본인과 같지 않고, 다른 존재로 차별하고자 하는 의도였다.

일제는 1910년 8월 29일 강점 이후 식민지배를 위해 이른바 '일시동인'이라는 명분으로 동화정책을 내세웠지만, 강점기 동안 차별정책으로 일관하였다. 또한 일제는 식민통치를 위해 '조선인의 사상과 성격'을 분석한 바 있다.[6] 이 분석은 조선인과 일본인의 차이를 다방면에서 살펴보고 있지만, 식민정책에서는 그 차이를 '차별'로 적용하였다. 일제의 조선인 차별은 식민지 조선보다는 이른바 '내지'라고 불리는 본국 일본에서 더 심하였다. 차별은 소수집단을 대상으로 한다는 점에서 일본에서의 삶은 『파친코』에서 보여주고 있듯이 고통이었다. 그 연장선에서 관동대지진이 발생하였을 때 조선인을 불령선인으로 차별하였고, 유언비어를 날조하여 조선인을 무참하게 학살하였다.

본고에서는 1923년 9월 1일 발생한 관동대지진 조선인학살에 크게 영향을 미친 조선인 차별과 학살 과정, 그리고 학살 양태를 살펴보고자 한다.

2. 차별적 용어 '불령선인'과 재일조선인

일본은 조선을 통해 불교와 유학 등 이른바 선진문화를 받아들였

---

5   김응교, 『백년 동안의 증언, 간토대지진, 혐오와 국가폭력』, 책읽는고양이, 2023, 32쪽.
6   조선총독부 편저, 김문학 옮김, 『조선인의 사상과 성격』, 북타임, 2010.

지만, 한편으로는 조선 또는 조선인을 멸시하는 인식은 오래전부터 형성되었다. 이는 일본인의 조선 인식은 문화적 동경과 군사적 우위라는 양면성을 보이고 있었다. 그렇지만 메이지유신 이후 이러한 전통적 인식은 일본의 우월의식으로 자리 잡았다.[7] 메이지유신으로 신정부를 수립한 일본은 '국서 문제'[8]를 계기로 조선에 대한 굴절, 왜곡된 인식이 강화되었다.

후쿠자와 유키치(福澤諭吉)가 창간한 『시사신보』는 "강대한 문명국 일본은 약소한 미개국 조선을 개화시킬 의무를 지고 있다. (중략) 그럼에도 조선의 완고한 수구당이 이를 방해하고 있다. 일본은 무력을 써서라도 이를 물리쳐야 한다. 조선을 일본 이외의 제3국에 양도해서는 절대로 안 된다"[9]라고 하였는 바, 이는 조선에 대한 배타적 우월의식을 강조하고 있으며, 언제든 군사적 행위를 해서라도 우월적으로 조선을 개화시켜야 한다는 인식하였다. 한말 대한자강회와 대한협회 고문이었던 오가키 다케오(大垣丈夫)는 "40~50년 전의 일본도 미개했는데 야마토혼(大和魂)을 발휘하여 서양문명을 배우고 더 나아가 구미를 능가했다고 하며, 한국도 한국혼(韓國魂)을 발휘하여 일본과 같은 성과를 얻어야 할 것"[10]이라고 하였다. 이는 일본이 조선보다

---

7 이지은, 「일본인의 한국관 변화에 대한 연구」, 광운대학교 대학원 석사학위논문, 2006, 10~13쪽.

8 1868년 12월, 메이지 정부는 조선에 일본의 새로운 정부가 들어섰음을 알리고 국교를 재개하자는 취지로 국서를 보냈다. 이 국서에는 '皇'과 '勅' 문자가 문제가 되었고, 조선은 수취를 거부하였다. 일본은 국서를 거부한 조선의 태도에 대해 '무례하다'고 보고 그 책임을 물으려고 하였다.

9 이도형, 「일본언론의 대한보도 백년」, 『신문연구』 31, 관훈클럽 관훈저널, 1980, 92쪽.

10 강동국, 「근대 일본의 한국인식」, 『일본, 한국을 상상하다』, 도서출판 선인, 2021, 242~243쪽.

앞서 문명국이 되었다는 것을 강조한 것으로, 이 역시 일본의 우월 의식을 드러냈다.

메이지유신 이후 형성된 일본 사회의 우월의식은 1910년 강점 이후 식민지배를 계기로 차별적 관계를 보다 정당화하였다. 즉 조선 민족은 선천적으로 국가적인 관념을 가지지 않은 식민적 국민이고, 그 성질은 온화, 우수, 순종적이기 때문에, 일본인의 식민이 정당하다는 인식을 갖도록 하였다.[11]

그렇지만 1919년에 전개된 3·1운동은 일본인의 조선인 인식은 크게 변화시켰다. 일본은 강력한 무단통치를 기반으로 조선인을 무력화하려고 하였지만, 강렬한 민족적 분노와 저항 의지는 일본인에게 충격이었다. 이로 인해 일본 사회는 조선인을 위험한 존재로 받아들였다. 그 결과 일본 사회는 내재된 배타적 우월의식과 적대감이라는 이중적 인식을 갖게 되었다. 이와 같은 일본 사회의 조선 및 조선인에 대한 우월의식과 적대감은 강점 이후 식민지 종주국 즉 일본으로 건너간 재일조선인에 대한 '차별' 의식으로 자리잡게 되었다.

그렇다면 일본 사회는 재일조선인을 어떻게 인식하였을까 하는 점이다. 일본은 치안을 담당하는 경찰 또는 사법 관계자를 통해 해마다 재일조선인의 동향을 파악한 보고서를 작성하였다. 이들 보고서에 의하면 재일조선인은 의타적이고 문약하고 여성적이며 불로소득의 욕망이 많은 것으로 분석하였다.[12] 또한 "게으르고 자제심이 부족하며 방종한 마음을 가지고 있어 고생해서 돈을 벌어도 저축을 하

---

11   이지은, 「일본인의 한국관 변화에 대한 연구」, 14쪽.
12   司法省, 『內地に於ける朝鮮人と其犯罪に就て』; 朴慶植 編, 『在日朝鮮人關係資料集成』 1, 三一書房, 1975, 275~276쪽.

지 않고 술을 마시거나 옷으로 치장하는 등 사치로 돈을 탕진한다”, “위생관념이 거의 없어 겉으로는 멋쟁이가 많아 보여도 집에 가보면 더럽기 그지없다”, “도박을 매우 좋아하며 도벽도 매우 심하며, 잘못된 결혼제도로 간통 등이 빈번한 조선 국내의 사정으로 인해 정조 관념도 매우 다르다”[13] 등등의 차이가 아닌 부정적으로 차별화하였다.

이처럼 차별을 받아오던 재일조선인은 점차 ‘불령선인’[14]으로 불렸다. ‘불령선인(不逞鮮人)’이란 “불평이나 불만을 품고 제 마음대로 행동” 한다는 뜻의 ‘불령’이란 단어에 ‘조선인’이 합성되어 만들어진 단어로써, ‘불평, 불만을 품고 불량하게 다니는 조선인’이란 뜻을 가진 말이다. 국립국어원 『표준국어대사전』에는 “일제강점기에, 불온하고 불량한 조선 사람이라는 뜻으로, 일본 제국주의자들이 자기네 말을 따르지 않는 한국 사람을 이르던 말”이라고 정의되어 있다. 이로 인해 ‘불령선인’은 일제강점기 일본 제국주의자들에 의해 일본의 지배나 통치에 불만을 품고 따르지 않는 조선인을 가리키는 멸칭(蔑稱)으로 공식적으로 사용되었다.

---

13 司法省刑事局, 『朝鮮人問題_日本社會運動の現況』; 朴慶植 編, 앞의 책, 251~252쪽.

14 불령선인에 관한 연구로는 정한나, 「살아있는 ‘불령선인’의 일본어 말하기: 『청년조선』, 『흑도』, 『후토이센진』, 『현사회』를 중심으로」, 『현대문학의 연구』 30, 한국문학연구학회, 2022; 김여진, 「간토대지진 시 불령선인 유언비어와 조선인학살: 도쿠다 슈세이(德田秋聲) 「파이어건(ファイヤガン)」의 내용분석을 중심으로」, 『인문사회21』 30, The Journal Of Humanities and Social Sciences 21, 2021; 강경자, 「1919년 3·1운동 전후 부정적 조선인 표상과 불령선인 담론의 형성」, 『일본연구』 34, 고려대학교 글로벌일본연구원, 2020; 강소영, 「‘불령선인(不逞鮮人)’의 소환과 문화적 인종주의」, 『일본어문학』 84, 2020; 김여진, 「1919년 3·1운동 전후 부정적 조선인 표상과 불령선인 담론의 형성: 일본어 신문미디어를 중심으로」, 『일본연구』 34, 글로벌일본연구원, 2020; 이진희, 「관동대지진을 추도함: 일본 제국의 ‘불령선인’(不逞鮮人)과 추도의 정치학」, 『아세아연구』 41, 아세아문제연구원, 2008 등이 있다.

그렇다면 이러한 차별의 의미를 담고 있는 '불령'의 의미를 조선인에게는 언제부터 적용하였는가 하는 점이다.

일제가 조선인에게 '불령'을 덧붙여 쓰기 시작한 것은 한말 침략기부터였다. 1904년 3월 21일자 하야시(林) 공사가 고무라(小村) 외무대신에게 보낸 전보에 의하면, 의병을 '불령의 무리'라고 하였다. 전보 내용은 다음과 같다,

> 어젯밤 불령의 무리(밑줄 필자) 200여 명이 봉기하여 파견대는 오전 2시 30분 이를 격파하고 적은 사망 5명, 부상 20여 명, 포로 16명, 거괴 2명을 남기고 나머지는 돌려보냈다. 파견대 부상자는 병사 1명으로 오른쪽 대퇴부를 관통 중상을 입었다.[15]

위의 전보는 함경도 일대에 의병의 활동이 활발하게 전개되자, 이들을 밑줄친 바와 같이 '불령의 무리'라고 하였다. 또한 1904년 함흥에서 동학 교인들이 다시 활동을 전개하였는데, 이들 역시 '불령의 무리'라고 하였다.[16] 즉 배일의식을 가지고 있는 의병과 동학당을

---

[15] 「日本側 咸興派遣隊의 朝鮮人 義兵 擊破 件」, 電受 第七四三號, 明治 三十七年 三月 二十一日(국사편찬위원회 한국사데이터베이스). "昨夜半不逞ノ徒約二百名蜂起シ派遣隊ハ午前二時半全ク之ヲ擊破セリ敵ハ死者五名負傷約二十名捕虜ノ十六名巨魁二名ヲ殘シ他ハ放還セリ派遣隊負傷者ハ兵士一名ニシテ右大腿貫通重傷ナリ"

[16] 「我軍隊ノ咸興府ニ於ケル東學黨ニ關スル情況顚末報告ノ件」, 公第一二號, 明治三十七年 三月 二十八日(국사편찬위원회 한국사데이터베이스). "(전략)其善後策トシテ觀察使ニ交涉シ我軍隊ハ良民ヲ保護シ不逞ノ徒ヲ鋤治スルノ外苟モ他意ナキニヨリ各自其ノ業ニ安シ決シテ狼狽スヘカラサル趣旨ヲ以テ坊間各所ニ諭達文ヲ揭示爲致(후략)";「武田通譯生咸興出張追認稟請ノ件」, 會第七號, 明治三十七年三月三十一日(국사편찬위원회 한국사데이터베이스). "當國咸鏡道咸興ニ於テ不逞ノ徒蜂起シタル趣在同地我分遣軍隊ヨリ電報シ來リタルヲ以テ俄カニ當地ヨリ一中隊ヲ增派シ遂ニ本月二十日之ヲ擊攘セリ(하략)"

일본의 통치에 따르지 않는 불온하고 불량의 무리 즉 '불량한 조선인'을 가리키고 있다.

또한 통감부 시기 공문서에 처음에는 배일의식을 가진 조선인을 배일선인이라고 하였으나 이토 통감이 대단히 그것을 싫어함에 따라 불령선인이라는 말을 만들었다는 설도 있다.[17]

한편 '불령선인'이 공문서에서 처음으로 확인된 것은 1910년 6월이었다. 일본 외무성 기록에서 확인되는데, 그 내용은 다음과 같다.

> 블라디보스토크 및 간도에서의 불령선인의 정찰 및 단속을 위해 주대한제국 관리를 두 곳의 일본 총영사관에 배치하는 건에 관한 지난 5월 2일자로 조회하였다. 이에 대해 지난달 10일자로 이의가 없다는 답변을 접하였다. 그리고 나서 이번 블라디보스토크 총영사관에는 통감부 통역관 시마이 다다요시(島井忠恕) 외 통역생 1명을 또 간도 총영사관에는 헌병 중위 요시다 마키치(吉田馬吉), 조장 타쿠마 유키치(田熊柳吉), 군조 야마우치 하지메(山內肇), 오장 토미오카 사이치(富岡才市), 오장 키미야마 헤이지로(君山平次郎) 등 5명을 배치했다.(하략)[18]

위의 문서는 통감 데라우치(寺內正毅)가 외무대신 고무라에게 보낸

17　今村鞆 編, 「抹殺したい熟字」, 『歷史民俗朝鮮漫談』, 龍溪書舍, 2008, 389~390쪽; 김여진, 「1919년 3·1운동 전후 부정적 조선인 표상과 불령선인 담론의 형성: 일본어 신문미디어를 중심으로」, 150쪽.

18　「浦鹽 및 間島에 日本 領事館員 配置 照會 回信」, 號外, 明治 四十三年 六月(국사편찬위원회 한구사데이터베이스) "浦鹽及間島に於ける不逞鮮人の偵察及取締の爲め在韓帝國官吏を右兩地帝國總領事館に配置方の件に關する去る五月二日附照會に對し客月十日附を以て御異存無之旨御回答に接し候に就ては今回在浦鹽總領事館には統監府通譯官島井忠恕外通譯生一名を又間島總領事館には憲兵中尉吉田馬吉·曹長田熊柳吉·軍曹山內肇·伍長富岡才市·同君山平次郎の五名を配置致(하략)"

문건으로, 러시아 블라디보스토크와 중국 간도 지방의 불령선인의 정찰과 취체를 위해 두 지역 일본 총영사관에 대한제국 관리를 배치하는 한편 블라디보스토크 총영사관에 통역 1명과 간도 총영사관에 군인 4명을 배치하였다는 문건이다.

이 문건에서 불령선인의 의미는 앞에서 언급하였던 한말 의병을 지칭하는 것이며, 일제의 조선 식민지화를 방해하는 '위험한 조선인'임을 말하고 있다. 일제 강점 이후에는 만주와 블라디보스토크 등 국외에서 활동하는 독립운동과 관련된 경우 대부분 '불령선인'을 쓰고 있다.

일제강점기에서 '불령선인'이 처음으로 쓴 것은 『조선일보』 1920년 7월 23일자에서 확인된다. 그 내용은 다음과 같다.

> 그러한 方面에 在한 所謂 不逞鮮人이 出沒하는 情勢가 有하며, 此에 對하여는 吾人은 無限한 努力으로써 掃蕩에 意를 注하는 터이며, 爲先 今日의 情勢로는 此 充實한 警察力으로써 是等의 情勢에 應할까 思惟하는 것이 올시다.[19]

위의 인용문은 일본 중의원 임시회의에서 후지타 쓰구아키라(荻田悅造)의 질의에 대한 미나구치(水口) 정부위원의 답변 과정에서 쓰고 있다. 인용문의 내용은 경찰 배치에 관한 답변으로 두만강과 압록강의 국경 일대에서 활동하는 불령선인 즉 독립운동 관련자를 소탕하는데 경찰력으로 충실하게 대처하고 있다는 것이다. 이 답변에 의하면 일본 정부는 조선인을 '불령선인'으로 인식하고 있음을 알 수 있다.

---

[19]　「임시회의에 조선 관계 문답」, 『조선일보』 1920년 7월 23일자.

이에 대해 『조선일보』는 다음과 같이 비판한 바 있다.

근자 신문 용어에는 불유쾌한 숙어가 많지마는 그중 日字新聞
중의 不逞鮮人이라는 不逞이 가장 보기 싫다. 대저 어떤 자가 최
초에 이런 상투어를 발명하였는가. 신문기자던지, 경찰관서의 사
아베로이던지, 재판소의 검사 판사이던지 필경 그런 자들 사이에
서 발명되었을 것이마는 아무리 생각하여도 듣기 싫은 숙어이다.
左傳 같은데 '聚軍不逞之人作亂'이란 문자가 있는 듯한데, 이것
을 배일하다는 조선인의 冠詞를 만든 의미는 일한합방을 반대하
고 일본의 정치를 불쾌히 思하는 자를 指한 것 될지라. 그러면 불
복이라던지, 불귀라든지, 불순이라든지 기타 여러 가지로 제일 義
的인 타당한 숙어일 터이다. 정부의 정치나 현재의 사회조직에 불
평불만을 표하는 자를 불령이라고 할 것 같으면 조선인에만 한할
것이 아니다. 일본의 무정부주의자나 사회주의자는 물론 현재 정
우회의 정치를 본위로 함에 반대하는 각 정당, 계급 및 개인은 위
태롭게 不逞國民될 것이다. 즉 不逞學者, 不逞思想家, 不逞勞動者,
不逞靑年, 不逞婦人-무엇이든지 不逞의 徒뿐이다. 그런즉 조선인
만 不逞이라 할 것은 아니다. 조선인의 노동자가 일본인과 무슨
쟁투를 하여도 신문에는 곧 不逞鮮人 운운이라 하니 참 氣塞할 뿐
이다. 氣塞 뿐인가. 무엇이라 형언키 어려우니 불유쾌의 感이 起
한다. 어떤 사람의 주창과 같이 소위 日鮮人의 공존공영을 圖하다
할진 데, 일본인 제군이 조선인에 대하여 매우 친절하고 丁寧하고
겸손한 태도로 대우치 않으면 안 될 것. 하여간 民聲者는 일본 전
국의 신문지상에서 조선인의 冠詞되는 不逞 二字를 말소할 용기
가 있느냐 없느냐를 操觚者에게 따져보고 싶다.[20]

위의 인용문은 이른바 가십기사[21]이다. 내용은 '불령선인'이라고

---

20 「민성」, 『조선일보』 1921년 9월 19일자.
21 신문이나 잡지 등에서, 유명한 사람과 사회적 사건에 대하여 흥미 위주로 가볍
    게 다루거나 비꼬아서 쓴 기사이다.

쓰는 용어가 불쾌하고 매우 보기 싫다는 것이다. '불령'이란 용어는 『좌전』에서 보이는 '취군불령지인작란(聚軍不逞之人作亂)'이라는 말에서 비롯되었는데, 이는 '배일한다는 조선인'을 지칭하는 의미라고 하였다. 그렇다면 이를 조선인에게만 적용할 것이 아니라, 일제 정치에 불평불만을 하는 자는 모두 '불령'에 해당된다고 지적하였다. 일본의 무정부주의자, 사회주의자, 정치에 반대하는 각 정당 및 계급, 개인은 모두 '불령국민'이라고 하였다. 일본인은 조선인에 대해 친절하고 겸손한 태도로 대우해야 함에도 불구하고 '불령선인'으로 대하는 것은 바람직하지 않다고 비판하였다.

한편 3·1운동 이후 발행된 『개벽』에 의하면, 신조어에 대해 정리한 바 있는데, 이 중에는 '불령선인'도 포함되어 있다. 불령선인에 대해 다음과 같이 설명하고 있다.

> 어쨌든 朝鮮에 萬歲運動이 탁 터졌겠다. 이것저것 前에 보지 못하던 새 現象이 많이 생겼겠다. 前에 듣지 못하던 새 말도 많이 생기고, 前에 쓰지 못하던 새 文字도 많이 쓰게 되었었다. 다른 것은 다- 그만두고 이제 己未 以後 朝鮮에 새로 流行되는 術語를 잠깐 모아 본다 혀면-
> 不逞鮮人. 日本에서는 '不逞' 二字를 常用으로 써왔는지는 모르겠다마는 어쨌든 朝鮮에서는 처음 듣는 즉 己未 以後의 새 말이다, 日本人 當局者들이 反日本 朝鮮人을 稱하여 不逞鮮人이라 한다. '나쁜 놈'이라는 말이지 '좋은 놈'이라는 말인지 (毋論 나쁜 놈), 어쨌든 張飛 헌 창 쓰듯 日本人이 一手 잘 쓰는 말이다. '不逞鮮人 出沒', '不逞鮮人 入境', '不逞鮮人 侵入' 등은 우리가 눈이 시리도록 보던 것이겠다. 不逞日人이라는 새 術語는 아니 생기려는지?[22]

22   「최근 조선에 유행하는 신조어」, 『개벽』 57, 1925.3, 69쪽.

앞에서 언급한 바와 같이 불령선인은 주로 일제의 공문서에서 사용되었음을 확인하였지만, 일반 사회에서 '불령선인'이 일상어로 인식된 것은 3·1운동 이후였다. 일본인 당국자들이 배일조선인을 지칭하는 말임을 분명하게 밝히고 있다. 그러면서 일본인에 대해 '불령일인'이라는 말로 이를 조롱하고 있다.

이로 볼 때 일제는 통감부를 설치하기 이전부터 불령선인의 인식을 가지고 있었음을 알 수 있다. 그 연장선에서 의병투쟁과 3·1운동에 참여한 조선인은 '폭도' 또는 '불온한 무리'라 일컬었으며, 나아가 조선인을 '불령선인'으로 인식케 하였다.

3·1운동 이후 조선인의 이미지는 '불령선인'이라는 하나의 대명사로 귀결되었으며, 재일조선인도 자연스럽게 불령선인으로 인식되었다. 이러한 조선인의 폭력적이고 부정적인 이미지는 1923년 관동대지진 당시에는 일본인에게는 '적'으로 인식되었고, 조선인이라는 이유로 대량 학살당하였다. 물론 여기에는 일본의 언론의 역할이 적지 않았다고 할 수 있다.

한편 '불령선인'과 관련하여 박열 등 아나키스트들이 일본에서 조직한 흑도회는 기관지로 『太い鮮人(후데이센진)』을 발행한 바 있다. 이는 일본 사회에서 조선인을 비하하고 혐오하는 의미로 쓰이는 '不逞鮮人'의 발음인 '후데이센진'의 반어적 저항의 의미로 '太い鮮人'이라고 하였다. '太い'는 'ふとい'라고 발음되지만 'ふてい'로 쓰면서 '不逞'을 희화(戲畫)한 것이라 할 수 있다. '太い'는 '굵다, (도량이) 크다'와 속어로 '뻔뻔스럽다, 발칙하다'라는 두 가지 의미를 가지고 있는데, '太い鮮人'는 이 두 가지 의미를 다 포함하고 있는 이중성을 보여주고 있다.

3. 차별에서 비롯된 유언비어와 조선인학살

1923년 9월 1일 오전 11시 58분, 도쿄(東京), 가나가와(神奈川), 지바(千葉), 사이타마(埼玉), 시즈오카(静岡), 야마나시(山梨), 이바라키(茨城)의 1부(府) 6현(縣)을 포함한 간토 일대에 대지진이 발생하였다. 이른바 관동대지진이라 불린다.[23]

관동대지진 직후 요코하마(橫浜)와 도쿄(東京)에서는 조선인 관련 유언비어가 퍼졌다. 유언비어는 "조선인이 폭동을 일으킨다, 방화를 한다, 우물에 독을 넣었다, 여성을 강간한다" 등등이었다. 이 유언비어는 조선인을 살해, 학살하는데 중요한 요인으로 작용하였다. 이는 앞절에서 언급하였듯이 일본 사회에서는 조선인은 불령선인으로 인식하였기 때문이었다.

그렇다면 유언비어는 언제부터 누구에 의해 시작되었을까 하는 점이다. 유언비어 발생에는 여전히 논란이 있지만, 관동대지진이 일어난 9월 1일 저녁에 이미 유언비어가 돌았다. 그리고 유언비어 발생에는 경찰의 역할이 컸다.

조선인 관련 유언비어는 9월 1일 저녁부터 경찰관들이 조장하였다.[24] 데라다 도라히코(寺田虎彦)의 「진재 일기에서」에 의하면, "귀가해 보니 불에 타 집을 잃은 아사쿠사(淺草)의 가족이 13인 피난해 와 있었다. 모두 무엇 하나 꺼낼 틈도 없었다고 하고, 어젯밤 우에노(上野) 공원에서 노숙하고 있는 데에 순경이 와 ○○인 방화자가 배회하고 있

---

23   이 지진에 대해서는 연구자마다 명칭을 달리하고 있다. 한국에서는 관동대지진, 간토대지진으로, 일본에서는 간토대진재이라고 한다. 필자는 편의상 관동대지진으로 사용하고 있다.

24   강덕상 외, 『관동대지진과 조선인 학살』, 동북아역사재단, 2013, 52쪽.

기 때문에 주의하라고 말했다"[25] 한다.

이 일기는 1923년 9월 2일 아침에 쓴 것으로 관동대지진이 발생한 9월 1일 저녁의 상황이다. 데라다(寺田)는 9월 1일 밤 우에노(上野)공원에 피신하여 숙박을 하던 중이었는데, 경찰관이 와서 '○○인' 즉 조선인이 방화를 한다고 전하였다.

또한 도쿄 아자부구(麻布區) 혼무라(本村)소학교 1년생 니시무라 가요코(西村嘉世子)의 『대지진 이야기』에서도 "저녁 때가 되자 ○○○○이 습격해 온다고 순경님이 알려 주러 왔습니다."[26]라고 하였다. 여기서 '○○○○'은 '불령선인'으로, 이는 앞서 언급한 바와 같이 조선인을 멸시하며 쓰는 말이었다.

이외에도 『호치신문(報知新聞)』 1923년 10월 28일자에 의하면, "10월 25일에 도쿄의 혼고(本鄕) 초등학교에서 열린 혼고 구의회 의원·구내 유지·자경단 대표 회의에서 아케보노초(曙町)의 무라다(村田) 대표는 "9월 1일의 저녁 아케보노초의 파출소 순경이 자경단에 와 "각처 마을에서 불령선인이 살인 방화하고 있기 때문에 조심해라"라고 두 차례나 통지하러 왔다"고 보고했다."라고 밝힌 바 있다.

이로 볼 때 관동대지진 당시 조선인 관련 유언비어는 대지진이 발생한 9월 1일 오후에 경찰관에 의해서 시작되었음을 확인할 수 있다. 이 유언비어는 9월 1일 저녁 사이타마현에서도 확인된다.

사이타마현 이루마군 (재향군인회) 분회장이 구두로 보고한 것은 다

25   금병동 편·해설 『간토대진재 조선인 학살 문제 관계 사료 3: 조선인 학살에 관한 지식인의 반응 1』 료쿠인 서방, 1996, 285쪽.
26   금병동 편·해설, 『간토대진재 조선인 학살 문제 관계 사료 1: 조선인 학살 관련 아동 증언 사료』 료쿠인 서방, 1989, 299~300쪽.

음과 같다. 9월 1일 오후 7시 무렵, 경찰서는 경종을 난타하고, 경찰관은 일본 옷에 일본도를 차고 자전거를 타고 다니며 읍민에게 다음과 같이 경고했다. 폭탄 흉기를 가진 선인 11명이 이 마을을 내습하고, 그중 1명이 포박되었다. 이 자는 6연발 단총을 휴대했었다, 온 마을은 등화를 끄고 문단속을 해라.[27]

위의 인용문에 의하면, 사이타마현(埼玉縣) 이루마군(入間郡)에서 9월 1일 오후 7시경 경관이 자전거를 타고 마을을 돌아다니면서 '흉기를 가진 조선인이 마을을 습격한다'고 하였다. 즉 '조선인 습격설'이 전해진 것이다. 그렇지만 조선인 습격설은 확인되지 않은 유언비어였다.

도쿄와 요코하마, 사이타마의 조선인 관련 유언비어는 이후 간토 지역 일대로 확산되었다. 이는 9월 2일에 경관이 유언을 퍼뜨리고 다녔던 것을 기록한 어린이들의 작문도 확인되고 있다.

코우지마치구(麴町区, 현 千代田 구) 후지미(富士見) 초등학교 2년생 이와사키 타카유키(岩崎之降)의 『타이쇼 진재의 기』라는 글에는 "9월 2일 이른 아침에 순경이 '불령선인이 (중략) 시중 각처에 방화했다 합니다.'라고 집집마다 알리고 다녔다고 한 바 있으며, 교바시구(京橋区) 교바시(京橋) 고등초등학교 1년생 스즈키 키시로우(鈴木喜四郎)는 『추억』이라는 증언집에 "9월 2일 저녁 순경이 '오늘 밤은 ○○○인의 야습이 있기 때문에 조심해 주세요.'라고 외치면서 돌아다녔다"고 글을 남겼다. 이들 증언에서 '○○○인'은 '불령선인'을 의미한다.

그런데 9월 2일 이후 유언비어가 관동지역 일대로 확산하는 데는 관공서 즉 내무성의 역할이 컸다. 치안 당국의 핵심 기구인 내무성 고토 후미오(後藤文夫) 경보국장은 '조선인이 폭동을 일으켰다'는 유언

27   도쿄시청 편·간, 『도쿄 진재록』 별집, 1927, 294쪽.

비어를 사실로 받아들였으며, '조선인 폭동'을 전문을 통해 적극적으로 유포하였다. 관련 내용은 다음과 같다.

> 9월 3일 오전 8시 15분 수신 확인
> 내무성 경보국장이 해군기지 쿠레(吳) 진수부(鎭守府) 부관에게 타전, 각 지방 장관에게 송신.
> 도쿄 부근의 진재를 이용하여 조선인이 각지에 방화하고 불령의 목적 달성을 기도, 실제, 도쿄 시내에서 폭탄을 소지, 석유를 붓고 방화하는 자가 있다. 이미 도쿄부 내 일부에 계엄령을 시행하였으므로, 각지에 있어서 충분히 주도면밀한 시찰을 가하여 선인의 행동에 대하여 엄밀한 단속을 가할 것.[28]

앞의 인용문은 고토(後藤)가 각 지방 장관 앞으로 재일조선인이 폭동을 일으킨 것을 알리고, 그들에 대한 단속을 지시한 전문이다.

이 전문은 후나바시(船橋) 해군 무선전신소에서 접수한 것은 9월 3일 오전 8시 15분이었지만, "이 전보를 전기(傳騎, 전령을 임무로 하는 기병)에게 소지시켜 내보낸 것은 2일의 오후로 기억함"이라고 기록되어 있다. 즉, 도쿄로부터 후나바시 해군 무선전신소로 향하는 전령의 기병에게 전문을 건네준 것이 9월 2일 오후임을 알 수 있다. 즉 내무성은 9월 2일 오후 해군의 무선전신소에 전령을 보내 조선인들이 '불령(不逞)한 짓을 하고 있다'는 내용을 전국으로 타전하였음을 알 수 있다.[29]

이 전문을 접수한 사이타마현에서는 내무부장 고사카 마사야스(香坂昌康)가 '불령선인(不逞鮮人)의 맹동(盲動)'이 있으니, 관내 각 행정구역

---

28 금병동 편·해설, 『간토대진재 조선인학살 문제 관계 사료 2: 조선인학살 관련 관청 사료』, 녹음서방, 1991, 158쪽.
29 야마다 쇼지, 『관동대지진 조선인학살에 대한 일본국가와 민중의 책임』, 논형, 2008, 105쪽.

당국자들에게 통첩을 발송하였는데, 그 내용은 다음과 같다.

> 서발(庶發) 제8호
> 다이쇼 12년 9월 2일
> 사이타마현 내무부장
> 군, 정, 촌장 앞
> 불령선인에 관한 건
> 이첩(移牒)
> 　이번의 진재에 즈음해 <u>도쿄에서 불령선인의 망동</u>이 있었으며, 또 그 사이에 과격 사상을 안은 자들이 이와 호응해 그들의 목적을 달성하려고 하는 모습이 알려졌는데, 점차 악랄한 짓을 저지를 우려가 있으므로, 차제에 정, 촌의 당국자에서는, 재향군인 분회·소방대·청년단 등이 일치 협력해 경계를 임하여, <u>일조 유사의 경우에는 신속하게 적당한 대책을 세울 수 있도록</u> 시급히 적절한 환경을 마련해 주시길 바란다. 이는, 그쪽 방면의 당국의 명령에 의해 이것을 명하는 바이다.(밑줄 필자)

　사이타마현에서 이첩(移牒)된 「불령선인에 관한 건」은 자경단의 결성과 그들이 조선인들을 학살하는 데 중요한 역할을 하였다. 좀 더 구체적으로 살펴볼 필요가 있다.

　통첩 중 밑줄친 '도쿄에서 불령선인의 망동'은 앞에서 언급한 조선인 폭동설이라는 유언비어였지만, 이 통첩을 받은 담당자들은 실제 조선인이 폭동을 일으켰다고 인식하였다고 할 수 있다. 이에 따라 각 지역에서는 불령선인의 망동 즉 조선인의 폭동을 막기 위해 재향군인회, 청년당, 소방대 등 단체들이 연대하여 자경단을 조직하였다. 그리고 '과격 사상을 가진 사람들'이란 표현이 눈에 띄는 데 이들은 사회주의자들을 가리킨다. 이로 볼 때 내무성은 재일조선인과 일본인 사회주의자의 연대 지향을 경계하고 있었던 사실을 알 수 있다. 무엇보다도 중요한 것은 밑줄친 '유사시 적당한 방책'을 강구하도록 한 지시였다. '적당한 방책'이라고하였지만, 이는 조선인을 죽여도 좋다는 의미가 담겨져 있다.

이 통첩에 따라 사이타마현에서는 자경단을 조직되었으며 9월 4일 가타야나기(片柳)에서, 4일부터 5일에 걸쳐 구마가야(熊谷), 진보하라(神保原), 혼조(本庄)에서, 6일에 요리이(寄居)에서 자경단이 조선인을 학살하였다. 통첩의 지시사항인 '유사시에는 신속하게 적당한 대책'이라고 하였지만, 실제적으로 조선인학살로 이어졌다.

이처럼 차별적 의미를 지니고 있는 '조선인' 또는 '불령선인'의 유언비어는 행정기관과 군, 경찰 조직에 의해 일본 민중들에게 직접적으로 전달되었다. 이는 다음의 사례에서 확인되고 있다.

> 시코쿠마치(四国町)에서 활동한 한 자경단원은 "9월 2일, ××(선인)으로 판단되면 본서에 데려 오너라, 저항하거든 ○(살)해도 지장 없다라고 말했다"[30]

시코쿠마치의 한 자경단원은 조선인이 있으면 잡아서 경찰서로 끌고 오라고 하였으며, 만일 반항하면 죽여도 좋다고 증언하였다. 여기서 경찰서로 끌고 오라고 한 주체는 다름 아닌 경찰이었다. 당시 혼란한 상황에서 경찰의 말은 자경단에게는 곧 공문의 성격을 지녔던 것이다.

또한 변호사 후세 다츠지(布施辰治)의 친구인 재향군인 분회장은 "9월 2일 밤에 경찰관의 명령으로 일본도를 들고 옥외에 있었는데, 또 한 명 경찰관이 와서 "선인이 오거든 죽여도 상관없다"라고 했다"라고

---

[30] 『東京日日新聞』, 1923년 10월 23일자.

증언한 기록도 있다.

가나가와현(神奈川縣) 타치바나군(橘郡) 나카하라무라(中原村, 현 川崎市)의 고바야시 히데오(小林秀夫)의 일기에도 "9월 2일에 경찰로부터 '케이힌 (京浜) 지방의 선인 폭동에 대비하기 위해 출동하라'라는 명령이 내려져 마을의 재향군인, 청년단, 소방단이 무기를 가지고 출동했다"라고 기록하고 있다.

관헌으로부터 흘러나온 조선인 폭동이라는 오인 정보가 관청의 연락망을 통해서 전국 각지에 흘러간 영향은 컸다. 당시에는 경찰관을 비롯한 관헌이 말하는 것이라면 틀림없는 것으로 믿는 권위주의가 민중 속에 깊이 존재하였을 뿐 아니라 관헌의 권위가 뒷받침된 오인 정보가 흘러갔기 때문에, 일반 사회에서는 이 유언비어를 의심할 여지 없는 정보로 믿을 수밖에 없었다. 결과적으로 일본 민중들이 유언비어를 옮긴 것보다, 관헌이 오인 정보를 유포한 책임은 훨씬 컸다고 할 수 있다.

한편 일본 경시청에서 조선인학살을 자행한 자경단 재판의 예심 종결된 현황을 정리한 것을 소개하면 다음 〈표 1-1〉과 같다.

〈표 1-1〉 경시청에서 정리한 자경단 조선인학살사건 예심종결 현황[31]

지역		경찰서 관내	자경단 학살 개요
東京府	南足立郡	千住	9월 1일, 西新井村에서 조선인 1명 살해하다
	北豊島郡	巢鴨	9월 4일, 巢鴨町에서 조선인 1명 살해하다
	南葛飾郡	龜戶	9월 3일, 吾嬬町에서 조선인 1명 살해하다
		寺島	9월 2일, 隅田町에서 조선인 1명 살해하다
	荏原郡	世田ケ谷	9월 2일, 世田ケ谷에서 조선인 1명 살해하다

31　「自警團の取締・朝鮮人殺害事例」, 『朝鮮人虐殺關聯官廳史料』, 綠陰書房, 1991, 14~20쪽. 이 자료에는 조선인으로 오인하여 살해된 일본인 관련 건도 포함되어 있다.

지역		경찰서 관내	자경단 학살 개요
千葉縣	千葉郡	千葉	9월 4일, 千葉市 寒川에서 조선인 2명 살해하다
	東葛飾郡	舟橋	9월 3일, 舟橋경찰서 앞에서 조선인 12명을 살상하다 9월 3일, 浦安町에서 조선인 2명을 살상하다 9월 4일, 舟橋町에서 조선인 37명을 살해하다
		市川	9월 4일과 5일, 中山村에서 조선인 16명을 살해하다
		松戶	9월 3일, 我孫子村에서 조선인 3명을 살해하다 9월 3일, 馬橋村에서 조선인 1명을 살해하다 9월 4일, 馬橋村에서 조선인 5명을 살해하다 9월 4일, 流山町에서 조선인 1명을 살해하다
	印幡郡	成田	9월 4일, 成田驛에서 조선인 2명을 살해하다
	香取郡	左原	9월 4일, 左原町에서 조선인 2명을 살해하다 9월 4일, 滑川驛에서 조선인 2명을 살해하다
	海上郡	旭町	9월 4일, 三川村에서 조선인 2명을 살해하다
神奈川縣	橘樹郡	川崎	9월 4일, 鶴見町에서 조선인 1인을 살해하다 9월 4일, 田島町에서 조선인 1명을 살해하다
埼玉縣	大里郡	熊谷	9월 4일, 熊谷町에서 조선인 7명을 살해, 수십 명에 대해서는 폭행 상해를 하다
	兒玉郡	本庄	9월 4일, 本庄町에서 조선인 20수 명을 살해 및 십수 명을 폭행 상해하다. 9월 4일, 神保原村에서 조선인 80여 명을 살해하고 십수명을 폭행 상해하다
	北足立郡	大宮	9월 4일, 片柳村에서 조선인 1인(강대흥)을 살해하다
群馬縣	群馬郡	高崎	9월 3일, 高崎市 入島町에서 조선인 1명을 상해하다
	多野郡	藤岡	9월 5일과 6일, 藤岡경찰서 내 보호 중인 조선인 17명을 살해하다
栃木縣	下都賀郡	小山	9월 3일 9시경, 東北本線 石橋驛에서 성명미상의 조선인 2명을 상해 치사하다. 9월 3일 오후 10시경, 東北本線 間間田驛에서 성명미상의 조선인 2명이 살해되다. 9월 3일 오후 11시경 東北本線 小金井驛에서 성명 미상의 조선인 1명이 상해 치사하다.
	那須郡	黑磯(分)	9월 5일 8시경, 東那野村 大原間 순사주재소 앞 도로에서 조선인 馬達出과 동반자를 살해하다

위의 〈표 1-1〉은 경시청이 조선인학살사건으로 검거된 자경단의 재판 중 예심 종결된 것을 정리한 현황이다. 조선인학살은 도쿄, 치

바, 가나가와, 사이타마, 군마, 이바라키 등 간토 일대에서 자경단의 의해 자행되었음을 공문서로 확인할 수 있다. 이 경시청 문건의 의하면, 자경단에 의해 231명의 조선인이 학살되었음을 밝히고 있다.[32]

물론 앞의 재판 중인 자경단 조선인학살사건은 방산의 일각에 불과하다. 관동대지진 직후 관동 일대의 도쿄부에 1,593개, 가나가와현에 603개, 사이타마현에 300개, 치바현에 366개, 이바라키현에 336개, 군마현에 469개 등 3,686개의 자경단이 조직되어 활동하였다. 이들 자경단은 조선인학살의 주도하였음은 이미 밝혀진 바 있다.[33]

자경단뿐만 아니라 경찰과 군대에 의한 조선인학살도 적지 않았다.[34] 군대에 의한 조선인학살 사례는 다음 〈표 1-2〉와 같다.

〈표 1-2〉 군대의 관동대지진 조선인학살 사례[35]

일자	군의 학살 개요	장소
9월 1일	외박 휴가 중 병사가 조선인 1명을 박살	東京府 月島 4 丁目 附近
9월 3일	병사 1명이 조선인 1명을 사살	東京府 両国橋 西詰 附近
9월 3일	전차 도로상에서 병사 1명이 조선인 1명을 刺殺	東京府下 谷区 三輪町 45番

32 「(八)朝鮮人問題」, 『朝鮮人虐殺關聯官廳史料』, 綠陰書房, 1991, 30쪽

33 기다 에미코, 「화가들이 본 지진과 조선인 학살」, 『한국독립운동사연구』 82, 독립기념관 한국독립운동사연구소, 2023; 이규수, 「관동대진재와 한인 학살: 그 망각과 기억의 소환」, 『공존의 인간학』 5, 전주대학교 한국고전학연구소, 2021; 강효숙, 「1923년 관동지역 조선인학살 관련 향후 연구에 대한 고찰: 일변협(日辨協)의 보고서를 중심으로」, 『전북사학』 47, 전북사학회, 2015 등이 있다.

34 이에 대해서는 강효숙, 「1923년 관동지역 조선인학살 관련 향후 연구에 대한 고찰: 일변협(日辨協)의 보고서를 중심으로」, 『전북사학』 47, 전북사학회, 2015을 참조 바람.

35 日本辯護士聯合會, 『關東大震災人權救濟申立事件調查報告書』, 2003을 참조함.

일자	군의 학살 개요	장소
9월 3일	3명의 병가가 조선인을 총대로 구타를 계기로 군중 및 경찰관과 투쟁이 일어나 조선인 200명이 살해	東京府 大島町 3 丁目 附近
9월 3일	병사 3명이 조선인 17명 사살	東京府 永代橋 附近
9월 3일	병사 6명이 조선인 6명 사살	東京府 大島 丸八橋 附近
9월 3일	병사 1명이 조선인 1명 사살	東京府 亀戸驛 構内
9월 2일	기병 15연대 병사 2명이 조선인 1명 사살	千葉県 南行德村 下江戸川 橋際
9월 3일	병사 1명이 조선인 3명 사살	千葉県 浦安町 役場前
9월 4일	한 장교가 한 병사를 시켜 조선인 1명을 사살	千葉県 松戸地先 葛飾橋上
9월 4일	1 중사가 병사 2명을 시켜 조선인 2명을 사살	千葉県 南行德村 下江戸川 橋北詰
9월 4일	1 중사가 병사 2명을 시켜 조선인 5명을 사살	千葉県 南行德村 下江戸川 橋北詰

〈표 1-2〉에 의하면, 병사뿐만 아니라 장교 등 군대에 의해 학살된 조선인은 250여 명에 달하고 있다.

이처럼 공문서에서도 조선인학살이 확인되고 있지만, 100년이 지난 지금도 일본 정부는 "정부 조사에 한정한다면 사실관계를 파악할 수 있는 기록이 발견되지 않았다"고 부인하고 있다.[36] 일본 정부의 조선인학살 부인은 그동안 이른바 '문명인'을 자처하던 일본인이 '학살'이라는 야만적 행위에 대한 불편한 심정, 즉 조선인학살을 인정하고 싶지 않은 것으로 판단된다. 그렇지만 100년이 지난 현실에서 조선인학살은 여전히 해결해야 할 미제로 남아 있다.

---

[36] 「관동대지진 100주기에도…日 "조선인 학살, 확인할 기록 없다"」, 『머니투데이』 2023년 8월 30일자.

4. 조선인학살의 양태

앞에서 살펴본 바와 같이 관동대지진 당시 관동지역 일대로 확산
된 유언비어로 인해 조선인은 6천여 명이 학살되었다. 군과 경찰 그
리고 자경단에 의한 조선인학살은 다양한 양태로 나타나고 있다. 군
과 자경단에 의한 조선인학살의 양태 사례를 살펴보면 다음과 같다.

〈가〉 모치즈키(望月) 상등병과 이와나미(岩波) 소위는 진재지에 경
비의 책임을 맡아 코마츠카와로 가서 무저항의, 온순히 복종을 표
명한, 2백 명이나 되는 선인 노동자에 대해 군사를 지휘해 잔학 행
위를 다했다. 부인은 다리를 잡아당겨 가랑이를 찢고, 혹은 철사
로 목을 졸라 못에 던지고, 괴롭혀 죽이거나 온갖 학살을 자행한
데 대해, 너무나 비상식적이지 않을까라고 다른 사람의 공평도 나
쁘다.(『구보노 시게지(久保野茂次) 일기』)

〈나〉 끈으로 몸이 결박된 조선이이 강에 빠져 죽었습니다. (중략)
10여 명 정도의 조선인이 모두 묶여져 있고, 3명씩 많게는 10명 정
도가 함께 발이 조금 연결되어 있구요. 따라서 모두 이어져 있는 거
예요. 그리고 생존해 있는 사람(조선인)을 처박아 놓았기 때문에, 물을
먹어 배가 부풀어 오르고 몸에는 아무것도 걸치지 않은 나체였지
요. 똑바로 누운 채로 죽은 자도 있고, 엎어져 죽은 사람도 있어요.
그것은 얼마인지 셀 수가 없을 정도예요. 그 장면을 나의 눈으로 똑
똑히 봤지요. 정말로 불쌍해서 눈물을 흘리면서 걸어갔습니다.[37]

〈다〉 근처의 사람들이 달려가고 있어 무슨 일인가 봤더니, 경
관이 한 남자를 연행해 가는 것을 한 무리의 군중이 '조선인', '조

---

[37] 日朝協會 豊島 編, 『민족의 가시: 관동대진재와 조선인학살의 기록』, 10쪽; 강덕
상 외, 『관동대지진과 조선인학살』, 동북역사재단, 2013, 59쪽 재인용.

선인'이라고 욕하면서 둘러싸고 있어요. 그러던 중 군중은 경관을 밀쳐내고 남자를 잡아채어 가까운 연못에 던져버리고는 3명이 굵은 몽둥이를 갖고 와서 살아있는 인간(조선인)을 떡을 치듯이 쾅쾅 내리쳤습니다. 그 사람은 비명을 지르고 연못물을 마셔 고통스러운 얼굴을 들면 또 내리쳐 드디어 살해하였습니다. 일단 사람들은 환성을 지르며 물러났습니다. 그리고 또 다른 무리가 와서 죽어 있는 그 사람(조선인)을 연못에서 꺼내어 돌아가며 둥글고 굵은 몽둥이로 팼습니다. 육신은 찢어지고 피가 터져 인간의 모습이라 할 수 없을 정도로 때리고 고성을 지르고 사라졌습니다. 죽은 자(조선인)를 또 한 번 죽인다는 말대로 그때의 참상은 지금도 나의 눈앞에 선하게 남아 있습니다.[38]

〈라〉 사이타마현 기타아다치군(北足立郡) 가타야나기무라(片柳村) 지방은 1923년 9월 1일 대지진으로 인해 인심이 흉흉하여 불안한 마음에 사로잡혀 있었다. (중략) 9월 4일 오전 2시경 가타야나기무라 오지야마(大字山) 방면으로부터 강대흥(姜大興)이 가타야나기무라 오지야마 소메타니(染谷) 안으로 도망쳐 들어와 소방서 조그만 집 부근에 이르렀다. 마침 그 곳에서 경계를 하던 (삭제) 위해 알고서 추적을 받고 동인의 집 뒤의 마을 길로 도주하던 중, 불령선인이 습격할 것이라고 전해 듣고 그곳으로 달려온 피고 ① 및 ② 두 명과 만나 ①은 창(증거 제1호), ②는 일본도(증거 2호)를 가지고 강대흥을 추적하여 소메타니(染谷) 지야쿠모(字八雲) 밭(耕地)까지 추적하였다. 이곳 (삭제) 집 부근 마을 길에서 강대흥이 뒤쪽으로 돌아서자 ①은 가지고 있던 창으로 재빨리 강대흥의 가슴을 찔렀다.

강대흥이 달아나 부근 생강밭으로 들어가다가 밭도랑으로 넘어졌다. ②는 가지고 있던 일본도로 강대흥의 왼쪽 어깨를 베었고, 동시에 ①은 창으로 강대흥의 머리 앞쪽을 구타하였다. 강대

---

[38] 清水幾太郎 監修, 『手記·關東大震災』, 新評論, 1975, 93~94쪽; 강덕상 외, 『관동대지진과 조선인학살』, 동북역사재단, 2013, 60쪽 재인용.

홍이 일어나서 다시 얼마쯤 걸어서 같은 곳 감자밭으로 달아나 들어가다가 다시 넘어졌다. 피고 ③, ④, ⑤ 등도 불령선인이 습격한다는 것을 듣고 그곳으로 달려와 감자밭에서 ④는 일본도(증거 11호 1)를 가지고 강대홍의 둔부를 베었으며, ⑤는 창(증거 제9호)를 가지고 강대홍의 후두부를 찔렀다.

그 결과 강대홍은 중상을 입고 구호를 위해 기타아다치군(北足立郡) 오미야마치(大宮町) 하기와라병원(萩原病院)으로 이송하였다. 이날 오전 9시경 (강대홍은) 사망하기에 이름으로 피고 등의 각 상해 행위는 모두 죽게 한 결과에 대한 경중을 알고 있을 것으로 예견된다.

(하략)

〈가〉는 군에 의한 조선인학살 사례이다. 모치즈키 상등병과 이와나미 소위는 경비 책임을 맡은 쿠마츠가와에서 병사를 지휘하여 조선인 2백여 명을 학살하였다. 조선인 부인의 다리를 잡아 가랑이를 찢고, 철사로 목을 졸라 연못에 던져 살해하였다. 이는 여성뿐만 아니라 남성도 같은 방법으로 살해하였을 것으로 추정된다.

〈나〉는 자경단에 의해 학살당한 사례이다. 이 사례는 시라히게신사(白髭神社) 가까운 스미다가와(隅田川)에서 자경단이 조선인을 학살하는 광경을 목격한 사카마키 후치가 증언한 것이다. 자경단은 끈으로 결박한 조선인을 스미다가와에 빠뜨려 죽였다. 조선인 3명 또는 10명을 발을 묶어 도망하지 못하게 하였다. 물을 먹여 배가 부풀어 올랐으며 옷도 제대로 입지 못한 상태에서 학살당하였다. 학살된 조선인은 눕혀져 있거나 엎드려진, 널브러져 있는 상태였다. 그야말로 참혹한 모습이었다.

〈다〉 역시 자경단에 의해 학살당한 사례이다. 이 사례는 도쿄 미나미가쓰시카군(南葛飾郡) 오시마정(大島町)에서 조선인학살 광경을 목격한 후타하시 기이치(二橋茂一)가 증언한 것이다. 경관이 연행하는 조선인을 빼앗은 자경단이 연못에 던진 후 3명의 자경단원이 굵은 몽둥이로 조선인을 떡매 치듯이 내리쳤다. 조선인 비명을 지르자 연못물을 마시게 한 후 고통스럽게 얼굴을 들면 다른 자경단원이 몰려와서 몽둥이로 내리쳐 학살하였다. 이미 죽은 조선인을 끄집어내어 다시 몽둥이로 두들겨 팼다. 조선인은 자경단에 의해 두 번 죽임을 당하였다.

〈라〉 역시 자경단에 의해 학살당한 사례이다. 사이타마현 기타아다치군 가타야나기촌에서 자경단에게 학살당한 강대홍의 판결문이다. 강대홍은 9월 4일 오전 2시경 가타야나기촌으로 피신하였다. 이곳을 경계 중이던 자경단은 강대홍을 발견하고 추적하자, 강대홍은 마을 뒷길로 도주하였다. 불령선인이 습격한다는 말을 들은 자경단원은 일본도를 가지고 추적하였다. 도주하던 강대홍을 따라잡은 자경단원은 일본도로 강대홍의 가슴을 찔렀다. 칼에 찔린 강대홍은 다시 마을 밭으로 도망하다가 넘어지자, 자경단원은 일본도로 강대홍의 왼쪽 어깨를 베었고, 다른 자경단원은 창으로 머리를 구타하였다. 강대홍은 살기 위해 걸어서 감자밭으로 들어가다가 넘어졌다. 이를 발견한 자경단원 3명은 강대홍의 둔부를 베는 한편 창으로 후두부를 찔렀다. 이로 인해 강대홍은 결국 사망하고 말았다.

한편 자경단은 일본인을 조선인으로 오해하여 학살한 사건도 적지 않았다. 일본인 학살 사례를 소개하면 다음과 같다.

〈마〉 千葉縣 檢見川町 高橋市造(39), 河野政吉(48), 窪田勝太郎(21), 渡邊金藏(23), 石櫻太郎(35), 藤大義太郎(20), 秋本源藏(25), 吉田辰五郎(44), 小川初太郎(50), 花島國三郎(27)

그들은 배일조선인이 습래한다는 말에 놀래어 9월 2일부터 경계하던 바, 5일 오후 1시경에 검견천정(檢見川町) 전차정류장 부근에

서 추전현(秋田縣)에 사는 등정금장(藤井金藏)과 삼중현(三重縣)에 사는 진
궁이랑(眞弓二郎)과 충승현(冲繩縣)에 사는 의간차랑(儀間次郎)의 세 사람을
보고 배일조선인이라 의심한 후 그곳 주재소로 데리고 갔던 바,
그 주재소 부근에 있던 수백 명 군중은 그 3명을 배일조선인이라
하여 주재소를 둘러싸고 죽창으로 주재소 유리창을 파괴한 후 그
들을 살해하였으며, 그 시체는 주재소 부근에 있는 화견천(花見川)
물 위에 던져버린 소요사건인데,

피고 시조(市造)는 주재소에서 이 3명 중 1명을 다른 군중 1명과
함께 철사로 결박하였으며, 정길(政吉)은 이 3명 중 2명을 철사로 결
박하고 그 1명의 머리를 주먹으로 때렸으며, 승태랑(勝太郎)은 주재
소 앞에서 6척가량 되는 참대 몽둥이로써 이 3명 중 1명을 때리고
그 다음은 다른 군중들과 함께 살해하였으며, 금장(金藏)은 살해의
목적으로써 3명 중 1명의 좌편 어깨를 일본 칼로 찔러 살해하였으
며, 일랑(一郎)은 군도로서 1명을 찔러 죽였으며, 의태랑(義太郎)은 창
으로써 1명의 어깨를 찔러 살해하였으며, 원장(源藏)은 뿔팽이로 구
타 살해하였으며, 신태랑(辰太郎)은 죽창으로써 1명의 배를 찔러 살
해하였으며, 초태랑(初太郎)은 2명의 머리를 주먹으로 때리고 1명을
죽창으로 때려, 2명을 살해한 후 시내에 던져버렸으며, 국삼랑(國三
郎)은 1명의 시체를 시내에 던지고 여러 사람보다 소요를 먼저 일
으켰더라.[39]

위의 〈마〉는 일본인을 조선인이라고 오해한 자경단이 치바현 게
미가와초(檢見川町)에서 일본인 3명을 참살하였다. 이를 게미가와(檢見
川)사건이라고 한다. 앞의 인용문에는 자경단이 일본인을 어떻게 학
살하였는지 구체적으로 언급하고 있다.

조선인으로 오해받은 일본인을 학살하는 도구는 철사, 주먹, 6촌
크기의 참 몽둥이, 일본 칼, 군도, 창, 죽창, 뿔팽이 등이 사용되었다.

---

[39]   「埼玉縣下 살인 자경단의 예심종결 발표」, 『동아일보』 1923년 11월 1일자.

조선인학살에는 이들 도구 외에도 곤봉, 쇠갈고리, 수창, 엽총, 가래, 낫, 돌, 철봉 등이 사용되었다.[40]

학살 양태는 철사로 묶고, 주먹으로 머리를 때리고, 참대 몽둥이로 때리고, 일본 칼로 어깨와 배를 찌르고, 뽈쨍이로 구타하고, 죽창으로 때려 죽였다. 그리고 죽은 시신은 강에 던져버렸다. 학살 후 자경단은 살해된 일본인 시신 유기로 이어졌다. 이는 학살사건을 은폐하기 위한 조치였다.

위에서 살펴본 조선인으로 오해해 일본인을 학살한 게미기와사건은 여타 조선인학살과 비교하였을 때 크게 차이가 없다고 할 수 있다. 왜냐하면 학살 당시 그들은 일본인이 아닌 조선이었기 때문이다. 조선인학살 재판은 22건에 달하였지만, 재판과정에서 학살된 조선인 이름도 제대로 파악되지 않고 있다. 이상의 사례에서 보듯이 군대나 자경단은 조선인을 잔인하게 학살하였다.

5. 맺음말

이상으로 관동대지진 조선인학살에 크게 영향을 미친 조선인 차별과 학살 과정, 그리고 학살 양태를 살펴보았다. 이를 정리하면서 맺음말을 한다.

첫째는 재일조선인에 대한 차별적 용어로 쓰인 '불령선인'은 일본인의 배타적 우월의식에서 비롯되었다. 메이지유신 이후 형성된 일본 사회의 우월의식은 1910년 강점 이후 식민지배를 계기로 차별적

---

[40] 강효숙, 「관동대진재 당시 피학살 조선인과 가해자에 대한 일고찰」, 『관동대지진과 조선인학살』, 동북아역사재단, 2013, 121쪽.

관계를 보다 정당화하였다. 조선 민족은 선천적으로 국가적인 관념을 가지지 않은 식민적 국민이고 그 성질은 온화, 우수, 순종적이기 때문에, 일본인의 식민을 '정당하다'는 인식을 갖도록 하였다. 이러한 우월의식은 재일조선인에게 그대로 적용되었다.

일본은 치안을 담당하는 경찰 또는 사법 관계자를 통해 해마다 재일조선인의 동향을 파악한 보고서를 작성하였다. 이들 보고서에 의하면 재일조선인은 의타적이고 문약하고 여성적이며 불로소득의 욕망이 많은 것으로 분석하였다. 즉 조선인은 "게으르고 자제심이 부족하며 방종한 마음을 가지고 있어 고생해서 돈을 벌어도 저출을 하지 않고 술을 마시거나 옷으로 치장하는 등 사치로 돈을 탕진한다", "위생관념이 거의 없어 겉으로는 멋쟁이가 많아 보여도 집에 가보면 더럽기 그지없다", "도박을 매우 좋아하며 도벽도 매우 심하며, 잘못된 결혼제도로 간통 등이 빈번한 조선 국내의 사정으로 인해 정조 관념도 매우 다르다" 등등의 차이가 아닌 부정적으로 차별화하였다.

이처럼 차별을 받아오던 재일조선인은 점차 '불령선인'으로 불렸다. '불령선인(不逞鮮人)'이란 "불평이나 불만을 품고 제 마음대로 행동" 한다는 뜻의 '불령'이란 단어에 '조선인'이 합성되어 만들어진 단어로써, '불평, 불만을 품고 불량하게 다니는 조선인'이란 뜻을 가진 말이다. 일제가 조선인에게 '불령'을 덧붙여 쓰기 시작한 것은 한 말 침략기부터였으며, '불령선인'이 공문서에서 처음으로 확인된 것은 1910년 6월이다. 일제 강점 이후에는 만주와 블라디보스토크 등 국외에서 활동하는 독립운동과 관련된 경우 대부분 '불령선인'을 쓰고 있다.

이로 볼 때 일제는 통감부를 설치하기 이전부터 불령선인의 인식을 가지고 있었음을 알 수 있다. 그 연장선에서 의병투쟁과 3·1운동에 참여한 조선인은 '폭도' 또는 '불온한 무리'라 일컬었으며, 나아가 조선인을 '불령선인'으로 인식케 하였다. 3·1운동 이후 조선인의 이미지는 '불령선인'이라는 하나의 대명사로 귀결되었으며, 재일조선인도 자연스럽게 불령선인으로 인식되었다. 이러한 조선인의 폭력적이고 부정적인 이미지는 1923년 관동대지진 당시에는 일본인에게는 '적'으로 인식되었고, 조선인이라는 이유로 대량 학살당하였다. 물론 여기에는 일본의 언론의 역할이 적지 않았다고 할 수 있다.

둘째는 이처럼 차별된 '불령선인'의 용어는 관동대지진 당시 유언비어로 재생산되었고 조선인학살로 이어졌다.관동대지진 직후 요코하마(橫浜)와 도쿄(東京)에서는 조선인 관련 유언비어가 퍼졌다. 유언비어는 "조선인이 폭동을 일으킨다, 방화를 한다, 우물에 독을 넣었다, 여성을 강간한다" 등등이었다. 이 유언비어는 조선인을 살해, 학살하는 데 중요한 요인으로 작용하였다. 이는 일본 사회에서는 재일조선인은 불령선인으로 인식하였기 때문이었다. 유언비어 발생에는 여전히 논란이 있지만, 관동대지진이 일어난 9월 1일 저녁에 이미 유언비어가 돌았다. 그리고 유언비어 발생에는 경찰의 역할이 컸다. 9월 2일 이후 유언비어가 관동지역 일대로 확산하는 데는 관공서 즉 내무성의 역할이 컸다. 즉 치안 당국의 핵심기구인 내무성 고토 후미오(後藤文夫) 경보국장은 '조선인이 폭동을 일으켰다'는 유언비어를 사실로 받아들였다. 이를 관토 일대에 통첩되었고, 각 지역에서 자경단이 조직되었다. 관헌으로부터 흘러나온 조선인 폭동의 오인 정보가 관청의 연락망을 통해서 전국 각지에 흘러간 영향은 컸다. 당시에는 경찰관을 비롯한 관헌이 말하는 것이라면 틀림없는 것으로 믿는 권위주의가 민중 속에 깊이 존재하였을 뿐더러 관헌의 권위로 뒷받침된 오인 정보가 흘러갔기 때문에, 일반 사회에서는 이 유언이 의심할 여지 없는 정보로 믿길 수밖에 없었다. 결과적으로 일본 민중들이 유언비어를 옮긴 것보다, 관헌이 오인 정보를 유포한 책임은 훨씬 컸다고 할 수 있다. 조선인학살은 일본 경시청에서 조선인학살을 자행한 자경단 재판의 예심 종결된 현황, 군대의 관동대지진 조선인학살 사례 등에서 확인되고 있다.

셋째는 관동대지진 조선인학살의 양태는 매우 잔인하였다는 점이다. 조선인으로 오해받은 일본인을 학살하는 도구는 철사, 주먹, 6촌 크기의 참 몽둥이, 일본 칼, 군도, 창, 죽창, 뿔괭이 등이 사용되었다. 조선인학살에는 이들 도구 외에도 곤봉, 쇠갈고리, 수창, 엽총, 가래, 낫, 돌, 철봉 등이 사용되었다. 그리고 학살 양태는 철사로 묶고, 주먹으로 머리를 때리고, 참대 몽둥이로 때리고, 일본 칼로 어깨와 배를 찌르고, 뿔괭이로 구타하고, 죽창으로 때려죽였다. 그리고 죽은 시신은 강에 던져버렸다. 학살 후에는 자경단은 일본인 시신 유기로 이어졌다. 이는 학살사건을 은폐를 위한 조치였다. 그리고 조선인학살 재판은 22건에 달하였지만, 재판과정에서 학살된 조선인 이름도 제대로 파악되지 않고 있다.

그러나 무엇보다도 중요한 한 것은 100년 전의 역사적 사건의 실체가 아직도 진상규명이 되지 않았다는 점이다. 100년 전 일본 정부의 답변이 100년이 지난 현 시점에서도 크게 달라지지 않았다. '조사 중'이라는 답변은 '자료를 확인할 수 없다'고 바뀌었을 뿐이다. 관동대지진 당시 조선인학살사건은 비단 과거의 비극으로만 머물러서는 안 된다. 이 사건은 차별과 혐오가 얼마나 쉽게 폭력으로 이어질 수 있는지를 보여준다. 특히, 정부와 언론, 그리고 사회적 편견이 결합할 때, 소수자에 대한 집단적 폭력이 어떻게 일어날 수 있는지를 경고하고 있다.

오늘날 세계는 다양한 민족, 문화, 종교가 공존하는 글로벌 사회로 나아가고 있다. 그러나 여전히 인종차별과 혐오는 사라지지 않고 있다. 이러한 상황에서 관동대지진 조선인학살사건은 현대 사회에 중요한 교훈을 제공한다. 우리는 과거를 돌아보며 차별과 혐오의 위험성을 인식하고, 이를 방지하기 위한 실질적 노력을 기울여야 한다. 나아가, 이러한 비극이 다시는 되풀이되지 않도록 역사적 사실을 기억하고, 이를 바탕으로 평등과 인권을 강화해야 할 것이다.

제2장 일제강점기 식민지 조선 언론에 비친 관동대지진 조선인학살

1. 머리말

1923년 9월 1일 발생한 관동대지진은 2023년 100주년을 맞는다. 100주년은 의미는 역사에소 볼 때 한 획을 긋는 시점이기도 하다. 그렇기 때문에 1백주년을 맞는 해는 다양한 기념행사들이 이어지고 100주년의 역사를 기억하고 계승하고자 한다. 그렇지만 100주년을 맞는 관동대지진은 일본 역사상 가장 큰 피해를 입은 재난이지만, 조선인에게도 잊을 수 없는 또 하나의 재난이었다. 관동대지진 발생 이후 혼란한 상황에서 조선인이 폭동을 일으킨다, 우물에 독을 넣었다, 강간을 한다 등등의 유언비어가 난무하였고, 이로 인해 6천여 명이 학살되었다.

관동대지진 당시 조선인학살은 식민지 조선에서 '금기어'였다. 관동대지진 조선인학살을 목도한 조선인은 참담한 심정이었지만 귀환한 후에는 식민통치의 감시 대상이었다. 그렇기 때문에 관동대지진 조선인학살은 철저하게 통제되었다. 관동대지진 직후 국내로 첫 귀환한 이주성과 한승인은 귀환 도중 조선인학살을 언급하였지만 신문에서는 삭제되었다. 즉 "기차 연로에서 자경대가 조선 사람인줄 알면 끌어 내리게 되었으므로 매우 위험하였다. (이하 36행 삭제)"[41]라고

---

41   「九死一生으로 東京을 脫出한 二學生」, 『동아일보』 1923년 9월 4일.

하였는 바, 이 기사에서 삭제된 36행은 이른바 '자경단에 의해 조선인이 죽었다'라는 것을 감추기 위한 통치의 기만술이었다. 이는 그만큼 언론 통제가 심하였음을 알 수 있다.

일제강점기 언론 통제가 극심하였던 엄혹한 상황에서 '조선인학살'이라는 표현의 첫 보도는 『동아일보』의 경우 1922년 8월 1일에서 확인되고 있다.[42] 이 기사는 '동경전보'를 인용한 것으로. 신월전력주식회사가 8년 계획으로 동양 제일의 발전소를 건설하는 과정에서 17시간의 강제노동을 견디지 못하고 공사장을 탈출하는 조선인 노동자가 청부업자에 의해 학살되어 니가타현(新潟縣) 시나노가와(信濃川)에 버려졌다는 내용이다.[43] 이에 대해 조선총독부는 '조선인학살' 사실이 없다고 적극적으로 부인하고 이에 대해 해명하였다.[44] 이후 조선인학살이라는 표현은 관동대지진 당시 언론에 조심스럽게 다루어졌다. 관동대지진 직후에는 조선인의 안부와 피해 상황을 주로 보도하였지만, 지진 현장에서 귀환한 조선인 관련 보도가 점차 많아지면서 조선인학살을 인지할 수 있는 기사들이 게재되기 시작하였다, 9

---

[42] 「日本에서 朝鮮人 大虐殺, 觀하라! 此 殘忍惡毒한 慘劇을」, 『동아일보』 1922년 8월 1일자.

[43] 이와 관련된 연구로는 朴慶植, 『朝鮮人强制連行の記錄』, 未來社, 1965; 張明秀, 「中津川水力発電所における朝鮮人労働者虐待·虐殺事件: 『東亞日報』掲載の資料紹介」, 『新潟近代史研究』 第三号, 1982; 佐藤泰治, 「新潟県中津川朝鮮人虐殺事件(一九二三年)」, 『在日朝鮮人史研究』 第十四號, 1985.10; 安會均, 「日帝下 韓國言論의 海外特派員 活動에 關한 硏究: 東亞日報를 中心으로」, 연세대 석사논문, 1987; 최태원, 「『묘지』와 『만세전』의 거리: 『묘지』와 '신석현(新潟縣)사건'을 중심으로」, 『한국학보』, 2001; 裵姈美, 「一九二二年, 中津川朝鮮人労働者虐殺事件」, 『在日朝鮮人史研究』 40, 2010; 배영미, 「1920년대 두 번의 조선인학살: '나카츠카와 사건, 기모토 사건'의 실태와 관동대지진 때 학살과의 비교 분석」, 『한일관계사연구』 67, 한일관계사학회, 2020 등이 있다.

[44] 「조선인학살설은 사실이 없다는 당국의 발표」, 『동아일보』 1922년 8월 4일자.

월 하순에 이르러 자경단 학살 보도와 재판 관련 보도와 함께 조선인학살이라는 표현도 조심스럽지만 보도되었고, 관련 가십 기사와 사설 등 보다 광범위하게 기사로 다루었다.

본고에서는 관동대지진 조선인학살에 대한 식민지 언론의 보도 상황과 동향을 살펴보고자 한다. 이를 위해 당시 발행되었던 『동아일보』와 『조선일보』 등 언론을 중점적으로 활용하고자 한다.

2. '조선인학살' 뉘앙스와 유언비어 단속 보도

1923년 9월 1일 오전 11시 58분 일본 관동지역 일대에서 발생한 대지진은 단순한 자연재해뿐만 아니라 인위적 재해가 함께 어우러졌다. 이는 이른바 관동대지진으로 인해 조선인 6천여 명이 일본 군과 경찰 그리고 자경단에 의해 학살당하였다. 뿐만 아니라 조선인 외에도 중국인과 오키나와인, 사회주의자들도 이들에 의해 학살당하였기 때문이다. 관동대지진 당시 조선인학살은 여러 가지 원인이 있겠지만, 지진으로 인한 사회적 혼란과 민심을 수습하기 위해 방안이 필요하였는데, 그 대상이 '조선인'이었던 것이다.

관동대지진 직후 조선인이 우물에 독약을 넣었다, 폭동을 일으켰다, 방화하였다, 강간하였다 등등 유언비어가 난무하였으며, 이로 인해 군과 경찰, 자경단 등에 조선인이 무참하게 학살되었다. 이러한 사실에 대해 조선총독부는 식민지 조선에서 언론에 보도되거나 일반 사회에 알려지는 것을 철저하게 통제하였다. 특히 지진 직후 국내로 귀환한 조선인 또는 일본인 중에는 학살당하는 조선인을 목격하였거나[45] 이를 전해 들었고, 귀환 후에는 이를 목격담을 말하거나 집회 등을 통해 전해지는 사례가 적지 않았다. 이 역시 통제의 대상이 되었던 것이다.

관동대지진 조선인학살이 발생한 것은 기록의 차이가 있지만, 지진이 일어난 9월 1일부터였다.[46] 그렇지만 조선인학살은 국내에 전혀 보도되지 못하였다. 관동대지진이 일어난 것조차 9월 3일이 되어서야 『매일신보』, 『동아일보』, 『조선일보』 등 당시 발행된 신문에 첫 보도가 되었다. 보도의 내용은 대부분은 지진의 참상이었다. 이러한 가운데 조선인학살과 관련된 보도는 9월 7일로 추정된다. 관동대지진 후 처음으로 귀환한 유학생의 소식을 전하는 기사 중 삭제된 부분이 있는데, 이는 조선인학살로 볼 수 있기 때문이다. 관련 기사는 다음과 같다.

> 3일 아침에 출발하여 철도 둑을 좇아 70리 밖 포화(浦和)에 도착하였다. 경찰서를 방문하고 그 보호를 받아서 조정(篠井)까지 차표 없이 차를 타고 (중략) 중로에 천구(川口)에서 조정(篠井)까지는 창으로

---

45 일반 사회에서는 관동대지진 조선인학살이 언제쯤 알려졌을까 하는데, 1923년 9월 10일 용산경찰서에서 수집한 정보에 의하면 도쿄 시바구(芝區)에서 8일 오후 6시에 귀환한 일본인 다나카(田中常次郎)이 不逞鮮人 즉 조선인을 撲殺한 것이 사실이라고 말한 바 있다.(龍憲○秘第264號, 「東京より歸來せる者の談片」, 大正 2年 9月 10日, 龍山憲兵分隊) 이로 보아 9월 3일 관동대지진 보도 이후 대략 5, 6일 후부터는 일반 사회에도 알려졌음을 알 수 있다.

46 야마다 쇼지의 연구에 의하면 "관동대지진 조선인학살은 9월 1일부터 6일에 걸쳐 관동지방의 여러 지역에서 군대·경찰·자경단이 저질렀다"고 밝힌 바 있다.(야마다 쇼지, 「일본 민중은 관동대지진 당시 조선인 학살사건의 역사적 의미를 어떻게 받아들이고, 오늘날 일본의 정치적 ·사상적 상황에 어떻게 대처할 것인가」, 『관동대지진과 조선인 학살』, 동북아역사재단, 2013, 동북아역사재단, 45쪽.

부터 승강하고 열차의 지붕까지 타고 있었다. 기타 기관차(機關車) 화차(貨車)의 지붕까지 전부 타는 중이었다. 이같이 불 속을 나오는 데도 기차 연로에서 자경대가 조선 사람인줄을 알면 끌어내리게 되었으므로 매우 위험하였다. (이하 36행 삭제)[47]

위의 기사는 처음으로 귀환한 유학생 한승인(韓昇寅, 明治大學)과 이주성(李周盛, 東洋大學)이 귀환 중 겪은 목격담이다. 한승인과 이주성은 무사히 귀환하였지만, 기차로 이동하는 중 자경단은 조선 사람이라고 확인되면 끌어내렸고 매우 위험한 상황에 처하였다.

삭제된 부분은 끌어내려진 조선인의 학살을 연결되는 것임을 알 수 있다. 그렇지만 이 부분은 이른바 '기휘'에 해당되어 삭제된 것이다. 삭제된 부분을 말할 때의 상황에 대해 『조선일보』는 "'그에 있는 우리 동포들은 어찌나 되었는지요'라고 창연한 빛을 띠고 말한 다음에 그 외에도 여러 가지의 말할 거리 있는 듯하나 그에 대하여 용서하여 주기를 바란다 하면서, 피곤하여 보이는 얼굴에 흥분한 빛을 띠고 긴 한숨 소리로 끝을 맺더라"[48]고 당시의 모습을 그리고 있다. 이는 조선인학살을 목격하였지만, 이를 제대로 밝힐 수 없었기 때문으로 보인다.

이러한 유학생의 목격담은 『조선일보』에서도 확인된다. 『조선일보』는 함남 북청 출신 이주천의 목격담을 기사로 다루었는데, 내용은 다음과 같다.

47   「기차 옥상의 露命」, 『동아일보』 1923년 9월 7일자.
48   「만사의 역으로 동경에서 고국에 귀환한 2학생의 모험담」, 『조선일보』 1923년 9월 7일자.

하기방학을 이용하여 고향에 돌아왔던 함경남도 북청군(北青郡) 청해면(青海面) 토성(土城)에 사는 이주천(李住千, 28) 군은 중앙선(中央線)으로 동경을 향하여 들어가다가 천구(川口)역에서 다시 타고 나오며 차 중에서 들은 소문을 들은즉 역시 조선 동포의 소식은 묘연하여 생사를 알 수 없다 하며, 불행 중에도 다행으로 하와이 학생들은 신호(神戸)에서 직행하기로 내렸다는 말을 들으면 무사히 건너갔을 듯하다는데, 이주천 군이 돌아올 적에 천신만고를 겪은 모험담은 들으면 참으로 눈물이 흐름을 금치 못하겠더라.

(중략)

그런데 피난민이 떠드는 소리를 들으면 조선 동포는 어떤 곳에 다 가두어 음식은 준다는 말도 있고, 그곳 신문 호외에는 품천(品川)에서 조선 동포 3백 명을 ○○하였다는 기사를 보았는데, 대개 우리 동포의 소식은 어찌 되었는지 모른다"고 하였다.[49]

위의 기사는 유학생 이주천이 관동대지진이 일어난 당일 도일하여 도쿄로 가던 중 사이타마(埼玉) 가와구치(川口) 역에서 "조선 동포의 소식이 묘연하여 생사를 알 수 없다"는 소문을 들었고, 신문 호외에서 "시나가와(品川)에서 조선 동포 3백 명을 ○○하였다"는 기사를 보았다는 것이다. 기사 중 '○○'은 학살을 의미한다. 그런데 이 기사로 인해 9월 8일자 신문은 '당국의 기휘에 촉하여 발행금지'되었다.[50]

---

49 「중도에 귀환한 유학생, 모함도 막대하고 辛亦 막대」, 『조선일보』 1923년 9월 8일자; 정진석 편, 『일제시대 민족지 압수기사 모음』 I, LG상남언론재단, 1998, 158쪽.

50 「사고」, 『조선일보』 1923년 9월 9일자.

〈그림 1-1〉『조선일보』1923년 9월 9일자 '사고'

社告

九月八日發行本報第一千九十四號는當局의忌諱에觸하야發行禁止되얏기로更히號外로發行하얏사오니愛讀諸位는照亮하시압

朝鮮日報社 告白

『동아일보』는 9월 7일자에 이어 9월 9일자 신문에서도 삭제된 기사가 있었는데, 이 역시 조선인학살과 관련된 내용이었다. 삭제된 기사 중 일부는 다음과 같다.

> 강원도 회양의 김근식(金根植)은 귀경해서 말했다. "일비곡(日比谷) 공원에서 나왔으나 조선인들에 대한 일본인의 감정이 나빠 생각처럼 피난할 수가 없었다. 가까스로 숨어서 상야(上野) 공원에 3일 밤 도착하여 일모리(日暮里)에서 중앙선을 타고 돌아왔는데, 기차를 타고 오는 도중에서도 기차가 교차할 때마다 일본인들은 동경을 향하는 열차에 대고 "동경에 가면 조선인을 ○○하라"는 고함 소리를 질러 소름이 끼쳤다"고 말했다.[51]

---

[51] 「불바다에서 탈출하여 무사 귀국까지」, 『동아일보』1923년 9월 9일자; 정진석 편, 『일제시대 민족지 압수기사 모음』Ⅰ, LG상남언론재단, 1998, 159쪽.

〈그림 1-2〉『동아일보』1923년 9월 9일자의 삭제된 기사의 모습

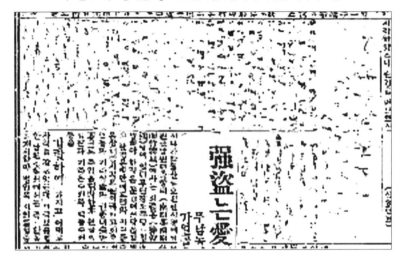

위의 기사는 김근식의 목격담으로, 도쿄로 가는 기차에 일본인
들이 "도쿄에 가면 조선인을 ○○하라"는 고함 소리를 듣고 소름이
끼쳤다는 것이다. 이 기사 역시 '○○'으로 인해 표기되었는데, 이
는 '살해' 또는 '박살'을 의미한다는 점에서 '조선인학살'임을 알 수
있다.

일본 현지 신문에서는 조선인학살과 관련된 기사를 게재되었지
만, 식민지 조선에서는 기휘 즉 식민통치의 치안방해에 해당된다고
하여 삭제, 차압, 압수, 발행금지 등을 당하였다.

한편 조선총독부는 관동대지진 현장에서 귀환한 조선인의 동태를
사찰하였다. 이들 귀환 조선인 중에는 유언비어를 퍼뜨린다고 구류
처벌을 받은 사례가 적지 않았다.

식민지 조선에서의 유언비어는 일본에서 횡행하였던 조선인 폭
동설 등과는 다른 것이라 할 수 있다. 일본의 유언비어는 앞에서 언

급한 바와 같이 조선인이 우물에 독약을 풀었다, 폭동을 일으킨다는 등의 조선인을 부정적, 감정적으로 인식한 것이지만, 식민지 조선에서의 유언비어는 조선인에 대한 일본인의 폭력적, 비정상적인 행위 등과 관련된 등 부정적인 것이었다. 즉 일본에서의 유언비어와 식민지 조선에서의 유언비어는 그 성격이 전혀 다르다고 할 수 있다.

식민지 조선에서의 유언비어 중 조선인학살과 관련된 것은 식민 통치에도 부정적인 영향을 미칠 수 있기 때문에 식민지 조선에서도 유언비어에 대해 적극적으로 취체 즉 단속하였다.

일본에서는 조선인학살의 원인이었던 '조선인 폭동설'이 유언비어임이 밝혀짐에 따라 이를 단속하기 위해 칙령으로 '유언비어 취체령'을 공포하였다.[52] 총독부는 이 취체령은 식민지 조선에도 적용할 것을 밝히기도 하였다.[53] 그런데 문제는 식민지 조선에서는 조선인 폭동설이 아닌 조선인학살과 관련된 유언비어를 단속하기 위함이었다.

총독부 마루야마(丸山) 경무국장은 조선인학살과 관련된 '조선인 충돌설과 불령선인의 참화'를 유언비어라고 일단 부인하였다.[54] 그 연장선에서 아리요시(有吉) 정무총감은 '과대선전은 절대 불가'라고 하였는데, "조선인에 대하여 그 감정상 불미한 점을 기재한 신문은

---

52 「치안유지 긴급 칙령」, 『동아일보』 1923년 9월 8일자. 칙령의 내용은 다음과 같다. "짐은 玆에 긴급한 필요가 有함으로 인정한 결과 추밀 고문의 자문을 經한 후 제국헌법 제8조 제1항에 의하여 치안유지에 관한 건을 재가하여 玆에 공포하노라. 右는 출판통신 기타 여하한 방법을 불문하고 폭행 소요 기타 생명 신체나 又는 재산에 위해를 及케 할 범죄를 행코자 하며, 안녕질서를 문란케 할 목적으로 치안에 관한 蜚語를 유포하며 又는 인심을 교란할 목적으로써 유언풍설을 전하는 자는 10년 이하의 징역이나 금고 又는 3천 원 이하에 罰金에 처함. 부칙 본령은 공포 당일로부터 此를 시행함."

53 「조선에 긴급칙령의 실시, 해석상 疑義」, 『동아일보』 1923년 9월 13일자.

54 「대진재와 유언비어: 丸山경무국장 談」, 『매일신보』 1923년 9월 7일자.

착착 발매금지를 단행하여 일본인과 조선인의 감정을 부지케 하는 것을 금지하는 중인데, 오히려 조선인이 그 피해를 과장하여 선전하는 것은 충분히 취체하지 아니 할 수 없다"[55]라고 밝혔다. 즉 '조선인학살과 관련된 말'은 과장 선전 또는 유언비어라고 하면서 단속할 것을 분명하게 표명하였다. 사이토(齋藤) 총독도 "조선인 문제에 취하여 각종의 유언비어가 전파된 고로 일선융화 상에 불미한 영향을 及케 하는 것은 심히 유감"이라고 언급하였다.[56]

당시 관동대지진 당시 유언비어 관련으로 처벌한 사례를 살펴보면 다음과 같다.

〈가〉 평양 남문통 2정목에서 자전거방을 보는 韓景植(24)은 금번 동경에서 지진이 일어났을 때의 광경을 목격하고 돌아왔는데, 유언비어를 하였다는 혐의로 평양경찰서에 불려가서 여러 가지로 조사를 받은 후에 지난 27일에 구류 20일의 처분을 받았는데, 평양경찰서에는 그간 유언비어에 관하여 여러 사람을 심문하였지마는 처벌을 한 일은 이번이 처음이라더라.[57]

〈나〉 경북 김천군 아포면 인동 노동자 崔聖夏(29)와 동군 영개면 남전리 金億文(26)이란 두 청년은 지난 27일 동경으로부터 귀향하는 도중 대구 청도 간의 열차 중에서 동경 진재에 대한 말을 하다가 유언비어라 하여 대구경찰서의 손에 잡혀 구류 20일씩에 처하였더라.[58]

55 「과대선전 절대 불가」, 『매일신보』 1923년 9월 9일자.
56 「충분 양해에 노력_齋藤 총독 談」, 『동아일보』 1923년 9월 19일자.
57 「평양에도 流言非, 한 사람을 구류처분」, 『동아일보』 1923년 10월 1일자.
58 「2명 또 구류, 역시 동경 이야기로 유언비어라 하여」, 『동아일보』 1923년 10월 2일자.

〈다〉 경남 창녕군 창녕면 교하리 이대곤(昌寧郡 昌寧面 橋下里 李大坤, 47)
은 생활이 곤란하여 자기의 딸을 일본에 보내두고 역시 소식을 몰
라 이곳저곳 헤매이는 중 마침 어떤 노동자가 동경에서 공차를 타
고 나와서 동경 이야기하는 것을 듣고 어떤 일본인에게 이야기를
하였더니, 이것이 창녕경찰서의 귀에 들리어 유언비어죄에 걸리
어 지난 1일에 벌금 10원에 처하였다더라.[59]

〈라〉 원산경찰서 고등과에서 거월 29일 朝 일본인 2명과 조선인
1명을 소환하여 비밀리에 취조하였는데, 右는 전기 3명이 금회 관
동진재에 관하여 유언비어로 인심을 의혹케 한 것인 듯하다더라.[60]

〈가〉는 평양 출신 노동자로 추정되는 한경식은 관동대지진 당시
도쿄에서 여러 가지 상황을 목격하고 돌아와서 목격담을 말한 바 있
는데, 평양경찰서에서는 이를 유언비어라고 하고 피검되어 구류 20
일의 처분을 받았다. 〈나〉는 경북 김천 출신 노동자 최성하와 김억
문이 귀환하여 집으로 돌아가는 기차에서 관동대지진 목격담을 전
하였는데, 대구경찰서에서 이들이 유언비어를 하였다고 검거하고
역시 구류 20일의 처분은 받았다. 〈다〉는 창녕의 이대곤은 딸을 일
본 도쿄에 보냈는데, 관동대지진으로 소식을 몰라 수소문하던 중 도
쿄에서 귀환한 노동자의 말을 듣고 이를 일본인에게 전달하였다가
유언비어죄로 벌금 10원을 처분받았다. 〈라〉는 원산경찰서 고등과
에서 관동대지진과 관련된 유언비어로 인심을 의혹케 한 일본인과
조선인을 소환하여 비밀리에 취조하였다.
　이들 신문 기사에서는 구류와 벌금 처분을 받았거나 취조를 받게

59　「창녕에도 유언죄, 동경 이야기를 하다가」, 『동아일보』 1923년 10월 7일자.
60　「원산에 유언 취체」, 『동아일보』 1923년 10월 7일자.

된 유언비어의 내용을 구체적으로 밝히지는 않고 있지만, 유언비어의 내용은 '조선인학살'과 관련된 것으로 판단된다. 조선총독부는 관동대지진으로 인한 식민지 본국인 일본에 대한 부정적인 인식 또는 조선인학살과 관련된 말들이 확산되는 것을 막기 위해 내밀히 민심을 파악하기도 하였다.

3. '조선인학살' 재판에 대한 언론보도

앞에서 살펴본 바와 같이 관동대지진 당시 조선인학살과 관련된 언론보도는 직접적, 구체적으로 전해지지 않았다. 다만 조선인학살의 '뉘앙스'를 가사화하는 정도였다. 이에 대해 일본 정부와 조선총독부 당국은 이를 부정하였다. 그렇지만 조선인학살과 직접적인 것은 아니지만 '학살'과 관련된 기사는 관동대지진 발생한 지 20여 일 후인 9월 중순경부터 보도되기 시작하였다.

이와 관련된 첫 보도는 가메이도(龜戶) 지역을 비롯하여 스가모(巢鴨), 오지(王子), 시부야(澁谷), 요츠야(四谷), 메구로(目黑) 등지에서 자경단이 약탈과 살인을 자행하고, 도쿄경시청에서 이를 대대적으로 단속한다는 내용이다.[61] "자경단이란 미명 아래 약탈과 살인을 각처에서 함부로 하는 불량배들은 치안유지상 도저히 그저 두지 못할 것"이라고 하여 대검거가 있었다.

그런데 이에 앞서 자경단에 대해 "재난 구호에 노력 중"[62]이라고 한 바 있었다. 그렇지만 자경단은 실상 조선인을 학살하는 핵심적

---

61   「약탈 살인을 肆行한 자경단 대검거」, 『동아일보』 1923년 10월 6일자.
62   「橫濱 罪囚의 자경단, 성적이 매우 좋다고 한다」, 『동아일보』 1923년 9월 18일자.

조직이었다.

이러한 자경단의 본색이 드러난 것은 곧이어 보도된 기사였다. 즉 자경단은 시내를 배회하는 수상한 사람을 구축하던 중 일본인을 폭행하고 칼로 베어 중상을 입혔다는 것이다.[63]

자경단이 일본인을 폭행하였다는 것은 식민지 조선에 보도가 가능하였지만, 조선인학살과 관련된 기사는 여전히 통제되었음을 알 수 있다. 그렇지만 자경단의 학살 만행에 대한 보도는 지속적으로 다루어졌으며,[64] 마침내 자경단원에 대한 검거가 이루어졌다는 보도도 이어졌다.[65]

이와 같은 상황에서 '조선인학살'에 대한 좀 더 인지할 수 있는 언론보도는 10월에서야 점차 기사로 다루어졌다. 조선인학살의 구체적인 내용은 아니지만 좀 더 진전된 기사를 소개하면 다음과 같다.

> 甘粕 대위의 大杉榮 일가 살해사건보다도 더욱 중대하다는 軍警의 인민살해사건이 일시에 3건이나 발각되었다 한다. 발각되지 아니한 것은 또 얼마나 되는가. 여사히 인민의 생명 재산을 보호할 책임을 가진 군인이나 경관이 국법을 踐躪하고 인민을 살상하

63 「자경단 본색 탄로, 차차 폭행의 피해가 눈에 띄어」, 『동아일보』 1923년 9월 21일자.
64 「유치 중의 工夫를 자경단이 학살」, 『동아일보』 1923년 10월 14일; 「埼玉縣 자경단이 남녀 백여 명을 학살」, 『동아일보』 1923년 10월 15일; 「자경단의 살해 人數 4, 5백 명 이상」, 『동아일보』 1923년 10월 17일; 「埼玉縣 熊谷서도 58명 참살」, 『동아일보』 1923년 10월 18일; 「群馬의 살해범 34명을 검거하였다」, 『동아일보』 1923년 10월 18일; 「埼玉縣에 학살이 尤甚함은 縣의 통달문이 그 원인」, 『동아일보』 1923년 10월 20일; 「橫濱에 橫行하던 약탈 자경단원」, 『동아일보』 1923년 10월 20일; 「流言의 출처와 각지 학살 상황」, 『동아일보』 1923년 10월 21일; 「살인 자경단원 113명 검거」, 『동아일보』 1923년 10월 24일 등이 있다.
65 「자경단원 대검거」, 『매일신보』 1923년 10월 5일; 「속속 구인된 자경단원」, 『매일신보』 1923년 10월 15일자.

기에 至하면 彼 소위 自警團輩와 何擇이 있을까. 此가 일본에 관하여는 진재 이상의 중대사일 것이다. "유언비어로 인하여 피차에 오해가 있다"고 당국자의 말하는 진재지의 ○○○○○ 사건은 과연 何日에 그 진상을 발표하게 될 것인가. 금일에 至하여는 언론 압박의 철저 일관한 용기를 도리어 칭찬이나 하여줄까.[66]

위의 기사는 아마카스 마사히코(甘粕正彦) 대위가 오스기 사카에(大杉榮)을 학살한 이른바 아마카스사건(甘粕事件)을 언급한 것이지만, 이는 빙산의 일각이라고 비판하였다. 그리고 유언비어로 인한 '○○○○○ 사건' 즉 조선인학살사건의 진상은 언제쯤 발표할 것인지 언급하고 있다. 즉 오스기 학살 등 세 건의 학살사건 진상 즉 일본인학살사건은 재판을 통해 진상이 밝혀지고 있지만, 유언비어로 참사를 당한 조선인학살사건은 여전히 진상이 밝혀지지 않고 있는 것을 지적한 것이라 할 수 있다. 그러면서도 언론 통제에 대한 비판도 빠뜨리지 않고 있다. 식민지 조선 언론은 아마카스사건에 대해서는 관심을 가지고 꾸준히 보도하였다.[67] 이는 조선인학살에 대한 진상이 발표되기를 기대하였을 것으로 보인다.

관동대지진 일본인학살사건에 대한 보도가 이어지던 중 자경단

---

66 「횡설수설」, 『동아일보』 1923년 10월 12일자.
67 「무정부주의자 大杉榮을 ○○」, 『동아일보』 1923년 9월 22일; 「大杉氏 살해 동기」, 『동아일보』 1923년 9월 26일; 「甘粕대위사건 공판 공개 결정」, 『동아일보』 1923년 9월 30일; 「甘粕大尉 公判은 10월 6일 開廷」, 『동아일보』 1923년 10월 1일; 「大杉榮氏 遺兒, 甘粕大尉의 불법행위로 인한 損害賠償을 請求」, 『동아일보』 1923년 10월 1일; 「廢病聯合會가 甘粕의 減罪請願」, 『동아일보』 1923년 10월 2일; 「甘粕大尉 待命」, 『동아일보』 1923년 10월 6일; 「甘粕사건 공판」, 『동아일보』 1923년 10월 10일; 「甘粕事件은 5人 共謀로 내월 초에 공판」, 『동아일보』 1923년 10월 27일; 「甘粕正彦은 15年에」, 『동아일보』 1923년 11월 25일; 「甘粕正彦大尉 假出獄」, 『동아일보』 1926년 6월 3일; 「피난민 97명 학살, 천인공로할 자경단원 폭행」, 『매일신보』 1923년 10월 15일자 등이 있다.

에 조선인 살해당한 기사가 크게 조명되었다. 이 기사는 자경단원이 조선인을 학살한 상황을 구체적으로 보도한 첫 사례였다. 그 내용은 다음과 같다.

〈그림 1-3〉 자경단에 의해 조선인이 학살을 보도한 첫 기사

일본대학 법학과 졸업생 모(29)는 지난 9월 4일 오후 1시경에 피난하고 있던 동경부하 소압정(東京府下 巢鴨町) 궁하(宮下) 사관학교 미술교관 기병 조장 원길부차(元吉富次) 씨의 집 아래층에서 창을 열고 바깥을 내다보다가 마침내 소압 약송친목회(若松親睦會) 자경단원 소송강이(小松鋼二)의 엽총에 가슴을 맞아서 즉사하였다. 동씨의 부친은 일찍이 모지의 대관을 지낸 명망있는 사람으로, 씨는 6년 전부터 동경에 와서 공부를 하여 본년 봄에 일본대학 법학과를 졸업하고 본향 좌압 국천관(菊川舘)에 유숙 중에 9월 1일에 진재를 만나 하숙은 불길 속에 잠기고 말매, 씨는 즉시 큰 가방에 의복 일습을 담아 들고 혼란 중에 제일고등학교 부근 소학교까지 피난하였다가 마침내 힘이 부치어 가방을 버리고 혈혈단신으로 같은 고향에서 온 명교중학(名敎中學) 생도를 찾아서 2일 아침에 경우 전기 원길 씨의 집에 갔던 것이다. 이때에 마침 궁하(宮下) 약송(若松) 동지의 자

경단원 1백여 명은 웬일인지 원길 씨의 집을 둘러싸고 떠듬으로
원길 씨의 내외는 도주하고 2층에 있던 모씨는 바깥에서 소란히
떠듬을 이상히 여기어서 아래층으로 내려와 바깥을 내어보다가
마침내 총에 맞아 죽은 것이라더라.[68]

위의 인용문에 의하면, 9월 4일 오후 1시경 스가모(巢鴨) 와카마츠
(若松)친목회 자경단원 고마쓰 코지(小松鋼二)가 쏜 엽총에 일본대학 법
학과를 졸업한 조선인이 살해된 것이다. 이때 살해된 조선인은 1923년
4월 일본대학을 졸업한 민인식(閔麟植, 23)으로 밝혀졌다.[69]

민인식은 관동대지진이 일어나자 하숙집에서 의복 등을 가방에
담아 피난하였으나 힘에 부쳐 가방을 버린 후 같은 고향에서 온 친
구를 찾아 9월 2일 모토요시(元吉)의 집 2층에 머물게 되었다. 그런데
스가모 와카마쓰친목회 자경단이 모토요시의 집을 둘러싸고 소란스
럽게 떠드는 소리가 궁금하여 1층으로 내려와 밖으로 나왔다가 자경
단원 고마쓰 코지(小杉鋼二)[70]의 엽총 사격에 맞아 즉사하였다.

이는 자경단에 의해 조선인이 학살된 첫 언론보도였다. 이것도 민
인식의 아버지가 민영달이었기 때문에 밝혀진 것이 아닌가 한다. 민
영달은 문과에 급제하여 정경(正卿)에 이르렀으며, 동학농민혁명 당
시 민영휘가 청국에 원조를 요청하였을 때 이를 거부하고 일본의 세
력을 빌려서 진압하자고 주장한 바 있다. 동학농민혁명 이후 종1품
탁지부대신으로 승진하였으며, 을미사변 이후 정계에서 물러났으나

68 「日大 졸업생 모씨를 자경단원이 총살」, 『동아일보』 1923년 10월 12일자.
69 「민인식 씨 살해사건 공판에」, 『동아일보』 1923년 10월 30일자.
70 「민인식 씨 살해사건 공판에」. 『동아일보』 1923년 10월 30일자. 이 기사에는 가
    해자 자경단원의 이름을 고쓰기 코지(小杉鋼二)로 되어 밝히고 있다.

일제 강점 후 남작 작위를 받은 친일 인물로 알려졌다.[71] 그렇지만 그의 죽음에 대해 '귀족(남작)의 지위를 받지 않고 사회의 이면에서 민족사업을 충심으로 도운 일이 적지 않다고도 하였다.[72]

앞서 언급한 바와 같이 자경단의 학살사건에 대해서는 많은 언론 보도가 있었으나 조선인학살과 관련한 직접적인 기사는 없었다. 그렇지만 10월 17일 '조선인학살'임을 분명하게 알 수 있는 기사가 게재되었다. 이 기사는 조선인 폭동설과 조선인학살의 인과성을 알려 주는 기사인데, 그 내용은 다음과 같다.

> 지난달 2일 이래로 동경을 위시하여 부근 각 지방을 수라장으로 변하고 계속하여 일어난 감박사건, 구호서(救戶署) 내의 살인사건의 자경단의 폭행 등 모든 잔학한 사건이 계속하여 일어난 원인으로 말하면, 지난달 2일 저녁 때에 어디서 난 말인지 공중누각으로 생겨난 ○○○ 폭동의 유언이 각 방면으로 전파된 까닭이었다. 경시청에서는 관방, 형사, 경부, 보안의 각부가 협력하고 한편으로 신내천현(神奈川縣) 경찰부와도 연락을 취하여 진재 이래로 이 무섭고도 가증한 풍설의 출처를 조사하기에 전력을 집중한 결과 요사이에 비로소 판명되었다.
>
> 경시청의 간부들은 여출일구로 ○○○ 폭동설은 분명히 신내천현에서 굴러온 말이라고만 하고 일체를 비밀에 부치나 유력한 방면으로 탐지한 바에 의하면, 그 풍설의 근원은 신내천현 고진서장(高津署長)이 진재 위문을 겸하여 자기 관내의 피해 상황도 보고할 차로 신내천현 경찰부에 출두하여 볼 일을 마치고 오후에 돌아가는 길에 학견(鶴見) 부근에서 몇 사람의 ○○○이 주림에 몰리어 먹을 것을 절취하다가 그곳 청년단에게 들켜 묶여 있는 광경을 목

71 국사편찬위원회 한국사데이터베이스.
72 「민영달 씨 장서」, 『조선일보』 1924년 9월 17일자; 「민영달 씨 장서와 상해 동지의 애도」, 『조선일보』 1924년 10월 24일자.

도하고, 또 한편으로는 그와 거의 동시에 동경 어떤 신문사의 자동차가 횡빈으로부터 동경으로 들어가는 길에 역시 학견 부근에서 어떤 젊은 여자가 어린아이를 업고 머리를 풀어헤친 채로 달려와서 '지금 학견 방면에서 ○○○의 폭동이 일어나서 죽을 지경이니 나를 좀 살려주오' 하며 자동차에 매달렸다는 소문을 전기 고진 서장이 들은 지라.

그러면 ○○○ 소동이 사실이라고 믿은 동 서장은 경찰서에 들어가는 즉시로 서원을 소집하여 무슨 훈시를 하였다. 서원들은 비상히 놀라서 모두 자기 집에서 창과 죽창, 일본 칼 등을 경찰서에 모아놓고 방어 준비에 착수한 것을 부근의 인민들이 보고 경찰서에서 저러할 때에는 정말 ○○○이 쳐들어오나 보다고 떠들기 시작한 것이 도화선이 되어서 돌연히 금번 소동을 일으켰다는 틀림없는 모양 같다.

이에 대하여 경시청 형사부에서 수색과의 강력범계 주임 출구(出口) 경부의 일대가 오전 동서에 출장하여 엄중히 취조한 후 서장에 향하여 "당신은 그때에 서원 일동을 모아놓고 ○○○이 지금 쳐들어오니 발견하는대로 ○○하라고 명령하였다니" 하고 힐문을 한즉, 동 서장은 전연 반대로 만일 ○○○이 오더라도 저편에서 폭행하기 전에는 결코 이편에서 손을 대지 말라고 엄중히 훈시하였노라고 매우 변명을 한 모양이나, 경시청에서는 전연 신용하지 않는 모양이라더라.[73] (밑줄: 필자)

앞의 인용문은 관동대지진 당시 유언비어인 '조선인 폭동설'과 '조선인학살'의 인과성을 분명하게 밝히고 있다. 뿐만 아니라 경찰이 조선인학살에 직접 관여한 것까지 밝혀주고 있다. 이를 단계적으로 살펴보자.

---

[73] 「진재 후의 대소란을 捲起한 流言의 출처가 판명」, 『동아일보』 1923년 10월 17일자.

첫째는 자경단의 잔학한 사건이 계속 일어난 원인은 조선인 폭동이라는 유언이 각 방면에 전파되었다. 이를 경시청에서 확인한 결과 가나가와현(神奈川縣)에서 시작된 것이었으며, 다카츠(高津) 서장으로부터 비롯되었다. 둘째는 다카츠 서장의 유언비어의 내용으로 츠루미(鶴見) 부근에서 굶주린 조선인 몇 명이 먹을 것을 훔치다가 청년단에 묶여 있는 것과 머리를 풀어헤치고 어린아이를 업은 젊은 일본인 여성이 츠루미 방면에서 조선인이 폭동을 일으켜 죽을 지경이니 살려달라는 것이었다. 이 두 내용은 검증되지 않은 유언비어였지만, 다카츠 서장은 사실로 믿은 것이다. 셋째는 이 유언비어를 사실로 판단한 다카츠 서장은 경찰서로 돌아와 서원 즉 직원들에게 집에서 창과 죽창, 일본 칼을 가지고 와서 조선인이 쳐들어오는 것을 방어하였다. 넷째는 경찰서의 이러한 행위에 대해 일본인들 즉 자경단도 조선인이 쳐들어온다는 유언비어를 사실로 받아들였다. 다섯째는 다카츠 서장이 서원들을 불러놓고 지금 조선인들이 쳐들어오니 발견하는 대로 학살하라고 명령하였다. 그 연장선에서 자경단은 조선인을 보이는 대로 학살한 것이다.

이로 볼 때 가내가와현 '츠루미조선인학살사건'은 자경단과 경찰이 관여하였음을 확인할 수 있다. 이러한 조선인학살에 대해 다카츠 서장은 "만일 ○○○이 오더라도 저편에서 폭행하기 전에는 결코 이편에서 손을 대지 말라"고 변명하였다. 『동아일보』는 이 '츠루미조선인학살사건'을 보도한 기사와 함께 자경단에 의해 참살된 희생자 수가 4, 5백 명에 달할 정도라는 기사도 게재하였다는데, 이 중에는 일본인 이외의 사람도 다수하다고 밝히고 있다.[74]

74   「자경단의 살해인수 4, 5백 이상」, 『동아일보』 1923년 10월 17일자.

이 기사 외에도 조선인학살에 경찰이 관여한 것은 요코하마시 나까무라쵸(中村町)의 학살사건이었다. 호리와리청년회(堀割靑年會) 회원 모가 조선인학살사건과 관련하여 경찰서에 자수하였는데, 경찰부와 헌병대 등에서 엄밀 조사하였다. 조사 중이었지만 조선인학살사건에는 청년회원뿐만 아니라 경찰관도 참가한 사실이 있어 경찰 당국자들이 불안한 날을 보낸다고 보도하였다.[75]

특히 식민지 조선 언론은 자경단의 학살사건은 사이타마현(埼玉縣)이 가장 심하였고, 160여 명에 달하였다고 보도하였다.[76] 이들 피학살인이 조선인이었는지는 구체적으로 밝히지는 않았지만, 다음의 통달문에 의하면 학살당한 사람은 조선인이었음을 알 수 있다.

> (첫머리에 예순네 글자는 말살하고)에 관한 통첩
> 이번 진재에 대하여 동경에서는 (아홉 자를 말살) 또 그 사이에 과격한 사상을 품은 자들이 이어 협동하여 피등의 목적을 달하려고 한다 한즉, 조선 사람들이 그 毒手를 발휘할 염려가 있음으로 이때를 당하여 町村 당국자는 재향군인 분회, 소방수, 청년단 등과 일치 협력하여 그 경계를 담당할지며, 일단 사변이 생길 때에는 신속히 적당한 방책을 강구하라는 당국의 來牒에 의하여 이에 移牒하노라.[77]

75 「횡빈 청년의 자수로서 단서가 발각된 듯하다」, 『동아일보』 1923년 10월 22일자.

76 「기옥현에 학살이 우심함은 현의 통문이 그 원인」, 『동아일보』 1923년 10월 20일자.

77 「기옥현에 학살이 우심함은 현의 통문이 그 원인」, 『동아일보』 1923년 10월 20일자. 『조선일보』 1923년 10월 20일자 기사의 통달문은 다음과 같다. "(4자 말소)에 관한 건. 이번 진재에 대하여 동경에서는 (9자 말소) 또 기간 과격사상을 가진 자가 이대 합하여 그들의 목적을 달하려 하고 및 선인이 毒手를 휘두를 염려가 있으나 이러한 때에 처한 町村 당국자는 재향군인분회와 소방수, 청년단과 일치 협력하여 경계하다가 일조 유사한 경우에는 속히 적당한 책을 강구하도록 시급히 준비하라는 당국의 통첩에 의하여 이와 같이 이첩함."

위의 인용문은 사이타마현청에서 각 지방 정장(町長)에게 보낸 통달문이다. 이 통달문에는 조선인이 독수 즉 유언비어에 해당하는 것으로 폭동 등을 일으킬 염려가 있으므로 재향군인분회, 소방조, 청년단 즉 자경단과 일치 협력하여 경계하며, 유사시에는 신속히 적당한 방책을 강구하라고 하였다. 이 '적당한 방책'에 따라 자경단은 격분하여 조선인을 무참하게 참살하였다. 이후 자경단의 조선인학살 관련 내용은 보다 구체적으로 보도되었다.[78]

이처럼 자경단과 경찰 등에 의한 조선인학살사건은 사회적 또는 국제적 문제로 야기되었다. 이에 따라 경시청 등에서는 학살사건에

[78] 「埼玉縣 熊谷町」에도 대규모의 학살」, 『동아일보』 1923년 10월 23일자. 기사 내용은 다음과 같다. "9월 4일 오후 8시경에 埼玉縣 熊谷町에서도 ○○○ 42명이 中仙道 부근에서 살해를 당한 일이 있었다. 진재가 있으며부터 일반의 인심은 점점 혼란하여져서 同縣 경찰부에서 보호를 하고 있던 ○○○을 멀리 長崎縣이나 또는 新潟縣 방면으로 보내고자 전기 中仙道 부근 서편 협로를 진행한다는 풍문을 들은 재향군인과 소방조에게는 만일을 경계하던 중 4일 밤에 누구의 입으로부터 나왔는지 매호에 한 사람씩의 자위를 위하여 출동하라는 소문이 나며 혈기방장한 노동자들은 팔을 뽐내고 몽둥이와 죽창 등을 둘러메고 골목골목이 몰려다니게 됨에 인심은 더욱더욱 소란하여졌었다. 마침 그날 밤에 이르러 돌연히 同部 吹上 방면으로부터 ○○○ 수십 명이 습격하여 온다고 근거 모르는 풍설이 전파되어 각처에서 흥분된 자위단은 만일을 경계하는 중 이미 久下佐谷村 부근에서는 ○○○을 경위하던 경관과 자위단 사이에 ○○○ 쟁탈의 분요가 생기었으며, 熊谷町에서도 소방조와 재향군인단의 보호하게 深谷 방면으로 보내던 ○○○은 그 중로에 熊谷町 大高八丁地 부근에서 마침내 자위단원들에게 포위를 당하여 그 자리에서 10여 명의 ○○○은 죽창과 몽둥이에 찔리고 맞아서 참살을 당하고 그 참경을 목도한 남아있던 ○○○들은 각처로 도망하려는 것을 보고 보호자 편에서는 서로 헤어지면 더욱 위험하다고 말리려 하였으나 언어불통으로 혼잡 중에 나중에는 경관과 ○○○과 자위단은 전부 한 데 섞이어 혼란 상태에 빠짐에 각처에서 일어나는 울고 부르짖는 ○○○의 소리는 끊일 줄을 몰랐었다. 그 외의 부근 각처에서 당일 오후 9시까지 참살을 당한 수는 42명에 이르렀었다. 이 사실이 있은 뒤 동월 20일에 浦和 지방재판소에서 검사가 출장하여 군대의 응원하에 속속히 살인 혐의자 50여 명을 검거하여 熊谷경찰서에 구금하고 엄중 취조를 한 결과 이미 35명은 포화형무소에 수용되었더라."

관련된 자경단원을 검거하였고,[79] 재판이 시작되었다. 재판 진행 상황이 식민지 언론에서도 보도되었다.

조선인을 참살한 자경단원의 첫 재판 보도는 앞서 언급하였던 민인식을 살해한 고마츠사건이었다. 구체적인 내용은 없지만 10월 24일 예심이 종결되어 유죄로 결정되었다고 단신으로 보도하였다.[80] 이후 자경단원 재판 보도는 사이타마현에서 발생한 혼조(本庄)사건과 치바현의 게미가와(劍見川)사건, 군마현의 후지오카사건 등이었다. 일본 언론에서는 이와 관련된 보도는 적지 않았을 것으로 판단되지만, 국내에서는 『도쿄니치니치신문(東京日日新聞)』, 『요로츠초보(萬朝報)』 등의 보도를 번역하여 보도하였다. 식민지 언론에 보도된 기사를 인용하면 다음과 같다.

〈가〉 일본 기옥현(埼玉縣)에서 조선인살해사건 중 가장 처참하였다는 본장(本庄) 자경단원(自警團員)의 조선인 86명 살해 피고 각전원칠랑(角田源七郎) 외 32명의 제1회 공판은 지난 25일 오전 9시 반부터 포화지방재판소(浦和地方裁判所)에서 개정하여 대중(大中) 재판장, 하산(下山), 금(今) 양 판사의 배석으로 진행되었는데 판사의 등 뒤에는 여섯 자가 길이 되는 긴창과 기타 증거품이 진열되어 당시의 광경을 말하는 듯하였더라.[81]

---

79   「살인 자경단원 113명 검거」, 『동아일보』 1923년 10월 23일자. 기사 내용은 다음과 같다. "지난번 진재 때에 공경 등지의 일본 사람들은 조선 사람이 폭행을 하고 또는 금품을 강탈하여 동경시민에게 어떠 어떻게 한다는 터무니 없는 풍설이 전파되어 각지의 자경단과 청년단은 조선 사람을 함부로 학살한 사건에 대하여 경시청과 검사국에서는 대활동을 한 결과 113명을 검거하였는데, 엄중히 취조한 결과 모두 살인범으로 결정하였다더라."

80   「민인식 씨 살해사건 공판에」, 『동아일보』 1923년 10월 30일자.

81   「埼玉縣의 학살사건 제1회 공판」, 『동아일보』 1923년 10월 30일자.

〈나〉 中山事件

東葛飾郡 法典村 鈴木忠三(37), 吉橋權藏(16), 同郡 塚田村 高橋聰次郎(31), 石井助次(41), 高橋仲藏(21), 田村高橋淸(28), 法典村 高橋治三郎(33)

그들은 각각 일본 칼과 죽창과 뿔꽹이 등을 가지고 9월 2일 이래로 밤낮 경계하던 바, 이재지에서 계속 피난하여 오는 피난민들은 조선사람들의 악행을 전함으로 더욱 무서운 마음을 금치 못하여

1. 9월 4일 반에는 동갈식군(東葛飾郡) 겸곡촌(鎌谷村)에서 철도공사에 종사하는 조선사람 13명을 그곳 재향군인이 그곳 도야변(道野邊)을 지나 법전촌(法典村)으로 호송하여 군대에게 인도하여 할 때 자경단원 1백 수십 명이 보조하여 호송하던 바, 그날 밤 11시경에 중산촌(中山村) 궁지선(宮地先) 길가에 이르러 이재지에서 조선사람이 악행을 많이 하였다는 데 대한 감정이 일시에 돌발하여 누구의 선동도 없이 일제히 피고 충삼, 희일 등 피고 일동과 기타 씨명을 알 수 없는 10여 명은 흉기를 가지고 살해의 목적으로써 폭행을 가하여 (중략) 혹은 중상을 시키고 혹은 살해를 한 사실이 있으며,

2. 동경 심천구(深川區) 주기정(洲崎町)에 있는 엿 만드는 공장에 직공으로 있다는 조선사람 3명이 피고들의 사는 지방에 들어온 것을 9월 5일 오전 7시에 동갈식군(東葛飾郡) 마입역(馬込澤)에서 세자전장(笹子傳藏)이라는 자가 잡아가지고 자경단원과 함께 그곳 자경단 사무소로 호송하던 바, 일본 칼과 죽창과 뿔꽹이를 가지고 보호 호송에 종사하다가 전기 조선인 살해 장소에 이르러 그 죽인 시체들을 보고 살기가 등등하여 그 3명에게 폭행을 가하여 모두 살해한 사실이더라.[82]

〈다〉 군마현(群馬縣) 등강정(藤岡町)에서 진재 당시에 조선 사람을 살해한 사건은 14일 오후 1시경에 전교(前橋) 지방재판소에서 청류(靑柳) 재판장으로부터 판결 언도가 있었는데, 가해자 23명 중에 무

---

82 「埼玉縣下 살인 자경단의 예심종결 발표」, 『동아일보』 1923년 11월 1일자. 이 기사는 '사이타마현(埼玉縣)'이라고 하였지만 기사 내용은 '치바현(千葉縣)'에서 발생한 사건이다.

죄가 된 사람은 다만 한 사람뿐이요, 추산위길(秋山爲吉)과 황정번(荒井繁)의 징역 5개년을 위시하여 4개년, 3개년, 1년 6개월까지 있었다 더라.[83]

〈라〉 동경과 횡빈 지방에 지진이 일어났을 때에 거류 조선인을 참살한 자경단사건은 26일 오전 9시 반부터 포화지방패판소(浦和地方裁判所)에서 피고 121명에게 대하여 각각 판결 언도가 있었다. 피고 전부 중에 熊谷에서 범죄한 피고 3명과 神保原에서 범죄한 피고 2명과 本庄에서 범죄한 피고 13명 도합 18명만 징역을 시키게 되고, 그 외는 1년 내지 3년간의 집행유예로 출옥하게 되고, 2명은 증거불충분으로 무죄 언도를 받았다. 실형을 하게 된 각 피고들은 곧 공소의 수속을 하게 되었다더라.[84]

위의 인용 기사 중 〈가〉는 사이타마현에서 조선인 86명이 가장 처참하게 학살당한 혼조사건으로, 학살 가해자 츠노다(角田源七郎) 외 32명이 10월 25일 우라와시(浦和)지방재판소에서 제1회 공판 상황이다. 이 기사는 재판 진행 중의 상황을 설명하고 있지만, 조선인을 학살할 때 사용된 6자 정도의 긴 창 등 여러 증거물이 진열되어 있어 조선인 처참한 학살 장면을 연상케 하고 있다.

사이타마현에서 학살된 조선인의 수는 기록마다 다르지만 『독립신문』에는 488명, 혼조에서는 63명으로 밝히고 있다.[85] 관동대지진 당시 일본 정부는 혼조에서 학살된 조선인 수는 120명으로 발표한

83 「조선인 살해범은 5개년 이하로 각각 언도되었다」, 『동아일보』 1923년 11월 17일자.
84 「조선인 참살 자경단원 121명 중 실형은 가한 자는 僅히 18명」, 『동아일보』 1923년 11월 30일자.
85 「일만의 희생자」, 『독립신문』 1923년 12월 5일자. 이외에 일본 사법성은 66명, 재일본관동지방지재조선동포위문단 보고서는 488명, 요시노 사쿠조(吉野作造)는 551명으로 각각 밝힌 바 있다.

바 있다.[86]

〈나〉는 치바현 하가시카쓰시카이키군(東葛飾郡) 나카야마촌(中山村)사
건으로 9월 4일과 5일 두 차례 발생한 학살사건이다. 9월 4일 학살
사건은 카마야촌(鎌谷村) 철도공사에서 일하던 조선인 13명을 재향군
인이 호덴촌(法典村) 군대에게 인도하기 위해 가던 중 나카야마촌(中山
村)에 이르렀을 때 자경단원 스즈키(鈴木忠三) 등 10여 명이 흉기로 조
선인을 살해하였다. 9월 5일 학살사건은 도쿄 후카가와구(深川區) 츠
사키초(洲崎町)이서 엿을 만드는 공장에서 일하던 조선인 3명이 하가
시카쓰시카이키군(東葛飾郡)으로 피신왔는데, 마고메역(馬込驛)에서 사사
고(笹子傳藏)에 잡힌 후 자경단원과 함께 자경단사무소로 끌려가던 중
살해되었다. 자경단원은 일본 칼과 뿔괭이 등으로 조선인을 살해하
였는데, 조선인을 살해한 장소는 이미 조선인을 살해했던 곳이었다.
살해 장소에는 이미 살해된 조선인 시신이 있었고, 이를 보고 살기
가 등등하여 끌려가던 조선인 3명도 살해한 것이다.

이 기사에 의하면 치바현 일대에는 이 두 사건 외에도 상당한 조
선인학살사건이 적지 않았음을 알 수 있으며, 역시 자경단원의 잔학
한 학살이 이어진 것이다. 치바현에서 학살된 조선인 수는 『독립신
문』에는 329명으로, 호덴촌 일대는 60명으로 밝히고 있다.[87]

〈다〉는 군마현 후지오카(藤岡)사건으로, 11월 14일 마에바시(前橋)지
방재판소에서 조선인을 학살한 가해자 23명 중 아키야마(秋山爲吉)과
아라이(荒井繁)에게 징역 5년형을 언도한 보도이다. 이외 자경단원에
게는 4년, 3년, 1년 6개월의 형이 언도되었으며 무죄는 1명이었다.

---

86   「적이 발표한 피살 한인의 총수」, 『독립신문』 1923년 11월 10일자.
87   「일만의 희생자」, 『독립신문』 1923년 12월 5일자. 요시노 사쿠조는 치바현에서
      141명으로 밝힌 바 있다.

그런데 이 사건은 조선인학살보다 경찰서 습격하고 기물을 파손한 것을 더 무겁게 다루었다는 점에서 여느 조선인학살 재판과는 다르다고 할 수 있다.[88] 『독립신문』은 군마현은 34명, 후지오카에서는 17명의 조선인이 학살당하였다고 발표하였다.[89]

〈라〉는 도쿄와 요코하마 일대에서 발생한 구마가야(熊谷)사건, 진보하라(神保原)사건, 혼조(本庄)사건을 11월 26일 우라와(浦和)지방재판소에서 판결한 보도이다. 조선인을 학살한 범인으로 자경단원 121명을 재판 중인 우라와지방재판소는 구마가야사건 3명, 진보하라사건 2명, 혼조사건 13명 등 18명만 징역을 언도하였고, 나머지 중 2명은 증거불충분으로 무죄, 그외 피고인은 모두 집행유예로 풀려났다. 구마가야사건으로 실형을 받은 피고인 3명은 항소에서 1명만 실형을 받았다.[90]

조선인학살과 관련된 재판은 앞의 인용된 보도 외에도 요리이(寄居)사건 등 적지 않았지만, 기사로 게재된 것은 4건 내지 6건에 불과하다. 이는 식민지 조선의 언론 통제에 영향이었음은 자명한 것이라 할 수 있다.

한편 식민지 언론은 일본인을 조선인으로 오해하여 학살당한 사건에 대해서도 보도되었다. 일본인학살사건은 보다 구체적으로 보도되었는데, 다음과 같다.

---

88   강효숙, 「관동대진재 당시 피학살 조선인과 가해자에 대한 일고찰」, 『관동대지진과 조선인학살』, 동북아역사재단, 2013, 114~115쪽.

89   「일만의 희생자」, 『독립신문』 1923년 12월 5일자. 이 후지오카사건은 『매일신보』 1923년 10월 14일자에 보도되었다.

90   강효숙, 「관동대진재 당시 피학살 조선인과 가해자에 대한 일고찰」, 『관동대지진과 조선인학살』, 동북아역사재단, 2013, 117쪽.

〈마〉千葉縣 檢見川町 高橋市造(39), 河野政吉(48), ○田勝太郞(21), 渡邊金藏(23), 石櫻太郞(35), 藤大義太郞(20), 秋本源藏(25), 吉田辰五郞(44), 小川初太郞(50), 花島國三郞(27)

그들은 배일조선인이 습래한다는 말에 놀래어 9월 2일부터 경계하던 바, 5일 오후 1시경에 검견천정(檢見川町) 전차정류장 부근에서 추전현(秋田縣)에 사는 등정금장(藤井金藏)과 삼중현(三重縣)에 사는 진궁이랑(眞弓二郞)과 충승현(冲繩縣)에 사는 의간차랑(儀間次郞)의 세 사람을 보고 배일조선인이라 의심한 후 그곳 주재소로 데리고 갔던 바, 그 주재소 부근에 있던 수백 명 군중은 그 3명을 배일조선인이라 하여 주재소를 둘러싸고 죽창으로 주재소 유리창을 파괴한 후 그들을 살해하였으며, 그 시체는 주재소 부근에 있는 화견천(花見川) 물 위에 던져버린 소요사건인데,

피고 시조(市造)는 주재소에서 이 3명 중 1명을 다른 군중 1명과 함께 철사로 결박하였으며, 정길(政吉)은 이 3명 중 2명을 철사로 결박하고 그 1명의 머리를 주먹으로 때렸으며, 승태랑(勝太郞)은 주재소 앞에서 6척 가량 되는 참대 몽둥이로써 이 3명 중 1명을 때리고 그 다음은 다른 군중들과 함께 살해하였으며, 금장(金藏)은 살해의 목적으로 3명 중 1명의 좌편 어깨를 일본 칼로 찔러 살해하였으며, 일랑(一郞)은 군도로서 1명을 찔러 죽였으며, 의태랑(義太郞)은 창으로서 1명의 어깨를 찔러 살해하였으며, 원장(源藏)은 뺄꽹이로 구타 살해하였으며, 진태랑(辰太郞)은 죽창으로써 1명의 배를 찔러 살해하였으며, 초태랑(初太郞)은 2명의 머리를 주먹으로 때리고 1명을 죽창으로 때려, 2명을 살해한 후 시내에 던져버렸으며, 국삼랑(國三郞)은 1명의 시체를 시내에 던지고 여러 사람보다 소요를 먼저 일으켰더라.

〈바〉成田事件

千葉縣 印葉郡 成田町 橫町 石原市尾(19), 澤邊雄吉(26), 花崎町 小島權次(23), 本多健吉(26), 高松宗吉(22), 澤田謹二(25)

피고들은 성전(成田)정거장에서 27, 8세와 13세가량 되어 보이는

일본 사람 2명을 조선사람이라 오해하고 일본 칼로 살해한 사건
이라더라.[91]

위의 〈마〉와 〈바〉 두 기사는 일본인을 조선인이라고 오해한 자경
단원이 치바현 게미가와초(檢見川町)에서 3명, 나리타초(成田町)에서 2명
이 참살하였다. 특히 게미가와사건은 자경단원이 일본인을 어떻게
참살하였는지 구체적으로 언급하고 있는데, 조선인도 이와 같은 방
법으로 학살되었음을 짐작할 수 있다.

조선인으로 오해받은 일본인을 참살하는 도구는 찰사 결박, 주먹
구타, 6촌 가량의 참 몽둥이, 일본 칼, 군도, 창, 죽창 등이 사용되었
다. 이외에도 조선인학살에는 곤봉, 쇠갈고리, 수창, 엽총, 가래, 낫,
돌, 철봉 등이 사용되었다.[92] 참살 양태는 철사로 묶고, 주먹으로 머
리를 때리고, 참 몽둥이로 때리고, 일본 칼로 어깨와 배를 찌르고, 뿔
꽹이로 구타하고, 죽창으로 때려 죽였다. 죽은 시신은 강에 던져버렸
다. 학살 후 시신 유기로 이어졌는데, 이는 학살사건을 은폐하기 위
한 조치였다. 조선인학살도 예외가 아니었다고 할 수 있다. 조선인학
살 재판은 22건에 달하였지만, 재판과정에서 학살된 조선인 이름도
제대로 파악되지 않고 있다.

'조선인학살'이 식민지 조선에 알려지면서, 이와 관련된 내용을
주제로 한 연극 공연이 강제로 해산당하기도 하였다. 전북 익산군에
소재한 용인야학교는 소인극단을 조직하여 충남 조치원에서 공연하
던 중 주최자 이혁재는 '동경지방에 대한 동포 학살'이라는 말을 하

---

91   「埼玉縣下 살인 자경단의 예심종결 발표」, 『동아일보』 1923년 11월 1일자.

92   강효숙, 「관동대진재 당시 피학살 조선인과 가해자에 대한 일고찰」, 『관동대지
      진과 조선인학살』, 동북아역사재단, 2013, 121쪽.

다가 공연은 중지당하였고, 이혁재는 유언비어죄로 연행되었다.[93]

4. '조선인학살'과 진상규명에 대한 언론보도

관동대지진 조선인학살은 앞에서 언급한 바와 같이 10월 전후 언론보도를 통해 전해졌다. 관동대지진이 발생하자 무엇보다도 지진 현장에 있는 조선인의 안전 유무 즉 생사를 확인하고자 하였다. 이에 따라 경성(서울)을 포함한 각지에서 일본에 있는 가족의 생사를 확인하기 위한 구제회 등이 조직되었다.[94] 그렇지만 생사 확인을 위해 도일 즉 지진 현장으로 갈 수 없는 상황이었다.

조선총독부는 '조선인 안부 조사'를 언론을 통해 발표하였지만, 여전히 불확실하였다. 더욱이 관동대지진 이후 귀환한 조선인의 말을 통해 학살의 실태를 인지하게 되었다. 총독부의 언론 통제가 심했음에도 불구하고 9월 하순 이후에는 '조선인학살'이 언론에서 공공연하게 보도되었다. 이후 일본과 미국, 독일 등 국외지역을 중심으로 조선인학살의 진상규명을 위한 활동 다각도로 전개되었고, 식민지 조선에도 언론을 통해 전달되었다. 본절에서는 식민지 조선 언론에 보도된 기사를 중심으로 살펴보고자 한다.

앞서 살펴본 바와 같이 10월 중순 이후 언론보도를 통해 조선인학살은 확인되었다. 그렇지만 보다 분명하게 확신케 한 것은 다음의 기사였다.

---

93   「해산을 명령 익산 소인극단」, 『동아일보』 1923년 11월 23일자.
94   관동대지진 구제활동에 대해서는 성주현, 「관동대지진과 의연금 모금」, 『관동대지진과 식민지 조선』, 선인, 2020을 참조할 것.

〈그림 1-4〉 조선인학살 유골 기사(『동아일보』 1923년 11월 23일)

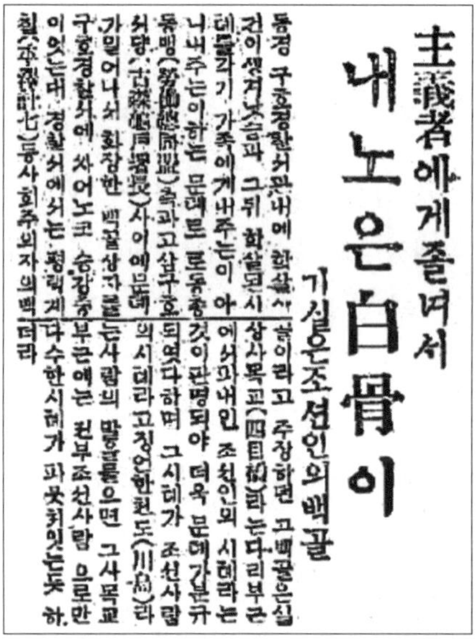

主義者에게졸녀서
내노은白骨이
기실은조선인의백골

동경 구호경찰서관내에 학살사건이생겨낫슴과 그뒤 학살된시톄를각기 가족에게내주는이 아니내주는이하는 문데로 로동총동맹(勞働總同盟)측과고삼구호서댱(古森龜戶署長)사이에문데가닐어나서 화장한 백골상자를 구호경찰서에 쌓어노코 승강중이엇는데 경찰서에서는 평택계칠(平澤計七)등사회주의자의백골이라고 주장하면 그백골은실상사목교(四目橋)라는다리부근에서파내인 조선인의 시톄라는것이판명되야 더욱 문데가분규되엿다하며 그시톄가 조선사람의시톄라고증언한천도(川島)라는사람의 말을들으면 그사목교부근에는 전부조선사람 으로만다수한시톄가 파뭇치엇는듯 하.더라

동경 구호경찰서 관내에 학살사건이 생겨났음과 그 뒤 학살된 시체를 각기 가족에게 내주느니, 아니 내주느니 하는 문제로 노동총동맹 측과 고삼(古森) 구호서장(龜戶署長) 사이에 문제가 일어나서 화장한 백골 상자를 구호경찰서에 쌓아 놓고 승강 중이었는데, 경찰서에서는 평택계칠(平澤計七) 등 사회주의자의 백골이라고 주장하던 그 백골은 실상 사목교(四目橋)라는 다리 부근에서 파낸 조선인의 시체라는 것이 판명되어 더욱 문제가 분규되었다 하며, 그 시체가 조선사람의 시체라고 증언한 천도(川島)라는 사람의 말을 들으면, 그 사목교 부근에는 전부 조선사람으로만 다수한 시체가 파묻혀 있는 듯하더라.[95]

95 「주의자에게 졸려서 내놓은 백골이 기실은 조선인의 백골」, 『동아일보』 1923년 11월 23일자.

위의 기사는 가메이도(龜戶) 경찰서에서 일어난 것으로, 학살당한 일본 사회주의자 유골과 관련된 것이다. 일본 노동총동맹은 학살된 유골을 돌려달라고 하였으나 경찰서에서는 내줄 수 없다고 실갱이를 하였다. 마침내 사회주의자 유골이라고 내주었으나 실제는 조선인 유골이었다. 이 유골은 요츠메바시(四目橋) 부근에서 학살당된 조선인의 것이었다. 이 기사는 조선인학살을 보다 분명하게 확인해주는 데 의미가 있다고 할 수 있다.

조선인학살 진상규명 관련 보도는 관동대지진 발생 근 두 달 후인 11월 하순에서 처음으로 보도되었다. 보도의 내용은 다음과 같다.

> 미국에 있는 선우협회라는 조선인 단체에서는 일본 진재 중에 5백여 명의 조선 사람이 무참히 학살당하였다는 진정서를 국무경 휴스 씨에게 제출하였는 바, 이에 대하여 지난 22일에 일본대사관에서는 공식으로 그러한 일이 없다고 발표하였다더라.[96]

위의 인용 보도는 미국에 있는 조선인 단체 선우협회(鮮友協會)가 조선인학살 진상규명을 전개하고 있다는 내용이다. 선우협회는 관동대지진 당시 5백여 명의 조선인이 무참하게 학살당하였다는 진성서를 작성하여 미 국무경 휴스에게 제출하였다. 이를 주미일본대사관에 전달하였지만, 조선인학살은 없었다고 발표하였다.[97] 조선인학살은 이미 식민지 언론을 통해 확인되었지만, 일본 측에서는 이를 부인하였다. 이를 인정하는 경우 국제적 문제로 야기될 수 있기 때문

---

96 「진재 중의 학살사건으로 선우협회 진정」, 『동아일보』 1923년 11월 26일자.
97 「학살된 동포를 위하여 재미조선인 단체 분기」, 『조선일보』 1923년 11월 26일자.

이었다. 미국한인사회의 진상규명 활동은 이후에도 보도되었는데, 다음과 같다.

> 하와이 호놀룰루 항구에 있는 국민회에서는 지난 10월 24일 조선 동포 5백여 명이 모여 금번 동경 횡빈 지진 중에 일본인이 조선인 학살한 데 대해 대회를 열고 흥분된 군중은 질서있게 회의를 진행하였는데, 석장 김영기 씨가 말하기를 "이 世紀에 조선인은 일본인에게 ○○○○○○ ○○하였다는데, 또다시 이번 동경과 횡빈 지진 중에 우리 동포가 일본인에게 학살당하였다. 우리는 국민으로 있어 일본인이 우리 동포에게 토이기 사람과 같은 악독과 만행을 견딜 수 없다. 연합통신으로 좇아온 동경 전보를 보면 환란에 쌓인 구역에 안녕질서를 유지할 권한을 맡은 소위 자경단원이 조선인을 적이라 지목하여 5백여 명을 ○○하였다 하니, 우리는 그 사실을 세상에 발표하기를 요구하노라"하여 만장일치로 조사위원 네 사람을 선정하여 워싱턴과 런던에 있는 구미위원부(歐美委員部)에 전보하고 미국 국무성에 청원하여 일본에서 조선인 학살한 사실을 충분히 조사하게 하기를 결의하고, 일본 외무성의 발표에 의하면 학살한 이유와 수효가 모순이 되며, 범죄하였다는 조선인을 공판에 부쳐 세계에 의혹을 풀게 하라는 선언서를 발표하였다더라.[98]

위의 보도는 하와이 한인단체 국민회의 진상규명 활동이다. 국민회는 관동대지진으로 5백여 명의 조선인이 자경단에 의해 학살당하였다는 것을 확인하고, 11월 24일 진상규명을 위한 한인대회를 개최하였다. 이날 한인대회에서 조선인학살 사실을 세상에 발표할 것을 요구하는 한편 조사위원 4명을 선정하였다. 이들은 워싱턴과 런던에 있는 구

---

[98] 「진재 중 조선인 참살사건을 米政府에 조사를 청원」, 『동아일보』 1923년 11월 29일자.

미위원회에 조선인학살을 전보하였으며, 미국 국무성에 진상규명을 위한 청원을 하기로 결정하였다. 그리고 일본 정부의 모순된 발표와 조선인학살의 의혹을 해명하라는 선언서를 발표하였다.

한인대회에 앞서 하와이 국민회는 10월 28일 각지에서 추도회를 가졌다.[99] 미주한인사회에서 발행된 『신한민보』에 의하면, 10월 말경 조선인학살을 확인하였고, 이후 진상규명을 위한 활동을 전개하였다.[100]

관동대지진이 발생한 일본 한인사회에서도 조선인학살 조사와 진상규명을 위한 활동이 전개되었다. 관동대지진 직후 이재조선인을 위한 구호활동과 동포의 안부 조사를 위해 도쿄의 천도교청년회와 기독교청년회 두 단체와 유지들은 '조선인박해사실조사회(이하 조사회)'를 조직하고, 지진 당시 건물이 온전히 남은 천도교청년회관(천도교 도쿄종리원)에 임시사무소를 설치하였다.[101] 이어 조사회는 '재일조선동포피학살진상조사회'로 변경하고자 하였지만, 계엄령 하인 일본 정부에서는 '학살'이라는 명칭이 불온하다는 이유로 허가를 받지 못하였다. 결국 조사회는 '이재조선동포위문반(이하 위문반)'으로 개칭하였다.[102] 위문반은 이해 12월 25일 일화청년회관에서 경과보고회를 가졌다. 이에 대해 식민지 언론에서는 다음과 같이 보도하였다.

99   「포와 동포의 추도회」, 『동아일보』 1923년 11월 29일자.

100 「일인의 무도, 동경 한인을 학살 후 거짓말로 변명」, 『신한일보』 1923년 11월 1일; 「일본 진재시에 학살당한 동포를 위하여」, 『신한민보』 1923년 11월 8일; 「톰킨스 박사는 국무성에 항의서 제출」, 『신한민보』 1923년 11월 29일; 「톰킨스 박사와 서재필 박사의 변호, 일본 진재 시 한인학살에 대하여」, 『신한민보』 1923년 12월 6일 등이 있다.

101 「재동경 기독 천도 양 청년회, 이재동포 구호 개시」, 『동아일보』 1923년 10월 1일자.

102 山田昭次, 『關東大震災時の朝鮮人虐殺とその後;虐殺の國家責任と民衆責任』, 創史社, 2011, 100쪽.

지나간 25일 오후 1시부터 동경부하(東京府下) 잡사곡(雜司谷) 일화청
년회관(日華青年會館)에서 재일본관동지방(在日本關東地方) 이재동포위문반
(罹災同胞慰問班) 경과보고회(經過報告會를)를 개최하고 위문반이 활동한 경
과와 회계에 관한 보고와 조선인학살사건에 대한 조사보고 등을
마친 뒤에 즉시 계속하여 재일본동경조선인대회(在日本東京朝鮮人大會)
를 개최하고 1923년 11월 말일까지 조사된 피살 동포의 수효와 조
선인의 폭행 여부와 유언비어(流言蜚語)의 출처와 유언비어의 전파와
유언비어를 내게 된 동기 등에 관하여 설명한 바가 있었더라.[103]

위문반은 경과보고회와 조선인대회에서 1923년 11월 말일까지 조
사된 학살당한 조선인의 수와 조선인 폭행 여부, 유언비어와 관련한
출처와 전파 및 동기 등을 보고하였다. 그렇지만 자세한 내용은 '발
표할 자유가 없어서' 인용한 보도와 같이 대강만 기사로 처리하였
다. 당시 위문반에서 보고한 피학살 조선인 수는 『독립신문』에 발표
되었다.[104]

위문반 이외에도 1920년대 대표적인 사상단체 북성회도 독자적
으로 조선인학살 진상규명을 한 것으로 보인다. 북성회는 재일본조
선노동자회, 도쿄조선노동동맹회, 일본노동총동맹 등의 후원으로 이
재동포의 조사 및 구호활동을 전개하였다. 북성회는 1923년 11월 말
경 도쿄조선노동동맹회, 오사카조선노동동맹회, 고베조선노동동맹
회 등 단체와 모임을 가진 바 있다. 이때 이들 단체들은 "진재시에
조선인학살사건에 대하여 일본 정부에 그 진상의 발표를 요구할 것,

---

103 「이재조선인 위문반의 보고회」, 『동아일보』 1924년 1월 6일자.
104 「일만의 희생자」, 『독립신문』 1923년 12월 5일자. 이 기사는 1923년 11월 말일까
지 조사한 것으로 밝히고 있다는 점에서 일본 도쿄의 이재조선동포위문반에서
12월 25일 보고한 것으로 볼 수 있다.

학살에 대한 항의를 제출하며 피해자 유족의 생활권 보장을 요구할 것, 사회의 여론을 환기키 위하여 조선과 일본 주요 도시에서 연설회를 개최하고 격문을 반포할 것" 등 세 가지를 실행하기로 결의하였다.[105] 북성회는 결의사항에서 보듯이 일본 정부에 조선인학살에 대한 진상을 조사하여 밝힐 것을 강력하게 촉구하였다.

조선인학살 진상규명을 촉구하는 활동은 1924년 2월 중순 도쿄에서 개최된 조선인대회에서도 이어졌다. 이날 조선인대회는 3개 단체가 주도하였으며, 당시의 진상을 분명히 하는 동시에 일변으로 각지의 조선 노동자와 연락을 취하여 크게 여론을 일으키기로 하였다. 대회 후에는 조선인학살의 상황을 기록한 문서를 만들어 세계 각 정부에 보내기로 하였다.[106] 이러한 활동의 결과 인지 확인할 수는 없지만, 조선인학살의 진상규명은 영국 자유노동당[107]에서도 관심을 가지고 선언서를 발표하였다.[108]

뿐만 아니라 조선인학살 규명 또는 사과 요구는 일본 정치계에서도 전개되었는데, 이는 식민지 언론도 보도하였다. 그렇지만 일본 정부는 이에 대해 매우 불성실한 답변뿐이었다. 관동대지진이 어느 정

---

[105] 「북성회의 최근 활동 5개조를 결의 후 실행에 노력」, 『조선일보』 1923년 12월 11일자.

[106] 「동경에 조선인대회」, 『동아일보』 1924년 2월 22일자.

[107] 자유노동당은 독립노동당의 오기이다.

[108] 「朝鮮人虐殺事件으로 英國勞働黨 宣言書 發表」, 『동아일보』 1924년 2월 23일자. '자유노동당'의 선언서 내용은 다음과 같다.
"일본에 지진이 있은 이후 조선인과 일본노동당 수령을 암살한 데 관한 우리가 자유노동당 정보위원회의 각서(覺書)에 대하여 일본 대사관과 우리는 논쟁(論爭)코자 아니하노라. 만약 일본 대사관에서 어떠한 불만을 호소코자 하면 우리 당에서 그 소식을 얻어온 그 출처에 제출할 것이라. 우리는 그 보고를 조목조목 들어서 그 소자출(所自出)을 가리켜 놓았고 우리들 자신이 성명한 바 아니다." 이와 관련해서는 정영환, 「영국 외교문서 속의 관동대지진」, 『관동대지진 100년간의 기억과 기록』, 독립기념관 한국독립운동사연구소, 2023, 109~112쪽을 참조할 것.

도 진정되어감에 따라 중의원 회의에서 조선인학살과 관련한 질의가 시작되었고, 이를 다음과 같이 보도되었다.

> 14일 중의원 본회의에서 무소속 의원 田淵豊吉 씨는 "오등은 조선인학살사건에 대하여도 침묵할 수 없다. 정부는 何故로 此 사건을 論議하는 신문 잡지에 재제를 가하는가. 의당 오인은 외국에 대하여 감사하기 전에 此等 不意에 橫死한 조선인에 대하여 사의를 표할 필요가 있다"고 질문하였음에 대하여 山本 수상은 "언제든지 他日에 대답하게 되겠지요"라고 答辯을 회피하였더라.[109]

1923년 12월 14일 개회된 중의원 본회의에서 무소속 다부치 도요키치(田淵豊吉)는 조선인학살에 대해 일본 정부가 사과할 필요가 있다고 질의하였다. 이에 대해 야마모토(山本) 수상은 타일 즉 다음에 답변하게 될 것이라고 즉답을 회피하였다.[110]

이어 15일 속개된 중의원 본회의에서도 헌정회 대의사 나가이 류타로(永井柳太郞)는 조선인학살을 언급하며 "'여사한 불상사를 야기한 원인은 정부 부내의 자가 경솔히 유언비어를 信한 까닭이라"고 후나바시(船橋)무선전신소에서 발신한 공전문을 낭독한 후 "此는 9월 1일부로써 한 것인즉 前 내각 水野 內相의 책임이라" 단정하였다. 이어 다시 자경단의 불법을 논하고 피해 조선인에 대하여는 深切한 동정을 表치 아니치 못할 것이라고 질문하였다. 이에 대해 야마모토 수

---

109 「朝鮮人虐殺事件, 山本 首相 答辯을 回避」,『동아일보』1923년 12월 16일자.
110 「조선인학살사건에 대하여」,『조선일보』1923년 12월 16일자에는 다음과 같이 보도하였다. "吾等은 朝鮮人虐殺事件에 對하여 沈默할 수가 없노니, 政府가 무는 까닭으로 此事를 論議하는 新聞 雜誌에 制裁를 加코자 하는가. 吾等은 外國에 對하여 感謝를 表하기 前에 意外로 橫死한 朝鮮人에 對하여 謝意를 表할 必要가 있노라."

상은 "비상시에 제하여 여사한 불상사가 발생하였으므로 슬퍼한다. 그러나 본건은 목하 조사가 진행 중이라"[111]라고 역시 즉답을 회피하였다.

5. 맺음말

이상으로 관동대지진 이후 식민지 언론에서 조선인학살과 관련하여 보도된 상황과 경향을 살펴보았다. 이를 정리하면서 맺음말을 대신하고자 한다.

첫째, 관동대지진 직후 조선인학살과 관련된 보도는 직접적인 표현보다는 이를 인지할 수 있는 뉘앙스의 기사가 조심스럽게 보도되었다. 관동대지진 직후 일어난 조선인학살과 관련된 조선인 폭동설은 식민지 언론을 통해 보도되었지만, 식민지배통치에 불리한 조선인학살에 대한 보도는 총독부의 언론 통제로 직접 기사화되지는 못하였다. 그럼에도 불구하고 언론은 조선인학살과 관련된 보도를 읽는 독자들은 이를 인지할 수 있을 정도로 보도되었다.

도쿄 유학생 한승인과 이주성의 첫 귀환을 보도한 기사에는 검열에 의해 삭제된 부분이 적지 않았으며, 이들이 언급한 말 중에는 '조선인학살'을 유추할 수 있는 내용이 없지 않았다. 이외에도 조선인학살의 뉘앙스를 보이는 기사는 '○○○학살' 또는 '○○○○○'으로 표현하였지만 '조선인학살'이라는 것을 충분히 인지할 수 있다.

또한 지진 현장을 목도한 후 귀환한 조선인은 사찰을 당하는 한편

---

111 「責任은 前 首相에, 永井 氏의 朝鮮人事件 質問 演說」, 『동아일보』 1923년 12월 17일자.

유언비어를 발설하였다고 구류처분을 받은 것을 보도하였다. 보도의 내용은 구체적으로 파악되지는 않지만, 이 역시 조선인학살과 관련된 것이라 할 수 있다. 이처럼 관동대지진 직후 9월 중순까지는 조선인학살의 인지가 가능한 정도로 보도가 되었음을 알 수 있다.

둘째, 조선인학살과 관련된 재판 보도는 10월 이후 보도되었다. 이는 일본 현지의 기사를 전제 또는 부분적으로 보도하면서 기사화되었다. 재판 보도는 아마카스 대위의 사회주의자 오스기학살사건을 다루면서 시작되었지만, 점차 조선인학살 관련 보도가 확대되었다.

그러나 조선인학살 관련 재판 보도는 일본에서 발행된 기사를 재수록하였다는 점에서 보다 심층적이고 구체적이지 않다는 점에서 한계가 있다. 또한 22개의 조선인학살 관련 재판이 있었으나 가메이도학살사건과 츠르미학살사건 등 불과 몇 개만 보도하는 데 그치고 있다.

셋째는 조선인학살 진상규명은 식민지 조선보다는 일본과 미국 등 국외에서의 활동을 보도하였다. 미주한인사회는 국민회를 중심으로 진상규명을 위해 미 국무성에 청원서를 제출하는 한편 유럽의 구미위원회와 연대하여 활동하였음을 보도하였다. 일본은 식민시기라는 상황에서 종교단체, 유학생 단체, 사상단체 등이 연대 또는 독자적으로 진상규명을 위한 활동을 전개하였고, 특히 이재동포위문반은 학살된 조선인의 수효를 파악하는 데 주력하였다. 그 결과를 조선인대회에서 보고하였고, 이를 상해임시정부 기관지 『독립신문』을 통해 발표하였다. 조선인학살 진상규명 보도는 국외에서의 활동만 제한적인 것은 식민지 조선에서 진상규명을 위한 조직적인 활동을 할 수 없는 상황과도 밀접하다고 할 수 있다.

끝으로 본고에서는 직접 다루지 않았지만, 일본 언론에 보도된 조선인학살과 관련해서는 추후 기회가 닿는 대로 밝혀볼 것을 기대한다.

제3장 관동대지진 당시 조선인 희생자 명부에 대한 현황

1. 머리말

이 논문은 1923년 관동대지진 당시 조선인 피해자의 명부를 조사하는 것을 목적으로 하고 있다. 1923년 일본 관동지역에서 발생한 대지진 이른바 관동대지진 당시 일본의 군경과 자경단에 의해 학살된 조선인은 6천여 명에 달한다.[112] 2023년은 관동대지진 조선인학살 100주년이기도 하지만, 그동안 이 6천여 명의 학살된 조선인의 명단을 제대로 발굴하지 못하고 지낸 지도 100주년을 맞는 것이 오늘의 현실이다. 중국인 역시 관동대지진 당시 조선인으로 오해를 받아 700여 명이 학살되었는데, 이를 국가적 차원에서 진상규명을 조사하고 명단을 확보하였다.

대한민국은 조선인학살 당시는 일제 강점으로 인한 식민지 상황이었기 때문에 진상규명과 명부 파악은 불가능하였다. 그렇지만 해방 후에도 이러한 상황에서 벗어나지 못하고 여전히 진행형이라고 할 수 있다. 관동대지진 조선인학살은 차치하더라도 희생자 명단 역시 파악하지 못한 것은 부끄러운 일이 아닌가 한다. 다만 관동대지진 조선인학살 관련 명단은 『일본 진재시 피살자 명부』(1권 109매, 290명)

---

[112] 관동대지진 당시 학살된 조선인의 수는 자료마다 다르지만, 『독립신문』에서 발표한 6,661명을 일반적으로 수용하고 있다. 일본 정부 사법성은 231명, 『報知新聞』은 519명, 『讀賣新聞』은 300명, 『東京日日新聞』은 432명, 요시노 사쿠조(吉野作造)는 2,613명, 내각부 중앙방재회의는 최소 1,053명, 최대 9,484명으로 산정한 바 있다.

가 있다. 이 명부는 1952년 12월 15일에 개최된 국무회의에서 내무부 장관에게, 우리가 일제하에 일제로부터 침략을 당한 사실을 증명할 수 있는 자료를 조사 수집하라고 한 지시에 의해 작성된 바 있다. 그렇지만 이 명부는 2013년 7월 주일한국대사관을 신청사로 이전할 때 과거사 관련 기록을 확인하는 과정에서 발견되었다.[113]

관동대지진 당시 언론에서는 희생된 조선인을 여러 가지로 표현하였다. 첫째는 참사(慘死)이다. 참사의 의미는 '비참하게 죽음'이다. 여기에는 두 가지 의미가 있다고 판단된다. 하나는 대지진으로 비참하게 죽임을 당한 것이고, 다른 하나는 일본인에게 비참하게 죽임을 당한 것이다. 당시 언론에서 표현한 '참사'는 이 두 가지 의미 중 어느 것으로 해석해야 할지 정확하게 판단하기가 쉽지 않다. 둘째는 '학살'이다. 이는 일본 군경과 자경단에 의해 비참하게 죽임을 당한 것을 분명하게 밝히고 있다. 셋째는 '행방불명'이다. 이는 생사가 확인되지 않는 것으로 일종의 '실종'이라 할 수 있다. 그런데 이 실종은 대부분 '죽음'으로 처리한다는 점에서 행방불명 역시 희생된 범위에 포함할 수 있다.

한편 본고에서 다루고자 하는 '희생자'는 좀 더 넓은 의미에서 사용된다. 〈국어표준사전〉에 의하면 '희생을 당한 사람' 또는 '사고나 자연재해 따위로 애석하게 목숨을 잃은 사람'을 뜻한다. 〈다음 한국어사전〉에는 '어떤 일이나 사건으로 말미암아 죽거나 다치거나 피해를 입은 사람'을 뜻한다. 이를 종합적으로 보면 '어떠한 일이나 사건으로 인해 죽거나 다치거나 피해를 입은 사람'이라고 할 수 있

---

113   이외에도 「삼일운동시 피살자 명부」 1권(217매, 630명 수록)과 「일정시 피징용자 명부」 65권(18,322매, 229,482명 수록)이 같이 발견되었다.

다. 희생자와 관련된 용어로 '피해자'가 있다. 피해자는 '해를 입은 당사자'를 뜻한다는 점에서, 관동대지진의 경우 피해자보다는 희생자가 더 적합하지 않을까 한다. 이러한 관점에서 본고는 참사, 학살, 상해를 당한 사람을 '희생자'로, 보다 넓은 의미에서 사용하고자 한다. 그리고 자살의 경우 1명이 확인되고 있는데, 희생자 범위에 포함하였다.

또한 본고는 희생자 명단을 파악하기 위해 『동아일보』·『조선일보』·『매일신보』 등 국내에서 발간된 당시 신문류, 『關東震災と朝鮮人-현대사자료(6)』(강덕상, 1963)·『関東大震災における朝鮮人虐殺の真相と実態』(일본 조선대, 1963)·『かくされていた歷史-關東大震災と埼玉の朝鮮人虐殺事件』(관동대진재 60주년 조선인 피해자 조사추도실행위원회, 1987) 등 관동대지진 조선인학살 관련 자료집, 『關東大震災 朝鮮人虐殺の記錄-東京地區別1100の證言』(西崎雅夫, 2020)의 증언집, 『극웅필경』(최승만, 1970)의 회고록, 『大正大震火災誌』(警視廳編, 1926)·『大正大震火災誌』(神奈川縣警察部, 1926)·『東京震災鹿』(東京市役所, 1926)·『橫濱市震災誌』(1926) 등 일본의 보고서류이며, 군마현 조도지(成道寺)와 구본지(九品寺)·사이타마현(埼玉縣)의 쇼주인(正樹院)과 조센지(常泉寺)의 추모비, 그리고 2013년 발견된 『일본 진재시 피살자 명부』 등을 활용하였다.[114]

---

[114] 관동대지진 조선인학살 희생자 명단 2022년 진실·화해를의한과거사정리위원회에서 학술용역으로 파악한 바 있다. 그러나 이후 조사하는 과장에서 명단의 중복, 누락, 오탈자 등으로 완벽하게 마무리하지 못하였다는 점에서 한계가 있다고 할 수 있다. 희생자 명단은 기존의 자료와 앞으로 새로 발굴될 자료 등을 통해 꾸준히 진행되어야 할 것으로 판단된다.

2. 문헌자료의 조선인 희생자

1) 『關東震災と朝鮮人(이하 현대사자료』(6))

이 문헌자료는 일본 관동대지진 조선인학살 연구자 강덕상(姜德相)과 금병동(琴秉東)이 관동대지진 조선인학살 40주년을 맞는 1963년 일본 미스쯔서방(みすず書房)에서 출판한 자료집이다. 『현대사자료』는 1~18권까지 발행되었으며, 그중 여섯 번째가 『關東震災と朝鮮人』(이하 『현대사자료』(6))이란 제목으로 발행되었다.

이 자료집은 관동대지진 조선인학살과 관련하여 유언비어, 계엄령, 조선인학살 사례 등을 관문서를 비롯하여 신문, 증언 등을 조사하여 정리하였다. 강덕상은 경남 함양 출신의 재일교포 사학자로 재일조선인과 관련된 역사를 60여 년간 연구하였다. 특히 관동대지진 조선인학살의 진상규명에 대해 심혈을 기울였다.

『현대사자료』(6)에는 조선인 희생자 32명이 확인되고 있다. 이를 정리하면 다음 〈표 1-3〉과 같다.

〈표 1-3〉 『현대사자료』(6)에 나타난 관동대지진 조선인 희생자 현황

번호	피해자	피해 상황	비고
1	차태숙	9월 3일 오후 6시 佐久間久吉에게 川崎 國邊村에서 살해됨	학살
2	양순이	피살	학살
3	류호영	피살	학살
4	하석수	피살	학살
5	이동근	피살	학살
6	달이	피살	학살
7	김수일	피살	학살
8	김수범	피살	학살
9	김월빈	피살	학살
10	이왕원	毒殺(독살)	학살

번호	피해자	피해 상황	비고
11	민인식	독일제 엽총으로 살해당함	학살
12	한용조	손도끼, 일본도에 의해 살해당함	학살
13	박인도	일본도에 베이고 죽창에 찔리고 곤봉으로 구타당하여 살해당함	학살
14	강양순	구타당하고 일본도로 참수당함	학살
15	이순봉	일본도와 창으로 살해당함	학살
16	민춘용	곤봉으로 머리 및 기타 부위를 난타당해 살해당함	학살
17	신응헌	철관, 곤봉에 의해 구타 당하여 살해당함	학살
18	홍기백	공작도구 및 죽창과 굵은 막대기로 구타당하여 살해당함	학살
19	차태숙	노상에서 단도에 찔려 살해당함	학살/중복
20	박명도	목검등에 의해 구타당하여 살해당함	학살
21	이일필	곤봉 삼나무로 만든 봉에 의해 살해당함	학살
22	최희덕	일본도 및 철로 된 둔기에 살해당함	학살
23	오관근	쇠갈고리, 죽창에 의해 살해당함	학살
24	구학영	경찰서 내에 보호 중이었으나 일본도, 곤봉, 죽창에 의해 살해당함	학살
25	강대홍	창, 일본도에 의해 살해당함	학살
26	예상곤	경찰서에서 보호 받고 있었으나 살해 당함	학살
27	김원달	코가네이 역 열차 내에서 곤봉 및 기타 흉기로 상해를 입고 살해당함	학살
28	김모	피살	학살
29	김모	피살	학살
30	○월봉	피살	학살
31	정모	피살	학살
32	김모	피살	학살

위의 〈표 1-3〉에 의하면 희생자는 32명(중복자 차태숙 포함)이다. 차태숙 등 18명은 대부분 일본도, 곤봉, 목검, 창 등 흉기에 의해 난타당해 살해되었는데, 이들을 살해한 주체는 자경단이다. 18명 중에 차태숙 은 두 번 중복된다. 구학영과 예상곤은 자경단의 위협을 피하기 위해 경찰서로 피신하였지만, 자경단의 요구로 경찰은 구학영과 예상곤 을 자경단에게 넘겨주었다. 결국 구학영과 예상곤은 자경단에 의해 목숨을 잃었다.

이들처럼 학살 당시의 상황이 구체적으로 드러나지 않는 경우도 있는데 양순이, 류호영, 하석수, 이동근, 달이, 김수일, 김수범, 김월빈 등이다. 이들 외에도 이름이 분명하게 확인되지 않는 경우도 적지 않다. 그렇지만 이들 역시 피살되었다는 점에서 학살로 추정된다.

2) 『관동대진재 조선인학살의 진상과 실태(關東大震災朝鮮人虐殺の 眞相と實態)』

이 문헌자료는 일본 재일본조선인총연맹(총련) 계열의 교육기관인 조선대학교에서 1963년에 발행한 자료집이다. 조선대학교는 관동대지진 조선인학살 40주년을 맞아 그 진상을 규명하고 학살 실태를 신문, 증언 등 관련 자료를 모아 이 자료집을 편찬하였다.

『關東大震災朝鮮人虐殺の眞相と實態』에 나타난 관동대지진 조선인 희생자는 33명이 확인된다. 이 중 강대홍은 『현대사자료』(6)에서도 기록되었다. 『關東大震災朝鮮人虐殺の眞相と實態』에서의 조선인 피해 관련 당시의 현황을 정리하면 다음 〈표 1-4〉와 같다.

〈표 1-4〉 『관동대진재 조선인학살의 진상과 실태』에 나타난 조선인 희생자 현황

번호	이름	피해 관련 상황	비고
1	이춘용	9월 3일 오후 3시, 亀戸에서 이춘용이 清水三四郎 외 4명에게 살해당함	학살
2	조창순	9월 3일 오후 3시, 亀戸에서 조창순이 清水三四郎 외 4명에 의해 중상을 입음	상해
3	한합예	9월 3일 오후 4시, 千住町도로에서 韓合禰가 高橋義明 외 1명에게 살해당함	학살
4	김영일	9월 3일 오후 11시, 向島에서 秋本矢七 외 10명이 김영일을 살해하고, 그 외 조선인 1명에게 중상을 입음	상해

번호	이름	피해 관련 상황	비고
5	김금류	9월 3일 오후 6시, 隅田町에서 김금류가 高安芳太郎에 의해 중상을 입음	상해
6	김용택	9월 2일 오후 5시, 大崎町에서 市川寿太郎 외 2명에 의해 중상을 입음	상해
7	김승중	9월 2일 오후 5시, 大崎町에서 市川寿太郎 외 2명에 의해 중상을 입음	상해
8	박익	9월 2일 오후 5시, 大崎町에서 市川寿太郎 외 2명에 의해 중상을 입음	상해
9	고봉아	9월 2일 오후 5시, 大崎町에서 市川寿太郎 외 2명에 의해 중상을 입음	상해
10	박수인	9월 2일 오후 5시, 大崎町에서 市川寿太郎 외 2명에 의해 중상을 입음	상해
11	최병희	9월 3일 오전 11시, 寺島村 玉ノ井에서 일본도에 의해 중상을 입음	상해
12	한용석	9월 3일 오후 5시경, 南千住町 二の八八一도로에서 살해당함	학살
13	김영일	9월 4일 오전 10시경, 王子電車 三輪 종점에서 南千住署의 飯塚 형사에 의해 호송되던 중 松本寅吉, 岡島健次郎 외 9명에 의해 살해당함	학살
14	박기	9월 4일 오전 10시경, 王子電車 三輪 종점에서 南千住署의 飯塚 형사에 의해 호송되던 중 松本寅吉, 岡島健次郎 외 9명에 의해 빈사의 중상을 입음	상해
15	최규석	9월 3일 오후 10시경, 千住町 二丁目 도로에서 森川一衛 외 3명에게 중상을 입음	상해
16	이순봉	9월 3일 오후 7시경, 南綾瀬村 柳原六一에서 中村市五郎, 山崎達吉, 田口精造 외 7명에 의해 학살당함	학살
17	손봉현	9월 4일 오후 1시 반경, 南足立郡 花畑村 字タクミ橋上에서 星野千之助, 金杉熊五郎, 金杉仁一郎, 片瀬清吉, 星野金松 외 5명에게 살해당한 후 강에 버려짐	학살
18	홍홍우	9월 2일 오후 5시경, 平塚村 蛇窪에서 高山寅吉 외 2명에게 일본도로 중상을 입힘	상해
19	김현모	9월 2일 오후 6시, 平塚村 蛇窪八八에서 矢部米吉 외 2명에게 중상을 입힘	상해
20	박모	9월 2일 오후 5시 40분, 世田ヶ谷町에서 小林隆三에게 총살함	학살
21	봉모	南太田町 一本橋 부근에서 주민들에게 포위당해 위해를 당함	상해
22	이근영	高島町로 향하던 중 구타를 당함.	상해
23	정기우	군중에게 폭행을 당하고 千葉病院에 수용된 후 사망	학살
24	민국길	군중에게 폭행을 당하고 千葉病院에 수용된 후 사망	학살

번호	이름	피해 관련 상황	비고
25	김시	9월 5일 새벽 2시경, 大黒郡 鳥居町 警察署에서 유치 보호 중 자경단에게 살해당함	학살
26	강대흥	9월 4일 오전 2시경, 見沼用水路에서 살해당함	학살
27	김동우	9월 3일 오후 11시경, 長野県 방면에서 기차를 타고 高崎駅에 내린 후 자경단에게 폭행을 당함. 죽은 줄 알았던 김동우는 경찰에게 발견되어 高崎의 行旅病舍에 수용됨	상해
28	정숙개	9월 6일, 東那須野에서 학대를 당함	상해
29	정숙용	9월 6일, 東那須野에서 학대를 당함	상해
30	전석필	9월 1일 밤, 品川警察署로 가는 중 자경단에게 폭행을 당함	상해
31	정모	자경단에 의해 조선인들이 寺島警察署로 향하던 중, 조선인 1명이 도망치려 해서 荒川 부근에서 자경단에게 살해당함	학살
32	임선일	荒川 堤防에서 자경단에게 살해당함	학살
33	신창범	荒川 堤防에서 자경단에 의해 중상을 입고 寺島警察署에 수용됨	상해

위의 〈표 1-4〉에 의하면 관동대지진 조선인 희생자 33명은 학살, 살해, 중상 등 다양하게 나타나고 있다. 이를 보다 세부적으로 살펴보면 다음 〈표 1-5〉와 같다.

〈표 1-5〉 『관동대진재 조선인학살의 진상과 실태』에 나타난 조선인 희생자 내용

구분	이름	수	상황
학살	이춘용, 한합예, 이순봉	3	학살
살해	한용석, 김영일 손봉현, 정기우 민국길, 김시, 강대흥, 정모, 임선일	9	
총살	박모	1	
위해	봉모, 이근영, 정숙개, 정숙용, 전석필봉모, 이근영, 정숙개, 정숙용, 전석필	5	상해
중상	조창순, 김영일, 김금류, 김용택, 김승중, 박익, 고봉아, 박수인, 최병희, 박기, 최규석, 홍홍후, 김현모, 김동우, 신창범	15	
계		33	

위의 〈표 1-5〉에 의하면 '학살' 3명, '살해' 9명, '총살' 1명, '위해 및 폭행' 5명, '중상' 15명이다. 이 분류에서 '학살', '살해', '총살'은

학살과 직접적인 관련된 것으로 파악할 수 있으며, '위해'과 '중상'은 학살까지는 당하지 않았지만, 관동대지진 조선인 희생자 범위에 포함하였다.

이에 따라 학살은 13명, 상해는 20명이라고 할 수 있다. 그렇지만 중상을 입은 경우 추후 사망하였을 가능성도 배제할 수 없다. 그런 점에서 학살 희생자는 더 늘어날 것으로 추정된다.

한편 위의 관동대지진 조선인 피해는 모두 자경단에 의해 이루어졌다. 자경단은 무리로 몰려다니면서 조선인을 색출하였고, 발견되면 폭행은 물론 학살이 자행되었다.

3) 『동아일보』

『동아일보』는 1923년 9월 1일 발생한 관동대지진 관련 기사는 9월 3일 첫 보도를 시작하여 1924년 3월까지 관련 기사를 게재되었다. 기사의 주요 내용은 관동대지진으로 인한 일본의 상황, 재일조선인의 안부 여하, 국내의 관동대지진으로 인한 이재조선인 의연금 모금 현황, 자경단의 조선인학살 재판 동향, 조선인학살 추도 현황 등이다.

이러한 일련의 기사에서 조선인 피해와 관련된 기사는 8건이다. 이를 정리하면 〈표 1-6〉과 같다.

〈표 1-6〉『동아일보』관동대지진 조선인 희생자 기사

번호	기사제목	발행일자	비고	피해자
1	일본 철원 학생 소식	1923.09.29	행방불명 3명	조덕인, 조용기, 조인기
2	震災地의 安城人	1923.10.02	행방불명 4명	김동하, 임남식, 임창식, 유위동
3	危害에 興奮하여 東京留學生이 自殺	1923.10.06	자살 1명	정인영

번호	기사제목	발행일자	비고	피해자
4	日大 卒業生 모씨를 自警團이 銃殺	1923.10.12	일본 유학생이 자경단에게 학살 당함	성명 미상(민인식)
5	閔麟植 氏 살해사건 공판에	1923.10.30	참사 1명	민인식
6	순창서 추도회	1923.11.19	참사 15명	김재근, 김홍삼, 김정근, 김홍엽, 김창석, 김순갑, 김삼쇠, 최석준, 김한권, 이기포, 유규석, 이철우, 배우홍, 노봉문, 서막동
7	북청 청년 추모	1923.12.10	참사 7명	전민철, 이금호, 이열성, 정승현, 정현빈, 이전국, 고태승
8	영산에도 추도회, 진재 때 참사 동포를 위하여	1924.01.04	참사 1명	전암우
계			32명	

〈번호 1〉의 기사는 관동대지진 직후 철원 출신의 고학생의 소식이 없어 부모가 심히 우려하고 있다는 내용이다. 기사의 내용은 다음과 같다.

> 鐵原人으로 日本에 留學하는 학생 중의 金世璇 , 趙俊基, 兪乙龍 등 3군은 夏季에 歸省하였다가 開學期에 임하여 渡日 도중에 震災의 急報를 接하고 즉시 중지하였고, 尹德明 씨는 免禍하였다는 소식이 有하나 諸般 辛苦를 體驗하며 기어이 성공하겠다고 견고한 결심을 가지고 苦學하는 趙德仁, 趙龍基, 趙仁基 등 3군은 尙今까지 消息이 無하여 그 이들의 부모는 심히 憂慮 중이라더라.

철원 출신으로 관동대지진 현장인 관동 일대에는 7명이 유학 중이었다. 이들 중 3명은 방학 중에 귀향하였다가 개학을 앞두고 도일하려던 중 지진으로 중지하였고, 나머지 4명 중 1명은 안전하다는 연락을 받았지만 조덕인, 조용기, 조인기 등 3명은 행방불명으로 생사가 확인되지 않았다.

〈번호 2〉의 기사는 관동대지진 직후 일본에 거주하는 안성 출신들의 안부 즉 동향에 대한 내용으로, 학생과 노동자들 대부분이 무사하게 귀국했거나 안전한 곳으로 피난하였다. 그렇지만 김동하, 임남식, 임창식, 유위동 등 4명의 생사에 대해 알려지지 않아 이를 아는 사람이 있으면, 동아일보 안성지국으로 알려주기를 바란다는 내용이다. 기사의 내용은 다음과 같다.

> 震災地 東京에 居留하던 京畿 安城 學生 및 勞動者의 대부분은 無事 歸國 또는 無事 避難의 消息이 有하나, 左記 勞動者의 消息은 尙今 不明하므로 그 家族이 甚히 憂慮하는 바, 安否를 知하는 人士는 安城邑內 東亞日報 安城支局지국으로 通知하기를 希望한다더라.
> 震災 前 東京 住所 및 氏名
> 東京市 京橋區 月島通 2丁目 8番地 田中忠次郎 方 金東夏(23)
> 同 淺草區 新福井町 5番地 中林 方 林南植(14), 林昌植(11), 柳渭東(18)

그런데 위에서 언급하고 있는 김동하, 임남식, 임창식, 유위동 등 4명은 일본으로 건너갈 때 노동자의 신분이었다는 점에서 학살되었을 가능성이 크다. 왜냐하면 일본에 거주하였던 대부분의 노동자들이 일본어를 완벽하게 구사하지 못하였다. 자경단이 조선인을 구별할 때 조선인이 잘 발음을하지 못하는 '15원 50전'을 말하도록 하였다. 이 발음을 제대로 하지 못하면 자경단에 의해 학살당하였다. 이로 볼 때 안성 출신 노동자 김동하 등은 학살당하였을 것으로 판단된다.

〈번호 3〉 기사는 일본 도쿄 유학 중이던 정인영(鄭寅永, 30)이 위해에

홍분하여 면도칼로 자살하였다는 내용이다. 기사의 내용은 다음과
같다.

> 일본에 가서 오랫동안 고학을 하던 정인영(鄭寅永, 30) 씨는 지난 9월
> 27일 밤 동경부하 하호총정 취방(東京府下 下戶塚町 趣訪) 173번지 촌송(村
> 松) 방에서 친구들과 함께 자다가 새벽쯤 되어 가만히 일어나서 책
> 상 위에 있던 면도칼을 들고 그집 변소에 가서 머리와 가슴을 함
> 부로 찔러 자살을 하였는데, 그 원인은 아직 알 수 없으나 그는 본
> 래 자기의 처지를 비관하던 중 지난번 진재 당시에 가진 위험을
> 당하고 신경에 무슨 이상이 생겨서 그가 취한 듯하다는데, 그의 본
> 적은 경상남도 하동군 청암면 상가리(慶尙南道 河東郡 靑岩面 上架里)라더라.

정인영은 가정형편이 어려웠으나 일찍이 일본으로 건너와 유학을
하고 있었다. 1923년 9월 1일 관동대지진 당시 도쿄 관내 조선인이
학살되는 등 극한의 과정에서 살아남았지만, 이때 받은 트라우마가
깊게 남아있었다. 이를 극복하지 못한 정인영은 후유증을 극복하지
못하고 자살한 것이다. 이 경우 관동대지진 조선인학살과 직접 관계
는 없으나 이로 이한 후유증이 얼마나 컸는지 확인할 수 있는 사례
라고 판단된다.

〈번호 4〉과 〈번호 5〉의 기사는 일본에 유학 중인 대학생 민인식(閔
麟植)이 자경단에 의해 살해당한 기사이다. 기사 내용은 다음과 같다.

> 일본대학 법학과 졸업생 모(29)는 지난 9월 4일 오후 1시경에 피
> 난하고 있던 동경부하 소압정(東京府下 巢鴨町) 궁하(宮下) 사관학교 미술
> 교관 기병 조장 원길부차(元吉富次) 씨의 집 아래층에서 창을 열고 바
> 깥을 내다보다가 마침내 소압 약송친목회(若松親睦會) 자경단원 소송
> 강이(小松鋼二)의 엽총에 가슴을 맞아서 즉사하였다. 동씨의 부친은
> 일찍이 모지의 대관을 지낸 명망있는 사람으로, 씨는 6년 전부터

동경에 와서 공부를 하여 본년 봄에 일본대학 법학과를 졸업하고 본향 좌압 국천관(菊川舘)에 유숙 중에 9월 1일에 진재를 만나 하숙은 불길 속에 잠기고 말매, 씨는 즉시 큰 가방에 의복 일습을 담아 들고 혼란 중에 제일고등학교 부근 소학교까지 피난하였다가 마침내 힘이 부치어 가방을 버리고 혈혈단신으로 같은 고향에서 온 명교중학(名敎中學) 생도를 찾아서 2일 아침에 경우 전기 원길 씨의 집에 갔던 것이다. 이대에 마침 궁하(宮下) 약송(若松) 동지의 자경단원 1백여 명은 왠일인지 원길 씨의 집을 둘러싸고 떠듬으로 원길 씨의 내외는 도주하고 2층에 있던 모씨는 바깥에서 소란히 떠듬을 이상히 여기어서 아래층으로 내려와 바깥을 내어보다가 마침내 총에 맞아 죽은 것이라더라.

민영달(閔泳達) 씨 영식 민인식(閔麟植, 23) 씨를 엽총으로 사살한 동경시의 소압 궁하 1570번지 소삼강이(東京府下 巢鴨 宮下町 1570 小杉鋼二, 21)에 대한 살인사건은 지난 24일로써 종결되어 유죄로 결정되어 곧 공판에 부쳤더라.

위의 두 기사에 의하면, 민영달의 아들 민인식은 1923년 봄 일본 대학 법학과를 졸업하였다. 이후 도쿄에 머물고 있던 중 9월 1일 관동대지진을 맞았고, 하숙집에서 의복 등을 가방에 담아 피난을 하였으나 힘에 부쳐 가방을 버린 후 같은 고향에서 온 친구를 찾아 9월 2일 모토요시(元吉)의 집 2층에 머물게 되었다. 그런데 소압정 약송친목회 자경단이 모토요시의 집을 둘러싸고 소란스럽게 떠드는 소리가 궁금하여 1층으로 내려와 밖으로 나왔다가 자경단원 고쓰기 코지(小杉鋼二)의 엽총 사격에 맞아 즉사하였다. 민인식을 살해한 고쓰기는 재판에서 유죄를 받았다.

이는 자경단에 의해 조선인이 학살당한 유일한 당시의 기사이다. 민인식의 부친이 명망 있는 민영달이었기 때문에 재판으로 다루어졌으며, 학살자 고쓰기도 재판과정에서 유죄를 받은 것이다. 민영달은 문과에 급제하여 정경(正卿)에 이르렀으며, 동학농민혁명 당시 조정에서 청국에 원조를 요청하였을 때 이를 거부하고 일본의 세력을 빌려서 진압하자고 주장한 바 있다. 동학농민혁명 이후 종1품 탁지부대신으로 승진하였으며, 민비 사후 정계에서 물러났다. 1910년 8월 일제 강점 후 남작 작위를 거부하였다.[115] 민영달은 강점 이후 민족을 충심으로 후원한 바 있으며 사망 직후 상하이(上海)와 베이징(北京) 한인사회에서 추도회를 개최하고 애도를 표하였다.[116]

〈번호 6〉의 기사는 관동대지진으로 일본 도쿄에서 참사당한 전북 순창 지역 출신 15명에 대한 추도식 내용이다. 기사의 내용은 다음과 같다.

전북 순창군(全北 淳昌郡)의 동포 열다섯 명은 지난번 동경(東京) 진재 중에 무참히 사망하였으므로 이역 원혼(異域 冤魂)을 위로하기 위하여 지난 11일 오후 1시에 순창 읍내 소작인상조회 내(淳昌邑內 小作人相助會)에서 추도식을 거행하였는데, 최규홍(崔圭弘) 군의 식사가 있은 후, 곽명규(郭命圭) 조학윤(曺學倫) 양군의 추도사가 있었으며, 또 진재 당시 위험과 고통을 실지에 겪고 돌아온 우치홍(禹致弘) 군의 추도사가 있었는데, 일반 인사는 비애의 눈물을 금치 못하였으며, 참사자의 가족들은 일시에 방성통곡하여 장내에 수운이 들이었는데, 참사 동포의 씨명은 아래와 같다더라.

金在根, 金洪三, 金廷根, 金洪燁, 金昌錫, 金順甲, 金三釗, 崔錫

---

115 한국민족문화대백과사전(https://100.daum.net/encyclopedia/view/14XXE0020192).

116 「민영달 씨 장서」, 『조선일보』 1924년 9월 17일; 「민영달 장서와 상해 동지의 애도」, 『조선일보』 1924년 10월 4일; 「북경에서도 애도, 민 유당 장서에 대하여」, 『조선일보』 1924년 10월 8일자.

俊, 金漢權, 李起布, 劉奎錫, 李哲宇, 裵禹洪, 魯鳳文, 徐莫童

순창 출신으로 관동대지진 당시 참사를 입은 15명은 자경단에 의한 학살로 추정된다. 추도식에서 조선인학살의 참상을 겪고 온 우치홍의 추도사를 들은 참석자 일동은 비애의 눈물을 금치 못하였을 뿐만 아니라 참사자의 가족들은 방성통곡하였다.

이는 단순한 지진으로 인한 피해가 아니라 일본 자경단에 의한 참혹한 죽음이었다. 참상을 당한 조선인은 김재근 등 15명으로, 이 기사는 『조선일보』에도 게재되었다. 그런데 15명의 희생자 명단 중 일부는 일치하지 않음이 확인된다.

〈번호 7〉
북청청년회에서는 종래 회원으로 동경에 유학하던 학생 중 금번 진재로 인하여 불행 사망한 좌기 제씨에 대하여 來 15일 하오 1시 북청청년회관 내에서 추도회를 개최한다고.
全敏徹 거산면 평리, 李金鎬 평산면 서도리, 李烈性 곡후면 하천리, 鄭承炫 곡후면 강상리, 鄭顯彬 신창면 신창리, 李銓國 후창면 唐隅里, 高台哲 평산면 동중리

이 기사는 북청군 출신 유학생 7명이 관동대지진으로 불행하게 사망한 것을 추도회를 개최한다는 예고하는 것이지만, 희생자 명단을 확인할 수 있다.

〈번호 8〉
경남 영산청년회(靈山靑年會)에서는 거년 동경 진재에 참사를 당한 동포의 영혼을 위하여 추도회를 개최한다 함은 이미 보도한 바이니와 (중략) 이곳에 본적을 둔 참사 동포는 영산 성내리 전바우(靈山 城

_{內里 仝岩宇, 22)} 한 사람이더라.

위 기사는 경남 창녕군 영산청년회가 관동대지진 당시 참사당한 동포를 위해 추도회를 개최고 유족을 위하여 동정금을 모금하였으며, 영산면에 본적을 둔 조선인은 전바우(전암우) 1명이다.

이상의 기사 내용에 의하면 『동아일보』에서 확인되는 관동대지진 조선인 희생자는 행방불명 7명, 참사 24명, 자살 1명으로 모두 32명의 명단이 확인된다.

4) 『조선일보』

『조선일보』 역시 관동대지진이 발생하자 관동대지진의 참상, 재일조선인의 안부, 이재동포구제회 조직과 의연금 모금 현황, 희생자 추도회 등 관련 기사를 게재하였다. 이들 기사 중 조선인 희생자와 관련된 기사는 12건이 확인되고 있다. 이를 정리하면 다음 〈표 1-7〉과 같다.

〈표 1-7〉 『조선일보』 관동대지진 조선인 피해 관련 기사

번호	기사제목	발행일자	비고	명단
1	震災地 同胞의 安否	1923.09.19	행방불명 1명	김교경
2	東京留學生의 消息	1923.09.25	행방불명 1명	정진영
3	東京留學生 消息	1923.09.26	행방불명 1명	신영련
4	참혹한 정인영 군의 최후	1923.10.07	자살 1명	정인영
5	진재 중에 참사한 동포	1923.10.13	참사 8명	안계용, 김한주, 김도현, 김덕현, 김원준, 김석봉, 김재익, 한민훈

번호	기사제목	발행일자	비고	명단
6	진재 중에 참사한 동포의 추도식을 순창에서 거행	1923.11.28	참사 15명	김재근, 김홍삼, 김정근, 김순갑, 김삼쇠, 김한권, 최병준, 김규복, 이기표, 김창석, 서막동, 배우홍, 이철우, 노봉문, 류석
7	참사 동포의 추도식	1923.12.09	참사 7명	전민철, 이전국, 이금호, 고태철, 이열성, 정승현, 정현빈
8	故友 追悼	1923.12.14	참사 4명	장동수, 김한제, 윤용학, 지장용 `
9	울산 추도식 거행	1923.12.14	참사 2명	권석규, 전필란
10	이인영 씨 渡東	1924.01.10	행방불명 1명	이이동
11	宋君의 追悼式	1924.08.29	참사 1명	송기일
12	피나는 은사금 동경대지진 때 참사 동포 유족에게	1925.07.03	참사 4명	오봉근, 조선일, 이성도, 손회석
계			46명	

〈표 1-7〉의 『조선일보』에 보도된 관동대지진 조선인 희생자 관련 기사를 원문과 함께 살펴보면 다음과 같다.

〈번호 1〉
동경에 출장한 경성부 吏員으로부터 이재민에 대한 안부조사 보고는 재작일을 위시하여 전보로 답지한다 함은 이미 보도한 바이어니와, 작일 오전 9시까지 한하여 경성부 주민으로 동경에 갔었던 총인원은 348명이라는데, 그중에 사망한 자가 2명이요, 행방불명된 자가 51명이라 하며, 그중에 우리 동포는 아래에 기록한 23명인데, 1명은 행방불명이라더라.
무사(생략)
京城府 社稷洞 262 金教敬, 行方不明

기사는 도쿄에서 관동대지진이 일어나자 경성부에서는 직원을 파견하여 생사 안부를 조사하였다는 내용이다. 도쿄에 있는 경성부 주민은 348명으로 이 중 사망 2명, 행방불명 51명인데, 이 중 23명은 무사하며 김교경이 행방불명되었다.

<번호 2>
利川 郡內에서 東京에 留學生이 9名인데, 震災가 점차 지식(漸次 止息)됨을 따라 8명 學生의 無事한 喜消息이 到着되었으나 그중 神田區 正則英語學校 在學인 鄭晉永 君은 上京時 中央線으로 川口驛까지 到着하였다가 川口에서 回還하여 大宮驛에 와서 乘換 後 六十驛을 지나서는 于今까지 行方不明이라는데, 그 父兄의 苦心焦思함은 觀者도 不安하다더라.

위의 기사 내용은 경기도 이천에서 도쿄에 유학 중인 학생이 9명이며, 이 중 8명은 무사히 귀국하였다. 그런데 가와구치(川口) 역까지 왔던 정진영은 오미야(大宮) 역을 거쳐 로쿠쥬(六十) 역 근처에서 행방불명되었다.

<번호 3>
전북 부안군 읍내 거주자로써 東京에 유학하는 학생들은 진재 후에 소식이 寂然하여 부형들은 우려가 극심하던 차, 5, 6일 전부터 전보 혹은 서찰로써 각자 부형에게 통지가 내도하였다는데, 5명 중 4명만 통지가 有하고 辛泳煉이란 학생만 아직 통지가 없으므로 그 부형은 초조불기하며, 소식이 내도한 氏名은 다음과 같더라.
辛基炯, 李益相, 辛錫甲, 鄭宇洪

기사는 전북 부안 출신으로 도쿄에 유학 중인 학생 5명 중 신기형, 이익상, 신석갑, 정우홍 등 4명은 무사하다는 안부를 확인하였지만,

신영련은 무사한지 소식을 알 수 없다는 내용이다.

〈번호 4〉

일본 東京에서 여러 해 동안 고학하든 鄭寅永 군이 지난 9월 28일에 무참히 자살하였다. 함은 본보에 이미 소개한 바이니와, 그 자세한 내용을 들은 즉 전기 정인영 군은 東京府下 戶塚町 村松의 집에 趙益濟 군과 기타의 다른 학우와 세 사람이 동거하였었는데, 지난달 28일 새벽 1시경에 돌연히 정군이 거처가 없으므로 수상히 생각하던 중 어디서 마치 맹수의 하품 소리가 같은 것이 연해 들림으로 같이 자던 사람은 놀라기를 마지않고 그 소리 나는 곳을 찾아본즉 便所 안에서 뜻도 아니한 정군의 고민하는 소리였었다.

정군은 벌써 자기의 배(腹部)를 십자로 갈나서 창자가 노출되었고 더욱 참혹한 것은 목을 왼쪽에서부터 오른편으로 베어 목 뒤에까지 넘어갔고, 또 오른편으로 다시 베히기를 시작하다가 기운이 쇠진되어 그대로 엎드러져서 다시 어찌할 수 없는 끔찍한 최후를 이루었는데, 그 죽은 원인에 대하여는 유서도 없음으로 그 진상을 알기 어려우나, 그가 최근에 학우들과 말한 것을 들으면 확실히 어떠한 의분으로 이러한 결심이 있었던 것 같다 하며, 그 시종을 친히 겪던 李炳華 씨는 말하되, "동경에 있은 뒤로부터 그는 깊이 무엇을 감동한 일 있는듯이 한 번도 웃는 것을 본 적이 없어 같이 있는 친구들은 그를 위로키 위하여 여러 가지 유희도 하고 권고도 하였으나 그는 조금도 재미로 보는 일이 없었고, 전날은 그가 한숨을 길게 쉬이고 말하기를 "당신은 이 뒤에도 계속하여 학교에를 다닐 터이오"하므로, 나는 대답하기를 "공부하러 온 사람이 공부를 아니하겠오" 하였더니, 그는 더욱 슬픈 안색으로 "우리가 공부는 하여서 무엇을 한단 말이오" 하므로, 그때 나는 이것이 일시의 흥분된 말로만 알았더니, 어찌 이것이 그의 최후를 통지하는 것이라고 아득이나 하였으리오.

또 같이 있던 사람의 말을 들으면, 그가 죽던 전날 밤에는 심히 억울하고 슬픈 듯이 창가(唱歌)를 부르다가 끝에 가서는 "인생은 허무(虛無)로구나"하고 길이 탄식을 하였다는데, 그의 전후 행동을 보면 자기 일신에 관한 것이 아님이오. 분명히 무슨 원한(怨恨)이 있어서 그와 같이 참혹한 길을 향한 모양이오. 그는 평소에도 성질이 온량하고 특히 의협(義俠)심이 많아서 자기의 학비도 곤란한 중에 다른 학생들에 금전상 원조를 한 일이 많았다고 하며, 그의 시체는 보기에 끔찍하지마는 그의 장중(莊重)하고 순진(順眞)한 최후를 기억하려고 모여드는 학우(學友)들이 눈물을 뿌리며 사진(寫眞)에 옮기려 하였으나 경찰(警察)의 검재한 바 되었고, 그의 장식(葬式)은 낙합화장장(落合火葬場)에서 화장을 거행하였다는데, 장래의 큰 희망을 가지고 형설의 고통을 무릅쓰면서 분투하던 그가 어떠한 참지 못할 원한(怨恨)을 품어서 그 같이 못는 사람의 창자를 에이는듯한 끔찍한 최후를 취하였으며, 또 무슨 거리낌이 있어서 한 장의 유서도 머무르지 아니하였는지? 인생의 가장 귀중한 첫 문제되는 생명을 희생하면서 한마디의 발조가 없이 황천길을 재촉한 정인영 군은 과연 눈을 감지 못하였을 듯하더라.

기사는 고학생 정인영이 관동대지진 당시 참혹한 조선인학살의 현장을 목격하고 고심하던 중 자살하였다는 내용이다. 이는 관동대지진 조선인학살을 목격자들의 심리적 불안감과 자괴감 등이 심하였음을 보여주고 있다. 정인영은 그 트라우마를 극복하지 못하고 자살한 사례라고 할 수 있다. 이 기사는 『동아일보』에도 게재되었다.

〈번호 5〉
일본제빙회사에서 노동하던 8명의 청년은 사망하였다. 진재 중 동경부하 정교(淀橋)에 있는 일본제빙회사(日本製氷會社)에서 노동하던 동포로 일사 행위불명에 있다가 사망한 것으로 판명된 사람이 8명이라는데 그 氏名은 다음과 같다더라.
▲원적 황해도 황주군 황주면 安季鏞 ▲제주도 조천리 金漢柱
▲제주도 함덕리 金道鉉 ▲金德鉉 ▲金元準 ▲金錫奉 ▲金在益

▲韓瑨訓

기사 내용은 일본제빙회사에 근무하는 노동자로 청년 안계용, 김
한주, 김도현, 김덕현, 김원준, 김석봉, 김재익, 한민훈 등 8명이 관동
대지진으로 행방불명되었다가 사망한 것으로 밝혀졌다는 내용이다.
이들은 자경단에 의해 살해된 것으로 추정된다. 이들 출신은 황해도
황주가 1명이고, 나머지 7명은 제주도 출신이다.

〈번호 6〉
전북 순창군에서는 동경 진재 중에 무참히 사망한 동포 15명의
원혼을 위로하기 위하여 동군 유지 신승휴, 최규홍 외 6인의 발기
로 지난 11일 오후 1시경에 읍내 소작인상조회관에서 추도회를 열
고 성대한 추도식을 거행하였다는데, 장내에는 말할 수 없는 슬
픔 속에서 엄숙히 거행하는 중 당일 추도식에 참례한 참사자의 가
족들은 그 얼굴에 형언키 어려운 슬픔을 띄운 속에서 조한균 씨
의 엄숙한 개회사로 시작되어 곽명규, 조학윤 양씨의 슬픔에서 우
러나는 비장한 추도사가 있은 후 계속하여 동경 진재 중의 참경과
고통을 겪고 구사일생으로 목숨을 부지하여 돌아온 우치홍 씨의
추도회가 끝나자, 죽은 동포의 부모 형제와 처자들이 고인을 생각
하고 호곡하는 형용은 보는 자로 하여금 두 줄 눈물을 금치 못하
게 하여 현장은 참담한 광경을 이루었었는데, 추도식은 비애 속에
무사히 끝을 마치었는데, 동경 진재 중의 죽은 동포 씨명은 아래
와 같더라.
김재근, 김홍삼, 김정근, 김순갑, 김삼쇠, 김한권, 최병준, 김규
복, 이기표, 김창석, 서막동, 배우홍, 이철우, 노봉문, 류석

기사는 전북 순창 출신으로 도쿄에서 지내던 중 관동대지진으로
무참하게 사망한 15명을 위로하기 위한 추도식 내용이다. 특히 관동

대지진 현장에서 구사일생으로 살아온 우치홍이 조선인학살의 참상을 전하였는데, 이를 들은 가족의 눈물 가득한 호곡은 형용할 수 없다고 할 정도였다. 참상을 당한 조선인은 김재근 등 15명이다. 이 기사는 『동아일보』에도 게재되었다. 다만 15명의 희생자 명단 중 일부는 일치하지 않는다.

〈번호 7〉
북청청년회에서는 거 9월분 동경 진재 중에 참사한 좌기 동포 제씨의 추도식을 본월 15일 하오 1시에 본 회관 내에서 거행하기로 예정하였다더라.
참사 동포 全敏徹, 李銓國, 李金鎬, 高台哲, 李烈性, 鄭昇炫, 鄭顯彬

기사는 함북 북청군의 북청청년회에서 관동대지진 당시 참사당한 전민철, 이전국, 이금호, 고태철, 이열성, 정승현, 정현빈 등 7명을 위한 추도식을 거행한다는 내용이다. 이들은 참사당하였다는 점에서 자경단 등에 의해 학살된 것으로 추정된다. 참사당한 7명을 '청우칠인'이라 하여 3주기를 맞는 1926년에 추도비를 건립하고자 하였다.[117]

〈번호 8〉
전남 순천군 낙안면에서는 당지에 거주하던 사람으로 일본 동경에 건너 가서 혈한을 흘리면서 노동한 결과로 근근히 생활하다가 거번 진재로 인하여 다시 고국 향산을 돌아오지 못하고 무참히 이 세상을 떠난 장동수, 김한제, 윤용학, 지장용 4씨의 영혼이

[117] 「진재 시 참사동포 추도 기념 발기」, 『조선일보』 1926년 8월 10일자.

나 위로할까 하여 그 지방 청년 일동의 발기로 거 6일 상오 12시에 당지 사정에서 추도회를 개최하였다는데, 청년대표 김현수 씨가 전기와 같이 비참히 이 세상을 떠난 4인의 사정과 경력의 설명이 있는 후 약간의 주과설비와 제문 낭독이 끝나자 당석(當席)한 일동은 비참(悲慘)한 눈물을 머금고 차마 보지 못할 경황(景況)을 이루었으며, 전기 4인의 가족 중으로부터 답사(答辭)가 유(有)한 후 동일 하오 5시에 산회하였다더라.

기사는 전남 순천군 낙안면 출신인 장동수, 김한제, 윤용학, 지장용 등 4명이 관동대지진으로 무참히 세상을 떠난 것에 대한 추도식을 하는 내용이다. 이들은 노동자로 추정되며 역시 자경단 등에 의해 학살된 것으로 판단된다.

〈번호 9〉
경남 울산청년회에서는 본년 9월분에 일본 진재로 비참히 사망한 권석규, 전필란 여사의 유혼을 조위키 위하여 본월 9일 하오 6시에 동 회관 내에서 추도식을 거행하였는데, 참가 인사는 백여 명에 달한 바, 정각이 됨애 박병호 씨에 추도사와 애사가 있었으며 이규명 씨의 경력사가 있은 후 동 8시에 폐회하였더라.

기사는 관동대지진으로 비참하게 사망한 권석규와 전필란(여)의 유혼을 위로하는 추도식 내용이다. 이들 역시 비참하게 사망하였다고 한 바, 자경단 등에 살해된 것으로 판단된다.

〈번호 10〉
충남 당진군 면천면 성상리에 본적을 둔 이이동 군은 대정 8년도에 동경을 간 후 수년간은 소식도 유하고 재작년 10월분에 친부되는 이인영 씨가 일차 전왕 면회까지 하였는데, 객년 진재 후

로는 소식이 없어 일가족이 우려 중 본월 7일에 친부 이인영 씨는
그 안부를 탐지코자 대전역에서 출발 도동하였다더라.

충남 당진군 면천면 성상리 출신 이이동이 1918년 일본 도쿄로 건
너갔으며, 그동안 소식을 잘 주고 받았다. 그런데 관동대지진으로 연
락이 없자 아버지 이인영이 그의 아들 이이동의 생사 여부를 확인하
기 의해 일본으로 간다는 내용이다.

〈번호 11〉
　전남 고흥군 두원면 용반리 거 송기일 군은 항언하기를 우리
의 활로를 개척하고 우리의 생명을 구하려면 무엇보다도 먼저 알
아야 할 것이요 알고자 할진대 배우는 것이 최급무라 하더니 작
년 봄에 소지대로 배우고자 하여 일조에 따뜻한 가정을 이별하고
멀고 먼 일본 동경에 가서 고학을 하는데, 작년 9월 1일 진재 시
에 아무 허물이 없이 이역만리에 외로운 원혼이 되고 말았다. 그
의 전함을 들은 그의 가족은 진몽을 미판하여 여광여취하다가 할
수 없이 사망일(死亡日)이나 알아야 행제(行祭)를 하겠다는 생각으로
동학(同學)하던 학생(學生)에게 물은즉 작년 음 7월 23일이 상당(相當)하
다 하므로, 본년 음 7월 23일에 주년제(週年祭)를 그의 가정(家庭)에서
행(行)하였는데, 본면 청년회 및 본면에 있는 고흥학원(高興學院) 주최
로 회원 학생 40여 명이 그의 가족도 위로(慰勞)하며, 그의 영(靈)을
추도(追悼)하기 위하여 식장에 가서 동일 오후 2시에 추도식을 행하
였는데, 유공삼(柳公三) 씨의 식사(式辭)가 있었으며 송경택(宋景澤) 씨의
추도문 낭독이 유(有)한 후 유중관(柳重官) 씨가 일동 심축(心祝)에 대한
취지 및 방식을 말하여 그대로 일동 심축이 유(有)하고 동 4시에 폐
식하였다더라.

기사는 전남 고흥 출신 송기일이 관동대지진으로 사망하였다는

내용이다. 송기일은 1922년 봄 일본으로 건너갔다가 관동대지진으로 사망하였다. 사망 원인에 대해서는 구체적으로 확인되지 않았지만 자경단에 의해 살해된 것으로 추정된다. 사망일을 확인할 수 없었으나 같이 유학하였던 학생들을 통해 사망일을 확인하였다. 이를 근거로 송기일의 사망일을 음력 7월 23일로 정하였고, 고흥학원 주최로 추도식을 가졌다.

〈번호 12〉
재작년 일본 관동지방 대진재((關東地方 大震災)) 당시에 무참한 죽엄을 한 동포 중 오봉근, 조선일, 이성도(李成道), 손회석 외 한 명의 유족(遺族)에게 은사금(恩賜金)을 경성부(京城府)로부터 전달하려 하나, 그 유족의 주소와 씨명을 알지 못하여 전달치 못한다 한즉, 유족은 경성부에 출두하여 찾아감이 좋겠다고.

위 기사는 관동대지진 조선인학살이 발생한 지 거의 2년이 지난 1925년 7월경에 참사당한 조선인 오봉근, 조선일, 이성도, 손회석 등 유족에게 은사금을 전달하고자 하였으나, 유족의 주소와 이름이 파악되지 않아 전달하지 못하였다는 것이다. 이 기사에 의하면 참사당한 조선인의 명단이 파악되었던 것으로 추정된다. 또한 이들 유족에게 은사금이라는 명목으로 보상을 했음을 알 수 있다.

이상의 『조선일보』에 보도된 희생자는 행방불명 4명, 참사 41명, 자살 1명으로 모두 46명의 명단이 확인된다.

5) 『매일신보』

『매일신보』는 조선총독부 기관지였지만, 관동대지진 당시 조선인의 생사에 대해서는 매우 민감하였다. 대부분의 기사는 일본의 피해상황을 보도하였지만, 식민지배정책을 홍보하는 역할을 일정하게 수행해야 한다는 점에서 조선인의 구호와 안위 여부에 대해서도 적절하게 보도하였다. 이들 보도에는 귀환자와 행방불명에 대한 기사를 자주 게재하였다. 이 중 행방불명과 관련된 기사는 3건으로 다음 〈표 1-8〉과 같다.

〈표 1-8〉『매일신보』의 조선인 희생자 관련 기사

번호	기사제목	발행일자	비고	명단
1	21명 동포 소식 판명, 경성부 조사	1923.09.22	행방불명 3명	송달준, 한규정, 김순용
2	19명의 소식이 또 다시 판명	1923.09.26	행방불명 3명	염서금, 임남식, 임창식
3	안부 조사 도착, 이번에는 행방불명자가 많다	1923.09.28	행방불명 15명	임경환, 신기환, 이창성, 이인덕, 윤봉익, 이찬희, 오준영, 박일병, 조복룡, 염일항, 박한극, 이상규, 경록, 홍종위, 김광현
계			21명	

〈번호 1〉
재작 20일 오후에 경성부청에 도착한 부민 안부는 東京에 93인이요, 橫濱에 44명인데, 그중 조선인의 행위불명과 무사자의 성명은 다음과 같다.
행위불명 宋達俊 韓圭政 金順用
무사자 (이하 생략)

〈번호 2〉
지난 20일부터 24일까지 경성부청에 도착한 경성부민 가족 안부 조사 결과는 아래와 같은데, 24일까지 도착한 총인원수는 1,328명인데, 그중에 조선인으로 부사한 자는 도합 139명이요, 행위불명한 자는 14이요, 다행히 사망한 자는 없다더라.

　행위불명 廉西今, 林南植, 林昌植

　무사 (이하 생략)

　〈번호 3〉

　26일 중에 도착한 경성시민 가족 안부 조사의 결과는 아래와
같거니와, 이번 조사는 본소(本所) 심천(深川) 부근에 거주한 자의 조
사인고로 행위불명이 대단히 많다는데, 행위불명된 그들은 대부
분이 피복창(被服廠)이 소실될 때에 참혹하게 타 죽은 듯하다더라.

　행위불명 林景煥 申冀煥 李昌成 李寅德 尹鳳益 李贊熙 吳駿永
朴佾秉 趙福龍 廉逸項 朴漢克 李相圭 慶籤 洪鍾偉 金光鉉

　무사 (이하 생략)

　위의 기사들은 관동대지진 당시 경성 출신의 안부 조사를 한 것
을 경성부청으로 보고하였는데, 이들 중 행방불명된 희생자들이다.
송달준 등 21명이다. 다만 〈번호 2〉의 기사에는 행방불명이 14인이
라고 하였지만, 실제 명단은 염서금, 임남식, 임창식 등 3명만 확인
된다.

　6) 『감추어진 역사(かくされていた歷史−關東大震災と埼玉の朝鮮人
　　虐殺事件)』

　이 문헌자료는 관동대지진 60주년을 맞아 사이타마현 관동대지
진 조선인학살을 조사 연구하는 시민단체가 관동대진재 60주년 조
선인 피해자 조사추도실행위원회를 구성하고 1987년 간행한 자료집
이다. 사이타마현의 경우 1923년 9월 3일 이후 조선인 희생자가 발
생하였는데, 이 자료집에서는 4건이 확인되고 있다. 이를 정리하면

다음 〈표 1-9〉와 같다.

〈표 1-9〉 『감추어진 역사』에 나타난 조선인 희생자 현황

번호	이름	피해 관련 상황	비고
1	김창	자경단 10여 명에 의해 살해당함	학살
2	구학영	자경단에 의해 일본도로 살해당함	학살, 중복
3	김일영	자경단 30여 명에 죽창을, 기타 흉기에 의해 살해당함	학살
4	강대흥	불령선인이라고 살해당함	학살, 중복

위의 〈표 1-9〉에 의하면, 사이타마현에서 희생자의 명단이 확인된 것은 김창, 구학영, 김일영, 강대흥 등 4명이다. 이들은 자경단에게 무참히 살해되었다. 이들 중 구학영과 강대흥은 추도비가 건립되었으며, 여타 자료에도 수록되어 있다.

7) 『극웅필경(極熊筆耕)』

『극웅필경』은 1923년 9월 관동대지진을 현장에서 겪은 최승만[118]의 회고록으로 1970년 간행되었다. 최승만은 관동대지진 당

---

[118] 본관은 해주(海主). 호는 극웅(極熊)·극광(極光)이다. 보성중학교와 경성 중앙 YMCA 영어과를 졸업했다. 1917년 일본으로 건너가 도쿄[東京] 외국어학교 러시아과에 입학했다. 1918년 도쿄 조선유학생학우회에 참여하여 편집위원으로 기관지 〈학지광〉의 발행에 관여하는 한편, 유학생들의 문예잡지였던 〈창조〉의 동인으로도 활동했다. 1923년 도쿄 도요대학[東洋大學] 인도윤리철학과를 졸업했으며, 1929년까지 도쿄 조선YMCA 총무로 활동했다. 1929년 8월 미국으로 건너가 스프링필드대학에서 수학했다. 1930년 10월 귀국하여 조선YMCA의 기관지인 〈청년〉의 주간을 맡아보다가 1931년 1월 다시 일본으로 건너가 도쿄 조선YMCA 총무로 활동했다. 1934년 귀국하여 〈동아일보〉 잡지부장과 〈신동아〉 주간을 역임했다. 8·15해방 후 한국민주당에 참여했고, 미군정청 문교부 교화국장과 제주도지사를 역임했다. 그뒤 연희대학교·이화여자대학교·인하대학교 교수와 제주대학교 총장을 역임했으며, 이화학당, 성균관대학교, 중앙여자중·고등학교, 근명상업중·

시 YMCA 총무로 활동하고 있었다. 그는 관동대지진이 발생하고 조선인학살이 잇따르자 천도교청년회 박사직 등과 '이재동포위문반'을 구성하고 조선인학살에 대해 조사하였다. 당시의 조사 활동을 정리한 「일본 관동진재시 우리 동포의 수난」이라는 글을 1970년 3월 『신동아』에 발표하였으며, 이를 『극웅필경』에 재수록하였다.

『극웅필경』에 관동대지진 조선인 희생자 상황은 모두 29명이 확인되고 있다. 이를 정리하면 다음 〈표 1-10〉과 같다.

〈표 1-10〉 『극웅필경』의 관동대지진 조선인 희생자 현황

번호	이름	피해 관련 상황	비고	사건
1	김동원	자경단이 엽총, 칼, 죽창으로 살해당함	학살	藤岡町학살사건
2	김철진	자경단이 엽총, 칼, 죽창으로 살해당함	학살	藤岡町학살사건
3	조정원	자경단이 엽총, 칼, 죽창으로 살해당함	학살	藤岡町학살사건
4	김백출	자경단이 엽총, 칼, 죽창으로 살해당함	학살	藤岡町학살사건
5	남성규	자경단이 엽총, 칼, 죽창으로 살해당함	학살	藤岡町학살사건
6	김인수	자경단이 엽총, 칼, 죽창으로 살해당함	학살	藤岡町학살사건
7	허일성	자경단이 엽총, 칼, 죽창으로 살해당함	학살	藤岡町학살사건
8	김성래	자경단이 엽총, 칼, 죽창으로 살해당함	학살	藤岡町학살사건
9	김두성	자경단이 엽총, 칼, 죽창으로 살해당함	학살	藤岡町학살사건
10	정귀봉	자경단이 엽총, 칼, 죽창으로 살해당함	학살	藤岡町학살사건
11	묘동곤	자경단이 엽총, 칼, 죽창으로 살해당함	학살	藤岡町학살사건
12	김주홍	자경단이 엽총, 칼, 죽창으로 살해당함	학살	藤岡町학살사건
13	조수구	자경단이 엽총, 칼, 죽창으로 살해당함	학살	藤岡町학살사건
14	천곡야	자경단이 엽총, 칼, 죽창으로 살해당함	학살	藤岡町학살사건
15	정용이	자경단이 엽총, 칼, 죽창으로 살해당함	학살	藤岡町학살사건
16	김동인	자경단이 엽총, 칼, 죽창으로 살해당함	학살	藤岡町학살사건
17	이상호	자경단이 엽총, 칼, 죽창으로 살해당함	학살	藤岡町학살사건

고등학교 등의 재단에 관여했다. 저서로는 〈극웅필경 極熊筆耕〉(1970)·〈바르고 옳게 살자〉(1983)가 있으며, 유고로 〈나의 회고록〉(1985)이 있다.

번호	이름	피해 관련 상황	비고	사건
18	김창	자경단원 10명이 찔러 죽임당함	학살	寄居몰에서 생긴 참살사건
19	정기우	군중에게 맞아 죽음	학살	法典村학살사건
20	박경득	군에 의해 학살당함	학살	龜井戸학살사건
21	김재근	군에 의해 학살당함	학살	龜井戸학살사건
22	조묘성	군에 의해 학살당함	학살	龜井戸학살사건
23	조정수	군에 의해 학살당함	학살	龜井戸학살사건
24	조정하	군에 의해 학살당함	학살	龜井戸학살사건
25	박단수	일본도에 학살당함	학살	
26	이해룡	일본도에 학살당함	학살	
27	정인숙	일본도에 학살당함	학살	
28	최만봉	일본도에 학살당함	학살	
29	진상영	일본도에 학살당함	학살	

『극웅필경』에서 확인된 관동대지진 조선인 희생자는 자경단, 군에 의해 학살당하였다. 이들 희생자는 최승만이 회고록을 작성하면서 관련 기록을 활용하였다는 점에서, 다른 여타 자료에서 확인된 희생자와 대부분 겹치고 있다는 한계가 있다. 그렇지만 관동대지진 조선인학살의 현장에서 목격하였던 상황을 기록으로 남겼다는 점에서 의의가 있다고 할 수 있다. 관동대지진 당시 일본에서 유학 중인 인물이 적지 않았음에도, 해방 이후 이를 기록으로 남긴 인물은 최승만이 유일하다고 할 수 있다.

8) 기타 문헌자료

기타 문헌자료는 김도형의 논문 「관동대지진 한국인 피살자 명부 자료의 분석」(『북악사학』)이다. 이 논문은 주일본한국대사관에서 발견된 명부를 분석한 것이다. 명부는 1951년 말에서 1952년 1월 중순에 작성되었다. 그렇지만 이 논문 중에는 『東京日日新聞』(지방축쇄판), 『報知新聞』, 『法律新聞』, 「判決文」 등의 기사를 통해 조선인 희생자에 대해 언급하고 있다.

이외에 국가보훈처(현 국가보훈부)에서 2020년에 발행한 『법률신문에 비친 한국독립운동』에 수록된 「조선인 살해 10인 모두 집행유예」(1924년 3월 18일)에 의하면 5명의 조선인 참살자가 확인되고 있다.

또한 관동대지진 90주년을 기해 발행된 『관동대진재 기억의 계승』의 내용 중 「진재사망자조사표」를 정리한 글이 있다.[119] 이 글에 의하면, 도쿄도부흥기념관에 소장된 「진재사망자조사표」 가운데 조선인 83명이 확인된다. 이 중 안태성(安泰星)의 조사표가 제시되었다. 안태성의 조사표에는 본적은 경상남도 합천군, 주소는 교바시구(京橋區), 나이는 26세, 사망 장소는 기록이 없다. 다만 적요에는 행방불명으로 기록되어 있다.[120] 그런데 「진재사망자조사표」가 국내에는 처음으로 알려진 것은 2016년이다. 『연합뉴스』에 의하면 이 자료는 2008년 발견되었으나 한일 양국 간의 문제 등으로 인해 언론에 공개하지 않았다.[121] 2011년 기타하라 이토코(北原糸子)가 처음으로 열람했으며,[122] 2016년 후속연구로 다카노 히로야스, 니시자키 마사오,

119   關東大震災90周年記念實行委員會, 『關東大震災記憶の繼承』, 日本經濟評論社, 2014.

120   關東大震災90周年記念實行委員會, 『關東大震災記憶の繼承』, 日本經濟評論社, 2014. 47쪽.

121   「관동대지진 때 사망 韓人 명단 日 공문서에서 발견 학살된 사람 포함」, 『연합뉴스』 2016년 5월 11일.

122   「"간토대지진 사망자조사표 공개"한다는 일, 이름은 쏙 뺀다」, 『경향신문』 2023년 8월 18일.

오충공 등에 의해 71명의 피해자 명단이 확인되었다.[123] 이 기사에 의하면 조사표 중 박덕수, 박명수, 조묘송, 문무연, 조정소 등 4명의 명단이 확인된다. 이상의 기타 문헌자료에 나타난 희생자 명단을 정리하면 다음 〈표 1-11〉과 같다.

〈표 1-11〉 기타 문헌자료에 나타난 관동대지진 조선인 희생자 현황

번호	자료명	희생자	피해상황	피해일자	피해장소	발행일자	비고
1	東京日日新聞	洪基台	절명	1923.09.03	東京 北多摩 郡 烏山	1923.10.21	학살
2	東京日日新聞	金元達	자경단에 의 해 살해당함	1923.09.03	栃木縣 小金 井驛	1923.11.20	학살
3	東京日日新聞	黃鐘均	자경단에 의 해 살해당함	1923.09.03	栃木縣 小金 井驛	1923.11.20	학살
4	報知新聞	韓鳳九	자경단에 의 해 살해당함	1923.09.04	埼玉縣 足立 郡 花畑村 內匠橋	1924.01.19	학살
5	報知新聞	朴仁道	자경단에 의 해 살해당함	1923.09.04	埼玉縣 足立 郡 花畑村 內匠橋	1924.01.19	학살
6	報知新聞	金思鳳	자경단에 의 해 살해당함	1923.09.04	埼玉縣 足立 郡 花畑村 內匠橋	1924.01.19	학살
7	報知新聞	李元錫	자경단에 의 해 살해당함	1923.09.04	埼玉縣 足立 郡 花畑村 內匠橋	1924.01.19	학살
8	報知新聞	李健在	자경단에 의 해 살해당함	1923.09.04	埼玉縣 足立 郡 花畑村 內匠橋	1924.01.19	학살
9	法律新聞	辛命介	자경단에 의 해 학살당함	1923.09.05	群馬縣 多野 郡 藤岡警察 署	1923.11.03	학살

---

123 「관동대지진 때 사망 韓人 명단 日 공문서에서 발견 학살된 사람 포함」, 『연합뉴 스』 2016년 5월 11일.

번호	자료명	희생자	피해상황	피해일자	피해장소	발행일자	비고
10	法律新聞	崔石根	자경단에 의해 학살당함	1923.09.05	群馬縣 多野郡 藤岡警察署	1923.11.03	학살
11	法律新聞	李在浩	자경단에 의해 학살당함	1923.09.05	群馬縣 多野郡 藤岡警察署	1923.11.03	학살
12	判決文(제1심)	車鳳祚	자경단에 의해 학살당함	1923.09.06	群馬縣 多野郡 藤岡	1923.12.25	학살
13	報知新聞	金東元	자경단에 의해 학살당함	1923.09.05	群馬縣 多野郡 藤岡	1924.10.21	학살
14	報知新聞	趙庭遠	자경단에 의해 학살당함	1923.09.05	群馬縣 多野郡 藤岡	1924.10.21	학살
15	報知新聞	金喆鎭	자경단에 의해 학살당함	1923.09.05	群馬縣 多野郡 藤岡	1924.10.21	학살
16	報知新聞	金白出	자경단에 의해 학살당함	1923.09.05	群馬縣 多野郡 藤岡	1924.10.21	학살
17	報知新聞	南成奎	자경단에 의해 학살당함	1923.09.05	群馬縣 多野郡 藤岡	1924.10.21	학살
18	報知新聞	金仁唯	자경단에 의해 학살당함	1923.09.05	群馬縣 多野郡 藤岡	1924.10.21	학살
19	報知新聞	許日成	자경단에 의해 학살당함	1923.09.05	群馬縣 多野郡 藤岡	1924.10.21	학살
20	報知新聞	金聲來	자경단에 의해 학살당함	1923.09.05	群馬縣 多野郡 藤岡	1924.10.21	학살
21	報知新聞	金川善	자경단에 의해 학살당함	1923.09.05	群馬縣 多野郡 藤岡	1924.10.21	학살
22	報知新聞	金斗星	자경단에 의해 학살당함	1923.09.05	群馬縣 多野郡 藤岡	1924.10.21	학살
23	報知新聞	趙秀九	자경단에 의해 학살당함	1923.09.05	群馬縣 多野郡 藤岡	1924.10.21	학살
24	報知新聞	泉曲野	자경단에 의해 학살당함	1923.09.05	群馬縣 多野郡 藤岡	1924.10.21	학살
25	報知新聞	鄭貴鳳	자경단에 의해 학살당함	1923.09.05	群馬縣 多野郡 藤岡	1924.10.21	학살
26	報知新聞	苗桐坤	자경단에 의해 학살당함	1923.09.05	群馬縣 多野郡 藤岡	1924.10.21	학살
27	報知新聞	金周洪	자경단에 의해 학살당함	1923.09.05	群馬縣 多野郡 藤岡	1924.10.21	학살
28	法律新聞	韓鳳九	자경단에 참살	1923.09.04	東京府 南足立郡 花烟村	1924.03.18	참살

번호	자료명	희생자	피해상황	피해일자	피해장소	발행일자	비고
29	法律新聞	朴仁道	자경단에 참살	1923.09.04	東京府 南足立郡 花烟村	1924.03.18	참살
30	法律新聞	金思鳳	자경단에 참살	1923.09.04	東京府 南足立郡 花烟村	1924.03.18	참살
31	法律新聞	李元錫	자경단에 참살	1923.09.04	東京府 南足立郡 花烟村	1924.03.18	참살
32	法律新聞	李健在	자경단에 참살	1923.09.04	東京府 南足立郡 花烟村	1924.03.18	참살
33	震災死亡者調査表	安泰星	행방불명				행방불명
34	震災死亡者調査表	김덕수	사망				학살
35	震災死亡者調査表	김명수	사망				학살
36	震災死亡者調査表	조묘송	사망				학살
37	震災死亡者調査表	문무연	사망				학살
38	震災死亡者調査表	조정소	사망				학살

3. 증언 자료의 조선인 희생자

관동대지진 조선인 희생자를 확인하기 위한 증언 자료는 『關東大震災 朝鮮人虐殺の記錄-東京地區別1100の證言』을 활용하였다. 이 증언집은 니시자키 마사오(西崎雅夫)가 저술한 것으로 일본인이 1,100여 명의 증언 모아 2020년에 발간한 것이다.[124] 증언집에는 관동대지진 당시 조선인학살과 폭행으로 인한 중상, 구타 등 다양한 피해 상황을 수록하고 있다. 이 증언집에서 확인된 관동대지진 조선인 희생자

---

[124] 니시자키 마사오는 관동대지진 조선인학살 100주년을 맞는 2023년 11월 『(增補百年版)関東大震災朝鮮人虐殺の記録 東京地区別1100の証言』을 새로 간행하였다.

현황을 정리하면 다음 〈표 1-12〉와 같다.

〈표 1-12〉『關東大震災 朝鮮人虐殺の記錄-東京地區別1100の證言』에 나타난 관동대지진 조선인 희생자 현황

번호	이름	피해 관련 상황	비고
1	김재근	참사	학살
2	차태숙	9월 3일 오후 6시 佐久間久吉에게 川崎 國邊村에서 살해됨	학살
3	이순풍	9월 3일 이순풍씨는 南綾瀨村 字柳原의 자택에서 동거 이웃 6명과 함께 千住町 자경단원에게 일본도로 살해당함	학살
4	이흥순	南綾瀨村 字柳原의 이순풍(李順風)씨의 자택에서 도망치다 9월 4일 아침 南綾瀨村 字柳原부근의 논밭에서 자경단에 의해 살해당함	학살
5	이희현	9월 3일 밤 10시경 西新井村 役場앞에서 內田傳藏, 吉沢亀太郎, 手塚분회장 등 3명이 엽총으로 사살함	학살
6	손봉원	9월 4일 오후 2시경 손봉원 외 4명의 조선인을 金杉熊五郎, □一郎 외 8명이 綾瀨川 タクミ橋에서 살해 후 강에 던짐.	학살
7	한용기	9월 3일 오후 5시경 千住町 2ノ881番地에서 高橋義興, 松井榮之助에게 살해당함	학살
8	최규석	9월 2일 밤 10시경 千住町 4の491에 사는 森川一栄가 일본도로 등을 베어 중상을 임힘	상해
9	변용참	9월 2일 高橋義興와 松井榮之助가 조선인 1명을 살해함	학살
10	한봉구	9월 4일 金杉熊五郎 외 9명이 內匠橋 부근에서 연행 중이던 조선인 5명을 살해함	학살
11	박인도	9월 4일 金杉熊五郎 외 9명이 內匠橋 부근에서 연행 중이던 조선인 5명을 살해함	학살
12	김사봉	9월 4일 金杉熊五郎 외 9명이 內匠橋 부근에서 연행 중이던 조선인 5명을 살해함	학살
13	이원석	9월 4일 金杉熊五郎 외 9명이 內匠橋 부근에서 연행 중이던 조선인 5명을 살해함	학살
14	이건재	9월 4일 金杉熊五郎 외 9명이 內匠橋 부근에서 연행 중이던 조선인 5명을 살해함	학살
15	김영일	9월 4일 오전 11시 南千住 新町通り에서 자경단의 습격을 받고 살해당함	학살
16	배동주	9월 4일 오전 11시 南千住 新町通り에서 자경단의 습격을 받고 중상당함	상해
17	최연재	9월 2일 밤 立石尋常小学校 앞에서 청년단에게 붙잡혀 폭행당하였으며 그 후 寺島경찰서 및 習志野수용소에 보내짐	상해
18	조창순	9월 3일 오후 2시, 亀戸町 大字柳島 405에서 小川勝太郎 등에 의해 중상당함	상해

번호	이름	피해 관련 상황	비고
19	민춘용	9월 3일 오후 3시, 龜戸町 神町巡査派出所 부근에서 河野市太郎에게 살해당함	학살
20	민춘용	9월 3일 오후 3시, 南葛飾郡 龜戸遊園地 3700番地에서 청년단원들에게 살해당함	학살
21	조창순	9월 3일 오후 3시, 南葛飾郡 龜戸遊園地 3700地에서 청년단원들에게 중상을 입음	상해
22	박경득	龜戸警察署 연무장에서 기병연대에 의해 학살당함	학살
23	김재근	龜戸警察署 연무장에서 기병연대에 의해 학살당함	학살
24	조묘성	龜戸警察署 연무장에서 기병연대에 의해 학살당함	학살
25	조정수	龜戸警察署 연무장에서 기병연대에 의해 학살당함	학살
26	조정하	龜戸警察署 연무장에서 기병연대에 의해 학살당함	학살
27	김용택	9월 2일 오후 5시경, 荏原郡 大崎町에서 거동불심의 이유로 중상을 입고 적십자병원에 입원함	상해
28	김승중	9월 2일 오후 5시경, 荏原郡 大崎町에서 거동불심의 이유로 중상을 입고 적십자병원에 입원함	상해
29	박일순	9월 2일 오후 5시경, 荏原郡 大崎町에서 거동불심의 이유로 중상을 입고 적십자병원에 입원함	상해
30	고봉아	9월 2일 오후 5시경, 荏原郡 大崎町에서 거동불심의 이유로 중상을 입고 적십자병원에 입원함	상해
31	박수인	9월 2일 오후 5시경, 荏原郡 大崎町에서 거동불심의 이유로 중상을 입고 적십자병원에 입원함	상해
32	홍홍예	9월 2일 오후 5시, 荏原村 平塚村 下蛇窪에서 구타를 당해 중상을 입음	상해
33	이현모	9월 2일 오후 6시, 平塚村 蛇窪 228에서 곤봉에 맞아 중상을 입음	상해
34	장덕경	집에서 습격을 당해 구타를 당함	상해
35	장선당	아버지인 장덕경(張德景)을 구하려다 구타를 당함	상해
36	김태엽	9월 2일 淀橋警察署에서 고문을 당함	상해
37	최선	9월 5일, 吾嬬町 請地飛木稲荷 건널목에서 살해당함	학살
38	김금류	9월 3일 오후 6시, 南葛飾郡 隅田町에서 高澤芳太郎에게 살해당함	학살
39	최병희	9월 3일 오전 11시, 寺島村玉ノ井에서 川島和三郎에게 중상을 당함	상해
40	임선일	9월4일, 荒川 堤坊, 京成鉄橋 부근에서 자경단에 의해 살해당함	학살
41	신창범	자경단과 싸우다가 왼손 새끼손가락을 베이는 등 다수의 상해를 입음	상해
42	김정석	北多摩郡 烏山 방면에서 피해를 입음	상해
43	노○진	北多摩郡 烏山 방면에서 피해를 입음	상해
44	이경식	北多摩郡 烏山 방면에서 피해를 입음	상해
45	권의덕	北多摩郡 烏山 방면에서 피해를 입음	상해

번호	이름	피해 관련 상황	비고
46	허연관	北多摩郡 烏山 방면에서 피해를 입음	상해
47	박재춘	北多摩郡 烏山 방면에서 피해를 입음	상해
48	박도선	北多摩郡 烏山 방면에서 피해를 입음	상해
49	박경진	北多摩郡 烏山 방면에서 피해를 입음	상해
50	이영수	北多摩郡 烏山 방면에서 피해를 입음	상해
51	김희백	北多摩郡 烏山 방면에서 피해를 입음	상해
52	고학이	北多摩郡 烏山 방면에서 피해를 입음	상해
53	이흥중	北多摩郡 烏山 방면에서 피해를 입음	상해
54	송학백	北多摩郡 烏山 방면에서 피해를 입음	상해
55	봉허도	北多摩郡 烏山 방면에서 피해를 입음	상해
56	구철원	北多摩郡 烏山 방면에서 피해를 입음	상해
57	김주영	北多摩郡 烏山 방면에서 피해를 입음	상해
58	문기출	北多摩郡 烏山 방면에서 피해를 입음	상해
59	민병옥	北多摩郡 烏山 방면에서 피해를 입음	상해
60	김인수	北多摩郡 烏山 방면에서 피해를 입음	상해
61	권칠봉	北多摩郡 烏山 방면에서 피해를 입음	상해
62	정삼준	北多摩郡 烏山 방면에서 피해를 입음	상해
63	김봉화	北多摩郡 烏山 방면에서 피해를 입음	상해
64	김위광	北多摩郡 烏山 방면에서 피해를 입음	상해
65	성리□	北多摩郡 烏山 방면에서 피해를 입음	상해
66	홍기태	北多摩郡 烏山 방면에서 사망함	학살
67	민인식	9월 4일 오전 1시경, 巢鴨宮下 1522에서 小松原鋼二에게 총살당함	학살
68	이성구	9월 2일, 雜司ヶ谷에서 피난민에게 구타를 당한 후 大塚警察署에 연행됨. 9월 9일 석방된 후 池袋에서 청년들에게 쫓겨 경찰서로 피신했으나 경찰과 청년들에게 구타당함	상해

위의 〈표 1-12〉에 의해 조선인 피해자 현황을 살펴보면 학살은 26명, 폭행 등 상해는 42명이다. 학살은 자경단원에게 살해당한 것으로 일본도, 엽총, 곤봉 등 흉기를 사용하였다. 상해 역시 자경단원에게 폭행, 구타 등을 당해 중상을 입는 사례가 대부분이었다. 이들 68명의 희생자 중에는 다른 자료에도 중복된 경우가 적

지 않다.

4. 추도비 자료의 조선인 희생자

추도비 자료는 모두 4건으로, 군마현과 사이타마현에 집중되어 있다. 추도비에 의한 관동대지진 조선인 희생자 명단은 다음 〈표 1-13〉과 같다.

〈표 1-13〉 추도비에 나타난 관동대지진 조선인 희생자 상황

지역	추도비명	희생자	피해	수	비고
群馬縣	關東震災朝鮮人被害者 慰靈之碑	조규수, 천상곤, 정귀봉, 이만수, 김성동, 이재호, 이상호, 김삼선, 김두성, 김동원, 조정원, 김철현, 남성규, 김일출, 김인유, 허성일, 김동인(1924)	학살	34	成道寺
		조규수, 이상호, 남성규, 병상곤, 김삼선, 김일출, 정귀봉, 김두성, 김인유, 이만수, 김건원, 허성일, 김성동, 조건원, 임동인, 이재호, 김현(1957)			
	奉浩地藏尊爲顯光道菩提	○봉호	학살	1	九品寺
埼玉縣	朝鮮人姜大興墓	강대흥	학살	1	常泉寺
	感天秋雨信士	구학영	학살	1	正樹院
계				37	

〈표 1-13〉에 의하면, 군마현 후지오카시 조도지의 추도비에는 관동대지진 당시 학살당한 34명의 명단이 수록되어 있다. 이 추도비는 두 차례 건립되었다. 첫 번째는 관동대지진 이듬해인 1924년 지역 주민들에 의해서 건립되었고, 두 번째는 처음에 건립되었던 추도비가 훼손된 후 1954년에 다시 건립되었다. 그런데 문제는 첫 번째 건립된 추도비와 두 번째 건립된 추도비에 수록된 조선인 희생자 명단

이 일부 다르다는 점이다. 이는 추후 자료를 통해 구체적으로 살펴보아야 할 것이다.

이상으로 살펴본 문헌자료, 증언, 추도비 등에서 파악된 조선인 희생자 명단은 〈표 1-14〉와 같다.

〈표 1-14〉 문헌자료에 나타난 관동대지진 조선인 희생자 명단

자료명	희생자 수	명단	비고
현대사자료 6	32	○월봉, 강대홍, 강양순, 구학영, 김모, 김모, 김모, 김수근, 김수범, 김원달, 김월빈, 달이, 류호영, 민인식, 민춘용, 박명도, 박인도, 신응헌, 양순이, 예상곤, 오관근, 이동근, 이순봉, 이왕원, 이일필, 정모, 차태숙, 차태숙, 최희덕, 하석수, 한용조, 홍기백	姜德相
도쿄 증언 1100	68	고봉아, 고학이, 구철원, 권의덕, 권칠봉, 김금류, 김봉화, 김사봉, 김승중, 김영일, 김용택, 김위광, 김인수, 김재근, 김정석, 김주영, 김태엽, 김희백, 노○진, 문기출, 민병옥, 민인식, 민춘용, 민춘용, 박경득, 박경진, 박도선, 박수인, 박순일. 박인도, 박재춘, 배동주, 변용창, 봉허도, 성리○, 손봉원, 송학백, 신창범, 이건재, 이경식, 이성구 이순풍, 이영수, 이원석, 이현모, 이홍중, 이홍순, 이희원, 이희현, 임선일, 장덕경, 장선당, 정섬준, 조묘성, 조정수, 조정하, 조창순, 조창순, 차태숙, 최규석, 최병희, 최선, 최연재, 한봉구, 한용기, 허연관, 홍기태, 홍홍예	西崎雅夫
관동대지진 조선인학살의 진상과 실태	33	강대홍, 고봉아, 김금류, 김동우, 김승중, 김시, 김영일, 김영일, 김용택, 김현모, 민국길, 박기, 박모, 박수인, 박익, 봉모, 손봉현, 신창범, 이근영, 이순봉, 이춘용, 임선일, 전석필, 정기우, 정모, 정숙개, 정숙용, 조창순, 최규석, 최병희, 한용석, 한합예, 홍홍우	조선대학교 (일본)

자료명	희생자 수	명단	비고	
관동진재 조선인 희생자 위령지비	34	김동원, 김동인, 김두성, 김삼선, 김성동, 김인유, 김일출, 김현, 남성규, 이만수, 이상호, 이재호, 정귀풍, 조건원, 조수규, 천상곤, 허성일	1924	群馬縣 藤岡市 成道寺
		김동원, 김동인, 김두성, 김삼선, 김성동, 김인유, 김일출, 김철현, 남성규, 병상곤, 이만수, 이상호, 이재호, 정황봉, 조수규, 조정원, 허성일	1957	
봉호지장존위현광도보리	1	○봉호	群馬顯 高崎市 九品寺	
東京日日新聞	3	김원달, 홍기태, 황종균		
報知新聞	20	김동원, 김동인, 김두성, 김백출, 김사봉, 김성래, 김인수, 김인유, 김주홍, 김천선, 김철진, 남성규, 묘동곤, 박인도, 이건재, 이상호, 이원석, 정귀봉, 정용이, 조수구, 조정원, 천곡야, 한봉구, 허일성		
法律新聞	9	김사봉, 박인도, 신명개, 이건재, 이원석, 이재호, 최석근, 한봉구	群馬縣, 東京府	
극웅필경	29	김동원, 김동인, 김두성, 김백출, 김성래, 김인수, 김재근, 김주홍, 김창, 김철진, 남성규, 묘동곤, 박경득, 박단수, 이상호, 이해용, 정귀봉, 정기우, 정용이, 정인숙, 조묘성(송), 조수구, 조정수(소), 조정원, 조정하, 진상영, 천곡야, 최만봉, 허일성	최승만	
동아일보	32	김동하, 김삼쇠, 김순갑, 김재근, 김정근, 김창석, 김한권, 김홍삼, 김홍엽, 노봉문, 민인식, 배우홍, 서막동, 유규석, 유위동, 이기포, 이철우, 임남식, 임창식, 정인영, 최준석		
조선일보	46	고태철, 권선규, 김교경, 김규복, 김덕현, 김도현, 김삼쇠, 김석봉, 김순갑, 김원준, 김재근, 김재일, 김정근, 김창석, 김한권, 김한제, 김한주, 김홍삼, 노봉문, 류석, 배후홍, 서막동, 손회석, 송기일, 신영련, 안계용, 오봉근, 윤용학, 이금호, 이기표, 이성도, 이열성, 이이동, 이전국, 이철우, 장동수, 전민철, 전필란, 정승현, 정인영, 정진영, 정현빈, 조선일, 지장용, 최병준, 한민훈		

자료명	희생자 수	명단	비고
매일신보	21	경록, 김광현, 김순용, 박일병, 박한극, 송달준, 신기환, 염서금, 염일항, 오준영, 윤봉익, 이상규, 이인덕, 이찬희, 이창성, 임경환, 임남식, 임창식, 조복룡, 한규정, 홍종위	
감추어진 역사	4	강대흥, 구학영, 김일영, 김창	埼玉縣
感天秋雨信士	1	구학영	埼玉縣
朝鮮人姜大興墓	1	강대흥	埼玉縣
판결문	1	차봉조	
震災死亡者調査表	6	김덕수, 김명수, 문무연, 안태성, 조묘송, 조정소	
계	341		중복 포함

5. 『일본진재시 피살자 명부』의 조선인 희생자

2013년 7월 주일 한국대사관을 신청사로 이전할 때 세 종류의 명부가 발견되었다. 하나는 『3·1운동시 피살자 명부』1권(217매, 630명 수록)이고, 두 번째는 『일본진재시 피살자 명부』1권(109매, 290명 수록), 세 번째는 『일정시 피징용자 명부』65권(18,322매, 229,482명 수록)이다.

이들 세 가지 명부가 작성된 배경은 1952년 12월 15일 개최된 제109회 국무회의에서 이승만 대통령의 지시가 있었기 때문이다. 이승만 대통령은 국무회의에서 ① 3·1운동 살상자, ② 관동진재 희생자, ③ 제2차대전 징용·징병자 수, ④ 왜정하 애국사상운동 옥사자, ⑤ 미곡약탈량, ⑥ 금은 보물 반출량 , ⑦ 국채보험금 채권적 성질의 것 등의 항목에 대한 조사와 집계를 내무부에 지시하였다. 대통령의 지시에 따라 내무부에서는 그해 12월 16일자로, 일제에 의해 희생된 대표적인 사건인 ① 3·1운동, ② 관동진재, ③ 징용·징병, ④ 애국사상운동 옥사자 등 네 가지 분야에 대해 통계자료를 작성하라고 하였다.

당시 이승만 대통령이 이 같은 지시를 내린 것은, 1953년 1월 5일부터 7일까지 일본을 공식 방문할 때 요시다 시게루(吉田茂) 일본 수상에게 일제강점기에 한국인들이 받은 피해를 증명하기 위해서였다. 그런데 일제강점기에 희생을 당하거나 혹은 피해를 입은 사실을 조사하는 일은 단시일에 불가능하였기 때문에 이승만 대통령의 방일 때에는 이 명부를 가지고 가지는 못하였다. 그리고 제2차 한일회담이 1953년 4월 15일부터 7월 23일까지 개최되었기 때문에, 이 기간에 한국 측 대표들에게 전달되었던 것으로 추측된다.

『일본 진재시 피살자 명부』에 수록된 인원들을 경상남도와 경상북도 출신들이 대부분을 차지하고 있다. 한국전쟁의 와중에 있었기 때문에 행정기관이 조사 가능한 경상남도와 경상북도에만 조사가 될 수밖에 없었다는 한계가 있었던 것으로 추정된다. 『일본 진재시 피살자 명부』에서 가장 많은 인원을 차지하고 있는 지방이 경상남도라는 점은 이 지역에 행정기관이 온전히 남아있었다는 점도 있지만, 일제강점기 재일조선인들 가운데 경상남도 출신자가 많았다는 것도 영향을 미친 것으로 판단된다. 『일본 진재시 피살자 명부』에 관동대지진 때 일제에 의해 학살을 당한 290명이 실려 있지만, 이들 중에는 3·1운동 등 관동대지진과 관련이 없는 명단이 상당하다. 이를 걸러내면 실제 관동대지진과 관련된 명단은 205명이 관동대지진 희생자로 파악된다.[125] 한편 같은 시기에 작성된 「3·1운동시 피살자 명부」에는 관동대지진 희생자로 추정되는 사례가 22건[126] 또는 23건[127] 확인된다.

그런데 『일제 진재시 피살자 명부』에서 가장 논란이 되는 점은 피살연도가 잘못 기재된 것이다. 이를 어떻게 판단할 것인가에 따라 관동대지진 피살자 수는 상당한 차이가 날 수 있다. 이 명부에 의하면 1921년, 1922년, 1924년 등 관동대지진이 발생한 연도와 다르게 기재된 경우가 많다.

그럼에도 불구하고 이들의 피살 지역은 도쿄 혹은 요코하마(橫濱)로 기재되어 있으며, 피살상황은 '피살', '타살', '총살', '타박상' 등으로 기재된 것으로 보아 관동대지진 당시 희생된 것으로 판단되고 있다. 이는 명부 작성 당시에 연도를 착각하여 다르게 기재한 것으로 추정된다. 『일본진재시 피살자 명부』의 조선인 희생자는 〈표 1-15〉와 같다.

125　『일본진재시 피살자 명부』에 대한 분석은 연구자에 따라 희생자 수를 다르게 파악하고 있다. 김도형은 204명(「관동대지진 한국인 피살자 명부 자료의 분석」, 『북악사론』 12, 북악사학회, 2020, 214쪽), 西村直登은 179명(「關東大震災朝鮮人犧牲者名簿の生成」, 『植民地主義,冷戰から考える日鮮關係』, 同志社コリア研究所, 2021, 37쪽)으로 각각 분류하였다.

126　김도형, 관동대지진 한국인 피살자 명부 자료의 분석」, 『북악사론』 12, 북악사학회, 2020, 215쪽.

127　西村直登, 「關東大震災朝鮮人犧牲者名簿の生成」, 『植民地主義,冷戰から考える日鮮關係』, 同志社コリア研究所, 2021, 38쪽.

〈표 1-15〉『일본진재시 피살자 명부』의 조선인 희생자 명단

자료명	피살자 수	이름
일본 진재시 피살자 명부	205	이익호, 정상조, 김유필, 백운수, 백우개, 백소달, 백달이, 임소봉, 박판준, 전판병, 전판암, 김명도, 백용덕, 최봉순, 이사중, 권일섭, 오의수, 박유신, 이삼석, 박덕수, 박명수, 최만수, 김만이, 이상권, 김개학, 김상호, 정군팔, 김호철, 김팔암, 김점암, 최대준, 김태암, 장상진, 박백홍, 박태선, 김권이, 장기선, 김말ول, 박무학, 박서동, 박용술, 박봉선, 유형식, 김용호, 최병식, 이속, 이판암, 이당, 이손술, 정암우, 정성현, 정세윤, 이운조, 도기학, 도의환, 도갑기, 박영화, 박재룡, 이수문, 김우생, 장교순, 김순이, 조판은, 박희태, 김문환, 서학운, 서중이, 박순암, 윤석순, 김분남, 김지엽, 이달출, 이영홍, 김수진, 박학조, 안덕수, 김민수, 김석현, 오현주, 박경운, 신영섭, 최봉술, 김소선, 김영태, 신경운, 박지용, 박계운, 박호인, 박소출, 여현회, 여능암, 여종원, 조성준, 차학기, 한용선, 김달선, 이용갑, 이안창, 박쾌특, 박위특, 김팽제, 최덕용, 이도술, 안해조, 박도인, 이차석, 이천석, 김수범, 박남필, 최상근, 구학룡, 이관수, 이명수, 김호범, 장상규, 조성도, 송세팔, 구유덕, 심상백, 박경이, 김재수, 김말용, 김소룡, 김진욱, 오덕수, 김목환, 오시조, 사태근, 김치두, 김상주, 이순양, 공우용, 설인백, 설오주, 문재수, 권갑문, 김재만, 김덕수, 이상도, 손우팔십, 우덕기, 강정순, 정태열, 이점문, 전용문, 유정식, 윤길, 이을판, 신만조, 신우준, 조석하, 천맹수, 정병환, 정판암, 이광국, 이광명, 이판개, 이소개, 정경규, 심학봉, 심모, 하모, 장석진, 박수재, 박성재, 박소송, 정종목, 김정대, 김정백, 권왕석, 전을생, 전갑룡, 최억환, 최상기, 오효근, 정덕로, 김정수, 김윤근, 최문봉, 김홍대, 김우명, 김삼명, 김수진, 김악개, 조공국, 박백오, 오우성, 남만이, 강상백, 이차세, 진경만, 진학승, 박준봉, 박윤두, 이만희, 표기식, 전우식, 임우권, 임만권, 임수권, 남진갑, 전암천, 박경표, 권유지, 구학용

6. 중복 희생자 명부와 이를 반영한 명부

위에서 살펴본 관동대지진 조선인 희생자 중에는 중복된 사례가 적지 않다. 이는 자료집, 증언집, 회고록 등에서 보이고 있다. 또한 신문의 경우 동일한 사건에 대해 각 신문마다 기사를 게재함으로써 중복된 경우가 적지 않다. 군마현 후지오카 조도지의 추도비의 경우

관동대지진 직후인 1924년 건립한 것과 이후 1954년에 건립한 것과 희생자가 중복되고 있다. 그런데 이 추도비 건립 시기가 30년의 차이가 있다는 점에서 희생자 이름이 달리 기록되었다는 점도 확인되고 있다. 이상에서 살펴본 관동대지진 조선인 희생자 중 중복된 사례는 적지 않은데, 다음 〈표 1-16〉과 같다.

〈표 1-16〉 관동대지진 조선인 희생자 중 중복된 사례[128]

번호	희생자	기록 자료	회수	비고
1	강대홍	현대사자료, 진상과 실태, 감추어진 역사, 추모비	4	
2	고봉아	진상과 실태, 증언1100	2	
3	구학영	현대사자료, 감추어진 역사, 추모비, 대사관	4	구학용
4	김창	극웅필경, 감추어진 역사	2	
5	김순갑	동아, 조선	2	
6	김금류	진상과 실태, 증언1100	2	
7	김동원	報知新聞, 극웅필경, 추도비(1924), 추도비(1957)	4	
8	김동인	추도비(1924), 추도비(1957), 報知新聞, 극웅필경	2	
9	김두성	추도비(1924), 추도비(1957), 報知新聞, 극웅필경	4	
10	김백출	報知新聞, 극웅필경	2	
11	김사봉	증언1100, 報知新聞, 法律新聞	3	
12	김삼선	추도비(1924), 추도비(1957)	2	
13	김삼쇠	동아, 조선	2	
14	김성동	추도비(1924), 추도비(1957)	2	
15	김성래	報知新聞, 극웅필경	2	
16	김승중	진상과 실태, 증언1100	2	
17	김영일	진상과 실태(2), 증언1100	3	
18	김용택	진상과 실태, 증언1100	2	
19	김원달	현대사자료, 東京日日新聞	2	

[128] 자료 중 '현대사자료'는 『현대사자료』(6), '증언1100'는 『관동대진재 조선인학살의 기록-도쿄지구별 1100의 증언』, '진상과 실태'는 『관동대진재 조선인학살의 진상과 실태』, '동아'는 『동아일보』, '조선'은 『조선일보』, '추도비'는 조도지 추도비, '대사관'은 일본진재시 피살자 명부이다.

번호	희생자	기록 자료	회수	비고
20	김인수	증언1100, 報知新聞, 극웅필경	3	
21	김인유	추도비(1924), 추도비(1957), 報知新聞,	3	
22	김일출	추도비(1924), 추도비(1957)	2	
23	김재근	증언1100, 극웅필경, 동아일보, 조선일보	4	
24	김정근	동아, 조선	2	
25	김주홍	報知新聞, 극웅필경	2	
26	김창석	동아, 조선	2	
27	김철진	報知新聞, 극웅필경	2	
28	김한권	동아, 조선	2	
29	김홍삼	동아, 조선	2	
30	남성규	추도비(1924), 추도비(1957), 報知新聞, 극웅필경	4	
31	노봉문	동아, 조선	2	
32	묘동곤	報知新聞, 극웅필경	2	
33	민인식	현대사자료, 증언1100, 동아	3	
34	민춘용	현대사자료, 증언1100(2)	3	
35	박경득	증언1100, 극웅필경	2	
36	박수인	진상과 실태, 증언1100	2	
37	박인도	현대사자료, 증언1100, 報知新聞, 法律新聞	4	
38	서막동	동아, 조선	2	
39	신창범	진상과 실태, 증언1100	2	
40	이건재	증언1100, 報知新聞, 法律新聞	3	
41	이만수	추도비(1924), 추도비(1957)	2	
42	이상호	추도비(1924), 추도비(1957), 報知新聞, 극웅필경	4	
43	이순봉	현대사자료, 진상과 실태	2	
44	이원석	증언1100, 報知新聞, 法律新聞	3	
45	이재호	추도비(1924), 추도비(1957), 법률신문	3	
46	이철우	동아, 조선	2	
47	임남식	동아, 조선	2	
48	임선일	진상과 실태, 증언1100	2	
49	임창식	동아, 조선	2	
50	정귀봉	報知新聞, 극웅필경	2	
51	정기우	진상과 실태, 극웅필경	2	
52	정용이	報知新聞, 극웅필경	2	
53	정인영	동아, 조선	2	

번호	희생자	기록 자료	회수	비고
54	조묘성	증언1100, 극웅필경, 진재사망자조사표	3	조묘성
55	조수구	報知新聞, 극웅필경	2	
56	조수규	추도비(1924), 추도비(1957)	3	
57	조정소	극웅필경, 증언1100, 진재사망자조사표	2	조정수
58	조정원	報知新聞, 극웅필경, 추도비(1954)	3	
59	조정하	증언1100, 극웅필경	2	
60	조창순	진상과 실태, 증언1100(2)	3	
61	차태숙	현대사자료(2), 증언1100	3	
62	천곡야	報知新聞, 극웅필경	2	
63	최규석	진상과 실태, 증언1100	2	
64	최병희	진상과 실태, 증언1100	2	
65	한봉구	증언1100, 報知新聞, 法律新聞	3	
66	허성일	추도비(1924), 추도비(1957)	2	
67	허일성	報知新聞, 극웅필경	2	
68	홍기태	증언1100, 東京日日新聞	2	
계			167	3

위의 〈표 1-16〉에 의하면, 중복된 희생자는 68명이다. 이들 중에는 희생자 이름이 기록에 따라 몇몇 오기가 발견된다. 대표적인 것은 구학영이다. 『현대사자료』(6)과 『かくされていた歷史-關東大震災と埼玉の朝鮮人虐殺事件』에는 구학영(具學永), 대사관 명부에는 구학용(具學龍)으로 각각 기록되어 있다. 구학영과 구학용은 경남 울산 출신으로 동일한 인물이다. 또한 조묘성과 조묘송, 조정소와 조정수는 동일 인물로 확인된다. 이러한 경우의 수는 모두 105명으로 파악된다.

이러한 사례는 문헌자료의 경우 신문 기사, 증언 등 원사료의 오류에서 기인하고 있다. 또한 일본어로 기록하는 과정에서 이름이 잘못 기록된 것도 적지 않다. 이와 같은 오류와 오기는 앞으로 원사료를 확보하여 좀 더 확인할 필요가 있다.

한편 각종 자료를 통해 확인된 희생자 명부는 문헌자료 등 341명, 피살자 명부 205명으로 모두 546명이 확인된다. 이 중 4회부터 2회까지 여러 차례 중복되는 희생자가 105명임을 확인할 수 있다. 이러한 중복된 자를 제외하면 441명의 희생자 명부가 확인된다. 이들 희생자는 머리말에서 언급한 바와 같이 학살, 참사, 행방불명, 상해, 자살 등을 포함하고 있다. 이를 정리하면 〈표 1-17〉과 같다.

〈표 1-17〉 관동대지진 조선인 희생자별 명단[129]

구분	이름	비고
학살	○봉호, ○월봉, 강대홍, 강상백, 강양순, 강정순, 고태승, 고태철, 공우용, 구유덕, 구학용, 권갑문, 권석규, 권왕석, 권유지, 권일섭, 김개학, 김건원, 김권이, 김규복, 김금류, 김달선, 김달원, 김덕수, 김덕수, 김덕현, 김도현, 김동원, 김동인, 김두성, 김만이, 김말룡, 김말술, 김명도, 김명수, 김모, 김모, 김모, 김목환, 김문환, 김민수, 김백출, 김분남, 김사봉, 김삼명, 김삼선, 김삼쇠, 김상주, 김상호, 김석봉, 김석현, 김성동, 김성래, 김소룡, 김소선, 김수근, 김수범, 김수진, 김순갑, 김순이, 김시, 김악개, 김영일, 김영일, 김영태, 김용호, 김우명, 김우생, 김원달, 김원준, 김월빈, 김유필, 김윤근, 김인수, 김인유, 김일영, 김일출, 김주홍, 김지엽, 김진욱, 김창, 김창석, 김천선, 김철진, 김철현, 김치두, 김태암, 김팔암, 김팽제, 김한권, 김한제, 김한주, 김현, 김호범, 김호철, 김홍대, 김홍삼, 김홍엽, 남만이, 남성규, 남진갑, 노봉문, 달이, 도갑기, 도기학, 도의환, 류석, 류호영, 묘호곤, 문무연, 문재수, 민국길, 민인식, 민춘용, 박경득, 박경운, 박경이, 박경표, 박계운, 박남필, 박단수, 박덕수, 박도인, 박명도, 박명수, 박모, 박무학, 박백오, 박백홍, 박봉선, 박서동, 박성재, 박소송, 박소출, 박수재, 박순암, 박영화, 박용술, 박위특, 박유신, 박윤두, 박인도, 박재룡, 박준봉, 박지용, 박쾌특, 박태선, 박판준, 박학조, 박호인, 박희태, 배우홍, 백달이, 백소달, 백용덕, 백우개, 백운수, 변용참, 병상곤, 사태근, 서막동,	357

129 본 명부는 문헌상 확인한 것이지만, 피해자 이름을 기록하는 과정에서 적지 않은 오류가 있다고 확인된다. 특히 동일한 피해자이지만 이름의 한자를 기록할 때 획수를 잘못 기록하는 사례들이다. 예를 들어 '구학룡'과 '구학영'의 경우이다. 앞으로 피해자 인명에 대해서는 어느 기록이 보다 정확한 것인가를 파악이 되어야 한다. 그럼에도 불구하고 본 〈표 1-17〉에서는 선행작업으로, 앞으로의 과제를 위해서도 일차적으로 정리하였음을 밝혀두고자 한다.

구분	이름	비고
학살	서학운, 설오주, 설인백, 손봉원, 손봉현, 손우팔십, 손회석, 송기일, 송세팔, 신경운, 신만조, 신명개, 신영섭, 신우준, 신응헌, 심모, 심상백, 심학봉, 안계용, 안덕수, 안해조, 양순이, 여능암, 여종원, 여현회, 예상곤, 오관근, 오덕수, 오봉근, 오시조, 오우성, 오의수, 오현주, 오효근, 우덕기, 유규석, 유정식, 유형식, 윤길, 윤석순, 윤용학, 이건재, 이관수, 이광국, 이광명, 이금호, 이기포, 이기표, 이달출, 이당, 이도술, 이동근, 이만수, 이만희, 이명수, 이사중, 이삼석, 이상권, 이상도, 이상호, 이성도, 이소개, 이속, 이손술, 이수문, 이순봉, 이순양, 이순풍, 이언창, 이열성, 이영홍, 이왕원, 이용갑, 이운조, 이원석, 이을판, 이익호, 이일필, 이재호, 이전국, 이점문, 이차석, 이차세, 이천석, 이철우, 이춘용, 이판개, 이판암, 이해룡, 이홍순, 이희현, 임동인, 임만권, 임선일, 임소봉, 임수권, 임우권, 장교순, 장기선, 장동수, 장상규, 장상진, 장석진, 전갑룡, 전민철, 전암우, 전암천, 전용문, 전우식, 전을생, 전판병, 전판암, 전필란, 정경규, 정군팔, 정귀봉, 정기우, 정덕로, 정모, 정모, 정병환, 정상조, 정성현, 정세윤, 정승현, 정암우, 정용이, 정인숙, 정종목, 정태열, 정판암, 정현빈, 조건원, 조공국, 조규수, 조묘성, 조석하, 조선일, 조성도, 조성준, 조수구, 조정소, 조정원, 조정하, 조판은, 지장용, 진경만, 진상영, 진학승, 차봉조, 차태숙, 차학기, 천곡야, 천맹수, 천상곤, 최대준, 최덕용, 최만봉, 최만수, 최문봉, 최병식, 최병준, 최봉순, 최봉술, 최상근, 최상기, 최석근, 최석준, 최선, 최억환, 최희덕, 표기식, 하모, 하석수, 한미훈, 한봉구, 한용기, 한용석, 한용선, 한용조, 한합예, 허성일, 허일성, 홍기백, 홍기태, 황동균	
행방불명	경록, 김광현, 김교경, 김동하, 김순용, 박일병, 박한극, 송달준, 신기환, 신영련, 안태성, 염서금, 염일항, 오준영, 유위동, 윤봉익, 이상규, 이이동, 이인덕, 이찬희, 이창성, 임경환, 임남식, 임창식, 정진영, 조덕인, 조복룡, 조용기, 조인기, 한규정, 홍종위	31
상해	고봉아, 고학이, 구철원, 권의덕, 권칠봉, 김금류, 김동우, 김봉화, 김승중, 김영일, 김용택, 김위광, 김정석, 김주영, 김현모, 김희백, 노○진, 문기출, 민병옥, 박경진, 박기, 박도선, 박수인, 박익, 박일순, 박재춘, 배동주, 봉모, 봉허도, 성리○, 송학백, 신창범, 이경식, 이근영, 이성구, 이영수, 이현모, 이홍중, 임인수, 장덕경, 장선당, 전석필, 정삼준, 정숙개, 정숙용, 조창순,최규석, 최병희, 최연재, 허연관, 홍홍예, 홍홍우	52
자살	정인영	1
계		441

7. 맺음말: 앞으로의 과제

이상으로 앞에서 살펴본 문헌자료, 증언, 추도비 등의 조선인 희생자 명부를 파악해 보았다. 그렇지만 이들 명단은 적지 않은 한계를 가지고 있다. 이는 원사료 또는 원사료를 판독하는 과정에서 기록된 오기이다. 특히 군마현 후지오카시 조도지의 '관동진재 조선인 희생자 위령지비'는 1924년과 1957년에 각각 건립되었는데, 이 위령비에 기재된 희생자 명단이 동일하지 않다는 점이다.

관동대지진 당시 조선인을 학살한 후지오카사건이 발생한 다음 해에 1924년 6월 후지오카 경찰서에서 학살된 조선인을 기리는 비가 건립되었는데, 이 비에는 후지오카에서 학살된 17명의 조선인 명단이 들어 있었다. 그런데 이 당시 만들어진 추도비는 현재 남아있지 않으며, 1957년 11월 1일에 다시 비를 세웠다. 후지오카사건으로 학살된 조선인 명단은 『극웅필경』에도 수록하고 있다. 후지오카 추도비와 『극웅필경』의 조선인 희생자 17명의 명단을 보면 다음과 같다.

〈1924년 추도비 명단〉: 趙秀圭, 李相浩, 南成奎, 茜相坤, 金三善, 金日出, 鄭貴風, 金斗星, 金仁唯, 李萬守, 金東元, 許成日, 金聲東, 趙建遠, 金洞仁, 李在浩, 金鉉

〈1957년 추도비 명단〉: 趙秀圭, 丙相坤, 鄭黃鳳, 李萬守, 金聲東, 李在浩, 李相浩, 金三善, 金斗星, 趙庭遠, 金喆鉉, 金東元, 南成奎, 金日出, 金仁唯, 許成日, 金洞仁

〈극웅필경 명단〉: 金東元, 金喆鎭, 趙庭遠, 金白出, 南成奎, 金仁洙, 許日成, 金聲來, 金斗星, 鄭貴鳳, 苗桐坤, 金周洪, 趙秀九, 泉曲野, 鄭龍伊, 金東仁, 李相浩(『극웅필경』, 77~78쪽)

위에서 보다시피, 1924년 추도비와 1957 추도비의 명단을 비교하면 7명은 이름의 한자가 동일하지만, 4명은 한자가 다르거나 비슷한 한자로 되어 있다. 1924년 추모비에는 천상곤이 1957년 비에는 병상곤으로, 정귀풍이 정황봉으로, 조건원이 조정원으로, 김현이 김철현으로 되어 있다. 문제는 어느 비의 명단이 정확한가 하는 점이다.

여기에 더하여『극웅필경』과는 두 추모비와 비교할 때 김동원, 남성규, 김두성, 이상호 등 4명만 동일 인물로 확인된다. 여하튼 세 개의 기록이 일치하지 않는다는 것은 원자료의 문제 또는 재수록되는 과정에서 오류가 있는 것으로 추정된다. 한편 한 연구에 의하면 후지오카사건 희생자 중 이재호는 생존자라는 점에서 보다 확실한 교차 검증이 필요하다고 할 수 있다.

또한 순창군에서 참사당한 희생자의 15명의 이름도 역시 차이를 보이고 있다. 순창군에서 거행된 추도식을 『동아일보』와 『조선일보』가 각각 보도하였는데, 희생자 명단은 다음과 같다.

『동아일보』: 金在根 金洪三 金廷根 金洪燁 金昌錫 金順甲 金三釗 崔錫俊 金漢權 李起布 劉奎錫 李哲宇 裵禹洪 魯鳳文 徐莫童

『조선일보』: 김재근 김홍삼 김정근 김순갑 김삼쇠 김한권 최병준 김규복 이기표 김창석 서막동 배우홍 이철우 노봉문 유석

위에서 보는 바와 같이, 『동아일보』에는 김홍엽, 최석준, 이기포, 유규석, 『조선일보』는 최병준, 김규복, 이기표, 유석 등 각각 4명의 희생자 이름이 각각 다르게 기록되어 있다. 물론 최석준과 최병준, 이기포와 이기표, 유규석과 유석은 동일 인물로 추정할 수 있지만, 어느 것이 정확한 이름인지 좀 더 명확하게 확증할 필요가 있다.

이러한 사례는 원사료를 활용한 자료집과 증언집에서도 보이고 있다. 이로 볼 때 관동대지진 조선인 희생자 명단은 원사료와 이를 활용한 자료집, 증언집, 추도비 등을 보다 면밀하게 분석해야 한다는 과제를 남기고 있다.

이외에도 도쿄도 부흥기념관에 소장된 「진재사망자조사표」에 83명의 '조선인 카드'가 확인되고 있다.[130] 이들 '조선인 카드'는 이재은사금을 신청하면서 작성된 것이다. 이들 83명의 조선인은 관동대지진 희생자에 포함되지만, 희생자 명단과 사유에 대해서는 앞으로 밝혀야 할 과제이다. 관동대지진 100주년을 맞아 도쿄위령당은 「진재사망자조사표」를 연구 목적에 한하여 공개한다고 밝힌 바 있다. 앞으로 희생자 연구에 좋은 기회가 될 것으로 기대된다.

또한 가나가와현 요코하마 도린지(東林寺)에도 조선인 납골당에 관동대지진 당시 희생된 조선인 무연, 유연 유골 수십 위가 안치되어 있는 것으로 알려지고 있다.[131] 이 납골당은 재일조선인총연합회 가나가와현 본부가 관리하고 있는데, 역시 앞으로 조사해야 할 과제임을 밝혀둔다.[132]

---

[130] 北原糸子, 「關東大震災における下賜金について」, 『關東大震災記憶の繼承-歷史·地域·運動から現在を問う』, 日本經濟評論社, 2014, 46~49쪽 참조. 이 책에는 '安太星'이 확인되고 있다. 안태성은 경남 합천군 청덕면 앙진리 출신으로 26세였다. 희생 당시 주소는 京橋區 靈岸大阪 固洋丸 船內이다. 이외에도 박덕수, 박명수, 조묘송 등이 확인된다.

[131] 조선인강제연행진상조사단 편, 『일본지역 조선인 희생자 추도비』, 동북아역사재단, 2019, 135쪽.

[132] 도린지의 유골에 대해서 몇몇 경로를 통해 관동대지진 희생된 조선인이 아니라 강제동원으로 희생된 조선인으로 전해 들었다. 그럼에도 보다 명확한 조사가 필요하다고 판단된다.

제4장 관동대지진 조선인학살의 국내 연구와 일본역사수정주의에 대한 동향

1. 머리말

2023년 9월 1일은 관동대지진 조선인학살 100주년을 맞는 날이다. '1백 년'이 갖는 의미는 조건과 상황에 따라 다양하지만 오랜 시간의 기억보다는 역사의 진실을 새롭게 조명하고 그 의미 역시 새롭게 조명하는 데 있다고 할 수 있다. 그렇기 때문에 1백주년을 맞이하는 해가 되면 다양한 기념행사들이 줄을 잇고, 재해석을 통해 의미를 되새긴다. 2019년은 3·1운동과 대한민국 임시정부 수립 1백주년을 맞는 해로 정부뿐만 아니라 지방자치단체, 관련 기념단체, 종교 등에서 무수한 기념행사와 학술회의 등을 통해 3·1운동 및 임시정부 수립을 기억하고 시대정신에 맞는 역사적 의미를 재조명한 바 있다. 그런 점에서 '1백 년'은 시간적 의미보다는 역사적 의미에 중점을 두고 있다. 2년 후면 관동대지진 1백 년을 맞이하는 시점에서 과연 역사적 의미를 어떻게 조명해야 하는지 과제를 안고 있다.

관동대지진(關東大地震)[133]은 1923년 9월 1일 12시경 일본 도쿄(東京)를 중심으로 일어난 당시 최대 규모의 지진으로 190만 명의 피해자, 그

---

[133] 관동대지진은 1923년 9월 1일 일본 관동(關東) 일대에서 일어난 지진으로, 일본에서는 '간토대진재(關東大震災)'라고 부른다. 본고에서는 국내의 일반적인 표현인 '관동대지진'으로 표기하고자 한다.

리고 10만 5천여 명의 사망 또는 행방불명된 대재앙이었다.[134] 당시까지만 해도 일본에서는 가장 규모가 큰 지진의 하나였다. 관동대지진으로 일본 내에서는 적지 않은 민심이 동요하였다. 정치적으로는 데모크라시가 성숙해가는 시기에 일본의 정치 상황도 바꾸어 놓았다. 무엇보다도 우려되는 것은 관동대지진을 계기로 일본 사회에서 파시즘 사상이 대두되는 조짐이 나타나기 시작하였다는 점이다. 즉 관동대지진이 발생함과 거의 동시에 계엄령이 선포되었고, 이를 계기로 군이 정치의 전면에 나서게 되었다. 이와 함께 사회적 불안을 해소하기 위해 조선인을 그 대상으로 삼았다.[135] 조선인에 대해 '불령선인(不逞鮮人)'[136]이라는 유언비어가 경시청 삐라에 의해 유포되어 조선인이 학살되었다.[137]

　이러한 관동대지진 조선인학살을 왜곡하는 논문을 발표한 하버드

---

[134]　1923년 9월 1일 오전 11시 58분에 일본 관동지역의 1부(府), 6현(県)에서 발생한 대지진으로 인해 99,331명이 사망하였고, 전 가옥이 파괴된 가옥은 128,266호, 반 파괴된 가옥은 126,233호, 소실된 가옥 수는 447,128호에 달하였다.

[135]　동북아역사재단, 『관동대지진과 조선인학살』, 2013, 35쪽.

[136]　'불령선인'은 제국일본이 일제강점기 식민지통치에 반대하는 조선인을 불온하고 불량한 인물로 지칭한 용어이다. 일본어로는 '후데이센진(不逞鮮人)'이라고 하였는데, '후테이(不逞)'는 멋대로 행동함, 도의에 따르지 않음 등의 의미를 가지고 있다. '센진(鮮人)'이란 용어는 조선인을 의미하는 조센진의 약어로서 경멸적인 차별용어로 사용되었다. 한편 제국일본은 독립운동가를 비롯해 일제에 대항하는 사람들은 모조리 불령선인이라 칭했으며, 한 번 낙인이 찍히면 철저한 감시와 관리 아래 생활해야 했다. 특히 1923년 관동대지진 때에는 당시 불령선인들이 날뛰고 우물에 독약을 타서 일본인을 살해했다고 유언비어를 퍼뜨려 수백 명의 중국인과 함께 수천 명의 조선인이 학살당했다.

[137]　관동대지진 당시 '조선인학살'에 대한 연구성과는 다음과 같다. 강덕상, 「1923년 관동대지진(關東大地震) 대학살 진상」, 『역사비평』 45, 역사문제연구소, 1998: 강덕상, 「관동대지진 조선인학살을 보는 새로운 시각: 일본 측의 '3대 테러사건' 사관의 오료」, 『역사비평』 47, 역사문제연구소, 1999; 야마다 쇼지, 『관동대지진 조선인 학살에 대한 일본국가와 민중의 책임』, 논형, 2008; 강덕상·야마다 쇼지, 『관동대지진과 조선인 학살』, 동북아역사재단, 2013 등이 대표적이다.

대 로스쿨의 존 마크 램자이(John Mark Ramseyer) 교수는 일본군 '위안부'의 성노예를 부정하는 논문을 발표해 한국, 미국, 일본을 비롯한 국제사회의 비판과 반발을 불러일으켰다. 램자이는 최근까지 '위안부' 부정과 함께 관동대지진 조선인학살, 제주 4·3과 재일조선인, 일본 내 소수 집단에 대한 차별적 시각을 드러낸 논문을 발표해왔다. 이는 일본 역사수정주의와 맥을 같이 하고 있다.

이와 관련하여 본고에서는 그동안 국내에서 이루어진 최근 관동대지진 연구 성과를 살펴보고, 램자이 관동대지진 역사왜곡 논문에 대한 국내의 반응과 연구 동향을 검토하고자 한다.

2. 관동대지진 조선인학살에 대한 국내의 연구 동향

관동대지진 당시 조선인학살이 국내에 알려진 것은 관동대지진이 일어난 지 얼마 지나지 않아서였다. 일본에서 관동대지진 조선인학살을 오랫동안 연구한 야마다 쇼지에 의하면 "관동대지진 당시 조선인학살은 1923년 9월 1일부터 6일 걸쳐 관동지방의 제 지역에서 군대, 경찰, 자경단에 의해 저질러졌다"[138]라고 밝힌 바 있다. 야마다 쇼지에 의하면 관동대지진이 발생한 당일 즉 9월 1일 조선인은 학살되었다. 관동대지진이 일어난 당일 조선인학살이 시작되어 6일 동안 학살된 조선인이 6천여 명에 달하였다.[139]

---

[138] 야마다 쇼지, 「일본 민중은 관동대지진 당시 조선인 학살사건의 역사적 의미를 어떻게 받아들이고, 오늘날 일본의 정치적·사상적 상황에 어떻게 대처할 것인가」, 『관동대지진과 조선인학살』, 동북아역사재단, 2013, 45쪽.

[139] 관동대지진 당시 학살된 조선인 수는 기록에 따라 다양한 차이를 보이고 있지만, 본고에서는 그동안 일반화된 『독립신문』(상해판) 1923년 12월 1일자에 따른다.

조선인학살이 국내에 전해진 것은 일본에 유학 중인 한승인과 이주성이 귀국하면서 알려지기 시작하였지만,[140] 좀 더 구체적으로 알려진 것은 10월이었다. 이는 일본에서 자경단 관련 재판이 진행되는 과정에서 '조선인학살'이 있었음을 알게 되었고, 당시 신문들은 '○○○학살사건'이라는 내용으로 기사를 게재하였다.[141]

이와 같이 조선인학살이 알려졌지만 일제강점기에는 관련 연구가 전혀 이루어지지 않았다. 일제강점기는 연구의 제약이 적지 않았기 때문에 사실상 불가능하였다. 이로 인해 일제강점기 조선인학살에 대한 연구가 이루어지지 않았다.

해방 후 관동대지진 조선인학살에 연구 역시 크게 관심을 끌지는 못하였다. 해방 직후는 해방의 기쁨으로 조선인학살에 전혀 관심을 갖지 못하였지만, 이듬해 1946년에는 국내외에서 여러 단체에서 조

이에 비해 『독립신문』(상해판) 1923년 12월 26일자에 의하면 "敵地 震災 時 敵에게 虐殺된 同胞의 수에 對하여 자못 그 的確한 數字를 알기 어렵다가 本社 特派員의 調査한 바에 依하여 6千 6百餘 名으로 알게 되었던 바, 德國 뿌 博士가 發表한 바에 의하면 橫濱에서만 1萬 5千名의 虐殺이 있었다 한즉 本社 特派員이 調査한 바는 橫濱의 分이 包含되지 아니한 모양이니, 그리고 보면 지금까지 報道되는 바를 綜合하면 2萬餘 名이라는 可驚할 多數로 算定되다."라고 하였다.

140 한승인과 이주성은 귀환 도중 "자경단이 조선 사람인 줄을 알면 끌어내리게 되었으므로 매우 위험하였다"라고 하였으며 관련 기사 중 5행이 삭제되었다. 또한 "여러 가지 말을 하고자 하였으나 다 하지 못한 것에 대해 용서를 바란다"고 하였는데, 이는 귀환 도중 조선인 학살을 목도하거나 알고 있었음을 짐작케 한다.(『동아일보』 1923년 9월 7일 및 『조선일보』 1923년 9월 7일)

141 『동아일보』 1923년 10월 22일. 기사 내용은 다음과 같다. "횡빈시(橫濱市) 중촌정 굴할청년회(中村町 堀割靑年會) 회원 모가 13일 ○○○○사건에 관하여 소관 수(壽)경찰서에 자수하였으므로 즉시 횡빈지방재판소의 판검사가 출장하여 심문을 한 결과 다수한 연루자가 있는 모양임으로 즉시 신내천현 경찰부에서는 활동을 개시하였으며, 그와 동시에 헌병대도 또한 시내 각처에 있는 자경단과 청년단을 엄밀 조사 중인데, 조사의 진행을 좇아 이번 ○○○학살사건에는 다만 청년회원뿐만 아니라 경찰관 중에서도 참섭한 사람이 있는 모양인 듯하여 각 경찰 당국자는 불안 중에 날을 보낸다더라."

선인학살 추모행사를 준비하였다.[142] 9월 1일에는 기독교청년회에서 추모행사를 가졌으며,[143] 언론에서도 관심을 가졌다.[144] 이후 추모행사가 이어지기도 하였지만 연구로 이어지는 못했다.

관동대지진 조선인학살 연구는 일본학계에서 먼저 관심을 가졌다. 첫 연구의 시도는 해방 직후인 1947년으로 재일조선인 단체에서 의해 진행되었는데, 김병직이 편저한 『관동진재 백색테러의 진상』이다.[145] 이후 한동안 부진한 연구는 1950년대 후반부터 관심을 갖게 되었다. 1958년 사이토 히데오(斉藤秀夫)는 "조선인 소란(소요, 朝鮮人さわぎ)"이라는 칭호를 사용하여 관련 연구물을 발표하였으며,[146] 이에 대해 재일사학자 강재언은 '조선인 박해'라는 명칭으로 반론을 한 바 있다.[147]

이러한 선험적 연구를 이어 관동대지진 40주년을 맞는 1963년부터 조선인학살에 대한 본격적인 연구와 자료수집이 이루어졌다. 대표적인 연구자는 강덕상, 금병동, 이진규 등이다.[148] 이를 계기로 야

---

142 『현대일보』 1946년 8월 14일.

143 『현대일보』 1946년 9월 1일 및 9월 2일.

144 『한성일보』 1946년 9월 1일; 『동아일보』 1946년 9월 3일.

145 金秉稷 編著, 『関東震災白色テロルの真相』, 朝鮮民主文化団体総連盟, 1947.

146 斉藤秀夫, 「関東大震災と朝鮮人さわぎ」, 『歴史評論』 99, 1958.11

147 姜在彦, 「関東大震災と朝鮮人迫害」, 『朝鮮問題研究』 4, 1960.9.

148 李珍珪 編, 『關東大震災における朝鮮人虐殺の眞相と實態(朝鮮に關する研究資料)』, 朝鮮史料編纂會, 1963; 姜德相·琴秉洞 編, 『關東大震災と朝鮮人〈現代史資料6〉』, みすず書房, 1963; 姜德相, 「つくりだされた流言: 關東大震災における朝鮮人虐殺について」, 『歴史評論』 157, 歴史科學協會, 1963; 姜德相, 「大震災下の朝鮮人被害者數の調査」, 『労働運動史研究』 37, 關西大學文學部有坂研究室, 1963; 姜德相, 「關東大震災に於ける朝鮮人虐殺の實態: 特に40周年を記念して」, 『歴史研究』 278, 歴史研究會, 1963.

마다 쇼지,[149] 다나카 마사다카[150] 등 일본인 연구자들도 조선인학살 관련 연구에 꾸준히 이어지고 있다.

국내에서의 조선인학살과 관련 연구는 일본학계보다는 늦었지만 1980년대부터 연구가 관심을 가지고 진행되었다. 이는 일본 연구자의 영향을 받은 것으로 보인다. 국내 초기의 연구는 신재홍에 의해 진행되었으며,[151] 이후 김광렬, 노주은, 장세윤, 김인덕, 성주현, 김강산, 조경희, 김도형, 강효숙, 서종진 등 국내의 연구자들[152]과 일본지역 연구자들이 부분적으로 일본 내 연구 성과를 활용하여 꾸준히 연구를 진행해 오고 있다.[153] 우선 식민지 조선의 반응은 성주현과 김

---

149   山田昭次, 「關東大震災朝鮮人暴動流言をめぐる地方新聞と民衆: 中間報告として」, 『在日朝鮮人史研究』 5, 在日朝鮮人運動史研究會, 1979; 山田昭次 저, 이진희 역, 『관동대지진 조선인 학살에 대한 일본 국가와 민중의 책임』, 논형, 2008 외 다수의 연구가 있다.

150   田中正敬, 「関東大震災はいかに伝えられたか」, 『歴史地理教育』 657, 2003. 8; 다나카 마사타카(田中正敬), 「간토(関東)대지진과 지바(千葉)에서의 조선인 학살의 추이」, 『한국독립운동사연구』 47, 독립기념관 한국독립운동사연구소, 2014 외 다수의 연구가 있다.

151   신재홍, 「관동대진재와 한국인 대학살」, 『사학연구』 38, 한국사학회, 1984.

152   이진희, 「관동대지진을 추도함: 일본제국의 '불령선인'과 추도의 정치학」, 『아세아연구』 131, 고려대학교 아세아문제연구소, 2008; 박경하, 「1930년대 한 조선 청년의 구직 및 일상생활에 대한 일고찰: '晉判鈺日記'(1918~1947)를 중심으로」, 『역사민속학』 31, 한국역사민속학회, 2009 등이 있다.

153   이연, 「관동대지진과 언론통제: 조선인 학살사건과 보도통제를 중심으로」, 『한국언론학보』 27, 한국언론학회, 1992; 김인덕, 「재일운동사 속의 1923년 조선인 학살」, 『순국』 32, 대한민국순국선열유족회, 1993; 노주은, 「관동대지진과 조선총독부의 재일조선인 정책: 총독부의 '震災處理' 과정을 중심으로」, 『한일민족문제연구』 12, 한일민족문제학회, 2007; 노주은, 「관동대지진 조선인 학살 연구의 성과와 과제: 관동대지진 85주년에 즈음하여」, 『학림』 29, 연세대학교 사학연구회, 2008; 이형식, 「중간내각 시대(1922.6~1924.7)의 조선총독부」, 『동양사학연구』 113, 동양사학회, 2010; 김인덕, 「재일조선인과 관동대지진에 대한 연구 및 서술 경향」, 『한일역사쟁점논집: 일본 역사교과서 대응 논리』, 동북아역사재단, 2010; 노주은, 「동아시아 근대사의 '공백': 관동대지진 시기 조선인 학살 연구」, 『역사비평』 104, 역사비평사, 2013; 강덕상 외 지음, 『관동대지진과 조선인 학살』, 동북아역사재단, 2013 등이 있다.

강산에 의한 연구가 최근 이루어진 바 있으며,[154] 국외에서의 반응으로는 홍선표와 김인덕의 연구가 있다. 홍선표는 미국의 한인 단체와 독일 한인 유학생의 활동을, 김인덕은 일본에서의 다양한 세력을 중점적으로 추적하였다.[155] 이외에도 관동대지진 이후 제국일본의 조선인 대책에 대한 연구도 있다.[156] 아울러 일본 문학 연구자들에 의해서도 상당한 연구 성과가 이루어지고 있다.[157]

그 연장선에서 국내에서도 현재까지 다양한 분야에서 조선인학살

---

[154]　장세윤, 「관동대지진 때 한인 학살에 대한 『독립신문』의 보도와 그 영향」, 『사림』 46, 2013. 8; 성주현, 「식민지 조선에서 관동대지진의 기억과 전승」, 『동북아역사논총』 48, 동북아역사재단, 2015; 청암대학교 재일코리안연구소 편, 「관동대지진 직후 재일조선인 정책: 식민지 조선 언론을 중심으로」, 『재일코리안에 대한 인식과 담론』, 선인, 2018 등이 있다.

[155]　홍선표, 「관동대지진 때 한인학살에 대한 歐美 한인세력의 대응」, 『동북아역사논총』 43, 동북아역사재단, 2014; 김인덕, 「관동대지진 조선인 학살과 일본 내 운동세력의 동향: 1920년대 재일조선인 운동세력과 일본 사회운동세력을 중심으로」, 『동북아역사논총』 49, 동북아역사재단, 2015.

[156]　조경희, 「관동대지진 전후 제국일본의 조선인 대책과 사회사업 사상: '내선융화' 사업을 중심으로」, 『대구사학』 128, 대구사학회, 2017.

[157]　김지연, 「「도쿄재난화신」 속의 일본, 일본인 그리고 조선」, 『일본학보』 108, 한국일본학회, 2016; 양동국, 「다케히사 유메지와 한국: 사상성을 중심으로」, 『아시아문화연구』 39, 가천대학교 아시아문화연구소, 2015; 이지형, 「마사무네 하쿠초(正宗白鳥) '살인을 저질렀지만'(人を殺したが)의 풍경: 살인의 추억 그리고 관동대지진」, 『일본문화연구』 10, 한국일본문화학회, 2004; 이지형, 「관동대지진과 시마자키 도손(島崎藤村): '아들에게 보내는 편지'(子に送る手紙)를 중심으로」, 『일본문화연구』 13, 한국일본문화학회, 2005; 성해준, 「日帝期 한국 신문을 통해 본 大杉榮」, 『일본문화연구』 24, 한국일본문화학회, 2007; 조경숙, 「아쿠타카와 류노스케와 관동대지진」, 『일본학보』 77, 한국일본학회, 2008; 김홍식, 「관동대지진과 한국문학」, 『한국현대문학연구』 29, 한국현대문학회, 2009; 김지연, 「다케히사 유메지와 관동대지진 그리고 조선: 회화와 사상성」, 『아시아문화연구』 21, 가천대 아시아문화연구소, 2011; 도미야마 이치로(富山一郞), 「계엄령에 대하여: 관동대지진을 상기한다는 것」, 『일본비평』 7, 서울대 일본연구소, 2012; 황호덕, 「재난과 이웃, 관동대지진에서 후쿠시마까지: 식민지와 수용소, 김동환의 서사시 '국경의 밤'과 '승천하는 청춘'을 단서로」, 『일본비평』 7, 서울대 일본연구소, 2012 등이 있다.

에 대한 연구가 꾸준히 이어지고 있다. 최근 8년간 연구성과를 정리
해보면 다음 〈표 1-18〉과 같다.

〈표 1-18〉 최근 8년간(2016~2024) 관동대지진 조선인학살 관련 연구 성과[158]

번호	연도	연구자	연구 주제	비고
1	2016	조항미	「'기억'을 기억하기 위하여 간토대지진 조선인 학살 현장(지바 현) 필드워크」, 『한일교육연구』 12, 한일합동교육연구회	학술논문
2	2017	이미경	「관동대지진 직후 조선인에 대한 표현양상: 9월부터 11월까지 기록을 중심으로」, 『일본연구』 72, 한국외국어대학교 일본연구소, 2017.6	학술논문
3	2017	조경희	「관동대지진 전후 제국일본의 조선인 대책과 사회사업 사상: '내선융화' 사업을 중심으로」, 『대구사학』 128, 대구사학회, 2017.8	학술논문
4	2017	엄인경	「日本の災難詩歌に関する研究: 関東大震災における震災詠の類型分析を中心に」, 『일본언어문화』 41, 한국일본언어문화학회. 2017.12	학술논문
5	2017	김광렬	「21세기 일본의 '헤이트스피치'와 1923년 관동대지진 시 한인 학살범의 논리 고찰」, 『한일민족문제연구』 33, 한일민족문제학회, 2017.12	학술논문
6	2017	다나카 마사다카	「일본 내 관동대지진 때의 학살사건 진상 규명 운동의 현황」, 『한일민족문제연구』 33, 한일민족문제학회, 2017.12	학술논문
7	2017	김인덕	「1923년 관동대지진 조선인학살 사건이 재일한인 사회에 주는 현재적 의미: 민단과 총련의 주요 역사교재와 『민단신문』의 기사를 중심으로」, 『한일민족문제연구』 33, 한일민족문제학회, 2017.12	학술논문
8	2017	김강산	「관동대학살에 대한 조선인들의 인식과 대응: 사건 이후 조선에서 결성된 단체를 중심으로」, 『사림』 60, 수선사학회	학술논문
9	2018	강효숙	「관동대지진 당시 조선인 학살의 의미: 민족, 제노사이드」, 『전북사학』 52, 전북사학회, 2018.3	학술논문

---

[158] 〈1-18〉의 연구성과는 국사편찬위원회, 국가전자도서관, 경기대학교 중앙도서관 등에서 '관동대지진', '간토대지진'으로 검색한 것을 정리한 것이다.

번호	연도	연구자	연구 주제	비고
10	2018	오혜진	「관동대지진 이후 조선 지식인들의 일본에서의 삶: 유진오의 「귀향」과 염상섭의 「숙박기」를 중심으로」, 『우리문학연구』 58, 우리문학회, 2018.4	학술논문
11	2018	노윤선	「일본지진을 통해 바라본 혐한(Anti-Korea(n) Sentiment)과 혐오 발언(Hate Speech)에 대한 고찰: 관동대지진과 동일본대지진을 중심으로」, 『일본근대학연구』 60, 한국일본근대학회, 2018.5	학술논문
12	2018	이상복	「관동대지진과 조선인에 대한 유언비어: 히라바야시 다이코의「숲 속」을 중심으로」, 『비교일본학』 42, 한양대학교 일본학국제비교연구소, 2018.6	학술논문
13	2018	주혜정	「다큐멘터리 영화와 트라우마 치유: 오충공 감독의 관동대지진 조선인 학살 다큐멘터리를 중심으로」, 『한일민족문제연구』 35, 한일민족문제학회, 2018.12	학술논문
14	2019	조미경	「1923년 간토(関東)대지진과 조선인학살 사건을 둘러싼 일본문학자의 인식 연구」, 『일본근대학연구』 65, 한국일본근대학회, 2019.8	학술논문
15	2020	배영미	「1920년대 두 번의 조선인학살: '나카츠카' 사건, 기모토 사건'의 실태와 관동대지진 때 학살과의 비교 분석」, 『한일관계사연구』 62, 한일관계사학회, 2020.2	학술논문
16	2020	성주현	『관동대지진과 식민지 조선』, 도서출판 선인, 2020.4	단행본
17	2020	김도형	「관동대지진 한국인 피살자 명부 자료의 분석」, 『북악사학』 12, 북악사학회, 2020.7	학술논문
18	2020	강경자	「관동대지진 조선인 학살 전후 '불령선인'을 둘러싼 언설과 시책」, 『日本文化學報』 86, 韓國日本文化學會, 2020.8	학술논문
19	2021	조경희	「마크 램지어의 역사부정과 소수자 혐오: 관동대지진 조선인 학살, 재일조선인, 부라쿠민 서술 비판」, 『여성과 역사』 34, 한국여성사학회 2021.6	학술논문
20	2021	신채원	「관동대지진 조선인학살 사건의 기억과 수용: 오충공 작품을 중심으로」, 성공회대학교 대학원 석사학위, 2021	석사 학위논문
21	2021	김여진	「간토대지진을 제재로 한 한일 문인의 시가 비교연구: '죽음'과 '삶'을 키워드로」, 『일어일문학』 89, 대한일어일문학회	학술논문
22	2021	배영미	「신문 보도를 통해 본 조선 내 관동대지진 '희생자' 추도 주체의 변화와 그 함의: 1923년에서 해방까지」, 『한일민족문제연구』 41, 한일민족문제학회, 2021.12	학술논문
23	2022	박성호	「관동대지진 이후 일본 출판콘텐츠에 나타난 혐한 의식: 『간토 대지진과 작가들의 심상풍경』을 중심으로」, 『열린정신 인문학연구』 23-1, 원광대학교 인문학연구소, 2022.4	학술논문

번호	연도	연구자	연구 주제	비고
24	2022	서종진	「일본 고등학교 검정교과서 '역사총합'의 식민지기 한국 관련 기술 내용 검토: 3·1운동과 관동대지진을 중심으로」, 『한일관계사연구』 76, 한일관계사학회, 2022.5	학술논문
25	2022	황익구	「전후 일본의 관동대지진 조선인학살의 기억과 문학담론: 『피의 9월』과 '책임'의 서사」, 『한일민족문제연구』 42, 한일민족문제학회, 2022.6	학술논문
26	2022	김강산	「관동대학살에 대해 해외 조선인이 생산한 문건과 그성격」, 『동국사학』 74, 동국역사문화연구소, 2022.8	학술논문
27	2023	김강산	「제노사이드의 관점으로 본 관동대학살」, 『한국독립운동사연구』 81, 독립기념관 한국독립운동사연구소, 2023.2	학술논문
28	2023	기다 에미코 (喜多惠美子)	「화가들이 본 지진과 조선인 학살」, 『한국독립운동사연구』 82, 독립기념관 한국독립운동사연구소, 2023.05	학술논문
29	2023	배영미	「관동대지진과 재일조선인 유학생(1920~1925)」, 『역사와 책임』 12, 민족문제연구소·포럼 진실과정의, 2023.6	학술논문
30	2023	와타나베 노부유키	『관동대지진, 학살 부정의 진상: 램지어 교수의 논거를 검증한다』, 삼인, 2023.8	단행본
31	2023	서종진 서각수	『관동대지진 조선인 학살 관련 번역 자료집 (1): 정치편』, 동북아역사재단, 2023.8	자료집
32	2023	노주은	「1923년 조선인 학살을 둘러싼 또 하나의 논쟁, 계엄선포에 대한 검토: 관동대지진 100주년에 즈음하여」, 『학림』 52, 연세사학연구회, 2023.9	학술논문
33	2023	한국 독립운동사 연구소 편	『관동대지진 100년간의 기억과 기록』, 독립기념관 한국독립운동사연구소, 2023.12	단행본
34	2023	민병래	『1923 간토대학살, 침묵을 깨라』, 원더박스, 2023.9	단행본
35	2023	김강산	「1923년 관동대학살을 둘러싼 쟁점과 과제」, 『역사비평』 145, 역사문제연구소, 2023.11	학술논문
36	2023	조현제	「오보가 만들어낸 대학살, 사라지지 않는 오보: 『관동대지진, 학살 부정의 진상』(와타나베 노부유키 저, 이규수 옮김, 삼인, 2023)」, 『동북아역사논총』 82, 동북아역사재단, 2023.12	서평
37	2023	서승	「개인사로 보는 간토대지진 학살 100년」, 『민주주의와 인권』 23-4, 전남대학교 5·18연구소, 2023.12	학술논문
38	2024	이경미	「관동대지진 학살문제의 인식론: '불편한 공존'의 균열과 '두 가지 국제화'의 행방」, 『일본비평』 30, 서울대학교 일본연구소, 2024.2	학술논문

번호	연도	연구자	연구 주제	비고
39	2024	노주은	「관동대지진과 '유언비어' 경시청 자료『大正大震火災誌』(1925)의 '유언비어' 기록에 대한 재고찰」,『일본역사연구』63, 일본사학회, 2024.4	학술논문
40	2024	조정민	「관동대지진과 민족 하이어라키: 오키나와인의 관점에서 본 재일조선인」,『韓日關係史硏究』84, 한일관계사학회, 2024.5	학술논문
41	2024	김인덕	「1923년 관동대지진 조선인학살의 현재적 의미: 트라우마와 제노사이드적 관점에서」,『동학학보』70, 동학학회, 2024.6	학술논문
42	2024	이상훈	「간토대지진 조선인 학살에 관한 일본기독교계 역사서술에 대한 고찰」,『한국기독교와 역사』60, 한국기독교역사학회, 2024.3	학술논문
43	2024	홍이표	「한일 기독교 지식인의 간토대지진 인식과 대응」,『한국기독교와 역사』60, 한국기독교역사학회, 2024.3	학술논문
44	2024	서종진	「일본 중학교 역사교과서의 관동대지진 조선인학살 관련 기술 내용 비교 분석: 관동대지진 100년, 일본 사회의 역사인식」,『역사와 교육』39, 역사와교육학회, 2024.11	학술논문

〈표 1-18〉에 의하면 2016년 이후 현재까지 관동대지진 조선인학살 관련 연구를 연도별로 보면 2016년 1편, 2017년 7편, 2018년 5편, 2019년 1편, 2020년 4편, 2021년 4편, 2022년 4편, 2023년 11편, 2024년 7편으로 모두 44편 정도이다. 특히 관동대지진 조선인학살 100주년을 맞은 2023년에 가장 많은 연구 성과가 생산되었다. 이는 적지 않은 연구 성과라고 할 수 있다. 여전히 관동대지진 조선인학살과 관련된 규명 등이 주류를 이루고 있다. 흥미로운 것은 오충공 감독의 다큐에 대한 연구가 2편으로 영상과 관련된 연구와 문학과 관련된 주제도 꾸준히 연구되고 있음을 알 수 있다.

그리고 학술연구는 아니지만 관동대지진 조선인학살과 관련된 동화가 최근 두 권이 간행되었다는 것도 새로운 접근이 아닌가 한다.[159]

---

[159] 박지숙,『괴물들의 거리』(풀빛 동화의 아이들 32), 풀빛, 2019; 김종수,『엿장수 구학영』, 기억의 서가, 2021.

다큐와 관련된 영상물은 관동대지진 조선인학살이 있었던 매년 9월 1일을 전후하여 방송사에서 일회성 내지 단발성으로 방영되고 있지만, 어린이를 대상으로 하는 동화책의 출판은 신선한 의미를 준다.

3. 일본 역사수정주의에 대한 국내의 동향: 램자이 논문과 관련하여

2020년 12월 이후 하버드대 로스쿨의 존 마크 램자이(John Mark Ramseyer) 교수를 둘러싼 역사논쟁이 한동안 끊이지 않았다. 램자이가 발표한 일본군 '위안부'의 성노예 피해를 부정하는 논문은 한국뿐만 아니라 미국, 일본의 연구자와 활동가 등을 중심으로 논문 철회를 주장하는 등 비판과 반발을 가져왔다.[160] 그럼에도 불구하고 일본의 우익 언론과 연구자들은 램자이의 연구 성과를 적극 지지하였으며, 국내 일부 연구자들도 그의 견해를 옹호한 바 있다.[161]

---

[160] 『중앙일보』 2021년 3월 24일. "일본 학계와 시민단체도 비판적이다. 일본군 위안부 관련 학술 사이트를 운영하는 일본의 시민단체 '파이트 포 저스티스(Fight for Justice)'는 3월 14일 램자이의 위안부 논문을 비판하는 온라인 세미나를 열었다. 세미나에는 일본사연구회, 역사학연구회, 역사과학협의회, 역사교육자협의회 등 일본 내 학술단체들이 참여했다. 위안부 연구의 권위자로 꼽히는 요시미 요시아키 주오대 명예교수는 "램자이 교수가 위안부 계약에 대해 논하면서도 계약서를 한 점도 제시, 검토하지 않았다"고 지적했다. 오노자와 아카네 릿쿄대 교수는 "램자이의 논문은 사료적 근거 없이 주장하고 있어 학술논문으로서 요건을 충족하지 못했다. 창기와 위안부 제도의 실태를 논하고 있다고 도저히 말할 수 없다"고 혹평했다." 최근에는 일본에서 관동대지진 조선인학살 전문연구자로 알려진 가토 나오키(加藤直樹)는 朝日新聞社 언론 사이트 『論座』라는 코너에 「ラムザイヤー教授の「朝鮮人虐殺」論文 7 つの問題点」이란 글을 2021년 7월 5일부터 14일까지 5회에 걸쳐 연재하였다.

[161] 이우연 낙성대경제연구소 연구위원은 "위안부는 기본적으로 끌려간, 강제 연행된 사람인데 무슨 계약이 있었다는 거냐고 하는데, 이는 지금까지의 연구성과를 모르고 하는 말"이라며 "직접적인 물리력을 동원한 조선인 강제연행은 없었고, 그걸 입증할 만한 증거도 없다"고 램자이 교수를 두둔하였다.(『경향신문』 1921년 4월 24일)

이러한 사태에서 램자이의 기존 연구에 의하면 관동대지진 조선인 학살을 왜곡하는 논문이 발표되었음이 확인되었다. 그는 2019년 6월 "자경단: 일본 경찰, 조선인 학살 그리고 사설보안업체들(PRIVATIZING POLICE: JAPANESE POLICE, THE KOREAN MASSACRE, AND PRIVATE SECURITY FIRMS)" 을 발표하였는데, 이 글은 관동대지진 조선인학살을 정당화하는 심 각한 역사 왜곡의 내용을 담고 있다. 이 램자이의 논문이 알려진 것 은『한겨레』의 보도였다. 기사의 내용이 좀 길지만 전문을 소개하면 다음과 같다.

> 일본군 '위안부' 피해자를 '매춘부'라고 주장한 논문을 써 물 의를 빚은 존 마크 램자이어 미국 하버드대 로스쿨 교수가 간토 (관동)대지진 조선인학살을 왜곡한 논문도 작성했던 것으로 드러 났다.
>
> 램자이어는 지난 2019년 발표한 〈자경단: 일본 경찰, 조선인학 살과 사립 보안업체〉라는 제목의 논문에서 비정상적 상황에서는 사람들이 사적인 치안 수단을 찾는다는 논리를 전개하며, 간토대 지진 당시 조선인 학살을 예로 들었다. 간토대지진 조선인학살이 '조선인의 범죄에 대한 일본인들의 정당방위였다'는 일본 우익의 주장과 맥을 같이하는 주장이다. 실제로는 1923년 9월1일 간토대 지진이 발생한 뒤 "조선인이 우물에 독을 풀었다" 같은 유언비어 가 퍼지면서, 일본 자경단과 경찰이 조선인 수천 명을 학살한 것 이 정설이다.
>
> 램자이어는 '조선인 폭도가 집에 불을 지르며 요코하마에서 도 쿄로 올라오고 있다' 같은 당시 일본 신문 기사를 인용했다. 하지 만 일본 내에서도 이런 기사들을 학술적으로 진지하게 조선인 폭 동의 증거로 다루는 경우는 거의 없다. 대지진 직후 극도의 혼란 기에 일본 신문들이 대거 오보를 쏟아냈기 때문이다. 심지어 대지 진 3년 뒤인 1926년 일본 내무성이 '조선인 폭동'에 관한 것을 포 함해 각종 오보 예를 제시했을 정도다.

램자이어는 조선인들이 일부 강도와 절도, 성폭행 등을 저질렀다는 1923년 일본 사법성 발표도 인용하며 "숫자는 적지만 당시 경찰 인력이 부족한 것을 고려해 보라"고 적었다. 그러나 램자이어가 인용한 사법성 발표는 신원 불상 조선인 가해자와 신원 불상 일본인 피해자가 다수 등장하는 식이어서, 발표 당시부터 신뢰도에 의문을 제기하는 목소리가 많았다. 일본 경찰이 자경단의 범죄를 묵인하거나 가담했던 당시 상황에 대한 기술은 논문에 나오지도 않는다. 램자이어는 1920년 인구 조사에 따르면 일본 거주 조선인 중 다수가 남성이고 젊었다며 "젊은 남성은 어디에서든 범죄율이 높은 집단이었다"고 적어, 당시 일본 거주 조선인을 범죄 예비군 취급하기도 했다.

간토대지진 조선인학살은 우파 성향 일본인들도 오랫동안 부정하지 못한 역사적 사실이다. 그러나, 최근 일본 사회 우경화 강화 경향에 따라 간토대지진 조선인학살을 왜곡하거나 심지어 부정하는 이들까지 생겨나고 있다.

램자이어가 쓴 이 논문은 온라인에 공개되어 있으며, 오는 8월 영국 케임브리지대에서 출간할 예정이다. 미국 이스턴일리노이주립대학교 사학과 이진희 교수는 케임브리지대에 항의문을 보내 "이런 엉터리 역사 왜곡 논문을 경제 연구나 법제 연구라는 허울 좋은 이름으로 하버드 교수의 명의를 내세워 미국뿐 아니라 세계 유명 학술 출판사가 게재하는 일이 없도록 방법을 마련해야 할 것"이라고 지적했다.[162]

인용한 기사에 의하면, 램자이가 관동대지진 조선인학살을 왜곡하는 논문을 발표하였다는 점, 비정상적 상황에서는 사람들이 사적인 치안 수단을 찾는다는 논리, 램자이 논문의 문제점, 최근 일본 사회의 우경화에 따른 관동대지진 왜곡 및 부정하고 있다는 점, 그리

---

[162] 『한겨레』 2021년 2월 17일.

고 이진희 교수의 항의와 대책 마련 등 램자이 논문의 한계점과 앞으로의 과제 등 종합적으로 전달하고 있다.

해당 논문은 2021년 8월 영국 케임브리지 대학에서 출간된 '민영화'를 주제로 한 학술지(핸드북)에 게재될 예정이었으나 전부 수정되었다. 히브루대 로스쿨 교수이자 케임브리지대 학술지 공동편집장인 앨런 해럴 교수는 간토 조선인학살 왜곡한 램자이 논문 상당히 수정하기로 했으며, 램자이 교수의 논문을 '매우 유감스러운 실수'라고 인정하였다.[163]

램자이 논문 수정 배경에는 재미사학자 이진희 교수의 항의가 크게 작용하였다. 이와 관련하여 『연합뉴스』는 다음과 같이 보도하였다.

> 영국 케임브리지 대학이 조선인학살을 왜곡한 마크 램자이 하버드대학 로스쿨 교수의 논문 수정에 나서게 된 배경엔 재미 역사학자 이진희 이스턴일리노이주립대 사학과 교수의 끈질긴 노력이 있었다.[164]

관동대지진 조선인학살을 왜곡하는 램자이 논문이 국내에 알려지자 천도교계에서 가장 먼저 2월 21일 성명서를 발표하였다. 천도교청년회 등 관련 단체와 교인은 "학자로서 학문의 양심을 버린 램자이 교수를 규탄하며 역사왜곡 논문에 대한 공식 사과와 논문 철회를 요구한다"면서 램자이 교수의 진정한 사과와 반성, 일본정부의 사죄

---

163 『연합뉴스』 2021년 2월 21일. 또한 해럴 교수는 "램자이 교수가 논문 사전 공개 사이트 SSRN에서 해당 논문을 삭제했으며, 반년 뒤 인쇄하는 핸드북에 '원문 그대로 실릴 일은 없을 것'이라"고 전했다.

164 『연합뉴스』 2021년 2월 22일.

와 배상 등을 요구하였다.[165]

이어 '1923한일재일시민연대'를 비롯하여 기억과 평화를 위한 1923 역사관, 천도교청년회 등 관련 시민단체가 연대하여 램자이 논문에 항의하는 성명서를 발표하였다.[166] 시민연대를 이끄는 김종수 1923 한일재일시민연대 대표는 "이 논문은 군관민이 총체적으로 조선인을 학살한 범죄의 정당성을 부여하기 위해 유언비어를 사실화했던 일본 정부의 행위와 다르지 않다"고 주장하였다.[167]

또한 관동대지진 조선인학살을 규명하는 1923제노사이드연구소는 "램자이 교수는 간토대지진 조선인학살의 진실을 부정, 왜곡한 논문처럼 증거가 박약하고, 또 일본 우익을 대변하는 확인되지 않은 자료를 활용하였다는 점에서, 그가 발표한 일련의 논문을 철회할 것을 강력히 촉구한다"는 성명서를 발표하였다.[168]

뒤이어 한중일 39개 시민단체에서 램자이 논문 철회를 주장하는

---

165 이날 성명서에 연대한 단체는 다음과 같다. "천도교청년회, 천도교여성회, 동학민족통일회, 천도교한울연대, 천도교청년회대학생단, 천도교미술인회, 천도교연합합창단, 천도교종학대학원, 천도교도서관, 동학혁명기념관, 경기3·1운동기념사업회, 경기동학혁명기념사업회, 동학정신선양단, 인내천운동연합, 신인간사, 개벽하는사람들, 동학천도교보국안민실천연대, 동학단체협의회, 동학농민혁명유족회"

166 성명서는 '우리의 주장'이라는 다음의 3개 항을 촉구하였다. "① 램자이는 독성 강한 쓰레기 논문을 즉각 폐기하라, 일본정부는 간토 학살사건 조사 결과를 즉각 공개하라. ② 문재인 정부는 간토 학살피해자 추도식을 국가 차원으로 개최하라. ③ 21대 국회는 「간토학살 진상규명과 피해자 명예 회복을 위한 특별법」을 제정하라."

167 『연합뉴스』 2021년 2월 24일.

168 유기홍 국회 교육위원장도 이들 단체와 함께 램자이 교수의 또 다른 중대한 역사 왜곡 시도가 있다고 말했다. 1923년 일본에서 관동대지진이 일어난 후 조선인들을 학살한 이른바 '관동대학살' 사건을 두고 이것이 조선인의 범죄 때문이라는 등 허위사실을 담은 논문을 발표한 것에 대해 강력 유감을 표명했다.(『대한뉴스』 2021년 2월 25일.

공동성명을 발표하였다.[169] 이들 단체는 "램자이 사태에는 학문의 자유를 넘어서는, 좀 더 근본적인 문제가 잠재해 있다"며 "일본이 근대국가, 제국을 건설하고, 식민지배, 침략전쟁을 일으키면서 저지른 인종주의와 식민주의, 그리고 인권 유린에 대한 근본적 반성이 없었기 때문에 일어나는 필연적 현상"이라고 주장하였다.

램자이 논문에 대한 대응은 연구자의 언론 인터뷰와 학술대회로 이어졌다. KBS 공동연구에 참여한 성공회대 조경희는 "램자이는 관동대지진 당시 조선인학살을 조선인 범죄에 대한 일본인의 보복이라는 관점으로 설명하고 있다"며, "자경단의 만행은 물론 공권력과 언론 또한 조선인에 대한 증오와 공포를 조장하거나 방치했던 점이 그동안 많이 밝혀져 왔다. 램자이 교수의 글은 선행연구의 축적을 무시하고 당시 유언비어를 21세기에 재생산해 학살을 정당화하고 있다"고 비판하였다.[170]

3월 26일 원광대 동북아시아인문사회연구소 주최로 열린 토론회에서 이스턴일리노이주립대 사학과 이진희 교수는 기조 발표를 통해 "2015년 이후 일본은 평화헌법 개정을 염두에 두고 군사력 증강에 대한 해외 불신을 없애기 위해 대외홍보용 예산을 대폭 강화해 왔다"며 "최근 램자이와 같은 학자 등을 통해 나오고 있는 역사 왜곡 논문들은 이런 전략적 지원의 결과물로 볼 수 있다", "일본은 적극적 공공외교로 방향을 전환해 미국의 정계와 학계에 대한 영향력을 높여 왔다"며, "앞으로도 미국 학계에서 이런 형태의 역사 왜곡은 얼마든지 나올 수 있다"고 지적하였다.

---

[169] 『디지털 타임스』 2021년 4월 5일; 『mbc뉴스』 2021년 4월 5일.
[170] 『kbs뉴스』 2021년 4월 13일.

인천대 중국·화교문화연구소가 주관한 학술대회에서 니시자키 마사오는 「관동대지진 때의 조선인 학살의 실태(關東大地震時の朝鮮人虐殺の實態)」라는 발표를 통해 관동대지진이 과거지사가 아니라 현재의 사건이라는 점을 강조하였다. 시민운동가를 겸하는 그는 관동대지진과 관련한 극우세력의 움직임이 심상치 않다며 위험성을 알렸다.[171]

램자이 관동대지진 조선인학살 왜곡 논문은 일개인의 연구가 아니라 역사수정주의를 내세우는 일본 극우세력과 연계되어 있다는 것이 밝혀지면서 파문은 확산되었다.[172] 역사수정주의는 일반적으로 '기존의 역사적 사실을 다시 한 번 생각해보자는 것'이지만, 일본 역사수정주의는 역사부정론으로 변질되었다.[173] 이러한 관점에서 일본

---

[171] 『오마이뉴스』 2021년 8월 6일.

[172] 램자이 교수는 청소년기를 일본에서 보냈으며, 하버드대 로스쿨을 졸업한 뒤 도쿄대에서 장학생으로 학업을 마치고 하버드 교수로 임용됐다. 전공은 역사가 아닌 일본법과 기업법이다. 교수로 임용된 뒤에는 일본의 전범 기업 미쓰비시로부터 학술지원을 받았다. 하버드 로스쿨 홈페이지에는 '미쓰비시 일본 법학 교수'로 소개돼 있다. 미쓰비시는 산케이신문과 '새로운 역사 교과서를 만드는 모임' 등 극우 성향 단체들을 후원하고 있다.(『중앙일보』 2021년 3월 24일)

[173] 그동안 일본 역사수정주의에 대한 비판적 연구는 다음과 같다. 박정애, 「교차하는 권력들과 일본군'위안부' 역사: 램지어와 역사수정주의 비판」, 『여성과 역사』 34, 한국여성사학회, 2021; 김정현, 「한중일의 일본군 '위안부' 기록물 발굴 성과와 과제: 역사수정주의와 보편적 인권의 길항」, 『한일관계사연구』 69, 한일관계사학회, 2020; 막심, 「일본 민족주의와 역사수정주의의 영향과 시사점: 쿠릴 열도와 독도 영토분쟁 중심으로」, 동아대학교 국제전문대학원 석사학위, 2020; 이기용, 「아베의 역사수정주의와 새 한일관계의 정립모색: 일본역사인식의 본질과 해법으로서의 독일역사인식」, 『일본사상』 34, 한국일본사상사학회, 2018; 조경희, 「일본의 역사수정주의·국가주의·백래시의 연동: '새역모'와 '일본회의'를 중심으로」, 『황해문화』 105, 새얼문화재단, 2019; 이규수, 「'재특회'(在特會)의 역사수정주의와 우경화」, 『일본학』 43, 동국대학교 일본학연구소, 2016; 이미숙, 「일본 시민사회의 현재: 공고화된 '역사 수정주의'와 '희망'을 전가당한 젊은 세대」, 『가톨릭평론』 24, 우리신학연구소, 2019; 김부자, 「피해증언과 역사수정주의적 페미니즘: 구술사를 미래로 전하기 위하여」, 한국구술사학회 창립 10주년

역사수정주의 논리는 관동대지진 조선인학살에 대해서도 부정하거나 왜곡하고 있다. 관동대지진 당시 6천 명이라는 조선인 희생자는 과장된 것이고, 설령 조선인이 살해당했다 해도 이는 정당방위였다고 강변하고 있다.[174] 이러한 논리에 따라 도쿄도지사 고이케 유리코는 조선인희생자에 대한 추도사를 송부를 거부하고 있다.

일련의 램자이 사태에 대해 '위안부'와 관련된 비판적 연구는 상당한 논문이 축적되었지만[175] 관동대지진 조선인학살 역사왜곡에 대한 비판적 연구는 크게 주목을 받지 못하였다. 이러한 와중에 최근 조경희에 의해 발표되었다.[176] 그는 관동대지진 조선인학살에 대한

기념국제학술대회, 2019; 이은선, 「동아시아 역사수정주의와 평화 이슈 '일본군 위안부' 문제를 중심으로」, 『한국여성신학』 85, 한국여신학자협의회, 2017; 임성모, 「일본 '역사수정주의'의 역사서술론 사카모토 타카오를 중심으로」, 『역사교육』 82, 역사교육연구회, 2002; 이잔벨 마미, 「일본과 미국에 있어서 반지성주의의 확산: Q아논과 반중한 감정」, 『동북아 문화연구』 67, 동북아시아문화학회, 2021; 함동수, 「일본 역사수정주의의 내셔널리즘과 타자 인식」, 『일본역사연구』 17, 일본사학회, 2003; 권학준, 「현대일본의 국가주의와 역사수정주의」, 『일본어문학』 19, 일본어문학회, 2002; 이종국, 「일본 보수정치인들의 역사인식과 역사적 전개」, 『동북아역사논총』 51, 동북아역사재단, 2016.

174 이규수, 「일본 역사수정주의의 관동대지진 조선인 학살 부정」, 『시대정신』 115, 대한민국시정부기념사업회, 2021.1·2, 40쪽.

175 박정애, 「교차하는 권력들과 일본군'위안부' 역사: 램지어와 역사수정주의 비판」, 『여성과 역사』 34, 한국여성사학회, 2021; 한혜인, 「제국의 시선들이 놓치고 있는 것들: 램지어 사태가 보여주는 것」, 『역사와 현실』 120, 한국역사연구회, 2021; 김창록, 「'램지어 사태': 일본군 '위안부' 부정론의 추가 사례」, 『역사비평』 135, 역사문제연구소, 2021; 김지민, 「미국시민사회에 일본군 '위안부' 문제 인식과 램지어 논문을 둘러싼 논쟁」, 『역사비평』 135, 역사문제연구소, 2021; 강성현, 「램지어 사태로 본 역사부정의 논리와 수법 비판」, 『황해문화』 111, 새얼문화재단, 2021(여름); 강정숙, 「램지어교수 논문을 매개로 일본정부의 책임 다시 보기」, 『페미니즘 연구』 21(1), 한국여성연구소, 2021; 김은경, 「'인가된 무지'와 전력적 무시가 낳은 참사, '램지어 사태'에 대한 관견」, 『역사연구』 41, 역사학연구소, 2021.

176 조경희, 「마크 램지어의 역사부정과 소수자 혐오」, 『역사와 여성』 34, 한국여성사연구소, 2021.

왜곡을 '조선인=범죄자 프레임', '공권력에 동화된 시각'의 키워드를 통해 램자이 논문을 비판하고 있다.

먼저 '조선인=범죄자 프레임'과 관련하여 다음과 같이 비판하였다. 램자이는 그의 논문에서 조선인 범죄와 관련하여 첫째는 통계적으로 조선인 범죄자가 많았고, 둘째는 1920년대 초 조선인 무장단체가 일본에 저항하는 테러를 계획·진행하고 있었고, 셋째는 지진 후 언론과 일본 정부가 조선인들의 범죄 목격담을 보고하였다고 언급하였다. 이를 근거로 지진의 혼란 속에서 조선인들이 광범위하게 범죄를 저지르고 자경단원들을 살해했다는 설에 신빙성이 있다고 보는 것이다.

이에 대해 조경희는 램자이가 활용하고 있는 통계와 자료는 "당시 식민통치에 활용된 자료를 아무런 비판적 검토 없이, 심지어 그 당시의 저자보다도 불성실한 방식으로 통계 일부만을 인용해 확대해석하고 있다"고 지적하였다. 또한 "램자이는 당시 일본과 한반도 사이의 권력관계와 조선인들의 반식민주의 운동의 정당성을 인정하지 않을 뿐 아니라 아예 언급조차 하지 않고 조선인들의 독립운동을 망설임 없이 불법화한다. 이것은 3·1운동 이후 일본 정부와 조선총독부, 언론에서 반복적으로 사용된 '불령선인(不逞鮮人)' 담론과 크게 다르지 않다"고 비판하였다.

그리고 이와 관련하여 그는 램자이 논문에 대해 다음과 같이 한계성과 우려성을 밝혔다.

> '조선인 범죄자' 혹은 '조선인 폭도'라는 고정된 프레임과 그로 인한 논리적 비약의 위험성은 램자이의 글에서 공통적으로 발견되는 특징이다. 그는 '조선인 범죄'라는 프레임이 어떻게 형성

되고 구성되었으며, 그것이 어떻게 집단적 차별과 혐오를 낳아 자경단에 의한 조선인 학살까지 이어졌는지는 묻지 않고, 거꾸로 그 차별적 프레임을 전제로 논리를 전개하였다. 그의 논조는 지금까지도 한반도 출신자에 대한 혐한 담론이 판을 치는, 자연재해가 있을 때마다 관동대지진 조선인 학살을 연상케 하는 가짜뉴스가 온라인에서 확산하는 일본의 현실에서 볼 때 명백히 혐오 발화를 포함하고 있다.

한편 '공권력에 동화된 시각'에 대해서는 주의 깊게 비판하였다. 그동안 1923년 당시 일본의 공권력과 언론이 조선인에 대한 증오와 공포를 조장하고 조선인학살에 직간접적으로 가담했다는 점은 기존 연구에 다수 밝혀져 왔다. 특히 또 야마다 쇼지(山田昭次)는 각 지역에서 경찰관들이 조선인에 대한 경계를 강화하도록 호소했던 점을 밝혔고, 경찰이 이를 은폐하고 사실을 위조했다고 통렬하게 비판한 바 있다.[177]

그럼에도 불구하고 램자이는 기존의 연구성과를 전혀 무시하고(여기에는 상당한 고의성이 있다고 판단되지만) 조선인들을 테러리스트(terrorist)나 폭도(mob)로 표현하는 한편 학살의 주체인 자경단에 대해서는 공권력을 대신한 사적 결사들(private bands)이라는 말로 표현하였다.

아시다시피 자경단은 지진과 조선인 폭동설에 당황한 민중들을 관리한다는 목적으로 지역사회 유지들이 결성한 보안조합이라는 것이 일반적인 설명이지만, 그 종류는 대략 세 가지로 나눠진다. 하나는 지진 후 도쿄를 중심으로 자연발생적으로 형성된 조직이고, 두 번째는 각지의 안전조합, 보안조합 등 경찰의 보조 조직, 세 번째는

---

[177] 山田昭次, 関東大震 災時の朝鮮人虐殺: その国家責任と民衆責任, 創史社, 2003.

내무성의 지시에 따라 청년단, 재향군인, 소방단을 기반으로 구성된 조직으로 알려져 있다.[178]

관동대지진 지진 발생 후 조선인들이 방화를 하고 우물에 독을 넣었다는 유언비어가 도쿄, 요코하마, 사이타마, 치바 등 관동지방 일대에 순식간에 확산되었고 그 과정에서 자경단은 칼, 창, 총, 쇠갈고리(鳶口) 등을 들고 지나가는 사람들을 검문하고 조선인이면 무차별 학살을 자행하였다. 그런데 램자이는 일본정부, 경찰, 공안, 조선총독부 등 공권력을 가진 기관이 발간하는 자료를 과도하게 신뢰했고, 이에 대해 비판적 검토는커녕 오히려 확대 해석을 하고 있다 비판하였다. 뿐만 아니라 당시 램자이는 이러한 자경단의 학살을 '민중의 경찰화'라고 정당성을 부여하였다고 지적하였다.

이외에도 램자이는 기존의 많은 연구에서 6,000명 이상으로 추산되고 있음도 "400명보다는 상당히 많고, 5,100명보다는 상당히 적다"고 그 규모를 축소한 것에 대해서는 "식민지배와 피지배, 가해와 피해 관계의 불균형을 지우고, 제노사이드 피해의 심각성을 축소하고 탈맥락화하는 역사부정의 전형적인 수법이라 할 수 있다. 이것은 학살된 희생자에 대한 모독이다"라고 피난하였다.

그 연장선에서 조경희는 램자이의 논문에 대해 "자경단을 학살의 주체가 아닌 공권력을 대행한 지역결사로 보고, 조선인들을 범죄자나 테러리스트로 재현함으로써 자경단에 의한 학살이 마치 조선인에 대한 정당방위였던 것처럼 역사를 왜곡했고, 학살의 규모와 심각성을 축소시켰다"고 연구의 진실성과 의무를 다하지 못하였음을 비판하였다.

---

[178]　藤野裕子, 『民衆暴力 : 一揆·暴動·虐殺の日本近代』, 中央公論社, 2020, 제4장 참조.

그 연장선에서 조경희는 다음과 같이 램자이의 글을 비판하였다.

이 사태는 일본에서 탈냉전기 이후 지속되어 온 우파들의 정치
담론이 탈진실(post truth) 시대의 정동(情動)과 맞닿은 지점을 보여주
는 것으로, 이 현상이 가져온 파장은 결코 작지 않다. 일본에서 역
사부정의 대표 세력들이 모두 일본군 '위안부' 부정에 집착했고,
재일조선인들을 왜곡했고, 동시에 여성혐오를 작동시킨 것처럼
역사부정과 소수자 혐오는 늘 결합되면서 일어나고 있다. 그래서
단지 램자이를 학문 수준 미달이라는 이유로만 비판하거나 음모
론적으로 해석하는데 그치지 않고 시대적 정동으로서의 역사부정
이 어떻게 소수집단에 대한 혐오와 모욕을 수행하고 있는지, 그것
이 우리의 사회적 기억과 집단지성에 어떤 영향을 미치는지 보여
주는 작업이 지속되어야 한다.[179]

4. 맺음말

이상으로 국내의 관동대지진 연구 동향과 관동대지진 조선인학
살을 왜곡하는 램자이 논문에 대한 국내의 동향을 살펴보았다. 이를
정리하면서 맺음말을 대신하고자 한다.

관동대지진 조선인학살이 국내에 전해진 것은 비록 식민지기였
지만 학살 1개월여 후였다. 일제는 관동대지진 조선인학살이 국내에
알려지는 것을 극도로 꺼렸으며 철저한 언론 통제와 일상생활의 감
시를 강화하였다. 그렇지만 조선인을 학살한 자경단원의 재판과정

---

[179] 조경희, 「마크 램지어의 역사부정과 소수자 혐오: 관동대지진 조선인 학살, 재
일조선인, 부라쿠민 서술 비판」, 『여성과 역사』 34, 한국여성사학회, 2021.6,
115~116쪽.

을 기사화하면서 알려지게 되었다. 그렇지만 식민지기라는 제약으로 인해 조사와 연구가 제대로 진전을 볼 수가 없었다. 1945년 8월 해방은 되었지만 해방의 기쁨과 이어지는 사회적 혼란 등으로 관동대지진 조선인학살에까지 관심을 이어가지 못하였다. 이듬해 1946년 9월 1일 추모행사는 있었지만 그 이상의 진상규명과 연구 역시 진척되지 않았다. 국내에서 관동대지진 조선인학살과 관련된 연구는 1980년대부터였다. 일본학계에 비하면 20년 정도 늦게 시작되었다. 이는 일본 학계의 영향이라고 할 수 있지 않을까 한다. 연구 내용의 초기에는 주로 조선인학살의 진상과 과정, 학살자 수가 중심이었다. 그렇지만 점차 당시 식민지 조선의 동향, 기억과 계승 등 다양한 주제로 확대되었으며, 특히 문학과 동화 등에서 좋은 성과물이 생산되었다.

한편 한일 관계의 갈등이 심화되면서 일본에서는 우경화와 역사수정주의가 점차 사회 전반에 확산되었으며 관련 연구에도 직간접으로 영향을 미쳤다. 그 결과의 하나로 관동대지진 조선인학살을 왜곡하는 이른바 램자이 사태가 발생되었다. 램자이는 일본군 '위안부'를 부정뿐만 아니라 관동대지진 조선인학살을 왜곡하는 논문을 발표하였고, 국내에도 알려지게 되었다. 이에 대해 국내 언론에서는 관심을 가지고 보도하였으며, 연구자의 인터뷰를 통해 문제점들을 지적하거나 비판하였다. 종교계와 시민단체에서는 일련의 비판 성명서를 발표하였으며, 나아가 관동대지진 조선인학살 진상규명을 위한 특별법 제정을 요구하였다.

램자이 사태와 관련하여 일본군 '위안부' 부정에 대응하는 관련 연구는 신속하게 그리고 상당히 진척되었지만, 관동대지진 조선인학살 왜곡에 대응하는 연구는 상대적으로 빈약하였다. 그나마 다행스럽게 조경희에 의해 발표되었으며, '조선인=범죄자 프레임', '공권력에 동화된 시각'이라는 키워드를 통해 문제점과 한계를 분석하였다.

관동대지진 조선인학살과 관련된 연구는 국내의 경우 일본학계보다는 양적으로나 질적으로 상당히 뒤쳐져 있다고 볼 때, 이와 관련된 연구의 진척이 보다 많이 이루어지기를 기대해 본다. 또한 램자이 논문 사태에 대해서도 보다 관심을 갖고 연구로 이어지기를 기대한다.

제2부
관동대지진
조선인학살과
국내외의
대응

제1장 관동대지진에 대한 국내 종교계의 인식과 동향

1. 머리말

1923년 9월 1일 오전 11시 58분, 일본 도쿄와 치바 등 관동지역 일대에는 진도 6의 대지진이 발생하였다. 당시까지만 해도 일본에서는 규모가 가장 큰 지진이었으며, 관동대지진이라고 한다. 이 지진으로 사상자가 10만 명이 넘은 것으로 전해진다. 당시 일제의 식민지였던 조선은 관동대지진으로 적지 않은 피해가 있었다. 6천여 명의 조선인이 학살당하였으며, 이외에도 파악되지 않지만 상당한 수의 조선인이 사망 또는 상해를 입었다. 물론 삶의 터전을 잃은 경우도 적지 않았을 것이다.

관동대지진 소식이 식민지 조선에 전달된 것은 발생 당일이었지만, 언론에 보도된 것은 이틀 후인 9월 3일이었다.[1] 『동아일보』, 『조선일보』, 『매일신보』 등 주요 언론은 앞다투어 관동대지진에 대해 보도하였다. 『동아일보』는 '東海道 각지 대지진, 진원지는 桑名方面인가', 『조선일보』는 '일본 유사 이래 초유의 대지진', 『매일신보』는 '海嘯, 地塵, 火災가 일시에 襲來, 개벽 이래 초유의 怪事, 慘劇'으로 각각 타이틀 기사로 3면을 장식하였다. 이후 각 신문은 매 지면마다 관동대지진 관련 소식을 쏟아냈다.

---

[1] 『동아일보』, 『조선일보』, 『매일신보』 등 세 신문에는 9월 3일에 첫 보도였지만, 언론사에 관동대지진 소식이 전해진 것은 그 이전이었다. 다만 조선총독부의 언론 통제로 인해 9월 3일에 보도된 것이다. 조선총독부가 관동대지진 이후 각지에서 이른바 민정보고에 의하면, 9월 2일 오전 10시 읍내 각 요소에 도쿄, 요코하마 일대에 대규모의 지진이 일어났다는 벽보가 게재되었다.

관동대지진 보도 내용은 크게 두 가지였다. 하나는 지진으로 인해 입은 피해 상황, 다른 하나는 지진 현장에 있는 동포의 안위였다. 식민지 조선의 입장에서는 동포의 안위가 무엇보다도 걱정되었다. 『동아일보』는 '우려되는 조선인의 소식'이라는 기사에서 "동경 부근에 흩어져 있는 수천의 학생과 노동자 그네의 생사존몰은 과연 어찌 되었는가. 아아!"라고 동포의 생사존몰을 염려하였다.[2] 『조선일보』 역시 '우리 친족은 안부 여하'라는 기사에서 "귀한 자제를 유학 보낸 부모들과 가족이 건너가서 노동하는 친척"이라고 걱정하였다.[3] '재경일본유학생대회', '유학생친족회' 등을 조직하고 지진 현장으로 도항해서 가족과 친지 등 조선인의 안위를 확인하려고 하였지만, 총독부가 도일을 제한함에 따라 애만 태울 수밖에 없었다.[4]

이와 같은 상황에서 식민지 조선에서는 이재동포의 구제 활동을 위해 서울을 비롯하여 각지에서 구제회를 조직하고 의연금 모금 활동을 전개하였다.[5] 특히 구제 활동은 기독교, 불교 등 종교계에서도 적극 참여하였다.

이에 따라 본장에서는 관동대지진 당시 국내 종교계의 인식과 동향을 살펴보았다. 이를 위해 『동아일보』, 『조선일보』, 『매일신보』 등

---

2   『동아일보』 1923년 9월 3일자.

3   『조선일보』 1923년 9월 4일자.

4   「조선인에 대한 감정이 疏隔된 此時 동경행은 위험」, 『동아일보』 1923년 9월 7일자. 조선총독부 마루야마(丸山) 경무국장은 도항 제한에 대해 "일본 내무성과 경시청, 기타 과정에서 조선인의 일본 도항을 막아달라는 제촉이 빈빈하였기 때문"이라고 담화하였고, 『조선일보』는 이에 대해 "일본사람의 조선사람에 대한 감정이 극도로 달한 바 서로 충돌이 되기 쉬워"라고 보도하였다(「조선인 도항 제한과 丸山 경무국장의 발표」, 『조선일보』 1923년 9월 9일자).

5   이에 대해서는 성주현, 「1923년 관동대지진과 국내의 구제활동」, 『한국민족운동사연구』 81, 한국민족운동사학회, 2014를 참조할 것.

언론과 일제 측 정보문서를 활용하였다.

2. 관동대지진에 대한 종교계의 인식

9월 1일 관동대지진이 발생하였지만, 식민지 조선에는 9월 3일 언론에 보도되었다. 언론은 관동대지진으로 인한 피해 상황을 크게 보도하는 한편 조선인의 '安否何如'에 대해서도 우려하였다. 그렇지만 지진 현장에서 '조선인 폭동설' 또는 '조선인 충돌설'[6]이라는 말이 언론을 통해 확산이 되었으며, 이는 조선인학살로 이어졌다. 그렇지만 '조선인 폭동설'은 유언비어였음이 밝혀졌다. 이로 인해 관동대지진에 대한 인식은 왜곡되기도 하였다.

관동대지진 첫 보도된 이후 총독부는 아리요시(有吉) 정무총감의 담화로 "불시의 재난을 당하면 왕왕 간상배의 폭리를 탐함이 多하며, 此等의 영향이 不少한 바이나 今回와 如한 미증유의 대참사에 대하여는 7천만 국민은 일치단결하여 其 회복에 노력치 아니치 못할 바이오"라고 하였다.[7] 이는 대지진의 혼란에 폭리를 위한 간상배가 적지 않으나 7천만 즉 일본인과 조선인이 일치단결하여 이를 극복해야 할 것이라고 강조하였다. 이 담화만 해도 혼란 속의 안정을 도모하고자 하였다. 사이토 총독은 "동포는 일치협동하여 이재민 구제에 협력하라"라는 담화를 하였고,[8] 오츠카(大塚) 내무국장도 "유사 이래

---

6   「대지진과 유언비어, 과대히 유전되는 조선인 충돌설」, 『매일신보』 1923년 9월 7일자; 「재류동포에 대한 계엄사령관의 발표」, 『동아일보』 1923년 9월 10일자.
7   「미증유의 대참사」, 『매일신보』 1923년 9월 4일자.
8   「동포는 일치협동하여」, 『매일신보』 1923년 9월 5일자.

의 대사건"이라고 언급하고 "전 국민의 일대 시련"이라고 하였다.[9]

이에 비해 마루야마(丸山) 경무국장은 "無根의 流言으로 不測의 奇禍를 蒙치 말라"는 요지로 재차 담화하였는데, 군대의 동원령과 각종의 유언비어가 있었음을 밝혔다.[10] 이는 계엄령이 발효되었음을 알려주고 있다. 또한 각종의 유언비어가 발생하였다고 하였는데, 유언비어는 이른바 '조선인 폭동설'이었다. 관동대지진이 일어난 직후부터 조선인이 폭동을 일으킨다, 우물에 독을 탄다, 방화를 한다 등등의 유언비어가 사실처럼 확산되었다. 그렇지만 이들 유언비어가 사실이 아니라는 것은 밝히지는 않고 '두뇌를 냉정히 하여 사리를 판단할 것'을 당부하였다. 계속된 아리요시 정무총감의 담화는 관동대지진을 기회로 일부 불량선인이 폭동을 일으켰으며, 흥분한 일본인과 조선인의 충돌을 경관과 군대가 이를 해소를 위해 노력하고 있다고 언급하였다.[11]

더욱이 일본 정부 야마모토(山本) 수상은 "이번 진재를 틈타서 일시 불온사상을 가진 조선사람의 폭동이 있어서 조선인에 대하여 매우 불쾌한 감정을 갖게 되는 일이 있다는 말을 들었도다"[12]라는 고시를 발표하였다. 이와 관련하여 아리요시 정무총감은 "소수 동포의 폭행은 조선인의 명예를 侮辱하는 행위"[13]라고 하여, 조선인 폭동은 유언

9   「全 국민의 一 試鍊」, 『동아일보』 1923년 9월 8일자; 「국민의 일대 시련」, 『매일 신보』 1923년 9월 9일자.
10 「무근의 유언으로 불측의 기화를 뭉치 말라」, 『매일신보』 1923년 9월 5일자.
11 「대진재의 유언비어 과대히 유전되는 조선인 충돌설」, 『매일신보』 1923년 9월 7일자.
12 「조선동포를 애호하라」, 『매일신보』 1923년 9월 8일자. 『동아일보』는 "이번 진재를 틈타서 일시 불온사상을 가진 조선사람의 폭동이 있어서 조선인에 대하여 매우 불쾌한 감정을 갖게 되는 일이 있다는 말을 들었도다"라고 하였다.(「조선인 박해와 내각 고지의 발표」, 『동아일보』 1923년 9월 8일자.
13 「소수 동포의 폭행은」, 『매일신보』 1923년 9월 8일자.

비어가 아닌 사실임을 암시하였다.

이와 같은 『매일신보』의 보도에 따라 관동대지진은 자연재해로 인한 피해와 인도적 구제 외에도 '조선인 폭동'이 부가되었다. 이러한 와중에도 식민지 조선에는 "大變을 樂하며 조선 독립"[14]을 말하는 사례가 있다고 아리요시 정무총감은 경계하였다.

이처럼 왜곡된 관동대지진은 자연재해라는 단순한 인식보다는 조선인과 일본인과의 복잡한 관계를 드러내기도 하였다. 총독부 기관지 『매일신보』는 관동대지진이 식민지배통치에 미치는 영향을 최소화하기 위해 총독부 관료와 사회에 영향을 미치는 주요 인물을 동원하여 내선융화를 도모하고자 하였다.[15] 이 중 종교인으로 유일하게 참여한 조선회중교회[16]의 유일선[17]은 「동경지방의 대진재와 오인의

---

14 「진력 구조를 희망」, 『동아일보』 1923년 9월 6일자.

15 『매일신보』는 「동경지방의 대진재와 오인의 감상」이라는 지면을 마련하였는데, 이각종(재단법인 보린사 이사, 「민족 감정을 초월하여 인류애의 정신으로써 동정하라」, 1923년 9월 10일자), 장헌식(총독부 사무관, 「황인종의 대불행」, 1923년 9월 11일자), 이종국(총독부 사무관, 「인류애의 분량 기하」, 1923년 9월 12일자), 長野(총독부 학무국장, 「전화위복의 호기회」, 1923년 9월 13일자), 유일선(조선회중교회 목사, 「我等의 무기는 何?, 감정을 초월한 정의와 인도뿐」, 1923년 9월 14일자), 時實秋穗(경기도지사, 「국민의 일대 각오, 帝都는 예상 이상 속히 부흥」, 1923년 9월 15일자), 김윤정(경기도 참여관, 「帝都의 부흥은 용이, 일부 불량배의 망동을 통탄」, 1923년 9월 16일자) 등이 기고하였다.

16 조선회중교회는 1886년 일본 조합교회의 조선지역 교단으로 창설되었다. 1921년 조선총독부의 예산 지원이 중단되면서 조선회중교회라는 이름으로 유지되었다. 해방 후에는 감리회와 대한예수교장료회 등 교단에 흡수되거나 해체되었다.

17 유일선(柳一宣, 1879년 12월 27일~1937년 4월 11일)은 한성부 출생이다. 일본 조합교회의 목사인 와다세(渡賴常吉)의 도움으로 일본에 유학하여 1904년 도쿄 물리학교를 졸업하였다. 한일 합병 조약이 체결된 이듬해인 1911년 관임관 대우를 받는 경성부의 중부장(中部長)에 임명되었다. 일본 조합교회가 서울에 설립한 한양교회에서 집사를 지냈으며, 1913년 재차 일본에 유학하여 도시샤 대학의 신학부에서 신학을 공부했다. 1919년 3·1운동이 발생했을 때 이를 진정시키기 위해 조직된 '3·1운동 진정운동'에 참가했다. 1919년 9월에는 조선총독부 중추원 회의에서 조선의 행복을

감상」에서 다음과 같이 밝히고 있다.

> 過般의 東京 地震은 우리 人類에게 無限한 敎訓을 주었다는 生覺하오. 더욱이 그 害를 日本에서 當한 日本人은 더한층 굳세인 敎訓을 받았을 것이오. 이로부터 그들은 大自然 즉 하늘의 暗示에 의하여 思想이 더욱 統一될 것이오. 경제력이 이보다 이상 견실하여질 것, 그들의 민족성에 비추어서 絮說할 餘地가 없는 바이오. (중략) 이번의 震災는 물질상으로만은 손실이 있었으나 大局으로 일본의 장래와 민족의 융성함을 思할 때에 광명의 찬란한 前途로 向함을 指示하였음이라 할 것이오. (중략) 이 기회는 우리로 하여금 갱생의 길로 향하게 하는 것이오. 그러나 우리 일반의 사상계를 보면 寂然無聞할 뿐이라. 도리어 消沈함만 보이는 듯하오. 그런고로 나는 이 지진이 있은 후 오늘날까지 침식을 버리고 웅분의 힘을 써오는 중이오. 실로 이 기회를 놓치고는 우리의 前路는 암담이오. 생각하여 보시오. 우리가 할 뿐 세계 사람에 대하여 가장 자랑할 만한 바 무기가 무엇인가? 금전이 있소, 총탄이 있소? 이것으로써 내라고 하지 못할 것은 물론이 아니오. 그러면 무엇이오. 자랑할만한 것이 아무것도 없다 하면 우리는 인류로 사람의 본문을 다하지 못하는 무리가 아니오. 다만 正義와 人道가 있을 뿐이오. (하략)[18]

앞의 인용문에 의하면, 유일선은 관동대지진에 대해 두 가지 인식

위해서는 일본을 사랑해야 한다는 내용으로 '철저한 내선일체'라는 제목의 강연을 하기도 했다. 1921년 일본조합교회의 후신인 조선회중기독교회의 감독이 되었고, 1924년부터는 이재극, 박영효, 이완용, 박승직 등의 유력 인사들이 항일 운동에 대항하기 위해 결성한 친일 단체인 동민회에 가담하여 1933년 이사 자리에 오르기도 했다. 1936년 조선총독부 경기도 내무부의 지방과에서 촉탁으로 발령받은 것을 마지막으로, 이듬해 심근경색으로 사망했다.(『친일인명사전』, 민족문제연구소, 2019) 유일선에 대해서는 박혜미, 「일본조합교회 '순회교사' 유일선의 생애와 친일활동」, 『한국민족운동사연구』 52, 한국민족운동사학회, 2015.12를 참조할 것.

18   유일선, 「我等의 무기는 何?, 감정을 초월한 정의와 인도뿐」, 『매일신보』 1923년 9월 14일자.

을 보이고 있다. 첫째는 관동대지진은 '인류에게 무한한 교훈'을 주었다는 것이다. 그런데 이 무한한 교훈은 자연재해로 인한 인류의 참회가 아닌 식민지 본국인 일본이 사상이 통일되고 경제적으로 더 견실해질 것이며, 그 결과 일본의 장래와 민족의 융성으로 광명의 찬란한 전도가 있을 것이라는 교훈이다. 둘째는 조선은 갱생의 길을 도모해야 한다는 것이다. 유일선이 인식하는 갱생의 도는 다름이 아닌 희망이 아닌 '암담'이었다. 조선은 현실적으로 자랑할 만한 무기도 없고, 광업과 금광도 없는 상황에서 인도적 의무를 할 수밖에 없다는 인식이다. 즉 관동대지진이라는 자연재해를 맞은 일본이지만 오히려 전화위복이 될 것이라고 보았다. 그리고 조선은 관동대지진을 계기로 독립운동을 전개하기보다는 인도적 의무를 다하자는 자조적인 인식을 보여주고 있다.

관동대지진에 대한 종교계의 인식은 잘 드러나지 않지만, 당시 기독교계 주요 인사인 윤치호는 그의 일기에서 관동대지진과 관련하여 '일본에게 대재앙',[19] '과학의 무기력',[20] '일본인의 친절',[21] '오모

[19] 박미경·박정신 번역, 『(국역)윤치호 영문 일기 7』, 국사편찬위원회, 2016, 474쪽; 김승태 편역, 『윤치호 일기 1916~1943』, 역사비평사, 2001, 245쪽. "지진이 일본에 대재앙이었다는 것은 의심할 여지가 없다."(1923년 9월 13일)

[20] 박미경·박정신 번역, 『(국역)윤치호 영문 일기 7』, 국사편찬위원회, 2016, 471쪽; 김승태 편역, 『윤치호 일기 1916~1943』, 역사비평사, 2001, 244쪽. "통신이 두절된 탓에 다소 앞뒤가 맞지 않는 소문도 있긴 하지만, 도쿄와 요코하마가 거의 완전히 파괴된 것은 틀림없는 모양이다. 화재·해일·기아·열기 때문에 15만 명이 목숨을 잃었다고 보도되었다. 9월 1일 오전 11시 50분쯤 대지진이 발생했고, 24시간도 채 못 돼서 대도시인 도쿄와 요코하마가 잿더미로 변해버렸다고 한다. 세계대전에서 과학의 파괴력이 증명되었으나, 이번 대지진을 통해 과학의 무기력함이 여실히 입증되었다. 이 두 사건을 통해 인간의 위대함이 얼마나 불안정한가를 엿볼 수 있다."(1923년 9월 3일)

[21] 박미경·박정신 번역, 『(국역)윤치호 영문 일기 7』, 국사편찬위원회, 2016, 476쪽; 김승태 편역, 『윤치호 일기 1916~1943』, 역사비평사, 2001, 245쪽. "장용섭의

토교의 예언'[22] 등의 표현을 남기기도 하였다. 이에 비해 조선인학살에 대해서는 다소 이중적 인식을 보이고 있다. 윤치호는 '조선인 폭동설'을 사실로 인식하였을 때는 "미친개만도 못한 인간이며 구제받을 만한 여지가 전혀 없다"[23]고 하였지만, '조선인 폭동설'이 유언비어로 밝혀졌을 때는 이를 '소문'으로 받아들였고, "어느 말을 믿어야 할지 종잡을 수 없다"고 하였다.[24]

이에 비해 장용섭의 누이 장성심이 일본인의 도움으로 학살을 면한 것에 대해서는 일본인의 더할 수 없는 친절함으로 표현하였다.[25] 조선인학살에 대해서는 이를 사실로 받아들이기보다는 소문으로 인

누이인 장성심이 9월 2일에 쓴 편지에 따르면, 이런 일이 있었다고 한다. 일본인 패거리가 그녀를 죽이려고 하숙집에 들이닥쳤다. 그녀는 하숙집 주인이 일본 옷을 입혀준 덕분에 목숨을 건졌다. 함께 하숙하는 사람들도 그녀에게 더할 수 없는 친절을 베풀어 주었다."(1923년 9월 18일)

22 박미경·박정신 번역, 『(국역)윤치호 영문 일기 7』, 국사편찬위원회, 2016, 472쪽. "몇 년 전 오모토교(大本敎) 종파의 창시자들이 다이쇼(大正) 12년에 지진으로 도쿄가 파괴될 것이라고 예언을 했다니, 놀라운 일이다. 그 예언은 광범하게 퍼졌으나 누구도 그것에 관심을 갖지 않았다."(1923년 9월 7일)

23 박미경·박정신 번역, 『(국역)윤치호 영문 일기 7』, 국사편찬위원회, 2016, 473쪽; 김승태 편역, 『윤치호 일기 1916~1943』, 역사비평사, 2001, 244~245쪽. "어리석고 무분별한 조선인들과 일본인 사회주의자들이 도쿄와 요코하마에서 불길이 타오르던 와중에 재산은 약탈하고 인명을 살상하는 만행을 저질렀던 모양이다. 야마가타 데이사부로 씨는 일부 조선인들이 약탈, 강간, 심지어는 방화마저 서슴치 않았다고 말했다. 이게 사실이라면, 사회주의자라고 자처하는 일부 조선인이 몹시 야비해서 이렇게 못된 일을 저지른 것이 틀림없다면, 이 어리석은 조선인은 조선이라는 고운 이름에 먹칠을 한 것이나 다름없다. 그들은 미친개만도 못한 인간이며, 구제받을 만한 여지가 전혀 없다."(1923년 9월 10일)

24 박미경·박정신 번역, 『(국역)윤치호 영문 일기 7』, 국사편찬위원회, 2016, 476쪽; 김승태 편역, 『윤치호 일기 1916~1943』, 역사비평사, 2001, 245쪽. "다행스럽게도 도쿄와 요코하마에 대지진이 발생했을 때 조선인이 범법행위를 저질렀다는 소문이 낭설로 드러났다. 오히려 2,000~3,000명의 조선인들이 격노한 일본인들에게 폭행당했다는 내용의 소문이 나돌고 있다. 어느 말을 믿어야 할지 종잡을 수 없다."(1923년 9월 18일)

25 각주 19) 참조.

식하고자 하였으며, 일본인에 대한 비판적 인식이 전혀 드러내지 않는 한계를 보이고 있다.

천도교는 관동대지진에 대한 인식을 살펴볼 수 있는 기록은 없다. 다만 관동대지진의 상황을 '미증유의 대지진', '대참화', '초토화' 등 보도하는 수준에 그치고 있다.[26]

한편 조선총독부는 관동대지진과 자경단 등의 조선인학살이 식민지 조선에 전해짐에 따라 민심의 동향 즉 '民情'을 파악하였다. 이 민심 동향 파악에 따르면 다양한 계층을 접촉하고 그들의 인식과 생각 등 정보를 수집하였다. 물론 종교계 관련 단체나 인물 등도 상당수 포함되었다. 종교계와 관련된 것을 정리하면 다음과 같다.

〈가〉기독교인 중에는 이번 지진에 일본의 수도가 하루아침의 괴멸은 천지의 힘에 의한 대재앙으로 백성의 어려움에서 궁성에 이르기까지 미치는 것은 이미 운명이 정해진 것이다고 운운하였다.[27]

〈나〉동양기독교의 전설로서 옛날부터 일본은 어느 쪽이든 불세례를 받는다고 전해졌는데, 마침내 이번 도쿄지방의 대지진을 보게 되었다고 운운하였다.[28]

〈다〉기독교 예배당 조선인 전도사 송문용은 신도들에 대하여 성경 사도행전 제16장 제19절부터 제34절까지를 강의하고 폴과

---

26 「세계 미증유의 대지진」, 『천도교회월보』 157, 1923.10, 40쪽. "금반 일본 東京을 중심으로 한 대지진은 과연 유사 이래 未曾有의 대참화라. 동시에 해일과 화재를 並하여 60년 건설의 문화 중심지인 東京을 一朝에 焦土化케 하였다. (중략) 市街는 全滅의 상태라더라."
27 江原第13537號, 「內地震災に對スル部民の感想(第4報)」, 大正 12年 9月 13日.
28 江原第13537號, 「內地震災に對スル部民の感想(第4報)」, 大正 12年 9月 13日.

살라 두 선생은 전도를 한 자로써 로마인을 위해 투옥에 처하기도 하거니와, 하나님은 이를 천리에 거역하는 조치로 지진을 일으켜 옥문을 깨고 양 선생을 구출할 그때 궁성 가까이 화재를 당하였다. 이번 내지의 지진 재해는 이와 같다고 운운하며 조날적 언사를 지껄였다.[29]

〈라〉 이전에 우리 조선이 일본과 병합하던 해 음력 정월에 지진이 있어서 국민들은 국가에 무슨 일이 생기는 게 아닌가 우려하였다. 역시 한일병합하기 이전부터 대지진이 일어난 해에는 무슨 일어난 일이 있었다. 일본이 오늘까지 날개를 달듯이 국운이 발전하다가 이번 지진으로 인해 감당할 수 없는 참상을 보게 되었으며, 금후에는 더욱 오늘 같은 지진이 일어날 것을 우려하는 큰일이다 라고 운운했다.[30]

〈마〉 기독교인들은 말하기를, (관동대지진으로) 일본제국은 청일전쟁, 러일전쟁 후 국력이 실로 욱일승천하는 기세로 발전하여 오늘에 세계 강국의 위치 반열에 이른 것은 일시의 꿈이 되었다. 제도 도쿄의 대부분은 지진으로 인해 멸망의 땅이 된 것은 여러 차례 전쟁으로 서로 함께 수만 명의 희생된 사람의 그 원한이 하늘에 통하여 마침내 하늘의 심판을 허용하는 결과에 다다랐다고 운운하였다.[31]

〈바〉 그리스도는 재림 승천할 때 이 세상은 언제 불의 심판을 받을 것이라는 노래가 불려져왔다. 이번 일본은 대지진으로 참상을 맞았다. 우리 조선에도 언젠가 천변이 있을 수도 있다. 속히 기

---

[29]   江原第14245號,「內地震災に對スル部民の感想(第10報)」, 大正 12年 9月 23日.
[30]   春高第2690號,「內地震災に對スル部民の感想」, 大正 12年 10月 2日.
[31]   春高第2690號,「內地震災に對スル部民の感想」, 大正 12年 10月 2日.

독교에 입교하여 그 환난을 면하기 바란다고 운운하였다.[32]

〈가〉는 강원도 춘천군 倉村이라는 곳의 기독교인 중에는 관동대지진으로 식민지 종주국인 일본의 수도가 하루아침에 괴멸된 것은 천지의 힘 즉 하나님의 힘에 의해 정해진 운명이라고 인식하였다. 이러한 인식은 일본 식민지배에 대한 종교적 저항이라고 할 수 있다. 〈나〉도 춘천지방에서 수집된 것으로, 동양기독교에서 전해오는 말인즉 일본은 불의 세례를 받을 것이고 하였는데, 그것이 바로 관동대지진이라고 본 것이다. 〈다〉는 원주군 문막의 기독교인 송문용이 교인들에게 성경의 내용 중 로마인의 예를 언급하면서 관동대지진은 하나님의 징벌이라고 말하였다. 〈라〉는 춘천 동면 월곡리 서당교사 안종규가 욱일승천하는 일본이 하루아침에 감당할 수 없는 참상을 당하였으며, 앞으로도 이러한 큰 지진이 또 있을 것을 우려하였다.

〈마〉는 인제지방의 기독교인들의 생각으로, 일본은 청일전쟁과 러일전쟁으로 국력이 나날이 발전하여 세계 열국의 위치에 이르렀으나 관동대지진으로 하루아침에 멸망의 땅이 되었고, 이는 전쟁에서 희생된 원혼이 하늘에 통해 하나님이 심판한 것이라고 하였다. 〈바〉는 강원도 이천지방에서 떠도는 말로, 그리스도가 재림 승천할 때 불의 심판을 받을 것이라는 노래가 있는데, 이번에 일본이 불의 심판을 받은 것이라고 하였다. 조선에도 불의 심판인 지진이 있을 것이므로 이를 면하기 위해서 기독교에 입교할 것을 권유하고 있다. 이러한 기독교인들의 인식은 『기독신보』에서도 보이고 있다.[33]

---

32 江高第15301號, 「內地震災に對スル部民の感想(第19報)」, 大正 12年 10月 4日.

33 「신의 교훈과 오인의 각성」, 『기독신보』 1923년 9월 19일자. "천재지변이 있을 때 그 재변으로써 우리의 각성을 촉함을 알아야 한다. 동경의 문화가 일순간

위와 같은 관동대지진에 대한 인식은 강원도 춘천, 원주, 이천, 인제 등지에서 일반 민중들 사이에서 떠도는 말이지만, 대체로 '불의 심판', '파멸의 땅' 등 일본에 대한 부정적인 인식이 널리 퍼져있음을 알 수 있다.

이러한 민심은 일제 식민지배에 대한 저항이 밑바탕에 깔려 있다고 할 수 있다. 물론 3·1운동 이후 4년 정도 지나지 않았다는 점에서도 관동대지진은 일본의 패망을 기원하는 심리가 작용하였다. 또한 종교적 영향도 적지 않게 작용한 인식이라고 할 수 있지 않을까 한다.

이상에서 살펴보았듯이, 관동대지진에 대한 유일선, 윤치호 등 종교지도자와 일반 민중은 대재앙이라는 인식은 같지만, 관동대지진으로 인한 일본의 상황에 대해서는 상당한 간극이 있음을 확인할 수 있다.

3. 관동대지진과 종교계의 대응

관동대지진 직후 일본 관동지방의 피해 상황이 언론에서 속속 보도되자, 가장 우려한 것은 지진 현장의 동포 즉 조선인의 안부와 이재민을 위한 구제 활동이었다. 『동아일보』는 도쿄 부근에 거주하는 학생과 노동자의 생사존몰을 무엇보다 먼저 염려하였으며,[34] 이들의 안부를 조사를 목적으로 특파원을 파견하였다.[35] 가족 또는 친족이

일소되어 지옥을 형성하였으니, 우리는 그 참혹한 재변에 깊이 동정의 눈물을 뿌리는 동시에 '살아도 주를 위해 살고, 죽어도 주를 위해 죽는다'는 말에 긍정치 않을 수 없다."(한국기독교역사연구소, 『「기독신보」 사설 자료집』, 2011, 182쪽)

[34] 「염려되는 조선인의 소식」, 『동아일보』 1923년 9월 3일자.
[35] 「본사 기자 특파」, 『동아일보』 1923년 9월 3일자.

관동대지진 현장에 있는 가족들은 조그마한 소식이라도 확인할 수 있을까 하는 심정으로 신문사를 찾았다.[36] 더욱이 각 신문사의 주요 보도는 관동대지진의 피해 상황이 대부분이었다.

이처럼 혼란한 상황에서 하기방학으로 귀향해있던 유학생은 지진 현장에서 동포들의 생사 여부와 소식을 조사하기 위해 9월 5일 중앙기독교청년회관에서 재경일본유학생대회를 개최하였다. 일본유학생대회는 사무소를 개벽사에 두고 그 업무를 박용회가 맡기로 하였다.[37] 이어 9월 6일에도 일본유학생대회를 천도교 중앙대교당에서 개최하려고 하였으나 경찰 당국은 관계자 외에는 입장을 금지시켰으나[38] 정창욱, 김낙영, 강훈 등을 현지 조사특파원으로 파견키로 하였다.[39] 이외에도 가족과 친지들의 안부를 확인하기 위해 일본재류동포친족회가 조직되었다.[40]

이와 더불어 관동대지진 직후 이재민을 위한 의연금 모금도 활발하게 전개되었다. 인천부[41]와 경성부[42]에서 먼저 의연금 모금을 전개하였다. 경성부는 『동아일보』와 『매일신보』에 광고를 할 정도로 적

---

[36] 「우리 친족은 안부 여하 소식을 몰라서 우려하는 동포」, 『조선일보』 1923년 9얼 4일자.

[37] 「재경일본유학생대회」, 『조선일보』 1923년 9월 5일자.

[38] 「유학생대회는 금일」, 『동아일보』 1923년 9월 6일자.

[39] 「위선 특파원을, 일본유학생대회에서」, 『동아일보』 1923년 9월 8일자.

[40] 「재류동포친족회」, 『동아일보』 1923년 9월 7일자; 「이재학 생의 부형회」, 『조선일보』 1923년 9월 7일자.

[41] 「진재 구제연구회, 인천부에서」, 『매일신보』 1923년 9월 5일자; 「인천도 의연 모집」, 『조선일보』 1923년 9월 6일자; 「인천에서 구제모금 착수」, 『조선일보』 1923년 9월 8일자.

[42] 「경성부에서 의연 모집」, 『매일신보』 1923년 9월 5일자; 「경성부에서 의연 모집」, 『조선일보』 1923년 9월 6일자.

극적이었다.[43] 이외에도 일본적십자사와 일본애국부인회도 의연금
모금에 참여하였으며,[44] 의연금 기부자 명단을 소개하기도 하였다.[45]
관동대지진 직후 안전 여부 확인과 의연금 모금의 구제활동이 전개
되었다.

이처럼 동포의 안부 여하와 의연금 모금으로 관동대지진에 적극
적으로 대응함에 따라 종교계에서도 발 빠르게 안부 조사와 의연금
모금 등 구제활동에 참여하였다. 유성준 등 40여 명은 종교단체와
사회사업단체, 사회 유지를 대표하여 의연금 모금을 위한 협의회를
준비하였으며, 조선회중교회 목사 유일선은 의연금 모금에 적극 나
섰다.[46] 유일선은 관동대지진이 일어나자 "정의와 인도는 피차의 구
별이 없으며 민족과 국경이 없고 친소의 구분이 없는 것이오. 적을
사랑하며 불친한 자에게 동정함은 이것이 정의의 정의인 소이이오",
"조선 내에도 서선수해의 의연금을 모집하는 중인데, 서선수해가 무
엇이오. 만일 모집된 돈이 있으면 동경으로 보낼 것이오"라고 한 바
있다.[47]

이에 따라 경성에서는 동경이재조선인구제회와 일본진재의연금
모집조성회라는 두 개의 구제단체가 조직되었다. 먼저 유성준 등 21
명의 발기위원은 9월 7일 천도교 중앙대교당에서 재동경이재조선인
임시구제회를 조직하기 위한 발기회를 개최하였다. 발기회에는 보

---

43   「동경횡빈 진재의연금 모집 취지서」, 『동아일보』 1923년 9월 7일자; 「동경지방
     진재의연금 모집」, 『매일신보』 1923년 9월 7일자.
44   「적십자, 부인회 의연 모집」, 『매일신보』 1923년 9월 5일자.
45   「이재민을 위하여 본사에 동정금」, 『매일신보』 1923년 9월 4일자.
46   「사회유지가 회동하여 구제협의회 개최」, 『매일신보』 1923년 9월 7일자.
47   「동경지방의 대진재와 오인의 감상: 我等의 武器는 何?」, 『매일신보』 1923년 9
     월 14일자.

천교의 이순택과 김윤수, 기독교청년회의 이대위와 정현모, 천도교
의 최린과 김기전(개벽사) 등 종교계 인사들이 참여하였다.[48] 발기회에
이어 다음날 9월 8일 천도교 중앙대교당에서 동경이재조선인구제
회를 조직하고 사무소는 천도교에 두었다.[49] 조선인구제회에는 50여
명이 참여하였는데, 종교계 인사들도 적지 않았다. 기독교계의 이상
재·유성준·장두현·김양수·이대위·신홍우·정현모 등, 천도교의 박
용회·김옥빈·김기전·이종린·최린·방정환 등, 불교의 한용운, 보천
교의 이순택 등이 참여하였다.

이와는 별도로 경성지역 유지들 중심으로 9월 8일 중앙기독교청
년회관에서 일본진재의연금모집조성회가 조직되었다.[50] 의연금모집
조성회는 이완용, 박영효, 한상룡, 이진호, 어윤적 등 62명이 발기인
으로 참여하였는데, 기독교는 유성준, 윤치호, 장두현, 오긍선, 신홍
우 등이, 불교는 강대련, 천도교는 최린이 참여하였다.[51] 이상재는 집

48 京鍾警高泌 第10471號-2, 「在東京罹災朝鮮人臨時救濟會發起會の件」, 大正 9월
8일.

49 「참화에 죽어가는 동포를 위하여 동경지방 이재조선인구제회 성립」, 『동아일보』
1923년 9월 10일자; 京鍾警高泌 第10521號, 「在東京罹災朝鮮人救濟會開催の
件」, 大正 9월 8일. 발기인 명단은 다음과 같다. 金圭源, 姜桐煦, 兪億兼, 崔元淳,
金正○, 文仁順, 洪淳泌, 劉洪鍾, 高元勳, 柳養浩, 李起元, 張斗鉉, 兪星濬, 宋鎭禹,
元憙常, 韓偉鍵, 趙南駿, 白寅基, 李鈺, 韓相龍, 任政鎬, 李東薰, 白寬洙, 韓翼教,
金玉斌, 金用武, 李順鐸, 李大偉, 金喆壽, 金良洙, 金起瀍, 柳秉龍, 兪鎭泰, 韓龍
雲, 辛泰嶽, 朴贊熙, 任環宰, 金璿○, 李鍾麟, 劉碩珪, 李仁, 徐丙喆, 趙鎭泰, 洪承
魯, 李軫鎬, 許憲, 鄭大鉉, 朴庸淮, 朴啓陽, 閔大植, 洪泰賢, 方正煥, 玄相允, 張友
植, 李豊載, 鮮于全, 金炳熙, 林憲敬, 劉銓, 李潤載, 閔圭植, 李相弼, 崔南善, 呂運
弘, 金漢奎, 李範昇, 申昇均, 金昌珍, 崔麟, 申厚永, 金鎔○, 嚴柱益, 羅弘錫, 李升
雨, 李啓泰, 金秉徽, 金潤秀, 朴勝彬, 兪珏卿, 南廷圭, 李漢石, 姜相熙, 洪憙祐, 鄭
顯謨, 李秉圭, 河福○, 金在夏, 申興雨, 康基德, 李商在, 沈雲澤.

50 「동경진재에 대하여 의연금모집조성회」, 『동아일보』 1923년 9월 10일자.

51 京鍾警高秘 第10524號, 「關東震災義捐金募集助成金の件」, 1923년 9월 8일.

행위원장에 선임되었다.[52] 의연금모금조성회의 활동[53]은 구체적으로 드러나지 않지만 적지 않은 금액 9,363원 10전을 모금하였다.[54]

경성에서 조선인구제회와 의연금조성회 두 개의 동경 이재동포 구제 단체가 조직되었는데, 두 단체에 모두 가입한 인물도 적지 않았다. 종교인 중에는 이상재, 장두현, 유성준(이상 기독교), 최린(천도교) 등이 있다. 두 구제 단체는 지진 이재민을 지원한 의연금을 모금하는 것이지만 지원대상은 달랐다. 즉 조선인구제회는 이재조선인을, 의연금모금조성회는 조선인과 일본인을 구분하지 않는 이재민을 각각 대상으로 하였다. 이로 인해 조선인구제회는 의연금 모금 활동 과정에서 총독부로부터 적지 않은 방해를 받기도 하였다.[55]

위에서 본 바와 같이 경성지역처럼 사회 유지들이 참여하는 구제 단체에 종교인들이 참여하기도 하였지만, 종교계는 독자적으로도 구제회를 조직하고 의연금을 모금하는 구제 활동을 전개하였다. 종교계 중에는 기독교가 가장 적극적이었다. 먼저 기독교의 대응을 살펴보면 다음과 같다.

관동대지진 발생 5일째 되는 9월 5일 오전, 경성중앙기독교청년회 총무 신흥우와 조선회중교회 목사 유일선은 기독교를 대표하여

---

[52] 집행위원회 명단은 다음과 같다. 위원장 이상재, 위원 한상룡·유성준·민대식·신광홍·채대두·고원훈·이진호·김진규·이상필·유문원·최진·어윤적·예종석·원덕상, 상무위원 이진호·유성준·원덕상.

[53] 일본진재의연금모금조성회의 규약은 다음과 같다. 1. 본회는 관동대지진 의연금 모금을 목적으로 한다. 1. 본 회원은 금○엔 이상을 의연금으로 납부한다. 1. 의연금 모집기한은 9월 말일까지로 한다. 1. 본회 사무를 집행하기 위해 위원장 1인과 위원 14인을 둔다. 1. 위원장 및 위원은 발기인회에서 결정한다.

[54] 「동경진재 의연금 모금액」, 『조선일보』 1923년 9월 21일자.

[55] 「조선인구제회는 해산? 조선인 구제를 따로 함이 불가타고」, 『동아일보』 1923년 9월 12일자; 「구제회의 금후 방침」, 『조선일보』 1923년 9월 15일자.

아리요시(有吉) 정무총감을 관저에서 만나 지진 피해에 대해 위로하였다. 이후 두 사람은 "이재민 구제에 힘 믿는 데까지는 양 교회에서 노력하여 볼 것을 결심"하였다. 또 신흥우는 "청년회 각과 학생으로부터 의연금을 모집하여 가난한 학생의 주머니에서 전전 푼푼이 모은 것이 이미 16원에 달하였다는데, 일로부터 더욱 의연금을 널리 모집하여 상당한 금액이 되면 피해지에 부송할 수속을 취하리라"고 하였다.[56]

그 후속으로 양 기독교계는 9월 6일 각 교파의 목사와 전도사 등 19명이 중앙기독교청년회관에서 회합을 갖고 진재구제회를 개최하였다. 이날 회의에서 다음과 같이 결의하였다.

1. 위원 3인을 선정하여 7일 오전 10시 有吉 정무총감과 일본인 기독교 교역자회에 위문하고 이번 동경 진재에 대한 위문사를 작성할 대표 3인을 선정할 것
2. 경성부 내 각 교파 예배당은 날짜를 정하여 동경 진재 구제기도회를 열고, 교도의 기부를 받아 경성부에 의뢰하여 진재 이재민에게 보낼 일
3. 동회는 한시적으로 존속하고 7명의 위원을 선정하여 경성 및 지방의 기독교 각파에 파견하여 지정한 일시에 진재 구제 기도를 하고 기부금을 모금하여 경성부에 의뢰하여 진재 이재민에게 보낼 일[57]

---

56 「양 교회가 협력하여 힘자라는 데까지 구조하겠소」, 『매일신보』 1923년 9월 6일자.

57 京鍾警高秘 제10428호-3, 「耶蘇敎敎役者震災救濟會開催の件」, 1923년 9월 6일; 「야소교의 진재구제회, 기도회를 연다」, 『동아일보』 1923년 9월 8일자.

즉 기독교계는 첫째는 아리요시(有吉) 정무총감과 일본인 기독교 대표자를 방문하고 기독교를 대표하여 관동대지진으로 입은 참화에 대한 위로와 위문사를 작성할 것, 둘째는 경성 시내 모든 교회에서 진재 위안 기도회를 개최하고 기부금을 경성부에 기탁하여 관동대지진 이재민에게 보낼 것, 셋째는 경성 외에도 지방에 7명의 위원을 선정 파견하여 기도회와 기부금 모금을 전개할 것 등 세 가지를 결의하였다. 그리고 위문사 작성 위원으로 양주삼, 최대진, 이근홍을, 지방에 파견 위원으로 이상재, 최대진, 오화영, 김창준, 김인식, 홍병선, 이강제 등을 각각 선정하였다. 이들 위원 중에는 3·1운동 당시 민족대표로 서명한 오화영과 김창준도 포함되었으며, 당대 기독교계를 대표하는 인물들이었다.

이와 관련하여 『조선일보』와 『매일신보』는 결의사항을 다음과 같이 보도하였다.

1. 이번 일본 이재민에 대하여 우리 기독교인은 종족(種族)과 국계(國 界)를 분별치 아니하고 진력 동정할 일
2. 각 교파에 교섭하여 교회마다 가급적으로 최근 한 주일을 구제 일로 지키고, 그날은 이재 인민을 위하여 기도도 하고 의연도 모집할 일
3. 모집되는 금액은 일본적십자회 본부나 또는 동경에 특별히 조 직되는 구제회 본부에 보낼 일
4. 이를 조선 내 각 교회에 보응(報應)케 하기 위하여 각 신문에 게 재할 일[58]

---

[58] 「기독교인의 구제 협의」, 『조선일보』 1923년 9월 8일자; 「기도와 의연으로 진재민 구제활동, 경성내 각 야소교 궐기」, 『매일신보』 1923년 9월 8일자. 한편 『매일신보』의 결의사항은 다음과 같다. "一, 今日 日本 震災民에 對하여 우리 耶蘇教人은 盡力 同情할 事. 二, 各 敎派에 交涉하여 敎會마다 可及的 最近한 主日을

『조선일보』에 의하면, 종족이나 국계 즉 국경을 초월하여 동정할 것, 모금된 의연금은 일본적십자회 또는 도쿄에 조직되는 구제회에 보낼 것, 의연 활동을 각 신문에 게재할 것 등을 결의하였다. 『동아일보』와 일본 측이 수집한 정보와는 조금 다르지만, 구제기도회와 의연금 모금은 적극적으로 전개하고자 하였다. 이러한 인식은 『기독신보』에서도 확인할 수 있다. 즉 "금번 일본 동경과 횡빈이 지진의 참극을 당하였으니, 우리는 인도상, 도의상 동정을 표하여 예수의 참사랑으로 사랑하여 구제에 힘쓰자"라고 하였다.[59]

조선기독교청년회연합회는 도쿄에 있는 유학생과 재류자 생사를 조사하고, 이재동포를 위문하기 위해 김낙영을 파견하였다. 그러나 계엄령으로 인해 나고야(名古屋)에 머물면서 도쿄 일대의 동향을 파악하였다. 또한 누구든지 생사 안부를 알고 싶으면 종로기독교청년회관으로 이름과 주소를 알려줄 것을 당부하였다.[60] 이처럼 발 빠르게 대응한 것은 도쿄의 YMCA 건물이 붕괴하는 등 피해가 적지 않음에 따라 기독교 유학생과 교인들의 안부가 걱정되었기 때문이었다.

이처럼 경성지역 기독교 각 교파에서 진재구제회를 조직한 후 각 지방에 파견된 위원의 활동에 따라 지방 기독교는 기도회와 의연금을 모금하는 구제활동에 적극 참여하였다. 기독교계에서 전개한 기도회 및 의연 활동을 『동아일보』, 『조선일보』, 『매일신보』 등 언론에

救濟日로 守하고 其日에 罹災民을 爲하여 祈禱하고 義捐金 募集할 事. 三, 募集되는 金額은 日本赤十字社 又는 東京에 特別히 組織된 救濟 本部에 送金할 事. 四, 此를 朝鮮 內 各 敎會에 普及케 하기 爲하여 各 新聞에 揭載할 事"

59 「수화재에 대한 오인의 동정」, 『기독신보』 1923년 9월 12일자; 한국기독교역사연구소, 『『기독신보』 사설 자료집』, 2011, 182쪽.

60 「기독청년회의 조사위원 파견」, 『동아일보』 1923년 9월 7일자; 「동경 재류동포 안부를 조사하고자 기독교청년연합회에서」, 『조선일보』 1923년 9월 7일자.

기사화된 것을 정리하면 다음 〈표 2-1〉과 같다.

〈표 2-1〉 언론에 보도된 기독교계의 관동대지진 구제활동 현황

단체명	활동 내용	비고	전거
평양기독교청년회	재동경유학생회조사회 임시사무소 설치 및 활동	학부형과 유지들 참여	동아 1923.09.12
영동야소교장로회	동경이재동포구제회 조직하여 의연금 모음	영동청년회, 동아일보 분국 공동 주최	동아 1923.09.12
평강 야소교	동경진재 위문회 개최	야소교 주최	동아 1923.09.13
인천 예수교 일요학교	약을 팔아서 의연금 마련	목사와 학생	매일 1923.09.18
평양 미 감리교회	남산현과 차관리 교회에서 의연금 모금	구제회 조직	매일 1923.09.18
초계기독교청년회	동정금 모금	서선수재와 함께 모금	동아 1923.09.20
이원 기독교청년회	동경재류동포구제회 조직, 의연금 모금	서선수해구제회와 함께 활동, 천도교청년회, 상무회, 조선일보 및 동아일보 분국 공동 주최	동아 1923.09.21
거창 기독교청년회	동경진재와 서선수해 의연금 모금	거창청년회, 조선일보 및 동아일보 분국 공동 주최	동아 1923.09.21 조선 1923.09.21
전주 서문밖 예수교회	서선수재와 동경진재 의연금 2백 원 모금,	서선 20원, 동경 70원, 기타 동경유학생 구제비	동아 1923.09.21
마산 기독교회	재일이재동포위로회 개최	창신학교, 양신여학교와 공동 주최	동아 1923.09.25
은율 야소교회	동경재류이재동포 구제회 조직, 의연금 모금	은율상회, 동아일보 분국 공동 주최	동아 1923.09.25
군북 기독교회	동정금 10원 기부		동아 1923.09.28
충남 기독교 동양선교회	김병은 1원 동정금으로 기부		동아 1923.09.28
윤치호	의연금 3백원 기부		동아 1923.10.06
평남 미 감리교회	의연금 모금 취지서 선전	남산현교회, 차관리교회	매일 1923.10.03
군산 기독교회	의연금 9월 모금		동아 1923.10.07
영일 야소교회	귀향한 일반 학생 위로회 개최		동아 1923.10.23

단체명	활동 내용	비고	전거
교토 조선기독교	위문금 20원 모금	이관구 이름으로 동아일보에 전달	동아 1923.11.12

〈표 2-1〉의 주요 활동은 첫째 구제회 조직과 의연금 모금, 둘째 위문 또는 위로회 개최, 셋째는 의연금 기부 등으로 구분할 수 있다. 이를 좀 더 구체적으로 살펴보면 다음과 같다.

먼저 구제회 조직과 의연금 모금과 관련 활동이다. 관동대지진 직후 경성에서 재동경유학생조사회가 조직됨에 따라 평남지방 학부형과 유지들은 평양기독교청년회에 임시사무소를 설치하고 활동을 시작하였는데,[61] 이는 평양의 기독교가 중심적으로 역할하였음을 알수 있다. 충북 영동군 기독교장로회에서는 영동청년회, 동아일보 영동분국과 함께 동경이재동포구제회를 조직하고 9월 25일까지 모금하기로 하고 동아일보에 광고를 게재하였다.[62] 영동 기독교장로회등에서 모금한 의연금은 84전 50전으로 적지 않은 금액이었다.[63] 이의연금은 동아일보에 의뢰하여 전달하였다.[64]

거창군 기독교청년회는 거창청년회, 조선일보와 동아일보 분국과

61 「유학생 조사회, 활동과 의뢰」, 『동아일보』 1923년 9월 12일자.

62 「(광고)동경이재동포구제회」, 『동아일보』 1923년 9월 12일자.

63 「동경 이재동포 구제」, 『동아일보』 1923년 11월 12일자. 의연금 모금에 참여한 자는 다음과 같다. 孫在廈 5원, 尹祉淳 孫在燮 각 1원, 李景魯 宋晉憲 鄭煥潤 金德中 각 2원, 金行夏 宋命憲 각 1원, 鄭舜憲 2원, 李鍾和 全悳杓 朴俊榮 각 1원, 宋泰憲 5원, 朴喜哲 尹炳夏 각 1원, 李揆宅 2원, 朴來喜 韓成燉 각 1원, 金革煥 2원, 朴智用 裵錫敏 각 1원, 鄭學洙 2원, 崔毅卿 1원, 鄭順逸 1원 50전, 金榮寬 2원, 姜基成 孫庠基 각 1원, 金漢國 5원, 郭聖植 朴來碩 각 1원, 呂秉鉉 2원, 全俊漢 李應根 羅重淵 각 1원, 金憲洙 5원, 朴浩植 疇夏 각 1원, 睦炳世 2원, 徐光準 1원, 李秉宰 2원, 張錫用 崔芝翰 朴來鳳 張麟洙 鄭益謨 각 1원, 永同親睦契 10원.

64 「영동 인사의 진재동포 동정」, 『동아일보』 1923년 11월 20일자.

함께 이재동포구제회를 조직하고 김학규, 최동석, 주남재, 유주원 등 4명을 집행위원으로 선정한 이들이 중심이 되어 관내를 순회하면서 의연금을 모금하였다.[65] 함남 이원군에서는 종교계 청년단체와 언론계, 청년단체 등이 연합하여 동경재류동포구제회를 조직하고 의연금 모금을 규모있게 전개하였다. 구제회에는 종교계 청년단체 기독교청년회와 천도교청년회, 일반 청년단체 이원청년회연합회, 언론계의 동아일보와 조선일보 분국, 그리고 상무회 등이 참여하였다. 구제회는 상무위원 김성한 외에 동면에 김계섭과 김병길, 남면에 차광석과 신종규, 서면에 강창수와 김성한을 가각 수금위원에 선정하여 담당 지역을 중심으로 의연금을 모금하였다. 또한 구제회는 『동아일보』에 광고까지 하는 등 모금 활동을 전국적으로 확대하였다.[66]

의연금 모금은 관동대지진뿐만 아니라 국내 관서지역 수재의연금도 함께 모금하였다. 황해도 은율군 기독교는 은율상회, 동아일보 분국 등과 공동으로 이재동포구제회를 조직하였으며, 의연금 모금을 위해 김규종, 김유○, 송원○, 김상필 등 4명을 수금위원으로 선정하였다. 구제회는 회원을 대대적으로 모집하는 한편 회원 1인당 1원 이상의 의연금을 납부하도록 하였다. 이는 자발성도 있지만, 회원에 대해서는 강제성도 곁들이고 있음을 보여주고 있다.[67]

의연금 모금 활동을 가장 활발하게 전개한 곳은 평양 남산현교회와 차관리교회이다. 이들 교회는 미감리교 구역에 속하였는데, 관동진재구제회를 조직한 후 취지서를 선전하면서 의연금을 모금하였

---

65   「거창에 구제회 조직」, 『동아일보』 1923년 9월 21일자.
66   「(광고)동경재류동포 및 서선이재민구제회」, 『동아일보』 1923년 9월 21일자.
67   「은율에 구제회 조직」, 『동아일보』 1923년 9월 25일자.

다.[68] 관동진재구제회의 회장은 문약한(미국인), 위원은 안창호, 회계는 문약한(겸)으로 선정하고 10월 말일까지 남산예배당에 사무소를 두었다. 모금한 의연금은 평남 도에 위임하기로 하였다.

둘째는 위문 또는 위로회 개최이다. 이와 관련해서는 강원도 평강군 읍내 기독교는 9월 8일 동경진재위문회를 개최하였다. 위문회는 찬미, 위문 기도(김천일), 풍금 독주(김이석), 취지 설명(이치수), 도쿄 시사 보고(김영식), 위문사(박우철, 최상진), 축 신도쿄(하도원), 바이올린 합주(강이상, 안봉룡), 도쿄 대표자 답사(田代安太郞) 등으로 진행되었는데,[69] 구제기도회와 추모를 곁들인 행사였다.[70] 경북 영일군에서는 야소교가 주최가 되어 관동대지진 이후 무사히 귀호환 일반인과 학생을 위해 성대한 위로회를 개최하였다. 경남 마산 기독교에서도 사립 창신학교와 의신여학교 교직원 등과 공동으로 재일이재동포위로회를 개최하였다. 도쿄 일대에는 마산 출신 유학생이 19명이 있었는데, 지진 현지에서 구사일생으로 무사 귀국한 학생들을 위해 위로회를 개최한 것이다. 이윤재의 위로사, 의신여학생의 환영사, 학생 대표 김영근의 답사, 피난 실상 소개 등이 있었다.

---

68 「의연의 취지 선전, 미감리교회에서 대활동」, 『매일신보』 1923년 10월 3일자. 취지서는 다음과 같다. "關東震災는 참말 世界의 希有의 慘狀이야말로 形言할 수 없을 터인데, 이것을 듣는 때는 竦身의 粟과 同情의 淚가 自然 發斑할지라. 더욱이 우리 博愛의 情神을 土臺로 삼아 愛隣愛讎의 公義로써 國家的 或은 民族的 感情을 超越하여 其 慘酷한 情境에 處한 그들의 從來 關係 如何를 論問치 아니하고 救急의 同情을 表함은 이것이 果然 人類의 本能 卽 本然性이라 할지라. 所以然으로 各處에 救濟會가 續續 出現됨은 그 人類愛의 發表함에 不外인즉 우리 敎友들도 此에 同情할 것은 敎理에 符合하며 博愛에 當行이므로 信하노라. 玆先 左開 仰佈하오니 金品의 多寡는 不拘하고 溫情의 公正을 發露하심을 切望하나이다."

69 「동경 재변 위문회」, 『동아일보』 1923년 9월 13일자.

70 「피난 학생 위로」, 『동아일보』 1923년 9월 25일자.

셋째는 의연금 기부이다. 군북기독교회에서 10원, 충남 기독교 동양선교회의 김병은이 1원, 윤치호가 3백 원, 군산 야소교회에서 9원, 여주읍내 야소교에서 5원, 삼량진 동양선교회 성결교회에서 7원을 각각 기부한 것이 확인되고 있다. 대부분의 의연금 기부는 관동대지진 이재동포뿐만 아니라 관동대지진에 앞서 수해를 당한 관서지역의 이재동포를 위한 의연금 기부도 함께 하였다.

한편 불교계의 동향도 기독교계와 크게 다르지 않다. 불교계는 주로 관동대지진으로 인한 희생자 추도의식과 의연금 모금 활동을 전개하였다. 조선불교중앙종무원은 경성 시내에 있는 불교 단체와 연합하여 관동대지진과 서선 수해로 인해 사망한 동포들의 혼을 위무하기 위해 1923년 9월 27일 수송동 각황사에서 추도 법회를 개최하였다.[71] 추도 법회에는 아리요시 정무총감도 참여하였다는 점에서 관민 성격을 가진 추도의식이었다. 뿐만 아니라 일본불교계도 참여하였을 것으로 추정된다.

이러한 추모의식은 대구에서 확인해 볼 수 있다. 대구부와 관내각 종사원 주최로 관동대지진 참사자를 위한 추도회를 가진 바 있는데, 조선불교와 일본불교가 참여하였다. 대구부가 함께 주최한 것으로 보아 관 주도로 추진된 추도의식이라고 할 수 있다. 이외에 경북김천 경천사는 조선인과 일본인이 함께 참석한 가운데 추도회를 거행한 바 있다.[72]

의연금 모금은 불교계에서도 참여한 사례가 확인된다. 조선불교

71 「각황사에서 추도 법회」, 『동아일보』 1923년 9월 26일; 「재난 사망자 초도 법회」, 『동아일보』 1923년 9월 29일자.
72 「김천에서 진재 추도」, 『동아일보』 1923년 10월 30일자.

총무원에서 50원을 유학생학부형회에 기부하였고,[73] 합천 해인사는 동경진재구제회를 조직하고 24원 15전을 모금하였다.[74] 경성 삼청동의 고려불교중앙대회는 5원을 모금하여 기부하였다.[75]

유림계는 의연활동에 참여하였다. 평남 순천군 유림은 9월 13일 개최한 총회에서 서선수해와 관동대지진 의연금 모금을 만장일치로 찬성하고 수해에는 20원, 관동대지진에는 1백 원을 의연하기로 결의하였다.[76] 강원도 평강군 유도천명회도 서선수재와 관동대지진 이재민을 구제할 목적으로 의연금 모금 취지서를 작성하여 각면에 수금원 2명을 파견하여 모금 활동을 전개하였다.[77] 평남 맹산군에서는 군수가 유생회와 면장을 소집하여 의연금 모금하기로 결정함에 따라 33원을 모금 평양과 도쿄에 각각 분배하였다.[78] 강원도 철원군 유생 50여 명은 9월 11일 석존제를 마쳤는데, 유도천명회원은 의연금을 1인당 50전을 거출하자는 의견을 제시하였고 이를 결의하였다.[79] 유림계의 의연 활동은 관 주도의 지역 유지로 참여하는 사례가 적지 않았다는 점에서 언론에 보도된 것보다는 많았을 것으로 추정된다.

천도교의 경우에는 중앙종리원의 이름으로 관동대지진에 1백 원, 조선인이재구제회에 50원 등 150원을 기부하는 것[80] 외에는 별도로

---

73   「유학생부형회에 들어온 기부금」, 『동아일보』 1923년 9월 14일자.

74   「동경 이재동포 동정금」, 『동아일보』 1923년 10월 14일자.

75   「동경 이재동포 동정금」, 『동아일보』 1923년 10월 27일자.

76   「順川 유림 독지」, 『매일신보』 1923년 9월 18일자.

77   「이재민 구제금 모집」, 『매일신보』 1923년 9월 15일자.

78   「맹산 구재모금 결의」, 『동아일보』 1923년 10월 5일자.

79   江高第13537號, 「內地震災に對する部民の感想(第4報)」, 大正 12年 9月 13日.

80   「교회 1개년」, 『천도교회월보』 159, 1923.12, 61쪽.

의연금 모금 활동을 전개하지 않았다. 즉 중앙집권제라는 점에서 지방 종리원에 별도로 의연금 모금을 독려하지 않았던 것이다.[81] 다만 유언비어 등에 신중히 대처할 것을 시달하였다. 그렇지만 일부 지역에는 반발도 없지 않았다. 강원도 양구군 천도교인은 관동대지진 의연은 당연한 것임에도 불구하고, 중앙종리원에서 하등의 정보가 없다는 것은 일반에 대한 치욕이라고 말하기도 하였다.[82] 강원도 이천군 천도교 한 설교자는 배일사상을 가지고 있지만 스스로 의연금 모금에 착수한 바 있으며,[83] 평북 선천군 천도교종리원에서 50원, 천도교인 이용길이 1원을 각각 의연한 것이 확인된다.[84] 이외에도 함남 이원군 천도교청년회는 앞에서 언급한 바와 같이 기독교청년회 등과 함께 의연금 모금 활동을 전개한 바 있다.

천도교는 중앙 차원에서 의연금 모금 활동을 전개하지는 않았지만, 지역 상황 또는 개인적 차원에서 의연하였다. 천도교가 이처럼 신중하게 대응한 것은 인류애적 접근보다는 3·1운동의 피해 인식과 민족의식이 여전히 남아있기 때문으로 추정된다.

이외에 경성 견지동 시천교종무본부가 20원을 기부하였고,[85] 보천교는 이상호와 문정삼을 총독부 경무국장과 경기도 경찰부로 보

---

81 이동초 편, 『천도교회 종령종안』, 모시는사람들, 2005, 268쪽. 천도교는 관동대지진 이후 다음과 같은 공함을 발표하였다. "公函 제7호. 今番 日本에서 起한 災變은 實로 世界 有史 以來 初有의 大慘禍라. 어찌 尋常 驚愕에 止할 바리오. 然而 其 報道가 區區하고 傳說이 橫流하는 此際에 吾 一般 敎友는 더욱이 愼重自持하심을 敬要(布德 64年 12年 9月 5日 天道敎中央宗理院 座下)."

82 江高第14547號, 「內地震災に對する部民の感想(第12報)」, 大正 12年 10月 26日.

83 支檢泌第18號, 「民心の傾向に關する件」, 大正 12年 9月 14日.

84 「전천의 진재 동정금」, 『동아일보』 1923년 9월 21일자.

85 「동경이재조선인구제 동정금」, 『조선일보』 1923년 9월 20일자.

내 위로하고 의연금 1백 원을 각각 기부하는 한편 일반 교인들에게
인류애에 입각하여 의연을 모집하겠다고 밝히기도 하였다.[86]

4. 맺음말

이상으로 관동대지진에 대한 종교계의 인식과 동향을 살펴보았
다. 이를 정리하는 것으로 맺음말을 대신하고자 한다.

첫째, 관동대지진에 대한 종교인의 인식은 지도자와 일반 교인의
인식이 다르게 나타나고 있다. 1923년 9월 1일 발생한 관동대지진이
식민지 조선에 알려진 것은 9월 3일 『동아일보』와 『조선일보』 등 언
론을 통해서였다. 이들 언론은 지진의 발생, 피해 상황, 그리고 동포
즉 조선인의 안부에 초점을 맞추어 보도하였다. 그러나 '조선인 폭
동설'이 와전됨에 따라 관동대지진에 대한 인식은 왜곡되기도 하였
다. 이처럼 왜곡된 관동대지진은 자연재해라는 단순한 인식보다는
조선인과 일본인과의 복잡한 관계를 드러내기도 하였다. 총독부 기
관지 『매일신보』는 관동대지진이 식민지배통치에 미치는 영향력을
최소화하기 위해 총독부 관료와 사회에 영향을 미치는 주요 인물을
동원하여 내선융화를 도모하고자 하였다. 종교인으로는 일본조합교
회 후신인 조선회중교회 목사 유일선이 유일하게 참여하였다.

유일선은 관동대지진에 대해 두 가지 인식을 보이고 있다. 첫째
는 관동대지진은 '인류에게 무한한 교훈'을 주었다는 것이다. 그런
데 이 무한한 교훈은 자연재해로 인한 인류의 참회가 아닌 식민지
종주국인 일본이 사상이 통일되고 경제적으로 더 견실해질 것이며,

86　「보천교도 미거」, 『매일신보』 1923년 9월 11일자.

그 결과 일본의 장래와 민족의 융성으로 광명의 찬란한 전도가 있을 것이라는 교훈이다. 둘째는 조선은 갱생의 길을 도모해야 한다는 것이다. 유일선이 인식하는 갱생의 도는 다름이 아닌 희망이 아닌 '암담'이었다. 조선은 현실적으로 자랑할만한 무기도 없고, 광업과 금광도 없는 상황에서 인도적 의무를 할 수밖에 없다는 인식이다. 즉 관동대지진이라는 자연재해를 맞은 일본이지만 오히려 전화위복이 될 것이라고 보았다. 그리고 조선은 관동대지진을 계기로 독립운동을 전개하기보다는 인도적 의무를 하자는 자조적인 인식을 보여주고 있다.

한편 기독교 지도자 윤치호는 그의 일기에서 관동대지진과 관련하여 '일본에게 대재앙', '과학의 무기력', '일본인의 친절', '오모토교의 예언' 등의 표현을 남기기도 하였다. 한편 조선인학살에 대해서는 다소 이중적 인식을 보이고 있다. 유언비어인 '조선인 폭동설'을 사실로 인식하였을 때는 "미친개만도 못한 인간이며 구제받을 만한 여지가 전혀 없다"[87]고 하였지만, '조선인 폭동설'이 낭설로 밝혀졌을 때는 이를 '소문'으로 받아들였고, "어느 말을 믿어야 할지 종잡을 수 없다"고 하였다.

이에 비해 일반 종교인들은 '일본의 수도가 하루아침에 괴멸된 것

---

[87] 박미경·박정신 번역, 『(국역)윤치호 영문 일기 7』, 국사편찬위원회, 2016, 473쪽; 김승태 편역, 『윤치호 일기 1916~1943』, 역사비평사, 2001, 244~245쪽. "어리석고 무분별한 조선인들과 일본인 사회주의자들이 도쿄와 요코하마에서 불길이 타오르던 와중에 재산은 약탈하고 인명을 살상하는 만행을 저질렀던 모양이다. 야마가타 데이사부로 씨는 일부 조선인들이 약탈, 강간, 심지어는 방화마저 서슴치 않았다고 말했다. 이게 사실이라면, 사회주의자라고 자처하는 일부 조선인이 몹시 야비해서 이렇게 못된 일을 저지른 것이 틀림없다면, 이 어리석은 조선인은 조선이라는 고운 이름에 먹칠을 한 것이나 다름없다. 그들은 미친개만도 못한 인간이며, 구제받을 만한 여지가 전혀 없다."(1923년 9월 10일)

은 하나님의 힘에 의해 정해진 운명', '불의 세례를 받은 것', '청일전쟁과 러일전쟁으로 세계 열국의 위치에 이르렀으나 관동대지진으로 하루아침에 멸망의 땅이 되었고, 전쟁 희생자의 원혼으로 인한 하나님이 심판한 것' 등 일제 식민지배에 대한 종교적 해석으로 인식하고 있다.

둘째는 관동대지진에 대한 종교계의 대응은 동포 즉 조선인의 안부와 의연금 모금 등 구제활동에 적극적으로 참여하였다. 경성지역 유지를 중심으로 의연금 모금을 위한 동경이재조선인구제회와 일본진재의연금모집조성회 등 두 개의 단체를 조직하였는데, 종교인들도 적극 참여하였다. 조선인구제회에는 기독교계의 이상재·유성준·장두현·김양수·이대위·신흥우·정현모 등, 천도교의 박용회·김옥빈·김기전·이종린·최린·방정환 등, 불교의 한용운, 보천교의 이순택 등이 참여하였다. 의연금조성회는 기독교는 유성준·윤치호·장두현·오긍선·신흥우 등이, 불교는 강대련, 천도교는 최린이 참여하였다.

이처럼 경성지역처럼 사회 유지들이 참여하는 구제 단체에 종교인들이 참여하기도 하였지만, 종교계는 독자적으로도 구제회를 조직하고 의연금을 모금하는 구제 활동을 전개하였다. 종교계 중에는 기독교가 가장 적극적이었다. 경성중앙기독교청년회 총무 신흥우와 조선회중기독교회 목사 유일선은 기독교를 대표하여 아리요시(有吉) 정무총감을 관저에서 만나 지진 피해에 대해 위로하고 각 교파별로 기도회와 의연금 모금 활동을 전국적으로 적극 전개하기로 하였다. 이에 따라 평양, 영동, 평강, 초계, 이원, 거창, 전주, 마산, 은율, 군북, 군산, 영일 등 지방 교회에서 위로회, 추도회, 의연금 모금 활동을 전개하였다. 물론 이들 지역 교회 외에도 구제활동에 참여하였을 것으로 판단된다.

불교계는 주로 관동대지진으로 인한 희생자 추도의식과 의연금 모금 활동을 전개하였다. 추도의식은 경성의 각황사, 대구 불교계, 김천 경천사 등에서 가진 바 있으며, 일본불교와 관주도 성격을 보이고 있다. 의연금 모금에는 불교총무원, 해인사, 고려불교중앙대회 등에서 참여하였다. 유림계, 천도교, 보천교, 시천교 등에서도 의연금 모금에 참여하였다. 본고에서는 종교계의 관동대지진 대응은 주로 일반 언론을 통해 살펴보았다는 한계가 있다. 종교계는 자체적으로 잡지와 신문 등 기관지를 발행하였다는 점에서, 이에 대한 조사를 통해 반드시 보완해야 한다는 것을 지적하면서 마무리하고자 한다.

제2장 관동대지진과 「독립신문」

1. 관동대지진과 일본에 대한 인식

　1923년 9월 1일 발생한 관동대지진 소식은 식민지 조선뿐만 아니라 중국 상해에서 활동하고 있는 대한민국 임시정부에도 전해졌다. 임시정부는 기관지 『독립신문』을 통해 독립운동 진영뿐만 아니라 국내에도 그 소식을 전하고자 하였다. 『독립신문』은 식민지 모국인 일본에 "개벽 이래 초유의 慘事 참극"이라고 할 정도로 대지진이 일어났지만, 일본에 대해 여전히 '적국'이라고 표현하였다. 이는 언론 통제를 받고 있는 식민지 조선과는 달리 독립운동을 이끌어가는 상황에서 보다 강경하게 투쟁하고자 하는 의미가 담겨져 있다.

　『독립신문』은 식민지 조선에서와 같이 일간으로 발행되지 못하였다. 부정기적으로 발행되었는데, 관동대지진 발생 이후 9월 4일자 '호외', 9월 19일자 164호, 10월 13일자 165호, 11월 10일자 166호, 12월 5일자 167호 등에서 관련 기사를 보도하였다. 『독립신문』의 관동대지진 관련 기사는 초기에는 관동대지진의 피해 상황을 전달하고자 하였지만 점차 재일조선인의 피해와 학살에 초점을 맞추어 보도하였다. 그리고 중요한 것은 일본을 '적국'이라는 의미를 분명하게 밝히고 있다는 점이다. 『독립신문』에 보도된 관동대지진 관련 기사를 정리하면 〈표 2-2〉와 같다.

〈표 2-2〉『독립신문』에 게재된 관동대지진 관련 기사

날짜	기사 제목	주요 내용	비고
9.4	東京을 中心으로 한 敵國 內의 大震災」: 地震·暴風· 海嘯·大火가 竝起하여 全 市가 焦土로 化함	일본 동경 일대의 피해 소식을 전 하는 한편, 한인들의 조직적 무장 봉기, 200여 명 한인 일단이 八王 寺 진입설 등을 무비판적으로 보 도함	호외
9.19	敵地 災變에 대하여	피해 소식을 전함	1면 사설
9.19	敵地의 大地震 大火災	首都와 名港이 全滅되여 可驚할 인명과 재산의 손해 사상자 50만 손해액 50억	2면
9.19	在留同胞의 동정	일본 측의 유언비어를 가감 없이 수용하여 일부 한인들의 무장투쟁 사실을 보도하고, 일부 한인들의 피살 사실을 보도	2면
9.19	我 임시정부에서 敵 정부 항의 제출: 災中韓人 학살 에 대하여	천재지변의 화를 韓人에 전가, 軍 營에 囚禁된 한인 1만 5천 명, 한인 慘殺 등 항의, 1만 5천 한인 석방, 생사자 조사 공포, 韓人虐殺 亂徒 의 엄중 징벌 등 요구	3면
10.13	적의 죄악	軍에서 동포 11,100인 별도수용 후 宇田川 河畔에서 기관총으로 사살, 慘絶屠殺된 자 6, 7千人	1면 톱
10.13	일본 震災와 余의 辛苦(吳 竹): 지진 始初의 광경	화재 당시의 광경, 收容餘裕地 탐방, 방화혐의로 被捉, 被捉同胞의 慘景	1면
10.13	上海韓人僑民大會 집행위 원	尹琦燮, 趙德津, 呂運亨, 趙琬九, 趙尙燮, 李裕弼, 金承學	1면, 광고
10.13	흉독한 軍閥의 手에 大杉 榮 一家 全滅		2면
10.13	敵地 災後의 彙聞	사상된 總人數(사망자만 22만여 명), 소실된 總戶數, 부흥원의 설 치, 일본의 負債國化, 교통기관의 손해, 도서관 손해 1억 원, 우편저 금 3억 원 전부 사라짐, 토지소유 권 불명, 石川島 조선 폐지, 災區同 胞의 소식, 적 관리배의 추행, 强盜 黨은 노동당	2면
10.13	敵의 韓人 虐殺에 대한 上 海 我 僑民大會	10월 5일 오후 8시 三一堂에서 개최 한 교민 보고대회 및 결의문을 보도	3면 톱

날짜	기사 제목	주요 내용	비고
10.13	韓人 학살의 彙報	東京과 京城의 日文 및 韓文 신문, 통신, 중국 언론, 조사원 보고 등 각 출처별 소식을 종합, 한인들의 피해상과 困境을 보도함	4면 톱
11.14	震災時 日政府虐殺 韓僑之 大陰謀 發見		1면 2단, 中文版
12.5	1만의 희생자!!!	슬프다 7천의 가련한 동포가 敵地에서 피바다를 이루었다	1면 톱, 본사 被虐殺僑日同胞 특파조사원 제1신
12.5	학살된 동포를 위하여 悽恨痛切 추도회		1면
12.5	추도문		1면
12.5	추도가		1면
12.5	德國人이 目睹한 한인 慘殺사건		2면
12.5	한인 학살에 대한 在美韓友會 궐기		2면
12.5	可殺者 駐日美使 한인 학살설을 부정		2면
12.5	千葉縣에서 생긴 한인 학살사건		2면
12.5	한인 慘殺犯人을 겨우 징역 5년 이하		2면
12.5	倭當局 詭譎手段		2면
12.5	韓人 학살에 대한 日人의 評論		4면 톱
12.26	뿌博士 訪問記(상)	韓人 大虐殺은 眞正	1면
12.26	적에게 학살된 동포 橫濱에만 1만 5천	총계 2만 1천 6백여 명	2면
12.26	殘極虐極한 慘狀		2면
1924.1.1	敵 議會에 現한 韓人 虐殺問題	議員의 질문에 대하여 정부 當局은 답변 回避. 학살의 책임이 政府에 있다고	2면
1924.1.19	뿌博士 訪問記(하)	韓人 大虐殺은 眞正	2면

『독립신문』에 보도된 관동대지진의 첫 기사는 1923년 9월 4일자

'호외'였다. '호외'는 국한문으로 작성되었는데, 주로 관동대지진으로 인한 일본의 혼란상과 피해 상황을 주로 보도되었다. 그러나 기사의 말무리에는 투쟁의 의미를 강조하였다. '호외'의 기사의 내용을 다음과 같다.

東京 등지의 대진재에 관한 보도를 縱觀하건데, 一日에 폭풍우가 先作하고 정오에 홀연히 강렬한 대지진이 起하여 東京 淺草公園 內 十二層 高塔이 半○崩壞하여 부근에 大損害를 出하고 동시 시내 각 橋梁과 수도가 단절되었으며, 일본 제일 대상점 三越五服店에서 발화하여 열풍에 扇動하는 화염은 순간에 全市를 延燒하여 제국호텔, 제국극장, 경시청, 高輪御殿, 학습원, 제국대학, 문부성, 외무성, 精國神社, 박물관, 상과대학, 有樂座, 내무성, 丸之內빌딩, 上野停車場, 大藏省, 일본전기, 三井, 일본은행, 각 회사, 은행, 신문사 등 大建物이 전부 ○有에 歸하고 本所, 深川, 淺草, 日本橋, 京橋, 下谷, 神田, 芝 等 區가 災害가 最甚하여 一間餘屋도 無히 灰燃의 空地만 잔존하였으며, 二日에 至하여 激震과 火災가 더욱 猛烈한 中 品川近方에는 海嘯가 起하여 灣內燈臺가 破壞되고 沿邊一帶에 家屋와 人畜의 流失된 者 甚多하며 連하여 砲兵工廠의 爆發은 更히 東京 全市를 震動하였으며 宮城도 一部分 延燒되고 궁내성은 전소하였는데, 동경 시가는 방금 熔焰한 火海에 包圍되어 盛히 炎上이라 하며, 철도, 전신, 전차 등 교통기관이 全部覆滅하여 시외와의 통신이 두절 되고 僅히 해상과 공중 비행기로 모험통신을 의뢰할 외에 他道가 無하며 大路市內에만 倒潰 燒失 가옥이 三十五萬戶, 사망자 十五萬 이상에 達하며, 이재민이 深川 一邑에만 三十萬 가량이라는데, 爐餘의 空地와 各公園과 궁성 전 광장에는 饑餓에 빠진 피난민이 積至하여 號哭의 聲이 四面에 充溢하고 시내의 형세 더욱 混難惡化하여 三日에 遂히 戒嚴令을 布하고 入市를 금지하며 군대를 출동하여 폭탄으로 가연성을 帶한 건물을 爆破하며 食糧品을 外方으로부터 공급하고 食料水와 기타 위생자료를 모집하여 이재민의 구원에 진력하고 火勢의 鎭滅은 無○願及으로 猛○의 舞童에 放奏하였는데, 今에 동경 全市는 焦土荒野로 化하였다더라.

東京 橫濱에 거류하는 我 동포가 금번 재난의 機를 乘하여 何等의 운동이 有함은 사실인 바, 소문에 의한즉 我 韓人이 赤羽와 기타에 在한 화약고를 폭파하였다 하며, 또 二日 정오 계엄령 발포에 伴하여 동경에서 追出된 我 韓人 二百人 一團이 무기를 휴대하고 八王寺에 聚入하여 격렬한 형세를 作함에 敵 警察은 官公吏 靑年團을 무장케 하여 此에 對峙케 하는데, 我 韓人團은 橫濱 東京 兩 方面에 연락을 取하여 대대적 활동을 開하려 함으로, 三日 夜半에 高田 第十三 師團이 출동하여 頗히 엄중히 경계하며 충돌도 있었다더라.

(중략)

일본 본토는 물론 조선, 만주에서도 징발할 계획이라 하니, 일본 五十年 軍團政治의 酷毒한 罪惡의 報酬로 天變大災가 降하여 인류의 罪孽을 一搖하여 버리는데, 죄악의 책원지 東京은 벌써 도시를 유지할 여력이 無히 昔日의 歸하였으며, 일본의 군벌은 동경의 운명과 공히 覆滅되고 말지라. 오직 가련한 것은 군단 죄악으로 보수를 來한 天戾이 罹하여 橫○을 당하고 慘苦를 叫하는 民衆이로다. 아 - 일본의 滅亡 - 우리의 奮起[88]

〈그림 2-1〉 관동대지진 관련해서 발행한 『독립신문』 1923년 9월 4일자 '호외'

[88] 「동경을 중심으로 한 적국 내의 대진재: 지진·폭풍·해소·대화가 병기하여 전시가 초토로 화함」, 『독립신문』 호외, 1923년 9월 4일자.

우선 『독립신문』은 관동대지진에 대해 보도하면서 일제를 '적국'이라고 보다 분명하게 밝혔다. 호외를 발행하면서 기사 제목에서 '동경을 중심으로 적국 내의 대진재'라고 하여 일본을 투쟁의 대상임을 분명하게 인식하였다. 나아가 기사는 관동대지진을 '五十年 軍團政治의 酷毒한 罪惡의 報酬로 天變大災가 降하였다'고 보았으며, 이로 인해 '일본의 군벌은 동경의 운명과 공히 覆滅되어야 한다'고 하였다. 특히 기사 끝부분에서는 "아 일본의 滅亡 - 우리의 奮起"라고 하여 일본이 '멸망'하기를 기원하였으며, 나아가 독립운동의 가열찬 '투쟁'을 강조하였다.

이와 같은 인식은 『독립신문』 1923년 9월 19일자 기사에서도 보이고 있다.

東京 方面에 在留하는 我同胞들도 이번 震災에 많은 死傷者와 損害額을 生하였을 터이나 아직 詳細한 정보가 없거니와 다만 이미 보도된 바에 依컨대, 二日 정오 東京市에 敵의 계엄령이 발포됨에 의하여 同地의 我同胞가 逐出을 당하고 此 逐出을 당한 我側에서는 憤氣를 不勝하여 約 二百名 一團이 무기를 휴대하고 八王寺에 入하여 장차 如何한 활동을 개시코자 하였으므로 敵側에서는 그의 官公吏와 靑年團에게 무기를 許給하여 韓人을 對敵케 하고 인하여 高田 제3사단은 출동시켜 我에 대한 경비를 行케 하였는데, 我側에서 東京 橫濱 方面에 대한 聯絡이 有하였다고 하고, 또한 東京 砲兵工廠 火藥庫의 爆破가 我韓人의 手로 되었다 하며, 그후 韓人이 所澤飛行場에 집합하였다가 적에게 격퇴한 바 되고, 三日에 敵 警視廳에서 韓人에 대한 緊急取締令을 發하였고, 또한 敵政府는 閣議로서 東京 在留의 一萬 五千名 韓人을 習志野兵營에 수용하여 보호하기로 결정하였다 하니, 此는 비록 보호의 美名에 付하나 其實은 我韓人의 장래를 우려하여 此를 병영에 감금하

여 其들의 활동을 방지케 하는 것으로 보겠으며(하략)[89]

　이 기사는 재일조선인의 동정을 보도한 것이지만 재일조선인의 투쟁을 엿볼 수 있다. 관동대지진이 일어나자 무장한 재일조선인 2백 명이 하치오지(八王寺)를 습격하였으며, 도쿄의 포병공창 화약고를 폭파하였다고 하였다.

　그러나 이 기사는 재일조선인의 움직임을 적국 도쿄에서도 독립운동을 전개한 것으로 사실과 다르게 와전시킨 것이다. 뿐만 아니라 "韓國革命黨이 擧事하여 東京에서 市街戰"이 있었다고 하여, 마치 재일조선인이 독립투쟁을 적극적으로 전개하고 있다는 점도 강조하였다. 이와 같은 내용은 중국 관내와 만주에서 활동하는 독립운동 진영에 사기를 진작시키기 위한 방안으로 보인다.

　또한 재일조선인을 보호한다는 명목으로 치바현(千葉縣) 나라시노(習志野) 병영에 1만 5천여 명을 수용한 것은 겉으로는 '보호'라는 구실을 붙이고 있지만, 실제적으로는 재일조선인이 독립운동 등을 전개할 우려가 있기 때문에 감금한 것이라고 하였다. 이러한 인식 역시 일본에서의 독립운동 세력을 탄압하는 것으로 해석하였다고 할 수 있다.

　『독립신문』 1923년 9월 19일자 「적지 재변에 대하여」라는 사설은 여전이 일본을 '적'이라는 여실히 드러내고 있다. 당시 식민지 조선은 관서지역의 수해로 인해 수만 명의 이재민이 발생하는 등 어려운 상황에 대해 하늘을 원망하는 하였지만, 이는 적국에서 발생한 관동대지진에 비하면 그나마 다행이라는 관점도 없지 않았다. 이러한 관점에서 관동대지진은 "大自然의 威力으로써 能히 東京, 橫濱은 말고

---

[89]　　「재류동포의 동정」, 『독립신문』 1923년 9월 19일자.

一旦에 그 全土를 太平洋 中에 投하여 形跡도 없이 할 수 있고, 그 全土를 燒하여 火海를 作할 수"도 있다고 하여, 적국 일본제국주의의 죄악에 대해 치명상을 준 '대재난'으로 인식하였다.[90]

뿐만 아니라 관동대지진은 일본에 적지 않은 타격을 가하였으므로 이를 계기로 "우리는 起하여 力을 蓄하고 藝를 修하여 勢를 作하면 天이 我에게 時를 與하리니, 敵의 災를 幸으로만 여길 것이 아니라 차라리 我의 作을 더욱 急히 할 것이로다"라고 하여, 독립의 기회를 만들자고 주장하였다.

『독립신문』은 호외에서도 밝혔듯이, 관동대지진이 발생한 일본은 여전히 '적지' 내지 '적국'이었다. 이러한 인식은 『독립신문』 사설이나 기사에서도 그대로 드러내고 있다. <표 2-2>의 관동대지진 관련 기사 제목에서 보듯이 『독립신문』은 일본에 대한 철저하게 항일의식을 보이고 있으며, 독립투쟁의 대상이었다.

이러한 인식은 관동대지진으로 일본의 위세가 약화되고 이를 계기로 민족운동을 적극 전개하여 독립을 쟁취하려는 의지가 담겨져 있다고 볼 수 있다.

2. 관동대지진의 피해 상황 보도

『독립신문』은 관동대지진의 피해상황에 대해서 비교적 자세하고

---

[90] 사설의 내용은 다음과 같다. "(전략) 今日 敵의 國力이 저만치 減損됨이 我에게는 그만한 補充이 되는 것으로 볼 수 있고, 敵에게 그만한 打擊이 있는 것이 我에게는 그만한 進就가 있는 것으로 볼 수 있으니, 오직 우리는 起하여 力을 蓄하고 藝를 修하여 勢를 作하면 天이 我에게 時를 與하리니, 敵의 災를 幸으로만 여길 것이 아니라 차라리 我의 作을 더욱 急히 할 것이로다."

적지 않은 기사로 보도하였다. 기사의 주요 내용은 일본의 참상이었다. 관동대지진의 주요 피해로는 당시 일본의 상징라고 할 수 있는 아사쿠사(淺草)의 12층 건물의 붕괴를 비롯하여 미츠코시 기모노점(三越吳服店) 소실, 제국호텔, 제국극장, 경시청, 다카나와 어전(高輪御殿), 학습원, 제국대학, 문부성, 외무성, 야스쿠니신사(靖國神社), 박물관, 상과대학, 유락좌(有樂座), 내무성, 마루노우치(丸之內) 빌딩, 우에노 정거장(上野停車場), 대장성, 일본전기, 미쓰이(三井), 일본은행, 각 회사, 은행, 신문사 등의 붕괴와 화재로 인한 피해 상황을 알렸다. 뿐만 아니라 도쿄와 요코하마 등 관동지역 일대의 피해 상황도 적극 알리고자 하였다. 이는 호외라는 한정된 지면에서 '적국' 일본이 입은 피해를 최대한으로 기사화한 것이라고 할 수 있다.

『독립신문』 호외는 관동대지진이 일어난 직후인 9월 2일부터 3일까지의 상황을 보도하였는데, 그 내용은 다음과 같다.

> △ 三日 政友會本部에서 這般幹部會를 開하고 협의하던 중에 건물이 倒壞하여 高橋 摠裁 이하 간부 20명이 피난할 여가가 無히 압사하였다는데, 후보를 접한 즉 高橋는 중상되었다는 설이 有하더라.

> △ 相州鎌倉에 避暑중인 賀陽太妃와 山階宮은 지진에 부상하여 死하고 松方이도 震災에 중상을 당하여 3일에 사망하고 閑院宮은 행위불명이라더라.

> △ 三日 橫須賀 군항에서 군함 二隻과 해군 병원선 一隻이 침몰하고 기타 정박 중인 군함도 전부 擱坐하였다더라.

△ 橫濱에도 東京과 동시에 震災와 火災가 並發하여 船渠와 수만 가호가 焦土에 歸하고 사상자 十萬餘名이오, 이재민은 선상에 피난, 二日 오후에 계엄령을 발포하였는데, 시민의 기근이 심하여 약탈을 자행하더라.

△ 東京과 其外 각지에 災難이 이렇게 심함에 불구하고 倭主 夫妻는 日光에 避居하여 아직 무사하다 하며, 其 攝政孩子는 각지 상황보고를 청취하고 있다더라.

△ 三日 橫須賀市는 전부 燒盡되어 도처에 死屍累累한 地獄으로 化하고 日日 數回의 激震이 頻發한다더라.

△ 二日 靜岡縣下 피해는 사상 二千餘名이요, 도괴가옥이 五千四百戶이라더라.

△ 二日 箱根 富士방적회사에서는 震災 발생 전 賃銀引上의 要求로 正히 爭鬪가 起하게 되어 공장 문을 폐쇄하고 職工 등을 場內에 密閉한 中에 지진이 起하여 屋宇 崩落하여 一人의 逃生者가 無하고 千五百名이 壓倒 埋沒되었는데, 掘出키 불능하고 현장은 全여 생지옥으로 化하였더라.

△ 二日 千葉市는 震災로 因하여 全滅되고 일본은행도 전부 燒盡하였다더라.

△ 去月 三十一日 분화를 始한 秩父連山은 一日 정오에 우연히 墳烟히 沖天하고 大爆發이 되는 형세인데, 今回의 震災는 此山의 爆發에 由함이라더라.

△ 二日 强震로 因하여 山北隧道가 붕괴함에 第四二三號 열차가 매몰되어 狀況不明이요, 더욱이 八問川 중심에 伊豆半島는 不可形

言의 慘狀이 묻하였는데, 箱根은 전멸하여 수만의 避暑客이 阿
鼻叫喚의 巷에서 방황하며, 山北 伊東은 幾萬의 사상자가 出하
고 지진으로 인하여 伊豆半島는 陷沒하고 新島가 現出하였다.

△ 二日 오후 二時 山本權兵衛는 內閣組織의 親任式을 종료하고
水交社에 入하는 際에 수명의 자객에 저격을 당하였으나 山本
의 신상은 하등의 상해를 不受하고 直히 隱姿하였더라.

△ 三日 東京 四十八個所의 火災는 더욱 猛烈하고 宮城도 延燒하
는 중인데, 倭主 일가는 京都에 移居하기로 하였다더라.

△ 三日 해군대장 山本權兵衛는 遂히 內閣을 조직하였는데, 一日
오후 九時 山本이 水交社에서 내각 조직을 협의하던 중 정오의
강진에 실색하여 泥塗가 되어 탈출하고 진재로 인하여 親任式
도 중지되었다더라.

△ 三日 今回 재난으로 인하여 사상이 五,六十萬 罹災者 幾百萬이
며 기타 건물, 교통기관, 상품손실 등이 優히 五十億 이상에 達
하고 각 지방의 손해를 합하면 其數는 莫測이라.[91]

이들 기사는 관동대지진이 일어난 지 2, 3일 동안의 피해였지만,
부정확한 내용도 없지 않았다. 그렇지만 일본에서 발생한 관동대지
진의 상황을 민족운동 진영에 신속하게 전달하기 위한 것이라고 할
수 있다.

이에 따라 『독립신문』은 호외 발행 이후 보름이 지난 정규 발행일
인 9월 19일자에도 관동대지진의 피해 상황을 사설에서도 중요하게

---

91   「동경을 중심으로 한 적국 내의 대진재」, 『독립신문 호외』 2023년 9월 4일자.

논하였다. 사설 중 피해 상황과 관련된 내용은 다음과 같다.

　　지난 八月 一日과 十三日 우리의 故國 西韓 一帶에 洪水와 海
溢이 漲溢하여 人命과 財産에 不少한 損害를 始한데 對하여 우리
는 天이 어찌 我民을 恤치 않으시는가 하여 一時 怨尤의 聲이 없
지 아니 하였다. 그러나 우리에게 있은 그 災難은 今日 敵地에서
생긴 그 大地震 大火災에 比하면 可히 比倫치 못할 微少한 者이
오. 또한 우리에게 있은 如許한 僅小의 災害는 將次 敵地에 내릴
大災難이 있을 先聲이었으며, 아울러 天이 我民을 憐하심이 彼敵
民보다 憂함을 알게 함이오. 또한 天地變化의 能이 吾人의 想到치
못할 데까지 大함을 表現함이라.

　　前後 六十年間 全國의 力을 擧하여 施設하여 東洋의 第一 大都
라 稱하던 東京 大市와 全世에 通하는 關門이라 謂하던 橫濱 巨港
이 不過 數分間에 瓦礫의 場을 成하고 不過 幾時間에 灰燼의 域을
作하여 昔日 輝煌燦爛의 區가 變하여 今日의 荒野가 되고, 昔日
行人如織하던 街가 變하여 今日 餓鬼가 啾啾하는 所가 되었으니,
이 어찌 吾人의 想像하던 바이며 人力의 所及할 바이리오.

　　敵은 그 今日에 在하여 그 如何히 思하는가 以若 叢爾小島의
夷族으로 일찍 我國의 惠를 蒙하고 歐美의 風을 倣하여 多少 發達
의 域에 就하여 文化, 經濟, 藝術 等 幾個方面에 對하여 幾分間 先
進이 되고 中樞가 되고 또한 悍暴한 本性을 逞하여 殺戮侵奪을 恣
行하여 所謂 今日의 强이란 것을 恃하여 자못 傲慢妄肆 하여져서
敢히 雄心을 發하여 人을 侮하다가 今日의 此前古 未曾有의 天災
地變을 當하였으니 敵은 今日도 오히려 悔悟의 念이 無한가.

　　大自然의 威力으로써 能히 東京, 橫濱은 말고 一旦에 그 全土
를 太平洋 中에 投하여 形跡도 없이 할 수 있고, 그 全土를 燒하여
火海를 作할 수도 있나니, 昔日 所多 馬城의 火滅과 挪亞時代의
淹沒이다. 그 可能함을 表證하는 것이라. 今日 日本의 貫盈한 罪
惡이 어찌 昔日 所多 馬城人의 罪惡만 못하며 挪亞時代人의 罪
惡만 못하리오. 만일 罪惡의 報應이 果然 있다 하면 日本 全土를

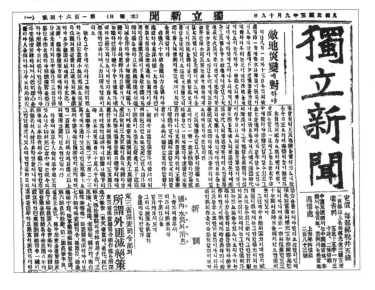

硫璜火로 燒하여 死海를 作하여도 오히려 足하지 못할지라.

天災地變은 말고 人事의 變遷으로 보더라도 一時一世를 掀動하던 暴威와 强力도 一旦에 墜하여 悽慘한 末路를 行하나니, 其例를 擧치 않아도 事事가 瞭然하도다. 國의 富함도 可히 誇할 者 아니요, 兵의 强함도 足히 恃할 者 아니라.

敵의 今日 當한 損害가 지금까지의 判明된 것만으로도 死亡된 人口가 四十餘萬이요, 損失된 財産이 五十億 以上이며 東京과 橫濱의 兩大 工兵廠과 橫須賀의 三大 軍艦이 烏有에 歸하였으니, 此 等의 損害를 露日戰爭의 時에 被한 日本의 損害에 比하여도 其數가 오히려 遙히 超越하니, 卽 露日戰爭의 時 日本의 死傷者가 十萬八千名이요, 軍事費가 十五億二千二百二十三萬元에 不過하였도다. 만일 軍事上으로써 今番에 生한 損害만치 生케 하려면 一百萬 以上의 兵力과 百億元 以上의 軍備를 要치 않으면 안 될지라.

하물며 東京은 人物의 集中地도 되었으니 今回의 死亡者 中에는 現今과 將來에 日本社會의 中樞가 될 만한 有名無名의 人材가

多하였을지니 다시 그만한 補充이 있으려면 많은 時日과 功力을 費하여야 할지요, 또한 이번에 損失된 軍備의 補充도 卒然間 容易한 일이 아니며 東京 一市의 復舊만도 三十年間의 長時日을 經치 않으면 能치 못하겠도다.[92]

사설에 의하면, 동양 제일의 도시라고 일컫는 도쿄와 전 세계로 통하는 관문 요코하마가 한순간에 '황야'가 되고 '餓鬼가 啾啾한 所'로 변하였다고 하였다. 뿐만 아니라 사망자가 40여 만 명, 손실액이 15억이 넘는다고 그 피해 상황을 전달하고자 하였다.

이어 『독립신문』은 9월 19일자 2면에 「적지의 대지진 대화재」라는 기사에 '地震區域과 震勢', '震災 程度와 威勢', '死亡된 重要 人物', '罹災地의 變形', '罹災民의 情況'이라는 부연 기사로 관동대지진의 정황을 소개하였다. 그리고 관동대지진으로 인한 피해를 "首都와 各港이 全滅되어 可驚할 人命과 財産의 損害", "死傷者 50萬 損害額 50億"이라고 밝히고 있다.[93]

이외에도 『독립신문』은 「敵地災後」라는 기사에 '사상자 총인수', '소실된 총 호수', '일본의 부채국화', '교통기관의 훼손', '도서관 손해 1억 원' 등 소제목으로 관동대지진의 피해를 보다 쉽게 이해할 수 있도록 전달하였다. 특히 『독립신문』 1923년 11월 10일자에는 관동대지진 피해의 총액은 1백15억에 이르며, '전국 부력의 8분지 1'이 손실되었다고 하였다.[94]

---

[92] 「적지 재변에 대하여」, 『독립신문』 1923년 9월 19일자.

[93] 「적지의 대지진 대화재」, 『독립신문』 1923년 9월 19일자.

[94] 「진재로 인한 적의 총손해액」, 『독립신문』 1923년 11월 10일자. 기사의 내용은 다음과 같다. "敵地震災에 依하여 生한 物質上 損害에 對하여 其額數를 算出하기가 자못 容易치 안 터니, 最近 敵政府 側과 其他의 方面에서 가장 相當

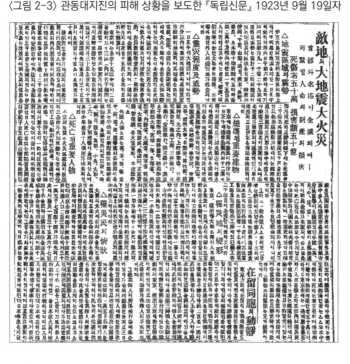

〈그림 2-3〉 관동대지진의 피해 상황을 보도한 『독립신문』 1923년 9월 19일자

관동대지진으로 일본의 경제적 피해는 적지 않았는데, 『독립신문』은 이를 적극적으로 보도한 것은 역시 일본의 국부가 유출됨으로써 국력이 약화되고, 이를 계기로 식민지로부터 벗어나고자 하는 독립 의지의 발로라고 할 수 있다.

하고 正確한 統計를 基礎로 하여 算定한 바에 依하건대, 其損害額이 東京 市內에만 八十一億五千八百萬元이요, 東京府下의 七億八千萬元, 橫濱市의 七億元, 其他 重要한 被害區域의 分을 加하면 一百一億五千萬元에 達하는데, 此는 民産만을 謂함인즉 此에 國有財産의 損害 約十三億七千萬元을 加하면 其實 數가 一百十五億二千萬元에 達하는 바, 三年前에 調査된 日本의 總富力 八百億元에 對한 約八分之一을 今番에 喪失하였더라."

3. 재일조선인 학살에 대한 대응

『독립신문』은 적국 일본에서 생활하고 있는 재일조선인의 안위에 대해서도 우려를 하였다. 유언비어와 계엄령으로 재일조선인이 학살당하고 있다고 보았다. 때문에 초기에는 재일조선인 학살에 대해 구체적인 내용을 기사화하지는 못했지만 '화약고를 폭파'를 폭파하였다거나 '무기를 휴대하였다'는 등 유언비어에 대해서는 현지의 상황을 전달하고자 하였다. 그러나 재일조선인의 학살에 대해서는 아직 확인이 되지 않아 자세하게 기사화하지는 못하였다. 다만 "敵 警察은 官公吏 靑年團을 무장케 하여 此에 對峙케 하는데, 我 韓人團은 橫濱 東京 兩 方面에 연락을 取하여 대대적 활동을 開하려 함으로, 三日 夜半에 高田 第十三 師團이 출동하여 頗히 엄중히 경계하며 충돌"[95]도 있었다고 하여, 현지에서의 재일조선인 학살을 충분히 예견할 수 있음을 강조하였다.

『독립신문』은 이와 같은 불안한 상황에서 재일조선인 학살과 관련된 첫 기사는 다음과 같이 보도하였다.

> 모 외국 피난민의 目覩한 바에 의하건데 橫濱에 수감되었다가 逃出한 韓人 二十名(敵은 그들이 刀로써 殺人行法을 하였다 함)을 일본 救火員이 捕捉하여 當場에 打殺하였다 하고, 九月 九日 發電에 依컨대 일본에 在하던 韓國革命黨이 擧事하여 東京에서 市街戰이 有하였다 하며, 또 某 서양 신문에 揭載된 바에 依컨대 일본 학생은 지금 이번 橫濱에 大火災가 起함은 韓人이 同地 美孚石油倉庫에 衝火함으로 되었다 하여 浪徒를 시켜 지난 一日에 韓人 五十名을 打殺시켰다 하는데, 日人 一輩이 竹杖과 鐵棒을 가지고 韓人 頭部를 亂打하여 死케 하는 것을

95 「동경을 중심으로 한 적국 내의 대진재」, 『독립신문 호외』 2023년 9월 4일자.

記者가 目覩하였다 하고, 同地에 或 井中에 毒藥을 投하여 人을 死케
하며 人의 物品을 劫奪하는 等의 暴行이 우리 韓人들의 所爲라고 宣
傳하여 지금 많은 韓人을 모두 虐殺하는 모양이더라.[96]

이 기사에 의하면, 관동대지진으로 무너진 요코하마의 한 형무소에
서 탈출한 재일조선인 죄수 20여 명이 일본인에 의해 타살을 당하였
으며, 또 모바일(美孚)석유창고에도 불을 질렀다는 유언비어로 50여 명
이 타살을 당하였다는 것이다. 다만 이 기사의 사실 관계는 확인할 수
없지만 70여 명의 재일조선인이 학살당하였다는 것을 전하고 있다.

관동대지진 당시 재일조선인 학살은 관동대지진이 발생한 9월 1
일부터 자행되었다. 즉 이날 밤 도쿄 구로다구(墨田區) 키네가와바시(木
根川橋) 근처에서 창포와 칼로 무장한 일본인 무리가 재일조선인을 살
해하였다.[97] 이후 '재일조선인이 폭동을 한다, 강간을 한다, 우물에
독약을 투입하였다'는 등의 유언비어들이 난무하였고, 이러한 유언
비어를 사실로 받아들인 일본에서는 자경단, 경찰, 군이 관여하여 재
일조선인을 집단적으로 학살하였다.[98]

이와 같은 조선인학살과 관련하여 국내의 언론들은 재일조선인
학살에 대한 기사를 전혀 보도하지 못하였다. 이에 비해 『독립신문』
은 재일조선인 학살에 대해 보다 관심 있게 보도할 수 있었다. 이는
『독립신문』을 발행하는 상해가 조선총독부의 언론 통제의 영향이

---

[96]   「재류동포의 동정」, 『독립신문』 1923년 9월 19일자.

[97]   山田昭次, 『關東大震災時の朝鮮人虐殺その後: 虐殺の國家責任と民衆責任』, 倉
史社, 2011, 73~74쪽.

[98]   관동대지진 당시 재일조선인 학살에 대해서는 姜德相, 山田昭次, 강효숙 등의 연구
를 참조할 것.

미치지 못하는 곳이기 때문이었다. 이에 따라 『독립신문』은 식민지 조선의 언론보다 재일조선인 학살을 보다 구체적으로 보도하였다.

기사에 의하면 "井中에 毒藥을 投하여 人을 死케 하며 人의 物品을 劫奪하는 等의 暴行이 우리 韓人들의 所爲라고 宣傳"이라고 하여, 재일조선인이 일본인을 죽이기 위해 우물에 독극물을 넣었다, 물건을 빼앗는다는 등 유언비어가 있었다는 점을 언급하고 있다. 이는 관동대지진 당시 재일조선인에 대한 유언비어가 실제로 있었다는 점에서 사실을 전하였다.

그런데 문제는 유언비어는 유언비어로 끝난 것이 아니라 재일조선인 학살로 이어졌다. 『독립신문』은 우선 요코하마(橫濱)의 한 감옥에서 탈출한 재일조선인 20여 명이 칼을 가지고 일본인을 죽이려 한다는 유언비어에 학살당한 재일조선인과 모바일(美孚)석유창고에 재일조선인이 불을 질렀다는 유언비어에 학살당한 재일조선인의 동향을 기사로 다루었다. 이는 당시 사실에 부합한 것인지는 확인할 수는 없지만, 관동대지진 당시 재일조선인이 학살당하고 있다는 점을 부각시켰다. 재일조선인 살해를 단순한 것으로 인식한 것이 아니라 '학살 사건'으로 이슈화하였다고 할 수 있다.

재일조선인 학살에 대해 대한민국 임시정부는 외교총장 조소앙의 명의로 일본 정부에 '항의서'를 제출하였는데, 『독립신문』은 이를 전재하여 보도하였다. '항의서'의 내용은 다음과 같다.

> 天地가 合力하여 禍를 日本에 降함에 三都의 火片이 一切 幾 空함에 聞者는 惻怛하여 恩讎의 間이 없거늘, 何期 此時에 사람이 殺氣를 發하여 天災地變으로써 禍를 韓人에 嫁하야 曰 放火者도 韓人이요 擲彈者도 韓人이라 하여, 動兵宣戰하고 大敵에 臨함과 같이 하여 民軍을 激動하여 武器를 借輿하여 老幼나 學工을 勿

論하고 韓人이면 다 屠戮하라고 水深火熱을 不分하고 韓人이면 戮하라 하여, 九月 一日부터 七日까지의 間에 韓人이 大道에 亂殺된 者 每日 五十人이요 軍營에 囚禁된 者 一萬 五千人임을 中外記者가 目覩하고 報道한 者이니, 韓人을 收容함은 保護함이라 하고 韓人을 慘殺함은 狂民의 亂行이라 藉稱하나, 그 뉘가 信하고 宥하리오. 敝 政府는 此를 차마 容認치 못할지라. 大抵 敵과 敵의 間에 戰하되 法을 守할 것이어늘 灾民을 虐殺함은 人의 敢爲할 바 아니라. 況且 此灾區에 在한 韓人은 孑孑肉塊로 遑遑히 圖生함인즉 力으로도 可히 戰할 者 아니오. 情으로도 可히 殺할 者 아니라. 이제 戰하고 殺함은 이 蠻者의 蠻行이라. 天의 大警을 受코도 悔禍의 望이 無하고 人의 同情을 求하나 스스로 人에 絶할지라. 此는 人과 天으로 더불어 挑戰함이니, 敝 政府가 日本 人民을 爲하여 痛哀함이 甚하도다. 冀컨대 빨리 補救하되 조금도 緩弛치 못할지니, 此 書를 受한 지 五日 以內에 左開 各項을 查明辦理하고 곧 敝 政府의 抗議에 對한 答覆을 與하라.

一. 非法强囚한 一萬 五千의 韓人을 곳 放釋할 일.

一. 무릇 灾區에 屬한 韓人 生死者의 姓名, 年齡, 住所를 切實히 調査하여 公布할 일.

一. 韓人을 虐殺한 亂徒는 無論 官民하고 嚴重 懲辦할 일.[99]

〈그림 2-4〉『독립신문』 1923년 9월 19일자에 게재된
대한민국임시정부의 재일조선인 학살 항의서

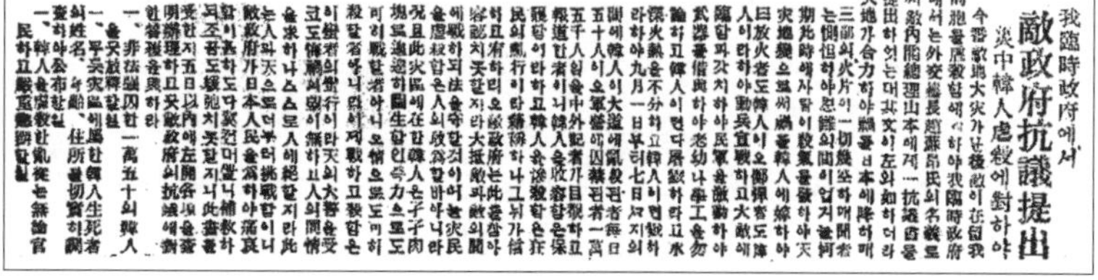
我臨時政府에서
敵政府抗議提出
災中韓人虐殺에 對하야

[99] 「我臨時政府에서 敵政府 항의 제출」, 『독립신문』 1923년 9월 19일자.

‘항의서’에 의하면, 천재지변 즉 관동대지진의 화를 재일조선인에게 돌리고, 재일조선인이 방화, 착탄한다고 9월 1일부터 7일까지 매일 50여 명이 학살당하였으며, 1만 5천 명을 보호라 하여 강제로 수용하고 만행을 지적하고, 인도적 차원에서 수용된 재일조선인의 석방, 재일조선인의 생사를 조사하여 공포, 학살자의 처벌 등을 강력하게 요구하였다.

『독립신문』은 이 항의서에 대한 일본 정부 참무부 육군차장의 진상 발표를 「한인학살에 대한 적의 발표」라는 답변 기사를 게재하였다. 그 내용은 다음과 같다.

一. 災害에 對하여 一部 鮮人은 石油와 爆彈 等을 使用하여 火災를 蔓延케 하려 하고, 또 毒藥을 井中에 投하며 或은 掠奪 強姦을 行하는 等의 暴行을 한 事實이 있고, 또 避難 路上의 橋梁 及 船橋와 無線電信局을 爆破하려한 形跡이 있으며, 引續的 犯行을 調査 中에서 韓人의 暗號 爆藥 等을 發見하는 中이오.

二. 大震災를 繼하여 起한 大火災의 當時는 民衆의 昻憤이 其極에 達하여 第一項과 如한 韓人의 現行 或은 少數 誤解的 風說 때문에 雜踏하는 民衆의 間에 鬪爭混亂을 生하여 一般 罹災民으로서 傷害된 者가 不少한 바, 其中에 現行犯 其他의 事情으로 因하여 殺傷된 韓人이 있을 터이오.

三. 韓人의 暴行 等에 關한 風說은 震災地 及 其 附近의 極度로 昻憤된 民心에 큰 刺戟을 與하여 風評이 風評을 生하였으니, 대개 從來 在留의 不良韓人이 上海 及 西比利亞 方面의 不逞韓人 及 邦人 中 不穩分子로 더불어 氣脈을 通하여 極히 暴虐한 擧措를 行하려 한다는 說이 一部의 民間에 信聽됨에 依함이오.

四. 一部 不良의 徒를 除한 外의 一般 韓人은 順良하여 震災가 나자 곧 官憲은 最善을 다하여 韓人 救護에 努力하여 軍隊, 警察, 團體 及 個人 等이 充分한 保護를 加하고 規定한 場所에 收容하여 衣

食을 供給하였으니, 其 數가 目下 五千에 達하고 其中의 數百名
은 벌써 安頓되어 復舊事業에 服務하며, 震災地 外에서는 官憲과
會社가 共히 保護에 意를 加하여 平常과 如히 業務에 服케 하며,
五. 支那人 中에도 傷害된 者 數名이 있으나, 第二項의 混亂한 渦
中에서 或은 韓人으로 誤認된 者인데, 邦人으로서도 同樣의 難
을 當한 者가 多數이니 非常한 混亂 中에 不得已한 일이라.[100]

일본 정부의 답변[101]은 지극히 형식적인 것으로 재일조선인 방화,
약탈, 강간, 폭파 등 위협적인 행위를 한 것은 사실이며, 이에 일본
민중들이 분기하여 재일조선인을 학살하게 된 것은 부득이한 일이
었다는 것이다. 그리고 재일조선인의 이러한 불량활동은 상하이의
대한민국 임시정부와 연해주에서 활동하는 독립운동 세력과 '기맥'
이 통하여 발생한 것이라고 그 원인을 전가하였다. 나아가 일본 정
부가 관동대지진이 일어나자 재일조선인을 구호하는 데 최선을 다
하고 있다는 하였다.

결국 답변서의 내용은 재일조선인 학살은 임시정부와 내통한 재
일조선인의 불량활동 때문이었다는 책임전가에 불과하였다. 이에
대해 임시정부는 "韓人을 虐殺한 일은 敵도 自認하는 바이요, 韓人

---

100 「한인학살에 대한 적의 발표」, 『독립신문』 1923년 10월 13일자.
101 일본정부의 또 다른 답변은 상해총영사를 통해 발표한 바 있다. 그 내용은 다음
     과 같다. "今回 震災와 火災로 因하여 上下混亂의 期를 乘하야 一部 韓人中 或은
     放火하며 或은 爆藥과 凶器를 가지고 市內를 徘徊하다가 掠奪暴行을 한 일이 있
     을 뿐 아니라 此에 續하여 流言이 盛行되어 따라 昂奮된 一般人心은 極度에 刺
     戟되고 不逞韓人過激主義者의 行動에 對한 社會一般의 疑惑은 一層激發되어 그
     結果로 避難民은 隨處에서 紛糾를 生하여 殺傷된 者도 不少한지라. 官憲은 韓人
     側에 對한 誤解를 풀며 人心을 緩和케 하기에 努力하는 同時에 他方罹災韓人을
     各處一定한 場所에 收容하여 被服食糧을 供給하여 充分한 保護를 與하였노라
     (下略)"(「災時韓人에 대한 敵外務省의 發表」, 『독립신문』 1923년 11월 10일자)

을 虐殺하였다는 理由가 모두 捏造的"[102]이라고 비판하였다. 그리고 우물에 독약을 풀었다는 것도 일본 정부에 의해 아무런 독기가 없다고 발표하였다고 하여, 일본의 무성의한 답변서를 질책하였다.

이처럼 관동대지진이 발생한 지역에서 재일조선인이 학살당하고 있다는 소식을 접한 대한민국 임시정부는 재일조선인 학살의 진상을 파악하는 데 주력하였다. 1923년 10월 5일 임시정부 주도로 상해에 거주하는 한인들은 재일조선인 학살 사건을 조사하여 일본 및 일본인의 포악함을 비판, 성토하고 중국 등 세계 각지에 널리 알리기 위해 교민대회를 개최하고『독립신문』사장 김승학을 포함하여 여운형, 조덕진, 조상섭, 이유필, 윤기섭, 조완구 등 7명을 집행위원으로 선출하였다.[103]

이러한 결의에 따라『독립신문』10월 13일자에는「적의 죄악」이는 사설을 게재하여 재일조선인을 학살한 일본의 죄악상을 고발하고 있다.[104] 그리고 "슬프고 아프도다. 우리 同胞여. 一致하게 生路를 開拓할

---

[102] 「한인학살에 대한 적의 발표」,『독립신문』1923년 10월 13일자.

[103] 「敵의 한인학살에 대한 上海我僑民大會」,『독립신문』1923년 10월 13일자. 교민 대회에서는 다음의 결의사항을 정하였다. "一, 금후로 그 진상을 더욱 자세히 조사하며 또는 필요한 계획을 진행할 일. 一, 內로 동포에게 警醒의 격문을 發하며, 外로 열강에 대하여 일본의 부도덕적 만행을 선포하는 동시에 助桀爲虐과 동일한 의연의 공급을 중지하기를 요구할 일"

[104] 「적의 죄악」,『독립신문』1923년 10월 13일자. 사설의 내용은 다음과 같다. "우리들은 끓는 피와 사무치는 恨이 더 忍할 수 없는 今番 敵倭의 暴惡한 心行을 擧하여 海內外同胞에게 告하며 따라서 더욱 一致한 理性으로 敵倭를 撲滅하며 祖國을 光復하여 自由를 얻기를 渴望하노라. 敵의 이번 震災는 奇異한 災禍라. 一時에 爆發되는 그 形勢가 참으로 天罰을 受함이니, 二百萬 首都요 文化政治의 中心地인 東京이 瞥眼間에 잿더미가 되었으며 對外貿易의 門戶인 橫濱이며 擁都要塞인 橫須賀軍港이 同時에 全滅하여 人命의 損失이 四五十萬이며 財産의 蕩敗가 六七十億에 達하였도다. 變이 倉卒에 來하니 사람마다 살기를 圖謀하노라. 他에 겨를이 없는 이때에 저 殘毒無道한 敵倭는 謠言을 지어 煽動하면서 警察은 民衆에게 武器를 特許하여 우리 同胞를 撲殺케 하며, 軍隊는 災民保護라는 稱托下에서 우리 同胞 萬千百人을 山谷에 몰아 嚴密하게 防守하며

지어다. 우리들이 爲先 慘虐을 當한 同胞의 事情을 아는 대로 記錄하야 同胞의 앞에 받치노니, 눈물과 恨과 아픔과 쓰림을 勇猛과 決斷과 一致와 犧牲으로 쓸어버리고 固有한 光榮과 幸福을 此時로써 차자 누려볼지어다"라고 하여, 재일조선인 학살을 기록으로 남기고자 하였다.

이에 따라 『독립신문』은 관동대지진 당시 재일조선인 학살 사건

監獄에 罪囚처럼 坐臥起居를 任意로 못하게 하며 그 中에 골라내어 宇田川河畔에서 機關鎗으로 쏘아 죽였도다, 그리고도 救援의 길을 끊으며 調査의 報道를 禁止하여 慘絶한 屠殺을 行함이 六七千人에 不下하니 이 어찌 天道가 無心할가. 今日의 이 慘劇을 忍行함은 時機를 만나면 滅絶코자 하는 其心의 表現이 加一層 환하도다. 우리들은 이 寃讐를 何日에 伸雪하려 하나뇨. 우리의 몸에 아직 撲殺의 쇠몽치 오지 아니하여 잘 살리라 생각하느뇨. 이러한 慘變을 當하고도 呼訴할 곳이 없다 하면 이 人生이 그다지 貴할 것이 무엇인고. 所謂 文明이니 人道이니 하는 이론上이 果然 이러한가. 不共戴天이 義分으로 뿐 아니라 自衛上으로 自存上으로 敵의 覊勒을 무一日 擺脫치 못하면 우리의 生命은 늘 빼앗기고 있으니 반드시 刀와 鐵搥와 速射砲로 親身에 맞본 후에야 비로소 알 바이 아님이 아닌가. 우리는 무엇을 아끼어 나아가기를 저어할꼬. 우리는 父母와 兄弟와 妻子와 自身이 하나도 없다. 우리는 穀食과 布木과 第宅과 家具가 하나도 없다. 우리는 榮譽와 名利와 快樂과 幸福이 하나도 없다. 무엇을 爲하여 苟且한 生命을 苟且히 保持하려 하나뇨. 苟且히 保持하려도 保持치 못하는 生命을 더 무엇 기다려 苟且에 苟且를 講究하느뇨. 우리는 살길을 開拓하지 아니하면 죽는 것뿐이니 우리는 우리의 國家를 光復하여 우리의 自由를 어찌 못하면 오직 오늘 내일에 生命은 죽고 氏族은 滅亡할 뿐이라 '自由를 주지 않으면 죽음을 주소서'한 말이 더욱 우리의 깊이 맛보고 感覺하는 것이 아닌가. 이리해도 죽고 저리 해도 죽을 진데 더욱 이 快하게 사내답게 빛나게 最下로 고기값이라도 하고 죽는 것이 어찌 떳떳지 아니한가. 어찌 하늘이 無心하리오. 罪惡에 싸인 者는 반드시 그 罰을 免치 못하나니 今日 彼의 當한 바를 다만 科學上으로만 窮究치 마라. 無聲無臭한 天理消長을 한 번 돌아볼지어다. 今日 彼의 鉅災는 彼의 自김라 彼의 運命은 벌서 消鑠과 滅亡의 道에 入하였나니, 그뿐 아니라 우리에게 勃興할 자루를 빌림이니 한 번 가면 한 번 돌아오고, 꺾인 것이 파이는 天神의 가르침이 매우 미묘하도다. 주는 것을 받지 못하며 때가 오되 하지 아니하면 그 살고 못 살음을 뉘게 恨할꼬. 同胞여 우리는 무엇으로나 일어나지 아니할 수 없도다. 무엇으로나 살기 爲하여 죽기내지 아니할 수 없도다. 슬프고 아프도다. 우리 同胞여. 一致하게 生路를 開拓할지어다. 우리들이 爲先 慘虐을 當한 同胞의 事情을 아는대로 記錄하여 同胞의 앞에 받치노니, 눈물과 恨과 아픔과 쓰림을 勇猛과 決斷과 一致와 犧牲으로 쓸어버리고 固有한 光榮과 幸福을 此時로써 찾아 누려볼지어다."

을 중요하게 다루었다. 같은 날 『독립신문』 4면 「한인 학살의 휘보」
라는 특집기사에서는 재일조선인의 학살 사건을 자세하게 취급하였
다. 『독립신문』에 게재된 재일조선인 학살과 관련된 내용을 간추려
보면 다음과 같다.

△ 八王寺 二百餘人이 橫行하였다 함은 벌써 다 죽었는데 무슨 船
橋의 일이 다시 있으리오. 東京과 橫濱 사이에 미처 죽이지 못
하여 목숨이 남아있는 學生과 工人들은 벌써 二日 三日 두 날
사이에 죽인 것은 죽고 나머지는 가두었으니 이 무엇이니 하는
것이 말이 되는가. 어쩌하니 무엇이니 하여 떠들고 불어 넘기
어 참으로 큰 대적이나 만난 듯이 함은 그 虐殺한 罪를 가리우
고자 함이 환한즉 누구를 다시 속이리오. 東京電, 韓人이 일을
일으켰다는 것은 모두 실상은 아니라 云云.(以上 九月八日 新聞報專電)

△ 이 때에 능히 불 놓을 겨를이 있을까. 神戶 七日電. 日本 災區
의 질서가 회복되지 못하고 浪人들이 橫濱에 있는 韓人을 다
죽이겠다는 말이 있어 軍隊의 탄압도 아직 못 되고, 日本學生
들이 말하되 韓人의 謀亂者들이 日曜日에 美孚石油會社 창고
에다가 불을 놓아 모두 불이 벌어졌으니 이번 火災의 損失을
韓人에게 責任을 돌리라 하며 學生들이 韓人에게 對하여 加害
하기를 힘써 도두하는지라. 한 韓人이 竹器와 鐵器를 가진 한
떼 日人에게 얻어맞아 頭腦가 깨어진 것을 記者도 보았노라.
此等 暴行이 日曜日로부터 이 따위 殘忍한 行動을 시작하여 하
루 사이에 韓人 約 五十人을 죽였다 함 云云.(下略)(以上 九月九日 大陸報)

△ 安徽留日被災學生團이 各處에 편지한 바 (上略) 마침 韓人이 불
을 놓았다는 풍설이 있음으로 東京 秩序가 크게 어지러워지며
日本人의 在鄕軍人과 人民들이 靑年團을 組織하여 終日 韓人
을 찾아 죽이기로 일을 삼으며, 甚한 者는 우리 華僑와 留學生

들을 길에서 만나면 곧 에워싸고 韓人이라고 말하며 칼날을 빼기고 함부로 때리며 비록 再三分卞하나 듣지 아니하고 때리며 辱하고 다시 獄에 가두며 여러 가지로 證明이 된 후에야 비로소 放釋하였다.(下略)(以上 九月二十六日 新聞報)

△ (上略) 最近 日本이 大地震할 때에 日本戒嚴軍人들이 東京에 在留한 韓人 全部를 잡아 가두고 平日에 牛馬의 대우에 服從치 아니하는 者 數百人을 가리어 宇田川 河畔에 몰아다 놓고 機關銃으로 쏘아 죽였으며, 此外에도 市街 中에서 만일 韓人의 다니는 것을 보면 軍人이 任意로 쏘아 죽이니, 中國 留日學生도 또한 많이 韓人으로 그릇 알아 日兵에게 포살된 人이 적지 아니하니 이따위 人道가 없고 사나운 짐승 같은 거동을 文明程度가 매우 높으며 人道가 밝은 二十世紀에 또 본다.(下略)(以上 中國人 警告全國熱心日眠諸君書)

△ (上略) 三日 上午에 火勢가 적이 꺼지며 忽然히 韓人이 放火하였다는 말이 다님에 市民들이 크게 공황하며 各處에다가 「조선인이 放火하니 각각 방비하라」는 等 榜을 부치며 各구역에 靑年團員들은 모두 各各 쇠몽동이와 竹鎗과 短刀 等의 種類를 가지고 밤낮 지키며, 무뢰한들은 이 時機를 타서 韓人을 보면 곧 쇠몽치로 亂打하고 혹 돌로 때리며 「조선人은 때려 죽여도 無關이다」는 소리가 到處에 傳하니, 韓人들의 액화가 심히 많았으며, 지금 있는 五六百人 韓人이 收容所에 있어 敢이 單獨으로 나오지 못하며 官廳에서는 비록 救濟한다 하나 韓人들은 크게 疑懼하더라 云云.(以上 在東京 十五日發 調査員 報告 載申報)[105]

이들 기사는 재일조선인 학살에 대한 구체적인 것보다는 중국 언론에 게재되었던 것을 정리하여 보도한 듯하다. 기사에 따르면 하치

---

[105] 「한인학살의 휘보」, 『독립신문』 1923년 10월 13일자.

오지(八王寺)에서 2백 명의 재일조선인이 학살당한 것을 비롯하여 우다가와(宇田川)의 재일조선인 기관총 학살, 모바일(美孚)석유회사 학살 등으로 수백 명이 학살당하였다.

뿐만 아니라 학살 과정도 '칼날을 빼기고 함부로 때리며', '쇠몽치로 亂打하고 혹 돌로 때리며' 등 잔인하게 살해하였다. 특히 재향군인회와 청년단으로 조직된 자경단은 '조선인은 때려 죽여도 무관이다'라고 하여, 재일조선인을 무차별적으로 살해하였음을 알 수 있다.

이와 관련하여 조선신보사 사회부장 노자키 신조(野崎眞三)는 관동대지진 지역을 시찰한 후 식민지 조선에서 보고회를 개최하였는데, 이때 "韓人의 暴行이라는 것은 전혀 無根한 風說이요, 모모 團體를 組織하여 가지고 작탄을 던지며 건물을 파괴하고 人命을 殺傷한다는 事도 또한 무근의 말이요. 소위 우물에 藥을 던졌다는 그 우물물을 곧 먹어도 관계가 없고 이뿐만 아니라 其他 各方面으로 이런 등사를 調査하였으나 하나도 發見치 못하였다"[106]한 기사도 소개하여 유언비어가 사실이 아니었다는 것을 보도하였다.

재일조선인 학살과 관련하여 『독립신문』에서 중요하게 관심을 가지고 보도한 것은 '재일조선인이 얼마나 학살되었는가' 하는 점이었다. 관동대지진의 피해가 어느 정도 진정되자 일본 정부는 학살된 재일조선인의 수를 발표하였다. 일본 정부가 학살된 재일조선인의 수를 발표한 것은 대한민국 임시정부의 항의서와 꾸준히 전개한 학살 관련 문제 제기와 세계 각국에 널리 알려 세론을 환기시켰기 때문으로 풀이된다. 『독립신문』은 일본 측에서 발표를 다음과 같이 보도하였다.

---

106   「한인학살의 휘보」, 『독립신문』 1923년 10월 13일자.

被殺 同胞

▶ 埼玉縣 本庄村에서 男女 學生 勞働者 百二十名

▶ 熊谷에서 勞働者 五十八名

▶ 羣馬縣 藤岡警察 管內에서 土工 十六名

▶ 千葉縣 船橋에서 工夫 十數名

▶横濱에서 土工, 勞働者 多數

▶巢鶴에서 一名(閔麟植)[107]

　　일본 정부에서 발표한 학살된 재일조선인은 사이타마현(埼玉縣) 혼
조촌(本庄村)에서 120명, 역시 사이타마현의 구마가야(熊谷)에서 58명,
군마현(羣馬縣) 후지오카(藤岡) 경찰서 관내에서 16명, 치바현(千葉縣) 후
나바시(船橋)에서 10수 명, 요코하마(横濱)에서 다수, 스가하츠(巢鶴)에서
1명 등으로 3백여 명에 불과하였다. 그리고 학살당한 재일조선인은
주로 학생, 노동자였다. 그러나 일본 정부에서 발표한 학살된 재일조
선인 수는 축소 왜곡된 것이었다.[108]

　　이에 대해 『독립신문』은 본사 피학살교일동포 특파원 조사원[109]
의 보고를 통해 학살당한 재일조선인을 지역별로 발표하였는데 무
려 6,661명이었다.[110] 이는 일본 정부의 발표와 적지 않은 차이를 보

107　「적이 발표한 피살한인의 총수」, 『독립신문』 1923년 11월 10일자.

108　일본 사법성 조사에 따른 학살된 재일조선인 수는 230여 명이었으며, 요시노 사
　　쿠조(吉野作造)의 조사에 의하면 2,711명이었다.

109　『독립신문』은 본사 피학살교일동포 특파원 조사원은 일본 나고야(名古屋) 잡지
　　사에 근무하고 있는 韓世復(본명 韓光洙)으로 추정된다. 『독립신문』 사장 김승
　　학은 관동대지진이 발생하자 한세복을 도쿄 등지로 파견하여 재일조선인 학살
　　의 진상을 파악하도록 하였다(김승학, 「망명객 행적록」, 『한국독립운동사연구』
　　12, 독립기념관 한국독립운동사연구소, 1999, 431~432쪽).

110　이 재일조선인 학살 보고서는 한세복 혼자서 조사한 것이 아니라 당시 일본에
　　조직된 재일본관동지방 이재조선동포위문단의 도움이 적지 않았을 것으로 추정
　　된다.

이고 있는데, 『독립신문』에 게재된 재일조선인 학살은 〈표 2-3〉과
같다.

〈표 2-3〉『독립신문』에 게재된 재일조선인 학살자 수

피살지 (학살된 곳)	피살인 수 (학살된 재일조선인 수)	비고
龜戶	一百人	屍體도 못 차진 同胞
龜戶停車場前	二人	
大島六丁目	二十六人	
同七丁目	六人	
同八丁目	一百五十人	
小松川附近	二人	
同區域內	二百二十人	
小松川附近	二十人	
同區域內	一人	
同區域內	二十六人	
平井	七人	
淸水飛行場附近	二十七人	
八千代	二人	
寺島署內	十四人	
月島	十一人	
三戶地	二十七人	
三戶地附近	三十二人	
龜戶警察署 演武場 騎兵 二十三聯隊 少尉 田村 刺殺	八十六人	
深川	四人	
向島	四十三人	
寺島淸地	十四人	
埼玉縣芝公園	二人	
埼玉縣熊谷	六十人	
埼玉縣本庄	六十三人	
千葉縣船橋	三十七人	
千葉縣法殿村, 塚田村	六十人	
千葉縣南行德	三人	

피살지 (학살된 곳)	피살인 수 (학살된 재일조선인 수)	비고
千葉縣流山	一人	
千葉縣佐原	七人	
千葉縣馬橋	三人	
埼玉縣北葛飾早稻村大字幸房에서 漆谷人	十七人	
品川停車場前	二人	
茨城縣東那須野	一人	
宇都宮	三人	
羣馬縣藤岡警察署內	十七人	
埼玉縣寄居	十三人	
埼玉縣妻沼	十四人	
中野(東京府下)管內	一人	
世田谷東京(府下)	三人	
東京府中	二人	
千葉市	三十七人	
成田	二十七人	
波川	二人	
我孫子	三人	
馬橋	三人	
千住(東京市內)	一人	
淺草區吾妻橋附近	八十人	
長野縣과 埼玉縣의 境界	二人	
埼玉縣大宮	一人	
同縣神保原	二十五人	
荒川附近	十七人	
同區域內	一百人	
赤羽岩淵(工兵에게)	一人	
神奈川縣	千七百九十五人	
소계	三千二百四十人	

발견 장소	시체수	비고
神奈川淺野造船所	四十八人	
神奈川警察署	三人	
程谷	三十一人	

발견 장소	시체수	비고
井戶谷	三十人	
根岸町	三十五人	
土方橋로 八幡橋까지	一百三人	
中村町	二人	
本牧	三十二人	
山手町埋地	一人	
御殿町附近	四十人	
山手本町警察署立野派出所	二人	
若屋別莊	十人	
新子安町	十人	
子安町에서 神奈川停車場까지	一百五十人	
神奈川鐵橋	五百人	
東海道茅崎停車場前	二人	
久良岐郡金澤村	十二人	
鶴見附近	七人	
川崎	四人	
久保町	三十人	
戶部	三十人	
津間町	四十人	
水戶○鴨山	三十人	
九月六日頃에 習志野軍人營廠	十三人	
소계	一千一百六十五人	
누계	四千四百○五人	

피살지	피살자수	비고
東京府	七百五十二人	
埼玉縣	二百九十三人	
朽木縣	四人	
千葉縣	一百三十三人	第一次調査를 終了한
羣馬縣	十七人	十一月二十五日에 다
茨城縣	五人	시 各縣으로부터 寄
神奈川縣	一千五十二人	來한 報告는
소계	二千二百五十六人	
총합계	六千六百六十一人	

〈표 2-3〉에 의하면, 재일조선인이 학살된 지역은 도쿄부(東京府), 사이타마현(埼玉縣), 치바현(千葉縣), 군마현(群馬縣), 도치기현(栃木縣), 이바라키현(茨城縣), 가나가와현(神奈川縣) 등으로 관동대지진이 발생한 거의 전 지역에 해당된다. 지역별로 보면 도쿄부에서 1,781명, 사이타마현에서 488명, 치바현에서 329명, 도치기현에서 8명, 군마현에서 34명, 이바라키현에서 5명, 가나가와현에서 3,999명 등 모두 6,661명이 학살당하였다.

그렇지만 『독립신문』 1923년 12월 26일에 의하면 재일조선인 학살은 조사원 보고보다 많은 부르하르트 박사[111]의 증언도 게재하였다. 독일 출신인 부르크하르트 박사는 관동대지진이 발생한 지역을 방문한 후 재일조선인 학살을 목격하고 일본의 만행을 비판하였는데, 그는 요코하마(橫濱)에서만 1만 5천여 명의 재일조선인이 학살당하였다고 증언하였다.[112] 이에 따라 『독립신문』은 관동대지진에서 학살된 재일조선인은 2만 1천 6백여 명이라고 밝혔다.

이와 같은 재일조선인 학살을 주도한 것은 자경단과 군경이었다. 이에 대해서도 『독립신문』은 '자경단의 폭행'과 '군경의 불법 학살'을 기사로 보도하였는데, 그 내용은 다음과 같다.

〈가〉 敵地 震災의 際에 秩序가 紊亂한 機會를 타서. 敵의 不良輩들이 所謂 自警團이란 것을 組織하여 가지고 其 美名下에서 殺人, 劫姦, 掠奪 等 暴行을 餘地없이 行하였는데, 此를 一一히 枚擧할 수는 없으나 其中의 一二를 紹介하건데, 埼玉縣 兒玉郡 本莊町

---

111 『독립신문』에서는 1923년 2월 26일과 1924년 1월 19일자에 「뿌박사의 방문기」(상)·(하)에 거쳐 게재한 바 있다.
112 「적에게 학살된 동포 횡빈에서만 1만 5천」, 『독립신문』 1923년 12월 26일자.

에서 생긴 自警團은 九月 二日부터 避亂하여 오는 災民에 對하여 暴行을 始作하여 同 四日 밤에는 八間郡 方面으로부터 오는 高埼 聯隊로 護送하는 災民 九十七名을 襲擊하여 더러는 現場에서 殺害하고 더러는 本莊署에까지 追擊하여 全部 殺害한 後 同署에 이미 갇혀 있던 十三名까지 칼과 몽동이로 慘殺하고 或 現場에서 빠져 逃亡하는 者는 따라가서 竹鎗으로 찔러 죽이었는데, 被殺된 男女가 百餘名에 達하였으며, 埼玉縣 熊谷에서는 自警團이 勞働者 五十八名을 慘殺하였고, 羣馬縣 多野郡에서 생긴 自警團 約 二百名은 震災 當時에 同地 藤岡警察署의 態度가 穩當치 못하였다는 것을 嫌疑로 하여 九月 五日에 同 警察署를 襲擊하여 當時 同署에 갇혀 있던 工夫 十五名을 無故히 慘殺하였더라. 敵 當局의 發表에 依하더라도 以上에 慘殺된 이는 全部가 우리 韓人이었음이 明白함. 橫濱에서는 所謂 立憲勞働黨 首領 山口正憲의 一派가 一邊 謠言蜚語를 流出하여 人民을 騷亂케 하면서 各地에서 掠奪을 肆行하였는데, 此間에 我同胞의 被殺者가 一日 五十名에 達하여 其實數가 얼마인지를 알 수 없으며, 龜戶 地方에서는 九月 二日에 自警團이 一村落의 住民 二百六十餘 名을 沒殺하고 기후 地方에서도 二名을 慘殺하였더라.

〈나〉 敵의 憲兵大尉 甘粕正彦이란 者가 同隊의 曹長 森敬次郎과 同 上等兵 鴨志田으로 더불어 無政府社會者 大杉榮과 그의 妻 伊藤野枝와 그의 子 宗一 等 一家族을 慘殺한 일은 이미 報道하엿거니와, 其他에도 此와 類似한 不法虐殺한 事件이 있으니 卽 龜井戶事件과 大島町事件이라. 龜井戶警察署에서는 九月 二日 夜 十時頃에 東京市 大島町 純勞働組合長 平津敬七과 龜井戶 三五一九 番地 純勞働組合 事務所에서 무슨 會議를 하고 있는 同 組合理事 片合芳虎(二八) 山本實次(二〇) 北島吉三(二一) 鈴木猶一(二二) 近藤廣三(二〇) 加藤藤太郎(二七) 等과 支部 家宅에서 支部長 吉村敬次郎(二四)을 檢擧하였다가 三日 上午 三時에 前記 八名 外 十五名 合計 二十三名을 同町 廣場에 整列시키고 軍隊와 協力하여 銃劍으로써 刺殺한 後 屍體는 夜陰을 乘하여 自働車에 싣고 木下川과 荒川方面에

가져다가 川中에 投棄하였는데, 前記의 者들은 震災 當時에 所謂 夜警會라는 것을 組織하여 가지고 附近으로 다니면서 婦女를 劫姦하고 財物을 掠奪하였다 하고, 東京府下 砂村 高等工業學校 出身 鑄物業하는 岩木爲夫(二九)와 會社員 鈴木金五郎(三三)과 中央大學 學生 木村定三郎(二八)과 石炭仲介業 小林東二郎(五〇) 等 四名은 所謂 自警團이란 것을 組織하여 가지고 附近으로 돌아다니다가 九月 四日 午前 零時에 警戒하던 巡査로 더불어 말다툼이 되어 곧 某署에 引致되었다가 同日 午後 六時頃에 모두 殺害한 바 되어 石油로써 燒棄하였으며, 市外 大島町 八丁目에서도 埋棄한 屍體 九個를 發見하였는데, 此는 九月 一, 二, 三日頃 警視廳 官吏가 大島, 龜井戶, 吾妻町으로부터 前記 九名을 拉致하였다가 甘粕事件과 同一한 行爲로써 된 것이며, 當時 災區에 있다가 日人으로 變裝하고 避難하여 있다가 近日 逃來한 某氏의 目擊한 談을 듣건데, 東京이 修羅場으로 化하였을 時에 倭巡査들이 路上에 通行하는 韓人을 보면 氣着을 불러 세우고 데리고 가서 佩刀로써 亂斫하여 慘殺하였다더라.[113]

〈가〉는 자경단이 재일조선인을 학살한 상황을, 〈나〉는 군부에서 사회주의자 오스기 사카에(大杉榮) 일가족과 재일조선인을 학살한 기사이다. 사이타마현 고마다군(兒玉郡) 혼조촌(本庄村)자경단[114]은 9월 2일부터 피난해온 재일조선인을 폭행하고, 9월 4일에는 사이타마현 이루마군(八間郡)으로부터 다카사키(高埼) 연대가 호송하던 재일조선인 97명을 학살하였다. 이어 혼조경찰서에 피신해 있던 재일조선인 13명까지도 찾아내어 학살하였다. 이들은 칼과 몽둥이로 무장하였으며,

---

113　「흑막의 폭로」, 『독립신문』 1923년 11월 10일자.

114　자경단의 성립에 대해서는 山田昭次, 『關東大震災時の朝鮮人虐殺その後: 虐殺の國家責任と民衆責任』, 倉史社, 2011, 127~159쪽 참조.

재일조선인을 무차별적으로 폭행하여 타살하였다.

이외에도 사이타마현 구마가야(熊谷), 군마현 다노군(多野郡), 도쿄부 가메이도(龜井戶)에서도 자경단에 의해 재일조선인이 학살당하였음을 밝히고 있다. 한편 군과 경찰도 재일조선인 학살에 관여하였는데, (나)에 의하면 도쿄부 쓰나촌(砂村)에서 조직된 자경단은 순사 즉 경찰과 함께 돌아다니다가 재일조선인을 보면 학살하였다.

『독립신문』에서 보도한 자경단과 군경의 재일조선인 학살은 지진 현장에서 확인한 기사라기보다는 중국 신문이나 일본 신문에 보도된 것을 정리한 것으로 추정된다. 그리고 자경단과 군경의 만행을 통해 일본의 폭력성을 알리는 것도 중요하였지만 한편으로는 재일조선인 학살에 따른 민족 감정을 이용하고자 하는 측면도 없지 않은 것으로 보인다.

상해의 한인교민단은 1923년 11월 17일 재일조선인 학살에 대해 추도회를 개최한 바 있는데, 『독립신문』은 이를 자세하게 보도하고, 추도문과 추도가를 게재하여 학살당한 재일조선인을 추모하였다.[115] 추도문은 다음과 같다.

> 나라가 망함은 뉘 서러하지 않으리오마는 날이 갈수록 아픔이 더욱 새롭도다. 사람이 죽음에 뉘 불쌍히 여기지 않으리오마는 살아남은 우리의 아픔이 더욱 끝이 없도다. 하늘이 미워하심인가 허물이 아직도 남음인가. 저 무도하고 사람의 창자가 없는 악독하고도 포학한 원수 왜놈이여, 어찌하면 이때도록 참혹할꼬. 다시 말하고자 할 때에 가슴이 메이고 살이 떨린다.
> 지난 구월 원수의 나라 지동될 때에 저들의 독살 받아 무참한

115   「학살된 동포를 위하여 처장통절 추도회」, 『독립신문』 1923년 12월 5일자.

여러 동포의 죽음이여. 그 얼과 넋이 얽히어 있으리라. 하마 한들 삭을 거냐, 하늘이 무너지고 땅이 터지어 눈깜짝일 새에 바다가 뭍이 그 자리를 바꾸었으니 궁둥이를 들이밀 데가 있냐, 목구멍을 넘길 것이 있냐. 빨간 고기덩이 뒹구를 뿐이니, 사람의 창자로는 서로 붙들고 서로 가엾겠거늘 내 것을 다 빼앗고 나 목숨을 가져 가면서도 무엇이 차지 못하여 아주 싹까지 없애려는가. 그 창자가 지대 위를 내여 가지고 모조리 돌살풀이로 삼으니 쇠뭉치는 머리를 때리고 참대창은 가슴을 찌른다. 묶어 놓고 짓밟으며 몰아 놓고 총을 쏘니 피는 솟구쳐 내가 되고 살은 모여 뫼 되었네. 하늘이 높아 보지 못하는가, 귀신이 어두워 들임이 있는가. 희미한 안개 같이 가벼운 먼지처럼 없어지고 날아가는 이 목숨은 파리보다 구더기보다 다름이 조금도 없구나.

어머니를 부르나 들림이 있는가, 아들을 외치나 앎이 있는가. 보이는 산에 나무들은 이슬로써 대신 울며 돌아가는 까마귀는 떼를 지어 조상할 뿐 뫼는 푸르고 물은 맑아 따뜻한 옷과 기름진 밥에 아비어미 봉양하고 아들딸을 기르면서 잘 살고 즐겁든 험고 원동안 내버리고 만리 바다 한 데를 무엇하러 가셨던가.

아 나갈 수 없었구나. 등을 밀어 내쫓으며 집을 헐어 몰아내니 목숨 붙어 있는 동안 아니 가고 어찌하나. 불면 날까 쥐면 꺼질까 만지고 어르든 아가 자라 젊은이들 애쓰면서 배 주리고 속 태우고 참으면서 무엇 하러 가셨든가, 아니 갈 수 없었구나. 아니 가면 어찌하나 두 어깨에 지운 짐이 나를 몰라 보내나니 아니 가고 어찌하나. 밤은 깊어 고요하고 별은 홀로 반짝이는데 담아 쌓인 이 원통이 넋이 아니 없고 있고 눈물지어 피가 된다. 언제나 이 원수를 갚아 볼꼬. 멀지 않으리로다. 물이 되어 솟치리다. 불이 되어 타일세라.

슬프다. 아프다. 목숨 남아 붙어있는 우리들은 설음 위에 부끄럼 약하나마 힘쓸지니 얼이 얽힌 모든 분네 도움 있고 가르치리. 앞만 보고 나서리니 불 켜주오. 앞길일랑 없으나마 모이리니 긁어주어 뒤터진걸. 그친 비는 구슬구슬 우리 정성 그려내고 빛난 국

기 펄렁펄렁 무슨 언약 긋던 듯이 후유! 섧은 지고 아픔이여 오직 눈물뿐이로다.[116]

『독립신문』의 관동대지진과 관련된 기사는 국내에서 발행된 『동아일보』, 『조선일보』, 『매일신보』보다 훨씬 기사의 수량에 비해 미치지 못하고 있다. 그렇지만 『독립신문』은 국내의 신문보다 재일조선인 학살에 대해서는 보다 많은 기사를 할애하였다. 기사의 내용도 재일조선인 학살만 보도한 것이 아니라 이를 통해 민족적 감정과 독립운동의 투쟁심을 좀 더 고취시키고자 하였다. 때문에 『독립신문』은 관동대지진으로 위기에 처한 일본을 인도적으로 인식하기보다는 '적지' 또는 '적국'이라고 하여 투쟁의 대상으로 인식하였다.

그리고 이를 계기로 식민지에서 벗어나 독립을 향한 적기의 기회로 보았다. 이는 관동대지진의 지역에서 일어난 재일조선인의 활동을 '독립운동'으로 인식하고자 하였다고 할 수 있다. 그러나 무엇보다도 『독립신문』에 게재된 바 있는 학살당한 재일조선인 수는 그동안 많은 연구자에게 중요한 자료로 제시되었고, 앞으로도 많은 과제를 남기고 있다.

뿐만 아니라 재일조선인 학살을 식민지 조선뿐만 아니라 전 세계에 알리고자 노력하였다. 일본정부에 제출한 재일조선인 학살 항의서가 대표적이라 할 수 있다. 그럼에도 불구하고 『독립신문』에 보도

---

[116] 추도가는 다음과 같다. "一. 목사여 호겸한 원수/제 죄로써 입은 천벌/지다위를 받은 우리/참혹할사 이 웬일가. 後念. 아프고도 분하도다/원수에게 죽은 동포/하느님이 무심하랴/갚을 날이 멀지 않소. 二. 산도 설고 물도 선데/뉘로 해서 건너 갔나/땀 흘리는 구진 목숨/요것까지 빼앗는가. 三. 나그네집 찬자리에/물 쥐어 먹고 맘 다하여/애끓리던 청년학도/될성부른 싹을 꺽어. 四. 온갖 소리 들 씌워/이를 갈고 막 죽였네/저 핏방울 쏘친 곳에/바람 맵고 서리 차아"

된 관동대지진 관련 기사는 식민지 조선에는 전달되지 못하였다 점이다. 이러한 점은 매우 아쉬운 상황이었지만, 일제의 치밀한 국경지역 사찰과 통제가 주요한 효과를 본 것이라 할 수 있다.

제3장 관동대지진과 국외 한인사회의 대응

1. 중국 관내와 만주지역 한인사회

　조선총독부는 관동대지진이 일어나자 경무국장 명의로 국경지방과 국외지역에 대해 평소보다 엄중한 사찰 경계를 지시하였다.[117] 사찰의 대상 지역은 일본 이외에도 간도, 봉천, 길림, 하얼빈, 천진, 상해, 철령, 장춘, 안동 등 한인사회가 형성된 만주와 중국 관내, 연해주 등이었다. 총독부는 경계뿐만 아니라 이들 지역의 민족운동 세력에까지 동향을 감시하였다. 이들 지역의 민족운동 세력과 식민지 조선, 나아가 일본의 민족운동 세력과 연락을 하거나 연대하여 3·1운동과 같은 대규모의 시위를 전개할 가능성이 있다고 판단하였기 때문이다.

　만주와 연해주 지역의 민족운동 세력은 관동대지진에 대해 '一大痛快事',[118] '일본의 국력 감퇴', '조선 독립운동의 호기회'[119]로 인식하였다. 이에 따라 관동대지진을 계기로 민족운동을 보다 적극적으로 전개하고자 하였다. 길림 김창숙과 강우구 등은 이번 기회를 놓치면 하등의 활동을 함께 할 재동경지방선인이재자위문회를 조직하기로 협의하고 위문위원을 현지에 파견하기로 하고 이 기회를 이용

---

[117]　朝鮮總督府 警務局長, 「國外の形勢に鑑み査察警戒を嚴密ならしむ件」, 1923년 9월 13일자.

[118]　朝鮮總督府 警務局, 「京浜地方震災に關るす國外情報(其二)」, 1923년 9월 17일. 이러한 인식을 보인 민족운동가는 김창숙, 강우구 등이었는데, 관동대지진은 일대 통쾌사라고 하면서 축배를 들었다고 하였다.

[119]　朝鮮總督府 警務局, 「京浜地方震災に關るす國外情報(其四)」, 1923년 9월 21일.

하여 적극적 활동을 도모하려는 움직임이 있었다.[120] 일본 측 사찰 정보에 의하면, 관동대지진이라는 호기를 맞아 의열단이 활동을 개시할 것이라든가, 북간도 기독교인들이 식민지 조선에서 개최하는 노인회에 참석하여 독립운동을 재흥하려고 한다는 움직임이 보이고 있다[121]고 할 정도로 예의주시하였다.

관동대지진이 대한민국 임시정부에 전해진 것은 1923년 9월 3일 이전이었다. 임시정부 기관지 『독립신문』은 9월 4일자로 관동대지진 소식을 전하는 '호외'를 발행하였다.[122] 9월 4일 호외를 발행하였다는 점은 늦어도 4일이지만, 호외가 발행되었다는 것을 고려한다면 9월 3일에 관동대지진 소식이 전해졌다고 보아야 한다. 이는 9월 3일자 중국 상하이에서 발행된 신문을 통해 그 소식을 알게 된 것으로 추정된다. 식민지 조선에도 9월 3일자 각 신문에 대대적으로 보도하였다는 점에서 중국에서도 9월 3일에도 각 언론이 대대적으로 보도하였다.

9월 4일 발행된 호외판 『독립신문』은 "도쿄를 중심으로 한 적(敵) 국내의 대진재 - 지진, 폭풍, 해일, 대화(大火)가 병기(竝起)하여 전 시가 초토로 화(化)함"이란 기사 제목으로 도쿄와 그 주변 지역에서 대지진이 발생하여 막대한 인명 및 건물의 피해가 발생하였다는 소식과 당해 지역 거주 한인들의 동향을 전하고 있다. 그렇지만 9월 19일자로 발행된 『독립신문』에는 간략하지만 재일조선인 학살에 대해 보

---

120 朝鮮總督府 警務局, 「京浜地方震災に關する國外情報(其二)」, 1923년 9월 17일.
121 朝鮮總督府 警務局長, 「國外の形勢に鑑み査察警戒を嚴密ならしむ件」, 1923년 9월 13일자.
122 「東京을 衆心으로 한 敵國內의 大震災: 地震·暴風·海嘯·大火가 竝起하여 全市가 焦土로 化함」, 『독립신문 호외』 1923년 9월 4일자.

도하였다.

> 　　某 外國 避難人의 目觀한 바에 依하건데, 橫濱에 囚監되었다가
> 脫出한 韓人 二十名(敵은 그들이 刀로써 殺人 行脚을 하였다 함)을 日本 救火員이
> 捕捉하여 當場에 打殺하였다 하고 (중략) 이번 橫濱에 大火災가 起
> 함은 韓人이 同地 美孚石油倉庫에 衝火함으로 되었다 하여 郞徒
> 를 시켜 지난 一日에 韓人 五十名을 打殺하였다 하는데, 日人 一
> 群이 竹杖과 鐵棒을 가지고 韓人 頭部를 亂打하여 死케 하는 것을
> 記者가 目觀하였다 하고, 同地에 或 井中에 毒藥을 投하여 人을
> 死케 하며 人의 物品을 劫奪하는 等의 暴行이 우리 韓人들의 所爲
> 라고 宣傳하여 지금 많은 韓人을 모두 虐殺하는 모양이더라.[123]

이 기사는 요코하마에 수감되어 있다 탈출한 조선인 20명과 모바
일석유공장에 불을 붙였다는 조선인 50명이 일본인에 의해 학살당
하였다는 사실을 그대로 전하고 있다. 뿐만 아니라 우물에 독을 넣
었다, 물건을 훔쳤다는 선전 즉 유언비어에 의해 조선인들이 학살당
하고 있다고 하였다.

또한 같은 일자 신문 다른 기사에도 "日人이 韓國人은 보는 대로
虐殺하며"[124]라고 하여 조선인학살을 보도하였다. 뿐만 아니라 이 기
사는 "중국인에 대해서는 차별적 구제를 하고 조선인에게는 섬멸
책"[125]을 쓰면서, 재일조선인에 대해 무차별적인 학살이 자행하는 일
본인의 잔인성을 보도하였다.

이처럼 관동대지진으로 재일조선인이 학살당하고 있다는 소식을

123　「在留同胞의 動靜」, 『독립신문』 164호, 1923년 9월 19일자.
124　「外國人의 同情과 日人의 殘忍」, 『독립신문』 1923년 9월 19일자.
125　「外國人의 同情과 日人의 殘忍」, 『독립신문』 1923년 9월 19일자.

접한 임시정부는 무엇보다 먼저 일본 정부에 항의서를 발송하였다. 항의서의 내용은 다음과 같다.

天地가 合力하여 禍를 日本에 降함에 三都의 火片이 一切 幾空함에 聞者는 惻怛하여 思讎의 間이 없거늘, 何期 此時에 사람이 殺氣를 發하여 天災地變으로써 禍를 韓人에 嫁하야 曰 放火者도 韓人이요, 擲彈者도 韓人이라 하여, 動兵宣戰하고 大敵에 臨함과 같이 하야 民軍을 激動하여 武器를 借與하여 老幼나 學工을 勿論하고 韓人이면 다 屠戮하라고 水深火熱을 不分하고 韓人이면 戮하라 하여, 九月 一日부터 七日까지의 間에 韓人이 大道에 亂殺된 者 每日 五十人이요, 軍營에 囚禁된 者 一萬 五千人임을 中外記者가 目覩하고 報道한 者이니, 韓人을 收容함은 保護함이라 하고 韓人을 慘殺함은 狂民의 亂行이라 藉稱하나 그 뉘가 信하고 宥하리오. 敵 政府는 此를 참아 容認치 못할지라. 大抵 敵과 敵의 間에 戰하되 法을 守할 것이거늘 災民을 虐殺함은 人의 敢爲할 바 아니라. 況且 此災區에 在한 韓人은 子子肉塊로 遑遑히 圖生함인즉 力으로도 可히 戰할 者 아니오. 情으로도 可히 殺할 者 아니라. 이제 戰하고 殺함은 이 蠻者의 蠻行이라 天의 大警을 受코도 悔禍의 望이 無하고 人의 同情을 求하나 스스로 人에 絶할지라. 此는 人과 天으로 더불어 挑戰함이니 敵 政府가 日本 人民을 爲하여 痛哀함이 甚하도다. 冀컨대 빨리 補救하되 조금도 緩弛치 못할지니 此書를 受한 지 五日 以內에 左開 各項을 査明辦理하고 곧 敵 政府외 抗議에 對한 答覆을 與하라.

一. 非法强囚한 一萬 五千의 韓人을 곳 放釋할 일.
一. 무릇 災區에 屬한 韓人 生死者의 姓名, 年齡, 住所를 切實히 調査하여 公布할 일.
一. 韓人을 虐殺한 亂徒는 無論 官民하고 嚴重 懲辦할 일.[126]

---

[126] 「我臨時政府에서 敵政府 抗議 提出」,『독립신문』1923년 9월 19일자. 이 항의서는 한문으로 작성되어 일본 정부에 전달하였다.

임시정부 외교총장 조소앙의 명으로 제출한 항의서는 해당 지역에 거주하는 한인들도 일본인과 같은 대지진의 피해자로서 일체 경황이 없음에도 불구하고 근거 없는 유언비어를 광신한 일본 관민이 한인들을 학살한 것은 도저히 인간으로서 할 수 없는 천벌을 받을 일이므로 강제 수용된 한인들의 석방, 재난 지역의 한인들에 대한 생사 여부 조사, 학살 가해자의 엄중 징계 등을 요구하고 있다. 이는 임시정부가 자국민에 대한 최대한의 보호와 학살에 대한 책임이 일본 정부에 있다는 것을 분명하게 밝히고 있다는 점에서 중요한 의미를 지닌다고 할 수 있다.

이와 같은 임시정부의 조치에 일본 정부는 유언비어를 기정사실화하고, 학살의 원인을 조선인이 제공하였다는 '한인을 모함하는 궤변'의 답변서를 보내왔다.[127] 이후 임시정부가 관동대지진에 대해 구

127 「한인학살에 대한 적의 발표」, 『독립신문』 1923년 10월 13일자. 답변서의 전문을 소개하면 다음과 같다. "一. 災害에 對하여 一部 鮮人은 石油와 爆彈 等을 使用하여 火災를 蔓延케 하려하고, 또 毒藥을 井中에 投하며 或은 掠奪 强姦을 行하는 等의 暴行을 한 事實이 있고, 또 避難 路上의 橋梁 及 船橋와 無線電信局을 爆破하려한 形跡이 있으며, 引續的 犯行을 調査 中에서 韓人의 暗號 爆藥 等을 發見하는 中이오. 二. 大震災를 繼하여 起한 大火災의 當時는 民衆의 昂憤이 其極에 達하여 第一項과 如한 韓人 外 現行 或은 少數 誤解의 風說 때문에 雜踏하는 民衆의 間에 鬪爭混亂을 生하여 一般 罹災民으로서 傷害된 者가 不少한 바, 其中에 現行犯 其他의 事情으로 因하여 殺傷된 韓人이 있을 터이오. 三. 韓人의 暴行 等에 關한 風說은 震災地 及 其 附近의 極度로 昂憤된 民心에 큰 刺戟을 與하여 風評이 風評을 生하였으니, 대개 從來 在留의 不良韓人이 上海 及 西比利亞 方面의 不逞韓人 及 邦人 中 不穩分子로 더불어 氣脈을 通하여 極히 暴虐한 擧措를 行하려 한다는 說이 一部의 民間에 信聽됨에 依함이오. 四. 一部 不良의 徒를 除한 外의 一般 韓人은 順良하여 震災가 나자 곧 官憲은 最善을 다하여 韓人 救護에 努力하야 軍隊, 警察, 團體 及 個人 等이 充分한 保護를 加하고 規定한 場所에 收容하여 衣食을 供給하였으니, 其 數가 目下 五千에 達하고 其中의 數百名은 벌써 安頓되어 復舊事業에 服務하며, 震災地 外에서는 官憲과 會社가 共히 保護에 意를 加하여 平常과 如히 業務에 服케 하며, 五. 支那人 中에도 傷害된 者 數名이 있으나 第二項의 混亂한 渦中에서 或은 韓人으로 誤認된 者인대, 邦人으로서도 同樣의 難을 當한 者가 多數이니 非常한 混亂 中에 不得已한 일이라."

체적인 대응은 더 이상 확인할 수 없어 아쉬움을 남기고 있다.[128]

임시정부와 밀접한 관련이 있는 상해교민단에서는 재일조선인 학살의 진상조사와 이를 국내외 선전하기 위해 집행위원회를 조직하고 진상조사를 추진[129]하는 한편 구제의연금을 모금하였다. 이를 위해 교민대회를 개최하고 "一. 今後로 그 眞狀을 더욱 仔細히 調査하며 또는 必要한 計劃을 進行할 일, 二. 內로 同胞에게 警醒의 檄文을 發하며 外로 列强에 對하야 日本의 不道德的 蠻行을 宣布하는 同時에 助桀爲虐과 同一한 義捐의 供給을 中止하기를 要求할 일"[130]을 결의하였다.

이날 교민대회에서는 윤기섭, 여운형 등 집행위원 명의로 경고문을 1천 매를 간도, 노령, 하와이 등지로 발송하였다.[131] 그리고 무엇보다도 중요한 것은 재일조선인 학살 진상을 조사하여 『독립신문』

---

128 관동대지진이 있었던 시기에 임시의정원이 개최되지 않았으며, 1924년 2월부터 6월까지 개최되었던 제12회 임시의정원 속기록에도 관동대지진에 대한 기록이 보이지 않는 것으로 보아 논의조차 하지 않은 것으로 추정된다.

129 「광고」, 『독립신문』 1923년 10월 13일자. "敵이 震災의 際, 災區에 在한 我韓人을 慘殺하고 虐待한데 對하여 其 眞相을 繼續 調査하면서 必要한 計劃을 進行하며 아울러 其眞相을 內外에 宣布하여 世人으로 하여 適宜한 手段을 取케 하기 爲하여 上海在留의 我僑民들이 本人 等을 執行委員으로 擇定하아온지라. 本人 等은 僑民의 委托에 依하여 그 眞相을 國漢文과 純漢文으로 記錄하여 本國 同胞와 中國人에게 宣布하는 外에 다시 此를 英文으로 小冊子를 만드러 西洋人에게 廣布하려 하옵는 바, 此에 要하는 費用은 有志 諸氏의 捐助에 依할 수밖에 없이 되었사오니 被殺된 可憐한 同胞를 爲하여 우리로 더불어 寃恨이 같이 깊으신 諸氏는 金額의 多寡는 不拘하고 上海法界 望志路 永吉里 四十一號로 傳하여주심을 바라나이다. 上海 韓人 僑民大會 執行委員 尹琦燮 趙德津 呂運亨 趙琬九 趙尙燮 李裕弼 金承學"

130 「敵의 韓人虐殺에 對한 上海我僑民大會」, 『독립신문』 1923년 10월 13일자.

131 在上海 總領事 矢田七太郎, 「關東震災에 對」する不逞鮮人의 警告文配布の件」, 1923년 10월 26일.

에 발표하였다.[132] 교민단은 11월 17일 추도회를 개최하고 학살당한 재일조선인을 추모하였다.[133]

임시정부가 있는 상하이뿐만 아니라 만주지역에서도 재일조선인 학살에 대해 대응하였는데, 대표적인 단체가 적기단이었다. 적기단은 재일조선인을 학살한 일본에 대해 다음과 같이 통고문을 발포하였다.[134]

> 我 留學生과 勞働同胞에 對하여는 萬不當한 無根의 風說을 做出하여 軍警과 平民이 아울러 大慘殺을 行하여 其數가 七千餘 名에 達케 하고 其 餘毒으로 多數의 中國人까지 殺害"한 사실을 밝히고 "各 革命團體는 各各 小異를 捨하고 大同을 取하여 一致團結하여 저 殘暴한 倭敵의 蠻行을 協同 討滅하여야 할 것"과 "現下 敵이 滿洲에서 韓人에게 對한 懷柔策과 獨立團 取締에 腐心하는 此際에 在하야 偵探輩들은 더욱 搖尾橫行하고, 守錢奴들은 더욱 納媚附從하며 所謂 獨立運動에 參加하였던 者들로서도 敵에게 歸順하여 도리어 우리 運動의 內密을 告發하여 反逆의 行動을 敢行하니, 本團은 此等 不潔物 掃蕩에 對하여 別働의 手段을 取하려 한즉 一般 同胞들도 此에 對해 深刻한 覺悟를 가지고 一致하여 對抗하기를 바란다.

적기단은 통고문을 통해 일본인에게 학살당한 재일조선인이 '7천여 명'이라고 밝히고, 각 혁명단체가 일치단결하여 일본의 만행을 토벌할 것을 제안하고 있다. 이와 함께 일본의 밀정을 소탕하는데

---

132 「일만의 희생자!!!」, 『독립신문』 1923년 12월 5일자. 일본에 파견된 특파원의 보고에 의하면 6,661명이 학살되었다고 보고하였다.

133 「虐殺된 同胞를 衛하여 悽悵痛切 追悼會」, 『독립신문』 1923년 12월 5일자.

134 「敵地 災變에 對하여 赤旗團 通告文」, 『독립신문』 1923년 12월 26일자; 在長春 領事 西春彦, 「赤旗團の不穩文書配布に關する件」, 1923년 12월 10일자

일반 한인의 특별한 각오로 대항할 것을 밝히고 있다.

적기단 외에도 블라디보스토크(浦潮) 공산당 고려부와 대한민국 판의단(判義團)에서도 각각 선전문과 비격문을 발표하였다. 고려부는 의연금을 모금하여 무산자 및 노동자를 구제하자고 하였으며,[135] 판의단은 남북 만주와 러시아, 중국 관내에 있는 일본 공관을 파괴하기 위해 복수단을 조직하자고 하였다.[136] 그렇지만 이들 민족운동 단체가 제기한 활동에 대해서는 확인할 길이 없다는 한계를 보이고 있다.

1923년 10월 들어 일본에서나 식민지 조선에서 어느 정도 진정되어 갔지만[137] 만주지역과 중국 관내 민족운동 세력은 일본 정부에 항의하는 성명서 또는 조선인학살 진상에 관한 선전문을 지속적으로 발표하였다. 북경대학에 재학 중인 한중 학생이 작성한 것으로 알려진 '일본 정부의 오스기 사카에와 무고한 한인을 참살하고 구휼에 열심인 제군에 경고한다'라는 유인물을 배포한 바 있으며,[138] 북경한교회도 11월 18일 '야만 폭살하게 일본 관민이 한민을 도살한 참상'이라는 유인물을 작성하여 중국인에게 배포하는[139] 등 조선인학살을 자행한 일본의 야만성과 잔인성을 널리 선전하였다.

---

[135] 朝鮮總督府 警務局, 「京浜地方震災に關する國外情報(其十七)」, 1923년 10월 10일.

[136] 在鐵嶺領事 岩村成允, 「不穩印刷物に關する件」, 1923년 9월 28일.

[137] 식민지 조선의 경우 1923년 11월 들어서 관동대지진에 관한 기사가 현저하게 줄어들고 있다. 이는 관동대지진이 어느 정도 진정되어 가고 있는 과정이라 할 수 있다.

[138] 朝鮮總督府 警務局, 「京浜地方震災に關する國外情報(其十九)」, 1923년 10월 11일. 일설에 의하면 이 유인물은 공산주의 계열의 한진산, 남공선, 장건상 등 작성하였다는 설과 김대지, 임우동, 김천, 김재희 등이 작성하였다는 설도 있다.

[139] 在奉天 總領事 船津辰一郎, 「不穩文書入手の件」, 1923년 11월 21일.

2. 일본지역 한인사회

1923년 관동대지진이 발생하고 재일조선인들이 무참히 죽어가는 상황에서 일본지역 민족운동 세력은 적극적인 활동을 하지 못하였다. 그 이유는 민족운동 세력의 주요 인물들이 투옥되거나 감금, 요시찰의 대상 상태였기 때문이다. 그렇지만 일본 내에서 관동대지진이 어느 정도 진정되자 조선인 구제와 학살의 진장 조사를 서둘렀다.

관동대지진으로 도쿄 일대의 대부분의 건물들이 무너지거나 화재로 파괴되었지만 유일하게 남아있는 곳이 천도교 도쿄종리원이었다.[140] 1923년 학살 이후 죽을 고비를 넘긴 조선인들은 당시 소실을 면한 유일한 조선인 단체였던 천도교청년회 사무실에 모였다. 유학생과 천도교, 기독교의 주요 인물인 한위건, 김은송, 이동제, 최승만, 박사직, 이근무 등은 관동대지진으로 피해를 입은 이재조선인 구제 활동과 조선인 학살 진상조사에 대해 논의를 하였다.[141]

천도교청년회는 관동대지진 이전부터 조직적 역량을 갖추고 있었다.[142] 천도교에서 파견한 박달성이 도요대학(東洋大學)에 입학함으로써 유학을 위해 도쿄로 온 직후 본격적으로 천도교청년회 도쿄지회의 설립이 추진되었다.[143] 이를 계기로 1921년 1월 10일 천도교청년회 도

---

140   유동식, 『재일본한국기독교청년회사 1909~1990』, 재일본한국기독교청년회, 1990, 190쪽.

141   『조선일보』 1923년 10월 8일.

142   천도교청년회 도쿄지회에 대해서는 성주현, 「천도교청년당 도쿄당부의 조직과 활동」, 『재일코리안운동과 저항적 정체성』, 선인, 2916, 99~124쪽 참조.

143   崔文泰, 「듣느냐 보느냐 靑年同德아」, 『天道敎會月報』 127, 1921. 2, 78쪽. 최문태가 도쿄의 천도교의 장래를 위해 박달성 1인이 있다고 할 정도로 1921년 천도교청년회 도쿄지회를 설립할 때 그의 역할은 상당하였던 것 같다. 박달성은

쿄지회를 설립할 것을 발기하였다. 설립준비 모임에는 어린이운동으로 알려진 소파 방정환을 비롯하여 김상근, 이기정, 정중섭, 이태운, 박춘섭, 김광현, 박달성 등 10여 명이 모였다. 이어 1월 23일에는 방정환, 이기정, 박달성 등 천도교 청년들은 계림사에서 시일 예식을 거행하였다.[144] 이후 천도교청년회 도쿄지회를 조직하고 이를 기반으로 천도교 도쿄종리원을 설립하였다.[145] 앞서 언급한 바와 같이 조직적 기반을 갖추고 유일하게 파괴되지 않은 천도교 도쿄종리원을 관동대지진으로 인한 조선인 피해 수습을 위한 임시사무실로 활용되었다. 이에 따라 도쿄의 천도교 조직은 1923년 관동대지진 이후 조선인 피해와 학살 사후 처리에 일정하게 역할을 할 수 있었다.

천도교청년회 도쿄지회와 기독교청년회 등 종교 및 사회단체, 그리고 유지들은 관동대지진으로 인한 조선인의 피해와 학살에 주목하고 이를 수습하기 위해 연대하였다. 당시 『동아일보』에 보도된 내용은 다음과 같다.

> 동경(東京)에 있는 조선인 기독교청년회(基督敎靑年會)와 천도교청년회(天道敎靑年會) 및 기타 다수한 유지의 발기로 재난을 만난 조선 동포의 구제회를 조직하여 경성(京城)에 있는 구제회에서 제일회로 보내온 동정금을 가지고 우선 구제 사무를 시작하기로 결정하고 그 사무소는 동경부하(東京府下) 대총정(大塚町)과 및 판하정(坂下町)에 있는 천도교청년회관에 두고 동포의 안부 조사와 재난을 만난 이들의

도요대학에 1학기를 마치고 돌아와 천도교청년회 및 천도교청년당의 핵심인물로 활동하였다. 이외에도 개벽사 기자로도 활동하였다.

[144] 朴春坡, 「東京에 잇는 天道敎 靑年의 現況을 報告하고 아울러 나의 眞情을 告白함」, 『天道敎會月報』(126), 1921. 1, 54~58쪽.

[145] 성주현, 「천도교청년당 도쿄당부의 조직과 활동」, 『재일코리안운동과 저항적 정체성』, 도서출판 선인, 2016, 110~111쪽.

구호사업과 기타 곤궁한 동포의 구제 및 주선 등의 사무를 개시하였다는데, 물론 그곳에서도 될 수 있는 대로 힘을 다하려니와 조선 안에 있는 동포들은 이 때에 일층 더 열렬한 동정을 하기를 바란다더라.[146]

관동대지진 이후 도쿄 일대는 재일조선인 폭동설 등 유언비어의 확산과 조선인 학살 등으로 인해 재일조선인의 피해 상황을 제대로 파악할 수 없었던 사회적 분위기였지만, 조선인의 조난 현황을 파악하고 이재조선인에 대한 구호사업의 단초를 열었다. 여기에는 식민지 조선에서 재일조선인 구제활동으로 모은 의연금이 전달되었기 때문에 가능하였다.

식민지 조선에서는 관동대지진 직후 이재를 당한 재일조선인을 구호하기 위해 '도쿄지방이재조선인구제회'를 조직하였다.[147] 이 구제회는 천도교청년회에서 경영하는 개벽사에 임시사무소를 두었는데, 도쿄의 천도교청년회를 파트너로 활용하기로 하였다. 이를 계기로 도쿄에서는 본격적인 조선인학살 조사와 이재 조선인에 대한 구호 활동이 본격적으로 전개되었다.

이외에도 기독교청년회와 천도교청년회는 위문반보다는 '조선인박해사실조사회'를 조직하고 동아일보사로부터 받는 2천 5백 원의 지원금[148]으로 백무, 변희용, 한위건, 이동제, 박사직, 이근무 등이 활

---

146 『동아일보』 1923년 10월 1일자.
147 「참화에 죽어가는 동포를 위하여 동경지방이재조선인구제회 성립」, 『동아일보』 1923년 9월 10일자.
148 「동경지방 재류 이재동포를 위하여 재외동포위문금 이천오백원을 지출」, 『동아일보』 1923년 9월 6일자.

동하였다. 그리고 보고대회를 1923년 12월 25일 개최하였다.[149]

이와는 별도로 1923년 10월 3일 도쿄 고이시가와구(小石川區) 오츠카사카시타마치(大塚坂下町)에 있는 천도교 도쿄종리원에 '이재조선동포위문반'이 조직되었다. 이 위문반은 유학생 이동제가 책임위원이 되어 식민지 조선과 도쿄 간의 연락과 구호 활동을 지휘하였다.[150] 위문반은 조직 당시에는 '재일조선동포피학살진상조사회'라고 하려고 하였지만 계엄령 하에서 경시청으로부터 '학살'이라는 명칭은 불온하다는 이유로 허가받지 못하고 압박을 받게 됨에 따라 부득이 '이재조선동포위문반'으로 정하였다.[151] 위문반은 도쿄조선유학생학우회가 중심이 되었고 이외에 천도교청년회와 기독교청년회 등이 참가하였다.[152]

위문반의 활동에 대해 거의 알려진 바가 없는데, 관동대지진이 어느 정도 진정된 1923년 11월 11일자 『동아일보』에 게재된 「재동경이재조선동포위문반 통신」을 통해 어느 정도 확인할 수 있다. 위문반의 활동은 "여러 가지 부족한 동경 겸하여 부족함이 많은 우리의 일이므로 이재에 신음하는 그들을 단순한 뜻으로 방문함도 마음대로

149 「朝鮮總督府事務官古橋卓四郎 작성, 수신; 亞細亞局第三課長」, 『在京朝鮮人狀況』 大正 13년 5월 31일, 81~82쪽; 윤소영, 「관동대진재와 한일갈등 해소를 위해 힘쓴 사람들」, 『關東大震災90周年國際심포지엄 발표문』, 立命館大學코리아硏究센터·독립기념관한국독립운동사연구, 2013년 9월 7일, 132쪽.

150 山田昭次, 『關東大震災時と朝鮮人虐殺とその後: 虐殺の國家責任と民衆責任』, 創史社, 2011, 100쪽.

151 『關東大震災時と朝鮮人虐殺とその後: 虐殺の國家責任と民衆責任』, 99~100쪽.

152 「朝鮮總督府事務官古橋卓四郎 작성, 수신; 亞細亞局第三課長」, 『在京朝鮮人狀況』 大正 13년 5월 31일, 81~82쪽; 윤소영, 「관동대진재와 한일갈등 해소를 위해 힘쓴 사람들」, 『關東大震災90周年國際심포지엄 발표문』, 立命館大學코리아硏究센터·독립기념관한국독립운동사연구, 2013년 9월 7일, 132쪽.

되지 못하였나이다"라고 하였는 바, 상당히 제한적으로 이루어졌음을 알 수 있다. 위문반은 1923년 10월 6일부터 8일까지 3일 동안 가나가와현(神奈川縣)의 나라시노(習志野) 수용소, 상애회에서 대여한 일본산업주식회사 수용소, 금강동(金剛洞)에 있는 유학생 기숙사, 아오야마(靑山)의 임시가옥, 요코스가(橫須賀), 유학생 기숙사 장백료(長白寮)를 각각 방문하고 이재조선인을 위문하였다. 위문반의 활동 중 일부를 소개하면 다음과 같다.

▶ 神奈川 習志野 訪問記

關東戒嚴司令官의 紹介書를 가진 우리 慰問班 一隊는 習志野豫備隊長의 案內로 來意를 어려움 없이 達하게 되었나이다. 이는 目下 戒嚴令 下에 있는 戒嚴 地帶이므로 戒嚴官의 文字를 가지지 못하면 通行이 危險한 까닭이나이다. 이곳은 本是 戰時 外國 俘虜을 受容하는 곳인데, 이번 罹災朝鮮人을 受容하게 되었느니 勿論 그 內容의 모든 設備는 言及치 않더라도 쉽게 推測할 터이오이다. 現今 受容된 朝鮮人이 一千七百七十五人인데 就中 患者가 百五十人 罹災의 寡婦가 十一人이며, 食料는 每日 安南米와 粟으로 四合式 配給하며 衣服은 民間團體에서 들어오는 寄贈品의「キモノ」로서 配給하며, 患者는 赤十字社에서 出張하여 診斷한다 하는데, 그 內容에 들어가 悲哀怖恐의 慘景이야 말로 形키 어려운 中 戰場에서 故國人을 맞는듯한 반가운 表情이 얼굴에 나타나며 다만 목숨이 살아 있음을 萬幸으로 生覺할 따름이더라. 一行은 準備하였던 防寒衣 三百枚를 傳하여 주고 簡單한 別辭로 떠났으니 十月 六日 上午 六時 半이었나이다.

▶ 橫須賀 訪問記

本是 橫濱에 在留하던 六七百名은 이번 震災에 得生하여 橫須賀 華山丸 餘他 二三 軍艦에 搭載하였다 하여 그를 訪問한즉 警察署長의 말은 各處로 보내고 或 歸國한 者도 있다 하나 그의 말은 모

두 前後가 不同하여 可信할 수 없으나 近方에 남은 것은 다만 燒
蹟地의 灰炭과 人骨뿐임에 可히 물어볼 곳이 없다.[153]

위의 인용문에 의하면, 위문반이 찾은 나라시노 수용소는 원래 전
쟁포로를 수용하는 시설이었는데, 관동대지진으로 1,775명의 이재조
선인이 수용되었으며 이 중 환자가 150명일 정도로 환경이 열악하
였다. 더욱이 환자들은 '전장에서 만나는 표정'으로 생명줄을 연명
하고 있었다. 이에 비해 『매일신보』에 의하면 나라시노 수용소의 조
선인은 평온하고 잘 지낸다고 하였지만, 실상은 '비애공포의 참경'
일 정도로 참혹하였다. 재일조선인 학살의 현장이기도 한 요코스카
는 7백여 명의 조선인이 있었지만 인골만 남아 있어 물어볼 곳이 없
다고 하였다.

인용문에는 없지만 위문반이 방문한 상애회에서 운영하는 수용소
는 지진으로 창과 벽이 없어 짚이나 왕골로 엮어 만든 것으로 바람
을 막았으며 침구도 없어 한습의 곤란이 막심한 상태였다. 특히 총
무 김영일과 6, 7명의 수용된 조선인은 "○○○○○○○○○하였
다"라고 하였는데 이는 검열과정에서 삭제된 내용이다. 아마도 재일
조선인 학살과 관련된 것으로 추정된다. 금강동 유학생 기숙사에는
70여 명의 학생은 불편한 곳에서 불안하게 지내고 있었으며, 노동자
를 수용한 아오야마 빠락수용소는 370여 명이, 장백료에는 유학생
40여 명이 지내고 있었다.

그밖에 위문단의 통신에 의하면 "貸間이 있더라도 조선 학생에게
빌려주기를 무서워하며 개인의 집이라도 마을 주민들이 전부 동의

153   「在東京罹災朝鮮同胞慰問班 通信(1)」, 『동아일보』 1923년 11월 11일자.

가 있어야 방을 빌려 준다"고 할 정도로 재일조선인에 대한 불신이
가중되고 있었다. 이는 앞에서도 언급하였듯이 조선인 폭동설이나
우물에 독을 풀었다는 유언비어로 인한 일본인의 트라우마로 나타
난 현실이었다.

그런데 위문단의 통신은 원래 두어 차례 연재하려고 하였던 것으
로 보이는데 1회만 보도되었다. 이는 1회 기사에서 삭제된 부분이 있
었듯이 이후에는 보도되지 못하였다. 이 역시 언론 통제로 인한 것
으로 보인다.

이와 같은 상황에서 도쿄지방이재조선인구제회에 고문으로 활동
한 후세 다츠지(布施辰治)는 재일조선인 학살의 진상조사와 고발에 앞
장서서 활동하였다. 그는 이를 위해 자유법조단(自由法曹團)의 선두에서
활약하였다. 1923년 9월 20일 개최한 자유법조단 제1회 진재선후총
회(震災先後總會)에서 일본 정부에 재일조선인 학살 진상과 책임에 대해
집중적으로 따지기도 하였다.[154] 1923년 12월 25일 도쿄 일화청년회
관에서 개최된 '피살동포추도회'에서 재일조선인 학살에 대한 일본
정부의 태도를 비판하였다.

> 생각하면 생각할수록 무서운 인생의 비극입니다. 너무나도 가
> 혹한 비극이었습니다. 특히 그중에서도 조선에서 온 동포의 최후
> 를 생각할 때 저는 애도할 말도 찾지 못했습니다. 또 어떠한 말로
> 추도한다고 해도 조선 동포 6천 명의 영혼은 성불하지 못할 것입
> 니다. 그들을 슬퍼하는 1천만 개의 추도의 말을 늘어놓더라도 그
> 들의 원통함이 가득 찬 최후를 추도할 수 없을 것입니다. ○○○

154 오이시 스스무 등, 『조선을 위해 일생을 바친 후세 다츠지』, 지식여행, 2010,
36~42쪽.

학살은 계급투쟁의 일부였습니다. 우리의 동지가 살해당한 것도,
6천 명의 동포가 그와 같은 처지에 직면한 것도 우리가 계급투쟁
에서 패배하였기 때문입니다. 우리는 졌습니다. 원통하기 그지없
습니다. 왜 우리가 졌는지 생각해 주십시오.[155]

후세 다츠지는 추모 연설에서 재일조선인 학살을 인간이 저지른
인재이며 제노사이드로 인식하였음을 밝히고 있다. 그는 1926년 3
월 두 번째로 조선을 방문한 바 있는데, 이때 후세 다츠지는 도착 직
후 관동대지진에 대한 사죄의 글을 『조선일보』와 『동아일보』에 각
각 보낼 정도로 재일조선인 학살에 애도를 표명하였다.[156]

한편 1923년 관동대지진으로 재일조선인이 학살당하는 상황에서
도 일제 친일단체 상애회[157]의 박춘금은 경시총감 유아사 구라헤이
(湯浅倉平)를 찾아가 상애회의 신변을 보호해 줄 것을 요청하였다. 하지
만 유아사는 이를 거절하였다. 그럼에도 상애회는 조선인과 일본인
의 화합을 보여주듯이 노동자 3백여 명을 동원하여 도쿄 시내 청소
를 하는 등 복구공사에 참여하였다.[158] 그리고 위문단 통신에서도 언

---

[155] 『大同公論』 2권 2호, 1924년 11월.

[156] 후세 다츠지가 두 신문사에 보낸 사죄문은 다음과 같다. "전 세계의 평화와 전
인류의 행복을 추구하는 우리 무산계급 해방운동자는 일본에서 태어나 일본에
서 활동의 근거를 두고 있다고 해도 일본 민족이라는 틀에 사로잡히는 일 없이,
또 실제 운동에 있어서도 민족적인 틀에 얽매이지 않는다는 것을 증명하기 위
해 지진 직후의 조선인학살 문제에 대한 정직한 나의 소신과 소감을 모든 조선
동포에게 전하려고 합니다. (중략) 일본인으로서 모든 조선 동포에게 조선인 학
살 문제에 대해 진심으로 사죄를 표명하고 자책을 통감합니다."(布施辰治, 『朝鮮
旅行記』; 이규수, 2003, 「후세 다츠지(布施辰治)의 한국인식」, 『한국근현대사연
구』 25, 420쪽. 재인용).

[157] 상애회에 대해서는 김인덕, 「상애회연구」, 『한국민족운동사연구』 33, 한국민족
운동사학회, 2002를 참조.

[158] 「相愛會員 三百 復舊工事에 종사」, 『동아일보』 1923년 9월 25일자.

급하였듯이 상애회는 임시수용소를 마련한 후 재일조선인을 수용하는 등 구제활동에 나서기도 하였다.[159]

이외에도 상애회는 관동대지진의 여파가 어느 정도 진정된 1923년 12월 27일 관동대지진으로 희생당한 재일조선인 추도회를 개최하였다. 도쿄 고이시카와(小石川)에서 '이재귀유선인(罹災歸幽鮮人)'을 위해 열렸는데, 이 자리에는 일본 정부의 고위 관료와 조선총독부 대표, 재일조선인들이 참석하였다. 식민지 조선의 경성일보사와 매일신보사는 경제적으로 후원하였다.[160] 상애회는 관동대지진 1주년인 1924년 9월 14일에도 추도회를 개최하였다. 상애회가 이처럼 일본 정부의 비호를 받으면서 추도회를 할 수 있었던 것은 내선융화를 꾀하고자 하는 식민정책의 일환이었다. 왜냐하면 관동대지진 조선인 학살에 대한 비판적 시각을 가지고 개최된 추도식은 대부분이 행사 도중에 해산당하였기 때문이다. 1924년 9월 13일 도쿄의 재일조선인들은 관동대지진 당시 학살당한 조선인을 위한 추도회를 개최하였는데 60여 명의 경관이 추도회장을 포위하고 이근무가 강연을 위

---

159 「재동경이재조선동포위문반 통신」의 상애회 활동은 다음과 같다. "本會는 朝鮮同胞 勞動 兼 苦學生으로 組織한 會의 名稱이니, 總務 韓鍾錫君의 案內로 諸般을 聽取 或 視察하였으니, 現在 受容人 五百七十六人이며, 全部는 勞動者인데 婦人이 十二人, 食料는 總督府와 市役所에서 配給한다 하며, 그 位置는 日本橋 日鮮産業株式會社의 집을 빌려쓰는 五層의 적지 않은 建物이나 地震에 窓壁이 없어졌으므로 草席으로 防風하는 모양이며 全部가 罹災民이므로 衣服은 입고 나온 것뿐 寢具 全部는 遺失되었으므로 寒襲의 困難이 莫甚하며 四方에는 建物 하나도 남지 않았으므로 電燈도 없어서 밤에는 暗黑의 두려움이 마치 雜鬼가 부르짖음과 같다 하며, 總務 金英一氏 與 六七人은 ○○○○○○○○○하였다 하며 行方不明이 六七十人이라 하는데, 目下 勞動에 從事하는 모양인 바, 班員 一行은 不足하나마 婦人과 小兒와 患者를 爲하여 多少의 金錢을 配給하였으니 이는 十月 七日 上午 十一時 半이러라."(『동아일보』 1923년 11월 11일자)

160 『東京日日新聞』 1923년 12월 28일자.

해 연단에 오르자 중지를 당하였고, 마침내 해산명령을 내린 바 있다.[161] 이처럼 관동대지진 재일조선인 학살 추도회에서 재일조선인 학살에 일본 정부가 개입하였던 사실이나 제국일본에 대해 비판할 경우 즉시 중단되거나 해산당하였다.

도쿄 일대에서 관동대지진으로 재일조선인 폭동설과 학살로 이어진 일본에서 민족운동 세력은 적극적으로 활동하지 못하였다. 이는 무엇보다도 자신의 생명이 위험하였을 뿐만 아니라 민족운동 또는 사회활동을 하던 활동가[162]들이 대부분 검거되었거나 활동하는 데 제한을 받았기 때문이었다. 그러한 가운데서도 민족운동 및 사회운동 세력의 연대하여 관동대지진 당시 희생된 재일조선인을 위한 추모행사를 개최하기도 하였다.

1920년대 대표적인 사상단체인 북성회는 관동대지진 재일조선인 희생이 발생하자 재일본조선노동자조사회, 도쿄조선노동동맹회, 일본노동총동맹의 후원으로 이재조선인의 조사, 구호 활동을 전개하였다. 1923년 11월 말에는 도쿄조선노동동맹회, 오사카조선노동동맹회, 고베조선노동동맹회 등과 함께 회합을 갖고 다음과 같이 결의하였다.

> 첫째, 진재 당시의 조선인 학살사건에 대해 일본 정부에 그 진상의 발표를 요구할 것.
> 둘째, 학살에 대해 항의서를 제출하고 피해자 유족의 생활권 보장을 요구할 것.

---

[161] 「追悼會를 解散 後 二十三名이나 檢束」, 『시대일보』 1924년 9월 15일자. 이날 추도회는 주최 측과 경관이 격렬하게 격투를 하였으며 23명이 검속되었다.

[162] 이들은 대부분 '요시찰인'이라는 명목하게 늘 감시와 통제를 받았다. 때문에 자유스러운 활동은 매우 제한적이었다.

셋째, 사회의 여론을 환기시키기 위해 조선과 일본의 주요 도시에
　　서 연설회를 개최하고 격문을 반포할 것.
넷째, 관동진재 당시 가메이도서(龜戶署)에서 살해당한 일본의 동지
　　9명의 유족을 위해 조위금을 모집할 것.
다섯째, 기관지 『척후대』를 금년 내에 속간할 것.[163]

　결의사항에 의하면, 이들 단체는 재일조선인 학살의 진상규명을
일본 정부에 강력하게 요구하였을 뿐만 아니라 유족을 위한 모금운
동을 전개할 것을 다짐하였다. 이 같은 결의는 식민지 조선에서 활
동하던 회원에게도 전달되었고, 그 영향으로 대구 부근의 회합에서
도 결의되었다.[164]

　그러나 무엇보다도 재일조선인사회에서 관동대지진 당시 조난 재
일조선인의 피해 상황은 1923년 12월 25일 개최한 추도회와 도쿄이
재조선인위무반의 보고회였다. 이날 추도회는 재일조선인 17개 단
체가 연합으로 준비하였는데, '조선인 학살 사건에 관한 조사보고'
가 있었다. 이어진 도쿄조선인대회에서도 "1923년 11월 말일까지 조
사된 피살동포의 수효, 조선인의 폭행 여부와 유언비어의 출처, 유언
비어의 전파자, 유언비어를 내이게 된 동기" 등에 관하여 성명을 내
기도 하였다.[165] 3일 후인 12월 28일에도 일화청년회관에서 재일조
선인 학살추도회를 개최하였는데, 『동아일보』는 당시의 상황을 다

163　朴慶植, 『在日朝鮮人運動史: 解放以前』, 三一書房, 1976, 114쪽.

164　김인덕, 「관동대지진 조선인학살과 일본 내 운동세력의 동향: 1920년대 재일조선인
　　운동세력과 일본 사회운동세력을 중심으로」, 『동북아역사논총』 49, 동북아역사재
　　단, 2015, 430쪽.

165　「罹災朝鮮人慰問班의 報告會」, 『동아일보』 1924년 1월 6일자. 동아일보는 당시
　　의 보고회에 대해 "자세한 내용은 발표할 자유가 없으므로 대강만 보도"한다고
　　하였다.

음과 같이 보도하였다.

　　지난달 28일 오후 1시에 역시 일화청년회관에서 학살당한 동
포의 추도회를 열었는데, 수십 개의 조기(弔旗) 아래에 모인 천여 명
의 동포는 일제히 추모가(追慕歌)를 불러 개회하고 벽두에 옥선진(玉
瑢珍) 씨의 아프고 쓰린 추도가 있었고 일일이 비통한 추도문을 낭
독한 후 조선 각처에서 도착한 30여 장의 조전(弔電)도 낭독한 뒤에
수십 명의 눈물반 말반의 소감이 있었고 마지막 또다시 추도가로
써 회를 마쳤는데 (중략) 금후의 모든 조사는 학우회(學友會)에 맡기는
것과 또 한 가지를 결의하고 폐회하였다더라.[166]

　학살추도회에서 계속되는 조선인학살 조사를 동경 유학생학우회
에서 진행하기로 하였지만 실제로 잘 추진되지는 못하였던 것으로
보인다. 이는 추후에 학우회의 조선인학살 추가 보고가 이루어지지
않았기 때문이다.
　식민지 조선과 마찬가지로 관동대지진 1주년을 맞는 1924년에도
재일조선인사회에서는 관동대지진 당시 조난당한 동포들을 위해 추
도회가 이어졌다. 우선 조선기독교청년회에서 1924년 9월 5일 기독
교인들이 추모기도회를 가진 바 있으며,[167] 9월 13일 흑우회, 북성회,
여자학흥회, 조선기독교청년회, 도쿄조선유학생학우회, 천도교청년
회, 불교청년회, 무산자청년회, 조선노동동맹회, 조선노동공생회 등
의 10여 개의 사회단체와 종교단체가 도츠카(戶塚)에서 추도회를 개
최하였는데, 얼마 지나지 않아 참가자들을 체포하는 한편 추도회 자

「暗淚에 嗚咽하는 被殺同胞 追悼會」, 『동아일보』 1924년 1월 6일자.
167 『東京日日新聞』 1924년 9월 13일자.

제를 강제로 해산하였다.[168]

관동대지진 1주년 재일조선인 추도회는 도쿄가 아닌 간사이(關西) 지역에서도 개최되었다. 1924년 9월 1일 고베에 거주하는 재일조선인 유지들은 간사이학원에서 '관동진재 때에 참혹하게 죽은 동포의 영혼을 위로키 위하여 추도회'를 갖고 강연회 및 추도식을 가졌다. 또한 고베의 조선인동지단(朝鮮人同志團)와 조선인노우화합회(朝鮮人老友和合會)에서도 이날 '진재시 참사동포 추도회'를 개최하였다.[169]

오사카에서도 9월 1일 학생단체 오사카학우회(大阪學友會)와 삼일청년회(三一靑年會) 공동으로 '진재 통에 참혹히 죽은 조선동포의 고혼을 위로하기 위하여 추도회'를 거행하였다. 이날 추도회에서는 69세의 일본인 요시무라(吉村秀藏)가 관동대지진 당시 일본인의 폭행을 폭로하였는데, 임석경관이 중지를 명령하였으나 계속 연설을 하자 경관을 악을 쓰며 '중지' 소리치면서 사복경관과 함께 요시무라를 검속하였다. 그리고 추도회 사회를 보던 이중환도 함께 검속되었다.[170]

1925년 9월 20일에는 재일본조선노동총동맹, 도쿄조선노동동맹회, 일월회, 삼월회, 도쿄조선무산청년회, 흑우회, 학우회, 여자학흥회, 무산학우회, 고학생형설회, 노사공생회 등의 11개 재일조선인 단체들이 연대하여 관동진재조선인학살추도회를 개최하였다. 이날 추도회에는 조선인뿐만 아니라 일본인도 참가하는데 800명이 참가할 정도로 대성황을 이루었다.[171]

---

168 『東京日日新聞』 1924년 9월 14일자.
169 「震災時 慘死同胞 神戶에서 追悼會 開催」, 『조선일보』 1924년 9월 6일자.
170 「震災 當時 日人의 暴行 吉村氏의 口로 暴露」, 『조선일보』 1924년 9월 8일자.
171 『사상운동』 2~3, 11쪽.

관동대지진 3주기를 맞는 1926년 9월 1일에는 기독교청년회 등 기독교 관련 단체들이 중국 기독교청년회관에서 추도식을 거행하였다.[172] 천도교청년회 도쿄지회에서도 이해 9월 5일 관동대지진 3주년을 맞아 추모회를 개최하고 강연회를 통해 민족의식의 고취시시키도 하였다.[173] 이와 같은 분위기에서 재일본조선노동총동맹도 관동대지진 재일조선인 학살 3주년 기념 집회를 갖기도 하였다.[174] 그 밖에도 9월 2일 요코하마조선합동노동회가 주도한 추모 연설회를 개최하였고, 9월 28일에는 학우회와 일월회 등 8개의 단체가 주도한 추도회가 스콧트 홀에서 열렸다.[175]

신간회 도쿄지회는 1927년 12월 18일 제2회 대회를 개최하고 관동대지진과 관련하여 보고한 바 있었다. 이 보고에 의하면 신간회 도쿄지회는 관동대지진 당시 조선인에 대한 학살을 규탄하여, 「죽어도 잊을 수 없는 9월에 전조선 2천 3백만 동포에게 격한다」, 「관동진재 당시 학살 동포 추도기념일에 제하여 조합원에게 격함」이라는 선전문을 배포하였다.

관동대지진 5주년인 1928년에도 추도행사는 이어졌다. 재일본조선노동총동맹은 활성화된 지부, 반 조직을 통해서 민족운동을 보다 강력하게 전개하면서 관동대지진이 일어난 9월 1일 일제의 식민지 조선 지배정책을 비판하였다. 도쿄조선노동조합 서부지부는 8월 20

172 유동식, 『재일본한국기독교청년회사(1906~1990)』, 재일본한국기독교청년회, 1990, 195쪽.
173 「재경조선인상황」, 『재일조선인관계자료집성』1, 삼일서방, 1975, 222쪽.
174 「大正十四年中ニ於ケル在留朝鮮人ノ状況」, 김정주 편, 『조선통치사료』(7), 871쪽.
175 『社會運動の狀況』, 1928, 246쪽.

일자에 「관동진재 당시 학살 동포 추도기념 제5주년을 당(當)하야 전 조합원에게 소(訴)함」이라는 선전문을 배포하여 관동대지진 5주년을 기억하는 투쟁을 전개하였다.[176]

1928년 9월 30일에는 도쿄의 조선인단체협의회 주최로 '관동진재 조선인 학살 추도회'가 열렸다. 조선인단체협의회는 조선인 학살 동포를 추도(追悼)하는 것은 일어나 싸우는 것이라고 전제하고 "최후의 일각까지! 최후의 1인까지! 노동자는 총파업으로! 농민은 철경(撤耕)으로! 시민은 철시(撤市)로! 학생은 파교(罷敎)로! 싸우자"라는 슬로건을 내세우며 배일의식의 고취시켰다.[177]

3. 미주지역 한인사회

관동대지진으로 조선인학살이 일어났다는 소식은 일본 정부의 계엄령 선포와 철저한 언론 통제로 은폐되어 좀처럼 전파되지 못하였다.[178] 그런 중에 관동대지진 당시 도쿄에서 구사일생으로 생존한 유학생 한승인과 이주성은 다행히 식민지 조선으로 돌아와 9월 6일 서울에 도착하였다. 이를 『동아일보』 1면 톱기사로 보도하였다. 이를 계기로 조선인학살의 진상을 처음으로 공개되었다. 두 학생은 자경단을 조직한 일본인들이 조선인들을 무조건 끌어내 학살을 자행

---

[176] 早稻田大學 마이크로필름실 소장.

[177] 김인덕, 「관동대지진 조선인 학살과 일본 내 운동세력의 동향: 1920년대 재일조선인 운동세력과 일본 사회운동세력을 중심으로」, 『동북아역사논총』 49, 동북아역사재단, 2015, 432쪽.

[178] 일본 정부의 언론 통제에 대해서는 이연, 1992, 「관동대지진과 언론통제」, 『한국언론학보』 27호, 355~358쪽 참조.

하였다고 증언하였지만 제대로 보도되지는 못하였다.[179] 그렇지만 이 기사를 주의 깊게 보면 재일조선인의 학살을 충분히 예상할 수 있었다.

그러나 총독부의 검열로 기사 내용 중 조선인학살과 관련된 40줄 이상을 삭제시키는 바람에 소기의 성과를 거두지 못하였다. 두 사람은 첫 강연회를 개최하는 서울 중앙YMCA로 출발하려던 길에 종로경찰서장이 지진에 관한 오보를 퍼트리고 다닌다는 죄목으로 체포해 투옥시키는 바람에 조선인학살의 진상을 알릴 수 있는 기회를 잃고 말았다. 『경성일보』는 이들 두 사람이 투옥된 것은 불온한 낭설을 유포하고 선동한 때문으로 보도하였다.[180]

이처럼 일본 정부와 조선총독부는 가능한 한 조선인학살에 대한 모든 정보를 차단시키려 하였다. 조선인들의 인심이 요동쳐 제2의 3·1운동과 같은 독립운동이 다시 일어날 것을 몹시 경계하였기 때문이다.

상하이 대한민국 임시정부는 관동대지진 발생 소식을 듣자마자 『독립신문』 9월 4일자 '호외'를 발행해 대지진 사실을 보도하였다. 그렇지만 '호외'에서 조선인학살 문제에 대해선 전혀 언급하지 않았다. 그러다가 대한민국 임시정부는 9월 10일자로 외무총장 조소앙의 명의로 일본 외무대신에게 처음으로 조선인학살 문제에 대한 공식 항의문을 발송하였다. 이로 보면 '호외'를 발행한 직후에야 비로소 조선인학살 소식을 접하고 곧바로 행동에 착수하였음을 알 수 있다.

---

[179] 한승인 편, 『동경진재 한인 대학살 탈출기』 뉴욕: 갈릴리문고, 1983, 90~94쪽; 「지진에 구사일생으로 귀국한 학생의 말」, 『신한민보』 1923년 10월 4일자.
[180] 「東京った帰鮮人学生不穏な事舌って検束さる」, 『경성일보』 1923년 9월 6일자.

이에 반해 미국 본토 내 한인들은 미국 언론을 통해 단순히 관동대지진의 발생 소식만을 접하였다. 대한인국민회 기관지 『신한민보』는 1923년 9월 6일자에 「역사에 처음인 9월 1일 일본 지진」이라는 제목으로 관동대지진 소식을 처음으로 보도하였다. 그리고 베이징의 미국 적십자회가 중심이 되어 구호활동에 착수하였다는 것과 대지진으로 조선인과 일본 헌병들 사이에 격렬한 충돌이 발생하였다는 사실까지 보도하였다. 미주한인사회의 동향을 확인할 수 있는 『신한민보』에 보도된 관동대지진 관련 기사를 정리하면 〈표 2-4〉와 같다.

〈표 2-4〉 『신한민보』의 관동대지진 관련 기사 현황

일자	기사 제목
1923.09.06	역사에 처음인 9월 1일 일본 지진
	생명 손해는 백만, 재산 손해는 부지
	총리를 암살하려고
	1만 명을 일시에 화장
	한국 적십자도 구제
	한인과 경찰의 충돌
	3백만이 죽었다고
	미국이 병선을 파견
	대통령 외교령으로
	일본 황태자의 안전과 구휼
	서양인 사망자 무려 1백여
	제4등국 지위를 잃었다고
1923.09.13	한인 1만 5천 명을 가두어
	일본 해군 국방의 대타격
	수천 명 아동의 일시 화장
	일 황태자는 경도로 전왕
	지진의 총수가 1030
	지진 후 일본! 개조사업을 어떻게 할까?

일자	기사 제목
1923.09.20	일본에 탕수가 나서 5만 명이 익사
	일본 이재민이 시애틀에 도착
	미국이 일본 구제금 1천만 불
	일본은 러시아 구제금을 거절
	일본 지진 후 소식
1923.09.27	지진의 손해는 매명 13원
1923.10.04	재외동포위문회에 반 만 원으로 구제
	지진에 구사일생으로 귀국한 학생의 말
1923.10.11	동경 신전구 재류 6백 명 학생은 안전
	동경에 거류하던 5천 동포의 생사를 몰라
	한인이 배일운동 하였다 함은 거짓말
	경상도 동포가 지진에 손해 많아
	피난민이 부산에 탑지하여 당지 경찰은 특별 경계
	일본 지진 후 한국 제정계, 한성은행 지배인의 담이라
1923.10.18	일본 동경 전 시장이 외채반대
	선편마다 귀국 동포가 수백 명
	임시 급행 선편으로 다수인 귀국
	동경과 부근에 이재동포를 위하여, 경성 유지신사들이 구제회를 발기
	한인의 일본행을 절대 금지, 일본 경찰 당국의 통첩을
	동경유학생의 안전
	27인은 무사 환국, 80여 명이 동행하다가
	일인 백만 명이 감소, 각 지방으로 피난도 하고 죽기도 하고 함
	경찰의 간섭하에서 친족회 조직, 우선 위원을 선정하여 조사하기로
	이재동포를 위하여 유지신사 분기, 중앙청년회관에 모여서
	일본 지진학 박사의 진원 연구
	일본의 천재/김현구
1923.10.25	재류동포의 식량 공급에 진력, 관계 관청에 교섭이 불만족하여
1923.11.01	진재의 동정금을 강제로 모집, 정평군 리민들은 회의 후 반대
	일인의 무도, 동경 한인을 학살 후 거짓말로 발명
1923.11.08	일본 진재시에 학살당한 동포를 위하여, 호놀룰루 한인 5백 명이 대회를 열고, 미국 국무성에 청원하여 사실하여 달라고 요구하였다
	유감되는 3개 사건, 한인문제=주의자 검속 문제=헌병대장 위법행위 문제/일미보 로곡생

일자	기사 제목
1923.11.15	쩌맨이 일본진시 한인학살을 목도하고, 유덕고려학우회는 일본에서 한인학살사건을 선전하며
	귀국동포 2만 5천
	유감되는 3개 사건, 한인문제=주의자 검속 문제=헌병대장 위법행위 문제/일미보 로곡생
1923.11.23	일본은 미국에 진재 특사를 파견
1923.11.29	톰킨스 박사는 국무성에 항의서 제출, 일본 진재시 한인 5백여 명 학살했다고, 눈을 보고 온 사람들이 증거서를 첨부하여 제정하였다
	진재동포 동정금 수합에 관한 건
1923.12.06	톰킨스 박사와 서재필 박사의 변호, 일본 진재시 한인학살에 대하여, 미국인 중 친일파와 주일공사의 일본을 변호하는 비루 태도
1923.12.20	진재동정금(광고)
	재동경 동포 2백 52명!, 3천여 명 중 학생이 6백여 명
	일인의 간휼한 수단: 한인학살 관련
	진재 후 동양 경제
1923.12.27	한인이 복수운동을
	진재동정금(광고): 34원 15전, 장인환, 백일규, 이대위 등 35명
	재일 노동동포의 상황, 우마의 대우를 받는다고 하였다
	일인의 눈에는 한인이 사람으로 보이지 않는가?

〈표 2-4〉에 의하면 『신한민보』가 관동대지진을 보도한 것은 1923
년 9월 6일이었다. 이는 관동대지진이 발생한 9월 1일보다 6일 늦은
것이지만 이는 주간으로 신문이 발행되기 때문이었다. 그렇지만 관
동대지진과 관련된 기사는 12월 27일까지 지속적으로 보도하였다.
초기에는 관동대지진의 피해 상황이 주를 이루었지만 11월 1일 이후
에는 재일조선인 학살과 관련된 기사가 보다 많이 되었다.

관동대지진 첫 보도를 한 9월 6일자 기사 중 흥미로운 것은 재일
조선인과 경찰의 충돌이었다. 이 기사는 토미오가로부터 받은 통신
인데, 내용은 다음과 같다.

동경에 있는 한인들은 일본이 비상한 재앙을 만난 때를 기회로 하여 동경에서 당파를 이루어 가지고 무슨 손해던지 내일 수 있는 대로 하는 동시에 재산도 탈취하여 생명도 살해하며 가옥이 지진에 채 타지 않은 것이 있으면 마저 불을 놓아 몰소케 하는 바, 한인들과 일본 헌병 사이에 격렬한 충돌이 있다 하며, 병정들은 창칼로 한인들을 마구 도륙한다 하였다. 한국은 일본을 불만히 여기는 영토로서 과거에 혁명과 경정이 많이 있었던 바, 이런 기회를 이용하여 그 원수인 일본을 위협하려 한다 하였더라.[181]

이 기사에 의하면, 관동대지진 당시 재일조선인이 폭동을 일으킨다는 유언비어가 있었으며, 이로 인한 재일조선인과 헌병 사이에 격렬한 충돌이 있었다는 것이다. 문제는 이 기사에 의하면 재일조선인들이 집단적으로 일본인의 재산 탈취, 살인, 방화 등을 실제 있었던 것처럼 보도하였다는 점이다. 기사의 출처가 불분명하지만 이는 '조선인 폭동설'에 대한 왜곡 보도를 한 것이라고 할 수 있다.

그런데 이 과정에서 헌병이 재일조선인을 '도륙'하였다는 것으로, 학살이 있었음을 보여주고 있다. 그렇지만 재일조선인 학살과 관련된 보도는 지속되지는 못하였다. 이후 1개월 후인 11월 1일자 「일인의 무도」라는 기사를 통해 다시 보도되었다. 유언비어임에도 불구하고 '재일조선인 충돌'이 있었다는 것까지는 보도하였으나 '재일조선인 학살'까지는 접근하지 못하였다.

그런데 미주 하와이에 관동대지진 당시 재일조선인 학살이 알려진 것은 관동대지진 직후인 9월 초순이었다. 『Honolulu Star Bulletin』과 『Honolulu Advertiser』는 1923년 9월 7일과 8일 양일

---

181 「한인과 경찰이 충돌」, 『신한민보』 1923년 9월 6일자.

간에 걸쳐 관동대지진의 발생과 약탈 및 방화의 이유로 무고한 재일
조선인들이 살해당하였다는 사실을 보도하였다. 먼저 1923년 9월 7
일자 『Honolulu Star Bulletin』은 「Tokio Kroeans Interned: Big
Plot Charger」에서 관동대지진 발생 소식과 함께 커다란 음모 책동
을 이유로 일본 정부가 일본인에게 살해당할 재일조선인을 보호하
기 위해 나라시노에 수용하였다고 보도하였다. 1923년 9월 8일자
『Honolulu Advertiser』는 「In Fairness to the Koreans」라는 사설
에서 지진 후 화재는 재일조선인에 의해 발생한 것이 아닌데 재일조
선인에 가해진 학살이 무슨 근거로 이루어졌는지 일본 당국의 해명
을 촉구하였다.

　이러한 보도에 대해 호놀룰루 일본 총영사관은 일본 정부의 대외
지침을 근거로 재일조선인 학살은 관동대지진 당시 재일조선인이
일으킨 방화와 약탈 때문이며, 재일조선인의 소행이 각지에 큰 소문
으로 확산되면서 흥분한 일본인들에 의해 일부 학살이 일어난 것처
럼 해명하였다.[182] 이는 명백한 유언비어였지만 진위를 파악하였음
에도 불구하고 일본 정부가 군대를 동원해서 오히려 재일조선인들
을 보호하였다고 주장하였다. 『Honolulu Star Bulletin』은 사건의
진상을 파악하기 힘든 상황에서 이런 일본 측의 주장이 과장되었다
고 보았다.[183] 이어서 1923년 9월 20일자 「Justice to the Koreans」
에서는 재일조선인 학살에 대한 진상조사 요구와 함께 재일조선인
들에 대한 정당한 선처를 요구하였다. 『Honolulu Star Bulletin』과

---

[182] "Japanese Statement on Korean Violence during Earthquake," *Honolulu Advertiser*, September 19, 1923.

[183] "Korean Plot an Exaggerated Rumor in Tokio," *Honolulu Star Bulletin*, September 18, 1923.

『*Honolulu Advertiser*』는 관동대지진 당시 5백여 명의 재일조선인이 학살되었다고 보도하였다.

이처럼 미주에 비교적 일찍 재일조선인 학살 소식이 전해졌지만 한인사회가 관심을 가진 것은 이보다 한참 이후였다. 1923년 10월 25일 하와이 호놀룰루 대한인교민단은 밀러(Miller) 스트리트(Street)에서 500여 명이 모인 가운데 관동대지진 희생자 및 가족들을 위한 조의와 위로를 표하는 추도대회를 가졌다. 이날 추모대회에서는 재일조선인 학살의 진상 규명을 구미위원부를 통해 밝히기로 하고 미국 국무부에 청원하기로 결의문 채택하는 한편 진상 규명을 위한 조사위원으로 존박, 양유찬, 노진국, 이태성, 김영기로 선임하였다.[184] 또한 이날 대회에서는 구미위원회에도 보낼 의결서도 만장일치로 가결하였다.[185] 추모대회에서 청원키로 한 결의문은 다음과 같다.

> 일인들이 일본 재류 한인에게 없는 죄를 애매히 씌운 것을 자복하나 그러나 한인을 학살한 사실에 대하여는 며칠 전까지 발표한 일이 없었다. 왜 일본 정부는 그와 같이 무리하게 냉혈적 학살 사건 발간을 압수하였는가? 일본은 그의 구제 선전할 시기에 한인들이 불을 놓았느니, 도적질을 하였느니 하는 거짓 죄명을 이용하여 한국 민족에게 무수한 혹독한 죄명으로 폭발탄 던지듯이 하였다.

---

[184] 「일본 진재시에 학살당한 동포 위하여」, 『신한민보』, 1923년 11월 8일자.

[185] 구미위원회에 보낸 의결서의 내용은 다음과 같다. "호놀룰루 공동대회에서 의결한 바 구미위원부를 통하여 미국 국무성에 청원하여 일본에서 한인들을 학살한 사건을 철저히 조사하여 달라 하기로 하였다. 한국 내지에서 조직된 한인학살사건조사단의 활동을 일본이 해산시켰고, 또한 일본에서 한인을 위하여 구제하려는 것을 금지하였습니다. 동경으로 오는 소문을 거하면 한인의 학살당한 수효와 그 원인 말함이 서로 저축되며 믿을 수 없습니다. 한국으로부터 전보 회답이 없습니다. 그런고로 우리는 조사함을 요구합니다."

일인의 야만 행동과 학살은 과연 그 진재의 자연적 살육보다 백배나 더 악독하다. 10월 24일발 동경 연합통신에 의하면 9월 2일 후지오카 경찰서에 피난하여 있는 한인 14명을 일인들이 따라가서 죽창으로 찔러 죽이며 총으로 쏘기도 하며 칼로 베어 죽였다 하였었다. 이가 일본 경찰이 재난 중에 빠진 한인들을 보호하여 준다는 보호로다.

일본 외무성에서 소위 '적의 원수'의 활동에 대하여 반포한 것들을 보면 한인의 죽은 수효와 왜 죽였다는 이유가 서로 이동난다. 한인들과 일반 공중은 이 학살사건에 대하여 무편무이한 이가 진정한 사실을 조사하여 누가 이 학살에 책임자인지 인도의 양심의 재판에 부치기를 강력히 요구하는 바이다.[186]

『신한민보』는 추모대회 직후인 1923년 11월 1일자 「일인(日人)의 무도(無道)」라는 기사를 통해 재일조선인 학살 만행을 구체적으로 보도하기 시작하였다. 기사 내용은 다음과 같다.

일본 동경 진재시에 재류 한일들을 많이 학살함이 사실이로다. 그 학살을 당한 우리 동포가 얼마나 되는지는 통신마다 같지 아니하여 혹은 4백 명 혹은 5백 명 혹은 2, 3천 명이라 하였다. 그러나 다수의 무죄한 우리 동포를 학살하고 오히려 그 죄를 숨기려고 세계 통신에 내어놓기를 한인들이 무슨 혁명을 일으켰느니, 우물물에 독을 탔느니 하는 거짓 통신으로 세상을 속이려 하였고 한다. (중략) 일본이 진재시에 한인을 어떻게 무참히 학살한 것을 참고하기 위하여 이달 17日부터 며칠 동안 계속하여 기재한 상항 '일미보'의 기서를 역등하는 바, 이 기사는 일인 중 '로고생'이라 하는 사람이 저술한 것인즉 다소간 일본 편으로 치우치는 점도 없지 않을 터인데 한인의 참혹한 학살을 거침없이 발표했을즉 사실상 그

---

186   「일본 진재시에 학살당한 동포를 위하여」, 『신한민보』 1923년 11월 8일자.

참상이 어느 정도에까지 미쳤는지 우리는 예측하기가 심란한 일
이라고 한다. (하략)[187]

　이 기사에 의하면, 일제는 재일조선인 학살의 원인을 불확실한
'혁명' 또는 '우물에 독을 넣었다'는 것으로 호도하고 있다고 비난
하고 있다. 이는 재일조선인 학살의 원인이라고 하는 '재일조선인의
폭동설'과 '우물에 독을 넣었다' 것이 유언비어라는 점을 분명하게
지적하는 것이다.
　또한 조선인학살의 현장을 목격한 일본인이 미주 신문에 기고한
글을 볼 때 적어도 일본에 대한 우호적인 심정이라 하더라도 재일
조선인 학살은 참혹한 사실이었음을 밝히고 있다. 학살된 재일조선
인의 수도 적게는 4백 명, 많게는 3천여 명에 달하고 있다고 하였다.
이 기사에는 일본인이 기고한 기사도 3건을 소개하고 있는데, 기사
의 내용은 길지만 전문을 인용하면 다음과 같다.

　　△ 내가 처음에 이러한 비상 사변이 있는 제회에 혹 3인 5인의 불
　　　량의 무리가 배고파서 식량을 약탈하거나 난폭 낭자한 행위나
　　　혹은 소위 회사담에 방화한 일이나 혹 변태성욕자가 부녀자를
　　　능욕하는 등 자가 없으리라고는 단언하지 않았다. 그러나 유
　　　독 조선사람들이 일본인 사이에서 그러한 일을 독행하였으
　　　리라고는 알지 않았다. 차라리 두수가 많은 일본 사람 중에
　　　범인이 많을 줄로 알았다. 설령 조선사람들이 평생에 일본의
　　　덕택에 도욕함이 없었다 치더라고 저 제국대학의 지진학 교수
　　　실과 중앙기상대의 지진 박사들도 예상하지 못한 이 천변 지진

187　「日人의 無道, 동경 한인을 학살 후 거짓말로써 발명」, 『신한민보』 1923년 11월
　　1일자.

을 유독 조선사람이 무슨 특별한 두뇌를 가지고서 졸지간에 일어난 이 대지진 있을 줄 예지하고 각지에 산재한 조선사람들을 문득 단결하여 동경에 충화하며 도하 2백 수십만 생령을 오살하려는 계획이 있었다 함은 실공에 얹어둔 옛적 소설책 가운데서나 찾아볼 사실을 대정 문명의 오늘에 있었다 함은 참으로 믿을 수 없도다.

△ 그러나 이러한 유언비어가 날이 지날수록 더욱 심하여 오직 동경과 그 부근에만 유행할 뿐아니요. 천엽, 기옥, 군마, 자성 등 각지에서도 성행하여 주민들이 소위 자위단이라는 것을 조직하여 가지고 통행하는 수도와 진재에 벗어나 피난한 자와 구호의 자동차를 일일이 멈추고 누구인가 질문하니, 물론 조선사람인듯한 의심만 있어도 구타하며 심한 경우에는 온갖 취조를 다하며 죽이기까지 하였다. 그중에 무죄한 조선사람들을 철사로 결박하여 손을 싹싹 부비며 살려 달라고 애걸하는 자를 조금도 사정없이 죽였었다. 이와 같이 참살하는 가운데 일본사람을 조선사람으로 그릇 알고 참살한 것도 불소하다. 이러한 참상은 미국 남방 각주에서 흑인을 사형하는 것과 유사하나, 그러나 오직 다른 점은 미국인의 교살은 대개 흑인의 백녀를 겁탈한다는 혐의에서 나옴이되(설령 오해가 있다 치고) 이제 선인에게 다하여는 무리해서 나오는 불상의 참극이라고 한다.

△ 이러한 무참한 폭행=차라리 학살=은 다소간 계엄령을 집행하는 군대의 손에서도 되었다 할 수 있다. 대저 이러한 폭도의 비보가 있기는 소위 자경단의 포학함도 있는 바, 물론 자경단 중에서 그와 같이 혼잡한 시기에 협착한 구역 안에서 유지들이 협의하여 순라하려는 정도를 유지하려 함도 없지 않았으나 그중 재향군인들과 청년단 같은 것은 평상시에 무슨 기회가 없음을 한탄하다가 이 비상한 시기를 기회로 하여 때를 지어 나와 백두에 일본의 칼을 빼어 들며 깎아 만든 죽창을 내어 들고 폭

행을 행할 때에 일시에 무정부의 상태를 이루었다. 다만 완력만 믿고 이런 행동을 하는 저들이 졸지에 사변을 만나, 친척도 없고 친구도 각산하고 매일 일하며 벌어먹다가 졸연간 집이 타고 갈 바를 알지 못하여 언어도 서툴고 풍속이 다른 타국에서 방황하는 선인들을 가부도 묻지 않고 용서할 생각도 하지 않고 오직 조선사람인 때문에 무참한 학살을 가하였었다. 우리는 저 불행한 조선사람을 위하여 한 가지로 민망하며 또한 우리 흉포한 일본 동포의 무식 몰각함을 슬퍼하는 바이다. 인심이 조금 냉정해진 오늘이 와서는 대부분이 이 비참한 참사에 대하여 통탄하는 모양이다. 우리는 다년 천애만리 이역에 방랑한 몸이 되어 더욱 이 일에 대하여 가슴을 붙안고 절통하는 바이며, 더구나 배일의 풍조가 팽창한 미주에 있는 일본 동포로는 이 참상을 남의 일로 볼 수 없는 바, 우리는 공명할 일인줄 생각하자 운운[188]

첫 번째 기사는 재일조선인이 관동대지진을 기회로 230만의 도쿄 주민을 살해하려고 한 계획은 믿을 수 없는 허설이라는 것이고, 두 번째 기사는 자경단이 재일조선인을 참혹하게 학살하였다는 것이며 세 번째 기사는 재일조선인을 학살한 일본인에 대한 비판과 미주 일본인의 양심적 자책을 담고 있다. 종합적으로 볼 때 재일조선인 학살은 사실이며 여기에는 자경단, 청년단 외에도 심지어 계엄군도 가담하였다는 것을 확인할 수 있다.

이 기사의 말미에는 "우리는 일본 진재시에 무참히 학살을 당한 동포들의 수만리 고혼을 위하여 슬퍼하는 동시에 일본이 멸망을 재촉하지 않거든 천재를 두려워하며 회개하기를 바란다"라고 하여, 학

---

[188] 「日人의 無道, 동경 한인을 학살 후 거짓말로써 발명」, 『신한민보』 1923년 11월 1일자.

살당한 재일조선인의 위무와 일본의 회개를 촉구하였다.

그 연장선에서 미주한인사회는 한국친우회 회장 톰킨스가 재일조선인 학살에 대한 항의서를 미국 국무경 후스에게 보내는 것을 적극 지원하였다. 톰킨스가 제출한 항의서에는 관동대지진 당시 도쿄를 여행하다가 5백 명의 재일조선인을 학살하는 광경을 목격한 미국인의 증거서를 제시하였다. 증거서에 의하면 "한인을 학살하는 방법은 손과 발을 결박한 후 석유를 몸에 붓고 화장"을 하였으며, 또한 "한인 8명을 일본 병정들이 창끝으로 찔러 당장에 폐명하였는데, 이 학살을 목격한 미국 여행객들은 일본 병정의 강력에 피치 못하여 그 자동차를 한인들의 죽은 시체 위를 몰아 넘어간 일도 있었다"는 등의 내용이 포함되었다.[189]

톰킨스의 항의서에 대해 주일공사 우드가 "한인을 일본인이 학살하였다 함은 사실이 없는 말"이라고 반박하였지만, 톰킨스는 "우리는 우드 공사의 발표한 말에 속지 말아야 하겠다. 우리는 일본인이 한인을 학살하는 것을 목격한 사람의 확실한 증거가 있는 바, 이 증거들은 지금 국무경 후스씨의 손에 있는 터인즉, 우드 공사가 그런 말을 하려거든 먼저 그 증거서부터 가서 읽어 보고 말함이 무방할 듯하다"라고 힐난하였다.[190] 톰킨스와 우드의 논쟁에 대해 한국친우회 회원 서재필도 톰킨스를 적극적으로 변호하였다.

미주한인사회에 관동대지진으로 재일조선인의 이재 상황이 알려짐에 따라 한인사회는 의연금 모금을 전개하였다. 미주에서 한인사회의 자치와 독립운동에 앞장서온 대한인국민회 총회는 이재 재일

189   「톰킨스 박사는 국무성에 항의서 제출」, 『신한민보』 1923년 11월 29일자.
190   「톰킨스 박사와 서재필 박사의 변호」, 『신한민보』 1923년 12월 6일자.

조선인을 돕기 위해 1923년 11월 24일자로 「진재동포 동정금 수합에 관한 건」이라는 통첩을 각 지방회장에게 보냈다.[191] 의연금의 모집 기한은 1923년 12월 31일로 한정하였다.[192] 그런데 관동대지진 의연금 모금은 조국의 관서 지역에서 발생한 수해 이재민을 돕기 위해 이미 구제금 모금 중이었기 때문에 크게 관심을 끌지 못하였다. 수재 구제금은 12월 24일까지 1,270달러 60센트를 모금하였지만,[193] 관동대지진 의연금은 장인환, 백일규, 이대위 등 35명이 참여하여 34원 15전을 모금하였다.[194]

한편 재일조선인 학살을 규명하는 데 하와이 대한인교민단도 적극 나섰다. 1923년 말 하와이의 한인들은 『Honolulu Star Bulletin』에 게재된 쉐바(S. Sheba)의 기사(1923. 12. 6) "S. Sheba Acknowledge the Slaying of koreans, Urges Spirit of Forgiveness Rule"의 글에서 일본 정부가 조선인학살의 만행을 공식 시인하고 고백하였다는 사실을 확인하였다. 그 소식을 확인한 하와이 대한인교민단은 1924년 1월 12일 의사회를 개최하고 4천여 명의 우리 동포가 아무 이유 없이 야만적으로 학살된 사실을 인정한 일본 정부의 자복만으로 만족할 수 없다고 분개하였다.[195] 이어서 대한인교민단은 의사회를 열고 위해 다음의 6개 항을 결의하였다.

[191] 도산안창호선생기념사업회 편, 2005, 『미주 국민회 자료집』 13, 경인문화사, 490쪽.

[192] 「진재동포 동정금 수합에 관한 건」, 『신한민보』 1923년 11월 29일자.

[193] 「내지 수재구제」, 『신한민보』, 1923년 12월 27일자.

[194] 「진재 동정금」, 『신한민부』 1923년 12월 27일자.

[195] "Koreans Urge Open Probe of Many Killings," *Honolulu Star Bulletin*, January 14, 1924; Korean Convention Acts on Massacres," *Honolulu Advertiser*, January 15.

1. 한·일·미 삼국 사람으로 위원을 선정하여 충분한 조사를 당장
   에 시작할 일.
2. 아직껏 무죄히 감금에 처한 한인들을 해방하며 상당한 배상을
   물어줄 일.
3. 일본 정부 관리와 기타 일인들이 한인들을 학살한 자를 법에
   부치어 처벌하되 지체말고 하여 일본에 있는 한인의 안전을 담
   보할 일.
4. 학살당한 한인들의 유족에게 배상금을 내어줄 일.
5. 일본 정부에서 공식으로 발포하여 그 전에 한인에게 대하여 허
   망한 죄명으로 세상에 반포한 것을 교정할 일.
6. 공의를 완필하기 위하여 한국을 즉시 한인들에게 환부하며 한
   국에 있는 일본 군대와 정치기관을 철환할 일.[196]

이 결의안은 대한인교민단 단장 김영기 명의로 일본 정부[197]를 비
롯하여 일본과 중국의 각 신문사에 보냈다. 이에 대해 일본 측에서
는 전혀 반응은 보이지 않았지만 중국 상하이에서 발간하는 『The
North China Daily News』는 1924년 1월 18일자에 Y.K. KIM[198]의
이름으로 하와이 대한인교민단의 결의안 내용을 게재하였다.[199]

이러한 상황에서 『신한민보』는 1924년 이후에도 관동대지진 당

----

196 「교민단 의사회에서 통과한 결의」, 『신한민보』 1924년 2월 7일자. 한편 최승만
     의 기록에 의하면 약간의 차이가 있다. 그는 5항을 "무참하게 학살당한 것도 억
     울한데 오히려 하등의 근거 없이 유죄라고 하여 검거한 무고한 한인 전부를 불
     기소 처분하는 동시에 일본 정부는 그 뜻을 공식으로 발표할 것"이라고 하였다
     (崔承萬, 『2·8독립선언과 관동진재의 실상과 사적 의의』, 기독교문화사, 1984,
     158~159쪽).

197 그런데 교민단에서는 일본 정부보다는 국제재판소에 보낼 것을 제안하기도 하
     였다. 실제 국제재판소에 전달되었는지는 확인되지 않고 있다.

198 Y.K. KIM는 김영기의 약자이다.

199 최승만, 『2·8독립선언과 관동진재의 실상과 사적 의의』, 기독교문화사, 1984,
     158쪽.

시 재일조선인 학살 사건을 집중적으로 다루었다. 『신한민보』는 5월 1일자에 「동경진재시에 발측한 왜놈의 잔포」와 5월 8일자부터 7월 3일자까지 연재한 「한인학살사건의 진상」이라는 제목으로 아홉 차례에 걸쳐 집중 보도하였다.

「동경진재시에 발측한 왜놈의 잔포」는 서문에 "작년 9월 동경 진재시에 일인들이 우리 동포들을 학살함을 목격한 ○○○ 씨가 송그레이 여사에게 보낸 편지인데, 그의 허락을 얻어 이에 소개하나이다"라고 하였다. 이름을 밝히지 않은 기고자는 이재동포위문반원으로 활동하였으며, 위문반이 조사한 바에 의하면 학살당한 재일조선인이 2,611명이라고 밝혔다.

케이 에이치 에스 생(K.H.S)의 필명으로 연재된 「한인학살사건의 진상」은 일본 정부의 훈령과 지시로 유언비어가 유포되었으며, 이로 인해 일본인의 인심을 격동된 것과 5천여 명의 재일조선인이 일본인에 의해 무자비하게 학살당한 사실, 그리고 재일조선인 학살 만행을 은폐한 일본 정부의 기만적인 술책 등을 상세하게 밝히고 있다.

그렇다면 미주한인사회에서 관동대지진에 대한 인식은 어떠하였는가 하는 점이다. 초기 미주한인사회는 재일조선인 학살 소식을 듣지 못한 채 관동대지진 당시 재일조선인 1만 5천여 명이 나라시노(習志野) 군병영장 즉 임시수용소에 보호되어 있다는 사실을 접하였다. 재일조선인 보호의 원인은 관동대지진을 기회로 조선인들이 거대한 혁명단을 조직해 활동할 계획이라는 것과 일본 황태자의 혼례 기회를 틈타 황태자와 단수의 대관을 암살하려는 계획을 미리 입수하고 사전 예방 차원에서 조치한 것이라는 일본 정부의 설명을 그대로 인

용하여 보도하기도 하였다.[200]

그렇지만 관동대지진이 일어난 "9월 1일은 일본이 한국을 무력 합방한 이후 그동안 한인들을 비인도적으로 학살한 죄로 천벌 받은 날로 해석하고 천도(天道)가 무심치 않다"고 하였다. 그리고 관동대지진 이후 제국일본은 막심한 재정난을 타개하기 위해 동아시아에서 더욱더 경제적 침략을 강화할 것이라는 비난하였다.[201]

이처럼 미주한인사회는 관동대지진 당시 무고하게 학살당한 재일조선인들을 위해 진상규명과 의연금 모금 등 적극적으로 활동하였다.

4. 유럽 한인 유학생

유럽에는 일본과 미주지역처럼 한인사회가 형성되지는 못하였지만, 영국, 프랑스, 독일 등에 적지 않은 유학생들이 있었다. 이들 유학생들 중 관동대지진과 관련하여 가장 활발하게 대응하고 활동을 한 것은 독일의 한인 유학생이었다. 독일의 한인 유학생은 유덕고려학우회를 조직하여 식민지 조선의 동향과 일제의 불법성을 유럽에 알리고자 노력하였다.

유덕고려학우회는 독일 한인 유학생을 중심으로 1921년 1월 1일 창립되었다.[202] 그렇지만 유덕고려학우회가 본격적인 대외활동을 전개한 것은 관동대지진 재일조선인 학살의 소식을 접하면서부터다.

---

200   「한인 1만 5천 명을 가두어」, 『신한민보』 1923년 9월 13일자.

201   「지진 후 일본」, 『신한민보』 1923년 9월 13일자.

202   엠. 에(M, A), 一愚, 「세계일주 산 넘고 물 건너(3)」, 『개벽』 22, 1922년 4월 1일; 「歐洲에 처음 생긴 我留學生 團體」, 『독립신문』 1922년 7월 15일자.

1923년 9월 1일 일본 간토지역을 중심으로 대지진이 일어난 직후 수많은 조선인들은 약탈, 방화, 폭동 등으로 소요를 일으켜 치안을 어지럽히고 있다는 유언비어로 무고히 대거 학살되었다. 이러한 재일조선인 학살 소식은 일본의 계엄령과 철저한 언론 통제로 국외로까지 전파되기 어려웠다. 그러던 중 독일의 『보시쉐 자이퉁(Vossische Zeitung)』지 1923년 10월 9일자에 오토 부르하르트(Otto Burchardt)가 현장을 목격한 것을 「일본에서 지진을 목격한 베를린 사람의 증언(Ein Berliner Augenzeuge des Erdbebens in Japan)」이란 글을 기고하였다.

〈그림 2-5〉 유덕고려학우회 회원 일동(『개벽』 22호)

글을 기고한 부르하르트는 당시 동양미술을 전공한 40세가량의 미술가로 평소 정치문제에 전혀 관심을 갖지 않았던 인물이었다. 그는 부인과 함께 중국 베이징 체류를 마치고 1923년 9월 1일부터 8일

까지 일본에 머물면서 관동대지진의 현장에 있었다.[203] 그는 그곳에서 직접 목격하거나 같은 독일인에게서 전해 들은 소식을 제일 먼저 『*Vossische Zeitung*』의 기자에게 재일조선인 학살의 사실을 알렸으나, 담당 기자가 사실을 제대로 전달하지 못한 것을 알고 못내 유감스럽게 생각하였다.[204]

부르하르트는 관동대지진 당시 일본 사회는 재일조선인이 칼과 총으로 무장하고 일본인들뿐만 아니라 서양인들까지 공격하는 매우 위험한 부류로 선전하면서 재일조선인 학살 만행을 당연시하는 분위기였다고 한다.[205] 평소 정치적인 문제에 무관심하던 부르하르트는 이 사건의 진상을 알려야겠다는 정의감을 갖고 독일로 돌아온 뒤 자신의 경험을 바탕으로 「일본에서 지진을 목격한 베를린 사람의 증언」을 신문사에 기고하였다. 이 중 재일조선인 학살과 관련된 「한국인의 학살(Massaker unter den Koreanern)」이라는 내용이 포함되어 있다. 「한국인의 대량학살」의 내용은 다음과 같다.

> 일본 정부는 첫 번째 재난 소식 이후에 질서 유지와 약탈 방지를 위해 전함과 군인을 투입하였다. 요코하마에서는 3,000명의 죄수가 수감된 감옥이 개방되었고, 탈출한 죄수들은 도둑질과 약탈을 하기 위해 도시로 몰려들었다. 이 수많은 일본인 죄수들 중 몇몇 한국인 강도가 있었을지도 모른다. 그러나 군인들이 처음으로 한 일은 허위사실 유포였다. 한국인들이 도시에 불을 지르고 우물에 독을 탔으며 그들이 약탈자라는 것이다. 그 결과 한국인들

---

203   「德國人이 目睹한 한인학살사건」, 『독립신문』 1923년 12월 5일자.
204   「뿌박사 방문기(상)」, 『독립신문』 1923. 12월 26일자; 「쩌맨인이 일본진시 한인학살을 목도하고」, 『신한민보』 1923년 11월 15일자.
205   「뿌박사 방문기(하)」, 『독립신문』 1924년 1월 19일자.

에 대한 지독한 대량학살이 행하여졌다. 한국인들이 보이는 곳마다 그들은 짐승과 같이 변한 무리에 의해 구타를 당하였다.

마침내 군인들은 한국인들을 '보호유치'라는 명목 아래 체포하여 군 부대로 데려가야만 하였다. 이것이 어떤 종류의 보호유치인지 독일인 목격자들이 내게 전해주었다. 잠자고 있는 한국인들에게 실탄으로 초역이 가해졌다. 그 후 누군가 뛰쳐나왔으나 그것은 포악한 군인들에게 다시 새로운 피 목욕을 개시하는 신호일 뿐이었다. 보호유치를 빌미로 붙잡힌 15,000명의 한국인 가운데 살아서 그곳을 나온 사람은 몇 되지 않았다. 한국인들이 모두 살해되었다고 주장하는 군대에 의해 그에 대한 어떠한 것도 알아챌 수 없었음에도 불구하고 유럽인들 역시 끊임없이 두려워하였다. 일본인들은 한국인들을 말살하기 위해서 간단히 이 기회를 사용하였다.[206]

부르하르트의 기고문에 의하면, 일본군에 의해 학살된 재일조선인은 1만 5천여 명에 달하였다. 이는 『독립신문』에 의해 밝혀진 6,661명보다 두 배 이상 많은 수효이다. 이에 대해서는 적지 않은 논란이 있겠지만 앞으로 밝혀져야 할 부분이다.

부르하르트가 기고한 재일조선인 학살 기사를 확인한 유덕고려학우회는 곧바로 대응하였다. 먼저 유덕고려학우회는 1923년 10월 12일자로 부르하르트의 기사를 국한문으로 번역해 「한인학살(韓人虐殺)」이라는 제목으로 전단지를 만들었다. 이를 유럽과 미주의 한인사회에 배포하는 한편 상하이에 있는 대한민국 임시정부에 전달하였다. 일본인의 만행과 기만성을 폭로한 전단지의 내용은 다음과 같다.

---

206 이극로 저, 조준희 역, 『이극로 전집: 유럽편』, 소명출판, 2019, 28쪽; 『독일어 신문 한국관계 기사집(1904~1945.8)』, 독립기념관 한국독립운동사연구소, 2018, 136쪽.

〈그림 2-6〉 유덕고려학우회가 제작한 전단지

일. 왜병이 동포 1만 5천 명을 요코하마 군영에 가두고 학살하
다.

일. 일본 인민은 지진 및 천재지변을 기회로 하여 우리 거주 동
포를 도처 살육하다.

일. 일본 정부는 자기 인민 및 군병의 만행에 대하여 조선 및
세계 이목을 엄폐하고자 무선전신 및 기타 일절 통신을 절
금하다.

북경에 체류하던 독일인 부르하르트 박사가 9월 1일부터 금 8
일까지 일본 지진의 진상을 목도하고 본국으로 돌아와 그 실제 기
록을 때에 이르러 베를린 포시쉐 신문에 발표하여 게재된 바, 이
에 그 한 구절을 번역하여 매 동포에게 고함.

기원 4256년(1923) 10월 12일 유덕고려학우회[207]

---

[207] 「저맨인이 일본진시 한인학살을 목도하고」, 『신한민보』, 1923년 11월 15일자; 이
극로 저, 조준희 역, 『이극로 전집: 유럽편』, 소명출판, 2019, 38쪽. 재일조선인

유덕고려학우회는 보다 구체적인 재일조선인들의 피해 상황과 진상을 알아보기로 하고, 1923년 10월 18일 고일청(高一淸)과 황진남(黃鎭南)을 대표로 파견하여 부르하르트와의 면담을 추진하였다. 그 결과 유덕고려학우회는 재일조선인의 피해와 학살이 사실이었음을 다시 한번 확인하였다. 그리고 이를 대한민국 임시정부로 보냈다. 임시정부에서는 기관지 『독립신문』을 통해 부르하르트와의 면담 내용을 1923년 12월 16일과 1월 19일자에 걸쳐 두 차례 연재하였다.[208]

이를 계기로 유덕고려학우회는 세계 각국에 일본인의 재일조선인 학살 만행을 알리기 위한 선전 활동에 착수하였다. 이에 따라 1923년 10월 26일 베를린에서 '재독한인대회(The Great Meeting of Koreans in Germany)'를 개최하였다.[209] 유덕고려학우회는 이날 대회에서 관동대지진 당시 일본인의 만행으로 억울하게 죽임당한 한인들의 참상을 낱낱이 알리고 일제의 가혹한 식민통치의 실상을 맹렬히 규탄하였다.

유덕고려학우회는 재독한인대회에서 「한국에서 일본의 유혈통치」라는 전단지를 독일어(「Japanische Blutherrschaft in Korea」)와 영어(「Japans Bloody Rule in Korea」)로 번역하여 배포하였다. 전단지의 한 가운데는 한반도를 중심으로 한 동아시아의 지도가 크게 그려져 있고, 글 끝 부분에는 재독한인대회를 대표한 세 사람의 자필 서명이 들어

학살에 대한 내용은 부르하르트의 기고문을 번역한 것으로 본문에서는 생략하였다.

[208] 「뿌박사 방문기(상·하)」, 『독립신문』, 1923년 12월 16일 및 1924년 1월 19일자.

[209] 「在德韓人大會의 通告」, 『독립신문』, 1923년 12월 26일자; 「在獨逸鮮人ノ排日宣傳ニ關スル件」, 1923년 1월 8일.

있다.[210] 이들 세 명은 이번 대회를 주관했던 핵심 인물로 이극로(Li Kolu), 김준연(C. Y. Kim), 고일청(Jh Tsing Kao) 등이다.[211] 이 전단지는 독일어 5,000부, 영어 2,000부로 특별히 인쇄해 해외 한인사회는 물론 각국의 주요 정부와 기관, 그리고 국민들에게 배포하였다.

유덕고려학우회가 배포한 전단지는 크게 세 부분으로 이루어졌다. 첫째는 오랜 역사를 가진 한국의 독립된 역사의 전통과 이를 침해한 일본의 침략과 식민통치, 여기에 저항해 전개한 3·1운동과 대한민국 임시정부의 수립, 이를 잔인하게 박해하고 탄압한 일제 식민통치의 잔인성 등을 고발하였다. 둘째 부분은 『보시쉐 자이퉁』지 10월 9일자에 게재한 부르하르트 박사의 기사 내용을 담아 관동대지진 당시 일제가 저지른 한인 참상의 증거를 소개하였다. 그리고 셋째는 한국 독립의 열망을 밝히고 독립을 위한 조선인들의 투쟁을 각국 정부와 국민들이 적극 지지해줄 것을 호소하였다.[212]

[210] 「在獨韓人會의 日本 植民統治 非難 記事: "Japans Bloody Rule in Korea"」, 독립기념관 소장자료, 자3861~128, 「在獨鮮人의 排日印刷物 排布에 關한 件」, 자2861~221.

[211] 이극로 저, 조준희 역, 『이극로 전집: 유럽편』, 소명출판, 2019, 43~44쪽

[212] 홍선표, 「관동대지진 때 한인 학살에 대한 歐美 한인세력의 대응」, 『동북아역사논총』 43, 동북아역사재단, 2014.

제3부
관동대지진과
식민지 조선의
언론

제1장 관동대지진과 『매일신보』

1. 관동대지진의 인식과 보도

『매일신보』는 1906년 9월 당시 통감이었던 이토 히로부미(伊藤博文)가 "대한(對韓) 보호정책의 정신을 내외에 선양하고 일선융화의 대의를 창도할 것"을 내세우며 통감부의 기관지로 창간된 『경성일보』[1]의 연장선상에서 발간한 조선총독부 기관지였다. 『매일신보』의 연원은 1904년 7월 영국인 베델과 양기탁에 의해 발행된 『대한매일신보』이다. 이토는 조선을 식민지화하는 데 있어서 무엇보다도 언론의 역할에 각별히 관심을 보였는데, 이는 민족주의 성향이 강한 『대한매일신보』를 견제할 필요성을 느꼈기 때문이었다.[2]

통감부는 1905년 5월 1일 『대한매일신보』 발행인 베델이 사망하자 그 후임 만함을 회유함에 따라, 그는 1910년 6월 9일 신문사를 이장훈[3]에게 넘겼다. 베델과 함께 『대한매일신보』에 참여했던 양기탁도 신문 발행에 더 이상 참여하지 않음으로써 『대한매일신보』는

---

[1] 『경성일보』는 『한성신보』와 『대동일보』를 합병하여 창간되었다가 일제강점 후 조선총독부의 일본어판 기관지가 되었다.

[2] 수요역사연구회 편, 『식민지 조선과 매일신보, 1910년대』, 신서원, 2002, 11쪽.

[3] 이장훈(李章薰)은 1907년 1월 『대한매일신보』에 입사했으며 1908년 5월 '시사평론' 담당자로 선임되었다. 1909년 11월 『한성신보』로 이직하였지만 다시 『대한매일신보』로 복귀하였다. 1910년 6월 14일 영국인 만함(萬咸, Alfred W. Marnham)으로부터 『대한매일신보』 판권을 사들였으며, 1910년 8월 28일까지 발행인 겸 편집인을 역임하였다. 일제강점 직후인 1910년 8월 30일부터 1910년 10월 21일까지 조선총독부 기관지 『매일신보』 발행인 겸 편집인을 역임하였다(친일반민족행위진상규명위원회. 『친일반민족행위진상규명 보고서 IV-13』. 2009. 865~875쪽).

민족지로서의 위상을 상실하게 되었다. 1910년 8월 29일 조선총독부는『대한매일신보』를 인수하여『매일신보』로 제호를 변경하고 총독부 기관지로 만들었다.[4] 이에 따라『매일신보』는 "총독과 총독부의 본위로 그 시정목적을 달성하기 위한 노력할 것"[5]이라고 하여, 총독부의 기관지로서의 성격을 분명히 하였다. 이러한 경향은『경성일보』사장 도쿠도미(德富蘇峯)가 매일신보사 직원에게 한 훈시 내용을 통해서도 확인되고 있다.

> 『매일신보』가 신문지로서 존재하는 이유는 우리가 천황폐하의 인애하심과 일본인 一視同仁 하심을 받들어 한국에 선전함에 있고 (중략)『매일신보』는『경성일보』와 제휴하고 항상 그 보조를 동일하게 할 것[6]

이에 의하면『매일신보』는『경성일보』와 보조를 맞추어 '일본 천황의 일시동인을 식민지 조선에 선전'하는 즉 식민통치의 안정화를 도모하고자 하는 것을 분명하게 밝히고 있다. 이에 따라『매일신보』는 관동대지진이 일어나자 일제와 총독부의 입장에서 보도를 하였다.

1923년 9월 1일 관동대지진이 일본 도쿄 일대에서 일어났지만 식민지 조선 한글판 언론에 보도된 것은 9월 3일이었다.[7] 그렇지만 하

---

4   『매일신보』는『대한매일신보』를 인수하여 창간되었지만 지령은 그대로 이어받아 국한문판은 1,462호, 한글판은 393호로 발행되었으며, 1945년 8월 패망할 때까지 발행되었다.

5   김진두,「1910년대 매일신보의 성격에 관한 연구」, 중앙대학교 박사학위논문, 1995, 27~28쪽.

6   김규환,『일제의 대한언론 선전정책』, 이우출판사, 1979, 136~137쪽.

7   한글판 언론에 앞서 9월 2일자 일본어판 언론『경성일보』에 관동대지진 발생 소식이 처음으로 게재되었다. 그렇지만 조선인을 독자로 하는 언론에는 9월 3일부터 본격적으로 관동대지진 소식이 전해졌다

루 전날인 9월 2일 일본에 대지진이 일어났다는 것을 단신으로 보도한 바 있다. 기사의 내용은 다음과 같다.

〈그림 3-1〉 1923년 9월 2일자 첫 지진 기사

濃尾地方 地震

삼십 년 래의 다시 있는 참극

작 일일 아침 구시경부터 애지현(愛知縣) 기부현(崎阜縣) 지방에 큰 지진이 되어 기차와 전선이 전부 불통하며, 지진은 아직도 계속되는 고로 피해 정도도 자세치 못한 바, 이로 인하여 동경 소식은 전혀 불명하며 지방은 지금부터 삼십사년 전에 유명한 농미대지진(濃尾大地震)이 있었던 곳이라더라.[8]

지진의 첫 기사는 간토(關東)지방이 아니라 노우비(濃尾)지방[9]에서 일

---

[8]   『매일신보』 1923년 9월 2일자.
[9]   노우비 지역은 기후현 노우비 평야 일대로 1891년 10월 28일 당시 일본 역사상 최대의 지진이 일어난 곳이다.

어난 것으로 보도하였다. 이는 기사에서 밝힌 바와 같이 '전선이 불통'되었기 때문에 관동대지진의 소식이 제대로 전달되지 못하였다.

그러나 9월 3일에는 9월 1일의 관동대지진의 참상을 그대로 보도하였다. 이날 『매일신보』에 보도된 관동대지진 기사는 〈표 3-1〉과 같다.

〈표 3-1〉『매일신보』 1923년 9월 3일자에 보도된 관동대지진 기사

지면	기사 제목	주요 내용	비고
1	天變地災의 荐至	東京 橫濱의 대지진	사설(1면)
2	오호 未曾有의 大火 財政 影響의 不少	지진으로 인한 화재, 대응 방안 제시 조선 재계에 영향이 적음	住井 三井物産 支店長 談 有賀 殖銀頭取 談(2면)
3	海嘯, 地震, 火災가 一時에 襲來/개벽 이래 초유의 怵 事 참극	東京 일대 지진 상황	톱기사(3면)
3	濃尾지방의 强震	진원지는 불명	오보 기사
3	초토화된 東京 전 시가	공원으로 피난민 참혹	
3	사상자 무려 수만 명	橫濱 방면 대피해	
3	高樓巨閣이 火海中에	全市 48개소에 발화	
3	熱海부근 피해	해일로 가옥 파괴	
3	일설은 信濃川 兩 陛下 御安寧	지진의 진원지 新濃川 엽산에서 피서 중	
3	長野지방 강진	인심이 흉흉	
3	橫須賀市 大火	화재 피해가 극심	
3	輕井澤의 참사	화물차 전복	
3	東京市 全滅乎	경시청, 제국극장 등 全燒	
3	猛火가 궁성에 延燒	궁성으로 화재 이동	
3	통신기관 전멸	名古屋 동쪽 지방 소식 끊겨	
3	八嶽山에서 대분화	長野縣 八嶽山에서 분화	
3	山本伯 변사설	총리대신 山本 압사설	
3	진원지는 富士山乎	富士山을 중심으로 지진 발생	
3	甲府市는 전멸	갑부와 橫濱 두 도시 전멸	
3	사회주의자 검속	경시청에서 주요 사회주의자 검속	
3	死者 無數	深川 일대 전멸	

지면	기사 제목	주요 내용	비고
3	宮城에 火光不絶	궁성은 아직도 타는 중	
3	十二階가 倒壞	화재로 인하여 淺草 12층 건물 무너져	
3	일본과 이태리는 세계 지진국의 수위	피해는 이탈리아가 심하고, 회수는 일본이 많아	
3	橫濱市 대화재/炎上된 九重帝居의 平日偉觀	지진으로 큰 화재, 대부분 불에 타/궁성의 화재 상황 등의 일상	
3	攝政殿下 안녕	賢所에서 안전	
3	死者 천 명	伊豆온천에서 해소로 1천 명 사망	
3	大宮工場 붕괴	橫濱 군함 공장 무너져	
3	箱根溫泉 전멸	맹렬한 화재로 피해	
3	二千名 女工 즉사	富士紡績 공장에서	
3	沼津에도 가인	소진 일대 여진으로 열차 불통	
3	강진과 폭풍우	東京에 폭풍우 계속	
3	大阪에서 구조선	쌀과 소금 싣고 橫濱港으로	
3	열차 추락	철교에서 기차 떨어져	
3	東京 궁성, 경시청과 제국극장, 해상빌딩, 삼월오복점, 천초 12층	東京의 주요 시설 사진	피해를 입지 않은 사진
3	지진이 생긴 각 지방	지진이 일어난 지역 지도	사진

〈표 3-1〉에 의하면, '사망자', '초토화', '화재', '인심 흉흉', '건물 붕괴', '전멸', '즉사' 등 관동대지진의 피해 상황을 지도를 곁들여 신속하게 보도하고 있다. 그런데 흥미로운 것은 게재된 사진이다. 사진은 「동경 궁성」, 「경시청과 제국극장」, 「해상빌딩」, 「삼월오복점」, 「천초십이층」 등 5장이다. 관동대지진으로 대부분의 건물이 붕괴되었음에도 불구하고 사진은 관동대지진으로 붕괴되기 이전의 모습을 게재하였다는 점이다. 이는 일단 도쿄 일대가 상당한 피해를 받았지만 중요한 건물은 여전히 안전하다는 것을 보여주고자 하는 의도라고 할 수 있다. 그러면서도 관동대지진의 진원지에 대해서는 구체적으로 다루지 못하고 있다.

〈그림 1-2〉 관동대지진을 처음으로 게재한 『매일신보』 1923년 9월 3일자 신문 기사

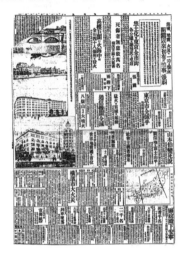

　이와 같은 참상의 보도는 같은 날 『동아일보』의 보도와는 많은 차이를 보이고 있다. 『동아일보』는 '전멸', '화염', '불통', '계엄령', '혼잡', '추락', '매몰' '분화' '행방불명' 등 일반적인 내용을 보도하고 있다. 『동아일보』는 사망자에 대한 보도를 구체적으로 다루지 않았지만 『매일신보』는 '사상자 무려 수만 명', '2천 명 여공 卽死', '死者 千名', '死者 無數' 등 관동대지진으로 인한 사망자가 많았다는 점을 강조하였다. 피해 사진의 경우도 『동아일보』는 "전멸의 보도가 있는 동경 시가(일교 부근에서 본 광경)"[10]이라는 1컷을 소개하고 있는 데 비해 앞서 언급한 바와 같이 『매일신보』는 "동경 궁성", "경시청과 제국극장", "해상빌딩", "삼월오복점", "천초십이층" 등 붕괴되지 않은 건

10　이 사진도 관동대지진으로 피해를 당한 모습이 아니라 관동대지진 이전의 사진이다.

물 사진을 게재하였다. 그리고 "지진이 생각되는 각 지방"이라는 지도를 게재하였다. 이처럼 『매일신보』는 일본의 피해와 참상을 중심으로 최대한 보도를 하고 있다.

한편 『동아일보』는 '계엄령 포고'에 대해 보도하고 있지만 『매일신보』는 이와 관련된 기사가 전혀 보이지 않고 있다. 또한 『동아일보』는 재일조선인에 대한 염려를 기사화 했지만 『매일신보』는 이 역시 전혀 관심을 보이지 않고 있다. 『매일신보』의 관동대지진을 첫 보도한 9월 3일 기사의 내용은 일본의 피해와 참상을 중점적으로 다루었음을 알 수 있다.

이와 같은 내용은 9월 4일자에 보도에도 그대로 보이고 있다. 즉 '上野공원에 산적한 屍體', '환자 5백 명 燒死', '餓死한 瀕한 90만 市民', '娼妓 6백 燒死' 등의 인적 피해와 '일본은행 전소', '각 대학 소실 도괴' 등 물적 피해에 대해서도 자세하게 보도하고 있다. 이후에도 『매일신보』는 인적 물적 피해를 상세하게 보도하고 있는데, 주요 기사는 〈표 3-2〉와 같다.

〈표 3-2〉 『매일신보』에 나타난 관동대지진의 인적 물적 피해 상황

구분	일자	기사제목
인적 피해	9.5	全燒 30萬戶 死傷者 12만 5천, 兩國橋에서 六千名 溺死, 여학생 三百名 校舍에서 壓死, 피난민 1만 명 공지에서 燒死, 직공 六百名 慘死, 일시 數千名 추락 慘死
	9.6	船中에서 燒死, 열차 海中에 추락 승객 2백 溺死, 外人死者 2백 명, 부녀들의 자살 頻頻, 소학생 2백 명 압사, 橫濱 사망 10만 명
	9.7	死者 4천 명 발견, 2백 50인의 생사불명,
	9.8	東京 시내의 판명된 시체 3만 4천, 橫濱 재판소의 40명 판관이 慘死
	9.9	피난민 5만여, 수용 시체 5만, 死者 2천
	9.11	收容屍 6만 5천, 橫濱의 사자 3만 명, 火葬者 5만 5천, 失家兒 1천 명
	9.12	시체 누계 6만 4천

구분	일자	기사제목
물적 피해	9.5	해군항공기 유실, 平塚 火藥庫 폭발
	9.6	早大 慶應 燒失, 소실 35萬 戶
	9.7	도괴, 소실된 중요 건물 東京의 總燒失 25萬戶, 東京 丸之內의 불타는 광경(사진)
	9.8	비행기에서 본 東京 대화재(사진), 지진으로 도괴된 沼津市 淺間神社(사진)
	9.9	東京대진재 화보(사진 3장),
	9.10	대진재 화보(사진 2장)
	9.12	東都 大慘害 화보(사진 1장)

〈표 3-2〉에 의하면 관동대지진의 인적 피해는 도쿄의 경우 사망자만 6만 5천 명, 사상자는 12만 5천 명에 달하였으며, 물적 피해는 35만 호에 이르렀다. 물적 피해와 관련해서는 화보를 통해 시각적으로 참상을 알리고자 하였다. 이처럼 『매일신보』는 관동대지진이 발생한 이후 10여 일을 주로 참담한 피해 상황을 주로 보도하였다.

〈그림 3-3〉 『매일신보』 1923년 9월 9일자에 게재된 관동대지진 화보

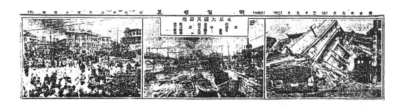

이와 같은 피해 상황을 많이 보도한 것은 3·1운동으로 고양된 독립의 의지를 약화시키려는 한편 관동대지진으로 제국일본이 최대한 피해자라는 입장을 강조하려는 의미가 담겨 있는 것으로 추정된다.

이와 더불어 일본 황실과 내각의 동향에 대해서도 관심을 가지고 보도하고 있다. 관동대지진이 발생하자 야마모토(山本) '총리대신 변

사설'과 '섭정(攝政) 전하 안녕'[11]을 비롯하여 "천황, 황후 양 폐하 葉
山御用邸에 강녕히 계시는 중이다, 섭정궁 전하, 왕세자 전하께서도
모두 안녕하시다고",[12] "왕세자, 비 전하 日光에 寧居"[13] 등 신속하면
서도 사진과 함께 일반 기사보다 큰 활자로 보도하고 있다. 이와 관
련된 9월 4일자의 기사 내용은 다음과 같다.

〈그림 3-4〉 일본 왕실의 동향 관련 기사(9월 4일과 9월 6일)

엽산어용저(葉山御用邸)에 피서하옵신 천황(天皇) 황후(皇后) 양 폐하께
옵서는 강녕히 계시오며, 섭정궁(攝政宮) 전하께서는 적판리궁(赤阪離
宮)에 이왕세자(李王世子) 전하와 동비전하(同妃殿下)께서는 동경어용저
에 계셨는데 안녕하시다더라.

이 기사에 의하면, 일본 왕가도 안녕하지만, 식민지 조선의 왕세자
와 비도 무사하게 지내고 있다고 같이 보도하고 있다. 이처럼 천황가
와 식민지 조선의 왕가도 무사하다는 것은 중요하게 기사화한 것은

11   「산본 백작 변사설」, 『매일신보』 1923년 9월 3일자.
12   『매일신보』 1923년 9월 4일자.
13   『매일신보』 1923년 9월 6일자.

'식민지배에 흔들림이 없음'을 강조한 측면이 있다고 보여 진다.

2. 재일조선인에 대한 보도

관동대지진은 식민지 모국인 일본에서 발생하였지만 그 피해 상황은 식민지 조선에서도 초미의 관심사였다. 관동대지진이 발생하자 『동아일보』는 피해와 참상도 중요하지만 지진이 발생한 지역의 재일조선인에 대한 피해를 우려하였다.[14] 이에 비해 『매일신보』는 9월 5일자에서야 재일조선인에 대한 첫 기사를 보도하였다. 그 내용은 다음과 같다.

> 이번 동경을 중심으로 하고 일어난 지진의 참혹한 재앙은 듣는 자로 하여금 간담을 서늘케 한다. 지난 2일 하루에 동경에서만 불에 타버린 건물의 수효가 궁성으로 비롯하여 각 관공서, 은행, 회사 등을 합하여 20만 호가 넘는다 하고 죽은 자가 수만 명에 달한다고 하니 이것만 들어도 그 참혹한 정도가 얼마나 심한 것을 족히 추측할 것이다. 그리하고 아직도 지진이 그치지 아니하고 처처에서 계속된다 하며, 동경과 횡빈과 횡수하 등 유수한 도회는 모두 전멸이 되어 부르짖고 떠드는 소리가 사방에서 일어나서 완연히 현세의 지옥을 나타내었다 하니 통신기관이 완전치 못하여 자세한 정보는 알 수 없으나 이 뒤로는 또 어떠한 재앙이 거듭될런지 예측하기 어렵다. 그런 중에 자기의 자녀나 족속을 두고 멀리 조선에 앉아서 근심하는 사람의 마음이야 어찌 일선인의 구별이 있으리오 만은 그중에도 특히 조선 사람들은 그곳의 형편의 어두운 고로 가슴이 아프고 속을 태우는 정도가 그만치 더 간절한 모양이다. 여름 방학에 오래간만에 고국에 돌아왔다가 다시 개학기

---

14   「염려되는 조선인의 소식」, 『동아일보』 1923년 9월 3일자.

가 임박하여 건너간 지 불과 며칠에 이러한 기별을 듣는 부모와 가족의 마음은 더욱이 간절할 것이다. 2일 아침에 신문의 호외를 보고 놀란 그들은 혹은 직접으로 혹은 전화로 동경의 소식을 탐문하며 가까운 지방에서는 반신료를 첨부한 편지가 연속해온다. 아직도 재해로 인하여 통신이 민활치 못함으로 자세한 형편을 알 수 없은 즉 소식을 듣는대로 지면에 보도하고 편지로도 답을 하려니와 각 방면에서 도달하는 소식을 종합해 보아도 아직까지는 조선 사람에게 대한 말은 없은 즉 이것이 도리어 안전하다는 것을 의미하는 다행한 일인지도 알 수가 없다.[15]

관동대지진이 발생한 직후 일본 정부는 계엄령이 발포되었고, 재일조선인의 학살이 자행되는 가운데, 『매일신보』는 일본에 거주하는 조선인의 안위를 염려하기보다는 "조선 사람에게 대한 말은 없은 즉 이것이 도리어 안전"이라고 하여, 일본인의 참상은 큰 것에 비해 '재일조선인은 안전'하다는 것을 강조하는 듯한 뉘앙스를 주고 있다.

그런데 이와 같은 뉘앙스의 보도는 재일조선인 학살을 왜곡하고 있다. 관동대지진이 일어난 9월 1일부터 6일에 걸쳐 관동지방의 여러 지역에서 군대, 경찰, 자경단에 의해 재일조선인 학살이 자행되었다. 당시 재일조선인 학살은 관헌에 의해 유포된 조선인 폭동설[16]에 의해 군인, 경찰, 자경단 등에서 일어났다. 이처럼 불확실한 유언비

15 「동경진재 중에 있는 자녀 족속의 안부를 생각하는 조선사람들」, 『매일신보』 1923년 9월 5일자.

16 관동대지진 당시 조선인 폭동설은 관동대지진이 일어난 9월 1일 저녁부터 경찰 관들이 재일조선인이 방화하였다거나 살인하였다는 유언비어를 퍼뜨리기 시작하고, 다음날 9월 2일에는 군인들이 적극적으로 퍼뜨리면서 확산되었다(야마다 쇼지, 「일본 민중은 관동대지진 당시 조선인 학살사건의 역사적 의미를 어떻게 받아들이고, 오늘날 일본의 정치적 사상적 상황에 어떻게 대처할 것인가」, 『관동대지진과 조선인 학살』, 동북아역사재단, 2013, 52쪽).

어를 『매일신보』는 사실인 것처럼 왜곡하여 보도하고 있다.

> 6일 오전 10시 반에 내무성(內務省) 경보국장(警保局長)으로부터 경무국장(警務局長)에 도착한 전보에 의하면, 동경(東京) 부근의 대진재에 대하여 그곳에 있는 불량조선인들이 무슨 폭행을 하는 듯한 풍설이 있으나, 일반의 조선인들은 극히 선량하여 그 같은 행동은 절대로 없음으로 이에 대하여 정부(政府)와 및 공공단체 등에서는 되도록 주도한 보호방법을 강구하여 피난구제에 진력하는 중이다. 처음 재난이 일어나던 당시에 약간의 불량조선인들의 행동에 대하여 민중과 감정의 충돌이 있어 쟁론이 있었으나 극히 경미하였는데, 혹 이와 같은 사실을 침소봉대로 고대하는 일이 있는 듯하다 하였더라.[17]

이 기사는 일본 내무성에서 조선총독부에 보낸 전보인데, 관동대지진 당시 재일조선인의 폭동은 풍설이라고 하고 있지만 실제적으로 불량조선인들에 의한 폭동이 실제로 일어난 것처럼 사실적으로 보도하고 있다. 그리고 재일조선인 학살을 '지극히 경미한 충돌'로 의미를 축소하고 있으며, 이러한 경미한 사건을 침소봉대하여 확대되었음을 강조하고 있다.

그렇지만 재일조선인 폭동은 풍설이 아니라 사실화시키고자 하는 것은 전혀 변하지 않았다. 후쿠다(福田) 계엄사령관의 발표를 인용한 『매일신보』는 「강도, 능욕, 방화를 기획 불량 조선인들의 폭동은 如斯」라는 기사를 통해 다음과 같이 사실적으로 보도하고 있다.

> 이번의 재해에 당하여 불량조선인의 폭동에 대하여 여러 가지

17   「일반 조선인들은 극히 선량하였다」, 『매일신보』 1923년 9월 7일자.

로 현전되었는 바, 진재 당초에 삼삼오오의 불량조선인이 폭동한 것은 사실이니 즉 횡빈(橫濱) 부근에서 일부의 조선인은 강도(强盜) 강간(强姦) 방화(放火)를 계획하였는 듯하며, 동경 지구 전정정류장(東京 芝區田町停留場) 부근에서 삼영제과소(森永製菓所)에 방화하고 한 자를 발견한 것과, 또 구정호(龜井戶) 경찰서에서 지난 5일 또 조선인 여섯 명과 또 이를 선동한 내지인의 사회주의자(社會主義者)를 구속하였는데, 명령에 굴복치 아니하여 폭행을 할 뿐만 아니라 다른 구금자를 꾀여서 불온한 행동을 한 일이 있으나, 군대와 경찰관의 힘으로 불량조선인 일파의 폭동은 전연히 침정되었고, 동경 횡빈의 질서는 회복되어 인심은 전연히 안정되었더라.[18]

즉 강도, 강간, 방화 등 재일조선인 폭동은 실제 계획되었고, 삼영제과소 등 일부에서는 방화가 있었음을 암시하고 있다. 이와 같은 기사는 한 번에 그치지 않고 반복하여 보도함으로써 조선인의 폭동설을 실제 일어났음을 뒷받침하고 있다.[19] 뿐만 아니라 마치 재일조

---

18 「강도, 능욕, 방화를 기획 불량조선인의 폭동설은 如斯」, 『매일신보』 1923년 9월 10일자.

19 「과장된 사실이 不勘」, 『매일신보』 1923년 9월 12일자. 그 내용은 다음과 같다. "진재 이래 불량조선인의 발호에 취하여서는 여러 가지 풍설이 전하였으나 사건은 극히 소수이나 예를 들면 황빈(橫濱)의 은행에서 일단의 불량조선인이 강간(强姦), 방화(放火)를 계획하였고, 또한 전정정류장(田町停留場) 부근에서 한 사람의 조선인이 쓰레기통과 및 삼영제과공장(森永製菓工場)에 방화하고자 하는 경관이 발견하였고, 또한 지난 5일 귀정호(龜井戶) 경찰서에서 6명의 조선인과 및 이 사람들을 선동한 일단의 과격주의자(過激主義者)를 구인하였으며, 저들은 경찰관을 무시하고 난폴한 행동을 하여 불온한 말을 하여 민중을 선동하려 하였으나 군대(軍隊), 경찰(警察), 재향군인회(在鄕軍人會)와 및 청년단(靑年團)들의 엄중한 감시에 의하여서 한 폭행은 지금에 이르러 전혀 그런 적이 없었으며, 조선인에 대한 풍설은 일반으로 사실을 과장하여 전하는 듯하도다. 특히 사회의 안녕질서를 파괴하고 곤난한 사태를 야기하려 하는 가증한 과격주의자로 인하여 일층 과장된 사실도 불전하도다. 감시를 지속할 필요가 있음은 물론이나 그러나 일반의 민중은 무형한 풍설에 고혹치 아니하도록 주의하여 의심되는 바, 얻는 자는 군대 경찰 등에 맡기어 처치케 하고 사적 단체가 직접으로 신문 제재하며 또는 사사 형벌을 하지 아니하도록 거듭 주의하기를 바라노라."

선인 때문에 질서가 회복되지 않고 있다고 보았다. 그로 인해 재일조선인 폭동은 경찰과 군대의 힘으로 진정시켰다는 점을 강조하였는데, 이는 오히려 경찰과 군대가 재일조선인을 학살하는 데 관여하였음을 드러내고 있다. 그렇지만 이러한 보도는 이미 일본에서 조선인의 폭동설은 유언비어라고 하였음에도 불구하고 식민지 조선에서는 이를 왜곡 보도를 한 것이라고 할 수 있다.

이와 같은 상황에서 『매일신보』는 재일조선인의 안전과 귀환을 집중적으로 보도하고 있다. 재일조선인 안전에 대한 첫 보도는 9월 7일이었다. 단신으로 보도된 이 기사는 "조선총독부와 대만총독부 출장소가 조선인과 대만인 이재민에게 대하여 극력 구호 중"이라고 하여 1단 기사로 처리하였다.[20] 이 기사는 관동대지진으로 인한 일본 또는 일본인의 피해 상황 보도보다 무려 4일이나 늦은 것으로, 『매일신보』가 재일조선인에 대한 관심을 가지고 있지 않음을 반증해 주고 있다.[21] 그렇지만 이후 재일조선인이 안전하게 구호를 받고 있다는 기사를 보도하고 있는데, 이를 정리하면 다음 〈표 3-3〉과 같다.

〈표 3-3〉 재일조선인 안전과 관련된 기사

일자	기사 제목	주요 내용
9.8	조선인 만오천 명 習志野 병사에 수용 중	활지옥에 벗어났다는 듣는 중 제일 반가운 새소식, 죽음의 큰일에서 벗어나 習志野 병영에 수용되어 구호 중

---

[20] 「조선인을 극력 구호」, 『매일신보』 1923년 9월 7일자.

[21] 『동아일보』의 경우 관동대지진을 첫 보도한 1923년 9월 3일자부터 재일조선인의 안부를 우려하고 있다.

일자	기사 제목	주요 내용
9.11	조선인 8백 명 불미한 행동을 방지코자	조선인과 지나인들 사이에 언어의 불통으로 불미한 사건이 발생하여 미연에 방지하고, 그들을 보호하기 위해 8일까지 習志野 임시수용소에 조선인 8백 명, 지나인 1천 8백 명 수용
	유학생은 극력 보호	경찰서에 일본 유학생의 주소를 파악하도록 통첩, 이를 통해 현지에서 조사하고 보호에 진력한다는 마루야마(丸山) 경무국장의 담화
9.12	유학생은 대부분 안전, 노동자 4천 5백도 보호	화재에 쫓기는 노동자 3천 명 보호, 경찰에서도 5백여 명 보호, 그밖에 일본인 독지가, 관청에서 보호, 독학부 長白寮의 유학생은 안전하게 지내고 있다는 총독부 동경출장소장의 전보
9.13	재류조선인은 평온상태	習志野에 수용도 조선인을 지하 박사가 위문에 일동이 감사를 표하였으며, 상애회에서 사회봉사를 한다는 와다(和田) 재무국장의 전보
	조선인에 일층 동정	수용된 조선인에게 구호물자를 전달하였으며, 직업이 없는 조선인에게 직업 알선, 이에 대해 감명
9.14	조선인의 보호 주도	재일조선인의 보호는 총독부 출장소에서 경무국과 경시청과 연락하여 잘 보호하고 있으며, 노동자 700명을 目黑경마장, 1,500명은 경찰서와 기타 큰 건물에 수용, 학생들은 山手 방면에서 숙박하는 등 모두 무사
9.15	愛子, 愛弟의 안부 소식을	東京 시내 재일조선인들은 관헌의 주도로 안전하게 보내고 있다는 경무국장의 담화(3면 톱기사)
	동양협회에 9백 명	유학생 9백여 명을 동양협회 독학부에 수용, 부식 등 지원
	目黑경마장에도 수용	재일조선인 580명 수용 중
9.19	조선인 구호문제로 총독 이하 협의	총독부 출장소를 중의원 내에 임시사무소를 설치하고 齋藤 총독, 재무국장, 외사과장, 담당과장 등이 재일조선인 구호 등에 대해 회의를 개최
	식료품을 공급 중	유언비어가 內鮮和相에 미치는 영향이 적지 않으며, 재일조선인 구호에 만전을 기한다는 齋藤 총독의 담화
9.21	조선 이재민을 보호하는 광경	崎玉縣 深谷소방대의 활동 사진
9.22	21명 동포 소식 판명	경성부청에 도착한 행불, 무사의 소식
9.23	진재지방 조선 동포의 소식(제1보)	총독부에서 조사한 지역별 재일조선인 안부 소식

일자	기사 제목	주요 내용
9.25	진재지방 조선 동포의 소식(제2회)	총독부에서 조사한 지역별 재일조선인 안부 소식
	습지야 조선인수용소에서 3740명의 동포를	매일신보 東京특파원 김의용이 취재한 習志野 병영에 수용된 재일조선인의 생활 르뽀
9.26	진재지방 조선 동포의 소식(제3보)	총독부에서 조사한 지역별 재일조선인 안부 소식
	금후의 유학생 문제	타버린 학교가 복구될 때까지는 귀국해 있는 것이 좋다
9.27	진재지방 조선 동포의 소식(제4보)	총독부에서 조사한 지역별 재일조선인 안부 소식
9.28	진재지방 조선 동포의 소식(제5보)	총독부에서 조사한 지역별 재일조선인 안부 소식
10.1	화난 중에 人兒를 구조한 조선 부인의 미거	東京특파원 김의용이 취재한 習志野수용소에서 조선인 부인이 어린아이를 구조하였다는 미담
	진재지방 조선 동포의 소식(제6보)	총독부에서 조사한 지역별 재일조선인 안부 소식
10.3	재동경 조선 동포 소식(제7보)	총독부에서 조사한 지역별 재일조선인 안부 소식
10.4	재동경 조선 동포 소식(제8보)	총독부에서 조사한 지역별 재일조선인 안부 소식
10.5	조선인 안부 조사(제9보)	총독부에서 조사한 지역별 재일조선인 안부 소식
10.6	조선인 안부 조사(제10보)	총독부에서 조사한 지역별 재일조선인 안부 소식
10.7	조선인 안부 조사(제11보)	총독부에서 조사한 지역별 재일조선인 안부 소식
10.8	조선인 안부 조사(제12보)	총독부에서 조사한 지역별 재일조선인 안부 소식
10.9	이재동포의 근황은	習志野 구호소에 조선인 1690명이 생활, 의복 부식 등 나누어 주었으며 편안하게 지낸다고
10.14	조선인 안부 조사(제15보)	총독부에서 조사한 지역별 재일조선인 안부 소식

〈표 3-3〉에 의하면 유학생과 노동자 등 재일조선인은 안전하게 잘 지내고 있다는 점을 부각시키고 있다. 관동대지진 초기에는 재일조선인들의 안전을 위해 부득이 나라시노(習志野) 병영과 메구로(目黒) 경마장에 수용할 수밖에 없었다는 점도 강조하고 있다. 즉 '조선인과 언어의 불통으로 불미한 사건이 발생하여 미연에 방지하고, 그

들을 보호'하기 위한 조치로 임시수용소를 만들었고, 그곳에서 안전하게 보호를 받고 있다는 것이 보도의 내용이었다. 특히 9월 15일자 신문에는 「애자, 애제의 안부 소식을」 기사로 '재일조선인이 무사하다'는 것을 톱기사로 다루고 있어, 『매일신보』가 재일조선인에 대한 관심을 가지고 있음을 시사하고 있다.

그러나 무엇보다도 핵심을 벗어난 것은 재일조선인을 학살한 자경단이 재일조선인 구호활동을 하고 있다는 왜곡된 보도이다.

> 동경(東京)의 피해를 당한 각구와 인접 정촌에서는 자경단(自警團)이라는 것을 조직하여 가지고 치안(治安) 유지에 노력 중인 바, 성적이 매우 양호함으로 근위(近衛) 제일사단과 계엄사령부(戒嚴司令部), 내무성(內務省), 경시청(警視廳) 등에서는 이를 동기로 각 곳에 영구적 조직으로 자경단을 설치코자 협의회를 열었는데, 그 조직은 재향군인을 중심으로 청년단과 소방수와 기타 십팔세 이상의 남자로 단원을 삼아가지고 내무성에서 통솔하리라는데, 경계의 목적뿐만 아니라 위생과 풍기 취체까지 자경단에게 맡기리라더라.[22]

자경단은 재일조선인 학살 과정에서 가장 핵심적 역할을 담당하였지만, 자경단은 오히려 질서유지와 구호단체로 묘사하였다. 자경단은 일반적으로 일정한 지역 내의 민간인들이 도둑이나 화재 등을 스스로 지키기 위해 일종의 경비 조직이었지만, 관동대지진 당시 조직된 자경단은 조선인 폭동설이라는 유언비어에 대응하기 위해 군과 경찰 그리고 관의 협조를 받아 일본 민중들이 조직한 것이다. 일종의 관변적 성격이 있음을 알 수 있다. 이들 자경단은 재일조선인

22   「자경단 조직 확장」, 『매일신보』 1923년 9월 19일자.

을 학살하는 핵심으로 부상하였다.

뿐만 아니라 총독부는 재일조선인을 위해 만전을 기하고 있다는 것도 중요한 기사로 다루었다. 조선총독부는 일본 중의원에 임시사무소를 설치하고 사이토 총독을 비롯하여 와다(和田) 재무국장, 소노다(園田) 외사과장, 하야시(林) 주재과장, 구니토모(國友) 경무과장 등과 함께 재일조선인 문제를 해결하기 위한 협의를 하는 점도 톱기사로 다루고 있다.[23] 이후 조선총독부는 생존한 재일조선인을 조사하여 보도케 하였다. 「재동경 조선동포 소식」 또는 「조선인 안부 조사」라는 제하의 조선인 명단을 발표하였다. 이를 『매일신보』는 9월 23일부터 10월 14일까지 15차례 게재하였다.[24]

이러한 가운데서도 『매일신보』 도쿄지국 기자 김의용은 재일조선인의 미담 기사를 발굴하여 재일조선인이 일본인과 잘 지내고 있다는 것을 단면을 보여주고 있다. 그 내용을 다음과 같다.

> 나는(本記者) 지난 십구일 습지야 조선인 수용소를 위문하였을 때에 어떤 수용실 안에 삼십 넘은 부인이 난지 두 달된 아이를 안고 젖을 먹이는 것을 보았다. 그 사연을 물은즉 구월 일일 지진 하기 바로 전에 동경시 본소구(東京市 本所區) 있던 잔디 밭 위에 그 부인의 딸 되는 열한 살 먹은 계집아이가 놀던 중 어떤 이십오륙세된 부인이 아이를 끌어안고 와서 잠깐 맡아달라고 함으로 그 아이를 끌어안고 있을 때에 큰 지진이 생겨 돌연간에 동경 전시가 뒤집혔었다. 그 아이를 끌어안았던 채로 자기 어머니에게 돌아왔다. 그러므로 그 아이 임자는 어디 있는지 알 수 없고 아이 붙안은 채로 이

---

23 「조선인 구호문제로 총독 이하 협의」, 『매일신보』 1923년 9월 19일자.

24 재일조선인 생존자 명단은 지역별로 발표하였으며, 『매일신보』는 10월 14일자에 '제15보'라고 하였지만 '제13보'와 '제14보'는 확인되지 않고 있다.

곳에 왔다 한다. 그 부인은 정춘옥(鄭春玉, 三三)이요 자기 남편은 북해
도로부터 이곳에 왔는데 이번 지진 경찰서에 들어가 있다 하며 자
기 딸 지요는 일본에 와서 낳았는데 조선말은 조금도 모르더라.
이 부인 아름다운 행실을 수용소 전관이 탄상(嘆賞)하더라.[25]

　　이 기사는 재일조선인이 지진이라는 위기상황에서 어린아이를 구
하였다는 미담이었지만, 한편으로는 일선융화의 모습을 잘 그려내
고 있다. 또한 김의용은 나라시노(習志野)에 있는 재일조선인 임시수용
소를 찾아 '동포위문'이라는 명분으로 취재한 후 "식량이 풍부하여
수용인이 배곯는 일은 없는 모양"이라고 하는 등 안전하게 지내고
있다고 보도하기도 하였다.[26]

　　이와 관련하여 『매일신보』는 귀환 재일조선인에 대한 보도도 매
우 중요하게 게재하였다. 관동대지진이 일어나자 재일조선인은 이
중고에 시달렸다. 하나는 조선인학살에서 벗어나는 것이고 다른 하
나는 귀환이었다. 관동대지진으로 무질서한 상황에서 자경단 등으
로부터 목숨을 구하였다 하더라고 고국으로 돌아온다는 것은 쉬운
일은 아니었다.

　　이와 같은 상황에서 9월 5일 유학생 이주성과 한승인이 처음으로
귀국하였다. 이들 두 사람의 귀환 체험담은 「황폐한 東都의 四隣에
는 燒死의 악취만 觸鼻, 무너진 집 밑에 사람의 손발과 개천 가운데
신체의 산을 이룬 신문 보도 이상의 대참상」이라는 제목 아래 '관동
대지진으로 겪은 비참한 상황만 중점적으로 기사로 취급하였다. 이

25　「화난 중에 인아를 구조한 조선 부인의 미거」, 『매일신보』 1923년 10월 1일자.
26　「習志野 조선인 수용소에서 삼천칠십사명의 동포」, 『매일신보』 1923년 9월 26
　　일자.

주상이 위험한 가운데 구사일생으로 살아서 귀환하였지만 이에 대한 것보다는 "곳곳에는 많은 사람들의 불에 타죽는 냄새가 코를 찔러 그윽히 인간의 지옥을 보는 듯", "개천 가운데는 피난코자 뛰어들어간 사람 위에 사람이 또 몇 겹씩 덮히고 눌리고 하여 시체로 큰 산을 이루었는데" 등 일본이 입은 피해를 더 집중적으로 발췌하여 기사로 다루었다.[27]

이러한 것은 『동아일보』의 같은 내용 기사와 비교하면 현저하게 다르다는 점을 알 수 있다. 즉 『동아일보』는 「만화의 력으로 동경에서 고국에 귀환한 이 학생의 실지 모험담」이라는 제목 하에 이주성의 경험담을 소개하였다. 그는 '동경의 참상을 눈으로 본대로 말하다가 동포의 소식을 물은즉 말을 못하고 한숨'이라고 하여 재일조선인의 참상에 하고 싶은 말도 하지 못하고 눈물만 흘렸다고 하였다. 특히 재일조선인의 소식은 바로 그가 목격한 재일조선인의 학살로 인한 참상의 소식이었지만, "그에 대해서는 용서하여 주기를 바란다"는[28] 말만 하고 눈물을 흘린 이주성이었다. 이는 관동대지진에 대한 『매일신보』와 『동아일보』 두 신문 보도의 입장이 상당한 차이가 있음을 알 수 있다.

이후에도 『매일신보』는 재일조선인의 귀환에 관해 꾸준히 보도하였다. 재일조선인 귀환은 관동대지진이 발생한 도쿄 일대뿐만 아니라 고베(神戶) 등 간사이(關西) 지방에서도 귀환하는 재일조선인이 적지 않았다. 9월 10일 부산항에 2백여 명이 귀환[29]한 것을 비롯하여 유

---

27   『매일신보』 1923년 9월 7일자.
28   『동아일보』 1923년 9월 7일자.
29   「부산에 도착한 동포 2백 명」, 『매일신보』 1923년 9월 11일자.

학생의 귀환 동향을 비교적 많이 보도하였다.[30] 그렇지만 이들 보도는 특파원 등 자체적 취재보다는 조선총독부에서 제공한 자료를 기사로 취급하였다는 한계를 보이고 있다. 이처럼 『매일신보』는 재일 조선인에 대한 안전보다는 식민지 모국 일본의 피해 참상을 보도함으로써 동정을 유발하려는 의도가 있다고 판단된다.

〈그림 3-5〉 부산항에 귀환한 재일조선인의 모습(『매일신보』 1923년 9월 11일)

---

[30]   「무사 귀향」, 『매일신보』 1923년 9월 12일자; 「무사 귀환한 학생」, 『매일신보』 1923년 9월 14일자; 「귀환자 14명」, 『매일신보』 1923년 9월 15일자; 「귀환 학생 8명」, 『매일신보』 1923년 9월 16일자; 「又復 4명 생환」, 『매일신보』 1923년 9월 18일자; 「귀환자 又 9명」, 『매일신보』 1923년 9월 19일자 등이 있다.

제2장 관동대지진과 『동아일보』·『조선일보』

1. 관동대지진에 대한 보도와 인식

1923년 9월 1일 도쿄에서 일어난 관동대지진이 국내에 알려진 것은 지진이 난 직후로 보인다. 이날 12시경에 발생한 관동대지진의 상황은 곧바로 조선총독부로 전해진 것으로 보이고, 언론사인 『동아일보』에도 오후에 그 상황이 전해졌다.[31] 종로경찰서에서 작성한 「경내정황 보고의 건」에 의하면, 9월 2일 이상협 편집국장은 관동대지진에 따른 유학생의 안부를 염려하고 이를 기사화하기로 하였다는 정보를 입수하였다.[32] 이는 조선총독부 외에도 각 언론사에 관동대지진으로 인한 일본의 상황이 전해졌음을 알 수 있다.

이에 따라 다음날 9월 3일 『동아일보』와 『조선일보』는 호외를 발행하는 등 관동대지진의 기사를 대서특필하였다. 물론 조선총독부 기관지 『매일신보』도 같은 날 신속하게 관동대지진의 상황을 보도하였다.[33] 이로써 식민지 조선에서도 관동대지진의 상황이 알려지기 시작하였다. '일본 유사 이래 초유의 대지진'으로 알려진 관동대지진 기사는 '오사카 또는 각지에서 신문사에 도착한 전보를 종합'하여 기사화되었다. 1923년 9월 3일 『동아일보』와 『조선일보』에 첫

---

[31] 당시 『동아일보』 편집국장 이상협은 관동대지진의 상황을 당일 오후에 전달받았다고 회고한 바 있다.

[32] 「京內情況報告ノ件」, 京鍾警高秘 제10066호, 京城鍾路警察署長, 1923년 9월 2일자. 종로경찰서는 다음날 9월 3일에도 관동대지진에 대한 정보를 수집하였다.

[33] 『매일신보』의 관동대지진에 대한 보도에 대해서는 제2장 제1절을 참조할 것.

보도된 관동대지진 주요 기사는 〈표 3-4〉와 같다.

〈표 3-4〉 『동아일보』와 『조선일보』에 보도된 관동대지진 첫 보도 기사

신문	동아일보	조선일보
기사 제목	「大地震과 米價高騰」 「東海道 各地 大地震, 震源地는 桑名 方面인가」 「別報에 의하면 信濃川 前海」 「東京市街거의 全滅, 火焰 宮城에 延燒되어 危險中」 「水道 沽渴로 袖手傍觀」 「橫濱 全市 火炎 衝天」 「山本伯 暗殺說, 事實與否는 未詳」 「社會主義者를 大警戒中」 「秩父連山 噴火」 「鐵橋全部 墜落」 「宮城은 尙燃燒中」 「山北隧道 崩壞」 「攝政殿下 行在所 不明」 「八岳 火山 噴火」 「東京市의 安全 殘存地 동경역 부근뿐」 「燒失된 日本建築, 제국대학 소실」 「熱海下田 伊東方面 慘害」 「東京 京城間의 通信系統 빙빙 돌아서 간신히 온다」 「甲府地方 火災, 사상자 다수할 듯」 「東京全市에 戒嚴令」 「淺草에서 일어난 火焰 猛烈한 南風에 불려」 「2일 오전 3시경 東京 火災 消息」 「橫須賀에도 火災」 「舞鶴 東京間의 無線電信도 不通」 「各線 鐵道 不通」 「東京 新聞 全滅」 「淺間山 鳴動 上田市가 결단 났다.」 「大阪서 救助船 횡빈을 향함」 「橫濱灣頭에 沈沒船이 多數」 「大阪地方도 猛烈」 「日本은 本來 地震國」 「念慮되는 朝鮮人의 消息」	「日本 有史 以來 初有의 大地震, 東京 全市街는 火焰 중에 埋沒되어 있고 各處에 死亡者와 全燒 家屋이 不知其數」 「四十八處에 火焰이 衝天」 「全市街가 爐灰化」 「宮城은 軍隊가 包圍 戒嚴」 「宮城의 火因은 三越」 「破壞家屋이 一千二百」 「品川 全滅」 「公園 蝟集 피난민들이」 「東京에 新聞社 全滅」 「攝政宮殿下 避難不明」 「東京 全市에 戒嚴令」 「山本伯 暗殺說」 「社會主義者를 警戒」 「橫濱市는 全滅乎」 「長野縣도 强震」 「甲府地方은 全燒?」 「熱海는 海溢」 「救護船 出發」 「列車 墜落」 「無秩序 狀態로 變化, 조선 사람들과 기타 주의자들이」 「東京 大阪間 列車 埋沒」 「東京驛은 四五 建物뿐」 「大阪 三市場 全部 休業」 「震源地는 桑名方面」 「米價와 株式에 影響」

〈표 3-4〉에서 보듯이 『동아일보』와 『조선일보』 두 신문은 3면 전체를 관동대지진에 대해 비교적 상세하게 보도하였다. 관동대지진의 첫 보도는 참상 그대로였다. 무엇보다도 '무질서'와 '계엄령 선포' 사실을 신속하게 보도하였다. 계엄령 기사의 내용은 다음과 같다.

> 지옥(地獄) 같은 동경 전시(東京全市)에는 방금 계엄령(戒嚴令)이 포고되어 어떠한 사람을 물론하고 한 걸음도 들어놓을 수 없고 식량품(食糧品)을 휴대한 자만 입경케 하는 중인데, 해상(海上) 빌딩이 무너진 까닭으로 행위불명된 자가 일만 명 이상에 달하였는데(하락)[34]

> 동경 전시에는 계엄령이 내렸으므로 누구든지 촌보를 못나가게 하고 식료품을 휴대치 아니한 사람은 입경치 못하게 하며, 해상(海上) 빌딩은 파괴되어 행위불명된 자가 만 명이라더라.[35]

위의 기사에 의하면, 도쿄 시내 전역에 계엄령이 포고되었으며, 도쿄 시내에 아무도 들어올 수 없지만 식료품을 가진 자는 가능하다고 하였다.

이 두 기사를 비교해 부면 대부분 동일한 내용임을 알 수 있다. 이는 당국에서 제공한 보도 자료를 활용하였음을 확인할 수 있다. 이는 언론에 대한 통제가 있었음을 유추하는 단서이기도 하다.

이러한 보도지침 때문이었는지 『조선일보』는 9월 3일 발행한 '호외 제6호'는 '當局의 忌諱'로 압수되었다.[36] 이처럼 신문 압수는 언론 통제가 상당히 심하였음을 알 수 있다. 그럼에도 불구하고 관동

---

34   『동아일보』 1923년 9월 3일자.
35   『조선일보』 1923년 9월 3일자.
36   『조선일보』 1923년 9월 5일자.

대지진은 "實로 空前한 慘劇"[37]이라 할 정도로 대재앙이라고 평가하였다. 뿐만 아니라 도쿄 일대의 화재 등 지진으로 인한 피해구역을 洞 단위 별로 게재하기도 하였다.[38] 그러나 9월 10일이 지나면서 도쿄 일대의 질서가 점차 회복되어가고 복구에 주력하고 있다는 점을 강조하였다.[39]

〈그림 3-6〉 관동대지진을 첫 보도한
1923년 9월 3일자 『조선일보』

〈그림 3-7〉 관동대지진을 보도한
1923년 9월 3일자 『동아일보』

이후에도 『동아일보』와 『조선일보』은 관동대지진에 대한 보도는 현장의 사실을 보도하기 위해 나름대로 노력하였다. 이는 두 신문사

---

[37] 『동아일보』 1923년 9월 4일자.

[38] 「東京燒失區域 全市의 約 半數 燒失」, 『동아일보』 1923년 9월 7일자.

[39] 「東京 秩序 恢復」, 『동아일보』 1923년 9월 10일자.

가 특파원을 관동대지진 현장에 직접 파견하였기 때문이었다. 그렇지만 관동대지진의 현장 보도는 조선총독부의 언론 통제로 제대로 전달되지 못하였다.[40]

두 신문은 관동대지진으로 인한 일본의 피해를 적지 않게 보도하였지만 무엇보다도 도쿄 일대에 있는 조선인의 '생사 여부'에도 관심을 보이고 있다. 관동대지진 발생 초기에는 주로 관동대지진의 피해 상황에 대한 보도가 대부분을 차지하였다. 그러나 시간이 지남에 따라 일본의 피해보다는 재일조선인의 동향에 대해 보다 심층적으로 보도하고자 하였다.

관동대지진이 발생한 도쿄 일대는 적지 않은 유학생과 노동자 등 조선인들이 생활하고 있었다. 이러한 관계로 『동아일보』가 가장 먼저 재일조선인의 소식을 게재하였다. 「염려되는 조선인의 소식」이라는 기사를 통해 유학생과 노동자의 '생사존몰' 등 안위를 염려하였는데, 기사 내용은 다음과 같다.

> 일본의 큰 지진! 동경의 큰불! 그 같은 참상을 겪게 된 조선 사람의 동경 유학생의 안위는 과연 어떠한가. 다행히 방학 중이므로 유학생의 대부분은 이미 고향에 돌아와 그저 두류 중이라 불행 중에 다행이라 하겠으나 방학이 되어도 시정에 끌려서 동경에 남아 있는 학생들과 노동에 골몰하여 고향에는 돌아올 뜻을 못 둔 고학생들의 수가 거의 일천여 명에 이른다고 하니 그들의 생사는 아직까지 조사할 길이 끊어져 있는 것이다. 고학생이 제일 많은데 심천구(深川區), 천초구(淺草區)가 전멸이라 하니 구사일생을 얻게 된 동포가 몇 사람이나 되겠는가. 애호하는 자질을 가세가 빈한한 탓으

40   관동대지진 당시 조선총독부의 언론 통제에 대해서는 이연, 『일제강점기 조선언론통제사』, 박영사, 2013, 308~328쪽 참조.

로 외지에 고학을 보내고 방학이 되나 맛보지 못하여 가뜩이나 애 끓는 부모의 애는 마디마디 끊는 일 것이다. 그 외에도 동경 부근 에는 조선 사람으로서 노동에 종사하는 사람이 매우 많아서 그 인 명 수가 실로 학생 이상의 다수인 바, 그네들은 하기방학도 없이 그곳에 머물러 있을 터인즉 그네의 생사존몰은 실로 멀리 앉아 있 는 우리들의 애끓는 문제라 하겠다.[41]

『동아일보』의 재일조선인에 대한 첫 기사는 관동대지진이 일어 난 9월이 하기방학 기간으로 많은 유학생들이 귀국하였지만, 여전 히 적지 않은 유학생이 지진의 현장에 머물고 있다고 보았다. 이들 은 대부분 경제적으로 어려운 고학생들이었다. 또한 노동자 역시 상 당한 관동대지진의 피해가 많은 요코하마(橫濱) 등지에 머물고 있었기 때문에 이들에 대한 '생사존몰'이 가장 우려되는 문제로 인식하였 다. 이러한 인식은 당시 『동아일보』 편집국장 이상협의 회고에서도 잘 나타나 있다.

　　九月一日 突然 東京에 큰 地震이 이러나서 關東 一帶─東京 橫 濱 鎌倉는 말할 것 업고 그 附近全部가─實로 삽시간에 焦土로 化 하엿다는 飛報가 서울에 떠러지기는 그날 午后이엇다. (중략) 그때 우리 心理를 支配한 것은 東京 天地가 불속에 들엇스니 거기 잇은 白衣同胞의 生死는 엇지 되엇슬고. 全朝鮮 各地로부터 드러간 數 萬의 留學生들은 엇지 되고 父母妻子를 내버리고 勞働으로 드러 간 고단한 勞働者의 運命은 엇지 되엇는고 함이다.[42]

41　『동아일보』 1923년 9월 3일자.
42　이상협, 「名記者 그 時節 回想(2), 東京大震災 때 特派」, 『삼천리』 6-9, 1934.9, 79~80쪽.

이상협은 관동대지진이 발생하자 식민지 모국 일본보다는 '백의
동포', '유학생', '노동자'의 운명을 염려하였다. 때문에 앞서 언급한
바와 같이 『동아일보』에서 가장 먼저 재일조선인 관련 기사를 게재
하였던 것이다. 『조선일보』도 9월 4일 「우리 친족은 안부 여하」라는
기사에서 유학생과 노동자 등 동포의 안위를 염려하였다.[43]

이와 같이 재일조선인의 안위를 염려하던 중 가장 먼저 귀국한 원
산 출신 도요대학(東洋大學)에 재학 중인 이주성(李周盛)과 평남 강서 출
신 메이지대학(明治大學)의 한승인(韓昇寅) 두 유학생의 무사 귀환한 모험
담과 현지의 이야기를 현실감 있게 보도하였다.[44] 이후 부산항을 통
해 생환하는 재일조선인에 기사도 적지 않게 소개되었다.[45] 『동아일
보』는 자체적으로 조사한 재일조선인의 '안부조사(安否調査)'를 9월 23
일부터 게재하였다.[46]

관동대지진 초기 현장감 있던 보도는 점차 시간이 지남에 따라 혼
란하던 도쿄 일대가 안정되어 가고 있으며, 재일조선인도 안전하다

---

43 『조선일보』의 기사 내용은 다음과 같다. "일본 동경과 횡빈 지방에 큰 지진과 화
    재가 일어나서 얼마간 혼돈세계가 되어 몇 십만 명의 생명이 불 속에 장사지내
    는 참상이 생기었다는 전보가 넘쳐 다 셀 사이도 없이 도착하며 각 보관에서 호
    외 매답하는 요령 소리가 경성 천지를 진동함에 귀한 자제를 보내어 유학시키는
    부모들과 가족이 가서 노동하고 있는 친지들은 자기의 자제나 친척이 혹시 어
    찌 되었는지 소식을 몰라서 심히 궁금히 여기며 타는 마음을 어찌 ○○ 몸으로
    어찌 하면 소문이라도 들을까 하여 각 보관을 방문하고 소식들을 방편을 얻기도
    하며 탐지하여 달라는 의의로 하는 심경은 과연 민망하기가 이를 데 없다 하랴."

44 「萬死의 力으로 東京에서 古國에 歸還한 二學生의 實地冒險談」, 『조선일보』
    1923년 9월 7일자.

45 「釜山埠頭는 歸國同胞로 混雜」, 『동아일보』 1923년 9월 11일자.

46 「震災地方 在留同胞의 第1回 安否調査 到着」, 『동아일보』 1923년 9월 22일자.
    『동아일보』의 '재류동포 안부조사'는 조선인 생사에 무관심했던 조선총독부도
    적극적으로 나서도록 하였다. 이후 조선총독부의 '재류동포 안부조사'를 두 신문
    사에 제공하였고, 두 신문사는 이를 보도하였다.

는 보도가 주류를 이루고 있다.[47] 이러한 보도의 상황에서도 재일조선인 학살에 대한 기사는 전혀 보도되지 않았다. 여기에는 조선총독부의 언론 통제가 크게 영향을 미쳤다. 이에 대해 『조선일보』는 「금회 동경진재에 대한 당국의 언론취체」라는 사설을 통해 이를 비판하기도 하였다.[48]

관동대지진 첫 보도 이후 『동아일보』와 『조선일보』는 사설을 통해 관동대지진에 대한 입장을 밝히고 있다. 두 신문의 사설 제목은 〈표 3-5〉와 같다.

〈표 3-5〉 관동대지진에 대한 『동아일보』와 『조선일보』의 사설

날짜	동아일보	조선일보
9.4	일본의 재난, 일대 참극	(신문 일부분 훼손으로 미확인)
9.5	오호 인재, 조선인아 거듭나자	
9.6	조난 동포를 懷함, 동포여 구제하러 일어나자	조선은 人災 日本은 火災
9.8	동경 災變과 인심, 반성할 기회	東京 橫濱의 全滅狀態와 今後의 경제계의 觀測
9.9		今回 東京震災에 대한 當局의 言論取締
9.10	東京地方 罹災同胞救濟會 發起, 救急의 의연 모집	歸哉歸哉어다. 同胞同胞여 生乎아 死乎아?
9.11	일본 재정의 前途, 복구사업은 如何	罹災한 在外同胞를 구제하라. 在內同胞의 同情을 促함
9.12	삭제	미확인
9.13	조선에 緊急 勅令의 시행, 解釋上 疑義	

---

[47] 「동경 유학생은 대부분이 안전」, 『동아일보』 1923년 9월 12일자; 「재동경 동포는 안전」, 『조선일보』 1923년 9월 15일자; 「조선인을 보호한다고 일본인의 반응이 격심하여」, 『조선일보』 1923년 9월 16일자; 「신전구 재유학생 약 6백 명 전부 생명은 안전하다」, 『동아일보』 1923년 9월 19일자; 「조선인의 폭행은 점루」, 『조선일보』 1923년 9월 24일자.

[48] 『조선일보』 1923년 9월 9일자.

날짜	동아일보	조선일보
9.14	東京 복구책의 전도, 일본의 시련 기회	震災 後의 日本, 現內閣의 覺醒期
9.15		流言蜚語의 근본적 관찰
9.16	사회운동에 대한 관찰, 考慮處	震災 先後策에 대한 觀測
9.20	日本 震災와 東洋의 政局, 중국의 동정은 무엇을 의미	
9.21	일본 있던 조선인의 송환, 緘口치 못할 문제(일부 삭제)	
9.22	일본 경제계와 인심의 安固, 復興사업의 前提	
9.23		目下 조선인의 생활상태를 考慮하라
9.24		日本人들아. 自重하라
9.25		銀行業者들에게
9.26		일본의 진해 後 조선 경제계
9.27	東京 罹災朝鮮人의 處置에 대하여, 속히 해방을 望함	
9.29	急激한 暗流, 大杉氏 慘殺에 대하여	民을 震怒케 함은 곧 皇天을 震怒케 함이니라
9.30		震災 後日, 中露의 關係, 天然的 均等 形勢
10.2		總督府 豫算計劃의 大變革에 대하여
10.4		僑日 同胞에게, 辛酸한 淚로써 그 死한 者를 弔하고 生한 者를 慰함
10.6	齋藤 總督에게, 眞相의 발표를 望함	
10.11	시대착오의 희비극, 大杉의 死와 甘柑의 淚(일부 삭제)	
10.26		急激한 恐慌에 包圍되어 破滅코자 하는 經濟, 現下 우리의 生活現像에서 鑑하여
10.28	民族愛, 人類愛는 民族愛에 始한다	日本 震災 當時의 死亡한 同胞를 追悼함
11.3	大難에 處하는 道理, 舍己的 努力과 團結	
11.5		銀行業者들에게

두 신문의 사설 논조는 천재지변에 대한 피해에서 동포의 구제, 그리고 민족성의 개조에까지 다양하게 대변하고 있다. 무엇보다도

『동아일보』는 비록 천재지변이지만 관동대지진을 통해 민족적 감정을 초월하여 조선 민족의 새로운 변화를 촉구하기도 하였다.

> (전략) 남은 不可抗의 天災나 當하여 民族的 損失을 當하였건만은 우리는 그러한 天災도 地變도 없이 왜 이 慘變을 當하였느냐고? (중략) 대관절 吾族의 政治的 經濟的 文化的 모든 生活이 무슨 天災로 이토록 慘酷한 全滅을 當한고? 그 慘酷함이 어찌 東京의 全滅, 橫濱의 全滅에 比하랴. 진실로 全朝鮮의 全滅이다!
> 嗚呼 人災다! 사람이 없는 災이며 옳지 못한 사람이 있는 災이다. 自作運動을 할만한 사람은 없고 무너트릴 사람은 있는 災다. 民立大學運動 自由運動을 할만한 사람은 없고 무너뜨릴 사람은 있는 災다! (하략)[49]

즉 『동아일보』는 일본은 '사후 미증유의 天災'로 도쿄와 요코하마가 전멸되었지만, 식민지 조선은 분열과 대립이라는 人災로 전멸하였다고 자탄하였다. 3·1운동 이후 전개되었던 민립대학설립운동, 조선물산장려운동 등과 같은 사회운동이 조선 사회를 변화시켰다기보다는 오히려 분열과 대립으로 자멸하였다고 비판하였다. 일본이 관동대지진으로 인한 천재를 겪으면서 새로운 사회를 건설하려는 것처럼 조선도 "虛僞와 慚惰와 詭譎과 猜忌와 怯懦의 모든 醜한 털을 벗어버리고 眞實과 勤勉과 成實과 相愛와 勇氣의 흰옷 속에 거듭나는 慘憺한 災變의 遺墟에 新生命을 建設하자!"라고 하여, 조선 민족의 새로운 변화를 촉구하였다.

한편 관동대지진 당시 재일조선인 학살과 관련된 기사는 지진 발

---

49   『동아일보』 1923년 9월 5일자.

생 1개월 반이 지난 10월 15일에 이르러서야 『동아일보』에 처음으로 보도되었다.

재일조선인 학살은 9월 2일 계엄령이 내린 이후인 9월 4일을 전후해서 시작되었다. 이 사실이 식민지 조선에 알려진 것은 9월 6일 천도교당에서 개최한 재경유학생대회였다.[50] 이날 대회는 일본 경찰의 철저한 통제로 지정자 외에는 참석할 수 없을 정도로 삼엄하였다.[51] 때문에 대회에서는 첫째 기부금을 모금하는 한편 정창욱(鄭昌旭)·김낙영(金洛泳)·강훈(姜勳) 등 3명을 관동대지진이 일어난 현장에 파견하기로 할 것, 둘째 연락사무소를 개벽사에 두고 한위건(韓偉建)·임정호(任政鎬)·김창진(金昌珍)·홍승로(洪承魯)·이옥(李鈺) 등을 상무위원으로 선임하여 유학생에 관한 사무를 처리하기로 하였다.[52] 이날 대회에서 재일조선인 학살에 대한 구체적인 정보는 제시되지 못한 것으로 추정된다.[53]

그렇지만 다음날 9월 7일 재일조선인의 생사를 확인하기 위한 재류동포친족회가 조직된 것[54]으로 보아 재일조선인 학살에 대한 사실은 어느 정도 전해진 것으로 보인다. 왜냐하면 재류동포친족회의 역시 유학생 학부모 이외에는 회의장이 입장할 수 없을 정도로 엄격하

50 　김인덕 외, 『1920년대 이후 일본·동남아시아지역 민족운동』, 한국독립운동사편찬위원회, 2008, 38쪽.

51 　「유학생대회는 금일」, 『동아일보』 1923년 9월 6일자.

52 　「위선 특파원을 일본유학생대회에서 특파원 7일 밤 출발」, 『동아일보』 1923년 9월 8일자.

53 　만약 알려졌다 하더라도 언론 통제로 인하여 보도되지 못할 수 있었다.

54 　「재류동포친족회 금일 오전 10시 종로청년회관에서」, 『동아일보』 1923년 9월 7일자.

게 통제되었다.[55] 친족회 역시 연락사무소를 역시 개벽사에 두기로 하였으며, 생사 확인을 위한 특파원과 연락 업무를 담당할 상무위원을 선임하였다.[56] 재경유학생대회와 재류동포친족회가 임시연락사무소를 개벽사에 같이 두기로 한 것은 재일조선인의 동향에 대해 공동으로 대처한 것으로 풀이할 수 있다.

이처럼 재일조선인의 생사유무와 학살에 대해 관심이 고조되자 후쿠다(福田) 계엄군사령관은 일부 배일조선인의 폭동이 있었으나 진정되었고, 도쿄와 요코하마 일대의 질서는 회복되고 인심도 안정되었다고 발표하였다. 그런데 이 발표에 의하면 "요코하마 부근에 일부 조선인은 강도와 강간과 방화를 계획한 일이 있었으며, 도쿄 시바구(芝區) 다마치(田町) 정류장에서도 삼영제과소에 방화하려는 자가 있었고, 또 가메이도(龜井戸) 경찰서에서도 지난 5일에 조선인 6명과 일본 사회주의자를 검속하려 할 때 그들은 폭행을 할뿐만 아니라 다른 구속자까지 선동하여 불온한 행동을 한 일이 있었다"라고 한바,[57] 이미 재일조선인 학살이 있었다는 것을 간접적으로 시인하고 있음을 알 수 있다.

뿐만 아니라 마루야마(丸山) 경무국장도 재일조선인 학살을 '일본 사람의 조선 사람에 대한 감정이 극도에 달한 바 서로 충돌이 되기 쉽다', '조선 사람의 폭동' 때문인 발생하였다고 하는 입장을 표명하였다.[58] 그리고 관동계엄사령부는 "一, 조선인에게 대하여 그의 성

55 일본 경찰은 모인 사람의 주소와 성명을 일일이 확인하였고, 노동자의 부모조차 입장할 수 없게 철저하게 회의를 봉쇄하였다.

56 「간섭하에 열린 재류동포친족회」, 『동아일보』 1923년 9월 9일자.

57 「재류동포에 관한 계엄사령관의 발표」, 『동아일보』 1923년 9월 10일자.

58 「조선인 도항 제한과 구산 경무국장의 발표」, 『조선일보』 1923년 9월 9일자.

질 선악을 불구하고 무법의 대우를 하는 일은 삼가는 동시에 그들도 우리 동포임을 잊지 말라. 二, 모든 조선인이 악모(惡謀)를 계획한다는 것은 오해인 바, 이런 풍설에 의지하여 폭행을 더하고 스스로 죄인이 되지 말라"[59]고 하고 경고문을 도쿄 시내에 배포한 바 있는데, 이는 이미 재일조선인 학살이 적지 않았음을 증명해 주고 있다. 이러한 상황에서 볼 때 재일조선인 학살은 이미 널리 진행되었음을 알수 있다. 그럼에도 불구하고 재일조선인 학살에 대한 사실을 제대로 보도하지 못한 것은 제국일본의 철저한 언론 통제 때문이었다.

관동대지진 당시 재일조선인 학살과 관련된 국내의 보도는 대체로 10월 중순 이후였다. 『동아일보』는 10월 15일, 17일, 18일, 20일, 22일, 23일, 24일자 신문에 대대적으로 보도하였다.[60] 그러나 기사 중에서도 '○○○학살사건'이라고 하여 '재일조선인 학살'을 구체적으로 밝히지 못하고 있다.[61] 관련 기사의 내용은 다음과 같다.

59 「계엄사령의 경고」, 『조선일보』 1923년 9월 10일자.

60 「동경 시내 외에 중대 사건이 속출한다」, 『동아일보』 1923년 10월 13일자; 「유치 중의 공부를 자경단이 학살」, 『동아일보』 1923년 10월 14일자; 「기옥현 자경단이 남녀 백여 명을 학살」, 『동아일보』 1923년 10월 15일자; 「진재 후의 대소란을 궐기한 유언의 출처가 판명」, 『동아일보』 1923년 10월 17일자; 「자경단의 살해인 수 사오백 명 이상」, 『동아일보』 1923년 10월 17일자; 「群馬의 학살범 34명」, 『동아일보』 1923년 10월 18일자; 「流言의 목적은 강도 약탈 神人共怒할 窮凶極惡」, 『동아일보』 1923년 10월 18일자; 「埼玉縣에 학살이 극심함은 현의 통달문이 그 원인」, 『동아일보』 1923년 9월 20일자; 「橫濱에 횡행하던 약탈 자경단원」, 『동아일보』 1923년 10월 20일자; 「유언의 출처와 각지 학살 상황」, 『동아일보』 1923년 10월 21일자; 「○○○학살사건 경관도 관계호」, 『동아일보』 1923년 10월 22일자; 「살인 자경단원 113명 검거」, 『동아일보』 1923년 10월 24일자; 「기옥현의 학살사건」, 『동아일보』 1923년 10월 30일자. 관동대지진 당시 학살된 재일조선인에 대한 국내의 언론 보도에 대해서는 추후 별도의 연구 과제로 남기고자 한다.

61 관동대지진과 관련하여 '조선인 학살'이라는 용어로 기사화된 것은 『동아일보』 1923년 12월 16일자 「조선인 학살 사건」이라는 기사였다. 이 기사는 山本 수상이 중의원에서 답변한 것을 게재하였다. 기사의 내용은 다음과 같다. "吾等은

횡빈시(橫濱市) 중촌정 굴할청년회(中村町 堀割靑年會) 회원 모가 십삼일
○○○○사건에 관하여 소관 수(壽) 경찰서에 자수하였음으로 즉시
횡빈지방재판소의 판검사가 출장하여 심문을 한 결과 다수한 연
루자가 있는 모양이므로 즉시 신내천현 경찰부에서는 활동을 개
시하였으며 그와 동시에 헌병대도 또한 시내 각처에 있는 자경단
과 청년단을 엄밀 조사 중인데, 조사의 진행을 쫓아 이번 ○○○
학살사건에는 다만 청년회원뿐만 아니라 경찰관 중에서도 참섭한
사실이 있는 모양인 듯하여 각 경찰 당국자는 불안 중에 날을 보
낸다더라.[62]

앞의 인용문에서 보듯이, 재일조선인 학살은 '○○○학살'이라고
하여 자경단과 청년단 외에도 경찰관까지 관여하였다는 점을 보여
주고 있다. 이에 비해 중국인 학살과 관련된 기사는 보다 구체적으
로 다루고 있다. 즉 중국인 학살은 9월 2일 오후 9시 일본인 3백여
명이 중국인 하숙소로 몰려와 174명을 일시에 타살하였다는 증언을
보도하였다.[63]

이처럼 중국인 학살은 보도되었지만 조선인 학살은 구체적으로
다루지 못하였다. 이는 앞서 언급한 바와 같이 언론 통제 때문이었
다. 재일조선인 학살은 자경단, 청년단뿐만 아니라 경찰까지도 가담
하였지만, 다만 재일조선인 학살에 가담했던 자경단원 검거 소식으

朝鮮人虐殺事件에 對하여도 沈默할 수 없다. 政府는 何故로 此 事件을 論議하는
新聞 雜志에 制裁를 加하는가. 宜當 吾人은 外國에 對하여 感謝하기 前에 此等 不
顧에 橫死한 朝鮮人에 對하여 謝意를 表할 必要가 있다"고 質問하였음에 對하여
山本 首相은 "언제든지 他日에 對答하게 되겠지요."라고 答辯을 回避하였다더라."
이후 『동아일보』 1924년 2월 23일자 「조선인학살사건으로 영국 노동당 선언서 발
표」와 1924년 3월 18일자 「조선인학살의 추도회를 해산」이라는 기사가 더 있다.

62   『동아일보』 1923년 10월 22일자.

63   「170여 인을 일시 타살, 상해로 돌아온 중국인의 한 말」, 『동아일보』 1923년 10
      월 22일자.

로 간략하게 언급되었다. 이로 볼 때 조선총독부는 재일조선인 학살에 대해서는 철저하게 보도를 통제하였음을 알 수 있다.

2. 관동대지진의 기억과 전승

관동대지진 1주년을 맞는 제국일본은 1924년 9월 1일 도쿄는 '가무와 음곡' 정지를 결의하는 한편 시내의 전차도 1분간 정차하는 등 추모 분위기에서 조용하게 지냈다.[64] 이에 호응하여 도쿄의 예기조합은 이날 아예 휴업을 결정하기도 하였다.[65] 이러한 도쿄의 추모 분위기에 도쿄에 거주하는 옥순철(玉順喆)은 다음과 같이 언급한 바 있다.

> 당시 우리 兄弟들의 情況이 어떠하였음을 默想하면 追戲이 常新하며 그 苛酷한 行動의 ○能이 眼前에 依舊하다. 近日에는 日人이 反省하며 同精하는 체하며 테인데, 이것은 오히려 우리를 戰慄케 하며 ○○를 집게 한다. 日人의 此는 地獄의 死이니, 運命의 死이어니와 兄弟들의 犧牲은 무엇이랴 하랴. 우리도 當日을 圓顧하고 한껏 孤魂을 慰撫할 뿐 아니라 劣敗者의 悲哀를 痛切히 느낄 뿐이다.[66]

옥순철은 관동대지진 당시 희생된 재일조선인을 위한 추모 행사를 잊지 말고 추진할 것을 주장한 바 있다.

식민지 조선에서의 관동대지진 1주년 첫 추도회는 함남 북청에서

---

64 「진재 기념일. 歌舞 音曲 정지 결의」, 『조선일보』 1924년 8월 3일자.
65 「대지진의 기념일에 예기조합이 휴업한다」, 『조선일보』 1924년 8월 4일자.
66 옥순철, 「9월 1일 기념을 듣고」, 『동아일보』 1924년 8월 13일자.

있었다. 재일본청우간담회는 관동대지진에 참사한 청우를 위해 1주
년을 1개월 앞둔 1924년 8월 2일 북청청년회관에서 진행된 추도회
를 개최하였는 바, 7, 8백여 명이 참가할 정도로 성황을 이루었다.[67]
이는 비록 지역에서 개최한 추도회였지만 적지 않은 지역민이 참
여하였다는 점은 관동대지진 당시 학살 내지 희생된 조선인에 대한
'비분강개'한 심정이 그만큼 컸음을 확인할 수 있다.

관동대지진 1주년을 맞는 추도회는 인천노동총동맹회에서 준비하
였는데, 그 내용은 다음과 같다.

〈그림 3-8〉 『동아일보』 1924년 9월 1일자에 게재된 기사

인천노동총동맹회에서는 작년 9월 중에 일본 동경 지방에서
일어난 지진으로 수많은 생령의 참혹한 죽엄이 있었음을 느끼어

67   「청우추도회」, 『조선일보』 1924년 8월 7일자.

금년 9월 1일을 가리어 그때 그들의 죽엄을 추도하고자 그날 밤 8
시부터 산수정 공회당에서 추도식을 비참하게 거행할 터이라는
데, 당일은 응당 남달리 죽은 자의 동족으로 있어서 그만큼 더욱
비분강개가 가슴을 치는 추도문 낭독도 많을 터이라고.[68]

또한 인천에서는 1주년을 기해 이날 오전 11시 50분에 각 사원
과 종교단체가 조종을 울려 추도의 의미를 새겼다.[69]

즉 인천노동총동맹회는 관동대지진 1주년인 9월 1일에 재일조선
인 희생자에 대한 비분강개의 추도식을 하기로 했던 것이다. 이외에
도 인천에서는 교회와 사찰 등 종교단체도 조종을 울려 추모의 의미
를 기렸다. 조선불교중앙종무원과 불교대회에서도 9월 1일 관동대
지진 1주년 추도회를 개최하였다.[70]

『동아일보』도 9월 1일자 신문에 관동대지진 당시 학살된 동포를
잊지 말자는 전단식 기사를 게재했는데, 그 내용은 다음과 같다.

오늘은 9월 1일! 세월은 쉽다. 동경 천지를 진동하던 지진의 보
도를 듣고 전광석화 같이 호의를 발행하던 일이 엊그제 같은데,
어느덧 또다시 9월 1일을 당하였다. 멀리 동편 하늘 바라보는 부
모 처자가 얼마나 이 비참한 보도에 울었는가. 피로 물들인 이 조

68   「인천의 9월 1일 기념」, 『동아일보』 1924년 8월 25일자. 「동경 진재시 참사동포
      의 추도회」, 『조선일보』 1924년 8월 23일자의 내용은 다음과 같다. "인천노동총
      동맹회 주최로 동경진재 당시에 참사한 동존추도회를 연다함은 이미 보도한 바
      와 같이 오는 구월 일밤 여덟 시 반에 산수정 공회당에서 열기로 되었는데, 전기
      추도회에는 누구이든지 수의로 참렬할 수 있다 하며, 노동회원은 물론이요 일반
      시민도 다시 참렬함이 좋겠다더라."
69   「진재 기념일에 인천에서는 弔鐘」, 『조선일보』 1924년 8월 28일자.
70   「진재 참사자 일주년 추도회」, 『조선일보』 1924년 8월 29일자; 「불교대회 주최.
      진재 사망자 추도회」, 『조선일보』 1924년 8월 30일자.

화옹의 괴변에 재류동포가 몇 천 명이나 죄 없이 죽었는가. 우리
는 이 핏빛 드린 9월 1일을 맞으며 고요히 작년 이때를 생각하고
암투가 종횡하고 가슴이 막히어 할 말을 모르겠다.[71]

『동아일보』는 관동대지진 1주년을 맞아 지난해 도쿄에서 무고하게
희생되거나 학살된 재일조선인 희생자를 잊지 말 것을 당부하였다.

1924년 관동대지진 1주년을 맞아 관동대지진으로 억울하게 희생
된 동포 즉 재일조선인을 추모하고 이를 기리는 내용의 선전문이 서
울 시내에 부착되기도 하였다. 『조선일보』에 따르면, "오는 9월 1일
은 일본 동경에서 진재가 발생한 날로서 일본인도 많이 죽었지만 애
매한 동포는 그간에 과연 얼마나 비참한 죽엄을 이루었으랴. 이것은
조선 동포로서 잠시를 잊지 못할 이날인즉 이 날을 맞는 조선 동포
는 슬픈 눈물로 비참한 혼령이 된 그들을 추도하고 동시에 이 날을
기념하자"는 내용의 전단지가 8월 28일 오전 훈련원 전봇대에 전단
이 부착되었다고 보도하였다.[72]

또한 관동대지진에서 희생된 개인에 대한 추도식이 거행되기도
하였다. 고흥 출신으로 도쿄 유학 중이던 송기일은 관동대지진에서
희생되었는데, 이날을 기해 고흥청년회와 고흥학원의 주최로 추도
식을 갖기도 하였다.[73]

이외에도 부산진구락부는 9월 2일 '동경진재시참사동포추도회'
를,[74] 신흥청년동맹과 서울청년회는 9월 13일 천도교 중앙대교당에

---

71   『동아일보』1924년 9월 1일자.
72   「九月一日을 紀念하자」, 『조선일보』1924년 8월 30일자.
73   「宋君의 追悼式」, 『조선일보』1924년 8월 29일자.
74   「구일 추도회」, 『시대일보』1924년 9월 6일자.

서 '일본진재조난동포추도회'를,[75] 전주청년회는 9월 10일 전주공회당에서 '일본 관동진재에서 참혹하게 사망한 우리 동포의 영혼을 위안키 위한 추도회'를,[76] 보성군 벌교 기독면려청년회는 9월 16일 예배당에서 '일본 관동주 진재시 참사동포를 위한 추도회'[77]를 개최하는 등 청년단체 및 종교단체에서 추모 행사를 가진 바 있다.

그리고 진주에서는 노동공제회관에서, 순창에서는 천도교당에서, 김천에서는 경천사에서 각각 관동대지진 당시 희생된 재일조선인을 위한 추도회를 개최하는 등 지역에서도 희생된 동포의 넋을 기렸다.[78] 신흥청년동맹과 서울청년회는 추도회를 갖는 의의를 다음과 같이 밝히고 있다.

> 작년 관동(關東) 진재 당시에 멀리 이역 객창에서 형설의 공을 이루려다가 무참히 생명을 잃어버린 동포가 누천에 이르렀음은 우리가 아직껏 새로이 기억하는 일이며 더구나 아직껏 그 액월 구월이 가지 아니한 오늘에 있어서 지난 구월 일일을 동기로 작년 이달이 즈음에 동경에서 발생한 온갖 참극을 일일이 눈물로 추억하게 되어 본국에 있는 그들의 친지가족들은 물론이어니와 일반으로 우리 조선 사람들은 다 같이 그 당시에 조난한 우리 형제를 위하여 울지 않을 수 없으며 슬퍼하지 않을 수 없다.[79]

75 「진재 조난동포 추도회」, 『조선일보』 1924년 9월 12일자; 「진재 참사 동포, 기념 추도, 금일 하오 3시, 천도교당에서」, 『시대일보』 1924년 9월 13일자; 『동아일보』 1924년 9월 13일자; 「경성의 추도회」, 『시대일보』 1923년 9월 15일자.
76 「전주에 추도회」, 『조선일보』 1924년 9월 14일자; 「참사동포 추도」, 『동아일보』 1924년 9월 14일자.
77 「진재시 참사동포 보성에서 추도」, 『조선일보』 1924년 9월 23일자.
78 「각지에 진재동포 추도」, 『조선일보』 1924년 9월 5일자.
79 「참사동포 추도회」, 『동아일보』 1924년 9월 12일자.

〈그림 1-9〉 신흥청년동맹과 서울청년회가 주최한 관동대지진 조난동포 추모회 광경
(『시대일보』 1924년 9월 15일)

그렇다고 추도회가 모두 원만하게 진행되지는 않았다. 군산청년
회는 1924년 9월 1일 추도회를 진행하던 도중 추도문이 내용 중 불
온한 내용이 있다고 압수당한 바 있다.[80] 청진청년회도 1주년을 맞아
'관동대지진 당시 피살동포추도회'를 개최한 바 있는데, 추도문이
불온하다고 추도회를 해산시키는 한편 사회자 남윤구(南潤九)와 추도
문을 낭독한 정석도(鄭石道)를 검속한 후 취조하기도 하였다.[81] 이들은
9월 말경에야 방면되었다.[82]

관동대지진 1주년을 맞는 1924년에는 앞서 살펴본 바와 같이 추
모 행사가 적지 않았지만 2주년을 맞는 1925년에는 한 건이 추모행
사도 없었다. 3주년을 맞는 1926년에는 "작일이 구월 일일이다. 사

---

80   「추도회문도 압수」, 『조선일보』 1924년 9월 6일자.
81   「진재동포 추도회의 사회자를 검속」, 『조선일보』 1924년 9월 8일자; 「진재 참사
      동포 추도회 석상에서 2명을 검거」, 『시대일보』 1924년 9월 8일자.
82   「추도회에서 검거된 양씨는 방면될 듯」, 『조선일보』 1924년 9월 30일자.

년전 일본 관동지방에서 세계적 대지진이 나던 날이다. 누억의 재산과 수만의 생령이 없어진 날이다. 그리고 우리 동포도 참화를 당하였던 날이다"라고 하여 회고한 글[83] 한 편이 게재되었다.

이후 잊혔던 관동대지진의 기억은 해방 후가 되어서야 전승되었다. 재일본조선인연맹과 반일운동자구원회는 관동대지진 23주년을 맞는 1946년 9월 2일 기독교청년회관에서 해방 후 첫 추도회인 '일본관동진재피학살동포추도회'를 거행하였다. 이날 추도회는 배철의 사회로 허헌의 개회사, 장건상 등의 추도문 낭독이 있었다.[84]

이처럼 국내에서는 관동대지진의 기억이 제대로 전승되지 못하였지만 재일조선인 사회에서는 해마다 추모행사를 가졌다.[85] 다만 일본에서는 꾸준히 기억과 전승되었는데, 해마다 도쿄에서 가진 관동대지진 희생동포 추도회는 기독교청년회관에서 거행되었다.[86] 그러나 1937년 중일전쟁 이후 전시체제기가 형성되면서 추도회마저도 제대로 진행되지 못했던 것으로 추정된다.[87]

83 「4년전 9월 1일」, 『동아일보』 1926년 9월 2일자.

84 「아 - 罪 없는 우리 同胞를 虐殺 怨恨 깊은 關東震災昨日基靑館에서」, 『동아일보』 1946년 9월 3일자; 「학살당한 동포 추도」, 『국민보』 1946년 10월 30일자.

85 이에 대해서는 배영미, 「신문보도를 통한 조선 내 관동대지진 '희생자' 추도 주체의 변화와 그 함의: 1923년에서 해방까지」, 『한일민족문제연구』 41, 2021을 참조할 것.

86 「震災當時 橫死한 同胞慰靈式擧行」, 『동아일보』 1932년 9월 5일자; 「關東震災 同胞追悼會 東京基靑에서」, 『동아일보』 1934년 9월 5일자.

87 1937년 중일전쟁 이후인 1939년에는 일본 관 주도로 추도회가 진행되었다.

제3장 관동대지진과 식민지 언론 사설의 분석

1. 관동대지진과 『매일신보』 사설

관동대지진이 발생하자 『매일신보』는 일본으로부터 즉각 소식을 접하고 기사로 다루었다. 관동대지진은 9월 1일 12시경 발생하였지만 식민지 조선에 그 소식이 전해진 것은 이날 저녁이었다.[88] 처음에는 관동대지진이 일어난 간토(關東) 일대가 아니라 아이치현(愛知縣)과 기후현(岐阜縣) 근처에 있는 노우비(濃尾) 지역이었다.[89] 이는 처음 오보였지만 이날 늦은 밤 10시 반경에야 요코하마(橫濱)에서 대지진이 일어났다는 통신사의 전통을 받았다. 이어 다음날인 9월 3일 관동대지진에 대해 대대적으로 보도를 하였다. 관동대지진에 대한 보도는 기사뿐만 아니라 사설의 주요한 주제였다.

『매일신보』는 관동대지진과 관련된 사설을 모두 20회 게재하였는데, 그 내용은 〈표 3-6〉과 같다.

〈표 3-6〉 관동대지진에 대한 『매일신보』 사설

회수	제목	발행일자
1	天變地災의 荐至, 東京橫濱의 大地震	1923.9.3

[88] 관동대지진은 식민지 조선에도 중요한 영향을 미칠 수 있기 때문에 당시 총독인 사이토(齊藤)에게도 전달되었다. 전달 시점은 오후 6시경에서 10시 사이였다. 이때 전해진 곳 아이치현(愛知縣)과 기후(岐阜縣)과 경계에 있는 노비(濃尾)지방이었다. 그러나 이 정보는 '오보'였으며, 10시 30분경 통신사로부터 요코하마(橫濱)에서 지진이 발생하였다고 보고를 받았다.

[89] 「濃尾地方 地震」, 『매일신보』 1923년 9월 2일자.

회수	제목	발행일자
2	震災救助의 急務에 就하여, 罹災民에게 一言하노라	1923.9.5
3	自重을 要함	1923.9.6
4	救濟의 周到, 秩序가 整然하고 治安이 維持되자	1923.9.7
5	一般 商人에게 警告함	1923.9.8
6	熟考를 望함, 在東京 朝鮮同胞에게	1923.9.9
7	震災의 影響, 朝鮮에는 어떠할까	1923.9.10
8	不當한 言論, 東亜子를 諫함	1923.9.11
9	帝都의 復興,	1923.9.12
10	可恐할 脅威, 惡疫流行을 警戒하라	1923.9.13
11	大詔煥發	1923.9.14
12	震災義捐金과 府民의 注意, 유언비어 취체와 폭리취체령	1923.9.15
13	勅令의 適用	1923.9.16
14	山本 內閣에 希望함	1923.9.17
15	帝都 復興審議會 設置, 朝野 各士 二十名을 網羅	1923.9.18
16	相愛會의 美擧, 東京 朝鮮人 團體	1923.9.19
17	東京留學生에게 與함	1923.9.20
18	東拓會社의 朝鮮人 救護	1923.9.21
19	第一回 罹災同胞 安報 到着	1923.9.24
20	震災 後의 東京	1923.9.29

〈표 3-6〉에 의하면, 사설의 게재 시기는 9월에만 보이고 있다. 이는 『동아일보』나 『조선일보』의 경우 10월까지 관동대지진과 관련된 사설을 게재한 것에 비해 본다면 상당히 시기적으로 짧다. 『매일신보』가 9월에만 사설을 집중적으로 게재한 것은 관동대지진으로 인한 혼란과 우려를 가능한 한 빨리 수습하고자 하는 의지를 드러냈다고 할 수 있다. 이는 조선총독부의 식민정책과 무관하지 않은 것으로 볼 수 있다.

『매일신보』는 관동대지진과 관련된 사설을 20회 게재하였는데, 이는 『동아일보』나 『조선일보』보다 상대적으로 많다. 사설의 주요 내용은 식민지 조선과 관련된 것이 10회, 제국일본과 관련된 것이 10회로 비교적 균등하게 다루고 있다. 〈표 3-6〉의 사설을 주제별로 구분하면 〈표 3-7〉과 같다.

〈표 3-7〉 『매일신보』의 관동대지진 사설 내용별 분류

주요 내용	회수
구호/구제(의연)	6
자중/경고	6
칙령/일본	3
도쿄 부흥	3
피해	1
영향(식민지)	1
학살	
계	20

〈표 3-7〉에 의하면 『매일신보』의 사설은 구호 및 구제 등 의연 활동과 식민지 조선에서의 자중 또는 경고가 각각 6회로 많이 게재되었으며, 이어 일본의 정치와 일왕의 칙령에 관한 것, 피해지 도쿄의 부흥에 관한 것이 각각 3회에 달하고 있다. 그리고 관동대지진의 피해 상황과 식민지 조선에 미치는 영향이 각각 1회로 다루었다.

먼저 의연 활동에 관한 사설은 긴급구조, 구제 상황, 의연금 모금, 도쿄의 친일단체 상애회의 활동, 동양척식주식회사의 조선인 구호, 이재조선인의 귀환 등을 소재로 하고 있는데, 상애회나 동척의 구호 활동을 다루었다는 것은 내선융화를 내포하는 식민정책의 연장이라고 할 수 있다.

자중 내지 경고와 관련된 사설은 식민지 조선 및 재일조선인의 경거망동한 행동, 상인의 매점매석, 동아일보 사설, 유언비어, 유학생

에 대한 것을 내용으로 하고 있다. 칙령과 일본에 관한 것은 일왕이 발표한 칙령의 내용과 적용, 일본 국내 정치의 동향을 다루고 있으며, 도쿄 부흥은 제도(帝都)로서의 위상을 되찾고자 하는 의욕을 강하게 드러내는 것을 내용으로 하고 있다.

이밖에 관동대지진으로 인한 피해와 식민지 조선에 미치는 영향에 대한 입장을 밝히고 있다. 그렇지만 재일조선인의 학살에 대해서는 전혀 관심을 보이지 않았다는 것은 식민지 조선의 입장보다는 철저하게 식민정책을 옹호하거나 비호하려는 의도를 분명하게 드러냈다고 할 수 있다.

『매일신보』의 첫 사설은 관동대지진 관련 기사를 처음으로 보도한 9월 3일자에 게재되었다. 사설의 제목은 「天變 地災의 荐至;東京 橫濱의 大地震」으로 주요 내용은 다음과 같다.

> 古來로부터 如何한 時代, 如何한 聖世일지라도 千變과 地災는 此가 常常히 有한 것이오. (중략) 千萬料外에 橫濱을 爲始하여 東京 全市에는 地震이 起하여 人畜의 死傷, 建物의 倒壞, 交通의 杜絶 等 一望 悽慘의 狀을 呈하고 加之以 回祿의 變과 馬舞의 災가 四處에 起하여 炎炎한 火焰은 天을 動하고 地를 焦하여 東京 全市를 擧하여 一大火의 海로 化하였으며, 猛火의 焰은 惶恐하오나 宮城에까지 延燒하여 極히 慘憺한 光景을 演出함에 至한 것은 本日 號外로서 詳細히 報道한 바 如하거니와 此아 如함은 數千年來의 稀有한 大變이며 穽見의 大火이니 (하략)[90]

이 사설에 의하면, 관동대지진으로 요코하마(橫濱)와 도쿄(東京) 전

---

90   「天變地災의 荐至」, 『매일신보』 1923년 9월 3일자.

시내는 사람과 가축이 죽고, 건물이 붕괴되고, 교통과 통신마저 두절되는 상황 즉 '回祿의 變'[91]이며 '馬舞의 災'[92]라고 할 정도 그 참상이 이루 말할 수 없음을 밝히고 있다. 또한 일왕이 거주하고 있는 궁성까지 불이 번지는 '수천 년래의 희유한 大變이며 罕見의 大火'라고 하였다. 그런데 이 사설에서는 당시 식민지 조선에서는 관서지방에 대규모의 수해가 발생하여 일왕이 구휼금으로 7천여 원을 기부하였는데 이를 '赤子에 대한 憮愛'임을 강조하고 있다.

그리고 이 사설은 결론 부분에서는 "我 七千萬生民은 上으로 聖太子를 戴하고 亭午의 世에 生하여 正히 含哺鼓腹의 樂으로 聖世를 歌하며 太平을 頌"하는 이때에 하필이면 관동대지진이 발생한 것에 대해 불편한 심기를 드러내고 있다. 이는 3·1운동을 수습하고 문화적 식민통치의 안정을 기하는 시점에서 관동대지진이 발생함으로써 식민저항의 우려를 우회적으로 표현한 것으로 풀이된다.

〈그림 3-10〉 『매일신보』의 첫 관동대지진 사설 「천변 지재의 존지」(1923년 9월 3일자)

---

91 회록지재(回祿之災)는 회록(回祿)의 재앙으로 '화재'를 뜻하는 고사성어이다. 그 내용은 다음과 같다. "고대 중국의 전설에 의하면 제곡(帝嚳)이 즉위한 뒤에 전욱(顓頊)의 후손인 중려(重黎)가 뒤에 화정(火正, 불을 관리하는 벼슬)을 담당하였다고 한다. 중려는 불빛으로 천하를 밝게 비추어 큰 공을 세웠으므로, 제곡이 그를 축융이라 부르도록 명하였다. 축융이 죽은 뒤에 그의 동생인 오회(吳回)가 화정의 임무를 맡았고, 축융의 아들 육종(陸終)도 화관(火官)이 되었다. 그 후 사람들은 축융, 오회, 육종을 불의 신으로 받들게 되었다. 이 중에서 오회와 육종 두 사람을 합해서 '회록(回祿)'이라고 칭하게 되었다."
92 원래의 표현은 무마지재(舞馬之災)이다. 말이 춤추면 불이 난다는 뜻에서 유래되었으며 '무마재(舞馬災)'라고 한다. 무마지재는 불로 인한 재앙을 뜻한다.

제3부 관동대지진과 식민지 조선의 언론 329

이어 게재된 사설은 「진재 구조의 급무에 취하여」이다. 이 사설은 "일본 국민은 마땅히 거국일치하여 이재구제에 노력하는 것"이며, 다른 나라에서도 구제에 동참하고 있다는 것을 주장하고 있다.

> 今番 內地에 起한 震災는 實로 空前한 慘禍를 人間에 下한 것이로다. 東京만 하여도 三百萬에 達하는 震害를 被한 地域 全部의 罹災者를 合하면 可히 一千萬을 經過할 지라. (중략) 이번 慘禍의 被害는 다만 東京을 中心으로 한 關東地方에 그칠 것이 아니라 實로 全國的이요 世界的이니 日本 國民은 마땅히 擧國一致하여 罹災救濟에 努力할 것은 勿論이어니와 世界 各國에서도 이미 此 慘絶한 震災를 救助함에 着手하였도다. (하략)[93]

그렇지만 이 사설은 관동대지진을 기회로 3·1운동과 같은 민족운동을 모의하는 것은 '인도의 적', '인류의 적', '세계의 공적'이라고 비난하였으며, 이미 계엄령을 발포된 이상 전시와 같이 '총살'도 당연하다는 강압적 경고를 보내고 있다.[94] 이는 두 가지 의미가 있다고 판단된다. 하나는 앞서 언급한 바와 같이 대규모의 민족운동을 막아야 한다는 점이고, 다른 하나는 관동대지진의 혼란을 사회주의자와 재일조선인에게 떠넘기는 한편 학살에 대한 정당성을 부여하고자 하였다는 점이다. 제국일본에서는 관동대지진이 발생하자 사회주의

---

93 「진재구조의 급무에 취하여」, 『매일신보』 1923년 9월 5일자.
94 "近日 來電에 依할진데, 前日 社會主義로 危險한 思想을 懷한 者의 不穩한 行動을 미리 防禦하기 爲하여 當局은 戒嚴令을 發하고 軍隊出動케 하여 警備하는 中이라 하니 通信이 區區하여 其 眞想如何를 推知키 難하나 萬一 이 世界的 慘禍에 際하여 此를 奇貨로 危險한 運動을 企劃하여써 國內의 風紀를 混亂케 할진데, 此는 人道의 敵이요 人類의 敵이오. 따라서 世界의 公敵이라 謂할지라. 이 같은 무리는 其 存在를 容認할 必要가 無할 뿐 아니라 旣히 戒嚴令이 下하여 當局의 主意가 자못 嚴密한 즉 無謀히 蠢動할진데 마치 戰時와 如히 銃殺을 當할지니"

자를 단속하는 한편 재일조선인을 학살하였는데,[95] 이러한 사실을 무마하기 위한 것이었다.

이와 같은 인식은 9월 6일자 사설 「自重을 要함」에서도 그대로 드러나고 있다. 즉 "內地에 在한 朝鮮人이 今回의 震災를 奇貨로 하고 不穩한 行動을 敢行하려 함으로 當局 官憲은 此에 對하여 嚴重히 警戒를 加하는 中"이라고 하여, 재일조선인의 일상적 활동조차 불온한 것으로 보고 있으며, 엄중 경계하는 중이라고 밝히고 있다. 이러한 주장은 재일조선인 학살이 식민지 조선에 알려지기 시작하였다는 점에서 재일조선인의 동향을 부정적으로 인식시키기 위한 것이라고 할 수 있다.

또한 이 사설은 "朝鮮人에 限하여 如何한 境遇를 奇貨로 하고 殘忍한 行動과 不穩한 劃策을 謀하여써 人道에 反하고 人類公道를 無視하는 行動을 就할 理가 有하리오"고 하였듯이, 이 상황에서 민족운동은 인류공도에 벗어나는 것이라고 호도하고 있다.

뿐만 아니라 재일조선인에 대한 경고도 빠뜨리지 않고 있다. 재일조선인이 우물에 독을 풀었다, 폭동을 일으키려 한다는 폭동설이 유언비어였음에도 불구하고 이를 날조하고, 더 나아가 이를 '불온한 행동'이라고 하여 "세계 인류의 공적"으로 만들고자 하였다.[96] 그러나 무엇보다도 이러한 것은 "內鮮同化의 基本精神에 背馳"된다고 지적하고 있다.

『매일신보』는 관동대지진 피해에 대한 구제를 적극적으로 주장하

---

[95] 관동대지진 당시 재일조선인 학살에 대해서는 강덕상, 「1923년 관동대지진(大震災) 대학살의 진상」, 『역사비평』 45, 역사문제연구소, 1998; 강덕상, 『학살의 기억 관동대지진』, 역사비평사, 2005 등을 참조할 것.

[96] 「熟考를 몇함」, 『매일신보』 1923년 9월 9일자.

고 있다. 봉천의 장작림, 중국 정부도 구제활동에 참여하는 상황에서 "在鮮同胞도 一致協力하여 이 空前한 慘禍의 救助에 盡力"할 것을 주문하고 있다. 이를 적극적으로 권유하기 위해 경성 부민이 솔선수범하여 의연금 모금에 동참할 것을 제안하였다.[97]

『매일신보』는 구호활동의 대표적인 사례로 일본에서 최대의 내선융화 단체인 상애회와 동양척식주식회사의 활동을 사설로 다루었다. 상애회는 재일조선인의 오해를 불식시키기 위해 폐허가 된 도쿄 시내 청소작업에 자발적으로 동참하였다는 것을 강조하고 있다.[98] 그리고 동양척식주식회사는 도쿄에 있는 이재조선인 3천여 명을 구호하였다는 것도 중요한 사설로 취급하였다.[99] 이 사설 역시 내선융화를 의식한 것이라 할 수 있다.

그러한 가운데서도 『매일신보』는 경성 부민에게 '一口一圓'의 의연금 권고에 대해 公課로서의 부담이 된다는 부민의 불만에 대해, 이는 다만 권유에 불과하지 강제적 의미가 없다는 점을 강조하였다. 그러면서도 경성 부민의 "患難相恤의 至情을 十分 發露"해 줄 것을 당부하기도 하였다.[100]

또한 『매일신보』는 관동대지진으로 식민지 조선에서는 모국 일본으로부터 유입되는 보조금 감소 및 식민지 조선의 자금이 일본으로 유출될 것[101]과 일본으로 유출될 미곡으로 인한 쌀값 폭등[102] 등

---

97   「震災義捐金과 府民의 注意」, 『매일신보』 1923년 9월 15일자.

98   「相愛會의 美擧」, 『매일신보』 1923년 9월 19일자.

99   「東拓會社의 朝鮮人 救護」, 『매일신보』 1923년 9월 21일자.

100   「震災義捐金과 府民의 注意」, 『매일신보』 1923년 9월 15일자.

101   「大震災와 資金 內地로 流出」, 『매일신보』 1923년 9월 4일자;

102   「朝鮮米와 救濟輸送」, 『매일신보』 1923년 9월 6일자; 「東京震災와 米價」, 『매일신보』 1923년 9월 7일자.

에 대해 우려를 나타내기도 하였다. 그러면서도 『매일신보』는 "今回 震災가 朝鮮에 與하는 影響은 別로히 憂慮할 바가 아니라 吾人은 今日의 豫想[103]이 適中하여 諸君 眼前에 實現될 날이 不遠할 것을 斷言하노라"[104]라는 사설을 통해 그러한 우려를 불식시키고자 하였다.

『매일신보』는 관동대지진으로 폐허가 된 제국일본의 수도인 도쿄의 부흥을 통해 건재함을 과시하려는 의도의 사설도 두 차례가 게재하였다. 「帝都의 復興」라는 사설에서는 "東京의 再建設은 日本 首都의 復興이 아니라 世界中 一大都會의 復興 問題가 되었도다. 非常한 時代를 當하여 非常한 度量과 奇蹟的 謀略을 發揮하는 大和民族의 獨特한 國民性은 吾人이 信하는 바"[105]라고 하여, 도쿄는 재건설로 세계적 도시로 부흥될 것이며, 이는 '대화민족' 즉 독특한 일본의 국민성에 기인한다는 우월성을 밝히고 있다.

「帝都 復興審議會 設置」라는 사설에서는 조야의 전문가 20명으로 도쿄부흥심의회를 설치한 것은 "帝都의 文化의 一新 新紀元을 劃"하는 것으로 의미를 부여하고, 새로 건설될 도쿄는 부흥을 위한 부흥이 아니라 "居住하는 者의 便宜를 本位로 하여 帝國 文化를 盛할만한 理想的 都會를 建設할"[106] 것을 요구하고 있다.

그러나 무엇보다도 『매일신보』는 식민지 조선의 민심에 대해 민

---

103   이 사설은 '今日의 豫想'은 다음과 같이 설명하고 있다. "今回의 震災로 因하여 朝鮮에 流入하는 資金이 한 때는 얼마간 減少한다 하리라도 米穀의 收穫期부터는 漸次로 資金이 潤澤할 것이요, 中央 政府의 總督府에 對한 補助金과 如함도 決코 우리의 豫想하는 바와 같이 過多한 削減은 見치 아니할 지며"

104   「진재의 영향, 조선에는 어떠할까」, 『매일신보』 1923년 9월 10일자.

105   「帝都의 復興」, 『매일신보』 1923년 9월 12일자.

106   「帝都 復興審議會 設置」, 『매일신보』 1923년 9월 18일자.

감하게 대처하였다. 식민지 조선뿐만 아니라 재일조선인의 동향에
대해 자중할 것을 언급한 바 있지만, 이에 대해 보다 구체적으로 비
판하기도 하였다. 『동아일보』는 1923년 9월 9일자 신문에서 주로
가십거리를 취급하고 있는 「橫說竪說」에서 대표적 친일인물인 이완
용이 번개에 혼비백산하였음에도 불구하고 관동대지진 구제활동으
로 분주함이 가관이라고 비난하였고,[107] 다음날 9월 10일자에는 각
국의 구제지원 중 미국 적십자사의 행동에 대해 비판을 한 바 있었
다.[108] 이에 대해 『매일신보』는 『동아일보』의 논조에 대해 다음과 같
이 비난하였다.

> (전략) 아무리 平日에 『同胞』라는 看板을 高揚하고 別動 探偵으
> 로 私利를 圖謀하며 衆心을 煽動하여 無數한 善良한 同胞로 하
> 여금 囹圄의 人으로 作하여 縲絏의 苦楚를 備嘗케 하고도 오히
> 려 아무도 責任感이 없는 東亞子라 하지라도 이에 이르러는 마
> 땅히 人間本然의 性에 歸하여 愼重한 態度를 取할 것이어늘 도
> 리어 奸譎한 手段으로 舞文曲筆을 戱弄하여써 衆心을 속이고 人
> 間最高의 人類愛의 發源을 杜碍하랴 하니 이는 世界人類의 公
> 敵이요 따라서 朝鮮民族의 將來를 그릇하는 妖精이라. 東亞子가
> 아무리 强辯하리라도 世人으로 아여금 이를 否認케 하는 理由를
> 發見치 못하리로다.[109]

즉 『동아일보』는 간휼한 수단으로 곡필하고 있으며, 이는 '인류의
공적'이라고 오히려 강변하고 있다. 뿐만 아니라 일본이 "平日의 敵

107 「橫說竪說」, 『동아일보』 1923년 9월 9일자.
108 「橫說竪說」, 『동아일보』 1923년 9월 10일자.
109 「不當한 言論, 東亞子를 誡함」, 『매일신보』 1923년 9월 11일자.

과 積年의 仇讎"라 할지라도 신중하지 않으면 民族千秋의 遺가 될
것이라고 협박하고 있다.

2. 관동대지진과 『동아일보』 사설

관동대지진이 일어나자 『동아일보』도 9월 2일자에 첫 보도를 했
지만 『매일신보』와 마찬가지로 오보를 게재하였다.[110] 이는 관동대
지진으로 인한 전신의 불통으로 잘못 전해진 탓이었다. 그렇지만 상
황을 파악한 『동아일보』는 9월 3일부터 보다 구체적으로 그 실상을
보도하였다. 뿐만 아니라 관동대지진과 관련하여 사설을 게재하였
는데, 이를 정리하면 〈표 3-8〉과 같다.

〈표 3-8〉 『동아일보』의 관동대지진 관련 사설

회수	제목	발행일자	비고
1	日本의 災難, 一大 慘劇	1923.9.4	
2	嗚呼 人災, 朝鮮人아 거듭나자	1923.9.5	
3	遭難同胞를 壞함, 同胞여 救濟하러 일어나자	1923.9.6	
4	山本內閣의 新意義	1923.9.7	
5	東京災變과 人心, 反省할 機會	1923.9.8	
6	東京地方 罹災同胞救濟會 發起, 救急	1923.9.10	
7	日本財政의 前途, 復舊事業은 如何	1923.9.11	
8	삭제(日本 經濟의 大破綻)	1923.9.12	『일제시대 민족지 압수기사모음Ⅱ』
9	朝鮮에 緊急 勅令의 實施, 解釋上 疑義	1923.9.13	
10	東京 復興策의 前途, 日本의 試練 機會	1923.9.14	
11	日本 震災와 東洋의 政局, 中國의 同情은 무엇을 意味	1923.9.20	
12	日本있는 朝鮮人의 送還, 緘口치 못할 問題	1923.9.21	내용 말미 삭제

110 「東京以西 電信不通」, 『동아일보』 1923년 9월 2일자.

회수	제목	발행일자	비고
13	日本 經濟界와 人心의 安固, 復興事業의 前提	1923.9.22	
14	日本의 震災 後 朝鮮 經濟界	1923.9.26	
15	東京 罹災 朝鮮人의 處置에 對하여, 速히 解放을 望함	1923.9.27	
16	急激한 暗流, 大杉氏 慘殺에 對하여	1923.9.28	
17	齋藤 總督에게, 眞相의 發表를 望함	1923.10.6	
18	時代 錯誤의 喜悲劇, 大杉의 死와 甘粕의 淚	1923.10.11	내용 일부 삭제

〈표 3-8〉에 의하면, 『동아일보』는 9월에 16회, 10월에 2회 등 모두 18회에 걸쳐 관동대지진 관련 사설을 게재하였다. 이는 9월에만 집중적으로 게재한 『매일신보』의 사설보다 2회가 적지만, 『동아일보』는 10월에도 관동대지진에 대해 관심을 가졌다고 할 수 있다. 10월에 게재한 두 사설은 매우 독특한 것으로 '재일조선인 학살의 진상' 및 '아나키스트 오스기 사카에(大杉榮)[111]의 살해'에 대해 관심을 가지고 그 입장을 밝히고 있다.[112]

우선 『동아일보』의 관동대지진과 관련된 사설의 내용을 주제별로 분석해보면 〈표 3-9〉와 같다.

〈표 3-9〉 『동아일보』의 관동대지진 사설 내용별 분류

주요 내용	회수
구호/구제(의연)	4
자중/반성	2

[111] 일본 다이쇼 시대(大正時代)의 대표적인 무정부주의자이며, 관동대지진이 일어났을 때 아내 이토 노에(伊藤野枝)와 조카와 함께 일본 육군 헌병 대위인 아마카스 마사히코(甘粕正彦)에게 살해당하였다.

[112] 『동아일보』는 관동대지진으로 학살된 재일조선인에 대해서는 당시 총독부의 언론 통제로 기사로 다루지 못하였지만 오스기 사카에 살해에 대해서는 비교적 관심을 가지고 보도하였다.

주요 내용	회수
칙령/일본	2
도쿄(일본) 부흥	3
피해	1
영향(국내외)	3
학살	3
계	18

〈표 3-9〉에 의하면 『동아일보』의 사설 중 구제와 관련하여 가장 많은 4회 게재하였으며, 일본의 부흥, 관동대지진으로 인한 국내외 영향, 그리고 재일조선인 학살의 진상 규명과 아나키스트 오스기 사카에(大杉榮)의 살해를 포함한 학살과 관련된 것 등 각각 3회씩 다루었다. 이밖에 식민지 조선의 반성, 일왕의 칙령 등 일본과 관련된 것을 각각 2회, 그리고 관동대지진의 피해에 대한 내용을 1회를 게재하였다.

『동아일보』 사설 중에는 전문 삭제가 1회, 일부 삭제가 2회로 모두 세 차례나 사설이 삭제되었다. 이는 관동대지진 당시 언론 통제가 심하였음을 알 수 있다.[113]

관동대지진과 관련하여 『동아일보』의 첫 사설은 「日本의 災難, 一大 慘劇」이었다. 이 사설은 관동대지진으로 인한 피해는 "人世의 慘劇"이라고 하였지만 "大自然의 힘 앞에는 億兆蒼生이 모두 平等"[114]하다고 평가하였다. 이러한 인식은 당시 식민지 조선은 관서지역에 수해로 곤경을 겪고 있는 상황에서, 식민지 모국인 일본의 수도인 도쿄 일대에 대지진으로 피해를 입었다는 것은 식민지 조선만 재

---

113 관동대지진과 관련된 언론 통제에 대해서는 이연, 「제4절 관동대진재와 조선에서의 언론통제」, 『일제강점기 언론통제사』, 박영사, 2015을 참조할 것.

114 「日本의 災難, 一大 慘劇」, 『동아일보』 1923년 9월 4일자.

해를 당하는 것이 아니라 일본이 더 큰 재해를 당한 것에 대한 이른 바 '고소함'이라고 할 수 있다. 그러면서도 『동아일보』는 식민지 조선의 사회운동에 대해 각성을 촉구하고 있다. 즉 "남은 不可抗의 天災나 當하여 民族的 大損失을 當하였건만 우리는 그러한 天災나 地變도 없이 왜 이 慘境을 당하였는고?"라고 하였는데, 이는 조선물산장려운동과 민립대학설립운동 등이 인적 갈등으로 원래의 목적을 달성할 수 없게 된 점을 비판한 것이다. 더 나아가 '일을 할 만한 사람은 없고 무너뜨릴 사람'만 있는 당시 사회운동의 현실을 개탄하였다. 그러면서 허위와 번뇌, 시기 등 모든 추한 것을 벗어버리고 진실과 근면, 생애와 용기를 가지고 참담한 재변의 유허에서 신생명을 건설하기 위해 조선 민족이 거듭날 것을 주장하였다.[115]

그 연장선에서 『동아일보』는 「東京 災變과 人心」이라는 사설을 게재하였다. 이 사설은 관동대지진 이후 일본의 계엄령 발포, 군대의 출동뿐만 아니라 식민지 조선에서도 요시찰 인물의 동향 파악, 청년단체와 교회의 경계, 기병대의 시위, 군대의 국경 경비 강화 등 계엄령과 같은 긴박한 상황을 예의주시하고 있다. 그러면서도 일본의 식민 지배를 비판하면서 한일 양 민족의 진정한 자유와 평등을 촉구하였다.

> 그러면 이 事變(관동대지진: 필자)이 우리 朝鮮人에게 준 感動은 어떠한고. 우리는 熱淚를 뿌리며 우리의 不幸한 眞情을 告白하지 아니치 못하겠다. 朝鮮人은 이 무서운 大事變의 報를 接할 때마다 왜 純粹한 人類愛로 마음껏 同情의 울음을 울지 못하고 劣等한 感情의 無理한 支配를 아니 받지 못하고 '에구 가엾어라'하는 恨歎의 끝에 隱密한 속에서 스스로 자기의 속에 劣等感情이 潛在함을 放免하지 아니치 못하는고.

---

[115] 「嗚呼 人災, 朝鮮人아 거듭나자」, 『동아일보』 1923년 9월 5일자.

그러나 사람아! 이것이 반드시 우리 朝鮮人이 道德的으로 劣等한 까닭이 아니다. 過去 二十年間에 小數의 日本의 爲政者의 人心의 機微를 察할줄 모르는 無知한 行爲가 우리를 모두 이러한 不幸한 境遇에 處하게 된 것이다. (중략) 日本의 從來의 政治는 이미 막다른 골목에 다다랐다. 어떤 形式으로나 方法으로나 新機軸이 回轉되어야 할 것이 事實로 證明되었다. 그들의 時代는 지나가야 할 것이다. 그들의 손으로 된 모든 惡은 씻겨버려야 할 것이다. 그리하고 日本人이나 朝鮮人이나 다 같은 地球上의 住民으로 서로 사랑하고 서로 抱擁하고 '아아 오랫동안 잘못 끌려갔던 兄弟여!'할 말이 하루라도 빨리 돌아와야 할 것이다. 師團과 警察部! 이것이 某 種人들이 想像하는 바와 같이 그다지 萬能한 것이 아니다. 眞正한 秩序의 維持는 愛라야 自由라야 하고 德이라야 한다. (후략)[116]

관동대지진 피해 소식이 언론을 통해 전해지면서 각 언론사는 구제활동을 독려하였다. 『동아일보』는 관동대지진이 일어나자 우선 이재를 당한 재일조선인에 대한 관심부터 표명하였다. 이에 따라 『동아일보』는 무엇보다도 피해지에서 고통을 받고 있는 이재동포 즉 재일조선인에 대한 구제를 적극 주장하였다. 「遭難同胞를 懷함」이라는 사설에서는 관동대지진이 일어난 지 5, 6일 지났지만 재일조선인에 대한 소식을 들을 수 없고, 생사의 확인도 알 수 없는 상황이라는 것을 밝히고, 이들을 적극적으로 구제할 것을 제안하고 있다.

同胞여. 異域에서 萬古의 未曾有하던 大災變을 當한 同胞를 金之의 아들, 李之의 딸이라 하느냐. 아니다. 우리 각 사람의 아들이요 딸이요 아우요 누이다. 國內에 있을 때에도 그러하거니와 外地에 있을 때에 더욱 그러하다. 同族의 愛護하는 情誼는 마땅히 이

116   「동경재변과 인심」, 『동아일보』 1923년 9월 8일자.

러할 것이다. 이러한 數百萬 生靈이 큰 災變을 當한 때에 小數의
제 同胞만을 생각하는 우리의 心事를 狹하다 말라. 鄙하다 말라.
그네에게는 큰 힘이 있거니와 우리에게는 힘이 없다. 우리 四五千
의 遭難 同胞를 救濟하는 것도 우리 힘에는 비치는 일이다.[117]

　관동대지진으로 적지 않은 피해를 입은 일본에서는 일본뿐만 아
니라 각국에서 구제활동이 이루어지고 있었다.
　그렇지만 재일조선인에 대한 구제는 일본인보다 관심이 떨어질
수밖에 없는 상황에서 재일조선인을 위한 구제는 우리가 보다 더 적
극적으로 해야 한다는 논리를 펴고 있다. 더욱이 재일조선인 학살
에 대한 소식이 전해지고 있는 현실에서 이들에 대한 구제활동은 무
엇보다 급선무라 할 수 있었다. 때문에 『동아일보』는 보편적 이재민
구제보다는 동포 즉 재일조선인에 대한 구제를 우선시하였다고 할
수 있다. 이와 같은 인식하에서 『동아일보』는 東京地方罹災朝鮮人
救濟會[118]가 조직되자 곧바로 이를 지지하는 사설을 게재하였다.[119]
　그러나 『동아일보』는 무엇보다도 가장 확실한 구제는 일본에서
활동을 제한되거나 통제된 재일조선인의 '해방'이라고 보았다. 일본
정부는 재일조선인을 보호한다는 명목으로 경찰서나 각종 군 시설
등에 구금하였다. 대표적인 곳이 나라시노(習志野) 병영이었다. 나라시

117　「遭難 同胞를 懷함」, 『동아일보』 1923년 9월 6일자.
118　도쿄지방이재조선인구제회는 1923년 9월 8일 천도교 중앙대교당에서 경성의
　　유지 50여 명이 참석하여 조직하였다. 집행위원회는 위원장 유성준, 위원으로
　　고원훈, 이범승, 박승빈, 장우식, 홍태현, 김병희, 조남준, 이윤재, 이인, 송진우,
　　회계에 장두현, 상무위원에 신태악, 최린, 임정호 등으로 구성되었다(『동아일보』
　　1923년 9월 11일자). 이와는 별도로 같은 날 중앙기독교청년회에서 박영효, 민대
　　식, 이상재 등이 중심이 되어 日本震災義捐金募集組成會를 조직하였다.
119　「東京地方罹災同胞救濟會」, 『동아일보』 1923년 9월 10일자.

노 병영에는 3천여 명이 재일조선인이 수용되어 사회로부터 격리되어 생활하고 있었다.[120]

이처럼 사회로부터 격리되어 차별을 받고 있는 재일조선인의 차별에 대한 '해방'을 강력하게 주장한 것이다. 그리고 이들이 안전하게 귀국할 수 있도록 보장해줄 것을 요구하였다.[121] 그럼에도 불구하고 『동아일보』는 수천 명의 재일조선인이 귀국할 수밖에 없는 일본의 상황에 대해 다음과 같이 비판하고 있다.

> 왜 그들은 多年 붙들고 있던 職業을 버리고 아무것도 할 일이 없는 생각건대 돌아오더라도 宿食할 곳이 없는 朝鮮으로 蒼偟히 돌아오는가. 그들이 돌아오게 된 仔細한 理由에 關하여는 아직 말할 必要가 없거니와 決코 自意로 職業을 버리고 돌아온 것이 아님은 누구나 의심치 아니할 것이다.
>
> 만일 이미 歸國한 四五千의 朝鮮人이 日本에 머물 수 없어서 貴重이 생각하던 職業을 버리고 돌아오지 아니치 못한다 하면 其餘 十數萬의 同胞도 同一한 事情下에 있을 것은 當然한 推理라 할 것이다.
>
> 만일 이 모양으로 日本 全國에 散在한 十數萬의 朝鮮人이 接足할 자리를 잃고 朝鮮으로 돌아오게 된다 하면 이는 看過할 수 없는 重大事件일 것이다. (중략)

---

120 「습지야에 수용된 동포는 이천팔백」, 『동아일보』 1923년 9월 11일; 「수용 중의 삼천 동포를 찾아」, 『동아일보』 1923년 9월 30일; 「습지야에 수용된 동포 이백육십 서경환으로 귀국한다」, 『동아일보』 1923년 10월 9일자.

121 「東京罹災朝鮮人의 處置에 對하여」, 『동아일보』 1923년 9월 27일자. "(전략)요컨대 東京在留朝鮮人罹災者에게 一時의 應急策으로 收容의 處置에 至한 것은 그 動機의 不得已한 것에도 依하였는지 不知하거니와 旣히 事態의 眞相이 漸次 闡明하여 朝鮮人에 對한 寃含多少 無根한 浮說에 不過하였고, 또 互相의 誤解가 一掃한 以上 徒히 保護에 憑藉하여 殆히 朝鮮人 全部를 拘束할 必要가 無하며 速速히 各自의 自由에 解放하기를 切望하노라."

> 우리는 在日同胞의 還歸라는 심히 異樣한 事件에 對하여 一面
> 이미 還歸한 數千 同胞와 日夜 不安中에 있어 전혀 居就의 方向을
> 모르는 十數萬의 同胞를 爲하여 뜨거운 同情을 表하는 同時에 그
> 들로 하여금 이 至境에 이르게 한 日本政府의 偏狹 不公正한 심사
> 를 非難하지 아니할 수 없다.[122]

즉 살기 위해 도일한 재일조선인이 목숨과 같은 직장을 버리고 돌아올 수밖에 없는 상황을 제공한 것은 그 원인이 어디에 있던 일본 정부에 그 책임이 있음을 엄중하게 경고하였다.

한편 『동아일보』는 관동대지진 후 복구될 일본에 대해서도 관심을 가지고 이를 사설로 언급하였다. 그렇지만 그 내용은 복구를 위한 여러 가지 방책을 제시하고 있지만 일본 재정의 불확실성으로 우려를 표명하고 있다.[123] 뿐만 아니라 "일본 경제계의 복구는 도저히 금후 단시일로써는 불가능한 것은 물론이지만 방금 진재지역의 지불연기도 표면상 소강의 태도를 유지하나 장래 여하한 파탄을 일어날지 알 수 없다"는 비관적 사설은 결국 삭제되었다.[124] 그러면서도 『동아일보』는 「東京復興策의 前途」라는 사설을 통해 "東京의 復活은 日本 總文化의 再建設을 意味하는 것이니, 遲速과 能不能이 日本民族의 實力을 試鍊하는 것이라. 吾人은 이 意味에 있어서 東京復興의 將來를 一層刮目視하는 바이다"라고 하여, 일본의 부흥은 일본 민족에 있음을 밝히고 있다.

---

122 「日本 있던 朝鮮人의 送還」, 『동아일보』 1923년 9월 21일자.
123 「日本財政의 前途, 復舊事業은 如何」, 『동아일보』 1923년 9월 11일자.
124 『동아일보』 1923년 9월 12일자; 정진석 편, 「일본 경제의 대파탄」, 『일제시대 민족지 압수기사 모음』 II, LG상남언론재단, 1998, 52~54쪽.

『동아일보』는 관동대지진이 일본에 국한되지 않고 식민지 조선과 중국 등 동양에 미치는 영향에 대해서도 입장을 표명하였다. 삭제된 「일본 경제의 대파탄」이라는 사설에 의하면, 일본 경제의 악영향은 반드시 식민지 조선 경제계에 파급되어 공황을 피하기는 어려울 것으로 예상하고 있다. 그리고 조선에 미치는 영향은 '燐火의 逢厄'이라고 단정하였다.[125] 그 연장선에서 관동대지진이 동양 정국에 미치는 영향에 대해 "今番 震災는 日本의 國力에 重大한 致命傷을 與케 되었도다. 그 復舊가 意外로 迅速할지 否할지는 將來의 事實에 就하여만 判斷할 바어니와 世界列强에 處한 一個 亞細亞 國家가 그 國力의 滅殺로 因하여 今後의 亞細亞 問題 又는 極東問題에 對하여 昔日과 如한 有力한 言權을 持치 못할 것은 事實이다. 이것이 亞細亞 全體의 不幸이요 또한 中國의 一大 憂慮處라"[126]라고 하여, 국제사회에서 아시아와 극동 문제에 대해 제대로 대처하지 못할 것이라는 전제를 밝히고 있다.

관동대지진이 일어난 일본에서는 사회안정과 질서유지라는 명목으로 계엄령을 발포하고 사회주의자, 아나키스트를 검속하는 한편 재일조선인을 학살하였다. 그 가운데 아나키스트로 유명한 오스기 사카에 일가족을 살해하였다.

이와 관련해서 『동아일보』는 2회에 걸쳐 사설로 취급하였다. 「急激한 暗流」라는 사설에서는 오스기 일가족의 참살은 "관동대지진의 부산물 중 가장 처참한 광경이며, 가장 不祥한 사건"이라고 하였

125 　정진석 편, 「일본 경제의 대파탄」, 『일제시대 민족지 압수기사 모음』 II, LG상남 언론재단, 1998, 54쪽.
126 　「日本震災와 東洋의 政局」, 『동아일보』 1923년 9월 20일자.

다. 그리고 그 행위에 대해 "人間을 超越하여 아니 禽獸의 劣情보다
도 더 殘忍卑怯의 暴行이 아니고 무엇이랴. 이로 보면 日本 社會의
裏面에 兩極端의 暗流가 如何히 奔放하는 것을 可知할 것이다"[127]라
고 하여, 금수보다 못한 비열한 폭력이며, 이를 용인한 일본 사회
의 양극단의 모습을 비판하고 있다. 나아가 오스기를 살해한 아마카
스 아사히코(甘粕正彦)의 재판[128]을 지켜보고 "日本軍人의 頑固固陋하
게 根着한 所謂 愛國思想과 時代를 支配하는 相愛의 思想과 얼마나
서로 背馳되는 것을 推測"할 수 있는 시대착오의 일본 사회를 비난
하였다.

　앞서 언급한 바 있듯이 관동대지진이 발생하자 일본 정부는 재일
조선인이 우물에 독을 넣었다, 폭동을 일으킨다는 등의 유언비어를
날조하였다. 이로 인해 각지에서는 자경단이 조직되고, 군과 경찰까
지 동원되어 재일조선인을 무차별하게 학살하였다. 당시에는 언론
통제로 알려지지 않았지만 오스기 살해와 아마카스사건이 사회적으
로 이슈화되자 재일조선인 학살도 언론에서 조심스럽게 기사로 다
루었다. 『동아일보』도 10월에서야 이를 게재하는 한편 사설로 게재
하였다. 관동대지진 직후 사이토 총독은 재일조선인의 동향을 파악
하기 위해 도일하여 10월 3일에야 조선으로 귀임하였다. 이를 계기
로 『동아일보』는 사이토 총독에게 재일조선인이 당한 학살과 피해
에 대한 진상 발표를 촉구하였다.[129]

---

[127]　「急激한 暗流」, 『동아일보』 1923년 9월 29일자.
[128]　『동아일보』는 오사기 사카에를 살해한 아마카스의 재판을 '아마카스사건(甘粕事件)'이라는 기사 제목으로 재판과정을 게재하였다.
[129]　「齊藤總督에게」, 『동아일보』 1923년 10월 6일자.

3. 관동대지진과 『조선일보』 사설

『조선일보』도 관동대지진이 일어나자 『매일신보』, 『동아일보』 와 마찬가지로 호외를 발행하고 대서특필하였다. 우선 9월 3일자에 「日本 有史 以來 初有의 大地震」이라는 기사로 관동대지진의 참상을 보도하였다. 이후 9월 한 달 내내 관동대지진 관련 기사를 지속적으로 게재하였다. 그리고 중요한 사안에 대해서는 사설로 다루었다. 관동대지진과 관련된 『조선일보』의 사설은 〈표 3-10〉과 같다.

〈표 3-10〉 『조선일보』의 관동대지진 관련 사설

회수	제목	발행일자	비고
1	朝鮮은 水害 日本은 火災	1923.9.6	
2	東京 橫濱의 全滅 狀態와 今後 經濟界의 觀測	1923.9.8	
3	今回 東京震災에 對한 當局의 言論取締	1923.9.9	
4	歸哉歸哉어다. 同胞同胞여 生乎아 死乎아?	1923.9.10	
5	罹災한 在外同胞를 救濟하라. 在內同胞의 同情을 促함	1923.9.11	
6	震災 後의 日本, 現內閣의 覺醒期	1923.9.14	
7	流言蜚語의 根本的 觀察	1923.9.15	
8	震災 先後策에 對한 觀測	1923.9.16	
9	目下 朝鮮人의 生活狀態를 考慮하라	1923.9.23	
10	日本人들아 自重하라	1923.9.24	
11	日本의 震災 後 朝鮮經濟界	1923.9.26	
12	震災 後 日中露의 關係	1923.9.30	
13	僑日同胞에게, 辛酸淚오며 그 死한 者를 弔하고 生한 者를 慰함	1923.10.4	압수
14	日本 震災 當時의 死亡한 同胞를 追悼함	1923.10.28	

〈표 3-10〉에 의하면 『조선일보』 사설은 『매일신보』 및 『동아일보』보다 적은 14회 게재되었다. 게재 기간은 9월 6일부터 10월 28일까지로 이는 다른 두 신문보다 길다고 할 있다. 그렇지만 게재된

사설은 오히려 훨씬 적었다. 첫 사설도 두 신문보다 2일 내지 3일 늦은 9월 6일자에 게재하였다. 이 역시 『조선일보』가 관동대지진을 보도한 것보다 2, 3일 늦은 것이다. 이는 다른 두 신문보다 관심도가 그만큼 떨어졌다고 할 수 있다. 사설의 주요 내용을 살펴보면 〈표 3-11〉과 같다.

〈표 3-11〉 『조선일보』의 관동대지진 사설 내용별 분류

주요 내용	회수
구호/구제(의연)	3
탄압	2
일본	2
도쿄(일본) 부흥	0
피해	2
영향(국내외)	3
학살	2
계	14

〈표 3-11〉에 의하면, 『조선일보』 사설은 관동대지진으로 인한 구호 및 구제에 관한 내용과 국내외 영향이 각 3회로 가장 많이 관심을 가지고 게재하였고, 이어 식민지 조선에 대한 탄압, 관동대지진 피해 상황, 일본의 내정, 그리고 재일조선인 학살과 관련하여 각 2회씩 사설을 게재하였다. 이들 사설에 대해 좀 더 구체적으로 살펴보자.

『조선일보』의 첫 사설은 「朝鮮은 水害 日本은 火災」로 관동대지진의 피해 상황이었다. 이는 다른 신문사와 마찬가지였지만, 특히 한 것은 식민지 조선은 관서지역의 수해와 같이 다루었다는 것이다. 일본 관동대지진이 발생하기 전 식민지 조선에서는 관서지역에 대규

모의 수해가 발생하였다.[130] 수해 상황은 신문사마다 관심을 가지고 보도하였다. 식민지 조선의 수해로 적지 않은 시련을 겪고 있는 상황에서 관동대지진이 발생하자 『조선일보』는 이 두 재해를 비교하면서 사설로 취급하였다.

> 大平天平이 一言으로써 呼顧하노니, 朝鮮人도 頂天立地한 人類이며 日本人도 頂天立地한 人類인데, 그 무엇이 天意를 違反함이 有하여서 今年 以來로 首尾 四五十日 左右에 朝鮮에는 洪水를 降하여 無辜한 數千 生命이 淹沒케 하고, 日本에는 大火를 下하여 無辜한 數萬 人民을 燒殺하는가. 만일 皇天이 東洋人을 眷顧하여 平和한 幸福을 享하게 하고자 할진데, 水火의 功用을 調節하여 此로써 彼를 求하였으면 淹死한 者도 燒殺된 者도 無히 彼此 兩方이 다 같이 歡喜泰平할 터이거늘, 마치 心術이 不端한 者가 機變의 智巧를 使用하여 憎惡하는 人을 故意로 窮迫한 境界에 驅入함과 같이 火力을, 可히 滅熄할 功效가 有한 洪水를 無意味하게 行使하여 利用厚生할 만한 水火로써 殺人하는 諸具를 作하니, 神妙不測한 者는 天의 造化지만 眞實로 咄咄 怪事가 아니라 言키 難하도다.[131]

즉 『조선일보』는 조선과 일본 두 민족이 다 같이 태평할 시기에, 각각 홍수와 화재로 수만은 인명이 살상당한 것은 天災라기보다는 '怪事'로 인식하고 있다. 이는 양시론적 인식으로 조선과 일본이 다 불행한 것이라고 보았다.[132] 나아가 "現今 東亞의 局勢는 가장 危險하고 가장 多事한 秋이라. 中華 全體가 鼎沸하는 狀態에 在하고 獰

---

130 관동대지진에 앞서 식민지 조선에서는 관서지역 즉 평안남북도에 수해가 발생하였다. 이로 인해 당시 관서지역 수해의연금 모금운동이 전국적으로 전개되었다.

131 「朝鮮은 水害 日本은 火災」, 『조선일보』 1923년 9월 6일자.

132 이러한 인식은 다음에서도 보이고 있다. "日本人과 朝鮮人의 何者를 不問하고 平日에 무슨 罔赦할 罪案이 有하여 特別한 懲罰을 施함"

猛한 西勢는 怒濤狂瀾과 如히 掩襲하는데 此時에 際"에 관동대지진으로 인해 동양의 정세는 매우 비관적이라고 판단하고 있다.

이와 같은 인식에 따라 관동대지진으로 인한 피해는 적어도 '백억 원' 이상이라고 진단하고 그 영향이 식민지 조선에도 미칠 것이라고 보았다. 즉 "朝鮮의 資金을 日本에 仰함은 姑捨하고 도리어 日本에서 吸收할 形勢라 하니, 만일 此가 事實化할지면 朝鮮의 物價는 벌써 變動이 有한데 朝鮮의 資金이 日本으로 流入하였다가 다시 回來하려면 그 幾日이 少하여도 幾個月을 要할지니, 그런즉 生活困難한 一層 痛感한 者는 貧乏한 우리 朝鮮人이 先頭에 居할 것은 無疑하도다"[133]라고 하였다.

『조선일보』는 관동대지진을 보도하는 과정에서 9월 5일자와 9월 8일자 신문이 "當局의 忌諱를 觸"하여 '발매금지'와 '발행금지'를 당한 바 있었다.[134] 구체적인 기휘의 내용은 알 수 없지만 압수당한 기사는 다음과 같다.

> 3개 처에 불온사건 발생
> 일본 관동지방 재난 후 八王寺 橫濱 東京에 불온사건이 발생하여 형세 심히 위험하여 육군대신은 드디어 제13, 14사단에 긴급명령을 내리고 현재 출동 중인데, 금후의 형세는 어떠할 것인지 일본 전국의 인심이 흉흉하다고 한다.[135]

> 중도에 귀환한 유학생
> 하기방학을 이용하여 고향에 돌아왔던 함경남도 북청군 청해

---

[133] 「東京橫濱의 全滅狀態와 今後 經濟界의 觀測」, 『조선일보』 1923년 9월 8일자.

[134] 「社告」, 『조선일보』 1923년 9월 6일자 및 9월 9일자.

[135] 정진석 편, 『일제시대 민족지 압수기사 모음』 I, LG상남언론재단, 1998, 157쪽

면 토성에 사는 이주천(28) 군은 중앙선으로 동경을 향하여 들어가다가 川口驛에서 다시 타고 사오며 차중에서 들은 소문을 들은즉 역시 조선 동포의 소식은 묘연하여 생사를 알 수 없다 하며 (중략)

"내가 부산에 도착하기는 8월 30일이었습니다. 그래서 그날 밤으로 연락선을 타고k 하였더니 만원이 되어 타지 못하고 그 이튿날에야 겨우 타고 下關에 상륙하였습니다. 거기서 기차를 탄 조선 학생이 20명 가량 되었는데, 名古屋에 도달한즉 신문 호외가 굉장하며 동경이 전멸되었다고 하고 겸하여 東海線은 타지 못한다고 합디다. 그러나 동경이 전멸이라 함은 꿈같은 일인 고로 그대로 중앙선을 타고 들어가다가 동경을 앞으로 60리를 격한 川口까지 감에 몸에 피투성이를 사람이 많이 타며 동경 이야기를 하는데 소름이 끼치고 화광은 그때까지 충천에 비추어 있습디다. 그러므로 일행 20명은 임시회를 열고 사고무친 척한 동포의 소식을 듣고자 모험을 하고 들어가고자 하였습니다. 그러나 그때는 벌써 계엄령이 내리고 동경에 들어오는 사람은 절대 거절한다 함으로 눈물만 남기고 돌아오게 되었습니다. 그런데 피난민이 떠드는 소리를 들으면 조선 동포는 어떤 곳에 다 가도 의식은 준다는 말도 있고, 그곳 신문 호외에는 品川에서 조선 동포 3백 명을 ○○(학살: 필자) 하였다는 기사를 보았는데, 대개 우리 동포의 소식은 어찌 되었는지 모른다"고 하더라.[136]

압수당한 기사에 의하면 기휘에 저촉되는 것은 '도쿄의 불온한 사

---

[136] 정진석 편, 『일제시대 민족지 압수기사 모음』 I, LG상남언론재단, 1998, 158쪽. 압수 기사는 『동아일보』도 있었다. 1923년 9월 9일자 압수 기사는 다음과 같다. "불바다에서 탈출하여 무사 귀국까지/강원도 회양의 김근식은 귀경해서 말하였다. "日比谷公園에서 나왔으나 조선인들에 대한 일본인들의 감정이 나빠 생각처럼 피난할 수가 없었다. 가까스로 숨어서 上野公園에 3일 밤 도착하여 日暮里에서 중앙선을 타고 돌아왔는데, 기차를 타고 오는 도중에서도 기차가 교차할 때마다 일본인들은 동경을 향하는 열차에 대고 '동경에 가면 조선인을 ○○하라'는 고함소리를 질러 소름이 끼쳤다."고 말하였다."

건'과 '재일조선인 학살'이라고 할 수 있다. 이처럼 식민지 조선에 불리한 기사는 압수 내지 삭제 등 철저하게 통제하였다. 이에 대해 『조선일보』는 사설 「今回 東京震災에 對한 當局의 言論取締」를 통해 비판하였다.

_(전략) 東京 橫濱으로부터 消息이 比較的 靈通하고 道里가 比較的 密接한 日本 各地의 電報를 의하여 全滅을 報來하면 全滅로 紹介하고 何人의 或死或生과 何地의 或燒或沒을 모두 그대로 轉載할 뿐인데, 그것을 禁止하여 押收까지 斷行하며, 또는 福岡 大阪 等地로 從來하는 報紙에 滿載하고 廣布하여 何人도 皆知하는 後 略한 傳說과 찌꺼기 記事까지도 絶對로 禁止하여 一般으로 하여 금 災難의 眞狀을 聞知하려 함에도 可得치 못하는 結果로 저마다 惶惑하고 저마다 恐懼하여 不測한 禍○가 目前에 襲來함이 無異 하게 할 뿐 아니라 前古에 未聞한 新例를 出하여 幾個 報館을 陰 謀團이나 赤主義者로 認定함과 같이 警吏를 輪流派送하여 ○坐 監視하니 此가 果然 此局을 鎭撫하는 正常辦法이라 할까. 當局에 서 風說을 憎惡하여 靜穩히 整理하려면 如何한 事實이 有하였는 지 眞狀을 眞狀대로 發布하여 不實한 言이 스스로 沈熄하게 할지 거늘 湧出하는 泉流를 一塊 土壤으로 防止하려 함과 同一한 手段 을 取하니 絶對로 遠大한 眼力이라 推許치 못할 바이라. 요컨대 깊이 考慮하여 失策이 無하게 할지어다. 우리 朝鮮人의 資格이 아 무리 庸劣할지라도 人의 災害有無를 從하여 感情作用을 左右하는 淺見者는 아니로다.[137]

『조선일보』는 기사 압수와 삭제 등 언론 통제에 대해 도쿄와 요 코하마 등지에서 오는 전보를 근거로 하여 비교적 정확한 기사를

---

[137] 「今回 東京震災에 對한 當局의 言論取締」, 『조선일보』 1923년 9월 9일자.

보도하였음을 주장하면서 조선총독부 당국이 사실 그대로 진상을 밝히면 찌꺼기와 같은 부실한 기사는 자연스럽게 소멸된다고 하였다.

뿐만 아니라 『조선일보』는 관동대지진과 관련된 유언비어를 단속하는 데 대해서도 비난하였다. 총독부는 재일조선인 학살과 관련된 보도를 통제하는 한편 귀국한 유학생 등 재일조선인을 감시하였지만 '재일조선인에 대한 일본사람의 난폭한 행동' 즉 재일조선인 학살에 관한 이야기들이 회자되었다. 이에 총독부는 이를 유언비어라고 하여 단속을 강화하였다.

이에 대해 『조선일보』는 「유언비어의 근본적 관찰」이라는 사설을 게재하였다. 이 사설은 유언비어가 발생하게 된 근본적인 원인을 먼저 고찰할 것을 제안하는 한편 "日本人 諸君이여, 流言을 因하여 君輩의 如何如何한 行動을 한 번 반성하고 朝鮮人의 境遇를 易하여 思할 지어다. 此가 곧 平和를 促成하는 前提의 一個 重要한 事"라고 하여, 역지사지하여 일본인의 반성을 촉구하였다.

뿐만 아니라 「일본인들아 자중하라」는 사설에서는 "朝鮮人이 日本人을 排斥하려면 方法과 機會가 그렇게 無하여 何必 震災를 利用하여 諸君을 襲擊할 理가 有하겠는가. 道義를 知하는 朝鮮人으로서는 人의 不幸이 幸히 함은 決無하리라"[138]라고 하여, 도리를 아는 조선인은 일본인 즉 남의 불행을 이용하여 배척하지 않는다는 강한 메시지를 전달하고 있다. 그러면서 자신의 불행을 조선인에게 전가하려는 일본인을 심리를 비판하고 있다.

『조선일보』는 관동대지진으로 수십만의 사상자가 발생하자 재일

---

[138] 「일본인들아 자중하라」, 『조선일보』 1923년 9월 24일자

조선인의 생사를 염려하였다. 그럼에도『조선일보』는 관동대지진이 발생한 지 10여 일이 지난 후에야 사설로 관심을 표명하였다.「歸哉 歸哉어다. 同胞同胞여 生呼아 死呼아?」[139]라는 사설은 이를 잘 보여 주고 있다. 일본 당국이 재일조선인을 보호한다는 명목으로 병영이나 경찰서 등에 수용하고 있지만 보다 안전한 조선으로 돌아올 것을 호소하기도 하였다.

그 연장선에서『조선일보』는 재일조선인의 구제에 대해 관심을 표명하였지만 이 역시『동아일보』나『매일신보』보다 늦게 사설도 다루었다. 이와 같은 관심은 일반 기사에서도 마찬가지였다.『동아일보』가 관동대지진 기사를 9월 3일 보도하면서 재일조선인의 생사도 염려하였다.[140] 이에 비해『조선일보』는 제3자적 입장에서 재일조선인을 생사를 보도하였다.[141] 그렇다 보니 구제회가 조직되고 의연금이 모금되는 시점에 이르러서야 사설로 취급한 것이다.

「罹災한 在外同胞를 救濟하라」라는 사설은 "同一한 罹災에 處하였다 하더라도 日本人의 境遇는 朝鮮人의 그것과 不同하여 오히려 그네의 父母에게나 親戚에게나 知舊에게나 救濟를 받을 機會가 없지 아니하였으니"[142]라고 하여, 일본에서 차별받고 구제를 제대로 받을 수 없는 재일조선인을 위해 '在內同胞'들의 동정을 촉구하였다. 그러면서도「目下 朝鮮人의 生活狀態를 考慮하라」는 사설에서는 경제적으로 궁핍한 상황에서 관서지역의 수해로 의연금을 모금하는데

---

139 『조선일보』1923년 9월 10일자.
140 「우려되는 조선인의 소식」,『동아일보』1923년 9월 3일자.
141 「우리 친족은 안부여하, 소식을 몰라서 우려하는 동포」,『조선일보』1923년 9월 4일자.
142 「罹災한 在外同胞를 救濟하라」,『조선일보』1923년 9월 11일자.

관동대지진 의연금 모금은 강제성보다는 자발성을 가지고 참여할 할 수 있도록 해야 한다고 조심스럽게 입장을 밝히고 있다.[143]

관동대지진이 어느 정도 진정되고 있는 10월 『조선일보』는 관동대지진으로 목숨을 잃은 동포를 위한 추모 사설을 게재하였다. 「僑日同胞에게」라는 사설은 "이미 敗倒하여 죽음을 避치 못한 同胞의 孤魂을 悲憤의 淚로써 弔하는 同時에 日本에 在留하는 우리 同胞들이 보다 더 酷毒한 困厄과 苦楚를 想像하고 淚가 盡하고 聲이 嗷함을 禁치 못한다"라고 하면서 "死한 同胞를 弔하고 生한 同胞를 慰"하고 있다. 또한 「日本 震災 當時 死亡한 同胞를 追悼함」이라는 사설을 통해 추모사를 게재하였다.

> (전략) 嗚呼라. 人의 生이 寄함과 如하고 死함은 歸함과 如하나니, 그 生에 有하면 그 死가 有할 것은 必然한 公理이라. 學賢도 死하며 帝覇도 死하며 英雄도 死하며 君子도 死하며 才子佳人도 死하며 富翁乞客도 死하나니, 만일 哲學의 見地와 達觀의 眼目으로 見할진데, 반드시 免치 못할 生死問題에 對하여 此를 喜하고 彼를 哀함이 到底히 根據가 薄弱하여 汚濁한 人間性의 本色을 表現함에 不過하다 言하여도 所謂 情理上에는 如何하다 云하리 不知호되 自然한 理論에 對照하면 그렇게 必要할 일이 아니므로 우리는 有用한 時間에 無用한 悲哀를 作하고자 하노라. (중략) 兄弟들의 父母는 朝朝暮暮에 門閭에 依하여 兄弟들의 歸來하기를 企待하며, 兄弟들의 妻子는 日日時時로 兄弟들의 恩愛를 思念함에 切至하여 寤寐食息間에도 兄弟들의 ○容이 寂寞함에 恨歎하는 그 苦情을 不知하는가. 嗚呼痛矣嗚呼痛矣⋯?[144]

143 「目下 朝鮮人의 生活狀態를 考慮하라」, 『조선일보』 1923년 9월 23일자.
144 「日本 震災 當時 死亡한 同胞를 追悼함」, 『조선일보』 1923년 10월 28일자.

제4부
관동대지진과
식민지배
정책

제1장 관동대지진과 재일조선인의 귀향

1. 관동대지진과 재일조선인 동향

1923년 9월 1일 오전 11시 58분에 발생한 관동대지진이 식민지 조선에 전해진 것은 당일 저녁이었지만[1] 언론의 첫 보도는 다음날인 9월 2일이었다. 『매일신보』와 『동아일보』는 '濃尾地方 地震'[2]와 '東京以西 電信不能'[3]이란 기사를 통해 일본에 지진이 일어났다는 것을 간단한 단신으로 처리하였다. 그런데 이 기사는 관동대지진이 일어난 도쿄와 요코하마 등 간토 일대가 아니라 '노우비 지방(濃尾地方)'으로 아치이현(愛知縣)과 고후현(岐阜縣) 일대에서 지진이 났다고 보도하였다.

이 첫 보도는 나고야(名古屋) 일대에 지진이 난 것으로 보았다. 이는 언론사뿐만 아니라 사이토 총독에게도 같은 지역에서 지진이 발생하였다고 처음 보고된 내용과 같았다. 일본에서 정확한 정보가 전달되지 못하였기 때문이다. 이러한 오보는 관동대지진으로 인한 통신

---

[1] 관동대지진이 식민지 조선에 처음으로 전해진 것은 사이토(齋藤實) 총독이었다. 사이토 총독은 당일 오후 6시에 첫 지진 소식을 들었다. 이때 전해진 지진지역은 농미지방(濃尾地方)이었으며, 밤 10시 반경 통신사로부터 요코하마(橫濱) 일대에서 화재가 발생, 지진이 일어났다는 것을 파악하였다.

[2] 「농미지방 지진」, 『매일신보』 1923년 9월 2일자. 『매일신보』는 2단 기사로 처리하였으며, 내용은 다음과 같다. "작 일일 아침 구시경부터 애지현(愛知縣)과 기부현(岐阜縣)지방에 큰 지진이 되어 기차와 전선이 전부 불통하며 지진은 아직도 계속되는 고로피해 정도도 자세치 못한 바 이로 인하여 동경 소식은 전혀 불명하며 그 지방은 지금부터 삼십사년 전에 유명한 농미대지진(濃尾大地震)이 있던 곳이라더라."

[3] 「동경이서 전신불능」, 『동아일보』 1923년 9월 2일자. 『동아일보』은 1단으로 처리하였으며, 기사 내용은 다음과 같다. "농미지방(濃尾地方)에 큰 지진이 일어나 동경 이서의 전신전환은 전부 불통되었더라."

시설이 파괴되었기 때문이다.

그렇지만 다음날인 9월 3일에는 『동아일보』, 『조선일보』, 『매일신보』에서 특종과 같이 대대적인 보도를 취하였다. 3개 신문은 특히 3면은 전적으로 관동대지진에 대해 피해 상황을 다루면서 "동해도 각지 대지진"(『동아일보』), "일본 유사 이래 초유의 대지진"(『조선일보』), "海嘯, 지진, 화재가 일시에 襲來 개벽 이래 초유의 恠事, 참극"(『매일신보』) 등의 표제로 당시의 상황을 전달하였다.

이외에도 '초토화된 동경 전시가'(『매일신보』), '동경 전시에 계엄령'(『조선일보』), '동경 시가 거의 전멸'(『동아일보』) 등 도쿄의 피해상황을 비교적 크게 보도하였다. 뿐만 아니라 '각처에 사망자와 전소가옥이 부지기수'(『동아일보』), '死者 千名'(『매일신보』)라 하여 사망자가 적지 않았다는 것도 보도하였다.[4] 그렇지만 9월 3일자 각 신문에는 재일조선인에 대한 생사 여부에 대한 보도는 『동아일보』가 유일하였다. 그 내용은 다음과 같다.

> 염려되는 조선인의 소식
> 동경 부근에 흩어져 있던 수천의 학생과 노동자
> 그네의 생사존몰은 과연 어찌 되었는가. 아아!
> 일본의 큰 지진! 동경의 큰 불! 그 같은 참상을 겪게 된 조선 사람의 동경유학생의 안위는 과연 어떠한가. 다행이 방학 중이므로 유학생의 대부분은 아직 고향에 돌아와 그저 두류 중이라 불행 중의 다행이라 하겠으나 방학이 되어도 사정에 끌려서 동경에 남아

---

[4] 각 신문사별 기사수를 보면 『조선일보』는 30건, 『동아일보』는 34건(사진 1컷), 『매일신보』는 33건(사진 5컷)으로 『조선일보』는 2/3, 『동아일보』와 『매일신보』는 일반기사 2, 3건을 제외하면 관동대지진 관련 기사이다. 비중 면에서는 『매일신보』>『동아일보』>『조선일보』 순이다.

있던 학생들과 노동에 골몰하여 고향에는 돌아올 뜻도 못 두른 고학생들의 수가 가히 일천여 명에 이른다 하니, 그들의 생사는 아직까지 조사할 길이 그치어 있는 것이다. 고학생이 제일 많이 있는 심천구(深川區)와 천초구(淺草區)가 전멸이라 하니, 구사일생을 얻게 된 동포가 몇 사람이나 되겠는가. 애호하는 자질을 가세가 빈한한 탓으로 외지에 고학을 보내고 방학이 되나 만나보지 못하여 가뜩이나 애를 끓는 부모의 애는 마디마디 끊지일 것이다. 그 외에도 동경 부근에 조선 사람으로서 노동에 종사하는 사람이 매우 많아서 그 인명 수가 실로 학생 이상의 다수인 바, 그네들은 하기방학도 없이 그곳에 머물러 있었을 터인즉 그네의 생사존몰은 실로 멀리 앉아 듣는 우리들의 애통 끓는 문제라 하겠다.[5]

〈그림 4-1〉『동아일보』 1923년 9월 3일자 기사

5   「염려되는 조선인의 소식」,『동아일보』 1923년 9월 3일자.

이 기사에 의하면 관동대지진이 발생한 도쿄 일대에 유학생과 노동자가 적지 않으며, 이들의 '생사존몰'을 알 수 없는 상황에 애타는 부모의 마음, 나아가 민족의 마음을 잘 담고 있다. 『동아일보』는 발빠르게 재일조선인에 대해 관심을 갖고 생사 여부를 염려하였다.

이에 비해 『조선일보』는 다음날인 9월 4일자에 재일조선인에 대한 기사를 처음으로 게재하였다. 그 내용은 다음과 같다.

> 우리 친족은 안부 여하
> 소식을 몰라서 우려하는 동포 귀한 자체를 유학 보낸 부모들과 가족이 건너가서 노동하는 친척
> 일본 동경과 횡빈지방에 큰 지진과 화재가 일어나서 별안간 혼돈세계가 되어 몇 십만 명의 생명이 불 속에 장사지내는 참상이 생기었다는 전보가 너무나 쉴 사이 없이 도착하며 각 보관에서 호외 배답하는 요령 소리가 경성 천지를 진동함에, 귀한 자제를 유학시키는 부모들과 가족이 가서 노동하고 있는 친척들은 자기의 자제와 친척들이 혹시 어찌 되었는지 소식을 몰라서 심히 궁금히 여기며 타는 마음을 어찌 할 줄을 모르고 어찌하면 소문이라도 들을까 하여 각 보관을 방문하고 소식들을 방편을 묻기도 하며, 탐지하여 달라는 의뢰를 하는 정경은 과연 민망하기가 이를 데 없다더라.[6]

『조선일보』 역시 재일조선인에 대한 염려를 기사화하였지만 "정경은 과연 민망하기 이를 데 없다"라고 하여, 제삼자적 입장을 취하고 있다.

이와 같은 염려는 현실로 나타났는데, 관동대지진이 발생한 간토

6   「우리 친족은 안부 여하」, 『조선일보』 1923년 9월 4일자.

(關東) 일대는 이미 재일조선인 학살이 시작되었다. 당시 『동아일보』와 『조선일보』의 재일조선인에 대한 염려는 지진으로 인한 피해였지만 일본에서 일어날 여러 가지 상황도 예견하지 않을 수 없었다. 그런 점에서 두 신문은 민족적 차원에서 재일조선인을 기사화하였다고 할 수 있다. 이에 따라 두 신문은 재일조선인에 대한 기사를 꾸준히 게재하였다.

한편 『매일신보』는 『동아일보』보다 3일 늦은 9월 5일자에 재일조선인에 대한 염려를 처음으로 기사화하였다. 전문을 소개하면 다음과 같다.

> 이번 동경을 중심으로 하고 일어난 지진의 참혹한 재앙은 듣는 자로 하여금 간담을 며늘케 한다. 지난 2일 하루에 동경에서만 불에 타버린 건물의 수효가 궁성으로 비롯하여 각 관공서 은행 회사 등을 합하여 20만 효가 넘는다 하고, 죽은 자가 수만 명에 달하다 하니, 이것만 들어도 그 참혹한 애도가 얼마나 심한 것을 족히 추측될 것이다. 그리하고 아직도 지진이 그치지 아니하고 처처에서 계속된다 하며, 동경과 횡빈과 횡수하 동 유수한 도회지는 모두 전면이 되어 부르짖고 떠드는 소리가 사방에서 일어나서 완연히 현세의 지옥을 나타내었다 하니, 통신기관이 완전치 못하여 자세한 정보는 알 수 없으나 이 뒤로 또 어떠한 재앙이 거듭될는지 예측키 어렵다. 그런 중에 자기의 자녀나 족속을 두고 멀리 조선에 앉아서 근심하는 사람의 마음이야 어찌 일선인의 구별이 있으리오마는 그중에도 특히 조선 사람들은 그곳의 형편에 어두운 고로 가슴이 아프고 속을 태우는 정도로 그만치 더 간절한 모양이다. 여름방학에 오래간만에 고국에 돌아왔다가 다시 개학기가 임박하여 건너간 지 불과 몇일에 이러한 기별을 듣는 부모와 가족의 마음은 더욱이 간절할 것이다. 2일 아침에 신문의 호외를 보고 놀란 그들은 직접으로 혹은 전화로 동경의 소식을 탐문하며 가까운

지방에서는 반신료를 첨부한 편지가 연속해 온다. 아직도 재해로 인하여 통신이 민활치 못함으로 자세한 형편은 알가 수 없은즉 소식을 듣는대로 지면에 보도하고 편지로도 회답을 하려니와 각 방면에서 도달하는 소식을 종합해 보아도 아직까지는 조선 사람에게 대한 말은 없은즉 이것이 오히려 안전하다는 것을 의미하는 다행한 일인지도 알 수가 없다.[7]

이 기사에 의하면 "아직까지는 조선 사람에게 대한 말은 없은 즉 이것이 오히려 안전하다는 것을 의미하는 다행한 일"이라고 하여 논평자처럼 다루고 있다. 즉 관동대지진으로 인한 피해는 조선인과 일본인의 구별이 없는데, 재일조선인이 피해를 입었다는 소식이 없다는 것은 오히려 안전하다고 하여, 자식이나 가족의 안위를 염려하는 조선인의 모습을 부정적으로 표현하고 있다.

재일조선인 관련 기사는 이후 『동아일보』, 『조선일보』, 『매일신보』에 꾸준히 게재었는데, 정리하면 다음 〈표 4-1〉과 같다.

〈표 4-1〉 『동아일보』·『조선일보』·『매일신보』에 게재된 재일조선인 관련 기사

날짜	신문	기사 제목	주요 내용	비고
9.3	동아	염려되는 조선인의 소식		
9.4	조선	우리 친족은 安否何如	소식을 몰라서 우려하는 동포, 귀한 자제를 유학 보낸 부모들과 가족이 건너가서 노동하는 친척	
9.5	동아	횡설수설	조선인의 폭동설에 대한 의문, 조선인의 민족성으로 보아 그럴 이유가 없다. 일본은 재난 때마다 조선인 행동에 대한 특별 경계와 감시해	

---

7   「동경진재 중에 있는 자녀 족속의 안부를 생각하는 사람들」, 『매일신보』 1923년 9월 5일자.

날짜	신문	기사 제목	주요 내용	비고
9.5	동아	일본유학생대회	6일, 대회 예정, 개벽사에 연락소 설치, 조사위원 3명 파견키로	
9.5	조선	在京일본유학생대회	동포의 소식을 조사하기 위해 특파원 파견	
9.6	동아	유학생대회는 금일	천도교당서 개최 예정이었으나 당국의 간섭으로 취소, 시천교당에서 관계자 이외에 참석 불허	
9.6	조선	재경유학생회	금일 8시 중앙청년회관에서 개최	
9.7	동아	구사일생으로 동경을 탈출한 두 학생	도보와 무료승차로 구사일생하여 경성역에 도착한 유학생 한승인, 이주성 소식/시외의 동포는 무사	
9.7	조선	萬死의 力으로 동경에서 고국에	귀환한 두 학생 이주성과 한승인의 실지모험담, 동경의 참상을 눈으로 본대로 말하다가 동포의 소식을 물은 즉 말을 못하고 한숨/여러 가지 말할 거리가 있는 듯하나 그에 대하여 용서해주기 바란다고	사진 포함
9.7	동아	조선인에 대한 감정이 疏隔된 此時 동경행은 위험	참화를 타서 폭행, 유언비어로 다시 확대된 듯/재난민 일반의 신경은 극도로 흥분된 때에 일부 소수의 조선 사람이 이 같은 참해를 타서 폭행을 한 일이 있었음으로 일반 민중의 반감을 사서 조선 사람과 일본 인민과의 생긴 예가 하나 둘이 아니다	丸山 경무국장 談
9.7	동아	일반은 극히 평온, 조선인의 폭행은 일부분	소수의 배일조선인들이 폭행을 한듯함, 일반 조선인은 평온함	내무성→ 총독부 경무국
9.7	매일	조선인을 극력 보호	총독부와 조선은행에서 구호	특별한 내용 없음
9.7	매일	일반 조선인들은 극히 선량하였다.	불량 조선인들이 무슨 폭행을 하는 듯 풍설이 있으나 일반의 조선인들은 극히 선량, 보호대책 강구, 약간의 불량 조선인의 행동에 대하여 민중과 감정이 충돌이 있어 쟁론이 있었으나 극히 경미	내무성 경보국장→ 총독부 경무국장
9.8	동아	재류동포 만 오천인 習志野병영에 수용하고 경관으로 경계	내각회의에서 동경에서 재난을 당한 유학생과 노동자를 습지야 兵舍에 수용	

날짜	신문	기사 제목	주요 내용	비고
9.8		조선인 박해와 내각 고시의 발표	이번 진재를 틈타서 일시 불온사상을 가진 조선 사람의 폭동이 있어서 조선인에 대하여 매우 불쾌한 감정을 갖게 되는 일이 있다고 들었다. 이러한 일이 있으면 군대와 경관에게 알게 하여 조처케 함이 당연하거늘…	山本 수상 고시
9.8	조선	중도에 귀환한 유학생	일본으로 건너갔다가 돌아온 유학생 담/피난민의 떠드는 소리를 들으면 조선동포는 어떤 곳에다 가두어 음식은 준다는 말도 있고, 그곳 신문 호외에는 품천(品川)에서 조선동포 삼백 명을 ○○하였다는 기사를 보았는데 대개 우리 동포의 소식은 어찌 되었는지를 모른다고	
9.8	조선	재경유학생이 궐기	이재동포의 소식을 탐지코자 이재동포의 조사기관으로 역할을 다하고자 함	
9.8	매일	조선 동포를 애호하라	불령선인의 폭행 有하여 선인에 대하여 頗히 불쾌한 感을 懷하는 자가 有하다 聞하였도다. (중략) 이를 취체 경고, 이는 내선융화 근본주의에 배척할 뿐, 일본은 절제와 평화의 이상에 발휘하고자 함	山本 수상 談
9.8	매일	소수 동포의 폭행은 조선인의 명예를 侮辱하는 일	在京의 조선인 중에 불온한 행동을 감행한 자가 有하였다는 一事가 有하여 余는 실로 의외로 憂하였도다. (중략) 동경에 在하여 次第에 생활을 營할 조선인이 何理由로 불온의 행동을 감행할 이유가 有하리오. 人이 된 이상에 결코 可行할 일이 아니라 余는 思하게 (중략) 我 조선 동포 전체가 세계의 전 인류에게 소외케 됨을 우려하는 바이라. (하략)	丸山 경무국장 談
9.8	매일	조선인 만 오천 명 習志野兵舍에 수용 중	일반 조선인 15,000명 죽음의 큰일에서 벗어나 습지야 병사에 수용되어 구호 중	

날짜	신문	기사 제목	주요 내용	비고
9.9	동아	살아오는 조선인을 위하여 총독부원 부산에 출장한다	귀향하는 조선인을 위해 부산에 임시사무소 설치	
9.10	동아	鎌倉 藤澤 부근의 재류동포 역시 일처에 집중하고 군대로 경호	겸창, 등택, 대기, 모기 부근의 조선인 경찰에서 한 곳에 모아 보호, 갑부연대가 경계	
9.10	동아	재류동포에 대한 계엄사령관의 발표	진재 당초에 삼삼오오의 재일조선인이 폭동을 일으킨 것은 사실, 횡빈 부근의 일부 조선인이 강도와 강간, 방화를 계획, 지금은 배일조선인의 폭동이 진정됨	福田 계엄군사령관
9.10	동아	27명은 무사 귀국하였다	品川에서 유학생 80여 명이 동행했으나 27명이 부산항에 도착	
9.10	조선	계엄사령의 경고	조선인에게 대하여 그의 성질 선악을 불구하고 무법의 대우를 하는 일은 삼가는 동시에 그들도 우리 동포임을 잊지 말라. 모든 조선인이 악모(惡謨)를 계획한다는 것은 오해인 바, 이러한 풍설에 의지하여 폭행을 더하고 스스로 죄인이 되지 말라.	삭제기사 있음
9.11	동아	습지야에 수용된 동포	습지야 임시수용소에 조선인 850명, 중국인 천 명	
9.11	조선	습지야 병영에 동포수		
9.11	매일	조선인 800명	조선인과 지나인들 사이에 언어의 불통으로 불미한 사건 발생을 미연에 방지하고 그를 보호하기 위해 습지야 임시수용소에 조선인 800명	
9.11	매일	유학생은 극력 보호	재경조선인은 각 관헌의 주도한 보호 구제를 받고 있다는 공보에 접하였으나 차시에 특히 정부와 교섭하여 일층 만전의 방법을 강구하도록 주도하기를 구하는 중이며, (중략) 조선인과 특히 유학생의 소식을 조사케 하여 통지하기를 원하노라.	丸山 경무국장 談
9.12	동아	동경유학생은 대부분 안전	노동자 3천여 명 수용 보호, 5백여 명 경찰 보호/유학생은 독학부와 장백료 등에 150여 명 안전해, 그 외는 대부분 피난	高橋 사무관→총독부 보고

날짜	신문	기사 제목	주요 내용	비고
9.12	매일	유학생은 대부분 안전	노동자는 下町방면 3천 명 수용 보호, 기타 독지가와 군부에서 보호, 학생은 독학부와 장백료에 1,500명 안전	상동
9.12	동아	혼란의 機를 엿보는 무뢰한의 선전으로 조선 사람을 중상 인제는 다 잡히었다고	이번 참사 중에 조선 사람들에 대한 여러 가지 좋지 못한 풍설이 있었다. 동경에서 악한 무뢰한이 혼잡한 기회를 틈타 유언비어를 함부로 선전, 못된 짓을 하려고 한 자 즉시 검거, 다른 지방에서 있은 듯, 일반인은 못된 놈에게 이용되지 말아야, 조선인 피난민을 한층 더 동정	藤岡 내무서기관
9.12	조선	조선인의 휴대한 폭탄 체포 조사한즉 기실은 林檎	이번 미증유의 참상에 우려하여 이재민의 낭패는 그러할 것이나 선인폭행(鮮人暴行)의 풍성학여(風聲鶴唳)로 거의 상궤(常軌)를 벗어난 행동을 한 자가 있었음은 유감천만이오. 곧 그 한 예를 마하면 '선인'이 폭탄을 휴대하였다고 하는 것을 체포하여본즉 임금(林檎)인 일도 있고, 또 일목희덕랑(一目喜德郞) 씨의 집 부근에서 있던 일인데 한 사람의 집에 불이 붙을 때에 초를 엎지른 것을 주인 여자가 솜을 적시어 쇠대야에 담아둔 것을 청년단들은 불 놓는데 쓰는 석유라고 잘못알고 주인 여자가 아무리 변명하여도 듣지 아니하고 마침내 주인 여자는 '선인'편이라고 구타한 사실도 있소. (중략) 그러나 이러한 뜬소리에 감이여서 조선인에게 폭행을 한 것은 우리가 조선을 다스리는데 근심되는 것을 말할 것도 없소. (하략)	湯淺 경시총감 淡
9.12	조선	대판조선인노동동맹회 간부 5인을 去 5일에 검속	송장복, 김자의, 최태열, 지근홍, 김연석 검속, 동경에 있는 조선 사람 또는 사회주의자와 연락을 한 혐의로 추정	

날짜	신문	기사 제목	주요 내용	비고
9.13	조선	대판 재류동포의 활동	대판의 조선인협회와 조선인상애회 등 단체에서, 신호의 관서학원과 신호신학교 조선인신복회 등이 의연금 모금 착수	
9.13	조선	빈민굴의 성자 賀川씨	조선인 노동자가 어떤 공정의 여직공을 모욕하였다, 해방된 죄수들의 부정한 행동을 모두 조선인이 하였다, 조선인이 폭탄으로 집을 파괴하였다, 조선인 폭도가 신내천현(神奈川縣)을 쳐들어온다, 2만 명의 조선인 노동자가 대판을 습격 중이다 등의 풍설이 있어, 이에 조선인의 곤란은 실로 상상할 만한 일이며 그중 제일 심한 데가 횡빈, 그 다음이 동경	동경 횡빈 진재 실지 시찰담
9.13	매일	재류유학생은 평온상태	조선인 학생과 노동자의 보호에 대하여 관계 관청 협의, 습지야 임시수용소에 2,600명 수용, 대부분 노동자, 志賀 총독부위원장이 위문, 상애회원 150명 도로 보수	和田 재무국장 發電
9.13	매일	조선인에 일층 동정	조선 사람의 일에 대하여 여러 가지 풍설이 생기여 동경에서는 모든 악한들이 유언비어를 하여 인심을 소동시킨 후 그 기회를 타서 좋지 못한 일을 하려는 자가 있었으므로 그 즉시 검거하였으며 (중략) 조선 사람의 피난민에 대하여는 더 일층 동정한 점이 많으며 (하략)	藤岡 내무서기관 談
9.14	동아	금강동 기숙생	동경 麴區 조선인 학생 기숙사 금강동에 기숙하는 80여 명 무사, 이 중 7명이 외출하였으나 행방 아득	귀한 학생 증언
9.14	동아	노동자 2천여 명은	총독부 출장소에서 극력으로 경무국, 경시청과 연락하여 보호 중인 노동자 7백여 명 目黑競馬場에 수용, 1,500명 시내 경찰서와 큰집에 수용, 피해가 적고 무사히 기숙, 유학생은 山手방면으로 피신	
9.14	조선	동경 부근의 동포 소식		

날짜	신문	기사 제목	주요 내용	비고
9.14	조선	대판에 피난한 조선인에 대한 처치 여하	본인이 귀국을 원하면 무임으로 보내고, 그렇지 않은 사람은 구호 수용/범애부식회에 구호 의뢰	大阪府 경찰부장 談/특별고등과장 談
9.14	매일	활약하는 상애회원	150명 도로 정리 등 무료로 30일 간 사회봉사	
9.14	매일	조선인의 보호 주도	총독부 출장소가 관계 기관과 연락하여 보호에 진력, 目黑경마장에 노동자 800명, 각 경찰서 등에 1,500명, 학생은 山手방면에 숙박, 피해도 근소	
9.15	동아	유학생 9백 명을	유학생 9백여 명 동양협회 독학부에 피난 중, 2백 명을 더 수용하기 위해 천막 공사, 재등 총독 식량 지원	
9.15	동아	目黑에 수용 중인	目黑경마장에 수용 중인 조선인 580명, 이 중 유학생 1/3, 식료품은 동경부에서 제공	
9.15	동아	재류학생의 소식을	조선 사람들 수천 명 관헌의 보호 중	丸山 경무국장 談
9.15	매일	愛子愛弟의 안부 소식	2천여 명의 원외 부형에게 위로하고 보호하는 조선인의 원적, 성명을 조사하여 비행기 속달로 전달	丸山 경무국장 談
9.15	매일	동양협회에 9백 명	유학생 동양협회 독학부에 900명 수용, 협회서 천막, 경시청서 식량, 총독이 부식 제공	和田 재무국장 전신
9.15	조선	동양협회에도 902인		
9.15	매일	目黑경마장에도 수용	조선인 580명 수용, 1/3 학생, 동경부에서 식량 제공	和田 재무국장 전신
9.15	조선	目黑경마장의 조선인		
9.15	매일	내지 유학생 조선인의 귀교는 진재지 이외면 무관	동경 이외의 지역 학교는 歸校 가능	
9.16	동아	마산 학생은 모두 무사하다	마산 출신 유학생 20여 명 모두 무사하다는 통신	
9.16	조선	조선유학생에 대하여	3천 명의 유학생 무사 안전	학무 담당 談
9.16	매일	유학생 일동은 무사 피난		

날짜	신문	기사 제목	주요 내용	비고
9.16	매일	조선인은 극력 보호	재일조선인에 대한 보호의 방도를 정하고 적당한 직업을 주는 것 이외 방법은 없으며 (중략) 조선의 통치방침은 결코 불변	齋藤 총독 談
9.16	조선	통치방침 불변		
9.16	매일	群馬縣下 조선인 보호는 14사단장에 일임	群馬縣에서 조선인을 보호하였다고 일본인의 반감이 격심하여 군대를 보내 달라	
9.16	조선	조선인을 보호한다고		
9.17	동아	조선인 폭동은 허설	조선인 폭행사건과 관련하여 일부 주의자들이 폭행하였다는 것은 전연 근거가 없는 풍설, 폭탄을 가지고 건물을 파괴하거나 인명을 살상하였다는 것도 사실 무근, 독약을 우물에 넣었다는 그 물을 먹어보아도 이상 없음	조선신문사 관동대진재보고회
9.17	매일	조선학생 내지에 산재수	총독부 남자 3290명, 여자 139명 파악, 그러나 파악되지 않은 수는 약 5천명	
9.18	동아	동경진재 후 인천재적인 소식	돌아온 사람 4명, 무사한 사람 3명	
9.18	조선	경성부 조사원의 보고	神田區와 本所의 조사 87명 중 9인이 행방불명, 사망 2명, 조선인 1명 무사	
9.19	동아	神田區 재류학생 약 6백명 전부 생명은 안전하다	神田區의 유학생 6백여 명 다른 곳으로 피난 전부 생명 보전, 기독교청년회관 전소	
9.19	동아	군경의 보호로 생명은 안전하다	일본 사정이 서투른 사람 뜻밖에 참화를 당한 사람이 많음, 다른 외국인 자유롭게 돌아갈 수 있으나 조선인은 통제를 하고 있음	삭제 기사/처음으로 재일조선인 학살 소개
9.19	조선	습지야 동포 일천육백	조선인 1,600명, 중국인 1,500명, 일본인 4,000명	계엄사 발표
9.19	조선	조선 학생은 대개 무사	독학부에 900명, 장백료에 500명 모두 무사	高橋 시학관 談
9.19	조선	진재동포의 안부	경성부민 348명 중 사망 2명, 행불 51명 중 13명 행방자 명단, 동경역 도착한 19명 명단, 강세형과 문두인 무사	경성부 직원 전보

날짜	신문	기사 제목	주요 내용	비고
9.19	매일	조선인 구호문제로 총독 이하 협의	재등 총독과 일본 정부 재무국장, 외사국장 등과 조선인 구호 등에 대한 협의	
9.19	조선	재류조선인에 傷病者 속출	目黑경마장과 각 경찰서에 수용하고 있는 조선인 부상자와 내과 적 환자가 많아	조선적십자구 호반
9.19	조선	수용 동포 중 환자 다수		
9.19	매일	판명되는 동포 소식	행방불명 1인, 무사 16명,	
9.20	동아	피난 동포 4천 명 下關에 蝟集中	노동자와 학생 4천 명을 군함으로 수송할 방침	
9.20	동아	橫濱 재류동포 7백 명은 배에 수용	조선 사람 7백 명 靑山丸에 수용, 3백 명은 川崎경찰서에 수용	
9.20	동아	이재동포 3천에 一朔糧을 동척에서 대여	동척에서 조선인 3천 명에게 1개월의 양식과 반찬 제공	
9.20	조선	동척에서 조선인 구제		
9.20	동아	조선학생 수용할 가건축을 이미 착수	동경에 재학 중인 학생 1천 명을 수용하기로 결정, 공사에 착수	高橋 사무관→ 총독부
9.20	조선	동경 재류동포의 현황	유학생 독학부에 87명, 장백료에 61명 수용, 횡빈 香小丸에 700명 수용	
9.20	조선	진재와 동포	박남식(고창) 담, 진재 당일 오후부터 동경 전시의 공기가 가장 험악하여져 문밖을 나가지 못하고 동거하는 80명 동포가 서로 어찌할 줄 모르다가 그 이튿날 계엄령이 내린 후부터 7일까지 구제소에 수용되어 일일 하루에 현미 한 말로 80명 동포가 근근이 생명을 유지, 7일 이후 총독부 출장소에 수용/경성부 출신 15인 행불/인천 출신 4명 무사	
9.21	동아	경시청 관내에 8천 명 동포 중 16일까지의 조사는 7,300명뿐이다.	참담한 피해는 상상을 초월/잔재가 있기 전 경시청 관내 조선인 8천 명, 습지야에 3천 명, 목흑경마장에 6백 명, 각 경찰서에 2,250명, 독학부와 장백료에 2백 명, 1천여 명 생사불명	통신 폭주와 당국 삭제로 뒤늦게 보도, 9.16

날짜	신문	기사 제목	주요 내용	비고
9.21	동아	동포의 사상수 조사 불능	진재로 인해 사망한 조선인 수는 도저히 셀 수가 없으나 유학생은 비교적 적은 모양, 감독부기숙사 90명 안전	
9.21	동아	변최 양씨 무사	변희용과 최승만 판교경찰서 수용, 변희용은 반항으로 독방에 수감 중, 천도교청년회원 무사	
9.21	동아	각 경찰서에 수용중인 약 1천 명은 芝浦로	각 경찰서 수용 조선인 지포매립지 청수조재목재적치장으로 호송, 학생은 독학부로 이송키로	
9.21	동아	11일 습지야에	군대의 보호로 조선인 습지야로 보내는 중, 실로 비참한 모습	
9.21	동아	神奈川縣下 재류동포의 현재	1,300명 중 1천 명 안전, 華山丸에 600명 수용, 川崎 방면 고장노동자 3백 명 공장주가 보호, 大船 부근 2백 명 토목공사 노동자 안전	
9.21	동아	조선인 보호는 절대 책임	조선인 보호에 절대적 책임을 지고 종사	경시총감 談
9.21	조선	진재유학생 전학에 대하여	통학학교의 통신부가 確有하면 우선 입학을 하였다가 진재지 정돈 후 정식 전학 허용	萩原 학무과장 談
9.21	조선	진재와 동포	경성부 출장원 보고 49인 무사, 4명 행불	
9.21	매일	재등 총독 유고	수용 중 조선인에 대해 점차 직업을 소개할 생각이므로 안심하게 지내고 내선융화의 결실을 바람	
9.21	매일	조선이재민을 보호하고 있는 광경	崎玉縣 실곡 소방서	사진
9.22	동아	수용 중의 동포는	수용된 조선인 자유여행 금지/얼마동안 귀국하지 말고 정돈이 될 때까지 기다리라	전언/재등 총독
9.22	동아	진재지방 재류동포의 제1회 안부조사 도착	총독부 동경에서 14일에 발송한 재일조선인 명단	
9.22	조선	재후 동포 소식	민석현 등 14명 무사, 3명 행불, 횡빈 3명 무사, 경성 도착 14명	경성부 조사원
9.22	매일	21명 동포 소식 판명	동경에 93명, 횡빈에 44명 중 행방불명 3명, 무사 18명	

날짜	신문	기사 제목	주요 내용	비고
9.23	동아	이재동포 중 노동할 이에게는	경찰서에 수용한 2,200명 중 700명(조선 1천 명) 일선기업회사 건물에 수용, 나머지는 임시가옥에 수용, 동경 시내 9채 집을 빌려 조선인 수용, 습지야 수용 조선인도 인계, 횡빈 華山丸에 수용된 조선인은 횡수하 건설현장에 종사케	和田 재무국장 → 총독부
9.23	조선	조선인 보호의 상황		
9.23	동아	동경 재류동포는 총독부 출장소가	총독부가 芝浦에 2천 명을 수용할 건물 준비 중, 습지야 조선인은 육군, 目黑 조선인은 동경시가 보호 중, 노동 알선	
9.23	매일	진재지방 조선동포의 소식	재동경 조선총독부 출장소 조사 (제1보)	
9.23	조선	동경진재지방 생존 동포	麴町 金剛洞 在在舍 학생/小石川 수용소/目黑수용소	
9.24	동아	진재지방 재류동포의 제2회 안부조사 도착	총독부는 수용된 학생, 본사는 흩어져 있는 조선인 안부 조사 명단	
9.24	조선	조선인의 폭행은 絶無	조선인과 사회주의자의 폭행이라든지 방화 시도는 절대로 없다	동경부회 진재 구호 실행위원 협의회 보고
9.25	동아	재류동포의 식량공급에 전력	조선인 중에 사실로 좋지 못한 일을 하고 검거된 사람이 있다 하나 내용을 자세히 할 수 없음	특파원
9.25	동아	대방침은 무변동	무고한 조선인에게 대한 위해를 가한 자는 용서 없이 엄벌에 처할 것, 고향으로 돌아가는 조선인에게는 상당한 편의 도모, 노동자는 취업 알선, 결코 사실을 감추지 않고 확실한 사실이면 세상에 공표, 조선통치 방침에 변화 없음	재등 총독 談
9.25	동아	상애회원 3백 복구공사에 종사	상애회원 300명 복구공사에 종사, 화가 허백련 千葉縣을 여행 중 소식 없음, 현상윤 동생 현상면 경찰서 수용 중 정신이상으로 입원	
9.25	조선	필경은 전부 무사 방면	대판조선노동동맹회 간부 5명은 구속의 괴로움을 맛보다가 필경 가택 수색까지 당하였으나 22일 무사방면	

날짜	신문	기사 제목	주요 내용	비고
9.25	매일	습지야조선인수용소에서 3,074명의 동포를	조선인 구호 상황 순회	김의용 특파원
9.25	매일	제2회 안부조사 도착	재동경 조선총독부 출장소 조사 (제2보)	
9.26	동아	구경 삼아서 자경단원 방화	동경 豊多馬郡 鈴木淸治(19) 자경단에 가입, 혼란한 틈을 타 방화 소동을 일으키고 조선인이 불을 질렀다고 선전	
9.26	동아	진재지방 재류동포의 제2회 안부조사 도착	9월 16일까지 조사한 재일조선인 안부	
9.26	조선	동경진재지방 생존 동포 (제2보)	재동경 조선총독부 출장소 조사 (제2보) 장백료 기숙생/동경 시내 산재자/向島署 관내/富坂署 관내/상애회 내/	
9.26	매일	재동경 조선동포 소식	재동경 조선총독부 출장소 조사 (제3보)	
9.26	매일	금후의 유학생 문제	타버린 학교가 복구되기까지 귀국하는 것이 좋다, 유학생은 장백료, 계림장, 천도교구실, 각 경찰서, 습지야 등지에서 수용 중	동경 유학생독학부 간사 談
9.27	동아	최백 양씨 무사 판명	행방불명이던 최윤식(선천), 백남만(고창) 무사	
9.27	동아	진재지방 재류동포의 제3회 안부조사 도착	총독부 출장소 조사 내용 26일 도착 분	
9.27	조선	동경진재지방 생존 동포 (제3보)	재동경 조선총독부 출장소 조사 (제3보) 靑山署 관내/麴町署 관내/四谷署 관내/三田署 관내/日比谷署 관내/日暮里警察分署 관내/日暮里 小學校 수용소/南千住署 관내	
9.27	매일	안부조사 도착	경성부민 행방불명 16명, 무사 2명	
9.27	매일	재동경 조선동포 소식	재동경 조선총독부 출장소 조사 (제4보)	
9.28	동아	전학 지원자는 학무국에	조선인 유학생, 국내의 전학을 원할 경우 학무국에 신청	
9.28	동아	진재지방 재류동포의 제4회 안부조사 도착	총독부 출장소 조사 내용 도착 분	

날짜	신문	기사 제목	주요 내용	비고
9.28	조선	동경진재지방 생존 동포 (제4보)	재동경 조선총독부 출장소 조사 (제4보) 四谷區/原庭署 관내/新協橋署 관내/高輪署 관내/愛石署 관내/南千住署 관내/坂本署 관내/八王子署 관내/東京 各署/目黑경마장 수용소/千住署 관내/本富士署 관내/六本木署 관내	
9.28	매일	진재지 학생 수용	학급 인원 제한 일시 철폐	長野 학무국장 談
9.28	매일	민심 일익 안정	조선인 구호도 예상 이상 周到	민경기 남작, 이완용 후작 談
9.28	매일	재동경 조선동포 소식	재동경 조선총독부 출장소 조사 (제5보)	
9.29	동아	동경에 수용된 동포의 얼굴	심곡수용소에서	사진
9.29	동아	모 사건 혐의로 유학생을 검거	용강 출신 김한중 무사 귀환하였으나 23일 체포되어 동경경시청으로 압송, 혐의 극비	
9.29	조선	동경진재지방 생존 동포 (제5보)	재동경 조선총독부 출장소 조사 (제5보) 六本木署 관내/小松川署 관내/品川署 관내/洲崎署 관내/深川西平野西 관내/동경시내 各所/芝愛宕署 관내/大塚署 관내/	
9.30	동아	진재지방 재류동포의 제5회 안부조사 도착	총독부 출장소 조사 내용 도착 분	
9.30	동아	학생은 독학부로 노동자는 靑山에 수용	습지야와 목흑경마장, 각 경찰서에 수용된 조선인 2,200명, 총독부 알선으로 유학생독학부에 임시가옥 짓고 학생 수용, 노동자는 芝浦에서 靑山피난수용소에 이주키로	
9.30	동아	埼玉縣下 재류동포 8백명	神保開院 병영 내에 조선인 800명 수용	
9.30	동아	수용 중의 3천 동포를 찾아	습지야에 수용된 조선인 위문, 설은 눈물, 반가운 눈물, 감격의 눈물, 기막히는 눈물, 형용조차 못할 눈물 등 조선인 참상 이야기	이상협 특파원

날짜	신문	기사 제목	주요 내용	비고
9.30	동아	본사 동경특파원 제3회 안부조사 도착	각처에 흩어져 있는 학생과 습지 야수용소 중 일부	
9.30	매일	禍難 중에 人兒를 구조한 조선 부인의 미담	정춘옥(33)이 열한 살 어린이를 구해준 이야기	김의용 특파원
9.30	매일	재동경 조선동포 소식	재동경 조선총독부 출장소 조사 (제6보)	
10.1	동아	재동경 기독교 천도교청년회 이재동포 구호 개시	기독교청년회와 천도교청년회, 기타 유지들의 발의로 조선동포 구제회를 조직, 천도교청년회관에 본부를 둠, 경성구제회 의연금으로 우선 활동	
10.1	동아	이재동포 근황	습지야에 2,800명, 청산에 600명, 상애회 600명, 각 경찰서에 100명, 나머지는 귀국 또는 예 집으로 돌아감	
10.1	조선	동경진재지방 생존 동포 (제6보)	재동경 조선총독부 출장소 조사 (제6보) 동경 각처 학생	
10.1	조선	신호에 재류동포	兵庫縣 姬路와 尼崎에서도 의연금 6백 원 모금	
10.2	조선	조선인 이전을 진정	동경 靑山外苑 假屋에 수용한 조선인 2,000명 이전해 달라고 9월 26일 四谷區民이 市役所에 진정	
10.3	동아	총독부 제7회 안부조사	재동경 조선총독부 출장소 조사 (제7보)/동경 각처 학생	
10.3	조선	동경진재지방 생존 동포 (제7보)		
10.3	조선	재동경 인천인은	인천 출신 대략 30명, 귀향 12명, 무사 10여 명, 나머지 행불	
10.3	매일	재동경이재조선인에게	위문품 2천 개 전달	
10.4	조선	동경진재지방 생존 동포 (제8보)	재동경 조선총독부 출장소 조사 (제8보)/습지야수용소	
10.4	동아	총독부 제8회 안부조사 도착		
10.4	동아	재동경 조선학생에게	문부성에서 유학생 1,000명에게 한 달간 백미와 반찬 급여	
10.4	매일	재동경 조선동포 소식	총독부 출장소 조사 제8보	

날짜	신문	기사 제목	주요 내용	비고
10.5	조선	동경진재지방 생존 동포 (제9보)	재동경 조선총독부 출장소 조사 (제9보)/습지야수용소	
10.5	매일	조선인 안부 조사		
10.5	동아	본사특파원 5회 안부조사 도착	동아일보 특파원 조사/총독부 학생조사	
10.5	동아	구제에 전력하노라	조선사람은 조선사람이라는 까닭으로 진재 이외에 참혹한 해독을 당한 사람이 있었는 바, 부당한 행동에 대하여 범인을 조사 검거케 하였고, 또 사법관들도 굳은 결심을 가지고 조사하여 보고하겠다고	齋藤 총독 淡
10.6	조선	동경진재지방 생존 동포 (제10보)	재동경 조선총독부 출장소 조사 (제10보) 大森署 관내/各所/大塚署 관내/계림장	
10.6	동아	총독부 제10회 안부조사 도착		
10.6	매일	조선인 안부 조사		
10.6	동아	위해에 흥분하여 동경유학생이 자살	정인영 9월 27일 면도칼로 자살, 진재의 위험을 당하고 신경 이상, 경암 하동군 청암면 본적	
10.6	매일	백여 명 학생이	광제환으로 귀국하였다.	
10.7	조선	동경진재지방 생존 동포 (제11보)	재동경 조선총독부 출장소 조사 (제11보) 崎玉縣下	
10.7	동아	진재지 유학생 전학 신청 상황	국내로 24명 신청, 여학생은 1명, 합계 100명 이상	
10.7	동아	참혹한 정인영 군의 최후	관동대지진에 대한 트라우마로 자살/동경에 진재가 있은 뒤로부터 그는 깊이 무엇을 감동한 일이 있는 듯이 한 번도 웃는 것을 본 적이 없어 같이 있는 친구들은 그를 위로키 위하여 여러 가지로 유희도 하고 권고도 하였으나 그는 조금도 재미있는 일이 없었고 (하략)	
10.8	조선	동경진재지방 생존 동포 (제12보)	재동경 조선총독부 출장소 조사 (제12보) 富山縣/愛知縣/青山수용소	
10.8	동아	총독부 제12회 조사 작 7일에 도착한 것		
10.8	매일	조선인 안부 조사		

날짜	신문	기사 제목	주요 내용	비고
10.8	동아	동경에서 위문반 조직	재동경이재조선동포위문반 조직, 재무부원 오기선 박사직, 사교부원 이동제 김봉성, 통신부원 유기태 이재희, 위문부원 이철 최승만 이창근 김재문 이근무 민석현, 위치 천도교회	

〈표 4-1〉에 의하면 전체적으로 볼 때 재일조선인에 대한 기사는 관동대지진이 일어난 지 3일, 기사화된 지는 이틀만이었다. 첫 기사는 앞서 언급하였듯이 『동아일보』의 「염려되는 조선인의 소식」이고, 마지막 기사 역시 『동아일보』의 「동경에서 위문반 조직」이라는 기사이다.

이들 재일조선인에 대한 기사는 네 가지로 분류할 수 있다. 첫째는 재일조선인의 폭동설이라는 '유언비어'에 대한 기사이다. 재일조선인 폭동설은 관동대지진이 일어난 다음날인 9월 2일부터 유포되었다. 이 폭동설에 대해 국내 언론에도 초기에 많이 기사화되었는데, 주로 일본 정책 책임자 즉 야마모토(山本) 수상, 후쿠다(福田) 계엄사령관, 마루야마(丸山) 경무국장 등의 담화들이다. 주요 내용은 다음과 같다.

참화를 타서 폭행, 유언비어로 다시 확대된 듯/재난민 일반의 신경은 극도로 흥분된 때에 일부 소수의 조선 사람이 이 같은 참해를 타서 폭행을 한 일이 있었음으로 일반 민중의 반감을 사서 조선 사람과 일본 인민과의 생긴 예가 하나 둘이 아니다. (丸山 경무국장 談)[8]

불량 조선인들이 무슨 폭행을 하는 듯 풍설이 있으나 일반의

[8]   「朝鮮人에 對한 感情이 疏隔된 此時 東京行은 위험」, 『동아일보』 1923년 9월 7일자.

조선인들은 극히 선량, 보호대책 강구, 약간의 불량 조선인의 행동에 대하여 민중과 감정이 충돌이 있어 쟁론이 있었으나 극히 경미(내무성 경보국장 → 총독부 경무국장)[9]

이번 진재를 틈타서 일시 불온사상을 가진 조선 사람의 폭동이 있어서 조선인에 대하여 매우 불쾌한 감정을 갖게 되는 일이 있다고 들었다. 이러한 일이 있으면 군대와 경관에게 알게 하여 조처케 함이 당연하거늘…(山本 수상 고시)[10]

불령선인의 폭행 有하여 선인에 대하여 頗히 불쾌한 感을 懷하는 자가 有하다 聞하였도다. (중략) 이를 취체 경고, 이는 내선융화 근본주의에 배척할 뿐, 아국의 절제와 평화의 이상에 발휘하고자 함(山本 수상 고시)[11]

在京의 조선인 중에 불온한 행동을 감행한 자가 有하였다는 一事가 有하여 余는 실로 의외로 憂하였도다. (중략) 동경에 在하여 次第에 생활을 營할 조선인이 何理由로 불온의 행동을 감행할 이유가 有하리오. 人이 된 이상에 결코 可行할 일이 아니라 余는 思하게 (중략) 我조선동포 전체가 세계의 전인류에게 소외케 됨을 우려하는 바이라. (하략, 丸山 경무국장 談)[12]

진재 당초에 삼삼오오의 재일조선인이 폭동을 일으킨 것은 사실, 횡빈 부근의 일부 조선인이 강도와 강간, 방화를 계획, 지금은 배일조선인의 폭동이 진정됨(福田 계엄사령관)[13]

---

9   「一般 朝鮮人들은 極히 善良하였다.」, 『매일신보』 1923년 9월 7일자.
10 「朝鮮人 迫害와 內閣 告示의 發表」, 『동아일보』 1923년 9월 8일자.
11 「朝鮮同胞를 愛護하라」, 『매일신보』 1923년 9월 8일자.
12 「少數 同胞의 暴行은 朝鮮人의 名譽를 悔辱하는 行爲」, 『매일신보』 1923년 9월 일자.
13 「在留同胞에 關한 戒嚴司令官의 發表」, 『동아일보』 1923년 9월 10일자.

위의 인용문에 의하면, 관동대지진 초기에는 재일조선인이 폭동
을 일으키는 것처럼 일본 정부에 의해 왜곡된 기사가 많았다. 관동
대지진으로 민심이 흉흉한 틈을 타 재일조선인이 폭동을 일으키거
나 일부이지만 실제 일어났으며, 이로 인해 조선인과 일본인과의 적
대적 관계로 만들었다. 나아가 일제의 식민통치론인 '일선융화'에도
적지 않은 영향을 미치며 뿐만 아니라 재일조선인의 폭동은 '전 인
류의 疏隔'이라는 반인류적 행동이라고 부추기기까지 하였다.

이와 같은 재일조선인 폭동설에 대해 『동아일보』는 「횡설수설」에
서 "조선인의 폭동설에 대한 의문, 조선인의 민족성으로 보아 그럴
이유가 없다. 일본은 재난 때마다 조선인 행동에 대한 특별 경계와
감시"한다고 일제의 식민통치를 비판하였다.[15]

이와 같은 재일조선인의 폭동설은 유언비어이고 사실이 아닌 것
으로 판명이 났다. 이와 관련하여 9월 15일 조선일보사 주최로 동 신
문사 사회부장 노자키(野崎眞三)의 보고회를 가진 바 있는데, 이를 『동
아일보』가 유일하게 기사화하였다. 관련 내용은 다음과 같다.

---

14 「朝鮮人에 一層 同精, 職業 없는 者에게는 職業을 소개」, 『매일신보』 1923년 9월
13일자.

15 「橫說竪說」, 『동아일보』 1923년 9월 3일자.

가지고 건물을 파괴하며 인명을 살상하였느니 하는 등 사실도 무근한 일일 뿐만 아니라 당장 독약(毒藥)을 우물에 넣었다는 그 물을 먹어보아도 아무 상관이 없었고, 그 밖에 여러 방면으로 이러한 사실의 유무를 조사하여 보았으나 도무지 그러한 사실을 발견하지 못하였다는 의미로 보고하였더라.[16]

보고 내용에 의하면, 재일조선인 폭동설은 전혀 근거가 없었으며, 우물에 독을 탔다는 것도 '허설'이라는 것이었다. 이와 같은 재일조선인 폭동설이 유언비어였다는 기사를 『동아일보』만 유일하게 관심을 가지고 다루었으며, 『조선일보』와 『매일신보』에는 전혀 언급하지 않는 차이점도 보이고 있다. 이후 재일조선인의 폭동설과 관련된 기사는 더 이상 보도되지 않았다.

둘째는 재일조선인 학살에 대한 기사이다. 재일조선인 학살은 관동대지진이 발생한 다음날 유포된 유언비어, 그리고 3일째 되는 날부터 자행되었다.[17] 그러나 일본과 마찬가지로 식민지 조선의 언론은 실제적으로 재일조선인 학살과 관련되어 구체적으로 기사화되지 못하였다. 이는 조선총독부의 언론 통제 때문이었다.

『조선일보』는 9월 3일과 9월 5일자 신문이 "當局의 忌諱에 觸하여 發賣禁止"를 당하여 부득이 호외를 발행하였다. 이에 『조선일보』

---

16 「朝鮮人 暴動은 虛說」, 『동아일보』 1923년 9월 17일자.

17 관동대지진에서 재일조선인 학살에 대해서는 宮川寅雄, 「關東大震災の殺人」, 『三千里』 36, 三千里社, 1983.12을 비롯하여 강덕상, 「1923년 관동대지진(關東大地震) 대학살 진상」, 『역사비평』 45, 역사문제연구소, 1998; 강덕상, 「관동대지진 조선인 학살을 보는 새로운 시각: 일본 측의 '3대 테러사건' 사관의 오류」, 『역사비평』 47, 역사문제연구소, 1999; 노주은, 「관동대지진과 일본의 재일조선인 정책: 일본정부와 조선총독부의 '진재처리' 과정을 중심으로」, 연세대학교 대학원 석사학위논문, 2007; 야마다 쇼지, 『관동대지진 조선인 학살에 대한 일본 국가와 민중의 책임』, 논형, 2008; 강덕상·야마다 쇼지, 『관동대지진과 조선인 학살』, 동북아역사재단, 2013 등을 참조할 것.

9월 9일자에 사설 「금회 관동진재에 대한 당국의 언론취체」를 게재하고 당국의 언론 통제에 대한 불만을 제기하였다.

그렇지만 조선총독부는 언론 통제를 해제되지 않았다. 때문에 관동대지진 당시 자행된 재일조선인 학살은 '학살'이라는 표현이 아닌 '참화' 또는 '○○'이라고 하였다. 즉 "품천(品川)에서 조선동포 삼백 명을 ○○하였다는 기사를 보았는데 대개 우리 동포의 소식은 어찌 되었는지를 모른다고",[18] "일본 사정이 서투른 사람 뜻밖에 참화를 당한 사람이 많으며, 다른 외국인 자유롭게 돌아갈 수 있으나 조선인은 통제를 하고 있다"[19] 등으로, 기사에서는 '학살'이라고 표기는 할 수 없었지만 재일조선인이 일본에서 학살을 당하고 있음을 암시하였다.

더욱이 사이토(齋藤) 총독이 "무고한 조선인에게 대한 위해를 가한 자를 용서 없이 엄벌에 처할 것"을 요구한 것 역시 재일조선인에 대한 학살을 염두에 둔 것이라 할 수 있다. 그러나 이와 같은 기사는 매우 제한적이었다. 이는 일제의 식민통치에 불리한 보도는 철저하게 통제하였음을 알 수 있다.[20]

---

18 「중도에 귀환한 유학생」, 『조선일보』 1923년 9월 8일자.

19 「군경의 보호로 생명은 안전하다」, 『동아일보』 1923년 9월 19일자.

20 사이토 총독은 관동대지진이 일어나자 일본으로 갔다가 돌아올 때 그 과정을 기자회견을 통해 밝혔는데, 제대로 기사화되지 못하였다. 이와 관련하여 『동아일보』는 다음과 같이 가십 기사로 처리하였다. "동경의 진재로 인하여 창황히 건너갔던 재등 총독은 그 편쪽 일을 우선 급한 것이나 다 처리되었는지 작 30일에 동경을 떠나 조선을 향하였다. 그래서 동경을 떠나서 조선을 향하던 때에 어떤 통신기자에게 그동안의 경과와 감상을 대강 이야기하였다. 그런데 그 이야기가 전보로 조선을 나올 때에는 중간에서 훌륭하게 발송정지를 당하고 말았다. 조선통치의 정말 책임자인 재등 총독도 유언비어를 하였던가. 이렇게 되어서는 조선통치의 책임자가 누구인지 좀 알기가 거북하게 되었다. 재등 총독은 그렇게도 무책임한 말을 하였던가. 총독된 재등실 군도 이렇게 언론압박을 당하거든 그 나머지 언론기관이야 더 말하는 것만 서투른 수작이지."

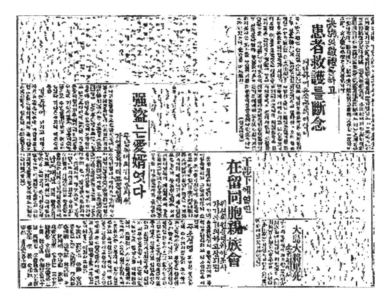

　셋째는 유학생을 비롯하여 재일조선인이 안전하게 보호를 받고
있다는 보도이다. 재일조선인의 폭동설, 유언비어 등으로 재일조선
인과 일본인의 감정이 격화되고 있지만, 일본 정부는 재일조선인을
안전하게 보호하고 구제를 하고 있다는 것이다. 이러한 내용의 기사
는 앞서 언급한 폭동설이나 학살과 관련된 기사보다 그 게재량이 훨
씬 많다는 점이다.

　그런데 재일조선인을 안전하게 보호하고 구제하는 것은 자율적
보호와 구제가 아니라 메구로(目黑) 경마장, 각 경찰서, 나라시노(習志
野) 병영 등에 임시수용소를 마련하고 여기에 수용당하는 타율적 보
호와 구제였다는 점이다. 즉 "일반 조선인 15,000명 죽음의 큰일에

서 벗어나 나라시노 병영에 수용되어 구호 중",[21] "鎌倉, 藤澤, 大崎, 毛崎 부근의 조선인, 경찰에서 한 곳에 모아 보호",[22] "조선인과 지나인들 사이에 언어의 불통으로 불미한 사건 발생을 미연에 방지하고 그를 보호하기 위해 습지야 임시수용소에 조선인 800명"[23] 등 무엇보다도 재일조선인이 안전하다는 것을 강조하고 있다.

이와 같은 기사는 『동아일보』나 『조선일보』보다 조선총독부 기관지인 『매일신보』가 보다 많이 게재하였다. 그리고 이와 같은 기사의 주체는 일본 정부의 수상, 계엄사령관 등 식민통치 담당자들의 말을 대변하고 있다는 점이다. 이는 '내선융화'라는 식민지배 기조에서 그대로 유지하기 위한 방편이었다.

넷째는 재일조선인의 안부와 관련된 내용이다. 관동대지진이 일어나자 무엇보다도 가장 위급한 것은 재일조선인의 생사 여부 즉 안위였다. 때문에 이와 관련된 기사를 가장 많이 지면에 할애하였다. 간토(關東) 일대 나아가 일본에 유학을 보낸 학부모, 방학을 맞아 귀국하였던 유학생들이 발 빠르게 안부를 확인하려는 활동을 즉시 진행되었다. 가장 먼저 일본유학생들이 대회를 개최하고 개벽사에 연락소를 두는 한편 조사위원 3명을 파견하기로 하였다.[24] 그러나 유학생대회는 경찰의 적지 않은 방해가 있었는데, 일반인은 방청할 수 없도록 통제하였다. 이어 유학생의 학부모, 친지들을 중심으로 재학

---

21 「조선인 만오천명 습지야 병사에 수용 중」, 『매일신보』 1923년 9월 8일자.
22 「鎌倉 藤澤 부근의 재류동포 역시 일처에 집중하고 군대로 경호」, 『동아일보』 1923년 9월 10일자.
23 「조선인 팔백 명 불미한 행동을 방지코자」, 『매일신보』 1923년 9월 11일자.
24 「일본유학생대회」, 『동아일보』 1923년 9월 5일자; 「재경일본유학생대회」, 『조선일보』 1923년 9월 5일자.

생친족회를 개최하고 재일유학생의 안부를 확인하고자 하였다.[25]

〈그림 2-3〉 도쿄 후카야(深谷)수용소의 재일조선인의 모습

이외에도 재일조선인의 생사 여부를 확인하려는 재류동포친족회도 조직되었다.[26] 서울 이외에 지방에서도 유학생들을 중심으로 안부를 확인하고자 하였다.[27] 뿐만 아니라『동아일보』,『조선일보』,『매일신보』등 언론사는 도쿄에 특파원을 파견하여 재일조선인의 생사 등 안부를 확인해서 국내로 보고하였으며, 조선총독부도 도쿄에 관리를 파견하여 역시 안부를 조사하여 국내에 보고하였다. 이에 각 신문사는 10월 중순까지 자체적으로 또는 조선총독부가 제공한

25   「유학생친족회」,『조선일보』1923년 9월 9일자. 유학생친족회는 의연금을 모금하는 한편 조사위원을 파견하기로 하였다. 그리고 상무원으로 李協在, 朴箕祚, 金相壁, 殷萬基, 李泰喆 魚英善 尹泌 李時馥 외 12인을 선임하였다.

26   「재류동포친족회」,『동아일보』1923년 9월 7일자.

27   『조선일보』1923년 9월 9일자에는 마산유학생회와 군산유학생회가,『동아일보』9월 8일자는 함흥유학생구호회 등이 조직되었다. 이외에도 일본에 유학생이 많은 지역은 유학생 또는 학부형을 중심으로 활동하였다.

자료를 지면을 통해 게재하였다.[28]

2. 관동대지진과 재일조선인의 귀향과 도항

9월 1일 오전 11시 58분에 발생한 관동대지진으로 수많은 사상자가 발생하고 삶의 터전을 잃어버림에 따라 피난 행렬이 끊이지 않았다. 재일조선인은 일단 지진의 진원지뿐만 아니라 도쿄를 비롯한 관동 일대를 벗어나는 것이며, 무엇보다 안전한 것은 비록 식민지만 고국으로의 귀환이었다. 이에 따라 재일조선인은 귀환을 위해 필사의 노력을 하였고 적지 않은 수가 돌아왔다. 관동대지진이 일어난 후 가장 먼저 고국으로 귀환한 재일조선인은 유학생 이주성과 한승인이었다. 이들의 귀환은 『동아일보』와 『조선일보』에서 대대적으로 기사화하였다.[29]

이주성은 함남 원산 출신으로 도요대학(東洋大學), 한승인은 평남 강서 출신으로 메이지대학(明治大學)에 각각 재학 중이었다. 하숙집에 있던 중 관동대지진이 일어나자 이주성은 가지바시(鍛冶橋) - 긴자(銀座)를 거쳐 마루노우치(丸之内)에서 한승인을 만나 니쥬바시(二重橋) 앞 바바사키(馬場先)에서 하루를 지냈다. 다음날 시부야(澁谷) - 아오야마(靑山) - 다마가와(玉川)을 지나 메이지신궁(明治神宮)에서 다시 하루를 보내고 미우와(浦和) 경찰서 - 쇼세이(藻井)에서 기차로 나고야(名古屋) - 고베(神戸) - 시

---

28   총독부는 15차례 생존 동포에 대한 조사 정보를 언론사에 제공하였고, 이를 신문사에서는 별도로 게재하였다. 「동경진재지방생존동포: 조선총독부출창소 조사 제15보」, 『조선일보』 1923년 10월 14일자.

29   「만력의 力으로 동경에서 고국에」, 『조선일보』 1923년 9월 7일자; 「구사일생으로 동경을 탈출한 二學生」, 『동아일보』 1923년 9월 7일자.

모노세끼(下關)를 거쳐 쇼케이마루(昌慶丸)를 타고 부산으로 귀환하였다.

〈그림 4-4〉 관동대지진으로 일본에서 최초로 귀환한 유학생 한승인과 이주성 기사

이들은 귀환 도중 야마구치(山口)에서 쇼세이로 오는 도중 기차 연
도에서 "자경단이 조선 사람인 줄을 알면 끌어내리게 되었으므로 매
우 위협하였다"라고 하였을 뿐만 아니라 기사 중 이하 5행이 삭제
되었다.[30] 또한 "여러 가지 말을 하고자 하였으나 다 하지 못한 것에
대해 용서를 바란다"[31]고 한 것으로 보아 재일조선인 학살을 실제로
목격한 것으로 추정된다.

이 기사는 『동아일보』와 『조선일보』에서는 비교적 비중이 있게
보도하였지만, 『매일신보』에서는 전혀 다루지 않았다. 이는 『매일신

---

[30]   「구사일생으로 동경을 탈출한 二學生」, 『동아일보』 1923년 9월 7일자.

[31]   「만사의 力으로 동경에서 고국에」, 『조선일보』 1923년 9월 7일자.

보』가 귀환자보다는 구제의연에 대해 좀 더 많은 지면을 할애하였기 때문으로 보인다.[32]

이밖에도 언론들은 구사일생으로 귀환한 유학생들을 소개하였다. 서산 출신 최동설은 시즈오카(靜岡)의 시미즈항(淸水港)에서 글래스코호를 타고 시나가와(品川)에 내렸다가 위험을 느끼고 다시 시미즈항으로 돌아온 후 기차로 시모노세끼를 거쳐 부산으로 귀환하였다. 귀환 과정 중 시미즈항에서 80명의 학생들을 만났지만 이 중 27명만 같이 귀환하였다.[33] 마산 출신으로 무사히 귀환한 이주만도 고향에서 위로회를 받는 한편 친지, 친구들에게 경험담을 들려주기도 하였다.[34] 방학 중 국내에 있다가 관동대지진 소식을 듣고 바로 도항하였던 이주천은 도쿄 인근 가와구치(川口)까지 갔다가 도쿄로 들어가는 것을 거부당하여 다시 돌아오기도 하였다.[35]

재일조선인의 귀환은 생사의 문제로 무엇보다 중요하였기 때문에 그때그때 기사로 다루어졌다. 재일조선인의 귀환 관련 기사는 정리하면 다음 〈표 4-2〉와 같다.

〈표 4-2〉 재일조선인 귀환 관련 기사 현황

신문	날짜	기사 제목	내용
동아	9.7	구사일생으로 도경을 탈출한 二學生	메이지대 한승인, 도요대 이주성 처음으로 귀국, 경험담

---

32 『매일신보』는 구제활동 중에서도 일본인 중심의 의연활동을 보다 심층적으로 다루고 있다. 주로 일본인의 의연금 활동과 일본인 및 조선인이 합동으로 의연하는 내용을 주로 기사화하였다.

33 「27명은 무사 귀국하였다」, 『동아일보』 1923년 9월 9일자.

34 「진재지로부터 생환한 이군 위로회」, 『조선일보』 9월 15일자.

35 「중도에 귀환한 유학생」, 『조선일보』 1923년 9월 8일자.

신문	날짜	기사 제목	내용
동아	9.13	선편마다 귀래하는 수백 명의 동포	326명 귀래, 대부분 고베와 오사카 노동자
동아	9.13	임시 급행선에도 250명의 동포	하관 출항 新羅丸으로 250명 중 도쿄는 29명
동아	9.13	귀환 동포	50명 의주 방면으로 출발
동아	9.14	昌慶丸으로 또 3백여 명 귀환	하관에서 출항 창경환, 부산 도착, 귀환 조선인 300여 명, 이 중 유학생 57명
동아	9.14	귀환 동포의 대부분은 관서지방에서	창경환 귀환 조선인 300여 명 중 대부분이 관서지역에서 옴
동아	9.15	14일 朝 창경환에	262명 귀환, 유학생 24명, 여자 23명
동아	9.16	덕수환으로 110명	13일 오후 부산 도착, 도쿄 지역 유학생 25명, 대부분 도쿄 지역에서 귀환
동아	9.16	동경으로부터 귀향한 2인	전주 출신 유학생 김완철, 김득철 형제
동아	9.17	동경을 탈하여 귀향	진해 출신 도쿄 유학생 김진석
동아	9.18	17일 오전에 407명이 귀국	창경환으로 407명 부산 하륙, 신라환으로 193명 하륙
동아	9.19	연락선 결항으로 하관 채류 3천명	16일 오후 6시 부산항 313명 하륙
동아	9.19	덕수환으로 224명	17일 오후 224명, 이 중 여성 14명, 유학생 17명
동아	9.20	또 365인	19일 아침 창경환으로 365명, 이 중 동경 23명
동아	9.21	19일 夜에도 163명	덕수환으로 556명 중 조선인 163명, 동경 21명
동아	9.22	20일에도 수백 명이 귀환	20일 아침 덕수환으로 부산 도착한 피난민 397명 중 조선인 135명, 도쿄 부근 33인
동아	9.23	21일 朝에도 335명	21일 아침 창경환으로 335명 귀환, 여자 27명
동아	9.23	21일 夜 128명	21일 밤 덕수환으로 부산항에 185명 중 조선인 128명, 여자 14명
동아	9.23	591명 22일 또 귀국	22일 아침 창경환으로 591명 부산항 귀국
동아	9.25	여행 증명은 시정촌장이 내주게 되었다	23일 덕수환으로 9명 입항, 학생 4명, 여학생 1명, 노동자 4명
동아	9.26	160명 귀환	24일 160명 귀환, 학생 7명
동아	9.28	또 68인이	26일 아침 창경환으로 68명 입항, 학생 21명, 노동자 47명

신문	날짜	기사 제목	내용
동아	9.30	97명이 29일에	29일 도쿄 시바우라(芝浦)를 출항, 학생 97명, 노동자 100명 부산에 도착
동아	9.30	광제환 회항편에 학생 340명을	도쿄 근방 학생 귀국하려고 신청하였으나 일체 불허, 계엄지역을 벗어났으나 다시 붙들여 와, 온건한 학생 340명
동아	10.1	앵도환에 3백 명	도쿄 시바우라를 출발한 광제환으로 학생 및 노동자 100명, 요코하마에서 창복환 거절로 앵도환으로 노동자 300명 싣고 출항
동아	10.2	광제호 着釜는 10월 5일	나라시노 수용 조선인 중 제1회로 200여 명 귀환키로
동아	10.3	앵도환에는 4백 명이	조선인 300명 동경을 출항
동아	10.6	181명 광제환으로 귀국	28일 시나가와를 출항한 광제환 5일 오전 부산항 입항, 181명 귀국, 학생 109명(여학생 6인), 노동자 72명
동아	10.6	동포 속속 귀환	4일 밤 창경환 학생 12명, 5일 아침 신라환으로 학생 45명, 여학생 5명, 노동자 100명 귀환
동아	10.9	동포 260 西京丸으로 귀국한다	나라시노에 수용되었던 유학생 262명 4일 아침 동경 출항, 9일 부산 입항 예정
조선	9.7	만사의 力으로 동경에서 귀국	귀국한 도요대 이주성, 메이지대 한승인의 실지 체험담
조선	9.8	중도에 귀환한 유학생	북청 출신 이주천 동경 근처에서 돌아옴
조선	9.11	피난 동포 3백 명	8일 아침 德壽丸으로 부산, 63인이 마산 통과
조선	9.12	피난 동포의 喜耗頻至	光州군에 1명 생환, 군산에도 학생 1인, 평택에도 1인 안착
조선	9.14	재일동포의 속속 귀환	12일 오후 9시 5명 경성역 도착, 인천에 1학생, 坂,東 新 市로 變名, 해주 청년 1명
조선	9.17	喜報와 凶報	태천에 1학생 귀가, 청주에도 2인 청년, 재령에도 학생 2인,
조선	9.18	피난 동포	경성역에 4인, 진남포의 학생, 광주는 11인, 전남 청년 2인
조선	9.18	생환 고국의 동포 수	9월 12일 현재 1,272명 부산 상륙

신문	날짜	기사 제목	내용
조선	9.19	진재지 동포의 안부	도쿄에 출장한 경성부리원의 전보, 무사한 13명 명단, 경성역에 9명 도착, 유학생 8명 무사
조선	9.19	피화 동포	평양과 진남포에도 반갑게 입에 돌아온 사람
조선	9.20	진재와 동포	光州역에 6명 도착, 개성에도 一學生, 제주에도 피난동포, 경성부에 15인, 경성역에 5인, 인천에도 또 희소식
조선	9.21	진재와 동포	군산 동포의 소식, 함평에도 1인 귀환
조선	9.22	災後 동포 소식	경성에 도착 동포 14인 귀향
조선	9.24	서산 청년 형제	이봉주와 이백룡 귀향, 함평 유학생 강이영 귀향
조선	9.30	매일에 백 명씩	29일 광제환으로 동경에서 귀환, 학생 30명, 노동자가 70명
조선	10.4	조선인 귀환의 상황	귀국한 조선인 1만여 명, 연말까지는 3만 명 될 듯
조선	10.9	조선 학생 귀환	나라시노에 수용되었던 유학생 260명 4일 서경환으로 시바우라를 출발, 9일 부산 입항 예정
매일	9.12	무사 귀향	9월 8일과 9일 귀향한 학생 太自極 등 8명
매일	9.14	무사 귀환한 학생	12일 오후 9시 경성역에 도착한 학생 韓昇馥 등 5명
매일	9.14	귀향자 14명	13일 귀환한 학생 李洛九 등 11명
매일	9.16	귀환 학생 8명	14일 오후 9시 경성역 도착한 학생 孫東滿 등 8명
매일	9.17	피난 학생 1명	15일 오후 9시 경성역 도착 孫覺栢
매일	9.18	又復 4명 생환	17일 아침 경성역 도착 학생 吳韓信 등 4명
매일	9.19	귀향자 又 9명	17일 경성역 도착 金沖燁 등 5명
매일	9.20	학생 4명 귀환	18일 오후 9시에 돌아온 학생 金在煥 등 4명
매일	9.21	귀환 유학생	19일 오후 9시 경성역 도착 학생 金東哲 등 4명
매일	9.22	귀향자 4명	20일 오후 9시와 21일 오전 6시 경성역 도착 金永泰 등 4명 논산으로
매일	9.22	귀환 학생 9명	21일과 22일 귀환 학생 梁月降 등 9명

신문	날짜	기사 제목	내용
매일	10.4	피난 동포 5백 명 탑승한 광제호 명일 입항	피난 이재민 500명 부산항 입항 예정
매일	10.9	귀환한 조선인	벌써 1만 명

〈표 4-2〉에 의하면 귀환하는 재일조선인의 동향은 『동아일보』가 가장 많이, 그리고 전체적인 동향을 보도하였으며, 『조선일보』는 지역별 귀환한 재일조선인의 동향을 주로 보도하였다. 이에 비해 『매일신보』는 기사의 분량도 적었을 뿐더러 노동자를 제외하고 귀환한 유학생만 간략하게 기사로 취급하였다. 이는 『동아일보』가 그만큼 재일조선인의 귀환에 가장 관심을 가지고 많이 다루었었음을 알 수 있다. 재일조선인의 생사 여부뿐만 아니라 귀환에 대해 『동아일보』가 관심이 많았던 것은 자사에서 파견한 특파원의 활동이 그만큼 적극적이었음을 알 수 있다. 이에 비해 『조선일보』와 『매일신보』는 조선총독부에서 제공한 것이나 경성부에서 파견한 조사원의 보고를 주로 기사로 취급하였기 때문이다.

귀환하려는 재일조선인들이 노동자 80여 명, 유학생은 30여 명씩 매일 부산항으로 몰려들었다. 귀환 첫 기착지인 부산 부두는 그야말로 대혼잡을 이루었다. 당시의 상황을 『동아일보』는 다음과 같이 보도하였다.

> 7일부터는 일본 관서(關西)지방에서 노동하던 동포들이 당국의 '귀국명령'으로 인하여 연일 배마다 백여 명씩 무료승차, 승선의 편을 쫓아 부산에 상륙하니, 본시 그날 벌어 그날 살던 노동자들이므로 상륙하며 즉시 '배고프다'는 타령이 일어나도 도저히 구제할 방법이 없음으로 아직은 각 관공서의 주선으로 밥을 지어 먹이며 한편으로는 만철에 교섭하여 무료승차권을 배부하여 각각 귀

향을 시키려 하나 만철에서는 아직 쾌락이 없음으로 더욱이 대혼
잡을 이루는 중이라더라.[36]

9월 7일부터 연일 부산항에 도착하는 배에서는 귀환하는 재일조
선인이 1백여 명씩 쏟아져 나왔으며, 이들은 대부분 일본에서 하루
벌어 하루 생활하는 노동자들이었기 때문에 귀환은 하였지만 생계
자체가 불가능하였다. 관공서에서 밥을 제공하였으나, 고향으로 돌
아갈 방법이 없자 부산항 일대에서 노숙생활을 할 수밖에 없어 대혼
잡을 이룬 것이다. 관동대지진으로 인한 노동자들의 귀환은 간토(關
東)지역뿐만 아니라 간사이(關西)지역에도 영향을 미쳤다.

앞서 인용한 기사에 의하면 7일부터 간사이지역 노동자들이 귀환
하기 시작하였는데, 이들은 관동대지진의 영향으로 더 이상 일자리
를 구할 수 없었기 때문이었다. 9월 12일에도 쇼케이마루(昌慶丸)로 귀
환한 재일조선인들의 대부분도 고베와 오사카 등 간사이지역(關西地
域)의 노동자들이었으며,[37] 부산 외에 목포에도 간사이지역 노동자
150명이 귀환하였다.[38]

이러한 귀환은 10월 초순까지 이어졌다. 『동아일보』에 의하면 "21
일 아침에도 조선 사람이 4백 명이 도착하였고, 또 동일 오후에 부산
에 도착한 도쿠주마루(德壽丸)에는 승객 397명 중에 조선 사람이 135
명"이라고 하였으며, 또 "21일 아침에 부산에 입항한 쇼케이마루(昌慶
丸) 편에도 335명의 동포가 하륙하였다"고 보도하였다.[39]

36 「부산 부두는 귀국동포로 혼잡」, 『동아일보』 1923년 9월 11일자.
37 「선편마다 귀래하는 수백 명의 동포」, 『동아일보』 1923년 9월 13일자.
38 「대판 재류동포 일백오십명이 귀국하였다고」, 『동아일보』 1923년 9월 11일자.
39 「20일에도 수백명이 귀환」, 『동아일보』 1923년 9월 22일자.

이와 같이 재일조선인은 관동대지진 현지에서 안전한 고국으로 돌아왔지만, 조선총독부는 "지금 여행하는 것은 매우 위험하다", 또 사이토(齋藤) 총독은 "얼마 동안 귀국하지 말고 정돈이 될 때까지 기다리라"고 귀환을 만류하였다.[40] 그러나 무엇보다도 일본 정부에서는 특히 유학생들의 귀국을 행정적으로 억제하였다. 즉 "동경에 있는 학생들은 당국에서 귀국하는 것을 즐겨하지 아니하여 증명 같은 것도 얼른 내어주지 않아"[41] 귀국하는 유학생의 9월 중순 이후 점차 감소하였다. 재일조선인의 귀국증명서는 관동대지진 직후에는 군과 경찰서에서 발급하였지만, 9월 21일부터는 시정촌장(市町村長) 행정조직으로 전환되었다.

이러한 상황에서 부산항에 귀환한 재일조선인들을 통해 재일조선인 학살, 제국일본의 피해 상황 등에 관한 이야기들이 회자됨에 따라 조선총독부 당국은 이를 강력하게 단속을 하였다. 즉 "일본 지방에서 피난을 하여 나오는 사람들이 날로 증가하여 감에 따라 일본 지방에서 조선 사람에게 대한 일본 사람들의 감정으로 흘러나오는 난폭한 행동이 점차로 부근에 전파"되기도 하였는데, 이를 '유언비어'라고 하는 한편 치안을 염려케 할 우려가 있으므로 재일조선인은 물론 일본인까지 엄중하게 단속하였다.[42] 실제로 도쿄닛신영어학교(東京日進英語學校)의 변산조와 김충, 와세다공수학교(早稻田工修學校)의 차정빈 등 유학생 3명은 고향으로 돌아가던 중 관동대지진에 대한 말을 하였다고 구류 21일의 처벌을 받고 대구형무소에 수감되었다.[43] 평

40   「수용 중의 재일조선인」, 『동아일보』 1923년 9월 22일자.
41   「21일 夜에도 128명」, 『동아일보』 1923년 9월 23일자.
42   「피난민 답지와 부산 부군의 인심단속, 유언비어 날로 늘어가서」, 『동아일보』 1923년 9월 16일자.
43   「학생 3명 구류」, 『동아일보』 192년 9월 24일자.

양의 한경식도 도쿄에서 목격한 것을 말하였는데 이 역시 유언비어를 유포하였다고 하여 평양경찰서에 잡혀 구류 21일을 처해졌다.[44]

관동대지진으로 재일조선인이 귀환하였지만 일부에서는 귀환선의 승선을 거부당하기도 하였다. 그 이유는 '불령선인'이었기 때문이었다. 그 내용은 다음과 같다.

> 동경진재지 안에 있는 조선 사람 2천 명을 기선 창복환(昌福丸)이 조선을 갈 때에 태워가지고 가기로 하고 각각 준비를 하여 배가 떠나려고 할 때에 창복환 선장은 절대로 거절하였는데, 그 이유는 불량한 조선 사람 단체를 태우는 것은 위험하다고 거절한 것이며[45]

쇼후쿠마루(昌福丸)은 재일조선인 2천 명이 승선한 후 출항을 기다리고 있었지만 선장은 재일조선인을 '불량한 선인'이라 하여 출항을 거부하였다.[46] 쇼후쿠마루의 귀환 거부로 재일조선인 2천 명 중 3백여 명의 노동자는 사꾸라지마마루(櫻島丸)를 타고 귀환하였다.[47] 이러한 승선 거부 행위는 여전히 재일조선인에 대한 차별, 나아가 학살과 폭행의 연장선에서 일어난 것으로 보인다.

그럼에도 불구하고 관동대지진 이래 9월 한 달간 귀환한 재일조선인은 약 1만 명에 달하였으며,[48] 10월 8일까지 귀환한 재일조선인을 대략 2만 5천여 명에 이르렀다. 이를 구체적으로 살펴보면 다음과 같다.

---

44   「평양에도 유언죄」, 『동아일보』 1923년 10월 1일자.
45   「창복환 선장 조선인 편승 거절」, 『동아일보』 1923년 9월 30일자.
46   「조선인의 승선을 거절」, 『조선일보』 1923년 9월 30일자.
47   「앵도환에 3맥명」, 『동아일보』 1923년 10월 1일자.
48   「조선인 귀환의 상황」, 『조선일보』 1923년 10월 4일자.

▶ 9월 중 귀래한 자

진재지로부터 학생 675명, 노동자 877명, 기타 72명

진재지 이외로부터 학생 71명, 노동자 12,329명, 기타 589명

▶ 10월 1일부터 8일까지 귀래한 자

진재지로부터 학생 553명, 노동자 1,142명, 기타 48명

진재지 이외로부터 학생 10명, 노동자 3,248명, 기타 165명[49]

〈그림 4-5〉 관동대지진으로 일본서 귀환한 재일조선인을 보도한
『동아일보』 1923년 10월 13일자 기사

이 기사에 의하면 관동대지진 이후 귀환 재일조선인 중 학생은 관동대지진이 발생한 지역, 노동자는 그 이외의 지역이 더 많았으며, 9월보다는 10월에 더 많은 재일조선인이 귀환하였음을 알 수 있다.

관동대지진이 발생한 후 조선총독부는 귀환뿐만 아니라 일본으로의 도항도 제한하였다. 무엇보다도 관동대지진이 일어난 현장에 자식과 친지를 둔 가족, 그리고 방학을 맞아 귀국하였던 유학생은 현지에서 생활하고 있는 재일조선인의 안부가 우려되었다. 이에 따라 현지에 조사위원을 파견하고자 하였다. 그리고 가능하면 직접 가족과 친지, 동료들의 생사를 확인하기 위해 지진 현장으로 건너가고자 하였다. 그

49   「진재 후에 귀래와 도항」, 『조선일보』 1923년 10월 13일자; 「귀환한 동포 총수」,
      『동아일보』 1923년 10월 13일자. 『조선일보』와 『동아일보』의 귀환자의 수가 일
      치하지 않는다. 9월 귀래한 자 중 진재지와의 학생 7명(『동아일보』)과 71명(『조
      선일보』), 기타 485명(『동아일보』)과 589명(『조선일보』)이다.

렇지만 일본 도항은 재일조선인의 폭동설과 유언비어로 인해 조선인
과 일본인 사이의 '신경이 극도로 흥분'되어 충돌할 수가 있기 때문에,
조선총독부는 가능하면 도항하지 않을 것을 당부하였다.[50]

이와 같은 상황에서 일본 정부에서도 9월 5일부터 일본으로의 도
항을 전면 제한하였다. 이에 따라 이날 밤 75명이 부산을 떠나 일본
으로 출항하였지만 다음날 6일 저녁에 부산으로 되돌아와야만 하였
다.[51] 심지어 공무 출장으로 인한 도항까지도 금지시켰다.[52] 이 조치
는 조선총독부에서 그대로 수용하여 일본으로의 도항을 사실상 폐
지한 것이다. 그런데 이와 같은 조치는 관동대지진 직후 재일조선인
학살 또는 폭행과 무관하지 않았을 것으로 추정된다. 그럼에도 불구
하고 조선인에 대한 일본인의 감정이 극도로 흥분되어 위험한 상황
에서 조선인을 보호하기 위한 것이라고 해명하였다.[53]

그러나 9월 7일부터 전면 제한된 도항은 일본 대학의 2학기 개강
을 즈음하여 유학생뿐만 아니라 일반인도 가능성이 제기되었다.[54]
또한 관동대지진으로 무질서하였던 도쿄도 점차 질서를 회복함에
따라 일본 정부와 조선총독부는 일시적으로 제한하였던 도항을 해
제하기 위해 협의를 하였다.[55] 유학생 등 도항 제한이 해제될 즈음

---

[50]   「조선인에 대한 감정이 소격된 차시에 동경행은 위험」, 『동아일보』 1923년 9월
       7일자.
[51]   「조선인 도항 절대 금지」, 『조선일보』 1923년 9월 8일자.
[52]   「내지 도항 제한은 조선인 보호 목적」, 『매일신보』 1923년 9월 9일자; 「조선인
       의 일본행 금후 절대 불능」, 『동아일보』 1923년 9월 8일자.
[53]   「조선인의 일본행 금후 절대 불능」, 『동아일보』 1923년 9월 8일자.
[54]   「진재와 일본 유학」, 『동아일보』 1923년 9월 21일자.
[55]   「해금이 近한 도항 제한」, 『매일신보』 1923년 9월 21일자; 「일본 도항 解禁乎」,
       『동아일보』 1923년 9월 2일자.

도쿄의 여택회(麗澤會)는 도쿄 유학을 일지 정지해달라는 경고문을 제출하기도 하였다.[56] 이에 따라 많은 수는 아니지만 조선인들이 도항을 하였는데, 1923년 10월 8일 현재 도항한 조선인은 다음과 같다.

> ▶ 9월 중에 도항한 자
> 진재지에 학생 88명, 노동자 131명, 기타 39명
> 진재지 이외에 학생 131명, 노동자 1,862명, 기타 159명
> ▶ 10월 1일부터 8일까지 도항한 자
> 진재지에 학생 13명, 기타 2명
> 진재지 이외에 학생 7명, 노동자 79명, 기타 33명[57]

관동대지진 직후에는 도항에 직접적인 제한은 없었지만, 앞서 보았듯이 9월 7일부터 도항은 전면적으로 제한되었다. 앞에서 본 9월 중 도항한 조선인 전면 제한된 9월 7일 이전이라 할 수 있다. 그렇지만 10월 3일 유학생들에게 도항이 해금[58]됨에 따라 20명의 학생이 2학기 개학으로 도항을 하였으며, 노동자는 지진이 일어난 간토 일대 이외의 지역에 80여 명이 도항할 수 있었다. 그밖에 10월 4일부터 관공리, 유학생, 상인 등에 한하여 경찰서에서 도항증명서를 발급받은 후 도항이 가능하였다.[59]

그렇지만 1924년 들어 관동대지진으로 인한 복구사업에 저임금

---

56 「동경 유학은 일지 정지하시오」, 『매일신보』 1923년 9월 24일자.

57 「진재 후에 귀래와 도항」, 『조선일보』 1923년 10월 13일자; 「귀환한 동포 총수」, 『동아일보』 1923년 10월 13일자.

58 「진재지 도항 3일 해금」, 『동아일보』 1923년 10월 5일자; 「동경 도항 해제」, 『조선일보』 1923년 10월 5일자.

59 「동경행의 조선인은」, 『동아일보』 1923년 10월 7일자.

조선인 노동력의 필요[60]와 생계를 위해 도항하려는 노동자가 부산으로 몰려들면서 도항 제한은 사회문제로 야기되었다.[61] 도항으로 생활고를 해결하기 위해 4천여 명의 노동자들이 부산으로 몰려들자, 이해 5월 17일 부산지역 유지들은 시민대회를 열고 제한된 도항을 해제할 것을 요구하였다.[62]

그러나 당국은 "함부로 건너가면 부랑하게 놀고, 내지나 조선은 물론하고 상호간에 큰 손해"[63]라는 이유로 제한적 도항을 해제하지 않았다. 그렇지만 값싼 조선인 노동자의 필요성과 도항에 목숨을 건 노동자의 요구에 따라 1924년 6월 1일 제한적 도항을 완전 철폐하였다.[64]

이로써 관동대지진 이후 9개월 동안 제한된 도항은 폐지되었고 이후 도항하는 조선인이 늘어남에 따라 1924년에는 12만 2천 명 이상 제국일본으로 도항하였다.

3. 소결

관동대지진은 비록 식민지 본국 일본에서 일어났지만 당시 식민지 조선도 그 영향에서 벗어날 수가 없었다. 관동대지진이 일어난

---

60 「도일 조선노동자 입국 금지를 해제」, 『동아일보』 1924년 5월 22일자.

61 관동대지진 이후 일본 내무성은 9월 7일부터 도항의 전면 금지 조치를 하였고, 이를 조선총독부도 수용하였다. 그렇지만 제한적이나마 도항은 꾸준히 이어졌다. 1924년 4월 중 경상북도에서만 학생 48명, 노동자 465명, 기타 69명 등 572명이 도항하였다(「노동자를 도일 방지」, 『동아일보』 1924년 5월 21일자).

62 「실업 도일 증가」, 『동아일보』 1924년 5월 16일자; 「부산 시민대회의 경과」, 『조선일보』 1924년 5월 21일자; 「부산시민대회」, 『동아일보』 1923년 5월 22일자.

63 「부산 부두에 蝟集하는 노동자 도항문제」, 『매일신보』 1924년 5월 27일자.

64 「조선 노동자의 도일제한 철폐 결정」, 『동아일보』 1924년 6월 2일자.

직후부터 재일조선인은 적국의 국민이었다. 재일조선인의 폭동설과 각종 유언비어가 난무하면서 피난민으로서가 아니라 적대적 감정으로 학살도 자행되었다.

이와 같은 상황에서 재일조선인은 안전이 무엇보다도 중요하였다. 때문에 국내의 언론인『동아일보』,『조선일보』,『매일신보』는 경쟁적으로 현지의 상황과 재일조선인에 대한 기사를 제공하였다. 이들 언론에 나타난 재일조선인의 동향을 정리하면 다음과 같다.

관동대지진 이후 재일조선인에 대한 기사는 9월 3일부터 10월 9일까지 게재되었다. 이들 기사는 크게 네 가지로 분류할 수 있다. 첫째는 재일조선인의 폭동설이라는 '유언비어'에 대한 기사이다. 재일조선인 폭동설은 관동대지진이 일어난 다음날인 9월 2일부터 유포되었다. 이 폭동설에 대해 국내 언론에도 초기에 많이 기사화되었는데, 주로 일본 정책 책임자 즉 야마모토(山本) 수상, 후쿠다(福田) 계엄사령관, 미루야마(丸山) 경무국장 등의 담화들이다.

이들 담화는 재일조선인 폭동을 일으키는 것처럼 일본정부에 의해 왜곡된 기사가 많았다. 관동대지진으로 민심이 흉흉한 틈을 타 재일조선인이 폭동을 일으키거나 일부이지만 실제 일어났으며 이로 인해 조선인과 일본인과의 적대적 관계로 만들었다. 나아가 일제의 식민통치론인 '일선융화'에도 적지 않은 영향을 미치며 뿐만 아니라 재일조선인의 폭동은 '전 인류의 소외'라는 반인류적 행동이라고 부추기기까지 하였다.

그러나 점차 시간이 지남에 따라 폭동설과 유언비어는 사실이 아님이 밝혀졌지만 그래도 일부에서는 '불령선인'으로 조선인과 일본인의 감정이 없지 않았음을 강조하고 있다.

둘째는 재일조선인 학살에 대한 기사이다. 일본과 마찬가지로 식민지 조선의 언론은 실제적으로 재일조선인 학살과 관련되어 구체적으로 기사화되지 못하였다. 이는 조선총독부의 언론 통제 때문이었다. 때문에 관동대지진 당시 자행된 재일조선인 학살은 '학살'이라는 표현이 아닌 '참화' 또는 '○○'이라고 하였다. 기사에서는 '학살'이라고 표기는 할 수 없었지만 재일조선인이 일본에서 학살을 당하고 있음을 암시하였음을 알 수 있다.

셋째는 유학생을 비롯하여 재일조선인이 안전하게 보호를 받고 있다는 기사이다. 재일조선인의 폭동설, 유언비어 등으로 재일조선인과 일본인의 감정이 격화되고 있지만, 일본정부는 재일조선인을 안전하게 보호하고 구제를 하고 있는 것이다. 이러한 내용의 기사는 앞서 언급한 폭동설이나 학살과 관련된 기사보다 그 게재량이 훨씬 많다는 점이다. 이와 같은 기사는 『동아일보』나 『조선일보』보다 총독부 기관지인 『매일신보』가 보다 많이 게재하였다. 그리고 이와 같은 기사의 주체는 수상, 계엄사령관 등 식민통치 담당자들의 말을 대변하고 있다는 점이다. 이는 '내선융화'라는 식민지배 기조에서 그대로 유지하기 위한 방편이기도 하였다.

넷째는 재일조선인의 안부와 관련된 내용이다. 관동대지진이 일어나자 무엇보다도 가장 위급한 것은 재일조선인의 생사 여부 즉 안부였다. 때문에 이와 관련된 기사를 가장 많이 할애하였다. 유학생대회, 유학생친족회 등 중앙뿐만 아니라 지방에서도 일본 유학생이 있는 곳이면 재일조선인의 안부를 특파원을 파견하여 생사를 확인하고자 하였다. 이에 총독부는 생존 재일조선인을 파악하여 제공하였고 이를 각 언론에서는 게재하였다. 그리고 동아일보는 특파원의 활동으로 독자적인 생존 재일조선인을 확인하여 보도하였다.

한편 관동대지진 이후 재일조선인의 귀환도 적지 않았다. 그러나 일본정부의 귀환 제한으로 인해 적지 않은 어려움이 따랐다. 9월 7일 한승인과 이주성의 첫 귀환으로 시작된 재일조선인의 귀환은 10월까지 이어졌으며, 2만 5천 명에 당하였다. 이는 단일 시기 해방 전 가장 많은 재일조선인이 귀향한 것이다. 관동대지진으로 일본으로의 도항 역시 철저하게 통제되었다. 9월 5일부터 제한된 도항은 10월 초순 관공리, 유학생, 일부 상인에게 제한적으로 허용되었지만 여전히 통제되었다. 이후 1년이 지난 1924년 6월에 가서야 전면적으로 도항이 해제되었다.

관동대지진이 일어나자 일본정부와 조선총독부는 재일조선인을 통제하였다. 재일조선인은 보호라는 명문으로 수용소에 강제 수용되었으며, 이를 안전하다고 기사화하였다. 그러나 이러한 보호조치는 '내선융화'라는 식민통치의 일환으로 추진되었던 것이다. 뿐만 아니라 관동대지진으로 인한 귀환과 도항도 철저하게 식민통치의 일환으로 활용하였다고 할 수 있다.

제2장 관동대지진과 조선총독부의 민심 동향 파악

1. 조선총독부의 민심 동향 파악

관동대지진 발생 당일, 그 소식은 조선에도 전해졌다. 9월 1일 오후 반경 조선호텔 연회석상에 있던 마루야마(丸山鶴吉)에게 무선통신으로 요코하마에서 큰불이 일어났다고 전달되었다. 그때까지만 해도 관동대지진에 대한 구체적인 사실이 제대로 전달되지 못하였다. 그러나 이날 밤 2시경 도쿄에 대지진이 발생하였다는 전보를 받았다.[65] 사이토 총독은 9월 1일 밤 10시 30분 일본의 지진 소식을 접하게 되었다.[66] 날이 밝자 마루야마(丸山) 경무국장은 경무국에 전해진 소식들을 가지고 총리 관저로 가서 사이토 총독을 방문하였다.[67]

관동대지진 소식을 접한 총독부는 곧바로 좀 더 정확한 정보를 수집하기로 하는 한편 구호시설을 설치하기로 하였다. 조선총독부는 관동대지진의 실황 조사를 위해 경무국 소속 구니도모(邦本) 사무관, 문서과 구라하시(倉橋) 사무관, 그리고 체신과 우에다(直田) 부사무관을 대지진 현장 도쿄로 파견하였다.[68] 이들로부터 수집된 정보에 따라

---

[65]   琴秉洞 편, 『朝鮮人虐殺に關する植民地朝鮮の反應』(關東大震災朝鮮人虐殺問題關係史料Ⅳ), 綠陰書房, 1996, (2)쪽(해설).

[66]   『齋藤實日記』 9월 1일자(국사편찬위원회, 마이크로필름); 노은주, 「관동대지진과 일본의 재일조선인 정책: 일본정부와 조선총독부의 '진재처리' 과정을 중심으로」, 연세대학교 대학원, 석사학위논문, 2007, 39쪽.

[67]   丸山鶴吉, 『五十年とこるどこる』, 講談社, 1934; 『朝鮮人虐殺に關する植民地朝鮮の反應』, 93쪽.

[68]   琴秉洞 편, 『朝鮮人虐殺に關する植民地朝鮮の反應』, (2)쪽(해설).

구호에 관한 협의를 하고 위문의연금 모금, 구호반 파견, 이재 재일
조선인 구호, 위문품 수송 등 제반 사항을 정하기로 하였다.

관동대지진 소식을 알게 된 사이토 총독은 다음날인 9월 2일에
취한 행동은 총독부 주요 인사들[69]과 식민지배에 협력하는 조선인이
나 유력 인사들[70]을 만난 것이었다. 이들은 어떤 이야기를 나누었는
지 확인할 수는 없지만, 관동대지진에 대한 소식과 이에 따른 식민
통치에 협조를 구한 것으로 추정된다. 그리고 이날 마루야마(丸山) 경
무국장은 국경 지역 및 경상남도지사에게 전보를 보내는데, 그 내용
은 다음과 같다.

> 이번 도쿄 기타 내지 각지에 지진의 피해를 승하여 불령 무리
> 들이 언제 과격한 운동을 할지도 모르니 조선 인심의 동요와 내지
> 및 조선 밖 불령선인과 연락을 하려는 행동이 나타날지도 모르는
> 때에, 특히 경상남도에서는 내지와 조선의 조선인의 왕래 연락을,
> 그리고 국경 방면에서는 국외 조선인과의 왕복 연락에 주의하고
> 이를 틈타려는 것을 엄중 경계할 것을 명함.[71]

이 전보에 의하면 두 가지를 엄중 경계할 것을 지시하고 있다. 첫
째는 일본에 있는 조선인의 '과격한 운동'이 있을 경우 조선 내의 인
심 동요가 있을 것으로 예상하고 경상남도에서의 일본의 조선인들
이 서로 연락하는 것을 엄중 단속할 것, 둘째는 그 연장선상에서 만

---

[69] 당시 참석한 주요 인사로는 有吉忠一 정무총감, 倉橋鉐 문서과장, 原靜雄 토목
과장, 志賀潔 의원장, 菊池鎌讓 등이었다(『齋藤實日記』, 9월 2일자).

[70] 이때 참석한 인물은 신석린, 민영기, 박기양, 이희두, 송진우, 윤덕영, 이진호, 민
대식 등이었다(『齋藤實日記』, 9월 2일자).

[71] 警務局長, 「電報案: 國境各道知事, 慶尙南道知事 宛」, 1923년 9월 2일자; 『秘震
災關係警戒取締に關する重要通牒』, 朝鮮總督府 警務局.

주와 러시아 등 국경지대에서 민족운동 세력과의 연락하는 것을 엄중 경계할 것을 명령하고 있다.

이는 일본에서의 '조선인의 과격한 운동' 즉 민족운동을 전개할 경우 식민지 조선과 국외에서 호응할 것을 가장 경계한 것이라 할 수 있다. 특히 경상남도지사 앞으로 보낸 것은 당시 재일조선인 가운데 경상남도 출신자가 가장 많았기 때문이었다.[72]

이에 따라 조선총독부는 앞서 언급한 바와 같이 관리들을 일본에 파견하였던 것이다. 그리고 같은 날 이와는 별도로 국경지방과 경남도지사를 제외한 여타 지역 도지사에게도 이와 같은 전보를 발송하였다.[73]

9월 3일이 되자 관동대지진 피해 현장에서 떠도는 유언비어를 공식적으로 전하는 전보가 일본 정부로부터 왔다. 이날 오전 8시 30분 내무성 경보국장이 총독부 경무국장에게 보낸 전보에서 이를 확인할 수 있다.

> 도쿄 부근의 진재를 이용해, 재류 조선인이 방화, 투척 등 기타의 불령수단을 행하려 함. 이미 도쿄부에서는 일부 계엄령을 시행하였으니, 이때 조선 내 조선인의 동요에 엄중한 취체를 가하고, 내지 도항을 저지하도록 할 것.[74]

---

[72] 『在京朝鮮人狀況』(1924)에 의하면 4,153명 중 경상남도 출신이 전체의 30%에 달하는 1,247명으로 그 비중이 컸다. 이러한 사정 때문에 경남 출신들이 귀국하여 소식을 전달하는 것을 가장 경계하였다.

[73] 警務局長, 「電報案: 各道知事 宛(國境各道及慶南知事ヲ除ク)」, 1923년 9월 2일자; 『秘震災關係警戒取締に關する重要通牒』, 朝鮮總督府 警務局.

[74] 「船橋送信所關係文書」, 『現代史資料』 6, 18쪽.

이 전보에 의하면, 재일조선인들이 방화나 투척 등 폭력적 행동을 하고 있으며, 이를 막기 위해 계엄령을 발포하였고, 나아가 재일조선인을 엄중 취체하고 있는 것을 알 수 있다. 뿐만 아니라 조선인의 일본 도항마저도 하지 못하도록 철저하게 막고자 하였다. 그러나 이는 일본에서 재일조선인 학살을 은폐하고 왜곡하려고 하는 전보였다.

관동대지진이 발생한 당일부터 '조선인이 우물에 독을 넣었다', '조선인들이 폭동을 일으키려고 한다'는 등 유언비어가 난무하였고, 재일조선인의 학살로 이어졌다. 심각성을 느낀 일본 정부는 9월 5일 '진재 시 국민 자중에 관한 건'이라는 내각 고시를 발표하였다. 그 내용을 『매일신보』는 다음과 같이 보도하였다.

> 今次 震害에 乘하여 一時 不逞鮮人의 暴動이 有하여 鮮人에 對하여 頗히 不快한 感을 懷하는 者가 有하다 聞하는도다. 鮮人 中의 若不穩에 涉하는 者가 有함에 在하여는 速히 取締의 軍隊 及 警察官에게 通告하여 其 措置를 爲할 것이오. 各自 스스로 迫害를 加함과 如함은 本來 日鮮同化의 根本主義에 排戾할 뿐 아니라 世界 各國에 對하여 決코 誇할 事가 아니로다. 事는 今回 突然히 困難한 事態에 會際하였음에 基因한다 認하나 此 非常時에 當하여 常히 平靜을 失치 아니하여서 我國의 節制와 平和의 理想을 發揮함은 本 大臣의 此際 特히 望하는 바로 民衆 各自의 切히 自省함을 望하는 바이다.[75]

야마모토 수상이 발표한 이 고시 역시 재일조선인 학살을 왜곡하고 있지만, 적어도 일본인이 조선인에 대해 '不快한 感을 懷하는 者'

---

[75] 「朝鮮同胞를 愛護하라, 小數者의 行動과 內地人의 誤解」, 『매일신보』 1923년 9월 8일자.

가 있어 '迫害를 加함'이라고 하여 재일조선인 학살을 우회적으로 인정하고 있다. 그리고 이러한 박해를 자제할 것을 당부하고 있다. 그렇지만 그 원인은 '재일조선인의 폭동'에 있다고 그 책임을 회피하고 있다.

우회적으로나마 일본에서 재일조선인에 대한 학살이 있었다는 사실이 전해지자, 아리요시(有吉) 정무총감은 "총리의 유고 등에 의해 조선인학살 보도를 과장하고, 이번에 조선인을 격앙시키는 징후가 있습니다. 이에 대해서 완화의 방도를 강구하고 있습니다"[76]라고 사이토 총독에게 보고하였다.

뿐만 아니라 내각이 재일조선인 학살 사건에 대해 발표하자, 아리요시 정무총감은 "일본에 영향을 미칠 뿐 아니라 조선은 말할 것도 없이 멀리 외국에도 일본 국민의 신용을 실추시키는 사건"이라고 하였다. 나아가 "조선총독부와 아무런 협의도 없이 이와 같은 사건을 결정한 것에 대해서 총독으로서는 묵시할 수 없을 뿐 아니라 총독으로서는 진퇴를 결정할 수밖에 없는 사태"[77]라고 분개하였다.

이처럼 관동대지진은 식민통치에 적지 않은 영향을 미쳤다. 위협을 느낀 조선총독부는 관동대지진에 대한 국내외 조선인들의 인식을 우선적으로 파악하고자 하였다. 이는 4년 전 일어난 3·1운동을 염두에 두었기 때문이다. 즉 민심을 사찰하여 3·1운동과 같은 대규모의 만세시위를 사전에 막기 위해서였다.

그렇지만 사회주의 단체에 대해서는 관동대지진 이전부터 예의주

---

[76] 「齋藤實 總督 앞으로 보낸 有吉忠一의 서한」, 1923년 9월 14일자(『齋藤實文書』 307-18).

[77] 「齋藤實 總督 앞으로 보낸 有吉忠一의 서한」, 1923년 10월 25일자(『齋藤實文書』 307-22)

시하였다. 국제청년데이를 기념하기 위해 9월 2일 서울청년회에서 강연회를 개최하고 선전물을 배포하려고 하였지만 종로경찰서에서 이를 금지시키고 선전물을 압수하는 한편 한신교, 장채국, 이영 등 11명을 검속하였다.[78] 이러한 단속은 관동대지진으로 더욱 강화되었다. 9월 3일에는 경기도 경찰부에서 조선 사회주의자들이 일본 사회주의자와 관동대지진에 대해 불리한 내용 즉 재일조선인 학살 등의 소식을 주고받을 염려가 있다고 보고 사회주의자 경계령을 내렸다.[79]

당시 조선총독부의 가장 큰 골칫거리의 하나는 '사회주의운동'이었다. 1919년 조선의 독립운동인 3·1운동 이후 조선의 민족운동에서는 새로운 이념적 대안으로서 사회주의 사상이 수용되고, 사회주의운동은 민족주의 진영과 함께 민족운동의 독자적인 세력으로서 성장해나가고 있었다. 특히 1920년대에 들어 사회주의운동이 점차 확산되자 조선총독부는 새로운 형태의 민족운동에 대한 경각심을 가지고, 이를 방지하기 위한 탄압정책을 펼치고 있었다.[80] 그럼에도 불구하고 국내외에서 활발히 활동하던 사회주의 세력은 1923년 3월 말경 사회주의 청년단체인 서울청년회의 주도로 '전조선청년당대회'를 개최하였다.[81]

78 「서울청년회 선전지 압수」, 『매일신보』 1923년 9월 3일자; 「다수한 선전문을 압수」, 『조선일보』 1923년 9월 3일; 「기념식도 불허」, 『조선일보』 1923년 9월 3일; 「강연회도 금지」, 『조선일보』 1923년 9월 3일자. 그러나 평양과 영동, 마산 등 일부 지역에서는 국제청년데이 기념식을 가졌다(「각지에 청년기념일」, 『조선일보』 1923년 9월 5일자).

79 「사회주의자 경계령」, 『조선일보』 1923년 9월 4일자.

80 황민호, 「전시통제기 조선총독부의 사상범 문제에 대한 인식과 통제」, 『사학연구』 79, 한국사학회, 2005, 312~213쪽.

81 「3분과를 置하고 신중 토의」, 『동아일보』 1923년 3월 29일; 「청년당 대회는 금지」, 『동아일보』 1923년 3월 31일자.

이 시기에 상하이(上海)에서도 국내외의 독립운동단체가 참여하여 1923년 1월부터 5월 중순까지 '국민대표회의'를 열었다. 상하이에서 열린 '국민대표회의'는 3·1운동 이후 국외에서는 최초로 전개된 '민족연합전선운동'이었다.[82]

이와 같이 관동대지진 직전 식민지 조선에서는 사회주의 세력이, 국외에서 연합전선운동 등의 민족운동이 활발하게 전개되었다. 조선총독부는 이에 대한 촉각을 곤두세우고 있던 긴장된 상황 속에서 '재일조선인 학살 사건'이 일어난 것이었다. 이로 인해 조선총독부는 어느 때보다도 식민지배의 안정화를 위해 '민정사찰'의 필요하였던 것이다.

그렇다면 조선총독부는 언제부터 민심 동향을 파악하였을까. 조선총독부는 관동대지진이 일어났다는 소식이 전해진 다음날, 즉 9월 2일부터 동향을 파악하기 시작하였다. 이날 종로경찰서는 서울청년회와 천도교청년당의 활동, 사회주의자 및 지식 유산 계급자 등의 동향을 파악하여 경성지방법원에 보고하였다.[83] 더욱이 관동대지진 소식을 들은 동아일보 편집부장 이상협이 일본 현장으로 출발하려고 하는 것까지도 수집하였다.[84]

이후 조선총독부의 각종 정보를 수집을 위해 경찰서, 헌병대, 법원, 군대, 관 등을 동원하여 전방위적으로 식민지 조선인을 사찰하였다. 민정사찰의 대상은 다양하였지만 조선헌병대 사령부의 경우 사회주의자, 배일자, 친일인사, 종교가, 교육가, 학생, 상공업자 등을 대상으로 관동대지진에 대해 어떻게 '감상'하고 있는지를 수시로 파악

---

82 이현주, 『한국 사회주의 세력의 형성;1919~1923』, 일조각, 2003, 233~234쪽.

83 鐘路警察署長, 「市內狀況報告ノ件」, 1923년 9월 2일자(국사편찬위원회 홈페이지 역사통합시스템)

84 「市內狀況報告ノ件」, 1923년 9월 2일자.

하였다. 그러나 중요한 것은 단순히 관동대지진에 대한 감상만이 아니라 재일조선인 폭동이라는 유언비어에 대해서도 사찰하였다.[85]

관동대지진의 소식이 조선 일반에 퍼진 것은 9월 3일부터이다.[86] 하지만 그 이전부터 지진뿐만 아니라 관동대지진의 재일조선인에 대한 유언비어 상황까지 알고 있던 조선총독부는 관동대지진의 상황이 식민지 조선에 알려져 만세운동과 같은 폭동이라도 일어날까 미리부터 각종 활동에 대한 단속을 시작하였다. 앞서 언급한 바와 같이 9월 2일 오후 1시에 서울청년회에서는 국제청년일 기념회를 개최하려 했으나, 총독부는 서울청년회의 집회가 조선 내의 질서에 해를 가하는 것이라고 여기고 서울청년회 회원을 검거하였다.[87] 뿐만 아니라 경성 종로경찰서는 2일 당시 경성의 정황에 대해서도 조사를 했는데, 아직 관동대지진이 일반에 공식화되지도 않은 상황 속에서 "과격한 공산주의자들이 극단적인 폭언을 퍼뜨리고 다닌다"고 하면서 사회주의 세력의 움직임을 주시하고 있었다.[88] 이와 같은 사실은 『동아일보』의 기사를 통해서도 확인할 수 있다.

> 동경에 대지진 사건이 있고, 따라서 인심이 흉흉한 중에 사회
> 주의자들이 모 활동을 계획한다는 보도 글들은 경기도 경찰부에

---

[85]　朝鮮憲兵隊司令部,「震災ニ伴フ感想ト流言ニ關スル件」, 朝憲警秘 第613號, 1923년 9월 11일.

[86]　관동대지진과 관련하여 9월 2일에 『매일신보』 호외가 발행되었지만 본격적인 보도는 9월 3일자 『매일신보』, 『동아일보』, 『조선일보』 등 신문에서 보도하면서부터였다.

[87]　「서울청년회원 기소될 듯, 간부 열세 명」, 『동아일보』 1923년 9월 4일자. 당시 기소된 청년회원은 全富一, 韓愼教, 閔泰興, 金裕寅, 崔甲春, 李同和, 李英, 金○玉, 姜永淳, 任鳳淳, 鄭泰重, 李允植, 張彩極 등이다.

[88]　경성종로경찰서장,「市內狀況報告ノ件」, 1923년 9월 2일자.

서는 돌연히 긴장한 빛을 띠고 시내 각 경찰서와 연락하여 경계를 엄중히 하는 중이며, 더욱이 각서 형사를 비상 소집하여 경성에 있는 주의자들의 가택을 방문하고 또는 그들과의 통신을 엄중히 경계 중이라더라.[89]

이 기사에 의하면, 관동대지진으로 인한 혼란한 틈을 타서 식민지 조선의 사회주의자들이 일본의 사회주의자들과 연계하여 사회적 혼란을 야기시킬 수 있다는 판단 아래 서로 주고받을 수 있는 통신을 포함한 모든 연락 관계를 엄중 경계하고 있다. 단순히 여기서 그치는 것이 아니라 사회주의자들의 집을 찾아가 정탐까지 하고 있음을 밝히고 있다. 이러한 행위는 사회주의자들에 대한 일종의 경고라고 할 수 있다.

9월 3일자 신문 보도를 통해 관동대지진이 일반 사회에 알려지자 조선총독부에서는 보다 적극적으로 조선인의 민심을 주의 깊게 살피고 있다. 종로경찰서는 관동대지진에 대해 민족적 감정보다는 대부분 인류애적으로 동정을 하고 있지만, 다른 한편으로는 이번 재해로 인해 총독부의 보조금이 줄어 식민지 조선 경제에 영향을 미칠 것이라는 우려와 재해로 인해 다수의 일본인이 조선으로 이주하여 조선인의 생활을 어렵게 할 것이라는 불안감 등이 일반사회에 있다고 조사·보고하였다. 뿐만 아니라 천도교청년당 및 조선교육협회, 노동연맹회 등 기타 단체에서 이번 기회를 이용하여 적극적인 행동을 하려 할 것이며, 조선에 있는 사회주의자와 일본의 사회주의자가 이 기회를 틈타 활동할 것이라고 하는 민심과 각 단체의 동향을 보

89   「在京城 主義者들 警戒, 만일을 염려하여서」, 『동아일보』 1923년 9월 4일자.

고하였다.[90]

이러한 상황에서 조선총독부는 9월 4일자로 각 지역에서 시국에
대한 비방이나 상황을 보고할 것과 '요주의 인물'에 대한 본격적인
단속을 개시하고 있다. 특히 "요시찰 또는 요주의 인물의 움직임 특
히 조선 밖의 주의 인물과의 연락을 엄밀 감시할 것, 도회지에서 만
일 사건이 발생할 경우 언제라도 상당의 비번 순사를 출동할 수 있
도록 하고 도내 전체에 빠르게 동원에 대응할 수 있도록 계획을 세
울 것, 만일 폭동 등 불온한 사변 발생할 때는 당국에 즉보함과 동시
에 신문에 게재를 금지할 것" 등을 지시하였다. 뿐만 아니라 사회주
의자 이외에도 보천교, 천도교 등 정치색이 강하다고 판단한 민족종
교 단체의 행동을 보다 엄밀하게 사찰할 것도 포함하고 있다.[91]

이와 같은 '민심 파악'이라는 사찰은 『동아일보』를 통해서도 확인
할 수 있는데, 그 내용은 다음과 같다.

동경에 지진이 있은 후에 경찰의 활동은 비상하여 재작 4일에
경기도 마야(馬野) 경찰부장은 관내 각 경찰서장에게 엄중한 비밀명
령을 내리었다 한다. 이제 그 내용은 들은 즉 동경에 지진이 있은
후 일반의 형세는 매우 악화하여 계엄령을 포고하고 군대까지 출
동한 터이라, 조선에도 어떠한 영향이 있을는지 알지 못하는 터인
즉 관내를 엄중히 경계하여 요시찰인의 조사는 물론이요, 관내 각
단체에 대하여 조금도 게으르지 말고 엄중히 경계를 하라는 것이
라 한다. 이로 인하여 방금 시내 각 경찰서에서는 형사의 비상 소
집을 행하고 다시 정복 순사에게까지 사복을 입힌 후 요시찰인의

90 鐘路警察署長, 「東京地方災害ニ對スル一部部民ノ感想ニ觀スル件」, 1923년 9월
3일자.
91 警務局長, 「電報案: 各道道知事 宛」, 1923년 9월 4일자; 『秘震災關係警戒取締に
關する重要通牒』, 朝鮮總督府 警務局.

일반 행동과 그의 출입과 또는 통신과를 조사하고 그와 동시에 청
년회, 노동단체, 기독교 단체, 기타 종교단체 등 지극히 적은 단체
라도 하나도 빼지 아니하고 형사가 그곳에 출장하여 만일을 엄중
히 경계 중이라더라.[92]

〈그림 4-6〉 민정사찰을 알리는 『동아일보』 1923년 9월 6일자 기사

이 기사에 의하면 사복한 형사와 순사들이 요시찰 인물, 청년단
체, 종교단체뿐만 아니라 미미한 단체까지 사찰을 하고 있음을 알
수 있다. 민정사찰은 서울뿐만 아니라 평양 등 지방의 주요 도시에
서도 진행되고 있었다.[93]

9월 7일에 이르러서는 관동대지진 피해지에서 재일조선인 학살과

92 「각 경찰 대활동」, 『동아일보』 1923년 9월 6일자.
93 「平壤 警察 警戒」, 『동아일보』 1923년 9월 6일자.

차별로 인해 조선으로 귀국하는 조선인이 늘어나자 이들에 대한 단속도 시달하였다. 『동아일보』와 『조선일보』는 관동대지진 이후 일본에서 최초로 귀국한 유학생 한승인과 이주성[94]의 대해 「생지옥의 실황을 목도한 최신 소식」이라는 기사를 1면 톱기사로 게재하였다. 이 기사는 피해지의 상황, 귀국하기까지의 과정, 조선인에 대한 피해 등을 생생하게 전하고 있다.[95]

이처럼 귀국한 조선인들은 피해지에서의 체험담뿐만 아니라 '재일조선인 학살'에 대해 보고 들은 상황을 전달하였기 때문에, 이들의 동향을 조사하는 한편 유언비어에 대해 강력하게 단속하도록 한 것이다. 뿐만 아니라 이들을 초청하여 개최하는 강연과 집회도 절대 금지할 것을 지시하였다.[96] 이와 관련하여 아리요시 정무총감은 담화를 발표하였는데, 그 내용은 다음과 같다.

> 日本 內地에서 今番 大天災에 罹하여 不幸을 當한 多數 朝鮮人은 氣車가 通하게 됨을 隨하여 着着히 歸來하는 中인 觀이 有한 바, (중략) 現在에 朝鮮人의 被害 云云의 宣傳을 하는 것은 大段히 不可하니 朝鮮人이 最初에 若干의 不穩行動이 有하였으므로 日本人의 感情이 極度로 勃興하였을 뿐 아니라 朝鮮人에 對하여 그 感情上 不美한 點을 記載한 新聞은 着着 發賣禁止를 斷行하여 日本人과 朝鮮人의 感情을 不和케 하는 것을 禁止하는 中인데, 오히려 朝鮮人이 其 被害를

---

[94]　韓昇寅은 평남 강서 출신으로 明治大學에 재학 중이었고, 李周盛은 함남 원산 출신으로 東洋大學 재학생이었다.

[95]　「九死一生으로 東京을 脫出한 二學生」, 『동아일보』 1923년 9월 7일; 「萬死의 力으로 東京에서 故國에 歸還한 二學生의 實地冒險談」, 『조선일보』 1923년 9월 7일자.

[96]　警務局長, 「電報案: 各道道知事 宛」, 1923년 9월 7일자; 『秘震災關係警戒取締에 關する重要通牒』, 朝鮮總督府 警務局.

誇張하여 宣傳하는 것은 充分히 取締치 아니할 수 없다. (하략)[97]

아리요시는 '재일조선인 피해'를 운운하는 신문은 발매금지[98]하여 일본인과 조선인의 감정을 불화케 하는 것을 금지하고 있는 가운데 조선인 피해를 과장하여 선전하는 것 즉 '재일조선인 학살'에 대해 말하는 것을 취체하지 않을 수 없다고 강조하고 있다.

이 담화에는 일본에서 귀국한 조선인을 구제하기 위해 부산에 임시사무소를 설치하여 무료로 고향으로 돌아갈 수 있도록 조치하고 있으며, 친지나 가족 등의 안위가 걱정이 되지만 일본으로의 도항은 절대 용인하지 않겠다고 밝히고 있다.[99]

이후에도 조선총독부 경무국은 각도 도지사와 총독부에서 파견한 관리, 경찰부장 등에게 귀환한 조선인의 감시, 현지 실정 유포 및 유언비어 취체, 강연회 및 집회 절대 금지를 지시 및 사찰내용을 보고토록 하였다.[100]

이를 계기로 강원도 등 도 경찰부, 종로경찰서와 춘천경찰서 등 지방 경찰서뿐만 아니라 고등법원과 지방법원, 심지어 헌병대사령부에서까지 내밀하게 사찰하여 민심을 파악하였다. 국사편찬위원회에서 확인할 수 있는 『관동진재에 대한 정보철』에 의하면 각 기관에

---

97 「誇大 宣傳 絶對 不可」, 『동아일보』 1923년 9월 9일자.

98 「警務局도 眼鼻莫開, 押收한 新聞이 四十餘種」, 『조선일보』 1923년 9월 8일자.

99 警務局長, 「電報案: 各道道知事 宛」, 1923년 9월 7일자; 『秘震災關係警戒取締に關する重要通牒』, 朝鮮總督府 警務局.

100 警務局長, 「電報案: 各道知事·各派遣員 宛」, 1923년 9월 7일자; 「電報案: 各道知事(警察部長) 宛」, 1923년 9월 9일자; 「暗號電報案: 各道知事·各派遣員 宛」, 1923년 9월 7일자; 「電報: 各道知事 宛: 流言其他ノ言動取締方ノ件」, 1923년 9월 19일자(『秘震災關係警戒取締に關する重要通牒』, 朝鮮總督府 警務局)

서 보고한 민정사찰과 관련한 문건은 〈표 4-3〉과 같다.

〈표 4-3〉 『관동진재에 관한 정보철』의 민정사찰 보고 건수

보고자	수신처 및 보고처	보고 회수	비고
경기도경찰부장	경무국장, 지방법원 검사정	1	
강원도경찰부장	경무국장, 각도지사, 경성지방법원 검사정, 춘천지청 검서, 철원지청 검사, 함흥보병 제37여단장, 함흥보병74연대장, 도내 각 경찰서장	22	
인천경찰서장	경성지방밥원 검사정	3	
개성경찰서장	경성지방법원 검사정	3	
춘천경찰서장	경성지방법원 검사정	14	
경성종로경찰서장	경성지방법원 검사정	3	
경성본정경찰서장	경성지방법원 검사정	6	
경성용산경찰서장	경성지방법원 검사국 검사정	1	
경성동대문경찰서장	경성지방법원 검사정	4	
경성서대문경찰서장	경성지방법원 검사정	9	
고등법원 검사장	지방법원 검사정, 지청 검사 및 검사 사무취급	1	
경성지방법원 감사정	법무국장, 고등법원 검사장, 경성복심법원 검사장	1	
경정지방법원 수원지청 검사	경성지방법원 검사정	2	
경성지방법원 개성지청 검사	경성지방법원 검사정	1	
경성지방법원 춘천지청 검사	경성고등법원 검사장	2	
원주법원 지청 검사 사무취급	고등법원 검사장	2	
경성지방법원 철원지청 검사	고등법원 검사장	3	
조선헌병대사령부	조선군사령관, 조선양사단장, 진해요항부사령관, 관동군사령관, 관동헌병대장, 조선 각 헌병대장/육군차관, 해군차관, 헌병대사령관	3	국경지방
서무부장	본부 각 부장, 제1차 소속관서 서장	1	
미상	경성지방법원 검사정	1	

〈표 4-3〉에 의하면, 민정사찰 기관은 주로 각지 경찰서, 법원, 헌

병대사령부 등이었다. 이들 사찰기관 중 경찰서가 민심 동향을 파악하는 데 주력하였다. 사찰 내용을 보고받은 기관은 경성지방법원과 경무국장, 각 도지사, 군 관련 기관 등으로 구분할 수 있는데, 경성지방법원이 가장 많은 보고를 받았다. 이들 기관은 식민통치에 있어서 중요한 정보를 취급하는 기관이라고 할 수 있다.

특히 강원도 경찰부의 경우 22회에 걸쳐 「內地震災에 대한 部民의 感想」이라는 문건을 작성하였는데, 이를 정리해보면 〈표 4-4〉과 같다.

〈표 4-4〉 관동대지진 발생 이후 강원도의 민정사찰 「內地震災에 대한 部民의 感想」 보고

차수	일자	사찰 대상 또는 지역	보고자
제1보	1923.9.5	일반인	강원도
제2보	1923.9.9	일본인, 조선인, 외국인	강원도
제3보	1923.9.11	춘천, 울진, 양구, 이천, 인제, 횡성, 회양, 금성, 김화, 고성	강원도
제4보	1923.9.13	춘천 일본인·조선인·교원, 철원 유생	강원도
제5보	1923.9.14	춘천	강원도
제6보	1923.9.15	화천의 조선인 유력자	강원도 경찰부장
제7보	1923.9.16	김화의 일본에서 보내온 우편물, 춘천 요시찰인·기독교 신자, 화천 면장, 울진, 철원, 횡성 유식자·일본인	강원도 경찰부장
제8보	1923.9.18	강릉 일본인, 양양, 원주, 평강 조림업무소 직원, 고성, 함남 정평 노동자, 이천 유생, 회양, 울진	강원도 경찰부장
제9보	1923.9.21	인제 유식자, 이천 기독교, 고성군 기독교, 인제 재일유학생, 금성 기독교, 영월 부민, 이천 부민, 강릉 부민, 횡성 상인, 춘천 일본인 상인·조선인, 평강 부민, 삼척 상인, 일부 하층민	강원도 경찰부장
제10보	1923.9.23	춘천 부민, 이천 면장, 화천 부민, 춘천 자산가, 이천 전 군수, 정선 부민, 울진, 원주 기독교 전도사·부민, 김화	강원도 경찰부장
제11보	1923.9.25	춘천 기독교 선교사, 원주 무식자, 양구 승려, 양구 유식자, 김화, 평강, 금성 유식자	강원도 경찰부장

차수	일자	사찰 대상 또는 지역	보고자
제12보	1923.9.26	양양 시장주민, 이천, 고성, 평강, 양구 천도교	강원도 경찰부장
제13보	1923.9.27	횡성 유식자, 춘천 동산면장, 강릉 면장, 양양 기독교, 김화, 고성	강원도 경찰부장
제14보	1923.9.27	이천 이천면장, 평강 기독교, 김화, 금성 모 처녀, 인제 기독교, 평강 유식자	강원도 경찰부장
제15보	1923.9.29	영월 대학생, 횡성 부민, 통천, 강릉 출신 메이지 대학생, 양구	강원도 경찰부장
제16보	1923.10.2	강릉 일본 도항 기도자, 횡성 상인, 김화 서당교사, 삼척 모 면장, 원주 요시찰인·요주의인,	강원도 경찰부장
제17보	1923.10.3	양양 일본대학생, 양양 도천면 대포공립보통학교 생도, 평강 조선일보 지국장 심의성, 춘천 불교부인회, 삼척 소달면	강원도 경찰부장
제18보	1923.10.3	원주 선인 유식자, 홍천, 춘천 신북면 유식자, 평강, 양양 현남면 해산물상 윤병학, 울진 평해면 반사룡	강원도 경찰부장
제19보	1923.10.4	춘천 읍내 주민, 양구 동면 임당리 고씨, 울진군 원남면 오산리 이기호, 홍천 일본인, 양양 토성면 교암리 전 면장 한치룡,	강원도 경찰부장
제20보	1923.10.6	양구 방산면 송현리 배수명, 춘천, 영월, 정선 동면 도평의원 全東夏,	강원도 경찰부장
제21보	1923.10.8	울진 기성면 봉산리 권상록, 춘천 상인, 이천 방문면 경도리 이응모, 통천, 이천 유식자	강원도 경찰부장
제22보	1923.10.10	이천 이천읍 출신 동양대학생 尹相元, 횡성 횡성면 읍상리 안명선, 평강 평강면 출신 도쿄상공학교 생도 鄭宜植, 원주, 정선 동면 북동리 김병구, 양구 면직원, 김화, 평창 천도교인	강원도 경찰부장

〈표 4-4〉에 의하면 강원도의 민정사찰은 9월 5일부터 10월 10일[101]까지 한 달 조금 넘게 진행되었다. 이는 거의 매일 사찰하였다고 할 수 있다. 사찰의 주체는 '강원도 경찰부'였고, 사찰의 대상은 일반 부민을 비롯하여 기독교인 및 선교사, 전현직 면장, 천도교인, 지역 유

[101] 「內地震災ニ對スル部民ノ感想」, 江高 第15637號, 1923년 10월 10일, 강원도경찰부장.

식자, 일본 유학생, 요시찰인물, 상인, 승려, 학생, 노동자, 농민, 무식자, 유생 등 그 계층이 다양하였다. 사찰 지역 역시 춘천을 포함하여 강릉, 삼척, 고성 등 강원도 전 지역이 대상이었다. 민정사찰한 정보는 경무국장, 각 도지사, 경성지방법원 검사정, 춘천지청 검사, 철원지청 검사, 함흥 보병 제37여단장, 함흥 보병 제74연대장, 도내 각 경찰서장 등으로 조선총독부, 군, 법원, 도지사, 경찰서 등 식민통치 기관과 군경 기관에 제공되었다.

〈그림 4-7〉 종로경찰서에서 작성한 관동대지진에 대한 민정사찰 보고서
(1923년 9월 3일)

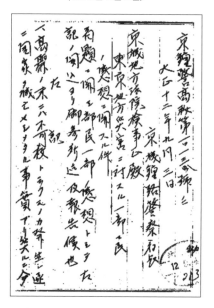

  민정사찰의 내용은 크게 세 가지로 구분할 수 있다. 첫째는 관동대지진에 대한 민족적 감상, 둘째는 의연금 모금에 대한 감상, 셋째는 유언비어에 대한 조사였다. 민정사찰 초기에는 단순히 관동대지

진에 대한 단순한 민심과 의연금 모금에 대한 인식 파악이었지만 점차 유언비어에 대한 조사가 증가하고 있다. 이는 식민통지에 대한 저항으로 이어지는 것을 우려가 있었기 때문에 보다 중요하게 파악하였던 것이라 할 수 있다.

강원도 경찰부의 첫 민정사찰은 9월 5일자에 보고되었지만, 사찰의 내용은 8월 28일과 29일 것도 포함되었다. 이는 '8월 29일' 즉 조선이 일제에 강점되어 국권을 빼앗긴 것에 대한 민심을 살펴보기 위한 것이었다. 이 민정사찰은 불온문서의 발견과 관동대지진 감상이었다. 불온문서 발견은 관동대지진이 일어나기 전인 8월 29일과 30일에 사찰한 것으로 두 건이었다. 하나는 강릉면장 앞으로 전달된 발신자 불명의 문건으로, '조선 노동청년에게 고함'이라는 제목으로 공산주의를 선전하는 불온문서였다. 다른 하나는 8월 29일 철원경찰서장 앞으로 전달된 발신인 불명의 투서였는데, 함북 경흥군의 손학규가 독립군자금을 모금하기 위해 철원으로 간다는 내용이다.[102] 그리고 관동대지진에 대한 민정사찰은 9월 2일 발행된 『매일신보』 춘천지국에서 관동대지진이 일어났다는 호외를 각지에 부착한 것에 대한 감상이었다. 일본인은 이구동성으로 '驚歎의 소리'를 질렀지만, 조선 평양에서는 홍수로 막대한 피해에 구제에 분망하는 중에 일본 지진의 참상이 발생하자 일본인은 빨리 조선이나 만주 등 안전지대를 선택해야 한다는 내용이었다. 관동대지진에 대한 민심의 내용은 일본인으로 대상으로 파악하였다.

이와 같은 민심 동향의 파악은 지역마다, 기관마다 차이가 있지만 대체로 그 내용은 대동소이하였다. 다만 조선헌병대 사령부의 민정사

---

[102] 「民情彙報」, 江高 제12960호, 1923년 9월 5일자.

찰은 국경지방의 정황을 파악하였다는 점에서 특징을 보이고 있다.

특별한 것은 관동대지진 후 첫 귀국자인 한승인과 이주성 두 유학생에 대한 사찰도 포함되었다는 점이다. 한승인과 이주성은 "청산 방면에서 내지인이 자경단을 조직하여 엄중 경계하고 특히 조선인은 내지인의 사회주의자 및 지나인 등과 단결하여 화약고에 폭탄을 투척하고 음료수에 독약을 투입하였다는 것을 들었다"고 하였지만,[103] 이러한 유언비어 내용은 『동아일보』[104] 기사에서는 삭제되었다. 이외에도 헌병대사령부는 일본에서 귀국한 이동상과 김춘백이 "조선인의 사상자가 다수"였다고 발언한 것도 사찰하였다.[105]

이처럼 총독부는 관동대지진이 일어나자 식민지배에 대해 심각성을 어느 때보다 불안하게 인식하였다. 이를 진정시키기 위해 식민지배에 협력하는 인사들을 활용하는 한편 경찰, 군, 법원을 동원하여 민심을 파악한다는 목적으로 민정사찰을 단행하였다고 할 수 있다.

2. 언론을 통한 민심 회유

관동대지진이 일어나고 민심이 흉흉해지자 조선총독부는 언론을 이용하여 민심을 회유하고자 하였다. 당시 언론으로는 총독부 기관지 『매일신보』와 민족지로 분류하고 있는 『동아일보』와 『조선일보』가 발행되었다. 이들 신문 중 민심 회유에 활용할 신문은 조선총독

103　朝鮮憲兵隊司令部,「震災事變卜鮮內一般ノ狀況」, 1923년 9월 10일자.

104　『동아일보』 1923년 9월 9일 관련 기사에는 5행 삭제 및 36행이 삭제되었다 (정진석 편, 『일제시대 민족지 압수기사 모음집 Ⅰ』, LG상남언론재단, 1998, 159~160쪽. 이외에도 『동아일보』 1925년 9월 23일 「만평」이 삭제되었다.

105　朝鮮憲兵隊司令部,「震災事變卜鮮內一般ノ狀況」, 1923년 9월 10일자.

부 기관지이며 식민정책을 홍보하는『매일신보』였다.『매일신보』는 일제강점 이전 양기탁과 베델이 편집인과 발행인으로『대한매일신보』라는 제호로 발행되었지만 1910년 8월 29일 강점 이후 조선총독부 기관지인『매일신보』로 계속 발행되었다.

조선총독부는 강점 직후『황성신문』등 한국인이 발행하는 모든 신문을 폐간하고『매일신보』만 살려두어 시정 홍보에 적절하게 활용하였다. 때문에『매일신보』는 관동대지진 이후 식민지배를 보다 안정적으로 유지하기 위해 식민지 조선인의 민심을 회유하는 데 가장 적합한 신문이었다. 그렇지만『매일신보』도 때로는 식민정책에 배치되거나 저촉되면 기사가 삭제되었다.

『매일신보』의 관동대지진 보도는 일본 정부와 조선총독부의 식민정책을 충실히 전달, 홍보하였다.『동아일보』나『조선일보』처럼 기사가 삭제되거나 발매중지 등의 처분을 받은 바가 없었다는 점에서도 이를 확인할 수 있다.

『매일신보』는 관동대지진 이후 일본 정부와 총독부에서 조선인을 회유하기 위한 담화를 그때그때 게재하였다. 가장 먼저 게재된 것은 쓰미이(住井) 삼정물산 지점장과 아리가(有賀) 식산은행 이사의 담화였다. 쓰미이는 "미증유의 관동대지진으로 상업지대이며 인가가 조밀한 도쿄와 요코하마 일대의 피해가 심대하지만 속히 거국일치 내각이 조직되어 경제적으로 치료하는 방법을 강구하기를 바란다"고 밝혔으며,[106] 아리가는 "관동대지진의 피해가 크지만 조선 경제에 미치는 영향이 적지 않을 것"이라고 예단하였다.[107]

---

[106] 「嗚呼 未曾有의 大火」,『매일신보』1923년 9월 3일자.
[107] 「財界 影響 不少」,『매일신보』1923년 9월 3일자.

이어 9월 4일자에는 일본 정부의 야마모토(山本) 내각 취임식에 대해 아리요시(有吉) 정무총감의 담화를 게재하였다. 그 내용은 다음과 같다.

전신전화의 불통으로 총독부에는 아직 공보에 접치 못하였으며 다만 신문 지상으로써 견지하였을 뿐인데, 此 前古 未曾有의 大罹災를 被한 非常한 際에 當하여 早速히 山本 內閣이 成立되었음은 邦家를 爲하여 慶祝하는 바이오. 如斯한 難局에 立하여 其 救濟恢復에 當하는 閣員 諸位에게 同情의 念이 起함을 堪치 못하는 바이라. 事實 東京의 罹災狀況에 對하여는 通信機關의 不通으로 何等 公報에 接치 못하여 詳細히 知키 不能하나 其 被害의 程度를 現在에 傳하는 十分의 一이라 할지라도 非常한 額에 達할 것은 勿論이요, 今後 其 救濟恢復은 實로 容易한 事가 아닐 터이며, 惶悚하옵게 宮城에 燃燒되었으나 幸히 鎭火하여 大事에 及치 아니하였음은 實로 慶幸에 不堪하는 바이라. 罹災民의 救濟保護를 爲하여는 先히 食糧 及 木材의 充實을 圖하여야 할 터인데, 食糧에 對하여는 政府 所有 米 及 橫濱 大阪에 在한 外米를 配給하면 甚한 不足을 感치 아니할 터이요, 朝鮮에서 糧米를 移入치 아니하면 補充키 不能함과 如한 境遇에는 至치 아니하노라 思하노라. 그리고 如斯한 不時의 災變을 當하면 往往 奸商輩의 暴利를 貪함이 多하며 此等의 影響이 不少한 바이나, 그러나 今回와 如한 未曾有의 大罹災에 對하여는 七千萬 國民은 一致團結하여 其 恢復에 努치 아니치 못할 바이오. 區區히 自己의 利益만 圖하며 些少한 感情으로 互相忌避함과 如한 途를 取함이 不可함은 勿論이로다. 何如하던지 知斯한 非常時에 在하여 卓越한 手腕과 豐富한 經驗을 有한 山本 內閣이 成立되었음은 實로 慶幸이라 謂할 바이라 하더라.[108]

아리요시는 관동대지진으로 인한 비상한 시국을 탁월한 수완과

---

[108]　「未曾有의 大慘事 此時에 生한 山本 內閣」, 『매일신보』 1923년 9월 4일자.

풍부한 경험의 야마모토 내각이 성립된 것은 경하(慶幸)할만 일이라고 하였다. 하지만 그 이면에는 간상배처럼 폭리 탐하지 말고 7천만 국민이 일치단결하여 회복에 노력해야 할 것을 당부하고 있다. 그러면서 '조선의 쌀이 일본으로 이입되지는 않을 것'이라고 하여, 식민지 조선의 경제적 불안한 심리를 최소화하고자 하였다.

　이후에도 조선총독부는 민심 회유를 위한 담화를 지속적으로 발표하였다. 『매일신보』는 이를 최대한 게재하였다. 9월 4일 사이토 총독도 동상(東上) 즉 도쿄로 갈 명분을 담화로 발표하였다. 이에 대해 『매일신보』와 『동아일보』가 각각 게재한 바 있다.

〈그림 4-8〉 관동대지진에 대한 사이토 총독과 마루야마 경무국장의 담화
(『매일신보』 1923년 9월 4일자)

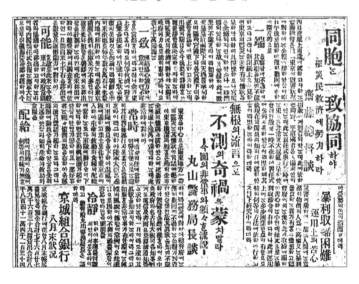

　〈가〉東京의 震害狀況에 對하여는 公報에 接하였음이 昨日 午後로 始하여 僅히 數回에 止하여 斷片的으로 一端을 察함에 不過

하며 其 眞狀을 知키 不能하도다. 그러나 新聞紙上으로 見하면 東京의 震災는 未曾有의 慘狀을 呈하였다 하며, 且 惶悚하오나 宮城은 全滅되지 아니하였으나 一時 燃燒되었다 하는 고로 晏然히 此에 黙坐키 不能하는 바이라. 如斯하여 天皇皇后 兩 陛下께 天機를 奉同하오며 攝政宮 殿下와 各宮 殿下께 奉憲함을 爲하여 東上하고자 하는데, 出發의 期日은 今後 更히 詳細한 公報를 接한 後 決定하고자 하는 바이라. 罹災民의 救濟에 對하여는 獨히 政府의 力으로 能히 할 바가 아니요, 我七千萬 同胞는 一致團結 協心戮力하여 (중략) 朝鮮은 幸히 米産地로 每年 數百萬石의 米를 內地에 移出하여 왔는데, 想必 東京 橫濱은 旣히 在庫米가 不多한 터인 故로 米와 如함은 朝鮮에서도 移出함을 計劃하는 바인데, 此 米移出에 對하여 總督府에서 調査한 바에 의하면 一日間 白米 七千石을 移出함을 數量 及 運搬能力에 對하여 可能한 고로 此 米는 今般 東上하여 政府 當路者와 協議하여 移出하고자 하는 바이라. (하략)[109]

〈나〉 今番 余의 渡東은 事實上 突然히 出한 바가 아니요, 內閣이 新히 組織되었음으로 一次 渡東코자 하는 中, 東京에서 突然히 慘禍가 發生하여 遑遑 中이라 한즉 余가 渡東키로 別段의 救濟策은 無하나 如何間 此地에서 短片의 通信으로는 眞狀을 知키 難할 뿐 아니라 糧米供給 等과 如함은 현재 조선에는 造米力이 상당히 풍부하여 매일 七千石의 白米를 製할 수 있은즉 此等 문제에 대하여 타협할 필요가 有하도다. (중략) 국경 방면에 군대를 밀송하다는 설은 전연 풍설에 불과하다.[110]

---

[109] 「同胞는 一致協同하여 罹災民 救濟에 努力하자」, 『매일신보』 1923년 9월 5일자.

[110] 「渡東 用務 如何」, 『동아일보』 1923년 9월 5일자. 한편 『조선일보』는 다음과 같이 게재하였다. "余의 東上은 確實한 災害眞狀의 公報를 待하여 決定할 터이며, 목하의 보도는 실로 단편적에 불과하고 公電은 내각이 성립하였다 하는 것이 一次 來着 回己다. 然이 平沼, 岡野 양씨가 입각이 無함을 필연 親任式에 不及함인 줄로 思하노라. 余가 東上한다고 구제가 잘 될 것도 아니나 精米에 관하여 상식할 것도 有하나 東京은 물론이요 大阪에 ○在한 백미도 근소한 고로 자연 조선미를 出하게 될 터인 바, 旣히 칠천석의 供給이 가능하다고 운운"

사이토 총독의 담화의 핵심은 '도쿄로 가는 명분'인데, 『매일신보』는 「同胞는 一致協同하여 罹災民 救濟에 力하라」라는 제목으로, 『동아일보』는 「渡東 用務 如何」라는 제하로 각각 기사를 게재하였다.

두 신문은 내용에서도 상당히 차이를 보이고 있는데, 『매일신보』는 극존칭을 사용하고 있는 반면에 『동아일보』는 일반적 용어를 사용하고 있다. 일본에 건너가는 것도 '東上'과 '渡東'라 하여 그 인식의 차이가 있음을 분명하게 드러내고 있다. 이재민 구제에 대해서도 『매일신보』는 '7천만 동포가 일치단결 협심 노력'할 것을 당부하지만, 『동아일보』는 '구제책이 無'하다고 하여 전혀 언급조차 하지 않고 있다.

뿐만 아니라 국경지방에 군대를 밀송하였다는 설에 대해서도 『매일신보』는 언급조차 하지 않았지만, 『동아일보』는 '풍설'이라고 보도한 것도 차이가 나고 있음을 알 수 있다. 다만 일본에 조선 쌀을 이출하는 것에 대한 것만 동일한 의미로 취급하였다. 이처럼 『매일신보』는 총독부과 관련된 것은 비판적이기보다는 우호적으로 보도하여 민심을 회유하고자 하였다.

이외에도 『매일신보』는 마루야마(丸山) 경무국장, 야마모토(山本) 수상, 오츠카(大塚) 내무국장, 한상룡 한성은행 이사, 히라이(平井) 상공과장, 타니다 키마(谷多喜麿) 경성 부윤 등의 담화를 게재하였다. 이들은 식민정책의 최고위에 해당하는 관료들이다. 이 중 일제 협력 인물인 한상룡이 조선인으로 유일하였다. 그는 "我 國民이 일치하여 국내의 생산품을 가급적 국외에 수출하고 또 소비에 절약을 加하면 진재 복구는 실로 용이할 事"[111]라고 하여, 관동대지진을 국민이 일치하면 피해 복구는 어렵지 않는 일이라고 하였다.

---

111   「不遠回復, 일본의 財界와 震害地」, 『매일신보』 1923년 9월 9일자.

담화의 내용은 주로 관동대지진의 참상, 거국일치의 구제, 조선인의 난폭한 행동, 유언비어 폐해와 단속, 내선융화 등이었다. 조선총독부는 이들의 담화를 통해 관동대지진으로 인한 불안을 최소화시키고자 하였다. 그리고 이를 통해 가능한 한 민심을 회유하고자 하였다. 『매일신보』에 게재된 담화 기사와 내용은 정리하면 〈표 4-5〉와 같다.

〈표 4-5〉 『매일신보』에 나타난 관동대지진 관련 담화 기사와 내용

기사 제목	담화자	주요 내용	게재 일자
未曾有의 大慘事	有吉 政務總監	• 관동대지진 직후 진행된 山本 내각에 대한 경하 • 이재민 보호를 위해 조선에서 糧米를 제공하지 않으면 구제불능 • 대재해에 대해 개인의 이익을 취하지 말고 국민이 일치단결하여 극복하자	1923.9.4
同胞는 一致 協同하여 罹災民 救濟에 努力하라	齋藤 總督	• 관동대지진은 미증유의 참상 • 7, 8천만 국민이 일치 협력하여 구제하자 • 朝鮮米를 일본 정부와 협의하여 이출	1923.9.5
無根의 流言으로 不測의 奇禍를 蒙치 말라	丸山 警務局長	• 군대의 출동은 생명의 구조와 식량의 배급 때문 • 일부 호사가의 억측으로 인한 유언비어에 혼돈하지 말라	1923.9.5
混亂의 內地에 前往하여 危險의 渦中에 陷치 말라	有吉 政務總監	• 조선 내 여러 영향 및 주의 사항에 대한 담화 • 쌀의 매점매석을 단속과 취체함 • 조선은행의 대출 중지케 함 • 일본 내의 유언비어가 조선에서도 횡횡, 이를 믿는다면 멸망의 길 • 유학생 및 노동자 등 도항 금지	1923.9.6
同胞想愛의 誠을 盡하라	政務總監	• 일본 정부가 임시진재구호 사무국 설치하고 구호에 만전 • 질서회복을 위해 계엄령 발포 • 유언비어로 인심 혼란 • 생업에 진력하고 이재자의 궁상에 동정하여 同胞想愛에 다하도록 주지케	1923.9.7

기사 제목	담화자	주요 내용	게재 일자
大震災와 流言蜚語 誇大히 流轉되는 朝鮮人 衝突說	丸山 警務 局長	• 불량선인이 참화를 기회로 일반 민중에 반감을 사서 조선인과 일본인의 충돌이 2, 3차례 유함 • 조선인이 천인공로할 난폭한 행동을 함 • 유언비어에 대해 경찰과 군대가 해명에 노력하였으나 일반 민중이 전혀 받아들이지 않아 일어난 돌출행동 • 조선인의 보호를 위해 수용하고 안전에 노력	1923.9.7
朝鮮同胞를 愛護하라	山本 首相	• 진재 시에 불령선인의 폭동이 있어 조선인에 대한 불쾌한 감정이 있었다. • 취체를 위해 군대와 경찰에 통고하여 조치 • 이는 日鮮同化의 근본주의에 배치 • 아국의 절제와 평화의 이상을 발휘하여 줄 것을 바람	1923.9.8
小數同胞의 暴行은 朝鮮人의 名譽를 悔辱하는 행위	丸山 警務 局長	• 거국일치하여 불행한 이재자의 구호에 주력해야 • 재경 조선인 중에 불온한 행동을 감행 자가 有해 • 조선인이 何由로 불온의 행동을 감행할 이유가 有한가 • 小毫라도 불온으로 思할 행동을 감행하면 神人이 증오하며, 이러할 경우 조선인의 名은 세계 下處에 住할지라도 人으로 대우치 않을 터이다 • 재경 조선인의 불온한 행동이 특별히 대단한 事가 아닌 듯하며, 조선에서 동경의 보도를 聞하고 사실을 심대하게 상상하여 경솔히 推測想定치 아니하도록 各人이 相戒하여 감히 違誤가 無케 하기를 하나니, 이를 위배하는 희망자가 有하면 엄중하게 처벌할 것 • 소수의 경솔자 流로 하여금 我 조선 동포 전체가 세계의 전 인류에게 소외됨을 우려	1923.9.8

기사 제목	담화자	주요 내용	게재 일자
國民이 一大 試鍊	大塚 內務 局長	• 거국일치로 구조회복에 노력함으로써 帝都의 복구는 의외로 速할지도 • 관민이 협력 일치하여 대피해의 결과를 良方으로 導하자 • 輕佻浮薄을 戒하여 厘毛라도 절약하여 건실한 경제의 복구를 圖하는 동시에 惡潮流를 일소하자	1923.9.9
赤心을 披瀝하여 同胞諸氏에게 愬하노라	丸山 경무 국장	• 國이 異하고 人種이 不同하며 平素의 利害가 相違할지라도 人類의 痛苦慘害에 대하여는 人類의 本能에 歸하여 至純至한 高愛의 發露를 見한다 함은 確實이 증명하게 된 모양이라 思한다. 조선에서도 박영효 侯爵, 이상재 氏 등을 중심으로 救護團이 조직된다고 聞하였으며, 회중교회의 유일선 씨와 如함은 솔선하여 此의 구원에 노력하고 있으며, 기타 교회에서 열심히 인류애를 說하여 동정심을 환기하는 善美한 설교한 某 牧師가 있다 함도 聞하였다. 이는 참으로 감격스럽다. • 일부분의 동경 불량선인이 있을 것이요, 또 그것은 혹자의 선동을 受한 것이지도 未知하나 혼란한 時期에 乘하여 허용할 수 없는 暴擊을 한 者가 있었음은 경시청의 조사도 점차 명료하게 된 듯하며, 거기에 점차 유언비어가 盛起한 모양인데 其源은 가증한 불량 조선인에 在한 바이다. • 假令 朝鮮人 諸君이 희망하는 최종의 목적을 達하는 日이 來할지라도 그것은 지리적으로 역사적으로 경제적으로 不可離한 關係가 있으며…	1923.9.9
不遠回復, 일본의 財界와 震害地	漢銀頭取 한상룡	• 我 國民이 일치하여 국내의 생산품을 가급적 국외에 수출하고 또 소비에 절약을 加하면 진재복구는 실로 용이할 事…	1923.9.9

기사 제목	담화자	주요 내용	게재 일자
內地 震害와 朝鮮의 影響	平井 商工 課長	• (진재가) 그토록 恐慌이 來하는 아니할 것이라 思 • 각 은행에서 신규대출은 당분간 정지 • 피해가 점차 회복하여 안심되는 바이며, 금융도 비관적이지는 않다	1923.9.10
東都地震에 對하여	京城府尹 告示	• 聖上과 大臣이 각종 방법을 강구하여 구호에 전력하는 동시에 계엄령을 실시하여 질서회복 중 • 국민이 일치 협력하고, 유언비어가 유행하여 인심이 미혹케 하는 者가 없지 않다 • 각자 생업에 勵精하여 국력 증진에 노력하는 동시에 이재자 가정에 동정하며 同胞相愛의 至誠을 盡하자	1923.9.12
朝鮮人은 極力 保護	齋藤 總督	• 재류 조선인에 대한 보호의 途를 定하고 적당한 직업을 與할 외 방법은 無하니, 此等에 의하여 의식의 안정을 得케 하는 방침인 바, 此等을 박해하여 일시에 歸鮮케 함과 如한 事가 有하여서는 不可 • 조선의 통치방침에 何等 변화를 見치나 아니할까 하는 何等 懸念하는 경향도 有한 바, 통치방침은 결코 변경치 아니한다.	1923.9.16
聲明書	齋藤 總督	帝都 未曾有의 大震災에 대하여 過日 극소수의 조선인이 오해를 招함과 如한 행동을 爲한 事는 甚히 유감인데 선량한 조선인에 대하여는 少毫도 위해를 加치 아니하며 내지인과 同樣으로 구호의 遺憾이 無함을 期함으로 내지인 互相間에 오해함과 如한 事는 無하며 日鮮融和의 實을 擧하라	1923.9.17
祖國의 基를 鞏固케 하라	山本 首相	• 이재동포의 구호에 應하여 동심협력하여 進하여 帝都 부흥의 難사업에 지대한 원조를 與하여 조국의 基를 공고히 하여써 聖慮에 奉副함은 不肖의 切期하여 不己하는 바이라.	1923.9.18

기사 제목	담화자	주요 내용	게재 일자
國民의 道德的 向上 (告諭)	有吉 政務總監	(9월 18일 全鮮宣敎師各派聯合會에서 한 연설) • 조선이 각 방면으로 발전되는 중이며, 당국이 이 이상의 대발전을 향하여 多大한 곤란과 상투불절의 물질적 방면의 개선에 노력하는 중 • 최근 선교사 경영의 癩病院에 조성금을 下附하였으니, 如斯한 사례는 전부 諸員과 협력 일치하여 我 半島 國民의 恒久的 행복을 計하려고 하는 당국의 의지를 구체적으로 표시한 것 • 금회 大震災에 대하여 선교사 諸員으로부터 기부금으로 又는 기도로써 다대한 동정을 하신 것을 深謝하고 倂하여 諸員의 헌신적 사업상에 益益 성공함을 切祈하노라	1923.9.20
受容中 朝鮮人에 대하여(諭告)	齋藤 總督	금회의 大震災를 당하여 最히 유감인 것은 동포의 대곤혹한 何等의 기도를 敢爲한 者有하였으며, 此로써 種種의 風說을 生하여 民衆의 激昂을 買한 事이라 然이나 此樣의 流言蜚語도 漸次 終熄되어 平素狀態로 歸하였으므로 萬一을 念慮하여 受容保護한 중인 者에 대하여는 점차 직업을 소개할 考慮이니 安心하고 將來 益益 內鮮融和의 實을 擧하고자 快心함을 望하는 바이라. 朝鮮 內는 극히 평정하여 諸子의 安否를 염려하므로 총독부 출장소에서는 通報의 편의를 도모하는 중이라.	1923.9.21

뿐만 아니라 『매일신보』는 「東京地方의 大震災와 吾人의 感想」이라는 지면을 할애하여 민심을 달래고자 하였다. 이 지면에 참여한 인물은 재단법인 보린회 이사 이각종(李覺鍾), 조선총독부 사무관 장헌식(張憲植)과 이종국(李鍾國), 총독부 학무국장 나가노(長野), 조선회중교회 유일선(柳一宣), 경기도지사 도끼자네 아키호(時實秋穗), 경기도 참여관 김윤정(金潤晶) 등 7명이었다. 이들 중 조선인은 5명으로, 이들의 경력

을 간략히 살펴보면 다음과 같다.

〈그림 4-9〉 보린회 이사 이각종의 '동경지방의 대진재와 오인의 감상'
(『매일신보』 1923년 9월 10일자)

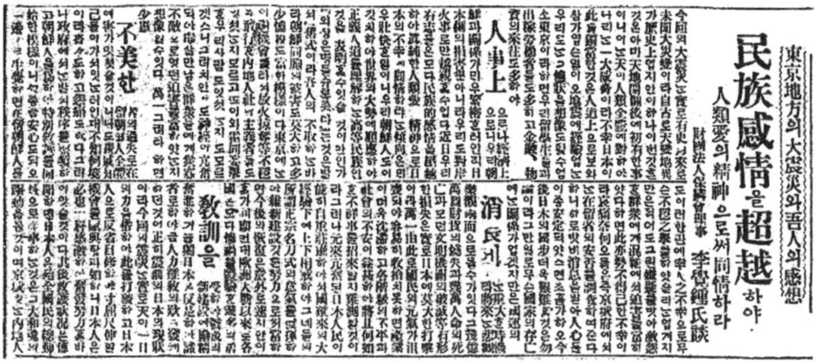
東京地方의 大震災와 吾人의 感想

民族感情을 超越하야

人類愛의 精神으로써 同情하라

財團法人保隣會理事 李覺鍾氏談

人事上

이각종은 일제강점 이후 총독부 학무과 속(屬)으로 임용되어 3·1운동 당시에는 김포군수로 재직하였다. 3·1운동이 어느 정도 진정되자 이해 5월 총독부 참사관 오츠네(大常三郎)와 함께 다시는 한국민의 독립운동이 일어나지 않도록 하는 데 일생을 바치기로 결심하였다고 한다.[112] 1920년 병으로 군수를 사임하였으며, 1923년 2월 3일 설립된 보린회 이사로 참여하였다가[113] 관동대지진을 맞았다.

장헌식은 강점 직후인 1910년 10월 평남 참여관으로 조선총독부에 근무하여 1917년 6월 충북도 장관과 도지사, 1921년 2월 총독 관

112 다음백과(http://100.daum.net/encyclopedia/view/b17a2850a).

113 「보린회 사회사업」, 『동아일보』 1923년 2월 5일자. 보린회 빈민을 구제하기 위하여 간편 주택을 경영하는 주택구제회를 확장하여 1923년 2월 3일 재단법인으로 출범하였다. 보린회의 사회사업은 '빈민을 구호하는 한편 주택경영, 아동보호사업, 부락개선 등 인보사업, 기타 이상에 부수한 사회사업' 등이다.

방 외사과 사무관을 거쳐 1922년 철도부 공무과 사무관으로 발령받아 재직 중 관동대지진을 맞았으며, 1924년 12월 전남도지사로 승진하였다.[114]

이종국은 강점 직후 선산군수를 시작으로 금산군수, 청도군수, 영일군수, 달성군수를 거쳐 조선총독부 식산국 사무관으로 승진한 후 농무과 사무관으로 재직 중 관동대지진을 맞았으며 이후 함남과 평남의 참여관으로 식민지배에 협력하였다.[115]

유일선은 강점 이후인 1911년 판임관 대우를 받는 경성부 중부장에 임명되었으며, 일본조합교회가 설립한 한양교회 집사를 지내던 중 1913년 일본 도시샤대학(同志社大學)에서 신학 공부를 하였다. 3·1운동 당시 이를 진정시키기 위해 조직된 '3·1운동 진정운동'에 참가한 경력이 있다. 대한민국 임시정부에서 반드시 처단해야 할 '칠가살(七可殺)'에 선정되기도 하였다. 1919년 9월에는 조선총독부 중추원 회의에서 조선의 행복을 위해서는 일본을 사랑해야 한다는 내용의 '철저한 내선일체'라는 강연을 한 바 있으며, 여운형을 포섭하기 위해 일본이 꾸민 공작의 밀정으로 참가하여 여운형과 장덕수의 활동을 감시하는 역할도 맡은 바 있다.[116]

그리고 김윤정은 강점 직후 전북 참여관으로 조선총독부 관리가 되었으며 1921년부터 경기도 참여관으로 재직 중 관동대지진을 맞았다. 이후 충북도지사, 중추원 참의로 활동하였다.[117] 이들을 모두

---

114   『기념표창자』, 33쪽(『한국근현대인물자료』, 국사편찬위원회 홈페이지).

115   『조선총독부직원록』(『한국근현대인물자료』, 국사편찬위원회 홈페이지).

116   위키백과(https://ko.wikipedia.org/wiki/%EC%9C%A0%EC%9D%BC%EC%84%A0).

117   『조선총독부직원록』(『한국근현대인물자료』, 국사편찬위원회 홈페이지).

일제 강점 직후 총독부 관리로 활동한 바 있는 일제 식민지배에 협력 인물이라 할 수 있다.[118]

일본인 나가노와 도끼자네를 포함한 이들은 『매일신보』에서 대체적으로 인류애적인 구제, 재일조선인 특별 보호, 재일조선인 망동, 내선융화 등에 대해 언급하고 있는데, 이를 정리하면 〈표 4-6〉과 같다.

〈표 4-6〉 『매일신보』에 게재된 '東京地方의 大震災와 吾人의 感想'

기사 제목	담화자	주요 담화 내용	게재 일자
민족감정을 초월하여 인류애의 정신으로써 동정하라	재단법인 보린회 이사 이각종	• 천지개벽 후에 초유의 事이어니 이는 天이 인류전체에 대하여 내리는 일대 위협이라. 불행 일본이 此를 獨當한 것은 人道上으로 보아 참 가엾은 일 • 근일 우리 유지들은 모두 민족적 감정을 초월하여 眞純한 인류애의 정신으로 일본의 불행에 동정하려는 경향은 장쾌한 일 • 조선 동포의 피해도 막대하고 다수 참살도 당한 모양, 조선인을 위해 특별 보호를 개시한 모양이니 조금 안심 • (일본인의 일치단결 복구에 대해) 일본인의 진면목을 이해하는 동시에 우리 조선 사람의 아직 劣敗치 아니한 성실한 생명이 있는 것도 그대들에게 양해시키고 싶다. … 구구한 감정을 초월하여 고결한 인류애에서 생명을 구하고자 하면 小異를 捨하고 大同에 取하고자 하며 … 금후 奮發疾走할 內地人의 進步에 比照하여 더욱 더욱 劣敗者가 되지 않도록 각오가 있고자 한다.	1923.9.10

118 이들은 4명은 모두 민족문제연구소가 간행한 『친일인명사전』에 등재되어 있다.

기사 제목	담화자	주요 담화 내용	게재 일자
黃人種은 大不幸, 구제에 努함은 인류 당연의 의무	총독부 사무관 장헌식	• (관동대지진이) 일본인의 불행이 됨은 물론 황인종 전체의 불행, 전 세계 전 인류의 손실 • 불측한 災禍에 際하여 在留 朝鮮人의 폭행 云云은 동경에 재류하는 조선인 중에서 극히 一少 部分이요 그것이 또한 或者의 선동으로 인하여 발생한 사실이라 할지라도 非想히 유감으로 思 • 我 同胞의 보호에 대하여 告示를 有하였음을 觀할 때에는 그 얼마나 內地에서 이재한 조선인을 구제함에 遺漏가 없음을 證할만하며 자못 감격할 일 • 全鮮人士에 愬:食糧 소금, 건어물 등을 선편으로 공급할 事/全鮮 관공리 및 민간에서는 일치단결로 절약하여 罹災地에 供助할 事/근검절약하여써 謹愼의 意를 表할 事/비상한 천변지재의 際에 허망한 妖言妄說을 相愼하고 不良之輩의 행동을 不効할 事	1923.9.11
인류애의 分量 幾何, 경성에 설립된 震災救濟會	총독부 사무관 李鍾國	• 물질적으로 어려우면 정신적으로라도 衷心으로 동정할 바 • 경성에서도 민간 측에서 진재구제회를 조직하고 금품을 모집한다고 하니 아무쪼록 우리의 성심, 다시 말하면 인류로의 본연의 양심이 있음을 表示하는 바라 • 일부 인사 중에서는 大同의 禍를 救함에 대하여 何等의 방책을 말함이 없이 在留同胞를 구제한다 함에는 淪沒한 듯함은 遺憾으로 생각하는 바이오. 그는 점점 우리가 偏狹함을 세인에게 표시하는 소이가 되며, 동시에 인류애의 아름다운 마음이 적음을 노출하는 것이 아닌가. 이를 기탄없이 말하면 진재의 와중에 폭행을 감행자와 거리가 멀지 아니하다고 할만하다. • 조선 내에서 비교적 재산가이며 또 여러 가지의 의미로 물질상 정신상으로 많은 동정을 表치 아니하면 不可할 소위 귀족 중에서만도 동정이 있다 함을 듣지 못하였음은 실로 개탄할 바이다.	1923.9.12

기사 제목	담화자	주요 담화 내용	게재 일자
轉禍爲福의 好機會, 大東京의 復興과 국민의 책무	長野 학무국장	• 禍를 轉하여 福이 되게 함은 吾等 7,8천만 동포가 단연한 責務 • 진재 당시에는 內鮮人 彼此의 誤解로 다수 충돌된 사실이 無치 아니하며, 此로 因하여 과대한 허설을 전하여 일시 감정의 疏隔을 表한 事가 有하였으나 其後 진실의 판명과 共히 오해가 氷釋된 듯하며… 今後 내선인이 협동 일치를 견실히 함에 대하여 좋은 기회가 있었다 言할만 하며, 동경의 부흥은 물론 동양 영원의 장래를 위하여 互相衷心 努力함을 切望한다	1923.9.13
我等의 武器는 何?, 감정을 초월한 정의와 인도뿐	조선회중교회 柳一宣	• 정의와 인도는 彼此의 구별이 없으며, 민족과 국경이 없고 친소의 구분도 없는 것이요, 적을 사랑하며 不親한 자에게 동정함은 이것이 정의의 정의인 소이요. 만일 此에 반하여 人이 弱할 때 그를 공격한다 하면 얼마나 卑劣한 者이며 ○惡한 者이라 하겠오.	1923.9.14
國民의 一大覺悟, 帝都는 상상 이상 速히 復興	京畿道知事 時實秋穗	• 末葉에 至하여 유감으로 思함은 東京에 在한 朝鮮人의 不美한 행동으로 或者는 今番의 사건으로 내지인과 조선인 間의 지금까지의 융화는 虛地에 歸하고 自今으로 일대 溝渠를 作함이 아닌가 云爲하는 者가 有하나 東京 朝鮮人 中에도 일부 無知沒覺輩가 不良分子에 선동되었음에 불과한 즉 일시적 감정으로 장래 하등 영향은 無할 것으로 思하노라.	1923.9.15
帝都의 復興은 容易, 一部不良輩의 妄動을 痛歎	京畿道 參與官 金潤晶	• 東京 조선인 中에는 금번의 참화를 기회로 난폭한 행동이 다소간 有하였다 함은 민족성의 결함을 폭로한 바는 幾個人의 無知沒覺한 행동으로 일반 우리에게 禍를 及케 하고 금일 조선인 전체의 신용을 타락케 함이니 此는 물론 노동계급이라 할지라도 沒知覺 無知德한 者의 행동이라 하겠으며, 재차 이러한 행동을 감행할 자가 無할지나 금후 오인은 차등의 자를 경계하여 조선인된 명예를 회복치 아니치 못하겠으며… • 불원 장래에 과거 이상의 위대한 帝都가 건설될 줄 확신하노라.	1923.9.16

〈표 4-6〉에서 볼 때, 조선총독부에서 이들을 통해 식민지 민심을 회유하고자 한 것은 재일조선인 학살에 대한 민족적 감정의 완화였다. 이각종은 "조선 동포의 피해도 막대하고 다수 참살도 당한 모양, 조선인을 위해 특별 보호를 개시한 모양이니 조금 안심"이라고 하였으며, 장헌식은 "불측한 災禍에 際하여 在留 朝鮮人의 폭행 云云은 동경에 재류하는 조선인 중에서 극히 一少 部分이요 그것이 또한 或者의 선동으로 인하여 발생한 사실이라 할지라도 非想히 유감으로 思"하다고 하였다. 나가노는 "內鮮人 彼此의 誤解로 다수 충돌된 사실이 無치 아니하며, 此로 因하여 과대한 허설을 전하여 일시 감정의 疏隔을 表한 事"라고 하였다. 그리고 유일선은 재일조선인의 폭동설과 우물에 독을 넣었다는 유언비어를 사실로 인정하였고, 이는 '비열한 자'의 소행이라고 재일조선인을 폄하하였다. 김윤정도 유언비어를 사실로 받아들이고 이를 '沒知覺 無知德한 者의 행동'이라고 하며 조선인의 명예를 실추시킨다고 하였다.

이처럼 『매일신보』는 조선총독부 간부 또는 종교적 명망가의 인식을 통해 관동대지진 당시 재일조선인 학살을 왜곡하였다. 나아가 "今後 내선인이 협동 일치를 견실이 함에 대하여 좋은 기회가 있었다 言할만하며, 동경의 부흥은 물론 동양 영원의 장래를 위하여 互相衷心 努力함을 切望한다"라는 내선융화, 일선융화를 고취시키고자 하였다.

이상에서 살펴본 바와 같이 총독부는 기관지 『매일신보』를 식민 지배의 홍보뿐만 아니라 관동대지진으로 재일조선인 학살을 철저하게 부정하는 데 활용하였다. 그리고 『매일신보』는 조선총독부의 정책을 대변하여 식민지 조선의 민심을 회유하였다.

3. 관동대지진과 식민지배정책의 변화

정무총감 아리요시(有吉)는 관동대지진 직후 재일조선인 학살 소식이 조선에 퍼지면서 초래되는 식민통치 위기에 극도로 신경을 곤두세우고 있었다. 때문에 재일조선인 학살 소식이 식민지 조선에 전파되지 않도록 재일조선인의 귀국을 반대하였다. 그렇지만 일본 내무성은 치안을 위해 조선인을 조속히 귀환시킬 것을 주장하였다. 서로 간 입장 차이가 있었지만 결국 조선총독부는 내무성의 주장을 받아들였다.

또한 아리요시는 재일조선인 학살 사건을 계기로 3·1운동과 같은 조선인의 만세시위가 이어진다면 주둔군 2개 사단으로는 도저히 막을 수 없다는 극도의 위기감·공포감을 가지고 있었다. 실제로 재조일본인은 3·1운동 때와 마찬가지로 자위단을 조직하려는 분위기가 있었고,[119] 부산에서는 일본도를 차고 수원지를 지키는 자가 나타나는 지경이었다. 마루야마(丸山) 경무국장은 "만약 이것을 방치해 두어서는 반드시 자위단과 조선인 사이의 충돌이 일어나 심상치 않는 사태의 원인이 될 것이 틀림없다"고 생각하여 전국에 자위단의 해산을 명령하였다.[120]

이처럼 조선총독부 관료들은 재일조선인 학살이 조선 식민통치에 미치는 영향을 심각하게 받아들였고, 학살을 은폐하면서 조선인 민심의 귀추에 주목하고 있었다. 총독부 내무국 사무관 홍승균은 관동대지진으로 인해 피난 온 사람들을 수용한 부산에 장기간 출장하여

---

119   警務局長, 「內地人ノ自衛團組織ニ關スル件」, 1923년 9월 18일.
120   丸山鶴吉, 『五十年ところどころ』, 大日本雄弁會講談社, 1934, 351쪽.

피난민 및 지역민의 동태에 대해서 다음과 같이 사이토 총독에게 보고하였다.

> 본 사건이 민심에 미치는 악영향은 표면에 나타나지 않더라도 3·1운동 그 이상이 되지 않을까 우려됩니다. 즉 이것이 배태가 되어 장래 어떠한 기회에 불행히도 사변이 일어나면 3·1운동에 비할 바가 아니라는 것을 예상해야 합니다. 그런 까닭에 그 배태를 조선인의 가슴속에서 하루라도 빨리 없애는 방법을 강구하는 것이 앞으로의 긴급과제라는 것을 말할 필요가 없습니다. 이것은 때를 씻어 내는 것과 같이 단시일로 해결할 수 있는 문제가 아니라 일정한 방침을 세워서 부단한 노력을 필요로 합니다.[121]

조선총독부 관료들에게 관동대지진에서의 재일조선인 학살은 3·1운동에 비견될 만큼 커다란 식민통치의 위기였던 것이다.

이후 조선총독부는 학살을 은폐하기 위해 '내선융화정책'을 적극적으로 추진하게 된다. 마루야마 경무국장은 제회, 유민회, 국민협회, 대정친목회, 교풍회 등 친일단체 12단체가 참가한 각파유지연맹을 결성시켜[122] 관동대지진 이후의 반일감정을 완화시키고자 하였다.[123]

이러한 상황 하에서 재조일본인을 중심으로 한 새로운 단체를 출범시켜 그들을 통해서 조선인 유력자를 포섭하면서 조선총독부와

---

[121] 平形千惠子, 大竹米子 編集, 『關東人震災政府陸海軍關係史料1』 日本經濟評論社, 1997, 251쪽.

[122] 京城鐘路警察署長, 「大同團結各派有志聯盟宣言式擧行情況 ノ件」, 1924년 3월 26일; 「소위 각파유지연맹에 대하여」, 『동아일보』 1924년 3월 30일자.

[123] 마루야마 경무국장은 1924년 11월 15일 貴族院定例午餐會講演에서도 이러한 단체가 자발적으로 결성되었다고 말하고 있지만, 國民協會나 矯風會 등의 단체가 총독부의 원조로 결성되었기 때문에, 그 자발성이 의심스럽다.

보조를 맞추게 하였다.[124] 1924년 4월 마루야마 경무국장의 주도 아래 일본의 '황민화'[125]를 모델로 내선융화를 목적으로 설립한 '동민회'가 대표적인 단체이다.

이처럼 관동대지진은 조선총독부 관료에게 조선 식민통치의 위기감을 가중시킨 커다란 계기였다. 사이토 총독의 개인 정치고문인 호소이 하지메(細井肇)[126]는 1923년 9월 17일 등사한『대일본제국의 확립과 조선통치 방침의 변경』이라는 의견서를 총독에 제출해서 "一視同仁, 內地延長은 主義가 아니라 궁극 이상입니다. 수십 년, 수백 년, 수천 년 뒤에 도달할 수 있는, 혹은 도달할 수 없을지도 모르는 궁극의 이상입니다"라고 하여 내지연장주의, 동화정책의 폐기를 주장하였다.[127] 호소이는 도쿄의 오모리(大森)에서 조선인으로 오인되어 살

---

124 內田じゅん,『植民地朝鮮における同化政策と在朝鮮人－同民会を事例として－』『朝鮮史研究會論文集』41, 2003.10, 178쪽.

125 皇民會는 警務局長 丸山鶴吉의 장인은 호죠 토키유키(北條時敬, 前 學習院長)가 간부로서 속해 있는 단체로 동경에 거점을 두고, 반사회주의, 반공산주의의 기치 아래 국가를 기초로 하는 흥국운동을 표방하고, 기관지『皇民會報』를 발행하고 있다.

126 호소이 하지메(細井肇)는 조선총독부의 통치정책에 협력한 대표적인 어용언론인이었다. 東京朝日新聞 記者 시절『政爭と黨弊』을 저술해서 정당정치의 폐해를 비난하는 언론활동을 전개한다. 그 후 사이토 총독에게 고용되어 조선 관련 출판과 선전활동을 하면서 총독의 개인 고문으로서 고등정책을 획책하였다.『ロロロ關係文書』에는 328통의 서한이 포함되어 있다. 細井肇에 대한 연구로서 欄木ロ男,『大正期における朝鮮観の一典型－『朝鮮通』細井肇を中心として－』,『法政大學近代史研究會會報』8, 1965; 高崎宗司,『細井肇の朝鮮観－日本認識との関連から－』『韓』110, 1988이 있다. 青野는 細井의 朝鮮統治觀의 변화를 놓치고 있고, 高崎는 호소이가 내지연장주의를 조선인에게 일본인 만큼의 권리를 갖게 해서 조선인을 伸長시켰다고 비판하였다고 파악하고 있으나, 필자는 이 주장에는 동의하지 않는다.

127 細井肇『大日本主義の確立と朝鮮統治方針の変更 1923년 9월 1일 등사』(前揭『斎藤実文書』44-39). 호소이는 關東大震災 이후 일관되게 내지연장주의에 반대하는 의견을 사이토 총독에게 제출하였다.

해당할 뻔한 체험도 있고 해서, 9월 10일 내각서기관장 가바야마 스케히데(樺山資英)에게 서한을 보내어 조선통치방침의 대변경하여 대일본주의의 확립을 주장하였다.[128]

이처럼 관동대지진 당시 발생한 재일조선인 학살은 조선총독부 관료에게 커다란 충격을 안겨주었을 뿐 아니라 식민지 조선 사회에서 큰 영향을 주었다. 관동대지진 처리를 둘러싸고 일본 내각과 조선총독부 사이에는 적지 않는 불협화음을 내었다. 친일단체를 재편성하고 내선융화를 표방하는 단체를 조직하여 민족 간의 감정 악화를 조금이라도 완화하려 하였다. 또 재일조선인 학살은 동화정책=내지연장주의에 대한 검토를 촉진시키는 한 계기가 되었을 것으로 보인다.

[128] 1923년 9월 10일자 樺山資英 앞 細井肇 서한(일본국회도서관 헌정자료실소장 『樺山資英文書』 31).

제5부
관동대지진과
의연금 모금
활동

제1장 『매일신보』를 통해 본 의연금 모금

1923년 9월 1일 일본 간토지역에서 일어난 관동대지진은 9월 3일 『매일신보』, 『동아일보』, 『조선일보』 등 당시 식민지 조선에서 발행되는 신문에 대대적으로 보도되면서 그 피해 실태가 알려졌다. 이들 신문사에서는 '의연금'을 모금하는 한편 피해 상황을 보도하였다. 의연금 모금은 『매일신보』가 가장 발 빠르게 주도하였다.

『매일신보』는 관동대지진을 보도한 다음날인 9월 4일자에 「이재민을 위하여 본사에 동정금 수백 원을 다투어 보냈다」라는 기사에서 일본인 사삿키(佐佐木香造), 아키야마(秋山林平) 등 10여 명이 수백 원을 동정금으로 기부하였다. 이는 『매일신보』가 신문사 차원에서 의연금을 모금하기로 결정하기도 전이었다. 이를 계기로 『매일신보』는 여타 신문보다 먼저 의연금 모금을 시작하는 한편 모금 운동과 관련된 기사와 광고를 게재하였다.

이처럼 『매일신보』가 의연금 모금을 적극적으로 한 것은 『매일신보』가 조선총독부의 기관지라는 것뿐만 아니라 식민지 본국에 대한 구호 차원이었다. 이러한 인식은 이후 피해 상황 관련된 보도에서 잘 드러나고 있다. 우선 경성부에서 의연금을 모금하는 것을 기사로 게재할 뿐만 아니라 광고까지 게재하였다. 그 내용을 보면 다음과 같다.

> 금번 동경(東京) 횡빈(橫濱) 부근의 유사 이래 대진재에 대하여는
> 조선 각지는 물론이고 해외의 타국에서도 힘자라는 대로 동정을
> 하려는 중이라는데, 경성부 당국에서도 재작일 부협의회원 간담

회를 열고 그 의연금(義捐金) 모금에 대하여 비공식 협의를 한 결과 부비(府費)로부터는 특히 금 이만 원을 지출하기로 하고 또 그 취지를 일반 시민에게 주지케 하여 힘자라는 데까지 동정을 얻기 위하여 의연금 모집 취의서(義捐金募集趣意書)를 일반에게 배부하게 되었는데, 그 출금액은 이원 이상으로 의연금을 (중략) 시내에 거주하는 내지인 중에는 당국의 권유를 기다리지도 않고 재작일 벌써 의연금을 시내 일문 신문사 또는 관청에 송부한 자가 있다는데, 경성부청에 도달한 의연금만 벌써 일천 팔백 팔십 원에 달한다더라.[1]

帝都地方에 在한 災害는 實로 千古未曾有의 慘事로 府民 一齊히 天의 一隅를 望하고 日夜苦慮痛心하여 마지않는 바이라. 抑博愛家에 及함에 人類의 大道요, 患難相救함은 社會의 通義라. 殊히 我京城府는 特히 天眷을 承하여 前에는 西鮮의 水害에 不遇하고 今에는 內地의 殃禍를 不蒙하고 家家團欒의 樂을 享함을 得하여 彼를 憶하고 此를 思하면 此不幸한 同胞를 爲하여는 假令 衣를 解하고 食을 推하되, 何히 苦痛이라 謂하리오. 故로써 府는 玆에 府費로부터 約 二萬圓을 支出할 計劃을 立하고 尙히 府民 各位의 同情에 訴하여 大히 義捐을 募하여 此를 災害地方에 贈呈하여서 些少하나 救濟의 一助됨이 있게 하려 하는지라. 但 此事는 實로 焦眉의 急에 屬하여 若日을 遷延하면 誠意도 其效를 失하여 悔를 後日에 貽함에 至할지라. 府內에 義勇人士는 旣히 率先하여 出捐하는 者 不少한지라. 願하노니 速히 奮力하여 應分의 釀出을 爲하여써 博愛의 至情을 發揮하시압.[2]

---

1   「경성부에서 의연모금」, 『매일신보』 1923년 9월 5일자.
2   「동경지방 진재의연금 모집」, 『매일신보』 1923년 9월 6일자. 이 광고는 『동아일보』에도 게재되었는데, 그 내용은 『매일신보』의 광고와는 약간의 차이를 보이고 있다.

경성부는 9월 4일 비공식 협의를 한 결과 의연금으로 2만 원을 지출하기로 하고, 그 취지를 알리기 위해 앞에서 살펴본 '의연금 모금 취지서'를 배포 및 광고하였다. 경성부에서 일반인에게 배부한 취지서는 '공존공영은 인류의 대도', '환난상구는 사회의 대도', '박애의 지정을 발휘'라는 명분으로 의연금을 모금하고자 하였다.

이를 통해 경성부민의 참여를 유도했는데, 의연금은 2원 이상으로 9월 30일까지 모금하기로 하였다.[3] 이에 따라 경성부는 의연금 모금액은 10만 원으로 정하고 매호마다 방문하여 모금하기로 하였는데,[4] 이는 사실상 반강제적이라 할 수 있다. 그렇지만 불과 10여 일 만인 9월 12일까지 15만 원,[5] 14일까지 20만 원[6]을 모금할 정도로 호응이 높았다. 이러한 호응은 대체적으로 일본인의 참여가 높았기 때문인 것으로 볼 수 있다.

또한 일본인이 많이 거주하고 있는 인천에서도 관민 합동으로 '진재 구제연구' 즉 구제활동에 대해 논의하였다.[7] 그 결과 인천부는 9월 4일부터 관민 합동으로 의연금을 모금하기로 하였다.[8] 뿐만 아니라 일본적십자사 및 애국부인회 조선본부 등 관변단체의 의연금 모금 활동도 적극적으로 기사로 다루고 있다.[9] 특히 대표적인 친일 인

3   「京城府에서 義捐 募集」, 『조선일보』 1923년 9월 6일자.
4   「경성부민에 10만원」, 『매일신보』 1923년 9월 9일자.
5   「15만원 경성부이 모집」, 『매일신보』 1923년 9월 13일자.
6   「義金雲集」, 『매일신보』 1923년 9월 15일자.
7   『조선일보』 1923년 9월 5일자.
8   「인천에서도 의연금 모집」, 『매일신보』 1923년 9월 5일자;「인천도 의연 모집」, 『조선일보』 1923년 9월 6일자.
9   「적십자, 부인회 의연모집」, 『매일신보』 1923년 9월 5일자;「애국부인회도 의류를 모집 중」, 『매일신보』 1923년 9월 8일자;「위문품 답지」, 『매일신보』 1923년

물인 이완용은 2천 원을 기부하였는데,[10] 이를 '인류애'라는 명분을 적절하게 활용하였다.

『매일신보』는 경성부 등 관 주도의 의연금 모금 외에도 기독교 등 종교단체와 각지의 의연활동에 대해서도 보도하였다. 특히 기독교 계의 의연활동을 비교적 자세하게 다루고 있다.

중앙기독교청년회의 신흥우와 조선회중회의 유일선은 아리요시(有吉) 정무총감을 찾아가 정중하게 위문을 하는 한편 "이번 진재에 대하여 그 이재민 구제에 힘 믿는 데까지 양 교회"에서 의연금을 모금하기로 하였다, 우선 신흥우는 청년회원과 학생들에게 의연금을 모금하기로 하고 가난한 호주머니에서 푼푼이 모은 16원을 기부하기도 하였다.[11] 또한 두 단체는 기도와 의연으로 구제활동을 함께하기로 하고 다음과 같이 결의하였다.

> 一. 今番 日本 罹災民에 대하여 우리 야소교인은 盡力 동정할 事
> 二. 각 교파에 교섭하여 교회마다 가급적 최근한 主日을 구제일로 守하고 其日에 이재민을 위하여 기도하고 의연을 모집할 事
> 三. 모집되는 금액은 일본적십자 본사 又는 東京에 특별히 조직된 구제 본부에 송금할 事
> 四. 此를 조선 내 각 교회에 보급케 하기 위하여 각 신문에 게재할 事[12]

9월 8일자; 「애부 모집 금액」, 『매일신보』 1923년 9월 12일자; 「애국부인 활동」, 『매일신보』 1923년 9월 14일자.

10 「이완용후 2천원 기부」, 『매일신보』 1923년 9월 12일자.

11 「양교회가 협력하여 힘자라는 데까지 구조하겠소」, 『매일신보』 1923년 9월 6일자. 그런데 이와 관련된 기사는 『동아일보』와 『조선일보』에는 보이지 않고 있다.

12 「기도와 의연으로 진재민 구제활동」, 『매일신보』 1923년 9월 8일자. 기독교의 협의 사항에 대해 『조선일보』 1923년 9월 8일자는 다음과 같이 보도하였다.

즉 기독교계는 관동대지진 이재민을 위한 동정금 모집에 적극 참
여하는 한편 모금한 동정금은 일본적십자 또는 도쿄에 조직되는 구
제단체에 보내기로 하였다. 이와 같은 기독교계의 구제활동을 『매일
신보』는 "이것이 구주의 정신이다"라고 하여, 매우 종교적으로 표현
하였다.

이처럼 『매일신보』가 기독교계의 의연과 구제활동을 집중적으로
보도한 것은 종교적인 측면도 있지만, 일본 지배정책에 우호적인 조
선회중교회의 활동을 알리는 한편 기독교계와의 관계를 우호적으로
유지하기 위한 것이라고 할 수 있다.

『매일신보』는 각지에서 전개하고 있는 의연활동에 대해서도 비교
적 많이 보도하였는데, 이를 정리하면 〈표 5-1〉과 같다.

〈표 5-1〉『매일신보』에 게재된 지방의 의연활동 기사

날짜	기사 제목	비고
9.6	인천에서도 의연모집	인천부청, 상업회의소
9.8	부산의 진재의연	부협의회원, 학교조합원, 은행 회사 대표 등
9.9	평양부의 구제 의연금 모집	평양부청
	동척 사원의 미거	동척 대구지부
	전주 관민의 노력	전주 관민 유지 100여 인
	면장이 협의	대전면사무소
	유지제씨의 협의	개성 군내 유지 다수

"一. 이번 일본 이재민에 대하여 우리 기독교인은 종족(種族)과 국계(國界)를 분
별치 아니하고 지성 동정할 일. 二. 각 교파에 교섭하여 교회마다 가급적으로 최
근 한 주일을 구제일로 작하고 그날은 이재 인민을 위하여 기도도 하고 의연도
모집할 일. 三. 모집되는 금액은 일본적십자회 본부나 또는 동경에 특별히 조직
되는 구제회 본부에 보낼 일, 이를 조선 내 각 교회에 보응(普應)케 하기 위하여
각 신문에 게재할 일."

날짜	기사 제목	비고
9.10	청주면장 협의회 진재의연금 모집 협의차	청주군청과 면협의회
	亥角 지사 분망	전북도청
9.11	동경진재 구제로 백미 천 석	군산
	유지 일동의 발기	강경
	평양상공회의소	
	오군수의 진력	함평
	개성 면장협의	
	군산부의 협의회	
9.12	송도면의 진력	개성
	각 대표자의 집합	함흥
9.13	청주에서 5천 원	
	평양에 구제회	박경석
	각 단체 궐기	光州
	의연 속속 발송	전북도청
	물품은 기위 발송	대전
9.14	내선관민 협력	청주
9.15	광주 현씨의 특지	현준호
	불하 4, 5천 원	보은군수의 노력
9.16	성진 관민 의거	일련종, 본원사
	도청 문전에 산적	애국부인회, 수양단 등
	담양 음악대회	관동대지진과 서선수해
	장성군의 진력	관공서장, 내선 유지
	김천군의 의연	관내 유지의 발기로 구제회 조직
9.17	전북의 의연 호적	전주, 군산, 정읍, 남원, 옥구
	무안 의연 모집	상애상구를 위해 각 면장에게
	구조품 적재선	전북도청
	전남의 구제책	구제방침 결의
	애부 전북지부	애국부인회
	개성군의 의연	
	부안의 구제 협의	부안군청

날짜	기사 제목	비고
9.18	일요학교 미거	인천 예수교 일요학교
	순천 유림 독지	평남 순천
	평양교회 활동	미 감리교회
	의연 발표 방법	光州
	전남도청 의연	1,200여 원
	함흥 진재 의연	지역별 모금
	괴산의 진재 구제	군청
9.19	애국부인 활동	해주
	해주의 진재 의연	囚人도
	백군수의 노력	담양군수
	수원면의 노력	면장과 각 이장
9.20	상하 관민의 활동	강원도청
9.21	대전의 진재 의연	
	애국부인의 활동	춘천
9.23	강릉 진재의연	보통고등학교기성회, 발의문
	군수 이하의 노력	곡성군수
	안동군의 의연	각 면별로 모금, 4천 원 이상
9.24	조선 부인의 의거	진천, 군청과 면사무소와 협력하여 위문대 조직
	진재 피난의 민	대구에 무료시설 설치
	인천 의연 발송	인천부, 25,035원 총독부로
	강릉 유지의 의연	군수와 유지, 면별로 모금
9.25	황해의 진재 의연	군별 모금액
	각교 진재 의연	안주공립보통학교, 대동공립보통학교 학생 모금
	보성 각단의 의연	군직원, 경찰서, 일본인, 학생 등
	청수씨의 의연	충주 일본인 사업가
	개성 진재 의연	각 정별, 단체서 모금
9.28	장성 청년의 발기	보화면 청년회
10.3	재동경 이재조선인에게 동정금품이 답지한다	상애회구호소
	의연의 취지 선전	평남 미감리교회
	장성 서장의 친절	유학생 가족 위문
10.4	진재의연금 작일 체절	경성부

날짜	기사 제목	비고
10.6	인천부 의연금	인천부
	유지 일동의 의거	함남 안변군
	양양의 진재 위문	관민 유지
10.7	진천의 의연 모집	관민 협력
	전북도 의연금	관민협력 일지
10.8	동정금품 모집	일본 丸之內의 주식회사
10.10	강원 의연 모집	철원, 춘천, 강릉의 관공리 등
	무안의 진재 의연	관민일치
10.13	충북의 의연금	청주, 보은 옥천, 영동, 진천, 괴산, 음성, 충주, 제천, 단양의 관민단체
10.20	화천의 진재 위문	관민일치로
	홍천의 진재 위문	관민 유지
	문경 진재 의연	관민의 동심 협력

〈표 5-1〉은 『매일신보』에 게재된 각 지방에서의 의연활동이다. 『매일신보』에 보이는 의연활동 관련 기사는 관동대지진이 발생한 직후 이를 보도한 9월 3일부터 10월 20일까지 지속되었다. 『매일신보』에 나타난 의연활동은 크게 두 가지 특징을 가지고 있다. 하나는 '관 주도'라는 점이고, 다른 하나는 '관민일치'라는 점이다.

관 주도의 의연활동은 도청, 부청, 군청, 면사무소, 경찰서 등 관공서와 애국부인회 등 관변단체가 중심이었다. 이외에 일본인을 포함한 지역유지, 보통학생들이 의연금 모금에 참여하였다. 이러한 관 주도의 의연활동은 '관민일치', '관민상화'라고 하여 지배정책으로 활용하고자 하는 의도가 적지 않았다.

조선총독부 아리요시 정무총감은 각 도지사에 보낸 통첩에 따르면, "罹災者의 窮狀에 同情하여 同胞想愛에 誠을 進하라"라고 하여, 부화뇌동하지 말고 의연금 모금에 적극 참여해 줄 것을 당부하였

다.[13] 이와 같은 통첩에 대해 재단법인 보린회 이사 이각종[14]은 "인사
상으로나 경제상으로나 우리 조선과 관계가 매우 밀접한 터인즉 일

13   「동포상애의 성을 진하라」, 『매일신보』 1923년 9월 7일자.
14   이각종은 1888년 대구 출신으로 1904년 관립 한성고등보통학교, 1908년 보성
      전문학교 법률과를 졸업하였다. 1909년 대한제국 학부위원으로 임명되었으며
      일본 와세다 대학 문학과에 교외생으로 입학하였다. 1911년부터 1917년까지 조
      선총독부 학무과 속(屬)으로 근무하였으며 1912년부터 1915년까지 보성전문학
      교 법률과 강사로 재직하였다. 1917년 경기도 김포군수로 임명되었으며 3·1운
      동 당시 만세시위 같은 추악한 투쟁과 쓸데없는 희생이 반복되어서는 안 된다
      고 판단한 뒤부터 이를 막기 위해 나머지 생애를 바치기로 결심하였다. 1920년
      6월 병으로 군수직을 사임하였다. 1921년 병에서 회복된 뒤 조선총독부 내무국
      제2과 촉탁으로 부임하였다. 1922년부터 1930년까지 조선총독부 내무국 사회과
      촉탁으로 활동하는 한편 강연을 하고 글을 발표하면서 황민화운동에 앞장섰다.
      1912년 일본 정부로부터 한국병합기념장, 1928년 쇼와 대례 기념장을 받았으며
      1937년 조선총독부 학무국 촉탁으로 있을 때 '황국신민서사'의 문안을 만들었
      다. 1925년 6월부터 1930년대 초 중반까지 잡지 『신민(新民)』의 발행 겸 편집인
      을 맡았다. 1936년 2월 전향자 출신 인사들이 결성한 황국신민화 단체인 백악회
      (白岳會)를 조직했고 같은 해 7월에는 백악회를 확대 개편한 단체인 대동민우회
      를 조직하였다. 1937년부터 1939년까지 조선총독부 학무국 사회교육과 촉탁과
      경성보호관찰소 촉탁보호사를 겸직하는 한편 1937년 이후부터 시국강연회, 시
      국대응강연회, 시국유지원탁회의 등에 참석하여 국민정신총동원과 내선일체를
      적극 주장하였다. 1938년 조선방공협회 경기도 연합지부 평의원, 국민정신총동
      원조선연맹 이사를 역임했으며 1939년 국민정신총동원조선연맹 상무이사, 발기
      인, 참사, 1940년 대동일진회 고문, 국민정신총동원조선연맹 참사, 평의원을 역
      임하였다. 1941년 8월 25일에 열린 임전대책협의회 좌담회에서 「황도정신과 총
      력」이라는 주제의 글을 발표했으며 같은 해 9월 7일 임전대책협의회가 결성한
      채권가두봉공대 남대문대원으로 활동하였다. 1941년 10월 조선임전보국단 발
      기인과 평의원을 역임했고 같은 해 11월에는 대동민우회 회장으로 선임되었다.
      1942년 국민총력조선연맹 방위지도부 참사, 의례개선조사위원, 1943년 국민총
      력조선연맹 후생부 후생위원회 위원을 역임하였다. 태평양 전쟁 종전 후인 1949
      년에 반민족행위처벌법에 따라 서울에서 반민특위에 체포되었다. 그러나 재판
      과정에서 일본의 패망 이후에 생긴 충격으로 정신이상 상태가 된 것으로 판정
      이 나면서 풀려났다. 2002년 민족정기를 세우는 국회의원모임이 발표한 친일파
      708인 명단의 기타 부문과 2008년 민족문제연구소에서 친일인명사전에 수록하
      기 위해 정리한 친일인명사전 수록예정자 명단에 선정되었다. 2005년 고려대학
      교 교내 단체인 일제잔재청산위원회가 발표한 '고려대 100년 속의 일제잔재 1차
      인물' 10인 명단, 2009년 친일반민족행위진상규명위원회가 발표한 친일반민족
      행위 705인 명단에도 들어 있다(https://ko.wikipedia.org/wiki/).

본 측 손해뿐만 아니라 우리도 對岸火事로만 越視할 수 없다. 근일 우리 유지들은 모두 민족적 감정을 초월하여 진정한 인류애 정신으로 일본의 불행에 동정하려는 경향은 매우 壯快한 일이니, 우리 조선인도 이같이 하여 세계의 대세에 순응하여 정의인도를 이해하는 고등민족인 것을 표명할 수 있는 것이 아닌가"[15]라고 하여, 조선총독부에서 추진하고 있는 구제활동에 적극 참여할 것을 권유한 바 있다. 이와 같은 분위기에서 조선총독부를 정점으로 관공서에서 추진한 의연금 모금 운동을 일사불란하게 면 단위까지 확대되었다.

『매일신보』는 관동대지진이 발생하자 가능한 한 일본은 피해국이라는 것을 강조하였다. 그리고 이를 통해 식민지 조선에서 '민족문제'가 발생하지 않도록 하는 논조를 유지하였다. 이러한 기조에서 관동대지진으로 인해 야기할 수 있는 재일조선인 문제에 대해서는 최대한 안전을 강조하였으며, 의연금 모금과 관련된 구제활동을 강조하였다.

15   「민족감정을 초월하여 인류애의 정신으로 동정하라」, 『매일신보』 1923년 9월 10일자.

제2장 중앙의 구제 조직과 의연금 모금

1. 경성과 인천지역의 의연금 모금

1923년 9월 1일 도쿄를 비롯하여 일본 관동지역 일대에 관동대지진이 발생하자 조선총독부에도 그 소식을 전달되었다.[16] 그렇지만 조선총독부는 3·1운동이 일어난 지 불과 4년밖에 되지 않은 상황에서 무엇보다도 '조선인 폭동설'에 대해 민감하게 반응하였다. 이는 '문화통치'로 비교적 안정화되어가는 상황에서 민족 감정을 자극할 우려를 피하고 싶었던 것이다. 때문에 조선총독부는 일본에서 귀화하는 재일조선인을 영접하거나 문안하는 등 위무하는 조치를 보다 적극적으로 대응하였다. 뿐만 아니라 관동대지진으로 피해를 입은 이재민을 독자적으로 조사하여 유족들에게 1인당 1백 엔의 조의금을 지급하는 한편 지방관으로 하여금 유가족을 위무하도록 조치하였다.[17]

예나 지금이나 한해나 수해 등 큰 재해가 있으면 어김없이 구제활동이 자발적으로 전개되었다. 1923년 관동대지진이 일어났을 때도 일본에 거주하는 이재동포들을 위한 구제활동이 전개되었다.

그런데 관동대지진이 일어나기에 앞서 1923년 8월 평안도와 황해

---

16   조선총독부에 관동대지진 소식이 전달된 것은 1923년 9월 1일 오후 6시 30분경 조선호텔 연회장이었다. 그러나 통신이 두절되어 더 이상 소식이 전달되지 않았다가 9월 3일 신문 보도를 통해 자세하게 알게 되었다고 한다(九山鶴吉, 『五十年ところどころ』, 講談社, 1934; 허광무, 『일본제국주의 구빈정책사 연구』, 선인, 201, 208쪽).

17   강덕상, 『關東大震災』, 中公新書, 1975, 153쪽; 허광무, 앞의 책, 211쪽.

도 등 서선지역에서 대규모의 수해가 일어나면서 이재민이 적지 않게 발생하였다. 이에 서선지역 수해에 대한 구제활동이 중앙뿐만 아니라 각지에서 활발하게 전개되고 있었다.[18] 때문에 관동대지진 구제활동은 서선지역 수해구제활동에 비해 관심도 떨어졌고 성금액이 적었다. 그럼에도 불구하고 관동대지진 구제활동은 전국적으로 활발하게 전개되었다.

구제활동에 대한 관심은 관동대지진 보도 초기부터 동포들의 '안부여하'에 대한 우려에서 이미 비롯되었지만, 가장 먼저 관심을 갖고 대응한 것은 관동대지진이 보도된 지 불과 하루 뒤인 9월 4일이었다. 일본인이 많이 거주하고 있는 인천에서 관민 합동으로 '진재구제연구' 즉 구제활동에 대해 논의하였다.[19] 그 결과 인천부는 9월 4일부터 관민 합동으로 의연금을 모금하기로 하였다.[20]

이와 때를 같이 하여 경성부도 의연금 모금에 나섰다. 경성부는 『동아일보』에 「東京橫濱震災 義捐金 募集 趣旨書」를 광고하면서, 관 주도의 구제활동을 시작하였다. 경성부의 의연금 모집 취지서의 내용은 다음과 같다.

> 아. 慘憺하다. 帝都의 災害, 悽愴하다. 橫港의 殃禍여, 天柱는
> 折하고 地維는 缺하여 大廈高樓는 炭爐에 歸하고 邸第園囿는 焦
> 土로 化하고 父母가 죽어도 葬할 수 없고 子息이 傷하여도 求할

---

18 당시 서선수해는 평양 대동강의 범람으로 이재민이 1만 명에 달할 정도였다. 이에 천도교에서 1백 원 기부를 필두로 구제활동이 시작되었고, 평양과 서울에서 각각 수해구제회가 조직되어 조직적인 구제활동을 전개하였다.

19 『조선일보』 1923년 9월 5일자.

20 「인천에서도 의연금 모집」, 『매일신보』 1923년 9월 5일자; 「인천도 의연 모집」, 『조선일보』 1923년 9월 6일자.

수 없으며 居處에 家屋이 無하여 飲食에 食糧이 無하여 纍纍히 荒墟에 彷徨하는 者 - 幾十萬人인지 其數를 不知로다. 참으로 이것이 現世의 修羅場이 아니고 무엇이뇨. 吾人은 멀리 山海를 隔하여 아득히 一報를 得할 때마다 其慘狀을 想見하고 懊惱痛苦로 高枕安息하며 好飲座食할 수 바이 없도다.

大抵 共存共榮은 人類의 大道요, 患難相救는 社會의 道義라. 어찌 同胞된 者 - 晏然坐視할 바이리오. 하물며 我京城은 特히 天眷을 蒙하여 前에는 西鮮에의 水害가 없고 後에는 內地의 震災가 없이 家家團欒의 幸樂을 享得함에 있음이리오. 假令 衣服을 벗어주고 飲食을 나누어준들 어찌 足히 累라 할 바이리오.

玆에 京城府에서는 府費로 約 二萬圓을 支出할 計劃을 立하고 또한 府民 各位의 同情에 訴하여 義捐을 大募하여 二市에 贈送하여써 아울러 救援의 一助를 하고자 합니다. 方今 일이 매우 急한지라. 만일 空然히 遷迫하면 誠意가 效를 失하고 마침내 轍府를 枯魚의 肆에 見함과 如한 後悔를 不免할지라.

此를 아직 廣布치 아님에 不拘하고 自進하여 巨額을 提供하는 者 - 不少합니다. 願하건데 迅速敏活大奮하여 可能한 바를 모두 出捐하여서 博愛의 至情을 發揮하시기를.[21]

---

21 『동아일보』 1923년 9월 7일자. 이 취지서는 『매일신보』 9월 6일자에도 광고했는데, 내용이 조금 다르다. 『매일신보』에 게재된 내용은 다음과 같다. "帝都地方에 在한 災害는 實로 千古未曾有의 慘事로 府民 一齊히 天의 一隅를 望하고 日夜苦慮痛心하여 마지않는 바이라. 抑博愛衆에 及함에 人類의 大道요, 患難相救함은 社會의 通義라. 殊히 我京城府는 特히 天眷을 承하여 前에는 西鮮의 水害에 不遇하고 今에는 內地의 殃禍를 不蒙하고 家家團欒의 樂을 享함을 得하여 彼를 憶하고 此를 思하면 此不幸한 同胞를 위하여는 假令 衣를 解하고 食을 推하되, 何히 苦痛이라 謂하리오. 故로써 府는 玆에 府費로부터 約 二萬圓을 支出할 計劃을 立하고 尙히 府民 各位의 同情에 訴하여 大히 義捐을 募하여 此를 災害地方에 贈呈하여서 些少하나 救濟의 一助됨이 있게 하려 하는지라. 但 此事는 實로 焦眉의 急에 屬하여 若日을 遷延하면 誠意도 其效를 失하여 悔를 後日에 貽함에 至할지라. 府內에 義勇人士는 旣히 率先하여 出捐하는 者 不少한지라. 願하노니 速히 奮力하여 應分의 醵出을 爲하여써 博愛의 至情을 發揮하시압."

이 취지서는 '공존공영은 인류의 대도', '환난상구는 사회의 대도', '박애의 지정을 발휘'라는 명분으로 의연금을 모금하기로 하였다.

경성부는 9월 4일 비공식 협의를 한 결과 의연금으로 2만 원을 지출하기로 하고, 그 취지를 알리기 위해 앞에서 살펴본 '의연금 모금 취지서'를 배포 및 광고를 하였다. 이를 통해 경성부민의 참여를 유도했는데, 의연금은 2圓 이상으로 9월 30일까지 모금하였다.[22] 경성부는 모금액은 10만 원으로 정하고 매호마다 방문하여 사실상 반강제적으로 모금하기로 하였다.[23] 그렇지만 불과 10여 일 만인 9월 12일까지 15만 원,[24] 14일까지 20만 원[25]을 모금할 정도로 호응이 높았다.

이처럼 초기 인천부와 경성부가 의연금 모금에 적극적으로 나선 것은 식민지 조선인보다는 일본인의 피해를 먼저 우려했던 것으로 추정된다. 이러한 점은 관동대지진 직후 일본인을 중심으로 '동정금'을 기부하는 사례에서도 확인할 수 있다.[26] 뿐만 아니라 일본적십자사 및 애국부인회 조선본부 등 관변단체에서도 의연금 모금에 적극 참여하였다. 대표적인 친일 인물인 이완용은 2천 원을 기부하였다.[27] 이는 '인류애'라는 명분을 적절하게 활용하였다고 보여진다.

이러한 분위기에 기독교가 우선적으로 동참하였다. 기독교인들은

---

22 「京城府에서 義捐 募集」, 『조선일보』 1923년 9월 6일자.
23 「경성부민에 10만 원」, 『매일신보』 1923년 9월 9일자.
24 「15만 원 경성부의 모집」, 『매일신보』 1923년 9월 13일자.
25 「義金雲集」, 『매일신보』 1923년 9월 15일자.
26 「이재민을 위하여 본사에 동정금」, 『매일신보』 1923년 9월 4일자. 일본인 佐佐木香造 등은 동경대지진이 발행하였다는 신문보도를 보고 동정금으로 수백 원을 기부한 바 있다. 조선군사령부도 군량 식품을 일본으로 수송하기로 하였다.
27 「이완용후 2천원 기부」, 『매일신보』 1923년 9월 12일자.

9월 6일 종로중앙기독교청년회관에 모여 기도와 의연금 모금 등 구제활동을 협의하였다. 기독교인들은 "종족(種族)과 국계(國界)를 분별"치 아니하고 구제활동을 하기로 하였고, 모금한 의연금은 일본적십자본부 또는 일본에 조직되는 구제회에 전달하기로 하였다.[28] 기독교의 이러한 조치는 종교적이라는 인도적 차원에서 전개한 것으로 보인다. 보천교도 간부인 이상호와 문정삼을 경무국장과 경기도청에 각각 보내 의연금 2백 원을 전달하기도 하였다.[29]

이에 비해 또 다른 기록에는 기독교인들은 '진재구제회'를 개최하고 3개항을 결의하였는데, 그 내용은 다음과 같다.

> 一. 유길 정무총감과 일본인 측 교회에 대표자가 가서 위문의 정을 표할 일.
> 二. 시내 각 예배당에서 각각 진재기도회를 열고 교도의 기부를 받아 경성부를 경유하여 재린민에게 보낼 일.
> 三. 지방에도 역시 일곱 명의 위원을 파견하여 제2항의 조건을 이행할 일.[30]

기독교계는 일본에서 관동대지진으로 많은 이재민이 발생하자 아리요시 정무총감과 일본인 기독교계 대표를 찾아가서 위문할 것, 기도회를 개최할 것, 기부금을 모금할 것 등을 결의하였고 기부금은

---

[28] 「기독교인의 구제협의」, 『조선일보』 1923년 9월 8일자. 구제 협의내용은 다음과 같다. 一. 이번 일본 이재민에 대하여 우리 기독교인은 종족(種族)과 국계(國界)를 분별치 아니하고 지성 동정할 일. 二. 각 교파에 교섭하여 교회마다 가급적으로 최근 한 주일을 구제일로 작하고 그날을 아지 인민을 위하여 기도도 하고 의연도 모집할 일. 三. 모집되는 금액은 일본적십자의 본부나 동경에 특별히 조직되는 구제회 본부에 보낼 일.

[29] 「보천교도 미거」, 『매일신보』 923년 9월 11일자.

[30] 「야소교의 진재구제회 기도회를 연다」, 『동아일보』 1923년 9월 8일자.

경성부로 전달하기로 하였다.

　이 두 기록은 같은 날 기독교계의 대응이지만 그 주체가 각각 다른 것으로 보인다. 전자는 조합교회 등 일본계 기독교, 후자는 조선인 중심의 기독교로 추정된다.[31]

　그렇지만 본격적인 구제활동은 관동대지진이 일어난 지 5일 후인 9월 6일부터였다. 이미 8월 초부터 서선수해에 대한 구제회가 각 지역에서 조직되어 활동하기 있었기 때문에 관동대지진 구제활동은 크게 관심을 받지 못하였다.

　이와 같은 상황에서 관동대지진 구제활동을 널리 알리고 확산시킨 것은 언론의 역할이 컸다. 우선 『동아일보』는 9월 6일 사설에 「遭難同胞를 懷함」이라는 사설에서 '동포야 구제하러 일어날지어다'라고 하여 전 국민적 구제활동을 촉구하였다.

> (전략) 東京에 在留하는 男女學生 二千餘人 中에 夏期休暇로 歸國하였다가 다행이 아직 本國에 있는 이도 있으나, 그것은 9월 10일 이후에 開學하는 專門學校 이상의 學生들 뿐이오. 그밖에는 9월 1일 이전에 이미 東京에 돌아갔을 것인즉, 이번 災變을 東京에서 당한 우리 留學生만 하여도 一千五六百 이상은 될 것이다. (중략)
>
> 　東京, 橫濱에서 災難을 당한 英米人을 위하여서는 벌써 각기 本國에서 혹은 軍艦을 派遣하고 혹은 救濟品을 수송하였다 한즉 민간에서도 벌써 구제의 운동이 起하였을 것이다. 同族을 愛護하는 情誼는 마땅히 이러할 것이다.
>
> 　동포여 이국에서 만고의 미증유하던 대재해를 당한 동포를 金之의 아들, 李之의 딸이라 하랴. 아니다. 우리 각 사람의 아들이

31　전자는 경성 내의 기독교와 회중기독교의 주요 교역자들이 모여 결의한 내용이다(「기도와 의연으로 진재민 주제활동」, 『매일신보』 1923년 9월 8일자).

요 딸이요 아우요 누이다. 국내에 있을 때에 더욱 그러하다. 同族을 愛護하는 情誼는 마땅히 이러할지다. 이러한 수백만 生靈이 큰 災變을 당한 때에 소수의 제 동족의 구제만을 생각하는 우리의 심리를 狹하다 말라. 그네에게는 큰 힘이 있거니와 우리에게는 힘이 없다. 우리 四五千의 遭難同胞를 구제하는 것도 우리 힘에는 부치는 일이다. 최후에 우리는 저 재난동포의 부모친족에게 懇曲한 위문의 人事를 드리고 그네의 사랑하는 자녀가 건재한 보도를 일각이라도 속히 그네에게 전할 수 있기를 빈다.[32]

사설에 따르면, 영국과 미국 등에서는 자국민을 구제하기 위해 국가 또는 민간에서 활동하였을 것이므로, 우리도 당연히 구제를 해야 한다는 것이다. 더욱이 미국과 영국은 군함을 파견하고 구호품을 수송하고 있는 상황에서 재일조선인만 구제하는 것은 좁은 마음이라고 비난하지 말라고 하였다. 4, 5천의 이재동포를 구제하는 것도 우리에게는 힘에 부치는 일이다고 위안하였다.

『조선일보』는 이보다 5일 후인 9월 11일자 사설 「罹災한 在外同胞를 구제하라」를 통해 의연금 모금에 적극 참여할 것을 촉구하였다.[33] 이에 앞서 『조선일보』는 하루 앞선 9월 10일 「急告」를 통해 의연금 모금을 전개하였다.[34] 「급고」에 의하면, '凶濤에 生命을 犧牲'이

---

32 「재난동포를 회함」, 『동아일보』 1923년 9월 6일자.

33 「罹災한 재외동포를 구제하라: 在內同胞의 同情을 促함」, 『조선일보』 1923년 9월 11일자.

34 「急告」, 『조선일보』 1923년 9월 10일자. 急告의 내용은 다음과 같다. "今回 東京, 橫濱 附近一帶에 未曾有한 震災를 인하여 다수한 우리 동포가 烈焰과 凶濤에 生命을 희생할 뿐 아니라 불행히 浮萍같은 踪迹으로 形影이 孤單한 그네들이 赤條條한 肉身으로 曠野에 徘徊하게 되었으니 그 慘酷한 情形과 恐怖한 事機를 想像하면 血이 繼하도록 淚를 揮할 바이며, 聲이 嘶하도록 哭할 바가 아닌가. 同胞이신 諸位가 誰라도 認悉하시는 바이지만은 現今 京濱一帶는 戒嚴令으로 因하여 個人의 出入을 絶對禁止하므로 旣往에 死亡한 者는 勿論이나

라 하여, 조선인학살에 대한 암시를 하고 있다. 그리고 의연금 모금의 구체적인 방법으로 모금기한은 9월 말일까지, 모금장소는 조선일보사 내, 의연금 처리방법은 도쿄지방이재조선인구제회에 위임키로 하였다.

2. '조선인구제회'와 '의연금조성회' 조직과 활동

경성부 및 인천부, 그리고 두 언론사가 의연금 모금에 앞장서자, 경성에서는 유지들을 중심으로 도쿄진재의연금모금조성회(東京震災義捐金募金助成會, 이하 의연금조성회)와 도쿄지방이재조선인구제회(東京地方罹災朝鮮人救濟會, 이하 조선인구제회)가 각각 조직되었다.

먼저 의연금조성회는 9월 8일 오후 2시 종로기독교청년회관에서 박영효, 한상룡, 민대식 등이 중심이 되어 조직되었고, 기독교의 이상재 등 15명을 위원으로 선정하였다. 의연금조성회는 경성 시내 중산층 이상의 인사들에게 의연금 모금에 참여할 것을 권유하는 통지서를 보내 9월 말일까지 의연금을 모아 경성부에 전달하기로 하였다.[35] 의연금조성회에 대한 구체적인 활동은 없지만 9월 20일까지

生存한 人의 習志野兵舍에 收容한 者 이외에도 모두 拘禁과 無異한 困境에 處하였으니, 幾日後에 時局이 稍히 整頓될진데, 勞動同胞와 學生同胞를 勿問하고 다같이 難關을 脫出할 터이나 自今 事勢로 忖度하면 何日何時에 何人이 幾何나 飢餓에 泣하는지, 何人이 幾何나 死亡하는지 도무지 消息이 茫然하니, 우리가 그들을 救援하려 하여도 今日을 過하면 다음날에는 비록 黃金塔이 有하더라도 效用이 無할지라. 同胞諸位는 血誠과 親愛를 傾倒하여 隨力捐補하여 瀕死한 同胞를 救濟하시기를 懇望하나이다."

35 「이재동포를 위하여 시내유지 분기」, 『동아일보』 1923년 9월 8일자; 「동경진재에 대하여 의연금 모금조성회, 시내 유지의 발기로 성립」, 『동아일보』 1923년 9월 10일자.

9,363원 10전을 모금한 바 있다.[36]

의연금조성회 발기인은 윤치호 외 62명이었으며,[37] 위원장은 이상재, 위원은 한상룡, 유성준, 민대식, 신광묵, 채기두, 방지훈, 이진호, 김한규, 이상필, 유문○, 최진, 어윤적, 예종석, 원진상 등 14명으로 구성되었다.[38] 이들 발기인 또는 위원 중에는 이상재 등 민족주의계도 있지만 이완용, 예종석 등 친일인사도 적지 않게 참여하였다.

한편 조선인구제회는 의연금조성회와 마찬가지로 경성 유지 50여 명이 중심이 되어 9월 8일 천도교 중앙대교당에서 조직되었다. 조선인구제회 조직에 앞서 7일 오후 8시 천도교당에서 임시구제회 발기회를 개최한 바 있는데 『조선일보』와 『동아일보』의 언론계, 천도교와 보천교·기독교의 종교계, 청년연합회의 청년계, 조선인상조회 등의 사회단체, 휘문학교 등 교육계, 변호사 등에서 참여하였다.[39] 임시발기회는 21명이 참여하였는데, 발기인당 4, 5명의 발기인을 추천하도록 함에 따라 다음날 8일에는 발기인이 92명으로 늘어났다.

36 「동경진재의연금 모금액」, 『조선일보』 1923년 9월 21일자.

37 주요 발기인은 朴泳孝, 李軫鎬, 韓相龍, 兪星濬, 閔大植, 申廣興, 蔡在斗, 方之勳, 金愼圭, 李相弼, 崔麟, 魚允迪, 元眞常, 尹往席, 趙東洵, 韓相龍, 尹致昊, 張斗鉉, 韓寬哲, 尹泰秉, 張薰, 宋鎭禹, 白完赫, 李完用, 南官熏, 白寅堅, 李夏榮, 嚴柱益, 朴承稷, 鎭, 方台榮, 趙鎭泰, 劉文○, 劉鈺, 崔奎東,金漢圭, 閔泳瑞, 吳兢善, 金潤秀, 閔丙奭, 李重載, 金性洙, 柳秉載, 金溶洙, 芮宗錫, 朴熙道, 金性珪, 白瀅洙, 李範昇, 李庸徹, 姜仁澤, 姜大連, 金聖旭, 金永杰, 鄭民和, 尹寬憂, 劉鎭泰, 申錫麟, 朴炳哲, 申興雨, 朴性默 등이다.

38 「關東震災義捐金募集助成會의ノ件」, 1923년 9월 8일자.

39 「在東京罹災朝鮮人臨時救濟會發起會ノ件」, 1923년 9월 8일자. 임시발기회 참여 인물은 조선일보의 김병○·홍덕유·김정국, 창문사사장 유성준, 보천교의 이순택·김윤수, 법학강습원 김달호, 기독교청년회의 이대위·정현모, 휘문교장 임경재, 소작인상조회 유병룡, 동아일보의 최원순·장평종, 청년연합회의 김철수·신태악, 경성도서관 이범승, 보성법률전문학교장 고원훈, 동아부인상회 심명섭, 변호사 김용무·이인, 천도교의 최린, 개벽사의 김기전 등 21명이었다.

조선인구제회는 사무실을 경운동 천도교중앙총부의 개벽사에 두는 한편 9월 말일까지 의연금을 모금하기로 하고 신문에 꾸준히 광고를 하였다.[40] 모금액은 『조선일보』와 『동아일보』를 통해 공개되었다. 조선인구제회에 참여한 주요 인물은 다음과 같다.

> 발기인: 金圭源 외 91명
> 위원장: 兪星濬
> 위원: 高元勳 李範昇 朴勝彬 張友植 洪泰賢 金炳喜 趙南駿 李
>   潤載 李仁 宋鎭禹
> 상무위원: 辛泰嶽 崔麟 任政鎬
> 회계: 張斗鉉[41]

조선인구제회의 발기인의 구성을 살펴보면 당시 경성 유지급 인사를 포함하여 종교단체, 사회사업단체의 대표들이 참여하였다. 주요 인물로는 기독교계의 이상재를 비롯하여 이대위·유성준 등, 천도교계는 최린을 비롯하여 이종린·김옥빈·김기전·방정환 등이, 불교계에서는 한용운 등이 참여하였다. 법조계에서는 이인·박승빈 등이, 유학생으로는 한위건을 비롯하여 이옥 등이, 사회주의계로는 김철수·허헌·여운홍 등이 참여하였다. 이외에도 친일 인물로 알려진 한상룡, 민대식, 원덕상 등도 참여하였다.

이런 점에서 볼 때 조선인구제회는 민족주의와 사회주의세력뿐만 아니라 이른바 친일세력까지도 참여한 범사회적 단체라고 할 수 있다.

---

40 『동아일보』 1923년 9월 11일자.
41 「東京地方罹災朝鮮人救濟會開催ノ件」, 1923년 9월 8일자; 「참화에 죽어가는 동포를 위하여 동경지방이재조선인구제회 성립」, 『동아일보』 1923년 9월 10일자; 「구제회의 구체적 조직」, 『조선일보』 1923년 9월 10일자.

조선인구제회가 조직되자 『동아일보』는 사설을 통해 "最善의 努力을 다하여 滿天下 同胞의 期待에 不負할 것을 確信하노라. 그러나 在內同胞는 一刻을 다투어 그 安危를 知코자 하며, 또 一萬有餘의 罹災同胞에 대하여 僅히 二千五百圓의 物資로서는 到底히 應急의 處置에도 酬應키 難할 것은 勿論이로다. 그럼으로 今番의 東京在留朝鮮人同胞救濟會가 發起케 되어 廣히 義捐의 募集에 着手케 되었으니, 赴急救難의 同胞感에 鑑하여 翕然한 同情과 集中이 되기"[42]를 바라면서, 조선인구제회의 활동이 잘 이루어지기를 기대하였다.

한편 조선인구제회는 발기인회에서 선출된 위원들을 중심으로 이끌어 갔는데, 이들 중 유성준은 안동교회를 설립한 인물로 조선물산장려회, 민립대학설립기성회 등이 참여하고 있었다. 고원훈은 보성전문학교장, 조선체육회 이사장 등으로 활동 중이었고, 박승빈과 이인은 변호사였다. 송진우는 동아일보 사장, 최린은 천도교 중진으로 활동하는 등 저명한 인사들이 적지 않게 참여하였다.

조선인구제회는 9월 11일 위원회를 개최하고 구제활동을 보다 적극적으로 추진하기 위해 조선인유학생학우회에서 활동 중인 한위건과 이옥을 위원으로 추가 선정하는 한편 이날부터 의연금 모금을 착수하였다.[43] 한위건과 이옥을 추가 선정한 것은 이들이 일본유학생 신분으로 일본의 상황을 잘 알고 있을 뿐만 아니라 관동대지진의 현장을 직접 확인할 수 있었기 때문이다. 한위건은 관동대지진이 일어나자 도쿄로 돌아가 이재민 구호활동을 전개하였다. 조선인구제회

---

[42] 「동경지방이재동포구제회 발기: 구급의 의연모집」, 『동아일보』 1923년 9월 10일자.

[43] 「이재구제회 이원을 더 늘이고 의연금 수집 착수」, 『동아일보』 1923년 9월 12일자.

는 이재동포를 위해 일차적으로 모금한 의연금 4천 원은 도쿄, 3백
원은 부산으로 각각 전달한 바 있다.

그런데 조선총독부는 종로경찰서를 통해 조선인만을 구제하기 위
한 조선인구제회의 활동을 방해하였다. 이는 조선인과 일본인을 구
별하지 않고 구제활동을 하는 의연금조성회 때문이었다. 의연금조
성회가 이재민 구제를 내세워서 조선인과 일본인을 구별하지 않았
지만, 구제회는 이재조선인 구제활동을 목적으로 했기 때문에 민족
의식을 은연중에 고취시킨다고 인식하였다. 따라서 총독부는 구제
회의 의연금 모금 활동을 금지시키고 해산까지 종용하였다.[44]

이와 같이 일제의 탄압이 시작됨에 따라 조선인구제회는 우선
유성준, 박승빈, 이범승 3인을 교섭위원으로 선정하여 종로경찰서
당국과 교섭하기로 하였다.[45] 그 결과 조선인구제회는 기부금 모
금을 할 수 있는 기부원은 취하하고 동정금만 받기로 하였다.[46] 즉
"기부금 신청은 중지하기로 함, 발기인 간에 동정금을 진력 출연하
여 금월 20일 내로 수집할 것, 수익금의 다소를 불구하고 최초의
목적을 실행하기로 함" 등 3개항을 결의하였다.[47] 이는 일반인을
대상으로는 의연금을 모금할 수 없고, 발기인끼리만 의연금을 모금
할 수 있다는 것이다. 다만 자발적인 기부금은 모금할 수 있어 자발
적 의연금은 환영하기로 하였다. 이에 따라 조선인구제회는 답지되

---

44   「조선인구제회는 해산? 조선인 구제를 따로 함이 불가타고」, 『조선일보』 1923년
      9월 14일자. 당시 『조선일보』는 동경진재의연금모금조성회를 후원하였고, 『동
      아일보』는 동경지방이재조선인구제회를 각각 후원하였다. 그래서 조성회의 의
      연금은 『조선일보』에, 구제회의 의연금 모금 상황은 『동아일보』에 게재되었다.
45   「구제회의 금후 방침」, 『조선일보』 1923년 9월 15일자.
46   「이재조선인구제회」, 『조선일보』 1923년 9월 17일자.
47   「동경지방진재동포구제회는」, 『동아일보』 1923년 8월 18일자.

는 의연금을 그때그때 『동아일보』에 게재하여 자발적 의연을 유도하였다.

이처럼 조선총독부는 관동대지진으로 인한 구제활동에서도 조선인을 위한 구제회의 활동을 방해하거나 탄압하였는데, 이는 일본에서의 조선인학살에 대한 예민한 반응과 구제의연금 모금을 통해 민족의식을 다시 고양시키는 것을 최대한 막고자 하였다. 즉 4년 전에 전개되었던 범민족적 3·1운동과 같은 대규모의 시위를 막기 위한 것으로 풀이된다.[48] 뿐만 아니라 관동대지진 구제활동을 통해 '관민일치'를 통해 일선융화를 도모하고자 하였음을 알 수 있다. 이는 결국 식민지배의 일환으로 활용하고자 하였던 것이다.[49]

---

[48]   조선총독부 경무국, 「震災關係警戒取締に關する重要通牒」, 『朝鮮の反應』, 8쪽.

[49]   관동대지진이 발생하자 조선총독부는 3·1운동과 같은 대규모의 시위가 일어나지 않을까 적지 않게 우려하였다. 이로 인해 각지의 동향을 파악하는 데 주력하였다. 그리고 이를 식민지배정책에 적절하게 활용하였다.

제3장 지방의 구제 조직과 의연금 모금

1. 중소 지방의 구제회 조직

관동대지진 당시 구제활동은 중앙뿐만 아니라 지방에서도 활발하게 전개되었다. 지방의 구제활동은 경성이나 인천 등 중앙보다는 늦었지만 중앙보다 더 다양한 방법으로 구제활동을 추진해나갔다. 경성과 인천을 제외한 지방에서 처음으로 관동대지진 구제활동을 전개한 곳은 대구였다. 당시 지방에서도 서선수해에 대한 구제활동이 전반적으로 이루어지고 있는 상황에서 대구지역에서는 9월 5일 공직자와 유지 등이 관동대재해대구원회를 조직하고 10일까지를 제1기로 정하고 정총대(町總代)에게 통지하여 의연금을 모급하기로 하였다.[50] 대구지역의 구제활동은 공직자와 유지들이 중심이었다는 점에서 관 주도 형태의 구제활동이라고 할 수 있다.

이어 부산에서도 구제활동을 위해 부협회원, 학교조합의원, 은행회사 대표, 종교단체 대표 재향군인회 간부, 신문기자 등 150여 명이 모여 의연금 모집방법을 협의하였다. 협의한 내용은 부산부, 시상업회의소, 부산일보사, 조선시보사를 발기자로 하고 부산부청에 사무소를 둘 것, 50전 이상으로 의연금을 모집하되 1원 이상은 양 신문에 게재할 것, 모집기한은 9월 6일부터 15일까지 10일간으로 할 것, 의연금 처분은 내무대신에게 일임할 것, 모집방법은 각정 총대, 재향

---

[50] 「대구에 구원회 조직」, 『동아일보』 1923년 9월 8일자.

군인회에 위임할 것 등이었다.[51] 부산지역 역시 관 주도 형태의 구제
활동을 하였음을 알 수 있다.

평양부에서도 50전 이상씩 의연금을 모집하였다.[52] 전주에서는
이보다 앞선 9월 4일 전북지사가 관민 유지 1백여 명을 소집하여 구
제활동을 협의하고, 도내에서 현금 4만 원 이상 모집, 백미 1천 석
이상을 기부하기로 하였다. 그리고 의연금 모집은 주로 적십자사, 애
국부인회, 재향군인회, 소방조, 수양단, 청년회 등이 담당하기로 하
였다.[53]

이처럼 대구와 부산, 평양, 전주 등 주요 도시에서 먼저 관 주도의
형태로 구제활동을 전개한 것은 이들 지역에 일본인이 많이 거주하
였기 때문이었다. 이후 다른 지방에서도 구제회가 조직되거나 구제
활동이 전개되었는데, 그 상황을 정리하면 〈표 5-2〉와 같다.

〈표 5-2〉 각지에 조직된 관동대지진 구제단체 및 구제활동 관련 현황

지역	주도 계층	내용	비고
대구	공직자 및 유지	관동대재해대구구원회 조직, 9월 10일까지 1기로 각정총대에게 통지하여 의연금 모집	동아 1923.9.8
함흥	학부모	함흥유학생구호회 조직, 유학생 조사 및 구호책 논의	동아 1923.9.8
부산	부협의회원, 학교 조합의원, 기타 관민 등 150명	의연금 모금 협의	매일 1923.9.8 조선 1923.9.9

51   「부산의 진재의연」, 『매일신보』 1923년 9월 8일자.

52   「평양부의 구제」, 『매일신보』 1923년 9월 9일자.

53   「전주관민의 노력」, 『매일신보』 1923년 9월 9일; 「亥角지사 분망」, 『매일신보』
      1923년 9월 10일자.

지역	주도 계층	내용	비고
전주	도지사, 관민 유지	의연금 4만 원 이상으로 백미 1천 석 이상 기부키로	매일 1923.9.9
대전	면장, 구장	의연금 15일까지 모집, 여학생도 동원	매일 1923.9.9
개성	군청, 지역유지	구제방침 협의	매일 1923.9.9
천안	천안청년회, 천안군청, 천안면사무소	위문품으로 의복, 모포류 모집 백제회사 지배인 송창한 40원 기부	조선 1923.9.10
영동	영동야소교장로회, 영동청년회, 동아일보 영동분국	동경이재동포구제회 조직, 회원 1원 이상 의연, 9월 25일까지 모금(광고)	동아 1923.9.10
청주	면장	면당 2백 원 이상, 학생에게는 10전 이상 모금키로	매일 1923.9.10
평양	유학생 및 학부모 등	일본유학생회 조직, 유학생 조사 구제	동아 1923.9.11
마산	유학생	재동경마산인고학생구제회 조직, 의연금 모금, 구호원 파견	동아 1923.9.11
마산	부협의원, 학교조합의원, 학교평의원 등 10여 명	진재구제협의회 조직, 구제금 5백 원 등 모금	동아 1923.9.11
동래	유지 60여 명	조선인, 일본인 측에서 의연금 모금, 9월 20일까지	조선 1923.9.11
진위	진위군청	구제금 모집	조선 1923.9.11
인천	동경재류동포 친척	동경재류인천친족회 조직, 동정금 모금, 동아일보 위탁	동아 1923.9.12
평양	학부모형	재동경유학생조사회 조직, 특파원 파견 동정	동아 1923.9.12
무주	군수, 면장 등 지역 유지	의연금 모금	조선 1923.9.12
군산	군산학생학우회, 지역 단체 등	재동경이재군산유학생구제회 조직, 의연금 모금, 조사반/상무반 설치	조선 1923.9.12
부안	군청, 면장 등	2천 원 모금	동아 1923.9.12
신의주	부협의원, 최창조 등 유지	모집 임원 조직	동아 1923.9.12

지역	주도 계층	내용	비고
진주	회장 박재호, 부회장 정상진 등	일본진재동포구제회 조직, 의연금 모금, 찬성회원 50원 이상, 특별회원 20원 이상, 정회원 5원 이상, 통상회원 1원 이상	동아 1923.9.13
전주	도지사 발기, 관민 50여 명 유지	4만 원 이상 모금키로	동아 1923.9.13
	전주청년회, 동경 유학생	489원 모금	
창원	창원유학생향우회/창원학우회	동경진재상황조사회 조직, 의연금 모금, 청원 출신 유학생 조사, 특파원 파견	조선 1923.9.13. 동아 1923.9.23. 조선 1923.10.1
예천	군수 등	구제협의회 조직, 의연금 1,500원 이상 모금	조선 1923.9.13
고창	고창청년회, 동아일보지국	재동경고창유학생이재구제회 조직, 9월 말까지 회비 1원 이상으로 의연금 모금	조선 1923.9.13
군산	군산 각 단체	동경진재구제연주회 모금을 위한 연주회, 군산 기생 참여	조선 1923.9.13
예산	조선 및 일본인 등 관민	2,500원 이상 모금키로	조선 1923.9.13
	예산청년회, 동아일보 지국, 조선일보지국	224원 모금, 반액 진재, 반액 수해로 전달	동아 1923.10.9
목포	기생	재류동포이재구제연주회 개최, 3일간 공연, 의연금 모금	조선 1923.9.13
진해	면장, 이장 등 유지	재동경이재동포구급회 조직, 면민대회 개최, 의연금 모금, 특파원 손대권 김시영 선정	조선 1923.9.13 동아 1923.9.14
진해	재향군인회, 청년회, 각종사원, 각구장 등 유지	의연금 2천 원 모금키로	조선 1923.9.13
	불교동지회, 진해청년회, 중초진성회	52원 34전 모금	동아 1923.10.13
光州	각 단체 대표, 유학생 학부모	동경파송위원 선정, 의연금 모금	동아 1923.9.14

지역	주도 계층	내용	비고
평양	위원장 박경석, 위원 김능원 손수경 한원한 황석환 박상조 백윤식 최재학 정규현 홍재기	관동지방진재구제회 조직, 의연금 모금	동아 1923.9.14
대구	상업회의소 주최	구제회 조직, 14,146원 94전 모금	동아 1923.9.14
원산	지역 유지, 상무위원 안정협, 위원 조중구 등	구제회 조직, 구제금품 모집, 위문원 파견	동아 1923.9.14
	사립 해성보통학교 소년단	음악회 개최 의연금 모금	동아 1923.9.23
光州	관민 1백여 명	9월 20일까지 의연금 4천 원 모금	동아 1923.9.14
선천	관민 유지 30여 명	동경지방진재선천구제회/일본관동진재구제회 조직, 구역별 모금위원 선정, 각 구 담당 위원이 호별 방문하여 의연금 모금, 982원 모금	동아 1923.9.14. 조선 1923.9.14. 동아 1923.9.21. 조선 1923.9.22
삼량진	동아일보 지국	동경이재동포구제회 조직, 9월 25일까지 회원 1원 이상 모금	동아 1923.9.14
		의연금 모집	동아 1923.10.8
안주	관민 유지	일본진재구제회 조직, 동정금 모집위원 10인 성정, 20일까지 모금	조선 1923.9.14
진남포	부청, 상업회의소, 일본적십자회, 애국부인회 등 발기	9월 20일까지 의연금 모집, 3천여 원 모금	조선 1923.9.14. 동아 1923.9.17
고창	관공리 및 지역 유지	의연금 모금 협의	조선 1923.9.14.
		3천 원 모금키로	동아 1923.9.20
		4,024원 50전 모금	조선 1923.9.26
안성	면장 발의	주민 737원 45전 모금 (주민 73,745명으로 평균 1전)	동아 1923.9.15
		10월 4일까지 조선인유지 128원 10전, 일본인유지 189원, 관공리 300원 17원	동아 1923.10.9
順天		유학생 조사위원 파송, 의연금 모금	조선 1923.9.15
재령	군수 발의, 유지 20여 명	의연방법 논의, 면별 의연금 할당 총 3,390원	조선 1923.9.15. 동아 1923.9.21

지역	주도 계층	내용	비고
평강	유도천명회 지회	의연 취지서 작성, 면당 2명씩 모금원 파송	조선 1923.9.15
연천	지역 유지	호별 방문으로 의연금 모금	조선 1923.9.15
부안	관공리, 지역 유지 100여 명	모금위원 수십 명 선정, 15일까지 의연금품 모집	조선 1923.9.15
예천	각 단체	취지서 각 방면에 선전	조선 1923.9.15
		관공리 거출 32원, 애국부인회 22원, 일본적십자 1,826원 55전(민간측)	조선 1923.10.3
광주 송정리	군수, 면장	면장회의에서 의연 강조, 22일까지 모금	조선 1923.9.15
영미(박천)	애국부인회	13일부터 의연금 모금	동아 1923.9.17
강경	동아일보 및 조선일보 지국, 강경청년회	동경이재조선인구제회 조직, 동정금 모금	조선 1923.9.16
고양(경기)	면민, 동척대표	1인 1원 이상 의연, 28일까지 모금	조선 1923.9.16
이원	일본유학생회	조사위원 파견키로, 동정금 모금위원 선정	동아 1923.9.18
군산	부청, 경찰서	일본인 측 15,108원, 중국 측 362원, 조선인 측	조선 1923.9.17
	보성예기조합(기생)	동정금 모집을 위한 연주회 개최	조선 1923.9.22. 동아 1923.9.23
		2만 원 예상에 19,133원과 5,177점 모집	조선 1923.10.3
철원	조선인 및 일본인 유지	일본인 측 1만 원, 조선인 측 1,500원 이상 모금키로	동아 1923.9.18
남원	관공리 및 지역 유지	조선인 4천 원, 일본인 1천 원 모금키로, 9월 20일까지	동아 1923.9.18
제주	島廳과 경찰서	1,200원 모금, 진재에 1천 원, 서선수해에 2백 원 기부	조선 1923.9.18
이천(강원)	지역유지, 조선일보지국 후원	서선수해와 함께 의연금 모집	조선 1923.9.18
안주		의연 물품 모집, 면장회의에서 동정금 모금 협의	동아 1923.9.19

지역	주도 계층	내용	비고
연기	면사무소 주최, 진흥회 후원	서선수해와 함께 순회모금	동아 1923.9.19
	금남청년진목회	133원 구호금 송금	동아 1923.10.24
북청	유지 일동	동서재해구원회 조직, 서선수해와 함께 동정금 모금	조선 1923.9.19
금산	군청	동정금 모금	조선 1923.9.19
갑산	군청	의연금 1,500원 20일까지 모금키로	조선 1923.9.19
정평	군청, 면협의회	매호당 50전씩 의연금 배당/부내 면 풍교리에서 부당하다고 반발	동아 1923.9.20
박천	군수, 면장, 주재소장 등 50여 명	의연금 3,500원 모금키로 하고 면별로 배당, 25일까지 모금키로	동아 1923.9.20
담양	지역 유지	구제금 모금을 위한 연극 개최, 동정금 모금	동아 1923.9.20
초계(합천)	초계기독청년회	동정금 모금	동아 1923.9.20
송화	군수 등 유지 30여 명	의연금 모금	조선 1923.9.20
		9월 25일까지 3,646원 모금	동아 1923.10.3 조선 1923.10.1
벽제(고양)	동척유민, 면내 유지	의연금 6백여 원 모금키로	조선 1923.9.20
남천(평산)	군청직원, 면장, 순사 등	배당된 6백여 원 모금	조선 1923.9.20
이원	이원청년회연합회, 이원기독청년연합회, 이원천도교청년회, 이원군상무회, 조선일보지국, 동아일보지국	동경재류동포 및 서선이재민구제회 조직, 10월 말일까지 의연금 모금	동아 1923.9.21
장연	은율군수 발기	동정금 모집	동아 1923.9.21
거창	거창기독청년회, 거창청년회, 조선일보 및 동아일보지국	동진서해구제회 조직, 동정금 모집, 집행위원 등 선정, 2백 원 모금	동아 1923.9.21. 조선 1923.9.21. 조선 1923.9.24
거창	군	총액 3,600원 모금	조선 1923.10.3

지역	주도 계층	내용	비고
사리원		시내재산가 1천 원, 일본인 1천 원, 시외부호가와 회사 1천 원, 기타 일반 3천 원 총 6천 원 모금키로	조선 1923.9.21
아산	아산청년회, 조선일보지국	서선수해와 함께 의연금 모금	조선 1923.9.21
상주	상주예기조합(기생)	연주회 개최, 9월 26일 연주회 개최	조선 1923.9.22. 조선 1923.10.1
	관민 합동	2,596원 모금	조선 1923.9.24
장성	장성면 금천리수양회	위문대 120개	조선 1923.9.23
	노동공제회	동정금 모금	조선 1923.9.24
	관공리 및 일반인	관공리 봉급의 5%, 일반주민 의연 등 2천여 원 모금	조선 1923.9.25
	북이면 모현리 청년회	구제회 조직, 의연금 모금	동아 1923.9.30
제천	관민	의연금 1천 원	조선 1923.9.23
오산	오산공립보통학교 후원회	진재의연금 20원, 수해의연금 5원	조선 1923.9.23
신창(북청)	청년 10여 명	의연금 모집 집행위원 선정 한태율 외, 구제금 모금	조선 1923.9.23
		면에 324원 배당, 구제회 조직, 집행위원 선정, 6백 원 모집	동아 1923.10.3
여수	여수청년회, 여수소년회	4,812원 모금	동아 1923.9.23
		동정금 모금	동아 1923.10.4
은율	야소교회, 은율상회, 동아일보지국	구제회 조직, 회금 1원 이상 모금, 25일까지 모금	동아 1923.9.24
은율		조선인 4,255원 98전, 일본인 629원 20전, 관공리 198원 90전, 적십자가 626원, 애국부인회 191원 24전/총 5,801원 32전	동아 1923.10.24
포항	송라청년회(송라면)	이재동포구제회 조직, 의연금 모금 순회위원 선정, 면별로 순회 모금	조선 1923.9.24
영변	관민합동	각 면당 1백 원 이상 모금 할당, 3,336원 모금 예상	조선 1923.9.25

지역	주도 계층	내용	비고
울산	중남면 노동야학 회연합회	17원 기부	조선 1923.9.27
금천	군수, 경찰서장	진재의연금 3,030원 15전, 수해의 연금 5백 원 50전	조선 1923.9.27
숙천	군내 유지, 애국부 인회	의연금 모금	동아 1923.9.27
개천	군청	각면 의연금 배정	동아 1923.9.27
개성		6,827원 25전 모금	조선 1923.9.28
정주	면장, 유력자 등 50여 명	면별 배당, 2천 원 모금키로	동아 1923.9.30
함안	군수, 면장	면장에게 위탁하여 9얼 22일까지 1천 원 모금	동아 1923.9.30
용문(안악)		동정금 1,206원 모금	동아 1923.10.1
마산		9월 28일 모금 마감, 7,377원 모금	동아 1923.10.3
경주	면협의회	4,733원 83전 모금	동아 1923.10.5
맹산	면장, 유생회	3,300원 모금	동아 1923.10.5
광양	일본인	300원 모금	조선 1923.10.5
모도(인천)	모도소년회	20원 30전 모금	동아 1923.10.9
목포		1차 19,165원, 후속 360원 23전 추가 모금	동아 1923.10.9
창녕		각면에 배당, 1,399원 85전, 758인 참여	동아 1923.10.11
인천		1차 35,000원 모금, 223원 70전 추가 모금	조선 1923.10.7
신막	지역 유지	10월 4일부터 소인극	조선 1923.10.9
진해			
괴산	군수, 면장	면별 배정, 4,605원 모금	동아 1923.10.14
영주	시천교종무원	동정금 10원 모금	조선 1923.10.14
아산		286원 모금	조선 1923.10.16
보성	면장, 유지	510원 모금	조선 1923.10.18
능주	능주청년회	모금 연주회 개최, 78원 96전 모금	동아 1923.10.15

지역	주도 계층	내용	비고
태천		1,539원 30전 모금	동아 1923.10.16
평양		16,538원 78전 모금	동아 1923.10.17
원산		767원 35전 모금	동아 1923.10.19
강경	금강관 요리점 예기(기생)	모금을 위한 순회공연	동아 1923.10.23
해주		12,480여 원 모금	동아 1923.10.29

2. 지방 의연금 모금 활동과 특성

〈표 5-2〉에 따르면, 관동대지진 발생으로 각지에서 구제활동이 이루어졌음을 알 수 있다. 이들 구제활동을 살펴보면 다음의 특징을 확인할 수 있다.

첫째는 지방의 구제의연금 역시 주로 관 주도 형태였다는 점이다. 식민정책을 충실히 수행하는 부윤이나 군수 등 지방 관리들은 관동대지진을 '일선융화의 장'으로 삼으려고 하였다. 특히 면장회의에서는 일본인과 조선인을 구별하지 말고 의연금을 모아 전달하자는 것을 강조하였다. 그리고 의연금 모금을 '인류애'로 포장하고자 하였다.[54]

뿐만 아니라 지방의 의연금 모금은 대부분이 '관민일치'를 대의명분으로 내걸었다. 충북의 경우 청주군에서는 군수·경찰서장·군내

---

[54] 「동경진재 구제금」,『조선일보』1923년 9월 21일자.

유력자, 청주면은 관민유력자, 각군은 군수·관청의 장·민간유력자를 도쿄지방진재의연금 모집 발기인으로 참여하도록 지시하였다. 이에 따라 충북은 박중양 도지사를 비롯하여 유력 일본인과 조선인이 발기인으로 참여하였다.[55]

이와 같은 도 단위의 관 주도 형태의 도뿐만 아니라 군, 면에까지 영향을 미쳤다. 강경면은 면장과 유지들이 동경진재 및 서선수해구제회를 조직하고 의연금과 위문품을 모집하였다.[56]

이외에도 관변단체인 애국부인회, 재향군인회, 소방조 등이 구제 활동에 동원되었다. 이와 같은 관과 관변단체 주도로 전개되는 구제 활동은 『매일신보』에서는 "內鮮官民 協力",[57] "相愛相救",[58] "上下官民"[59]이라고 보도하는 등 '일선융화'를 도모하고자 하였다.

둘째, 관 주도의 모금은 면 단위로 의연금을 의무 배정하였다는 점이다. 예를 들어 박천군은 3천 5백 원을 모금하기로 하고 박천면은 550원, 동면과 서면, 청룡면은 4백 원, 가동면과 용계면은 3백 원, 덕안면·북면·가산면은 250원, 남면·가남면은 2백 원씩 각각 할당하였다.[60] 또 남원의 경우처럼 조선인 측은 4천 원, 일본인 측은 1천 원으로 나누어 모금액을 할당하기도 하였다.[61] 북청군 신창면은 면에 배당된 모금액은 324원이었지만 청년들이 구제회를 조직하고

55 「인류의 당연한 의무」, 『매일신보』 1923년 9월 10일자.
56 「유지 일동의 발기」, 『매일신보』 1923년 9월 11일자.
57 「내선관민협력」, 『매일신보』 1923년 9월 13일자.
58 「무안 의연 모집」, 『매일신보』 1923년 9월 15일자.
59 「상하관민의 활동」, 『매일신보』 1923년 9월 20일자.
60 「재해구제협의회」, 『동아일보』 1923년 9월 20일자.
61 「진재의연금 모집」, 『동아일보』 1923년 9월 18일자.

집행위원을 선정하는 등 활동으로 6백 원의 의연금을 모으기도 하였다.[62]

이처럼 관 주도로 하다 보니 적지 않은 문제점이 발생하기도 하였다. 여수에서는 학생들에게도 의연금을 부과했는데, 서선수해 의연금은 거두지 않고 관동대지진 의연금만 모금한다고 부당함을 지적하기도 하였다.[63] 하동에서는 의연금을 적게 낸다고 얼굴을 때리거나 발로 차기도 하였다.[64] 고양군에서는 자신에게 부과된 동정금 30원이 많다고 진정하였다가 면장으로부터 면박을 받고 5일간 구류에 처해지기도 하였다.[65]

이러한 것은 자발적인 것보다는 할당을 함에 따른 부작용으로 나타난 현상이었다. 특히 여수 학생의 경우에는 서선수해와 관동대지진이라는 비교를 통한 민족의식이 밑바탕에 있었다고 보인다.

셋째, 관 주도가 아닌 자발적인 의연금 모금도 적지 않았다는 점이다. 영동군의 영동기독교장로회와 영동청년회는 회원은 1원 이상 의연하기로 하였고,[66] 고창청년회도 9월 말일까지 회원은 1원 이상 의연하기로 하였다.[67] 이들 청년회는 신문지상에 광고까지 하면서 적극적으로 모금 활동을 하였다. 뿐만 아니라 기생들도 관동대지진 의연금 모금에 참여하는 사례도 없지 않았다. 군산의 보성예기조합

---

62 「신창의 구제금 모집」, 『동아일보』 1923년 10월 3일자. 신창의 의연금 모금은 서선수해 의연금과 함께 모집하였다.

63 「진재동정만은 偏僻된다고」, 『동아일보』 1923년 9월 26일자.

64 「진재의연을 적게 한다고」, 『조선일보』 1923년 9월 28일자.

65 「간난을 진정하다가 구류」, 『조선일보』 1923년 10월 6일자.

66 『동아일보』 1923년 9월 10일자.

67 『동아일보』 1923년 9월 14일자.

은 9월 16일과 17일 조선일보지국의 후원으로 군산좌에서 도쿄진재 구제연주회를 개최한 바 있고,[68] 상주예기조합은 9월 26일부터 5일간 상주 시내를 순회하면서 공연을 하면서 의연금을 모금하였다.[69] 강경에서도 금강관의 기생들이 연극단을 만들어 논산과 공주 일대를 순회공연하면서 의연금을 모금하기도 하였다.[70]

의연금 모금에는 이처럼 관공서나 사회단체뿐만 아니라 개인적으로 참여하는 사례도 있었다. 함안군의 조봉규는 서울에서 개최하는 부업공진회에 참가하려고 하였으나 이를 취소하고 경비 33원 중 20원을 관동대지진 의연금으로 기부하였다.[71] 이처럼 자발적인 구제활동은 주로 청년단체, 언론사 지국 등으로 조선인 중심으로 전개되었다는 특징을 보여주고 있다.

넷째, 관동대지진 구제활동은 관 주도였든 자발적 주도였든 '거국적'으로 이루어졌다는 점이다. 수해나 한해 등 이재민을 위한 대부분의 구제활동이 그러하듯이 관동대지진 구제활동도 전군(全郡), 전면(全面) 지역의 주민들이 참여하였다. 관 주도의 경우 반강제적으로 참여할 수밖에 없는 점도 있지만 자발적인 참여도 적지 않았다. 특히 면 단위로 할당한 의연금은 가구당 배정하였기 때문에 누구든 참여할 수밖에 없는 상황이었다. 이로 인한 부작용도 앞에서 언급하였듯이 적지 않았음을 알 수 있다.

다섯째, 조선인과 일본인이 별도로 의연금을 모집하였다는 점이

68   「구제 연주 후보」, 『조선일보』 1923년 9월 22일자.
69   「상주에 구제연주회」, 『조선일보』 1923년 10월 1일자.
70   「구제연극단래공」, 『동아일보』 1923년 10월 23일자.
71   「관광 여비로 동정」, 『동아일보』 1923년 9월 28일자.

다. 구제활동의 주체가 어디냐에 따라 이러한 모습은 확연하게 나타났다. 비록 관 주도로 의연금을 모집하였다 하더라도 대부분은 조선인과 일본인을 구별하여 의연금을 배당하였다. 대부분 지방에서는 조선인이 많았기 때문에 조선인에 대한 할당 모금액이 많았다. 함평군의 경우 조선인 측은 함평청년회와 신문사 지국에서, 일본인 측은 학교조합에서 각각 모금하였다.[72] 개성군 송도면은 조선인 측은 4천 원, 일본인 측은 1천 원을 각각 모금하기로 하였다.[73]

여섯째, 구제활동 참여계층이 다양하였다는 점이다. 구제활동의 참여는 경성부와 인천부, 그리고 군청, 면사무소 등과 같은 관공서로부터 면협의회, 애국부인회, 재향군인회, 소방조 등 친일적 관변단체, 청년단체, 종교단체, 사회단체, 언론기관, 지역 유지 등이 참여하였다. 함흥의 경우 의연금과 위문품을 적십자사 함흥지부, 애국부인회 함흥지부, 함흥면, 함남신문사, 소방조, 불교회, 함흥청년회, 함흥여자청년회, 함흥메소지스트부인회, 함흥기독교청년회, 함흥기독교여자청년회 등 11개 단체가 참여하였다.[74] 함남 이원도 이원청년회연합회, 이원기독청년연합회, 이원천도교청년회, 이원군상무회, 조선일보지국, 동아일보지국 등 참가한 사회단체가 다양하였다.[75] 전남 광주도 군청 직원, 면사무소 직원, 학교조합 의원, 각 신문사 사원, 재향군인회, 소방조, 청년회, 노동공제회, 적십자사, 애국부인회, 도평의원, 학교평의원, 면협의원, 구장정 총대, 보통학교 학무위원,

---

72 「오군수의 진력」, 『매일신보』 1923년 9월 11일자.
73 「송도면의 진력」, 『매일신보』 1923년 9월 12일자.
74 「각 대표자의 집합」, 『매일신보』 1923년 9월 12일자.
75 「동경진재동포 급 서선이재민 구제회」, 『동아일보』 1923년 10월 30일자.

제5부 관동대지진과 의연금 모금 활동   479

시내 유지 등이 참여할 정도로 다양한 계층으로 구성되었다.[76] 학생들도 참여한 사례가 적지 않았는데, 경성여자고등학보통학교 여학생 3백여 명은 기증할 의복을 만들어 제공하기도 하였다.[77] 뿐만 아니라 해주에서는 형무소에 복역 중이던 수인(囚人)들이 자신들이 가지고 있던 돈을 구제의연금으로 기부하기도 하였다.[78]

〈그림 5-1〉 경성여자고등보통학교 여학생들이 의복을 만들어 위문품으로 전달하였다
(『매일신보』 1923년 9월 12일자)

한편 의연금은 일반적으로 9월 20일을 전후하여 9월 말일까지 모

76   「각 단체 총 궐기」, 『매일신보』 1923년 9월 13일자.
77   「기증의복을 재봉」, 『매일신보』 1923년 9월 13일자.
78   「해주의 진재 의연」, 『매일신보』 923년 9월 19일자.

금하였다. 9월 이후에도 계속해서 모금한 곳도 없지 않았는데, 이원 지역의 사회단체는 10월 말일까지 모금하였다.[79] 조선야소교장로회 수재진재구제부는 1924년 3월까지 모금한 1,432원 61전 중 320원을 일본 내무성 부흥국에 전달한 바 있다.[80]

이상으로 관동대지진 당시 국내의 구제활동에 대하여 살펴보았다. 관동대지진은 식민지 모국 일본에서 발생하였지만 국내에도 적지 않은 영향을 미쳤다. 조선총독부에서는 조선인학살이라는 전대미문의 사건이 일어남에 따라 3·1운동과 같은 대규모의 민중봉기가 일어날 것을 염려하였다. 조선총독부는 민족 간 갈등을 최소화하고자 하였다. 때문에 조선총독부는 관 주도 아래 구제활동을 적극적으로 추진하였다. 이에 따라 경성부는 의연금 모금 취지를 각 신문에 광고를 하는 한편 '博愛의 至情을 發揮'할 것을 호소하였다.

경성부의 의연금 모금으로 시작된 구제활동은 언론을 통해 중앙과 지방으로 확산되었다. 중앙인 경성에서는 의연금조성회와 조선인구제회가 각각 조직되었다. 조성회는 조선인과 일본인을 구분하지 않았지만 구제회는 조선인만을 위해 의연금을 모금하였기 때문에 일제로부터 적지 않은 방해와 탄압을 받았다. 이는 식민지 조선인이 구제활동도 간섭과 통제를 통해 분열시키고자 하는 의도가 엿보이고 있다. 이 두 조직의 구성원은 상당히 겹치고 있지만 각각 꾸준히 의연금 모금을 전개하였고, 모금된 구제의연금을 신문 지상을 통해 공표하여 일반인의 참여를 적극 유도하였다.

중앙의 구제활동은 지방으로 확산되었는데, 일본인이 많이 거주

---

79   「동경진재동포급서선이재민구제회」, 『동아일보』 1923년 10월 30일자.
80   「수진재 동정금」, 『동아일보』 1924년 4월 8일자.

하는 대구, 부산, 마산 등지에서 먼저 구제활동이 시작되었다. 이후 전국적으로 의연금 모금이 확대되었다. 지방의 의연금 모금의 구제 활동은 첫째 지방의 구제의연금 역시 주로 관주도 형태였다는 점, 둘째 관주도의 모금은 면 단위로 의연금을 배정하였다는 점, 셋째 자발적인 의연금 모금도 적지 않았다는 점, 넷째 관동대지진 구제활동은 거국적으로 이루어졌다는 점, 다섯째 조선인과 일본인이 별도로 의연금을 모집하였다는 점, 여섯째는 구제활동 참여계층이 다양하였다는 점 등이 특징이라고 할 수 있다.

그럼에도 식민지 조선의 관동대지진 구제활동은 다른 수해나 한해 등의 구제활동과는 달리 인도적 차원보다는 식민지배정책의 일환으로 적지 않게 이용되었다는 점이다. 조선총독부는 관동대지진 구제의연금을 모금하는 과정에서 '관민일치'를 내세웠지만 이는 '일선융화'라는 통치이념을 그대로 보여준 것이라 할 수 있다. 그러한 가운데서도 적지 않은 지역에서 청년단체나 언론기관 등이 자발적으로 전개한 구제활동은 인도적인 점도 있었겠지만 식민지 본국에서 차별받고 있는 동포들의 현실을 반영한 민족주의적인 성격이 담겨 있다고 판단된다.

시론

관동대지진 조선인학살과 민족적 차별 용어 '불령선인'*

Ⅰ.

민족이란 무엇인가. 민족이라는 개념이 형성된 것은 근대이다. 그렇지만 민족의 연원은 그보다 훨씬 이전이다. 이는 민족이 지니고 있는 개념에서도 확인된다. 즉 민족은 일정한 지역에서 오랜 세월 동안 공동생활을 하면서 언어와 문화상의 공통성에 기초하여 역사적으로 형성된 사회 집단을 뜻하고 있다. 이는 민족은 한 시기에 형성되지 않고 오랜 시기를 거치면서 정착되었다고 할 수 있다. 우리나라의 경우, 한민족이라는 혈통을 강조하고 있으며, 지정학적으로는 한반도에 거주하면서 공동의 문화를 유지하고 있다. 그렇기 때문에 민족은 공동의 정체성을 확립하고 있으며, 이를 유지하기 위해 노력하고 있다. 이러한 인식은 한민족뿐만 아니라 대부분의 민족도 예외가 아니다.

그런데 역사상으로 볼 때 민족이 다르다는 이유로 수많은 비인간적 행위들이 자행되었다. 그중 대표적인 것이 이른바 '제노사이드(genocide)'하고 한다. 제노사이드는 집단학살(集團虐殺)이라고 번역되고

---

* 이 글은 『다다』 5호(2023.12)에 게재된 「민족이란 무엇인가」를 수정·보완한 것임을 밝혀 둔다.

있으며, 천부적 혹은 사회적 요소를 들어 특정 인류 집단을 고의적 또는 제도적으로 말살하는 행위라고 한다. 주로 특정 국민적, 인종적, 민족적 또는 종교적 집단의 전체 혹은 일부를 파괴하기 위한 의도적 행동을 가리킨다.

문제는 이러한 제노사이드는 본질적으로 '차별'이라는 인식에서 비롯된다. 우리 사회는 수많은 차이들이 상존하고 있다. 인종과 언어, 종교와 문화 등 다양한 차이를 겪으면서 생활을 하고 있고, 이를 존중하면서 공존하고 있다. 그렇지만 한편으로는 차이는 차별로 변용되면서 배타적 행위로 나타난다. 차별과 배타는 배척과 혐오의 적대 행위로 이어지면서 결국 제노사이드로 진행된다. 101년인 1923년 9월 1일 일본 관동지역에서 발생한 대지진으로 '조선인'이라는 이유로 수많은 조선인이 죽음을 맞은 것은 전형적인 제노사이드라고 할 수 있다.

II.

최근 개봉된 영화 『파친코』는 운명을 알 수 없는 삶 속에서 고통스럽게 살아가는 재일한인들의 모습을 그려낸 바 있다. 이 영화는 이민진 작가의 『파친코』를 원작으로 제작한 것이다. 주인공 선자는 1900년대 일본 오사카로 이주한 후 피식민지인으로서 차별을 겪는다. 일본인들은 조선인들을 자신들과 다른 민족, 피식민지인이었기 때문에, 이주한 조선인, 재일조선인들은 일본인으로부터 차별과 학대, 혐오 등에 시달린다.

'차별'이란 서로 같지 않고 다른 정도나 상태를 있는 그대를 표현하는 차이와 달리, 차이를 이유로 특정 대상을 우대하거나 배제 또

는 불리하게 대우하는 행위를 의미한다. 또한 차별은 혐오의 감정이 발화 등의 행위로 표현된 결과로 볼 수 있다. 그런 점에서 차별은 혐오의 감정을 수반하지 않는 경우는 매우 드물다. 현재 일본 사회는 재일한인에 대한 혐오와 차별은 여전히 지속되고 있다. 그 연장선에서 우익단체 재특회는 "좋은 조선인도 나쁜 조선인도 모두 죽이자", "불령선인이 범죄를 일으키려 한다", "바퀴벌레 같은 조선놈을 일본에서 내쫓자" 등의 현수막을 내걸고 혐오 발언을 일삼고 있다. 이 혐오 발언은 한국인에 근본적인 차별 인식을 가지고 있음을 보여주고 있다. 재특회(在特會)는 재일특권을 용납하지 않는 시민 모임(일본어: 在日特権を許さない市民の会)의 약칭이다. 이 단체는 2007년 1월 20일에 발족한 일본의 극우 민족주의 성향의 시민단체이다.

특히 지진이 발생하면 재일 한인(한국인)에 대한 혐오와 차별적 인식은 여느 때보다 강하게 드러내고 있다. 2016년 4월 일본 구마모토(熊本)현에서 지진이 발생하였을 때 "구마모토현에 사는 한국인(조선인)이 우물에 독을 넣었다거나 지진이 일어난 구마모토현 사람들은 (독이 든 우물을) 조심하라"하는 괴소문 즉 유언비어가 퍼지기도 하였다. 지진이 발생한 직후부터 일본 트위터에는 "대지진이 발생 후엔 한국인들이 우물에 독을 풀지도 모른다. 우물의 물은 마시지 않는 편이 좋다" "구마모토 우물에 조선인들이 독을 넣고 돌아다닌다고 하니 주의해 주세요" "구마모토에서는 조선인 폭동에 조심해 주세요" 등의 트윗이 무차별적으로 올라오기 시작했다. 그런데 문제는 이 '우물에 독을 넣었다'는 유언비어는 1923년 9월 1일 발생한 관동대지진 당시에도 있었고, 이로 인해 6천여 명이 학살당하였다.

1923년 관동대지진 조선인 학살의 요인은 어디에서 비롯되었을까. 여러 가지 요인이 있겠지만, 대부분 '차별'을 우선 언급한다. 이

차별은 민족차별이라는 점이다. 최근 한 연구성과에 의하면 "1910
년대부터 일본인은 조선인을 '후데이센진(不逞鮮人)'으로 표현했다. '령
(逞)'은 즐거운 상태를 뜻한다. '불령(不逞)'이란 즐거움이 없이 불만, 불
평 따위를 품고 멋대로 행동하는 이를 일컫는다.

1919년 3·1운동 이후 재일조선인이 급증하자, 일본 경찰과 언론
은 조선인을 적대시거나 무시하는 의미로 '후데이센진'이라고 불렸
다"라고 한 바 있다. 이로 인해 조선인은 '후데이센진'과 동일한 존
재로 인식케 하였고, 여기에는 조선인을 일본인과 같지 않고, 다른
존재로 차별하고자 하는 의도였다.

일제는 1910년 8월 29일 강점 이후 식민지배를 위해 이른바 '일
시동인(一視同仁)'이라는 명분으로 동화정책을 내세웠지만, 강점기 동
안 차별정책으로 일관하였다. 또한 일제는 식민통치를 위해 '조선인
의 사상과 성격'을 분석한 바 있다. 이 분석은 조선인과 일본인의 차
이를 다방면에서 살펴보고 있지만, 식민정책에서는 그 차이를 '차
별'로 적용하였다.

일제의 조선인 차별은 식민지 조선보다는 이른바 '내지'라고 불리
는 종주국 일본에서 더 심하였다. 차별은 소수집단을 대상으로 한다
는 점에서 일본에서의 삶은 『파친코』에서 보여주고 있듯이 고통이
었다. 그 연장선에서 관동대지진이 발생하였을 때 조선인을 불령선
인으로 차별하였고, 유언비어를 날조하여 조선인을 무참하게 학살
하였다.

III.

일본은 조선을 통해 불교와 유학 등 이른바 선진문화를 받아들였

지만, 한편으로는 조선 또는 조선인을 멸시하는 인식은 오래전부터 형성되었다. 이는 일본인의 조선 인식은 문화적 동경과 군사적 우위라는 양면성을 보이고 있었다. 그렇지만 메이지(明治)유신 이후 이러한 전통적 인식은 일본의 우월의식으로 자리 잡았다.

메이지유신으로 신정부를 수립한 일본은 '국서 문제'를 계기로 조선에 대한 굴절, 왜곡된 인식이 강화되었다. 메이지 정부는 조선에 일본의 새로운 정부가 들어섰음을 알리고 국교를 재개하자는 취지로 국서를 보냈다. 이 국서에는 '皇'과 '勅' 문자가 문제가 되었고, 조선은 이 국서 수취를 거부하였다. 일본은 국서를 거부한 조선의 태도에 대해 '무례하다'고 보고 그 책임을 물으려고 하였다.

메이지유신 이후 형성된 일본 사회의 우월의식은 1910년 강점 이후 식민지배를 계기로 차별적 관계를 보다 정당화하였다. 즉 조선 민족은 선천적으로 국가적인 관념을 가지지 않은 식민적 국민이고, 그 성질은 온화, 우수, 순종적이기 때문에, 일본인의 식민에 적당하다는 인식을 갖도록 하였다.

그렇지만 1919년에 전개된 3·1운동은 일본인의 조선인 인식은 크게 변화시켰다. 일본은 강력한 무단통치를 기반으로 조선인을 무력화하려고 하였지만, 강렬한 민족적 분노와 저항 의지는 일본인에게 충격이었다. 이로 인해 일본 사회는 조선인을 위험한 존재로 받아들였다. 그 결과 일본 사회는 내재된 배타적 우월의식과 적대감이라는 이중적 인식을 갖게 되었다. 이와 같은 일본 사회의 조선 및 조선인에 대한 우월의식과 적대감은 강점 이후 식민지 종주국 즉 일본으로 건너간 재일조선인에 대한 '차별' 의식으로 자리잡게 되었다.

그렇다면 재일조선인은 어떻게 인식되었을까 하는 점이다. 일본은 치안을 담당하는 경찰 또는 사법 관계자를 통해 해마다 재일조선인의 동향을 파악한 보고서를 작성하였다. 이들 보고서에 의하면 재일조선인은 의타적이고 문약하고 여성적이며 불로소득의 욕망이 많은 것으로 분석하였다. 또한 "게으르고 자제심이 부족하며 방종한 마음을 가지고 있어 고생해서 돈을 벌어도 저축을 하지 않고 술을 마시거나 옷으로 치장하는 등 사치로 돈을 탕진한다", "위생관념이 거의 없어 겉으로는 멋쟁이가 많아 보여도 집에 가보면 더럽기 그지없다", "도박을 매우 좋아하며 도벽도 매우 심하며, 잘못된 결혼제도로 간통 등이 빈번한 조선 국내의 사정으로 인해 정조 관념도 매우 다르다" 등등의 차이가 아닌 배타적으로 차별하였다.

Ⅳ.

이처럼 차별을 받아오던 재일조선인은 점차 '불령선인'으로 불렸다. '불령선인(不逞鮮人)'이란 "불평이나 불만을 품고 제 마음대로 행동" 한다는 뜻의 '불령'이란 단어에 '조선인'이 합성되어 만들어진 단어로써, '불평, 불만을 품고 불량하게 다니는 조선인'이란 뜻을 가진 말이다. 국립국어원 『표준국어대사전』에는 "일제강점기에, 불온하고 불량한 조선 사람이라는 뜻으로, 일본 제국주의자들이 자기네 말을 따르지 않는 한국 사람을 이르던 말"이라고 정의되어 있다. 이로 인해 '불령선인'은 일제강점기 일본 제국주의자들에 의해 일본의 지배나 통치에 불만을 품고 따르지 않는 조선인을 가리키는 멸칭(蔑稱)으로 공식적으로 사용되었다.

그렇다면 이러한 차별의 의미를 담고 있는 '불령'의 의미를 조선인에게는 언제부터 적용하였는가 하는 점이다.

일제가 조선인에게 '불령'을 덧붙여 쓰기 시작한 것은 한말 침략

기부터였다. 1904년 3월 21일자 하야시(林) 공사가 고무라(小村) 외무대신에게 보낸 전보에 의하면, 의병을 '불령의 무리'라고 하였다. 또한 1904년 함흥에서 동학당이 다시 활동을 전개하였는데, 이들 역시 '불령의 무리'라고 하였다. 즉 배일의식을 가지고 있는 의병과 동학당을 일본의 통치에 따르지 않는 불온하고 불량의 무리 즉 '불량한 조선인'을 가리키고 있다. 일제 강점 이후에는 만주와 블라디보스토크 등 국외에서 활동하는 독립운동과 관련된 경우 대부분 '불령선인'이라고 쓰고 있다.

3·1운동 이후 발행된 『개벽』에 의하면, 신조어에 대해 정리한 바 있는데, 이 중에는 '불령선인'을 가장 먼저 언급하고 있다. 이에 대해 다음과 같이 설명하고 있다.

> 어쨌든 조선에 만세운동이 탁 터졌겠다. 이것저것 전에 보지 못하던 새 현상이 많이 생겼다. 전에 듣지 못하든 새 말도 많이 생기고, 전에 쓰지 못하든 새 문자도 많이 쓰게 되었다. 다른 것은 다 그만두고 이제 기미 이후 조선에 새로 유행되는 술어를 잠깐 모아 본다 하면,
> 불령선인: 일본에서는 '불령' 두 자를 상용으로 써왔는지는 모르겠지만 어쨌든 조선에서는 처음 듣는즉 기미 이후의 새 말이다. 일본인 당국자들이 반일본 조선인을 칭하여 불령선인이라 한다. '나쁜 놈'이라는 말인지 '좋은 놈'이라는 말인지(물론 나쁜 놈) 어쨌든 장비가 헌 창 쓰듯 일본인이 평소 잘 쓰는 말이다. '불령선인 출몰', '불령선인 입경', '불령선인 출입' 등은 우리가 눈이 시리도록 보던 것이겠다. '불령일인'이라는 새 술어는 안이 생기려는지?(「최
>
> 근 조선에 유행하는 신조어」, 『개벽』 57, 1925.3, 69쪽.)

앞에서 언급한 바와 같이 불령선인은 주로 일제의 공문서에서 사

용되었음을 확인하였지만, 일반 사회에서 '불령선인'이 일상어로 인식된 것은 3·1운동 이후였다. 일본인 당국자들이 반일본 조선인을 지칭하는 말임을 분명하게 밝히고 있다. 그러면서 '불령일인'이라는 말로 이를 조롱하고 있다.

이로 볼 때 일제는 통감부를 설치하기 이전부터 불령선인의 인식을 가지고 있었음을 알 수 있다. 그 연장선에서 의병투쟁과 3·1운동에 참여한 조선인은 '폭도' 또는 '불온한 무리'라 일컬었으며, 나아가 조선인을 '불령선인'으로 인식하도록 크게 작용하였다. 3·1운동 이후 조선인의 이미지는 '불령선인'이라는 하나의 대명사로 귀결되었으며, 재일조선인도 자연스럽게 불령선인으로 인식되었다. 이러한 조선인의 폭력적이고 부정적인 이미지는 1923년 관동대지진 당시에는 일본인에게는 '적'으로 인식되었고, 조선인이라는 이유로 6천여 명이 학살당하였다.

100년이 지난 오늘, 일본 사회는 재일한인에 대한 차별적 인식은 여전히 남아있다. 일본 정부는 관동대지진 당시 조선인학살을 부정하고 있다. 100년 전 조선인학살에 대해 일본 수상이 '조사가 진행중'이라고 한 답변은, 금년 100주년에는 "정부 내에서 사실관계를 파악한 기록은 보이지 않는다"라고 바뀌었을 뿐이다.

21세기 탈민족을 지향하는 시기에 한일관계는 여전히 자유로울 수 없는 것들이 산재해있다. 식민청산과 관련된 역사적 과제를 해결하지 않는다면 한일 간의 탈민족은 요원하지 않을까 한다. 탈민족이라는 새로운 한일관계를 형성하기 위해서는 역사적 과제에 대한 해소하는 것이 첫걸음임을 100년 지난 지금 다시 한번 생각하게 된다.

참고문헌

유현경·김상민·이종혁, 「차별·비하 표현의 국어사전 뜻풀이 메타언어에
　　　　대한 연구」, 『한국사전학』 40, 한국사전학회, 2022.11.
김응교, 『백년 동안의 증언, 간토대지진, 혐오와 국가폭력』, 책읽는고양이,
　　　　2023.

관동대지진과 조선총독부*

국내외 과격한 운동 경계

관동대지진 발생 당일, 그 소식은 조선에도 전해졌다. 9월 1일 오후 반경 조선호텔 연회석상에 있던 마루야마(丸山鶴吉)에게 무선통신으로 요코하마(橫濱)에서 큰 불이 일어났다고 전달되었다. 그때까지만 해도 관동대지진에 대한 구체적인 사실이 제대로 전달되지 못하였다. 그러나 이날 밤 2시경 동경에 대지진이 발생하였다는 전보를 받았다. 사이토 총독은 9월 1일 밤 10시 30분 일본의 지진 소식을 접하게 되었다. 날이 밝자 마루야마(丸山) 경무국장은 경무국에 전해진 소식들을 가지고 총리 관저로 가서 사이토 총독을 방문하였다.

관동대지진 소식을 접한 총독부는 곧바로 정보를 수집하기로 하는 한편 구호시설을 설치하기로 하였다. 총독부는 대지진의 실황 조사를 위해 경무국 소속 구니도모 사무관, 문서과 구라하시 사무관, 그리고 체신과 우에다 부사무관을 지진 현장으로 파견하였다. 이들로부터 수집된 정보에 따라 구호에 관한 협의를 하고, 위문의연금 모금, 구호반 파견, 이재조선인 구호, 위문품 수송 등 제반 사항을 정하기로 하였다.

---

*   이 글은 『순국』 392호(광복회·사단법인 대한민국순국선열유족회, 1923.9)에 게재된 것을 수정·보완하였음을 밝혀 둔다.

관동대지진 소식을 알게 된 사이토 총독은 다음날인 9월 2일에 취한 행동은 총독부 주요 인사들과 식민지배에 협력하는 신석린, 민영기, 박기양, 이희두, 송진우, 윤덕영, 이진호, 민대식 등을 만났다. 이들은 어떤 이야기를 나누었는지 확인할 수는 없지만, 관동대지진에 대한 소식과 이에 따른 식민통치에 협조를 구한 것으로 추정된다.

그리고 이날 마루야마 경무국장은 국경지역 및 경상남도지사에게 전보를 보내는데, 그 내용은 두 가지이다. 첫째는 일본에 있는 조선인의 과격한 운동이 있을 경우 조선 내의 인심 동요가 있을 것으로 예상하고 경상남도에서의 일본의 조선인들이 서로 연락하는 것을 엄중 단속할 것, 둘째는 그 연장선상에서 만주와 러시아 등 국경지대에서 민족운동 세력과의 연락하는 것을 엄중 경계할 것을 명령하고 있다. 이는 일본에서의 '조선인의 과격한 운동' 즉 민족운동을 전개할 경우 식민지 조선과 국외에서 호응할 것으로 3·1운동과 같은 대규모의 시위를 경계한 것이다.

민심 파악이라는 명목으로 '사찰'

그러나 무엇보다도 조선총독부를 긴장시킨 것은 일본에서의 조선인학살이었다. 도쿄 등 대지진 현장에서는 "조선인이 폭동을 일으켰다, 우물에 독을 넣었다, 강간하였다, 방화하였다" 등등의 유언비어가 떠돌았고, 이로 인해 경찰과 군, 자경단 등에 의해 수많은 조선인이 학살되었다. 이는 식민정책에 미칠 영향이 적지 않았기 때문이다.

이러한 조선인학살사건에 대해 조선총독부는 왜곡된 정보를 제공하였다. 조선인 폭동설은 유언비어였지만, 사실인 것처럼 담화하였다. 그리고 무엇보다도 3·1운동과 같은 대규모의 민중시위를 사전에 막기 위해 민심 파악을 적극적으로 시도하였다.

관동대지진 직전 식민지 조선에서는 사회주의 세력, 국외에서 연합전선운동 등의 민족운동이 활발하게 전개되었다. 총독부는 이에 대한 촉각을 곤두세우고 있던 긴장된 상황 속에서 '조선인학살사건'이 일어난 것이었다. 때문에 총독부는 어느 때보다도 식민지배의 안정을 위해 민정 사찰의 필요하였던 것이다.

그렇다면 총독부는 언제부터 민심 동향을 파악하였을까. 총독부는 관동대지진일 일어났다는 소식이 전해진 다음날 즉 9월 2일부터 동향을 파악하기 시작하였다. 이날 종로경찰서는 서울청년회와 천도교청년당의 활동과 공산주의자, 지식유산계급자 등의 동향을 파악하여 경성지방법원에 보고하였다.

총독부의 민심 사찰은 각종 정보를 수집을 위해 경찰서, 헌병대, 법원, 군대, 관 등을 동원하여 전방위적으로 이루어졌다. 민심 사찰의 대상은 다양하였지만 조선헌병대사령부의 경우 사회주의자, 배일자, 친일 인사, 종교가, 교육가, 학생, 상공업자 등이 관동대지진에 대해 어떻게 '감상'하고 있는 지를 수시로 파악하였다. 그러나 중요한 것은 단순히 관동대지진에 대한 감상만이 아니라 일본의 패망 등 식민정책에 불리한 유언비어에 대해서도 사찰하였다.

민정사찰의 내용은 크게 세 가지로 구분할 수 있다. 첫째는 관동대지진에 대한 민족적 감상, 둘째는 의연금 모금에 대한 감상, 셋째는 유언비어에 대한 조사였다. 민정사찰 초기에는 단순히 관동대지진에 대한 단순한 민심과 의연금 모금에 대한 인식 파악이었지만 점차 유언비어에 대한 조사가 많아지고 있다. 이는 식민통지에 대한 저항 즉, 항일의식으로 이어지는 것에 대한 우려가 있기 때문에 보다 중요하게 파악하였던 것이라 할 수 있다.

언론의 통제와 민심의 회유

관동대지진이 일어나고 민심이 흉흉해지자 총독부는 언론을 이용하여 민심을 회유하고자 하였다. 당시 언론으로는 총독부 기관지 『매일신보』와 민족지로 분류하고 있는 『동아일보』와 『조선일보』가 있었다. 이들 신문 중에서 민심 회유에 활용할 신문은 『매일신보』였다.

총독부는 강점 직후 『황성신문』 등 한국인이 발행하는 모든 신문을 폐간하고 『매일신보』만 남겨 두어 시정 홍보에 적절하게 활용하였다. 때문에 『매일신보』는 관동대지진 이후 식민지배를 보다 안정적으로 유지하기 위해 식민지 조선인의 민심을 회유하는데 가장 적합한 신문이었다. 그런 점에서 『매일신보』의 관동대지진 보도는 일본 정부와 조선총독부의 식민정책을 충실히 전달, 홍보하였다. 그렇지만 『매일신보』도 식민정책의 기휘(忌諱) 즉, 식민통치에 배치되거나 저촉되면 삭제되기도 하였다.

『매일신보』는 관동대지진 이후 일본 정부와 총독부에서 조선인을 회유하기 위한 담화를 그때그때 보도하였다. 당국자인 아리요시(有吉)는 관동대지진으로 인한 비상한 시국을 탁월한 수완과 풍부한 경험의 야마모토(山本) 내각이 성립된 것은 경하할만 일이라고 하였지만, 그 이면에는 간상배처럼 폭리 탐하지 말고 7천만 국민이 일치단결하여 회복에 노력해야 할 것을 당부하고 있다.

또한 쓰미이(住井) 삼정물산 지점장과 아리가(有賀) 식산은행 이사도 담화를 하였다. 쓰미이는 미증유의 관동대지진으로 상업지대이며 인가가 조밀한 도쿄와 요코하마 일대의 피해가 심대하지만, 속히 거국일치 내각이 조직되어 경제적으로 치료하는 방법을 강구하기를 바란다고 밝혔으며, 아리가는 관동대지진의 피해가 크지만 조선 경제에 미치는 영향이 적지 않을 것이라고 예견하였다.

이외에도 『매일신보』는 마루야마 경무국장, 야마모토 수상, 오츠카 내무국장, 한상룡 한성은행 이사, 히라이 상공과장, 타니 다키마(谷多喜磨) 경성부윤 등의 담화를 게재하였다. 담화의 내용은 주로 관동대지진의 참상, 거국일치의 구제, 조선인의 난폭한 행동, 유언비어 폐해와 단속, 내선융화 등이었다. 때문에 이들의 담화를 통해 관동대지진으로 인한 불안을 최소화시키고자 하였다. 그리고 이를 통해 가능한 한 민심을 회유하고자 하였다.

내선융화정책 적극 추진

조선총독부는 앞에서 언급한 바와 같이, 관동대지진 직후 조선인 학살 소식이 조선에 퍼지면서 초래되는 식민통치 위기에 극도로 신경을 곤두세우고 있었다. 때문에 조선인학살 소식이 식민지 조선에 전파되지 않도록 조선인의 귀국을 반대하였다. 그렇지만 일본 내무성은 현장 치안을 위해 조선인을 조속히 귀환시킬 것을 주장하였다. 양측간 입장 차이가 있었지만 결국 총독부는 내무성의 주장을 받아들였다.

조선인학살사건을 계기로 3·1운동과 같은 조선인의 봉기가 이어진다면 주둔군 2개 사단으로는 도저히 막을 수 없다는 극도의 위기감·공포감을 가지고 있었다. 실제로 재조일본인은 3·1운동 때와 마찬가지로 자위단을 조직하려는 분위기가 있었고, 부산에서는 일본도를 차고 수원지를 지키는 자가 나타나기도 하였다. 총독부 당국자는 "만약 이것을 방치해 두어서는 반드시 자위단과 조선인 사이의 충돌이 일어나 심상치 않은 사태의 원인이 될 것이 틀림없다"고 생각하여, 전국에 자위단의 해산을 명령했다. 총독부 관료들에게 관동대지진에서의 조선인학살은 3·1운동에 비견될 만큼 커다란 식민통치의 위기였던 것이다.

조선총독부는 조선인학살을 은폐하기 위해 '내선융화정책'을 적극적으로 추진하게 된다. 마루야마 경무국장은 조선소작인상조회, 동광회, 유도진흥회, 청림교, 노동상애회, 조선경제회, 동민회, 유민회, 국민협회, 대정친목회, 교풍회 등의 단체가 참가한 각파유지연맹을 결성시켜, 관동대지진 후의 반일감정을 완화시키려고 했다.

이러한 상황하에서 재조일본인을 중심으로 한 새로운 단체를 출범시켜 그들을 통해서 조선인 유력자를 포섭하면서 총독부와 보조를 맞추게 하였다. 총독부는 1924년 4월 마루야마 경무국장의 주도 아래 식민지배에 협력하는 단체를 만들었는데, 일본의 '황민화'를 모델로 내선융화를 목적으로 설립한 '동민회'가 대표적인 단체이다.

관동대지진은 조선총독부 관료에게 조선통치의 위기감을 가중시킨 커다란 계기였다. 사이토 총독의 개인 정치고문인 호소이 하지메 (細井肇)는 1923년 9월 17일 등사한 『대일본제국의 확립과 조선통치방침의 변경』이라는 의견서를 총독에 제출해서 "일시동인, 내지연장은 주의가 아니라 궁극 이상입니다. 수십 년, 수백 년, 수천 년 뒤에 도달할 수 있는, 혹은 도달할 수 없을지도 모르는 궁극의 이상입니다"라고 내지연장주의, 동화정책의 폐기를 주장한다. 호소이는 도쿄의 오모리(大森)에서 조선인으로 오인되어 살해당할 뻔한 체험도 있고 해서, 9월 10일 내각서기관장 가바야마 스케히데(樺山資英)에게 서한을 보내어 조선통치방침의 대변경하여 대일본주의의 확립을 주장하였다.

이처럼 관동대지진 당시 발생한 조선인학살은 조선총독부 관료에게 커다란 충격을 안겨주었을 뿐 아니라 식민지 조선사회에서 큰 영향을 주었다. 대지진 처리를 둘러싸고 내각과 총독부 사이에는 적지 않는 불협화음을 내었다. 친일단체를 재편성하고 내선융화를 표방하는 단체를 조직하여 민족 간의 감정 악화를 조금이라도 완화하려 하였다. 또 조선인학살은 동화정책=내지연장주의에 대한 검토를 촉진시키는 한 계기가 되었을 것으로 보인다.

관동대지진과 식민지 동향 그리고 과제

I.

관동대지진은 1923년 9월 1일 당시 식민지 본국 일본에서 일어났지만, 식민지 조선은 그 영향에서 벗어날 수가 없었다. 관동대지진이 일어난 직후부터 재일조선인은 적국의 국민이었다. 재일조선인의 폭동설과 각종 유언비어가 난무하면서 피난민으로서가 아니라 적대적 감정으로 학살도 자행되었다. 이와 같은 상황에서 재일조선인은 안전이 무엇보다도 중요하였다. 식민지 조선에서 발행되는 언론인 『동아일보』, 『조선일보』, 『매일신보』는 경쟁적으로 관동대지진의 상황과 재일조선인에 대한 기사를 제공하였다.

관동대지진 이후 재일조선인에 대한 기사는 9월 3일부터 10월 9일까지 약 1개월 정도 게재되었다. 이들 기사는 크게 다섯 가지로 분류할 수 있다. 첫째는 재일조선인의 폭동설이라는 '유언비어'에 대한 기사이다. 재일조선인 폭동설은 관동대지진이 일어난 다음날인 9월 2일부터 유포되었다. 이 폭동설에 대해 국내 언론에도 초기에 많이 기사화되었는데, 주로 일본 정책 책임자 즉 야먀모토(山本) 수상, 후쿠다(福田) 계엄사령관, 마루야마(丸山) 경무국장 등의 담화들이다. 이들 담화는 재일조선인 폭동을 일으킨다는 일본 정부에 의해 왜곡된 내용이 많았다. 즉 관동대지진으로 민심이 흉흉한 틈을 타 재일조선인이 폭동을 일으키거나 일부이지만, 실제 일어났으며 이로 인해 조선인과 일본인과의 적대적 관계로 만들었다. 나아가 일제의 식민통치론인 '일선융화'에도 적지 않은 영향을 미치며 뿐만 아니라 재일조선인의 폭동은 '전 인류의 소외'라는 반인류적 행동이라고 부추기기까지 하였다. 그러나 점차 시간이 지남에 따라 폭동설과 유언비어는 사실이 아님이 밝혀졌지만 그래도 일부에서는 '불령선인'으로 조선인과 일본인의 감정이 없지 않았음을 강조하고 있다.

둘째는 재일조선인 학살에 대한 기사이다. 일본과 마찬가지로 식민지 조선의 언론은 실제적으로 조선인 학살과 관련되어 구체적으로 기사화되지 못하였다. 이는 조선총독부의 철저한 언론 통제 때문이었다. 관동대지진 당시 자행된 재일조선인 학살은 '학살'이라는 표현이 아닌 '참화' 또는 '○○'이라고 하였다. 기사에서는 '학살'이라고 표기는 할 수 없었지만 재일조선인이 일본에서 학살을 당하고 있음을 암시하였음을 알 수 있다.

셋째는 유학생을 비롯하여 재일조선인이 안전하게 보호를 받고 있다는 기사이다. 재일조선인의 폭동설, 유언비어 등으로 재일조선인과 일본인의 감정이 격화되고 있지만, 일본 정부는 재일조선인을 안전하게 보호하고 구제를 하고 있는 것이다. 이러한 내용의 기사는 앞서 언급한 폭동설이나 학살과 관련된 기사보다 그 게재량이 훨씬 많다는 점이다. 이와 같은 기사는 『동아일보』나 『조선일보』보다 총독부 기관지인 『매일신보』가 보다 많이 게재하였다. 그리고 이와 같은 기사의 주체는 일본 수상, 계엄사령관 등 식민통치 담당자들의 말을 대변하고 있다는 점이다. 이는 '내선융화'라는 식민지배 기조에서 그대로 유지하기 위한 방편이기도 하였다.

넷째는 재일조선인의 안부와 관련된 내용이다. 관동대지진이 일어나자 무엇보다도 가장 확인하고자 하였던 것은 재일조선인의 생사 여부 즉 안부였다. 때문에 이와 관련된 기사를 가장 많이 할애하였다. 유학생대회, 유학생친족회 등 중앙뿐만 아니라 지방에서도 일본 유학생이 있는 곳이면 재일조선인의 안부를 조사하기 위해 특파원을 파견하려고 하였고, 무엇보다도 생사를 확인하고자 하였다. 이러한 상황에서 총독부는 생존 재일조선인을 파악하여 제공하였고 이를 각 언론에서는 게재하였다. 이와는 별도로 『동아일보』는 특파원의 독자적인 활동으로 독자적인 생존 재일조선인을 확인하여 보도하였다.

다섯째는 관동대지진 이후 재일조선인의 귀환에 관한 내용이다. 관동대지진 직후 일본 정부의 도항 제한으로 재일조선인이 귀환하는 데 적지 않은 어려움이 따랐다. 9월 7일 한승인과 이주성의 첫 귀환으로 시작된 재일조선인의 귀환은 10월까지 이어졌으며, 2만 5천명에 달하였다. 이는 단일 시기 해방 전 가장 많은 재일조선인이 귀환한 것이다. 관동대지진으로 일본으로의 도항 역시 철저하게 통제되었다. 9월 5일부터 제한된 도항은 10월 초순 관공리, 유학생, 일부 상인에게 제한적으로 허용되었지만 여전히 통제되었다. 이후 1년이 지난 1924년 6월에 가서야 전면적으로 도항이 해제되었다.

관동대지진이 일어나자 일본정부와 조선총독부는 재일조선인을 통제하였다. 재일조선인은 보호라는 명문으로 수용소에 강제 수용되었으며, 이를 안전하다고 기사화하였다. 그러나 이러한 보호조치는 '내선융화'라는 식민통치의 일환으로 추진되었던 것이다. 뿐만 아니라 관동대지진으로 인한 귀환과 도항도 식민통치의 일환으로 활용하였다고 할 수 있다.

한편 『독립신문』의 관동대지진과 관련된 기사는 국내에서 발행된 『동아일보』, 『조선일보』, 『매일신보』보다 훨씬 게재량에 비해 미치지 못하고 있다. 그렇지만 『독립신문』은 국내의 신문보다 재일조선인 학살에 대해서는 보다 많은 기사를 할애하였다. 기사의 내용도 재일조선인 학살만 보도한 것이 아니라 이를 통해 민족적 감정과 독립운동의 투쟁심을 좀 더 고취시키고자 하였다. 때문에 『독립신문』은 관동대지진으로 위기에 처한 일본을 인도적으로 인식하기보다는 '적지' 또는 '적국'이라고 하여 투쟁의 대상으로 인식하였다.

그리고 이를 계기로 식민지에서 벗어나 독립을 향한 적기로 인식하였다. 때문에 관동대지진의 지역에서 일어난 재일조선인의 활동을 '독립운동'으로 인식하고자 하였다고 할 수 있다. 그러나 무엇보다도 『독립신문』에 게재된 바 있는 학살당한 재일조선인 수는 그동안 많은 연구자에게 중요한 자료로 제시되었고, 앞으로도 많은 과제를 남기고 있다.

뿐만 아니라 재일조선인 학살을 식민지 조선뿐만 아니라 전 세계에 알리고자 노력하였다. 일본 정부에 제출한 재일조선인 학살 항의서가 대표적이라 할 수 있다. 그럼에도 불구하고 『독립신문』에 보도된 관동대지진 관련 기사는 식민지 조선에는 전달되지 못하였다.

II.

조선총독부에서는 조선인학살이라는 전대미문의 사건이 일어남에 따라 3·1운동과 같은 대규모의 민중봉기가 일어날 것을 염려했다. 조선총독부는 민족 간 갈등을 최소화하고자 하였다. 때문에 조선총독부는 관 주도 아래 구제활동을 적극적으로 추진했다. 이에 따라 경성부는 의연금 모금 취지를 각 신문에 광고를 하는 한편 '박애(博愛)의 지정(至情)을 발휘(發揮)'할 것을 호소했다.

경성부의 의연금 모금으로 시작된 구제활동은 언론을 통해 중앙과 지방으로 확산되었다. 중앙이라고 할 수 있는 경성에서는 의연금조성회와 조선인구제회가 각각 조직되었다. 조성회는 조선인과 일본인을 구분하지 않았지만 구제회는 조선인만을 위해 의연금을 모급하였기 때문에 일제로부터 적지 않은 방해와 탄압을 받았다. 이는 식민지 조선인이 구제활동도 간섭과 통제를 통해 분열시키고자 하는 의도가 엿보이고 있다. 이 두 조직의 구성원은 상당히 겹치고 있지만 각각 꾸준히 의연금 모금을 전개하였고, 모금된 구제의연금을 신문 지상을 통해 공표하여 일반인의 참여를 적극적으로 유도하였다.

중앙의 구제활동은 지방으로 확산되었는데, 일본인이 많이 거주하는 대구, 부산, 마산 등지에서 먼저 구제활동이 시작되었다. 이후 전국적으로 의연금 모금이 확대되었다. 지방의 의연금 모금의 구제활동은 첫째 지방의 구제의연금 역시 주로 관주도 형태였다는 점, 둘째 관 주도의 모금은 면 단위로 의연금을 배정했다는 점, 셋째 자발적인 의연금 모금도 적지 않았다는 점, 넷째 관동대지진 구제활동은 거국적으로 이루어졌다는 점, 다섯째 조선인과 일본인이 별도로 의연금을 모집하였다는 점, 여섯째는 구제활동 참여계층이 다양하였다는 점 등이 특징이라고 할 수 있다.

국내의 관동대지진 구제활동은 다른 수해나 한해 등의 구제활동과는 달리 인도적 차원보다는 식민지배정책의 일환으로 적지 않게 이용되었다는 점이다. 조선총독부는 관동대지진 구제의연금을 모금하는 과정에서 '관민일치'를 내세웠지만, 이는 '일선융화'라는 통치이념을 그대로 보여준 것이라 할 수 있다. 그러한 가운데서도 적지 않은 지역에서 청년단체나 언론기관 등이 자발적으로 전개한 구제활동은 인도적인 점도 있었겠지만, 식민지 모국에서 차별받고 있는 동포들의 현실을 반영한 민족주의적인 성격이 담겨져 있다고 보인다.

관동대지진은 당시 '실로 공전한 참극'이라고 할 정도로 참혹하였다. 식민지 모국에서 일어난 지진임에도 불구하고 관동대지진은 식민지 조선에도 적지 않은 영향을 미쳤다. 이는 식민지 모국인 일본에 식민지 조선인이 적지 않게 거주하였기 때문이었다.

일제는 관동대지진이 발생하자 이를 역이용하여 도쿄를 비롯한 간토 일대에서 조선인을 학살하였다. 이러한 학살사건은 3·1운동이 일어난 지 불과 4년밖에 되지 않았기 때문에 민족적 감정을 최대한 건들지 않으려고 하였다. 이를 위해 철저한 언론 통제를 하는 한편 심지어 유언비어까지 단속하였다.

이러한 가운데 관동대지진이 국내에 알려지자 언론은 가능하면 사실적 보도를 하고자 하였으나, 조선인학살에 대해서는 철저한 총독부 당국의 통제로 기사화되지 못하였다. 이러한 가운데 국내에서는 식민지 본국의 조선인을 위한 구제활동을 전개하였다.

초기의 구제활동은 일본인 사회, 관 주도로 전개되었다. 이는 인류애라는 보편적 차원에서 전개하였지만, 내선융화라는 식민정책의 일환으로 활용하고자 하였다. 이와 때를 같이 하여 언론에서도 구제활동에 대해 관심을 갖게 되었다. 경성에서는 의연금조성회와 조선인구제회가 각각 조직되어 의연금을 모금하는 등 구제활동이 본격화되었다. 그러나 총독부는 조선인만을 위한 조선인구제회의 활동을 방해하는 한편 조선인과 일본인을 구별하지 않고 구제하는 의연금조성회에 대해서는 보이지 않는 선에서 이를 지원하였다.

경성을 비롯하여 인천, 대구, 부산, 전주 등 일본인사회가 형성된 대도시에서 우선적으로 일본인, 관 중심의 구제회를 조직하는 한편 구제활동을 전개하였다. 뿐만 아니라 전국적으로 구제활동을 확산되어 각지에서 다양한 방법으로 구제활동을 전개하였다. 이러한 구제활동은 대체로 1923년 9월에 한정되었고, 10월에는 희생자를 위한 추모행사가 종교단체를 중심으로 이루어지기도 했다.

한편 관동대지진은 1923년 당시에는 국내에서 구제활동과 추모행사 등 많은 관심을 가졌지만, 1년 후인 1924년부터는 사실상 잊혀진 사건이었다. 이러한 점은 식민지 본국과 달리 민족의식을 고취시킬 수 있다는 인식 아래 총독부의 철저한 통제에서 비롯되었다고 할 수 있다. 또한 관 중심의 구제활동은 인류애라는 보편적 사랑을 명분으로 내세웠지만 실제적으로는 일선융화를 바탕에 둔 식민지배정책의 일환으로 추진되었다고 할 수 있다.

III.

관동대지진 당시 조선인학살사건은 도쿄, 요코하마, 지바, 사이타마·군마 등으로 구분하여 살펴볼 수 있다. 각 지역별 연구는 도쿄의 경우 강덕상 교수가 중심이 된 연구가 축적되어 왔고,[1] 요코하마의 경우는 이마이 세이치(今井 淸一) 교수를 중심으로 활발하게 이루어져 왔다.[2] 사이타마와 군마의 경우는 야마다 쇼지(山田昭次) 교수를 중심

---

[1]   관련 지역 연구의 대표적 문헌으로는 앞에서 소개한 『학살의 기억·관동대지진』, 『関東大震災·虐殺の記憶』 등이 있다.

[2]   대표적인 관련 연구 문헌으로는 『横濱の關東大震災』(今井淸一, 有隣堂, 2007. 9) 등이 있다.

으로,[3] 그리고 치바의 경우는 최근 중견 연구자로서 활발하게 활동하고 있는 다나카 마사타카(田中 正敬) 교수를 중심으로 이루어져 왔다. 물론 전문연구자 이외 각 지역 시민단체에 의한 자료조사와 그와 병행된 현장답사, 목격 및 경험자 발굴, 증언채록 등이 70년대 이후 진행되어 많은 성과물이 축적되어 있다. 지역별 학살 특징을 살피는 것은 학살의 흐름을 보여주는 것이기도 하고, 조선인학살사건을 총체적으로 정리하는데 기본 자료가 되기 때문에 매우 중요한 연구방법이다. 그러나 관련 자료에 대한 분석과 각 지역별로 축적된 선행연구, 조사 결과물의 비교, 분석, 정리를 통해 각 지역에 있어서의 조선인 학살의 특징과 구체적인 실상을 찾아내는 것은 간단한 일이 아니다.

공판기록에 의하면 9월 1일 단계에서 유언(流言)이 발생한 사실이 확인되고, 유언 전파에 가장 힘 쓴 곳은 내무성 등 일본정부 기관이었다. 또 각 지역에 따라 경찰이 조선인에 대한 경계를 적극적으로 선동하기도 하였다.[4] 일본 정부는 대지진 발생 직후 유언 전파와 더불어 군대로 하여금 치안유지 목적의 경계를 담당하게 하면서, 9월 2일 오후 6시에는 도쿄부와 그 주변 지역에, 3일에는 도쿄부와 가나가와현, 4일에는 치바현과 사이타마현에 계엄령을 선포하였다. 그리고 계엄령 하에서 군대와 경찰, 지역 민중에 의한 조선인학살이 발생하였다. 일본 군·경·민에 의한 조선인학살사건의 전반적인 특징은 직업이나 남녀노소를 묻지 않고 무차별적으로 학살이 자행된 점

---

[3] 대표적인 연구로는, 『關東大震災時の朝鮮人虐殺』(山田 昭次, 創史社, 2003);『關東大震災時の朝鮮人虐殺とその後』(동, 創史社, 2011)

[4] 田中正敬,「関東大震災時の朝鮮人虐殺と地域における追悼·調査の活動現狀」, 23쪽.

이라 할 수 있다.

가장 많은 인적·물적 피해가 있었던 도쿄와 요코하마의 경우, 조선인 학살은 9월 1일부터 발생하였는데, 도쿄와 그 주변에 주둔하고 있던 고노에(近衛)사단과 제1사단 하의 병사가 이와 관련되어 있다. 이후 민중과 병사들은 이른바 관민일체의 학살을 자행하였고, 9월 1일부터 5일에 걸쳐 군대에 의한 조선인학살사건이 확인된다. 사이타마의 경우 9월 4일 츄잔도로(中山道路) 연변의 구마가야(熊谷)에서 57인, 혼죠에서 88인, 짐보하라에서 42인의 조선인이 학살당하였다. 경찰이 인솔하여 조선인을 트럭에 태우거나 걷게 하면서 군마현 방면으로 이송하는 과정에 연도 지역 자경단으로부터 습격당하여 발생한 사건이다. 이 사건의 경우는 특히 사이타마현청을 경유한 내무성의 통첩에 따라 조직된 자경단이 중심이 된 사건이다.

치바현에서는 후나바시에서 9월 4일에 38인의 피학살 조선인이 발생하였다. 호쿠소철도(北總鐵道. 현, 東部野田線) 건설공사의 조선인 노동자가 집단을 이루어 수용소 방면으로 보내지는 도중에 자경단의 습격을 받아 발생한 사건으로, 전술한 지바 해군무선송신소장이 지역 주민에게 무기를 나누어 준 것이 작용한 것으로 파악되고 있다. 사이타마현과 치바현의 피학살 조선인 발생이 도쿄보다 늦은 9월 4일에 발생한 이유로는 조선인에 대한 유언비어나 위로부터의 자경단 조직 종용이 도쿄보다 늦어졌던 때문으로 분석된다.[5]

사이타마, 지바 지역과 도쿄 등에서의 학살 양태가 크게 다른 것은, 앞의 기술에서 확인되듯이, 사이타마현과 치바현의 사례에서는

---

[5]   위 문헌, 「関東大震災時の朝鮮人虐殺と地域における追悼·調査の活動現状」. 「震災警備ノ為兵器ヲ使用セル事件調査標」, 『關東戒嚴司令部詳報 第三卷』(재인용).

군대가 학살에 가담하지 않았고, 학살이 대지진 직후에 발생한 것이 아니라는 점을 들 수 있다. 이처럼 조선인 학살은 도쿄, 요코하마 지역에서 먼저 발생하여, 9월 4일을 전후하여 대지진의 피해가 적은 사이타마, 군마현 등으로 퍼져갔음을 알 수 있다.

선행 연구는 역사적인 접근 방법과 그를 근거로 한 법률적 분석과 정리 등을 통해 매우 다각적인 관점에서 이루어져 왔다.[6] 그러나 선행연구에 대한 비교, 검토 작업이 남아 있고, 간행된 자료집 속에서 숨어있는 소중한 내용들을 찾아내어 분석, 정리하는 작업이 남아 있다. 특히 2014년 야마다 쇼지에 의해 발간된 관련 판결문은, 현재 개인정보보호법과 문서보관기간법 등으로 그 존재를 찾기 어려운 상황 속에서 매우 귀중한 자료로서의 의미를 갖는다. 판결문은 그 자체가 지니는 공적 성격 때문에 더욱 소중한 자료이다. 따라서 이에 대한 분석, 연구가 기대된다. 그러나 많은 연구자들이 관심을 가지고 연구할 수 있도록 먼저 한글 번역작업이 실행되어져야 할 것이다.

한편, 해방 이후 수십 년에 걸쳐 관련 연구가 진행되어 왔지만 여전히 해결되지 못한 몇 가지 난제가 남아 있다. 조선인 수용소, 각 수용소의 조선인 수와 그 신원의 비교 및 검토, 조선인 학살지, 유해 이장 장소, 학살된 조선인 수, 학살된 조선인의 신원, 수용소 조선인들의 그 후의 생사 확인, 유족 관계 규명 등이 바로 이에 해당한다. 이처럼 선행 연구가 남겨 놓은 연구 과제는 곧 연구 방향성을 제시해주는 것이라 할 수 있다. 그런데 이러한 연구 주제는 매우 실체적, 현실적인 성격의 것으로 객관성이 담보되지 않으면 자칫 연구 내용 자

---

[6] 2014년 12월 현재 '관동대진재 조선인'이라는 검색어로 일본 국회도서관에 소장된 관련 문헌자료는 430건 이상으로 확인된다.

체가 부정될 수 있는 위험을 안고 있다.

이러한 연구는 일본 정부의 관련 정보의 공개 없이는 보다 객관적인 조사, 비교, 정리는 어렵다. 현재 일본 정부가 공문서 보존 기간이 지난 것과 개인정보 보호법 등을 이유로 관련 정보 공개를 거부하고 있는 상황에서, 향후 이와 관련된 연구는 일본 정부가 문제를 제기할 수 없을 정도의 철저한 객관성을 담보로 하고 이루어지지 않으면 안 된다. 그러한 의미에서 일본변호사협회(일변협)의 '보고서'는 앞으로의 연구 방법론을 제시해 주고 있다고 볼 수 있다.

조선인이 수용된 각 수용소에 대한 연구는 이루어 진 바가 없는데, 각 수용소의 조선인 신원을 확인할 수 있는 자료가 존재한다. 각 수용소의 조선인 신원 비교, 검토, 정리를 통하여 그들의 그 후 귀국 등 행적을 확인하거나 유족을 찾게 되면 일부나마 확실한 피해 사실이 규명될 것이다. 물론 이 작업은 개인 연구자로서는 불가능한 부분으로 정부의 적극적인 지원이 필요하다.

한편 2013년 11월에 발견된 「일본 진재시 피살자 명부」 속의 인명과의 비교를 통해 적어도 신원 확인 작업은 가능할 것 같다. 각 수용소의 조선인 수 확인은 당시 관동 지역에 어느 정도의 조선인이 거주하고 있었는지를 보다 명확하게 규명할 수 있는 기회가 될 것이고, 이는 피학살 조선인 수를 규명하는 기초 자료가 될 것이다. 조선인학살 현장에 대해서는 그동안 판결문, 신문기사, 구술조사 등을 통해 일부 확인되었지만 여전히 종합적인 정리는 되어 있지 않은 상태이다. 미국에서 국제적십자사가 파견된다는 정보를 접한 일본 정부는 피학살자 유해를 매장 장소에서 파내어 늪, 강, 바다 등에 버리거나 다른 곳에 이장하였다는 자료와 구술 자료가 있는데, 이에 대한 비교, 검토 및 보다 객관적인 자료 조사, 수집이 절실하게 필요하다,

물론 처음의 매장 장소와 함께 이장 장소 또한 실지조사를 통해 발굴해야만 하겠지만, 이 부분은 한일 관계라는 어려운 외교문제가 얽혀 있어, 현 상황 속에서는 그 가능성을 가늠하기 어렵다. 학살된 조선인 수, 학살된 조선인의 신원 규명은, 일본 정부로부터 단 한 구의 유해도 유족에게 전해진 바가 없는 현상 속에서 반드시 구명해야 할 과제 중 하나이다. 일본 곤코부사(金剛峯寺. 和歌山県 伊都郡 高野町) 영패당 지하에 보존되어 있던 『관동대진재앙사자명부(関東震災殃死者名簿)』속에 조선인의 이름이 없는지 조사할 필요가 있다.

선행 연구가 남겨 놓은 향후 연구 방향성, 즉 연구 주제는 이처럼 많은 어려움을 안고 있다. 그러나 이상의 과제는 1923년 9월 1일 오전 11시 58분에 발생한 대지진이라는 자연재해를 빙자하여 자행된 타민족 학살을 제노사이드 관점에서 명확하게 규명할 책임을 묻고 있기에, 보다 객관적인 연구가 필요한 것이 사실이다. 따라서 일변협 보고서가 제시하는 방법론을 기초로, 공문서 조사, 발굴을 중심으로 가능성, 개연성, 사실에 가까운 정황 등에 대한 조사, 비교, 분석, 정리를 통해 보다 객관적인 내용들을 규명해야만 한다.

참고문헌

『동아일보』, 『조선일보』, 『시대일보』, 『매일신보』, 『국민보』, 『삼천리』.
姜德相·琴秉洞 編, 『現代史資料 6: 關東大震災と朝鮮人』, みすず書房, 1987.
강덕상, 「1923년 관동대지진(關東大地震) 대학살 진상」, 『역사비평』 45, 역사문제연구소, 1998.
강덕상, 「관동대지진 조선인 학살을 보는 새로운 시각: 일본측의 '3대 테러사건' 사관의 오료」, 『역사비평』 47, 역사문제연구소, 1999.

야마다 쇼지, 『관동대지진 조선인 학살에 대한 일본국가와 민중의 책임』, 논형, 2008.

강덕상·야마다 쇼지, 『관동대지진과 조선인 학살』, 동북아역사재단, 2013.

노주은, 「관동대지진과 일본의 재일조선인 정책: 일본정부와 조선총독부의 '진재처리' 과정을 중심으로」, 연세대학교 대학원 석사학위논문, 2007.

홍선표 「관동대지진 때 한인 학살에 대한 歐美 한인세력의 대응」, 『동북아역사논총』 43, 동북아역사재단, 2014.

강효숙, 「관동대진재 당시 피학살 조선인과 가해자에 대한 일고찰」, 『관동대지진과 조선인학살사건』, 동북아역사재단, 2013.

성주현, 『관동대지진과 식민지 조선』, 도서출판 선인, 2020.

관동대지진 조선인학살 진상규명을 위한
한일시민의 노력과 과제*

1923년 9월 1일 일본 간토(關東) 지방에서 일어난 대지진은 참혹하였다. 그중에서도 가장 참혹한 것은 경찰, 군대, 자경단 등이 저질렀던 '조선인학살'이었다. 상해임시정부에서 발행한 『독립신문』(1923.12.5.)에 의하면 6,661명의 조선인이 관동대지진으로 무고하게 학살당하였다. 이처럼 학살된 조선인에 대한 조사와 진상규명은 관동대지진 직후부터 시작되었다. 그럼에도 불구하고 100주년을 맞는 현재까지 학살당한 조선인 수와 진상은 규명되지 못하고 있다. 이는 일본 정부의 방해와 무성의, 그리도 대한민국 정부의 무관심 때문이다. 비록 양국의 정부는 '남의 일'로 치부하고 있지만, 양국의 시민들은 진상규명을 위해 오늘도 노력하고 있다.

관동대지진 직후부터 진상 조사와 규명을 위해 노력

관동대지진 조선인학살의 진상규명을 위한 첫 노력은 대지진 직후였다. 당시 식민지 조선 즉 국내에는 언론 통제로 인해 조선인 학

---

*   이 글은 『동북아역사포커스』 6(동북아역사재단, 2003.9)에 게제된 것을 수정·보완하였음을 밝혀 둔다.

살되었다는 사실을 인지할 수 없었다. 그렇지만 국외에서 활동한 한인사회에서는 조선인학살을 규명하기 시작하였다. 우선 중국 상하이에 있는 대한민국 임시정부는 일본정부에 조선인학살에 대한 항의서를 발송하였으며, 기관지『독립신문』은 진상 조사를 위한 특파원을 파견하였다. 그 결과를 앞서 언급한『독립신문』에 공표하였다. 이와는 별도로 상해한인사회는 교민대회를 열고 추도회를 개최하였다, 만주지역 적기단은 7천여 명의 조선인이 참살당하였다고 밝혔으며, 러시아 블라디보스토크의 판의단은 진상규명을 촉구하는 선전문과 비격문을 발표하였다. 베이징한교회도 일본의 만행을 규탄하고 진상을 촉구하는 유인물을 중국사회에 배포하였다.

일본지역에서도 대지진 직후 이재조선인 구제와 조선인학살 진상규명을 위해 '재일조선동포피학살진상조사회'를 조직하려고 하였지만 계엄령 하의 일본정부는 '학살'이라는 명칭이 불온하다는 이유로 허가를 받지 못함에 따라 '이재조선동포위문반'을 조직하였다. 이 단체는『독립신문』특파원과 함께 피학살 조선인을 조사하였다. 그 결과를 1923년 12월 28일 도쿄 일화청년회관에서 개최한 '피살동포 추도회'에서 공개하고 일본정부에 진상규명을 촉구하였다.

이외에도 북성회 등 한인단체도 조선인학살 사건에 대한 일본정부의 진상규명을 강력하게 요구하였다.

미주한인사회에서도 대한인교민단을 중심으로 미국정부에 조선인학살 진상을 규명해 줄 것을 청원하였다. 유럽에서는 독일의 유덕고려학우회가 조선인학살의 불법성을 알리는 한편 재독한인대회를 개최하여 진상을 규명하기 위해 노력하였다.

그러나 이와 같은 일제의 강점 상황에서 국외한인사회의 노력은 큰 성과를 가져오지는 못하였다. 그렇지만 관동대지진 조선인학살을 국제사회에 널리 알리고자 하였다는 점에서 의의가 있다고 할 수 있다.

조선인학살 40주년을 기해 일본사회에서 진상규명 노력

일제강점으로부터 해방이 되었지만, 1945년 8월 관동대지진 조선인학살 진상규명은 여전히 관심의 대상이 아니었다. 해방 직후 추도회를 개최한 바 있으나 진상규명보다는 규탄에 중점을 두었다. 이후 한동안 잊혔던 조선인학살 진상규명은 관동대지진 40주년인 1963년 일본사회에서 본격적으로 시작하였다. 이해 4월 일조협회는 조선인희생자조사특별위원회를 발족시켰으며, 5월에는 일조협회 사이타마현련(埼玉縣連)이 중심이 되어 조선인학살 조사단을 결성하고 사이타마와 치바 지역에서 현지조사를 실시하였다. 그 연장선에서 6월 전국대회에서 식민지배에 대한 반성과 비판, 청산을 구체적인 사업으로 확정하였다. 7월에는 현지조사를 기초로 위령제실행위원회를 발족시키고 관동대지진이 일어난 9월 1일 히비야(日比谷) 공회당에서 조선인희생자 위령제를, 9월 4일에는 료고쿠(兩國) 공회당에서 가메이도(龜戸)사건 40주년 추도집회를 열었다. 이후 진상규명을 위한 목격담, 체험담 수집사업을 이어갔다.

일조협회는 혼죠(本庄)와 후나바시(船橋) 외에도 사이타마현의 구마가야(熊谷), 진보하라(神保原), 요리이(寄居), 고마다(兒玉), 후카야(深谷), 오케가야(桶川), 도다(戶田) 등지에서 현장조사를 통해 조선인학살 관련 자료와 목격담 등을 수집하였다. 현장조사는 관동대지진 50주년까지 지속되었다. 이 활동의 결과를 『민족의 가시: 관동대진재와 조선인학살의 기록』과 『감추어진 역사: 관동대진재와 사이타마의 조선인

학살』의 저작물로 간행하였다. 사이타마현련은 관동대지진 50주년을 맞아 조선인희생자 조사·추도사업실행위원회 결성을 제안하였고, 각계각층의 찬동으로 결성되었다. 이에 따라 9월 1일 위령제, 9월 3일 추도 기념집회를 개최하였다.

한편 관동대지진 50주년은 진상규명을 위한 일본 시민 활동에 중요한 계기가 되었다. 그동안 진상규명 노력이 일조협회를 중심으로 전개되었다면 50주년에는 단체와 개인의 연대가 이루어졌다. 이에 따라 '관동대진재 50주년 조선인희생자 추도행사 실행위원회'가 결성되었다. 이 실행위원회는 다카하시 신이치(高橋磧一)를 조사위원장으로 하고, 일조협회 도쿄도련(東京都連)이 실행위원회의 사무국 단체로 활동하였다. 이외에도 역사학연구회, 역사과학협의회, 역사교육자협회 등이 참여하였다. 실행위원회는 조사 결과를 『역사의 진실 관동대진재와 조선인학살』을 간행하였으며, 추도사업의 일환으로 도쿄 요코아미쵸(橫網町) 공원에 '관동대지진 조선인희생자 추도비'를 세웠다.

지바와 도쿄 등지에서도 진상규명을 위한 모임 결성

위에서 살펴본 진상규명을 위한 일본 시민들의 노력은 초기에는 사이타마(埼玉)가 중심이었지만 50주년 이후에는 지바(千葉)와 도쿄 지역으로 활동무대가 넓혀졌다. 1978년 6월 '치바현에서의 관동대진재와 조선인희생자 추도·조사 실행위원회'와 1982년 12월 '관동대진재 시 학살된 조선인의 유골을 발굴하고 추도하는 모임'이 결성되었다. 이들 단체들은 지역 주민들이 주도적으로 참여하였다. 특히 지바의 실행위원회는 지역 주민이 중심이 되어 결성하였고, 도쿄의 추모하는 모임은 재일한인도 회원으로 참여하였으며 한국과도 교류하였다.

지바의 실행위원회는 야마다 쇼지(山田昭次) 등 연구자의 강연회 개최, 체험과 증언을 모은 자료집 간행, 팜플렛 및 슬라이드 제작 등을 통해 지역 보급 활동을 전개하였다. 무엇보다도 지바 실행위원회는 기관지『이시부미(いしぶみ)』를 현재까지 발행하고 있다. 그리고 조사 활동의 결과를 두 권의『관동대진재와 조선인』이라는 자료집과『이유없이 살해된 사람들』을 출판하였다. 지바 실행위원회는 앞의 성과물을 간행한 이후에도 매년 위령제와 유골 발굴 등 꾸준히 활동을 계속하고 있다. 관동대지진 60주년을 맞는 1983년에는 살해된 조선인이 묻혔던 현장인 나기노하라(なぎの原)에서 위령제를 가졌으며, 1999년에는 지바 다카즈야마(高津山) 간논지(觀音寺) 경내에 '관동대진재 조선인희생자 위령의 비'를 세웠다.

도쿄의 추도하는 모임은 아라카와(荒天)의 역사를 조사하는 교사들이 중심이 되어 결성한 단체이다. 이 단체는 학살된 조선인 유골이 아라카와 하천부지에 묻혀있다는 증언에 따라 발굴 작업을 위한 준비회를 구성하였다. 발굴 작업은 1982년 9월 두 차례 진행되었지만, 유골은 끝내 확인되지 않았다. 이후 준비회는 이해 12월 추도하는 모임을 결성하였다. 이 모임은 진상규명을 위한 조사활동을 활발하게 진행하였고, 그 성과를『바람아, 봉선화의 노래를 전해주렴: 관동대진재·조선인학살부터 70년』을 간행하였다. 이후에도 진상규명에 노력하는 일본 시민사회는 해마다 조선인학살 관련 지역에서 위령제와 추도회, 강연회, 현장답사 등 지역 주민과 함께하는 프로그램을 진행해오고 있다.

관동대지진 80주년인 2003년은 조선인학살의 국가책임을 묻는 단체가 결성되는 계기가 되었다. 1997년 재일동포 문무선의 인권구제신청을 받아들인 일본변호사연합회는 관동대지진 조선인학살을 조사하였고, 2003년 7월 조사 결과를 보고하였다. 즉 일본 정부에 '국가가 조선인학살의 책임을 인정하고 사죄할 것과 진상을 조사하여 밝힐 것'을 권고하였다. 이를 계기로 그동안 각지에서 추도와 조사에 종사해 온 시민들이 연대하여 지역을 넘어 큰 틀 안에서 모임을 만들려고 하는 분위기가 높아졌다. 그 결과 시민과 연구자 및 관련 단체는 2010년 '관동대지진 조선인학살의 국가책임을 묻는 모임'을 결성하고, 국회의원에게 협력 요청, 청원이나 질물 등으로 일본 정부에 호소, 진상규명을 청원하는 서명 제출, 정부에 대한 질문주의서 제출을 위해 의원에게 협조 요청 등 활동을 전개하고 있다. 100주년을 맞는 현ㄴ재까지도 국가책임과 진상규명을 위한 활동을 이어가고 있다.

관동대지진 85주년을 맞는 2007년 조선인학살의 문제를 해결하기 위해 한국, 일본, 재일한인사회의 시민과 연구자들이 모여 '관동대진재 조선인학살의 진상규명과 명예회복을 위한 한·일·재일 시민의 모임'을 결성하였다. 이를 계기로 한국의 시민단체로 진상규명을 위해 본격적인 활동을 전개하게 되었다. 관동대지진 99주년 2022년 8월에는 '관동대진재 조선인·중국인 학살 100년 희생자추도대회 실행위원회'를 결성하기 위한 준비회를 조직하여 한중일 연대활동을 도모하기도 하였다.

이외에도 관동대지진 당시 가장 많은 조선인이 학살된 가나가와현(神奈川縣)에서도 '관동대진재시 조선인학살 사실을 알고 추모하는 가나가와 실행위원회'를 결성하고 진상규명을 위한 현장조사, 증언과 체험담 등 자료 수집, 그리고 이를 알리는 강연회와 필드 워크, 추도식 등을 이어오고 있다.

뿐만 아니라 군마현(群馬縣)에서도 지역 연구자를 중심으로 진상 규명을 위해 노력하고 있다. 관동대지진 100주년을 1년 앞둔 2022년, 앞서 언급한 시민단체들뿐만 아니라 '관동대진재시에 학살된 조선인의 유골을 발굴하고 추모하는 모임', '9·1관동재진재 조선인희생자 추모식전 실행위원회', '1923관동조선인대학살을 기억하는 행동'(이상 도쿄) 등 시민이 중심된 크고 작은 단체들이 활동한 바 있다.

국내의 시민운동은 1985년부터 관심, 2003년부터 본격적으로 활동

해방 후 국내에서 처음으로 관동대지진 조선인학살을 기억하고자 한 것은 1946년 9월 2일이었다. 이날 반일운동자구원회와 재일본조선인연맹 서울위원회 주최로 종로 기독교청년회관에서 추도대회를 가진 바 있다. 그러나 이후 추도뿐만 아니라 진상규명을 위한 시도는 확인되지 않고 있다. 한동안 잊혀졌던 조선인학살에 대한 기억은 1985년 9월 지바의 간논지에 추모의 종과 보화루가 세워지면서 국내에서도 시민 중심의 첫 추도제가 열렸다. 80주년이 되는 2003년 '관동대지진 한국인희생자 추모회'가 보화종루를 보수 정비하고 추모제를 한 이후 진상규명을 위한 활동이 시작되었다.

초기 국내의 진상규명은 아힘나운동본부가 주도하였다. 이 단체는 2006년 일본의 아시아하우스와 함께 일본에서 여름 캠프를 개최하였는데, 이때 초청강사로부터 자경단에 의한 조선인학살 목격담을 듣게 되었다. 이를 계기로 아힘나운동본부는 진상규명을 위한 활동을 본격적으로 전개하였다. 2007년 5월 일본 신주쿠 고려박물관에서 열린 조선인학살 진실을 알리는 전시회를 관람한 후, 전시 패

널을 빌려 9월 3일 국회에서 전시회를 가짐으로서 진상규명의 첫발을 내딛었다. 전시회와 함께 재일조선인 학살 진상규명 및 명예회복을 위한 한일 국제심포지엄도 개최하였다. 이어 11월 앞서 언급한 바 있는 '관동대지진 조선인학살의 진상규명과 명예회복을 촉구하는 한일재일 시민모임'(한국에서는 1923한일재일시민연대)을 출범시켰다. 이후 국내에서의 진상규명은 1923한일재일 시민연대가 주도적으로 노력하였다.

시민연대는 관동대지진 100주년을 맞는 동안 학살사건의 진상규명을 위한 학술토론회, 학살현장을 찾아가는 스터디투어, 국가 차원의 진상규명을 촉구하는 입법화, 희생자의 명예회복을 위한 추도사업, 학살 희생자 유족 찾기 사업, 사진과 자료전시회 등을 전개해오고 있다. 특히 관동대지진 90주년을 맞는 2013년에는 한국민간조사단을 구성하여 지바, 사이타마, 도쿄, 요코하마 일대의 학살현장과 추모시설을 조사하였다. 이 조사단은 시민연대 외에 관동90주년행사준비위원회, 한국기독교장로회 교회와 사회위원회, 인터넷신문 에큐메이안 등이 참여하였다. 또한 9월 1일에는 추도식을 갖고 '간토대지진 조선인학살사건 진상규명을 촉구하는 공동성명'을 발표하였다. 뿐만 아니라 시민연대는 진상규명을 위한 특별법 제정을 추진하는 한편 2020년 12월 천안시 병천에 '기억과 평화를 위한 1923 역사관'을 건립하고 관동대지진 조선인학살 관련 자료를 전시하고 있으며 진상규명을 위한 활동을 이어가고 있다.

이외에도 시민단체와 연구자로 구성된 '1923년 학살당한 재일한인 추도모임'이 결성되었다. 이 단체는 관동대지진 조선인학살사건의 진상규명과 한·일 정부의 행동을 촉구하기 위해 2016년 2월 결성되었으며, 이해 9월 1일 시청에는 자료전시회를, 광화문 광장에서는 추모행사를 가졌다. 이듬해 95주년인 2017년 8월 25일 천도교 중앙대교당에서 추도식과 진상규명을 위한 국제학술행사를 개최한 바 있다. 또한 박열기념관, 1923 제노사이드연구소, 사단법인 독립, 동학선양사업단 등 시민단체와 연구자 등이 추모행사와 학술행사를 개최하여 조선인학살 진상을 일반시민에게 홍보하였다.

100주년을 앞둔 2022년 1923한일재일시민연대를 비롯하여 20여 단체가 참여하여 '간토학살100주기추도사업추진위원회'가 결성되었다. 이 단체는 뜻을 같이하는 국회의원과 함께 이해 9월 20일 '간토 대학살 진상규명 및 피해자 명예회복을 위한 특별법안' 제정을 촉구하는 기자회견을 가졌다. 100주기 추진위원회는 지난 6월 30일 '간토학살100주기 일본의 국가책임을 묻는 피해소송 준비 좌담회'를 개최, 일본 국가책임을 겨냥하였다.

100년과 이후에 남겨진 과제들

관동대지진 조선인학살 100주년을 맞고 있지만, 진상규명은 여전히 과제로 남아 있다. 그동안 앞에서 살펴본 바와 같이 한일 양국의 시민 및 시민단체들이 중심이되어 진상규명을 위해 노력하였다. 100년 전에도, 100년을 맞는 올해도 일본 의회에서는 관동대지진 조선인학살에 대한 국가책임을 묻는 질의를 하였다. 그러나 일본 정부는 그때나 지금이나 '조사 중이다'는 한결같은 답변을 내놓고 있다.

100주년을 맞는 현실에서 진상규명을 위한 새로운 환기가 필요하지 않을까 한다. 무엇보다도 강점기 이국땅에서 억울하고 처참하게 희생된 분들에 대한 진상규명과 명예회복이 우선되어야 한다. 그러기 위해서는 진상규명을 위한 특별법 제정이 반드시 필요하다. 그동안 시민과 시민단체의 노력을 이제는 국가가 그 역할을 다해야 한다. 당시 대한민국 임시정부가 항의서를 제출하고 진상규명을 위해 노력하였듯이, 이제는 임시정부의 법통을 이어받은 대한민국 국가가 보다 전향적인 책임의식을 가져야 한다.

두 번째는 희생된 유족을 찾는 일도 보다 적극적으로 필요하다. 그동안 유족들은 가급적이면 숨기고 싶었던 점도 없지 않았다. 그렇지만 역사의 진실을 밝히기 위해서는 유족의 역할이 매우 중요하다는 점에서 유족 발굴은 반드시 되어야 한다.

셋째는 기억과 계승이 보다 활발하게 이루어져야 한다. 그동안 한일 시민들은 진상규명뿐만 아니라 추모비 건립과 추모제, 강연, 현장답사 등을 통해 기억과 계승을 위해 노력하였다. 앞으로도 한일 시민의 연대를 통해 지속적인 노력이 이어지지를 기대한다.

부록

국내 관동대지진 조선인학살 100주년 학술연구 현황

〈학술회의〉

1. 간토대학살 100주년 특별기획 한일공동학술회의

대주제: 일제시기 재일조선인 사회의 형성과 단체 활동
일시: 2023년 3월 10일
주최: 서울시 강북구·민족문제연구소
주관: 근현대사기념관
장소: 대한민국임시정부기념관

발표자	발표주제	비고
배영미	관동대지진과 조선인 유학생: 1920~1925	독립기념관

2. 동의대 동아시아연구소 제21회 국제학술심포지엄

일시: 2023년 3월 31~4월 1일
장소: 동의대학교

발표자	발표주제	비고
이수경	관동대지진 100주년	일본 도쿄가쿠게이대

3. 한국일본연구단체 제12회(한국일본학회 제106회) 국제학술대회

일시: 2023년 8월 25일(금)

장소: 한림대학교(대면 및 줌)

주제: 관동대지진 그 후 100년

발표자	발표주제	비고
김여진	간토대지진과 조선인학살에 대한 문인들의 기억과 기록	고려대
김광열	100주년에 다시 검토하는 일본 간토(關東) 대지진 시 한인대학살 사건	광운대
양민호	언어적 차별로 살펴보는 관동대지진	부경대
김인덕	한위건과 1923년 관동대지진 조선인학살 관련 일본에서의 활동 보기	청암대

4. 관동대지진 100주년 연구성과 좌담회

주최: 1923 제노사이드 연구소

일시: 2023년 8월 26일

장소: 기억과 평화를 위한 1923 역사관

발표자	발표주제	비고
김강산	관동대지진 조선인학살 연구성과 현황: 국내 역사학계	성균관대
시니무라 나오토	관동대지진 조선인학살 연구성과 현황: 일본 학계	일본 도시샤대
성주현	관동대지진 조선인학살 문학 분야 연구성과 현황	청암대
배영미	관동대지진 조선인학살 콘텐츠 분야 연구성과 현황	독립기념관
김병진	전쟁경험과 관동대지진: 시베리아 출병이라는 트라우마	단국대

5. 관동대지진 발생 100년, 4개 역사기관 공동 국제학술대회

주제: 관동대지진 조선인·중국인 학살 100년: 진실·책임·기억

일시: 2023년 8월 30일

주최: 동북아역사재단, 국사편찬위원회, 독립기념관, 한국학중앙연구원

주관: 동북아역사재단

장소: 서울글로벌센터(종로)

	발표자	발표주제	비고
진실	성주현	관동대지진 당시 조선인 희생자 명부에 대한 현황	청암대
	정려징	학살수용송환: 관동대지진 중국인학살사건을 돌이켜보며	중국 원저우대
책임	이재승	제노사이드로서의 학살과 국제법	건국대
	사이토 가즈하루	난징대학살 관련 도쿄재판으로 본 관동대지진 학살	일본 후쿠시대
	가토 게이키	식민지 지배책임과 조선인 학살: 일본인의 역사인식	일본 히토츠바시대
기억	이진희	영미권 역사부정	미국 이스턴일리노이대
	정영환	일본 역사부정·왜곡	일본 메이지가쿠인대
	이소훈	제노포비아와 관동대지진 때의 학살	경북대
	이은정	시각예술과 제노사이드	경희대

6. 박열기념관 2023 한일학술회의

주제: 관동대지진 조선인 학살과 대역사건

일시: 2023년 9월 1일

주최: 박열의사기념사업회

주관: 박열의사기념관

후원: 문경시, 경북북부보훈지청, 국민문화연구소

장소: 문경관광호텔 무궁화홀

발표자	발표주제	비고
성주현	일제강점기 식민지 조선 언론에 비친 관동대지진 조선인학살	청암대
김명섭	1923년 간토 조선인대학살과 '박열사건'	단국대
가메다 히로시	1922년 「시나노가와 조선인 학살사건」과 박열, 가네코 후미코. 일본 제국에 대한 투쟁의 시작	일본사회문학회
구리하라 야스시	관동대지진, 조선인 학살의 역사적 배경과 가네코 후미코의 사상	동북예술공과대학

7. 간토대지진 100주년과 한국기독교역사학회 학술심포지엄

주제: 간토대지진 100년과 한일 기독교

일시: 2023년 9월 2일

주최: 한국기독교역사학회

주관: 한국기독교역사연구소

장소: 새문안교회

발표자	발표주제	비고
김광열	1923 간토대지진시 한인 대학살사건과 재일 코리안	광운대/기조강연
성주현	간토대지진에 대한 국내 종교계의 인식과 대응	청암대
이상훈	일본기독교계의 간토대지진 역사서술에 대한 입장 고찰	일본 간사이가쿠인대학
홍이표	한일 기독교 지식인의 간토대지진 인식과 대응	일본 야마나시에이와대

8. 간토대학살 100년과 5·18 학술대회

일시: 2023년 9월 9일

주관: 전남대학교 5·18연구소

장소: 연세대학교 서울캠퍼스

발표자	발표주제	비고
서승	개인사로 보는 간토대지진 학살 100년	우석대/기조강연
기다 에이코	조선인 미술가와 관동대지진	일본 오타니대
강한	얼굴을 지우다: 간토와 광주에서의 범주적 살인	5·18연구소
신채원	관동대지진 조선인학살 사건의 기억과 수용	독립연구활동가

9. 한국근현대사학회 30주년 기념 학술대회

주제: 우리 인권 100년 전과 무엇이 달라졌나?: 한국 근현대사 속 인권 읽기

일시: 2023년 9월 16일

주관: 한국근현대사학회

장소: 대한민국임시정부기념관

발표자	발표주제	비고
성주현	차별의 비극: 관동대지진 조선인학살	청암대

10. 희산 김승학 선생 추모 학술대회

일시: 2023년 10월 13일

주최: 희산 김승학선생기념사업회

장소: 광복회

발표자	발표주제	비고
김명섭	1920년대 재일한인 사회와 간토 조선인대학살	단국대
홍순대	『독립신문』에 보도된 관동대지진 재일한인 대학살의 기사와 의미	희산 기념사업회 이사

11. 한일민족문제학회·경북대학교 사학과의 학술대회

주제: 1923년 관동대지진의 기억과 기록

일시: 2023년 11월 25일(토)

주최: 한일민족문제학회·경북대학교 사학과·인문학술원 산하 역사
　　　문화아카이브연구센터

장소: 경북대학교 대학원동 214호

발표자	발표주제	비고
정종배	1923 관동대학살: 생존자의 증언	시인
西村直登	관동대지진 조선인 희생자 명단의 생성	도시샤 대학
천승환	관동대진재의 유적조서와 전시	건국대 대학원
김경남	1923 관동대진재 기록의 출처 연구	경북대

12. 청암대 재일코리안연구소 제5회 국제학술회의

주제: 관동대지진 조선인학살 100주년 기억과 과제

일시: 2023년 10월 27일

주최: 청암대 재일코리안연구소

장소: 청암대 재일코리안연구소

발표자	발표주제	비고
김인덕	재일조선인 재난사 속 1923년 관동대지진 조선인학살의 현재적 의미	청암대
田中正敬	震災100年の日本の追悼行事, 企劃展示, 藝術, イベント, 出版, テレビ報道	일본 專修大
성주현	국내 관동대지진 조선인학살 100주년 학술연구 현황	청암대

13. 간토대학살 100주년 기념 국제학술대회

주최: 단국대학교 동양학연구원

일시: 2023년 11월 23일

장소: 단국대학교 죽전캠퍼스 글로컬산학협동관

세션	발표자	발표주제	비고
1	김강산	관동대학살과 조선총독부 기관지 프로파간다	성균관대
	김여진	간토대학살과 유언비어, 배제와 연대의 서사	고려대
	김태영	간토대지진에 관한 조선·동아일보의 보도 양상	단국대
2	꿔샤오팡	전재와 인재: 중국 매체의 관동대지진 보도에 대한 두 가지 측면	중국 산서성
	도노무라 마사루	1923년 9월 후 조선인 인식과 학살에 대한 논급	일본 도쿄대
	찰스 생킹	간토대지진의 미국 언론의 보도 양상	홍콩대
	이규수	관동대지진 조선인 학살과 언론보도	전북대

〈출판: 단행본〉

번호	제목	필자	출판사	출판일
1	『백년 동안의 증언_간토대지진, 협오와 국가폭력』	김응교	책읽는고양이	2023.9
2	『1923 간토대학살 침묵을 깨라』	민병배	원더박스	2023.9
3	『다이쇼시대의 조선인학살사건』	기타자와 후미다케 지음, 조현재 옮김	기억의서가	2023.9
4	『관동대지진, 학살부정의 진상』	와타나베 노부유키 지음, 이규수 옮김	삼인	2023.8
5	『한국과 일본, 역사인식의 간극』	와타나베 노부유키 지음, 이규수 옮김	삼인	2023.3
6	『관동대지진 조선인학살 관련 번역 자료집 I』		동북아역사재단	2023
7	『관동대지진 100년간의 기억과 기록』	독립기념관 한국독립운동사연구소		2023

〈출판: 학술지〉

1. 『통일과 평화』 15집 2호(서울대학교 통일평화연구원, 2023)

제목	필자	소속	비고
한국에서의 간토(關東) 학살 100주기 시민활동 현장보고	김종수	1923 역사관장	현장보고

2. 『동악어문학』 제91집, 동학어문학회, 2023.10

제목	필자	소속	비고
관동대지진 100년(2023), 학살 희생자 추념과 기억: 황모과, 「연고, 늦게라도 만납시다」와 『말 없는 자들의 목소리』	이행선	국민대학교	문학

3. 『일본사상』 제45호, 한국일본사상사학회, 2023.12

제목	필자	소속	비고
관동대지진 학살문제의 존재론: 방법으로서의 '오인'과 가능성으로서의 '지인'	이경미	동북아역사재단	

4. 『한국기독교와 역사』 제60호, 한국기독교역사연구회, 2024.3

제목	필자	소속	비고
간토대지진 조선인 학살에 관한 일본기독교계 역사서술에 대한 고찰	이상훈	關西學院大塦	학술발표문
한일 기독교 지식인의 간토대지진 인식과 대응	홍이표	山梨英和大塦	학술발표문

5. 『동북아역사논총』 제81호, 동북아역사재단, 2023,9

제목	필자	소속	비고
간토대진재와 조선인 학살에 대한 식민지 조선 당국의 대응	최은진	국사편찬위원회	

6. 『역사비평』 통권 145호, 역사비평사, 2023.11

제목	필자	소속	비고
1923년 관동대학살을 둘러싼 쟁점과 과제	김강산	성균관대	박사수료

〈출판: 잡지〉

1. 『동북아 역사 포커스』 6(동북아역사재단, 2023.9)

제목	필자	소속	비고
관동대지진 조선인 학살과 한국 정부의 역할	김광열	광운대	특별기고
관동대지진 조선인 학살에 대한 일본 정부의 책임과 현황	田中正敬	일본 專修大	
관동대지진 조선인 학살 관련 연구현황과 과제	장세윤	성균관대	코커스: 관동대지진 100년, 조선인학살 은폐와 진상규명의 역사
유엉비어와 계엄령 하의 관동대지진 조선인학살 은폐와 책임 회피	서종진	동북아역사재단	
1920년대, 관동대지진 전후 두 번의 조선인학살:식민주의와 예견된 비극	배영미	독립기념관 한국독립운동사연구소	
전후 일본의 관동대지진 조선인 학살의 기억과 '책임'의 서사	황익구	동아대	
관동대지진 조선인 학살 진상규명을 위한 한일 시민의 노력과 과제	성주현	청암대	
관동대지진 100년, 행정 당국에 의한 '역사 봉인'을 둘러싼 공방	호리야마 아키코 (堀山明子)	일본 마이니치신문 (每日新聞) 외신부 기사	현지통신
관동대지진 조선인 피해, 기억과 추모의 현장을 걸으며	조선	동북아역사재단	체험! 역사현장

2.『순국』392호, 광복회·사단법인 대한민국순국선열유족회, 2023.9

제목	필자	소속	비고
관동대지진과 조선총독부	성주현	청암대	관동대지진 100주년 특집 "관동대지진과 조선인학살"
관동대지진 때 도쿄에서의 조선인 학살	김인덕	청암대	
대한민국 임시정부와 관동대지진	김강산	성균관대	
간토(關東) 조선인학살과 '박열사건'	김명섭	단국대	

3.『창조문예』통권 325호(제28권 제2호), 크리스챤서적, 2024.2

제목	필자	소속	비고
관동대지진 조선인학살 100년과 한국문학	정종배	망우역사문화자문위원	시인

4.『동북아역사리포트』29, 동북아역사재단, 2023.10

제목	필자	소속	비고
관동대지진 100년: 관청기록의 봉인과 '민중 폭력'의 재검증	호리야마 아키코	마이니치신문 전 서울지국장	전자자료

5.『가톨릭평론』통권 40호, 우리신학연구소, 2023.6

제목	필자	소속	비고
관동대지진 조선인학살 100주년을 기억한다	이규수	전북대 고려인연구센터	

6. 『역사를 딛고:태평양전쟁희생자유족회 보고』 제3호, 태평양전쟁희생
자유족회, 2024.1

제목	필자	소속	비고
관동 대지진: "과거를 잊는 자에게 미래란 없다"	태평양전쟁희생자유족회 편		

7. 『한국연극』 제567호, 한국연극협회, 2023.10

제목	필자	소속	비고
관동대지진 100주년, 무대에서 조명되는 역사의 어둠: 일본	김모란	와세다대	일본 연극

8. 『신인간』 통권 874호, 신인간사, 2023.9

제목	필자	소속	비고
관동대지진 학살의 기억과 재현, 영화감독 오충공	신채원	천도교신문 (인터넷판)	편집장

9. 『OK times』 통권 제318호, 해외교포문제연구소, 2023.12

제목	필자	소속	비고
간토대지진 조선인 학살 새 일본 공문서 확인… "40여 명 살해"	강혜민	OK times	기자

참고문헌

『동아일보』, 『조선일보』, 『시대일보』, 『매일신보』, 『국민보』, 『삼천리』.

姜德相·琴秉洞 編, 『現代史資料 6: 關東大震災と朝鮮人』, みすず書房, 1987.

강덕상, 「1923년 관동대지진(關東大地震) 대학살 진상」, 『역사비평』 45, 역사문제연구소, 1998.

강덕상, 「관동대지진 조선인 학살을 보는 새로운 시각: 일본 측의 '3대 테러사건' 사관의 오류」, 『역사비평』 47, 역사문제연구소, 1999.

야마다 쇼지, 『관동대지진 조선인 학살에 대한 일본국가와 민중의 책임』, 논형, 2008.

강덕상·야마다 쇼지, 『관동대지진과 조선인 학살』, 동북아역사재단, 2013.

노주은, 「관동대지진과 일본의 재일조선인 정책: 일본정부와 조선총독부의 '진재처리' 과정을 중심으로」, 연세대학교 대학원 석사학위논문, 2007.

홍선표, 「관동대지진 때 한인 학살에 대한 歐美 한인세력의 대응」, 『동북아역사논총』 43, 동북아역사재단, 2014.

강효숙, 「관동대진재 당시 피학살 조선인과 가해자에 대한 일고찰」, 『관동대지진과 조선인학살사건』, 동북아역사재단, 2013.

山田昭次, 『關東大震災時と朝鮮人虐殺とその後: 虐殺の國家責任と民衆責任』, 創史社, 2011.

강덕상 지음, 김동수, 박수철 옮김, 『학살의 기억, 관동대지진』, 역사비평사, 2005.

山田昭次 저, 이진희 역, 『관동대지진 조선인 학살에 대한 일본 국가와 민중의 책임』, 서울, 논형, 2008.

田中正敬, 「関東大震災はいかに伝えられたか」, 『歴史地理教育』 657, 2003.

申載洪, 「관동대지진과 한국인 대학살」, 『史學研究』 38호, 1984.

이진희, 「관동대지진을 추도함: 일본제국의 '불령선인'과 추도의 정치학」, 『아세아연구』 131호, 2008.

박경하, 「1930년대 한 조선청년의 구직 및 일상생활에 대한 일고찰: '晉判鈺日記'(1918~1947)를 중심으로」, 『역사민속학』 31호, 2009.

이 연, 「관동대지진과 언론통제: 조선인 학살사건과 보도통제를 중심으로」, 『언론학보』 27, 1992.

김인덕, 「재일운동사 속의 1923년 조선인 학살」, 『순국』(32), 1993. 9.

노주은, 「관동대지진과 조선총독부의 재일조선인 정책: 총독부의 '震災處理' 과정을 중심으로」, 『한일민족문제연구』 12호, 2007.

노주은, 「관동대지진 조선인학살 연구의 성과와 과제: 관동대지진 85주년에 즈음하여」, 『學林』 29집, 연세대학교 사학연구회, 2008.

이형식, 「중간내각 시대(1922.6-1924.7)의 조선총독부」, 『東洋史學研究』 113집, 2010.

김인덕, 「재일조선인과 관동대지진에 대한 연구 및 서술 경향」, 『한일역사쟁점논집: 일본 역사교과서 대응 논리』, 동북아역사재단, 2010. 12.

노주은, 「동아시아 근대사의 '공백': 관동대지진 시기 조선인 학살 연구」, 『역사비평』(104), 2013. 8.

장세윤, 「관동대지진 때 한인 학살에 대한 『독립신문』의 보도와 그 영향」, 『사림』(46), 2013. 8.

강덕상 외 지음, 『관동대지진과 조선인 학살』, 동북아역사재단, 2013. 12.

이지형, 「마사무네 하쿠초(正宗白鳥) '살인을 저질렀지만'(人を殺したが)의 풍경: 살인의 추억 그리고 관동대지진」, 『일본문화연구』 10집, 2004.

이지형, 「관동대지진과 시마자키 도손(島崎藤村): '아들에게 보내는 편지'(子に送る手紙)를 중심으로」, 『일본문화연구』 13집, 2005.

성해준, 「日帝期 한국 신문을 통해 본 大杉榮」, 『일본문화연구』 24집, 2007.

조경숙, 「아쿠타카와 류노스케와 관동대지진」, 『일본학보』 77, 한국일본학회, 2008.

김흥식, 「관동대지진과 한국문학」, 『한국현대문학연구』 29호, 2009.

김지연, 「다케히사 유메지와 관동대지진 그리고 조선: 회화와 사상성」, 『아시아문화연구』 21집, 가천대 아시아문화연구소, 2011.

도미야마 이치로(富山一郎), 「계엄령에 대하여: 관동대지진을 상기한다는 것」, 『일본비평』 7호, 서울대 일본연구소, 2012.

황호덕, 「재난과 이웃, 관동대지진에서 후쿠시마까지: 식민지와 수용소, 김동환의 서사시 '국경의 밤'과 '승천하는 청춘'을 단서로」, 『일본비평』 7호, 2012.

松尾尊兌, 「關東大震災下の朝鮮人暴動流言に關する二·三の問題」, 『朝鮮研究』 33, 日本朝鮮研究所, 1964.

성주현, 「1923년 관동대지진과 국내의 구제활동」, 『한국민족운동사연구』 81, 한국민족운동사학회, 2014.

성주현, 「식민지 조선에서 관동대지진의 기억과 전승」, 『東北亞歷史論叢』 48, 동북아역사재단, 2015.

허광무, 『일본제국주의 구빈정책사 연구』, 선인, 2011.

수요역사연구회 편, 『식민지 조선과 매일신보, 1910년대』, 신서원, 2002.

김진두, 「1910년대 매일신보의 성격에 관한 연구」, 중앙대학교 박사학위논문, 1995.

김규환, 『일제의 대한언론선전정책』, 이우출판사, 1979.

찾아보기

ㄱ

가나가와현(神奈川縣) 37, 39, 69, 141, 229, 248, 510, 522

가메이도(龜戶) 62, 81, 88, 232, 315

가타야나기(片柳) 36

각파유지연맹 438, 500

간논지(觀音寺) 521, 523

강경 448, 471, 475, 478

강대련 183, 197

강대흥(姜大興) 38, 42, 43, 44, 94, 95, 97, 117, 127, 128, 130, 134, 137

강덕상(姜德相) 92, 93, 146, 509

강릉 416, 417, 418, 449, 450

강우구 236

강원도 57, 179, 180, 191, 193, 194, 414, 416, 417, 418, 419

강재언 146

『개벽』 29, 275, 491

개벽사 181, 183, 246, 314, 315, 363, 383, 462

개성 390, 447, 448, 449, 468, 474, 479

거국일치 330, 421, 426, 427, 428, 498, 499

거창 188, 189, 197, 472

게미가와(檢見川)사건 45, 72, 78

경무국장 59, 172, 194, 236, 294, 297, 315, 363, 364, 365, 368, 377, 378, 399, 402, 403, 404, 415, 416, 418, 423, 425, 437, 438, 439, 457, 495, 496, 499, 500, 503

경상남도 101, 120, 131, 403, 404, 496

경성 360, 371, 390, 409, 410, 434

경성부 106, 107, 114, 115, 181, 185, 186, 369, 370, 371, 373, 390, 391, 432, 443, 445, 446, 449, 454, 456, 457, 458, 460, 479, 481, 507

경시청(警視廳) 37, 38, 39, 49, 67, 68, 69, 71, 143, 152, 202, 207, 247, 286, 287, 288, 297, 299, 367, 370, 428

ㅊ

ㅎ

성주현(成周鉉)

한양대학교 대학원 사학과를 졸업, 문학박사 학위를 받았다. 한국근대사를 전공했으며, 동학, 천도교와 민족운동사를 연구하고 있다. 천도교중앙총부 자료실장, (사)한국역사문화원 대표, 동학농민혁명기념재단 참여자조사위원, 독립기념관 한국독립운동사연구소 연구원, 숭실대학교 HK연구교수, 청암대학교 연구교수 등을 지냈다.

주요 저술로는 『식민지 조선과 매일신보: 1910년대』(공저, 2002), 『동학과 동학혁명의 재인식』(2010), 『왜 동학농민운동이 일어났을까』(2012), 『시선의 탄생: 식민지 조선의 근대관광』(2011, 공저), 『천도교에서 민족지도자의 길을 간 손병희』(2012), 『식민지시기 종교와 민족운동』(2013), 『일제하 민족운동 시선의 확대』(2014), 『근대 신청년과 신문화운동』(2019), 『관동대지진과 식민지 조선』(2020), 『근대전환기 서구문명의 수용과 민족운동』(2021), 『일제강점기 종교정책』(2021, 공저), 『근대전환기 평택과 평택인의 삶』(2024) 등이 있다.